마스터링 트랜스포머

BERT에서 LLM, 스테이블 디퓨전까지,
Transformers 라이브러리와 함께하는 트랜스포머 탐구

마스터링
트랜스포머

**BERT에서 LLM, 스테이블 디퓨전까지,
Transformers 라이브러리와 함께하는 트랜스포머 탐구**

지은이 사바슈 이을드름, 메이삼 아스가리지헤낙흘루

옮긴이 307번역랩, 류광

펴낸이 박찬규 엮은이 전이주 디자인 북누리 표지디자인 Arowa & Arowana

펴낸곳 위키북스 전화 031-955-3658, 3659 팩스 031-955-3660

주소 경기도 파주시 문발로 115 세종출판벤처타운 311호

가격 35,000 페이지 504 책규격 188 x 240mm

초판 발행 2025년 01월 09일

ISBN 979-11-5839-563-6 (93000)

등록번호 제406-2006-000036호 등록일자 2006년 05월 19일

홈페이지 wikibook.co.kr 전자우편 wikibook@wikibook.co.kr

Copyright ©Packt Publishing 2024.
First published in the English language under the title
'Mastering Transformers - Second Edition – (9781837633784)'

이 책의 한국어판 저작권은 저작권자와 독점 계약한 위키북스에 있습니다.
신저작권법에 의해 한국 내에서 보호를 받는 저작물이므로 무단 전재와 복제를 금합니다.

이 책의 내용에 대한 추가 지원과 문의는 위키북스 출판사 홈페이지 wikibook.co.kr이나
이메일 wikibook@wikibook.co.kr을 이용해 주세요.

마스터링 트랜스포머

BERT에서 LLM, 스테이블 디퓨전까지,
Transformers 라이브러리와 함께하는 트랜스포머 탐구

사바슈 이을드름, 메이삼 아스가리지헤낙흘루 지음
307번역랩, 류광 옮김

위키북스

먼저 이 책을 쓰는 긴 과정 동안 지치지 않고 나를 지원하고 격려한 아내 아일린 옥타이 이을드름(Aylin Oktay Yıldırım)에게 감사의 마음을 전하고 싶다. 또한 토론토 메트로폴리탄 대학교와 이스탄불 빌기 대학교의 동료들에게도 지원에 대해 감사드린다.

— 사바슈 이을드름(Savaş Yıldırım)

아내 나르제스(Narjes)에게 깊고 깊은 감사의 마음을 전한다. 아내의 변함없는 지지와 사랑, 이해, 그리고 격려는 이 여정 내내 나의 길잡이가 되어주었다. 또한 아버지께 진심 어린 감사를 전하고 싶다. 비록 지금은 우리 곁에 계시지 않지만, 아버지에 대한 기억은 여전히 영감의 원천이 되어 삶의 승리와 도전 속에서 나를 이끌고 있다.

— 메이삼 아스가리지헤낙흘루(Meysam Asgari-Chenaghlu)

옮긴이의 글

최근 인공지능의 발전 속도는 두려울 정도로 빠릅니다. 2023년 초반만 해도 세종대왕이 노트북 컴퓨터를 집어던졌다는 황당한 이야기를 마치 역사적 사실처럼 말하던 인공지능 챗봇이, 2024년 11월의 대학 입시 수능 국어 시험에서는 1등급에 해당하는 점수를 받을 정도로 발전했습니다. 2년이 채 못 되는 시간입니다. 언어 모델들의 이러한 놀라운 발전에 바탕이 된 요인 중 하나가 이 책의 중심 주제인 트랜스포머 모델이라는 데 반론을 제기하는 사람은 없을 것입니다. 트랜스포머를 기초부터 응용까지 다방면으로 다루는 책을 국내 독자들에게 소개하게 되어서 기쁜 마음입니다.

이 책은 Packt 출판사가 2024년 6월에 출간한 《*Mastering Transformers: The Journey from BERT to Large Language Models and Stable Diffusion, Second Edition*》을 한국어로 옮긴 것입니다. 원제에 쓰인 복수형 'Transformers'는 이 책이 트랜스포머의 기본 구조뿐만 아니라 여러 변형과 다양한 응용 방식을 포괄한다는 점을 암시하는 한편, 허깅 페이스의 Transformers 라이브러리를 지칭하기도 합니다. 실제로 이 책의 거의 모든 예제는 Transformers 라이브러리를 사용합니다. 그런 면에서 트랜스포머 모델을 이미 이론적으로 잘 아는 독자도 배울 것이 많은 책이 아닐까 생각합니다. 반대로 Transformers 라이브러리에는 익숙하지만 트랜스포머 아키텍처를 깊이 알지는 못했거나 한두 가지 방식으로만 사용했던 독자에게도 이 책이 좋은 선물이 될 것입니다.

이 책은 무엇보다도 다양하고 풍부한 예제가 특징입니다. 그런데 끊임없이 변화하는 소프트웨어의 성격상, 이 예제들이 독자의 환경에서도 항상 잘 작동하리라는 보장이 없다는 점이 번역 내내 제 마음을 괴롭혔습니다. 허깅 페이스의 Transformers 라이브러리를 비롯해 이 책의 예제들이 기반하는 상용/오픈소스 소프트웨어 프로젝트들과 각종 언어 모델들은 계속 갱신될 것이고, 어쩌면 사라지기도 하겠지요. 따라서 이 책의 예제들이 제대로 실행되지 않는 날이 올 것입니다. 특히 파이썬 패키지들은 의존 라이브러리들 사이의 복잡한 의존관계 때문에 깨지기 쉽기로 유명합니다. 아마도 궁극의 해결책은 저자의 환경을 고스란히 도커 컨테이너 이미지에 담아서 제공하는 것이겠지만, 그 자체가 그리 쉽지 않은 일일뿐더러 학습의 측면에서 독자를 너무 수동적으로 만든다는 문제도 있습니다.

잘 실행되지 않는 예제를 만난다면 너무 낙심하지 마시고, 파이썬 프로그래밍 역량을 강화하고 실무 적응력을 높이는 기회로 삼길 권합니다. 또한, 예제 관련 문제와 그 해결책을 저나 다른 독자들과 논의하고 공유할 수 있는 공간을 제 웹사이트에 만들어 두었으니 활용해 주세요. 류광의 번역 이야기(https://occamsrazr.net/)의 '번역서 정보' 섹션에서 이 책을 위한 페이지로 가는 링크를 찾을 수 있을 것입니다. 오탈자나 오역도 그 페이지에서 제보해 주시면 고맙겠습니다.

마지막으로, 좋은 책을 제안해 주시고 전체 과정을 매끄럽게 진행해 주신 위키북스 김윤래 팀장님과 번역용 자료를 정리해 주시고 부족한 원고를 잘 다듬어 주신 전이주 편집자님, 원서보다 멋지게 책을 조판해 주신 북누리 디자이너님, 그리고 효과적인 초벌 번역으로 저의 번역 생산성을 크게 높여 준 307번역랩을 비롯해 이 책의 출간에 기여한 모든 분께 감사드립니다. 그리고 바쁜 일정 속에서도 번역 원고를 검토해서 이 책의 품격을 한껏 높인 아내 오현숙에게 사랑과 감사의 마음을 전합니다.

재미있게 읽으시길!

― 옮긴이 류광

저자 소개

사바슈 이을드름[Savaş Yıldırım]은 이스탄불 공과대학교 컴퓨터공학과를 졸업하고 트라키아 대학교에서 자연어 처리(NLP) 분야로 박사 학위를 받았다. 현재 터키 이스탄불 빌기 대학교의 부교수이자 캐나다 라이어슨 대학교의 방문 연구원으로 재직 중이다. 머신러닝(기계학습), 딥러닝, 자연어 처리 분야에서 20년 이상의 강의 경력을 가진 적극적인 강사이자 연구자이다. 여러 오픈소스 소프트웨어와 자료를 개발해서 터키 NLP 커뮤니티에 중요한 공헌을 해왔다. 또한 AI 기업들의 R&D 프로젝트에 대해 포괄적인 자문도 제공한다. 여가 시간에는 단편 영화를 쓰고 연출하며 요가를 즐긴다.

메이삼 아스가리지헤낙홀루[Meysam Asgari-Chenaghlu]는 타브리즈 대학교에서 박사 학위를 취득했으며 현재 Ultimate 사(ultimate.ai)에서 AI 연구원으로 근무 중이다. 딥러닝, AI, NLP에 중점을 두고 검색 엔진부터 생성형 AI와 대규모 언어 모델에 이르는 다양한 프로젝트를 성공적으로 완수했다. 이 분야의 연구 논문을 다수 저술해서 NLP 커뮤니티에 크게 기여하고 있다.

감수자 소개

시바니 모디$^{\text{Shivani Modi}}$는 컬럼비아 대학교에서 석사 학위를 받은 데이터 과학자로, 머신러닝, 딥러닝, NLP 분야의 전문가이다. IBM, SAP, C3 AI에서 5년간의 전문 경력을 쌓았으며, 다양한 분야에 걸쳐 확장 가능한 AI 모델을 배포하는 데 탁월한 성과를 보였다. Konko AI에서는 LLM 선택 및 배포를 최적화하는 도구의 개발을 이끌었다. 멘토링과 인재 개발에 대한 헌신, 복잡한 프로젝트를 이끈 실무 경험 덕분에 AI 혁신 분야에서 사상적 리더로서 확실하게 자리 잡았다. 개발자들이 LLM을 안전하고 효율적으로 구현할 수 있도록 하는 혁명적인 방법을 목표로 하는 프로젝트를 준비하고 있다.

베드 우파드야이$^{\text{Ved Upadhyay}}$는 딥러닝 분야에서 기업 수준의 문제를 해결한, 7년 이상의 실무 경험을 갖춘 베테랑 데이터 과학자이자 AI 전문가이다. 유통, 전자상거래, 제약, 농업기술, 사회기술 등 다양한 산업 분야에서 AI 솔루션을 성공적으로 구현한 경험이 있다. 현재 월마트의 시니어 데이터 과학자로 재직 중이며, 생성형 AI, 고객 타겟팅, 고객 성향 분석, 책임 있는 AI(responsible AI) 등 다양한 프로젝트를 이끌고 있다. 일리노이 대학교 어바나–샴페인에서 데이터 과학 석사 학위를 받았으며, IIIT 하이데라바드에서 딥러닝 연구원으로도 근무했다.

트랜스포머 기반 언어 모델은 **자연어 처리**(Natural Language Processing, **NLP**) 분야의 패러다임 전환을 이끌면서 핵심적인 위치를 차지하게 되었다. 이 모델들은 뛰어난 미세조정(fine-tuning) 능력과 제로샷 학습 능력 덕분에 기존 모델보다 훨씬 빠르고 정확하다. 트랜스포머 모델들은 여러 복잡한 NLP 작업에서 전통적인 머신러닝(기계학습) 방법들의 성능을 뛰어넘고 있다. 실용적인 NLP 지침서인 이 책은 개발자가 트랜스포머 아키텍처에 익숙해지는 데 도움이 되는 소중한 자료다.

이 책은 중요한 개념들을 명확하고 단계적으로 설명하며, 독자가 직접 따라 할 수 있는 실습 예제들도 제공한다. 먼저 NLP 분야에서 트랜스포머가 이룬 혁신을 간략하게 개괄한다. 관련한 딥러닝 기본 개념 및 기법들과 다양한 NLP 작업에 대한 포괄적인 지침도 배울 수 있다.

이 책은 또한 다중 모달 모델과 생성형 AI에 대한 이해를 넓히고자 하는 개발자들에게도 매우 유익하다. 트랜스포머는 NLP 작업에만 국한되지 않고 컴퓨터 비전 작업, 신호 처리 등 다양한 분야에서도 점차 활용되고 있다. NLP 외에도 다중 모달 학습과 생성형 AI 분야가 빠르게 성장하며 흥미진진한 발전을 보이고 있는데, 이를테면 GPT-4, 제미나이^{Gemini}, 클로드^{Claude}, DALL·E, 스테이블 디퓨전$^{Stable\ Diffusion}$ 등이 좋은 예이다. 개발자라면 이러한 기술들을 주시하며 자신의 요구에 가장 적합하게 활용할 수 있는 방법을 모색해 보는 것이 가치가 있을 것이다.

이 책의 대상 독자

이 책은 생성형 AI와 딥러닝 연구자, 실무자, 그리고 머신러닝(기계학습)/NLP 교사, 교육자 및 학생들을 위한 것이다. 프로그래밍 주제에 능숙하고 머신러닝, 다중 모달 학습, 인공지능 분야에 대한 지식을 갖추고 있으며 최첨단 NLP 분야에서 응용 프로그램을 개발하고자 하는 이들에게 적합하다.

이 책은 NLP와 생성형 AI의 실용적 측면을 다루므로, 독자가 프로그래밍에 익숙하다고 가정한다. 특히 파이썬 프로그래밍 지식이 필요하다. 또한 컴퓨터 과학에 대한 기본적인 이해가 필요하며, 머신러닝 관련 연구 논문들을 읽고 이해할 수 있다면 더욱 좋다.

이 책의 내용

1장 'BoW(단어 주머니)에서 트랜스포머까지'에서는 트랜스포머 아키텍처를 알기 쉽고 친절하게 소개한다. 또한 NLP와 관련한 딥러닝(심층학습) 이전 모델들과 CNN, RNN, LSTM과 같은 기존 딥러닝 모델들을 트랜스포머와 비교한다.

2장 '실습 환경 준비와 기본 지식'에서는 이 책의 실습 예제들을 위한 환경을 준비한다. 또한 트랜스포머의 모든 측면을 입문 수준에서 배우게 된다. 아나콘다, 텐서플로, 파이토치, Transformers[1] 등 주요 소프트웨어와 라이브러리의 설치 방법을 설명하며, 관련 라이브러리의 GPU 버전을 설치하는 문제도 언급한다. 준비된 환경에서 간단한 실습 예제도 수행해 본다. 커뮤니티가 제공하는 사전 훈련된 언어 모델을 불러와서, 생애 첫 '헬로 월드' 트랜스포머 응용 프로그램을 작성하게 될 것이다.

3장 '오토인코딩 언어 모델'에서는 트랜스포머의 인코더 부분 사용 방법을 다룬다. BERT 모델의 아키텍처를 배우고, BERT나 ALBERT와 같은 자동 인코딩 언어 모델을 훈련하고 테스트하는 방법을 살펴본다. 모델들 간의 차이점과 아키텍처의 목적함수를 이해하게 될 것이다. 또한 모델을 커뮤니티와 공유하는 방법과 커뮤니티에 공유된 다른 사전 훈련 언어 모델을 미세조정하는 방법도 배운다.

4장 '생성형 모델에서 LLM(대규모 언어 모델)으로'는 디코더 전용 트랜스포머와 인코더-디코더 모델을 사용한 생성 솔루션을 다룬다. 4장에서는 생성 언어 모델(Generative Language Model, GLM)과 대규모 언어 모델(Large Language Model, LLM)의 세부 사항을 살펴본다. GPT-2(Generated Pre-trained Transformer 2) 같은 언어 모델을 자체 텍스트로 사전 훈련해서 자연어 생성(Natural Language Generation, NLG) 같은 다양한 작업에 사용하는 방법을 배우게 될 것이다. 또한 T5(Text-to-Text Transfer Transformer; 텍스트 투 텍스트 전이 트랜스포머) 모델의 기본 사항과 T5를 이용한 다중 작업 학습 실험 수행 방법을 살펴보고 고유한 기계번역 텍스트를 이용해서 다국어 T5(Multilingual T5, mT5) 모델을 훈련하는 방법도 논의한다. 4장에서 GLM의

---

[1] (옮긴이) 번역서 전체에서 소프트웨어 제품명이나 회사명 같은 고유명사의 음차 및 원문 표기는 유명도, 변별력, 출현 빈도(이 책에서), 어감 등 여러 요인을 고려해서 선택적으로 적용했음을 밝힌다. 예를 들어 텐서플로나 파이토치 등은 한글 음차 표기가 충분히 대중적이고 다른 어떤 용어와 혼동할 일이 적다. 하지만 허깅 페이스의 Transformers 라이브러리는 비교적 덜 유명하며, 음차 표기 '트랜스포머스'는 이 책의 주제인 (신경망 아키텍처로서의) 트랜스포머와 변별력이 떨어진다.

기초와 텍스트 요약, 바꿔 쓰기, 다중 작업 학습, 제로샷 학습, 기계번역 등 텍스트 투 텍스트 생성의 다양한 응용 방법을 익히게 될 것이다.

5장 '텍스트 분류를 위한 언어 모델 미세조정'에서는 텍스트 분류용으로 사전 훈련된 모델을 불러와서 감성 분석 같은 하위 텍스트 분류 작업을 위해 미세조정하는 방법을 자세히 살펴본다. GLUE 같은 유명한 기존 데이터셋^{dataset}(데이터 집합)뿐만 아니라 자기만의 커스텀 데이터셋도 사용해 본다. 복잡한 훈련 및 미세조정 과정을 Transformers 라이브러리의 Trainer 클래스를 이용해서 간소화하는 방법도 배울 것이다.

6장 '토큰 분류를 위한 언어 모델 미세조정'은 트랜스포머를 미세조정해서 개체명 인식, 품사 태깅, 범위 예측과 같은 토큰별 분류 작업을 처리하는 방법을 다룬다. Transformers 라이브러리의 Trainer 클래스를 이용해서 기존 모델을 미세조정하거나 모델을 처음부터 구현해서 NLP의 주요 과제 중 하나인 토큰 분류 작업을 수행해 본다. 개체명 인식(NER)이나 품사 태깅(POS), 질의응답(QA)은 모두 토큰 분류 문제로 간주할 수 있다. 실습 예제에서는 빠른 프로토타이핑을 위해 GLUE와 커뮤니티에서 제공하는 데이터셋들을 사용한다. 사전 훈련된 모델을 커뮤니티 공유 데이터셋을 이용해서 토큰 분류 문제에 맞게 미세조정해 볼 것이다. 그리고 모델 평가를 위한 토큰 분류 벤치마킹 방법도 논의한다.

7장 '텍스트 표현'에서는 트랜스포머 기반 아키텍처에서 다양한 NLP 작업을 위해 텍스트를 표현하는 방법을 살펴본다. 텍스트 표현은 현대적 NLP에서 또 다른 중요한 과제다. 7장에서는 범용 문장 인코더와 SBERT(sentence BERT) 같은 다양한 모델을 이용해서 문장을 표현하는 방법을 sentenceTransformers 등의 추가 라이브러리와 함께 설명한다. MNLI와 XNLI 같은 데이터셋을 소개하고, STSBenchmark를 이용해서 문장 표현 모델들을 벤치마킹하는 방법도 살펴본다. 효율적인 문장 표현을 사용한 퓨샷/제로샷 학습도 논의한다. 또한, 전이 학습을 사용한 군집화 등 학습 작업도 소개한다.

8장 '모델 성능 향상'에서는 기본적인 미세조정의 성능을 향상하기 위한 여러 기술을 논의한다. 데이터 증강, 도메인 적응, 초매개변수 등 모델 성능 향상을 위한 주요 주제를 설명한다. 8장에서 기본적인 훈련 이상으로 트랜스포머 모델의 성능을 개선하는 여러 방법을 배우게 될 것이다.

9장 '매개변수 효율적 미세조정'에서는 LLM의 모든 매개변수를 미세조정하는 대신, LoRa 같은 고급 기술을 이용해서 미세조정을 좀 더 저렴하고 효율적으로 수행하는 방법을 찾아본다. 사전 훈련된 트랜스포머 모델을 미세조정하는 것이 NLP 작업을 해결하는 매우 유용한 방법이지만, 기본적인 미세조정은 여러 면에서 매개변수 효율성이 떨어질 수 있다. LoRa 같은 어댑터를 사용하면 미세조정할 매개변수들의 개수를 줄이는 것이 가능하다.

10장 'LLM(대규모 언어 모델)'에서는 T5나 LLaMA 같은 LLM을 미세조정과 효율적인 추론에 중점을 두고 논의한다. 최근 몇 년간 LLM 분야가 크게 발전해서, GPT-3(175B)이나 PaLM(540B), BLOOM(175B), LlaMA(65B), Falcon(180B), Mistral(7B) 같은 좋은 모델들이 등장했다. 이 모델들은 다양한 자연어 작업에서 인상적인 능력을 보여주었다. 이렇게 중요한 주제를 하나의 장에서 다루기는 쉽지 않다. 하지만 4장을 비롯해 이 책의 여러 부분에서 LLM과 관련한 여러 주제를 다루어 온 것도 사실이다. 또한, 책 전반에 걸쳐 신경망 언어 모델의 패러다임과 그 훈련 과정을 논의한다.

11장 'NLP와 설명 가능한 AI(XAI)'에서는 아직 연구가 진행 중인 몇 가지 접근 방식을 실습 예제와 함께 논의한다. 딥러닝 모델이 추론 도중 내린 결정을 사람이 이해하기란 매우 어렵다. 그래서 그런 '블랙박스' 모델이 내린 결정을 파악하기 위한 다양한 접근 방식이 제시되었다. 11장에서는 NLP에 설명 가능한 AI(Explainable AI, XAI) 접근 방식을 적용하는 방법을 살펴본다.

12장 '효율적 트랜스포머'는 트랜스포머의 효율성 문제를 다룬다. 제한된 컴퓨팅 능력으로 대규모 모델을 실행하기 어려워짐에 따라, DistilBERT 같은 사전 훈련된 소규모 범용 언어 모델을 특정 작업에 맞게 미세조정함으로써 축소되지 않은 원본 모델만큼이나 좋은 성능을 얻는 기법이 중요하게 요구된다. 또한, 트랜스포머 기반 아키텍처는 트랜스포머가 수행하는 주의(attention) 내적 연산의 2차 복잡도와 긴 문맥 NLP 작업으로 인해 복잡성 병목 현상에 직면하고 있다. 문자 기반 언어 모델, 음성 처리, 긴 문서 등이 긴 문맥 문제에 속한다. 최근 몇 년간 Reformer, Performer, Bird 등 자기주의 메커니즘을 더 효율적으로 만드는 해법이 많이 등장했다.

13장 '교차 언어 및 다국어 언어 모델링'은 둘 이상의 언어가 관여하는 NLP 작업들을 다룬다. XLM 같은 다국어 아키텍처와 모델들을 소개하고, 단일 언어에서 다국어 및 교차 언어 모델링으로의 전환을 설명한다. 언어 간 지식 공유 개념을 소개하고, 더 나은 입력을 위한 바이트 쌍 인코딩(BPE)이 토큰화에 미치는 영향도 살펴본다. 또한 XNLI(cross-lingual corpus; 교차 언어 말뭉치)를 이용한 교차 언어 문장 유사도를 자세히 설명한다. 교차 언어 분류와 교차 언어 문장 표현(모델을 한 언어로 훈련하고 다른 언어로 테스트하기 위한) 등을 이용해서 다국어 의도 분류 같은 다국어 NLP 문제를 해결하는 방법을 구체적인 실습 예제와 함께 살펴볼 것이다.

14장 '트랜스포머 모델의 서비스 제공'의 핵심 주제는 프로덕션(production) 환경으로의 전환이다. 여타의 솔루션들처럼 NLP 기반 솔루션도 프로덕션 환경에서 서비스를 제공할 수 있어야 한다. 그런 솔루션을 개발할 때는 응답 시간 같은 지표들을 고려하는 것이 중요하다. 14장에서는 CPU 또는 GPU를 사용할 수 있는 환경에서 트랜스포머 기반 NLP 솔루션의 서비스를 사용자에게 제공하는 방법을 자세히 설명한다. 머신러닝 서비스의 배포를 위한 해결책으로 TFX(TensorFlow Extended)를 소개한다. 또한 FastAPI 등 트랜스포머의 서비스를 API 형태로 제공하는 솔루션도 설명한다.

15장 '모델 추적 및 모니터링'에서는 모델을 추적하고 모니터링하는 방법을 다룬다. 예를 들어 훈련 도중 과적합 같은 문제를 검출해서 훈련을 일찍 중단하려면 적절한 로깅 및 모니터링 수단이 필요하다. 15장에서는 텐서보드의 로깅 및 모니터링 기능을 이용해서 모델의 훈련 및 테스트 과정을 추적한다. 텐서보드를 이용하면 손실값이나 정확도 등의 지표를 추적하는 것은 물론이고 학습된 임베딩들을 저차원 공간에 투영해서 분석할 수 있다. 또한 원격으로 모델을 추적하고 공유할 수 있는 W&B도 소개한다.

16장 '비전 트랜스포머(ViT)'에서는 NLP 이외의 작업에 트랜스포머를 활용하는 문제를 살펴본다. 트랜스포머는 NLP 분야에서 큰 성과를 거두었다. 다른 장들에서 보았듯이 트랜스포머로 다양한 NLP 작업을 수행할 수 있다. 하지만 트랜스포머를 텍스트 이외의 데이터에도 적용할 수 있다는 점도 중요하다. 16장에서는 비전 트랜스포머Vision Transformer(ViT)를 설명한다. NLP와 마찬가지로 컴퓨터 비전(CV)[2]을 위해서도 다양

---

2 (옮긴이) '컴퓨터 시각'이라고도 한다.

한 트랜스포머 모델이 개발되었는데, 각각의 모델은 컴퓨터 비전에 대한 새로운 관점을 제시했다. 16장에서 ViT와 같은 모델을 컴퓨터 비전 작업에 활용하는 방법과 트랜스포머 기반의 사전 훈련된 컴퓨터 비전 모델의 작동 원리, 그리고 특정 작업을 위해 그런 모델을 미세조정하는 방법을 배우게 될 것이다.

17장 '생성형 다중 모달 트랜스포머'는 하나의 모델에서 텍스트, 이미지, 오디오 등 다양한 모달을 다룰 수 있는 다중 모달 트랜스포머 모델을 소개한다. CLIP 같은 모델은 다중 모달 검색(텍스트-이미지)에서 유망한 결과를 보여준다. 스테이블 디퓨전처럼 텍스트 프롬프트로부터 이미지를 생성하는 데 매우 뛰어난 성능을 보이는 모델들도 있다. 17장에서는 그런 모델들을 간단히 소개하고, CLIP을 이용해서 의미론적 검색 엔진을 만들어 본다. 그런 다음, CLIP과 교차 모달 사전 훈련 모델을 이용해서 다중 모달 분류기를 만드는 방법을 살펴본다. 텍스트 프롬프트에 기반해서 이미지를 생성하는 스테이블 디퓨전 모델을 파이썬으로 불러와서 사용하는 방법도 배우게 될 것이다. 또한, 다중 모달 사전 훈련 모델을 훈련 데이터 없이 제로샷 학습 방식으로 사용해서 이미지에서 물체를 검출하는 방법도 논의한다.

18장 '시계열 데이터를 위한 트랜스포머 아키텍처의 재고찰'은 트랜스포머의 구조를 적절히 재구성함으로써 시계열 작업에서도 트랜스포머의 장점을 활용하는 방법을 다룬다. 트랜스포머는 주로 NLP 작업에서 뛰어난 성과를 거두었다. 그런데 트랜스포머의 주된 강점은 시계열 데이터를 모델링하는 능력에서 나온다. 여기서 시계열 데이터는 텍스트일 수도 있고 그 밖의 형식일 수도 있다. 이번 장에서는 트랜스포머를 이용해서 시계열 데이터를 모델링하고 예측하는 방법을 살펴본다.

이 책을 최대한 활용하려면

책에서 다루는 소프트웨어/하드웨어	운영 체제 요구사항
프로그래밍 언어: 파이썬	Windows, macOS, 또는 리눅스
주요 라이브러리: transformers, PyTorch, peft, trl	
구글 코랩 또는 주피터 노트북	

예제 코드 파일 다운로드

이 책의 예제 코드 파일은 원서 깃허브 저장소(https://github.com/PacktPublishing/Mastering-Transformers-Second-Edition)에서 다운로드할 수 있다. 코드가 갱신되면 이 깃허브 저장소에 반영될 것이다.

길고 복잡한 예제 코드는 직접 입력하기보다는 깃허브 저장소의 파일을 이용하는 것이 오타의 여지도 적고 편하다.

조판 관례

다음은 이 책에 쓰인 조판 관례이다.

본문 안 코드: 본문 문단 안의 코드 식별자나 데이터베이스 테이블 이름, 폴더 이름, 파일 이름, 파일 확장자, 경로 이름, 더미 URL, 사용자 입력 등은 **고정폭 글꼴**로 표시한다. 이를테면 다음과 같다: "원하는 디렉터리를 지정해서 토크나이저 객체의 save_model() 함수를 호출하면 그곳에 토크나이저의 어휘가 저장된다."

코드 블록은 다음과 같이 고정폭 글꼴로 표시한다. 특정 부분을 강조할 때는 굵은 글자를 사용한다.

```
from transformers import pipeline
classifier = pipeline("zero-shot-classification",
    model="facebook/bart-large-mnli")
sequence_to_classify = "I am going to france."
candidate_labels = ['travel', 'cooking', 'dancing']
classifier(sequence_to_classify, candidate_labels)
```

터미널 또는 명령줄에서 실행할 명령은 다음과 같이 $ 프롬프트로 표시한다.

```
$ conda create -n Transformer
```

코드 실행 결과나 명령의 출력은 다음 예처럼 코드와는 구별되는 색으로 표시한다.

```
tokenized_sentence = \
    tokenizer.encode("Oh it works just fine")
tokenized_sentence.tokens
['[CLS]', 'oh', 'it', 'works', 'just', 'fine','[SEP]']
```

굵은 글씨: 새로운 용어, 중요한 단어, 또는 화면에 나오는 UI 요소는 **굵은 글자**로 표시한다. 예: "이제 **Postman**을 실행한 후 상단 탭 바에서 **+** 버튼을 클릭하거나 **New** 버튼을 클릭하고 **HTTP**를 선택한다."

> 중요 참고사항
> 팁이나 중요한 참고사항은 이처럼 개별 글 상자 형태로 표시된다.

01 부

이 분야의 최근 발전 상황,
실습 준비, 그리고
첫 번째 헬로 월드 프로그램

01. BoW(단어 주머니)에서 트랜스포머까지   2
   1.1 NLP 접근 방식들의 진화 과정   4
   1.2 전통적인 NLP 접근 방식의 요약   7
      1.2.1 언어 모델의 설계와 생성   8
   1.3 딥러닝 활용   9
      1.3.1 RNN 모델을 사용한 단어 순서 고려   10
      1.3.2 LSTM 및 게이트 순환 유닛   12
      1.3.3 문맥적 단어 임베딩과 전이 학습   13
   1.4 트랜스포머 아키텍처의 개요   14
      1.4.1 주의 메커니즘   14
      1.4.2 다중 헤드 주의 메커니즘   17
   1.5 트랜스포머를 이용한 전이 학습(TL) 활용   22
   1.6 다중 모달 학습   24
   요약   27
   참고문헌   28

02. 실습 환경 준비와 기본 지식   29
   2.1 기술적 요구사항   30
   2.2 아나콘다로 Transformer 라이브러리 설치   31
      2.2.1 리눅스에 아나콘다 설치   31
      2.2.2 Windows에 아나콘다 설치   33
      2.2.3 macOS에 아나콘다 설치   34
      2.2.4 텐서플로, 파이토치, Transformer 설치   36
      2.2.5 구글 코랩에서 Transformers 설치 및 사용   37
   2.3 언어 모델과 토크나이저 다루기   38
   2.4 커뮤니티 제공 모델 활용   41
   2.5 다중 모달 트랜스포머 활용하기   44
   2.6 벤치마크와 데이터셋 활용   46
      2.6.1 주요 벤치마크   47
      2.6.2 GLUE 벤치마크   47

		2.6.3 SuperGLUE 벤치마크	48
		2.6.4 XTREME 벤치마크	49
		2.6.5 XGLUE 벤치마크	49
		2.6.6 SQuAD 벤치마크	50
		2.6.7 API를 이용한 데이터셋 접근	50
	2.7	datasets 라이브러리를 이용한 데이터 다루기	55
		2.7.1 정렬, 첨자 접근, 뒤섞기	56
		2.7.2 캐싱과 재사용성	57
		2.7.3 filter 함수를 이용한 필터링	57
		2.7.4 map 함수를 이용한 데이터 처리	58
		2.7.5 지역 파일 다루기	59
		2.7.6 모델 학습을 위한 데이터셋 준비	60
	2.8	속도와 메모리 사용량 벤치마크	61
		요약	66

02부

여러 가지 트랜스포머 모델: 오토인코더에서 자기회귀 모델까지

03.	오토인코딩 언어 모델		68
3.1	기술적 요구사항		69
3.2	BERT: 오토인코딩 언어 모델의 하나		69
	3.2.1 BERT 언어 모델의 사전 훈련 작업		69
	3.2.2 자세히 살펴본 BERT 언어 모델		71
3.3	임의의 언어를 위한 오토인코딩 언어 모델의 훈련		74
3.4	커뮤니티와 모델 공유하기		85
3.5	그 밖의 오토인코딩 모델들		86
	3.5.1 ALBERT 소개		86
	3.5.2 RoBERTa 모델		90
	3.5.3 ELECTRA		93
	3.5.4 DeBERTa 모델		93
3.6	토큰화 알고리즘 다루기		94
	3.6.1 BPE		97
	3.6.2 WordPiece 토큰화		98

	3.6.3 SentencePiece 토큰화	98
	3.6.4 tokenizers 라이브러리	99
	요약	107

04. 생성형 모델에서 LLM(대규모 언어 모델)으로   108

4.1	기술적 요구사항	109
4.2	GLM 소개	109
4.3	GLM 다루기	111
	4.3.1 GPT 모델 계열	112
	4.3.2 Transformer-XL	115
	4.3.3 XLNet	115
4.4	텍스트 투 텍스트 모델 다루기	116
	4.4.1 T5를 이용한 다중 작업 학습	117
	4.4.2 T0 모델을 이용한 제로샷 텍스트 일반화	123
	4.4.3 BART: 또 다른 잡음 제거 기반 seq2seq 모델	124
4.5	GLM 훈련	126
4.6	자동회귀 모델을 이용한 자연어 생성	132
	요약	136
	참고문헌	136

05. 텍스트 분류를 위한 언어 모델 미세조정   137

5.1	기술적 요구사항	138
5.2	텍스트 분류 개요	138
5.3	단일 문장 이진 분류를 위한 BERT 모델 미세조정	139
5.4	네이티브 파이토치를 사용한 분류 모델 훈련	148
5.5	다중 클래스 분류를 위한 BERT 모델 미세조정 (커스텀 데이터셋 활용)	154

5.6	문장 쌍 회귀를 위한 BERT 모델 미세조정	161
5.7	다중 레이블 텍스트 분류	168
5.8	run_glue.py를 활용한 모델 미세조정	175
	요약	176
	참고문헌	176

06. 토큰 분류를 위한 언어 모델 미세조정   177

6.1	기술적 요구사항	178
6.2	토큰 분류 소개	178
	6.2.1 NER의 이해	179
	6.2.2 품사 태깅의 이해	181
	6.2.3 질의응답(QA(Question Answering))의 이해	182
6.3	개체명 인식을 위한 언어 모델 미세조정	183
6.4	토큰 분류를 이용한 질의응답	191
6.5	다양한 작업을 위한 질의응답	201
	요약	202

07. 텍스트 표현   203

7.1	기술적 요구사항	204
7.2	문장 임베딩 소개	204
	7.2.1 교차 인코더 대 이중 인코더	206
7.3	문장 유사도 모델의 벤치마킹	207
7.4	BART 모델을 이용한 제로샷 학습	211
7.5	FLAIR를 이용한 의미 유사성 실험	215
	7.5.1 평균 단어 임베딩	218
	7.5.2 RNN 기반 문서 임베딩	219

	7.5.3 트랜스포머 기반 BERT 임베딩	219
	7.5.4 SBERT 임베딩	220
7.6	SBERT를 이용한 텍스트 근집화	223
	7.6.1 BERTopic을 이용한 주제 모델링	227
7.7	SBERT를 이용한 의미 검색	229
7.8	지시문 미세조정 임베딩 모델	235
	요약	238
	더 읽을거리	238

08. 모델 성능 향상   240

8.1	기술적 요구사항	241
8.2	데이터 증강을 통한 성능 향상	241
	8.2.1 문자 수준 증강	242
	8.2.2 단어 수준 증강	242
	8.2.3 문장 수준 증강	243
	8.2.4 데이터 증강을 통한 IMDb 텍스트 분류 성능 향상	244
8.3	모델을 도메인 적응시키기	250
8.4	최적의 초매개변수를 결정하기 위한 HPO 기법	258
	요약	263

09. 매개변수 효율적 미세조정   264

9.1	기술적 요구사항	265
9.2	PEFT 소개	265
9.3	여러 유형의 PEFT	266
	9.3.1 가산적 방법	267
	9.3.2 선택적 방법	267
	9.3.3 저계수 미세조정	268

9.4	PEFT 실습	268
	9.4.1 어댑터 조정을 통한 BERT 체크포인트 미세조정	269
	9.4.2 NLI 작업을 위한 FLAN-T5의 효율적 미세조정 (LoRA 이용)	274
	9.4.3 QLoRA를 이용한 미세조정	286
	요약	287
	참고문헌	288

03부 고급 주제들

10	LLM(대규모 언어 모델)	290
10.1	기술적 요구사항	291
10.2	LLM이 중요한 이유	291
	10.2.1 보상 함수의 중요성	293
	10.2.2 LLM의 instruction-following 능력	295
10.3	대규모 언어 모델의 미세조정	297
	요약	304

11.	NLP와 설명 가능한 AI(XAI)	305
11.1	기술적 요구사항	306
11.2	주의 헤드의 해석	306
	11.2.1 exBERT를 사용한 주의 헤드 시각화	308
	11.2.2 BertViz를 이용한 주의 헤드의 다중 스케일 시각화	313
	11.2.3 탐침 분류기를 이용한 BERT 내부 구조 이해	323
11.3	모델 결정 설명하기	324
	11.3.1 LIME을 이용한 트랜스포머 결정 해석	326
	11.3.2 SHAP(SHapley Additive exPlanations)을 이용한 트랜스포머 결정 해석	331
	요약	333

12. efficient transformer — 334

- 12.1 기술적 요구사항 — 335
- 12.2 효율적이고 가볍고 빠른 트랜스포머 모델 소개 — 335
- 12.3 모델 크기 축소 — 337
  - 12.3.1 DistilBERT를 이용한 지식 증류 — 338
  - 12.3.2 트랜스포머 모델의 가지치기 — 340
  - 12.3.3 양자화 — 343
- 12.4 효율적인 자기주의 메커니즘 활용 — 345
  - 12.4.1 고정 패턴 기반 희소 자기주의 — 346
  - 12.4.2 학습 가능 패턴 — 360
  - 12.4.3 저계수 분해, 핵 방법 및 기타 접근 방식 — 365
- 12.5 bitsandbytes를 이용한 좀 더 쉬운 양자화 — 366
- 요약 — 367
- 참고문헌 — 367

13. 교차 언어 및 다국어 언어 모델링 — 369

- 13.1 기술적 요구사항 — 370
- 13.2 번역 언어 모델링과 교차 언어 지식 공유 — 370
- 13.3 XLM과 mBERT — 373
  - 13.3.1 mBERT 모델 — 373
  - 13.3.2 XLM — 374
- 13.4 교차 언어 유사성 작업 — 379
  - 13.4.1 교차 언어 텍스트 우사성 — 379
  - 13.4.2 언어 간 텍스트 유사성의 시각화 — 382
- 13.5 교차 언어 분류 — 386
- 13.6 교차 언어 제로샷 학습 — 392
- 13.7 대규모 다국어 번역 — 396
  - 13.7.1 미세조정한 다국어 모델의 성능 — 398
- 요약 — 400
- 참고문헌 — 401

14. 트랜스포머 모델의 서비스 제공 — 402
- 14.1 기술적 요구사항 — 403
- 14.2 FastAPI를 이용한 트랜스포머 모델 서비스 제공 — 403
- 14.3 API의 도커화 — 407
- 14.4 TFX를 이용한 좀 더 빠른 트랜스포머 모델 서비스 제공 — 408
- 14.5 Locust를 이용한 부하 테스트 — 412
- 14.6 ONNX를 이용한 더 빠른 추론 — 415
- 14.7 SageMaker 추론 — 416
    - 요약 — 419
    - 더 읽을거리 — 419

15. 모델 추적 및 모니터링 — 420
- 15.1 기술적 요구사항 — 420
- 15.2 모델 지표 추적 — 421
    - 15.2.1 텐서보드를 이용한 모델 훈련 추적 — 421
    - 15.2.2 W&B를 이용한 실시간 모델 훈련 추적 — 425
    - 요약 — 430
    - 더 읽을거리 — 430

04부 NLP 이외의 트랜스포머 활용

16. 비전 트랜스포머(ViT) — 432
- 16.1 기술적 요구사항 — 433
- 16.2 비전 트랜스포머(ViT) — 433
- 16.3 트랜스포머를 이용한 이미지 분류 — 438
- 16.4 트랜스포머를 이용한 의미론적 분할과 물체 검출 — 439
- 16.5 시각적 프롬프트 모델 — 445
    - 요약 — 449

17. 생성형 다중 모달 트랜스포머   450
17.1 기술적 요구사항   451
17.2 다중 모달 학습   451
    17.2.1 생성형 다중 모달 AI   453
17.3 텍스트-이미지 생성을 위한 스테이블 디퓨전   453
17.4 스테이블 디퓨전을 이용한 이미지 생성   455
17.5 MusicGen을 이용한 음악 생성   457
17.6 트랜스포머를 이용한 텍스트-음성 생성(음성 합성)   459
    요약   460

18. 시계열 데이터를 위한 트랜스포머 아키텍처의 재고찰   461
18.1 기술적 요구사항   462
18.2 시계열 데이터의 기본 개념   462
18.3 트랜스포머와 시계열 모델링   464
    요약   471

Memo

1부

이 분야의 최근 발전 상황, 실습 준비, 그리고 첫 번째 헬로 월드 프로그램

1부에서는 트랜스포머Transformer의 기초를 소개한다. 트랜스포머를 이용한 첫 '헬로 월드' 프로그램을 개발하는 데 필요한 패키지들을 설치하는 방법과 사전 훈련된 언어 모델을 활용하는 방법을 배우게 될 것이다. 예제 코드는 CPU로 실행할 수도 있고 GPU로 실행할 수도 있다. 여러 실습 과제를 통해 이후에 다룰 좀 더 복잡한 과제들을 공략하는 데 필요한 기초 실력을 다지게 될 것이다.

1부를 구성하는 장(챕터)은 다음과 같다.

- 1장 BoW(단어 주머니)에서 트랜스포머까지
- 2장 실습 환경 준비와 기본 지식

01

BoW(단어 주머니)에서 트랜스포머까지

지난 20년간 **자연어 처리**(natural language processing, **NLP**) 분야에서 괄목할 만한 발전이 있었다. 우리는 여러 패러다임을 거쳐 트랜스포머 아키텍처 시대에 도달했다. 이러한 발전으로 NLP 과제 해결을 위해 단어나 문장을 더 효과적으로 표현할 수 있게 되었다. 한편으로는 텍스트 입력을 이미지 등 다른 양식과 결합하는 다양한 사례도 등장했다. 대화형 **인공지능**(AI)이 새로운 시대를 맞이했다. 특히, 질문에 답하고, 개념을 설명하고, 심지어 수학 문제를 단계별로 풀어내는 등 인간처럼 행동하는 **챗봇**이 개발되었다. 이 모든 발전이 매우 짧은 기간에 이루어졌다. 이런 거대한 진보를 가능케 한 핵심 요인 중 하나가 바로 트랜스포머 모델임은 의심의 여지가 없다.

서로 다른 자연어들 사이는 물론이고 자연어와 이미지, 자연어와 프로그래밍 언어, 더 나아가 자연어와 거의 모든 다른 양식 사이의 의미론적 이해를 찾아낼 수 있게 되었고, 덕분에 자연어를 주된 입력으로 사용해서 AI 분야의 여러 많은 복잡한 작업을 수행할 수 있는 새로운 길이 열렸다. 가장 쉽게 상상할 수 있는 방법은 우리가 원하는 그림을 글로 설명하면 모델이 그럴듯한 그림을 제공하는 것이다(https://huggingface.co/spaces/CVPR/regionclip-demo).

그림 1.1 프롬프트 'A yellow apple(노란 사과)'을 사용한 제로샷 사물 인식

이런 모델들은 지속적인 학습과 개선 과정을 통해 그런 능력을 갖추게 됐다. 초기에는 분포 의미론과 n-그램^{n-gram} 언어 모델을 이용해서 단어와 문서의 의미를 이해하는 접근 방식이 주로 쓰였다. 하지만 이런 접근 방식에는 몇 가지 한계가 있었다. 한편, 서로 다른 모달리티들을 확산시키는 새로운 접근 방식들과 언어 모델, 특히 **LLM**, 즉 **대규모 언어 모델**(large language model)을 훈련하는 현대적인 접근 방식들이 등장하면서 다양한 응용 방법이 현실화되었다.

고전적인 심층학습 혹은 **딥러닝**^{deep learning}(DL) 아키텍처들 덕분에 NLP 작업의 성능이 크게 향상되었으며 전통적 접근 방식의 한계를 극복할 수 있었다. 널리 쓰이는 DL 아키텍처로는 **순환 신경망**(RNN), **순방향 신경망**(FFNN), **합성곱 신경망**(CNN) 등이 있다. 하지만 이런 모델들도 각자 나름의 문제점을 겪었다. 최근에는 트랜스포머 모델이 표준이 되어 다른 모델들의 단점을 모두 해소했다. 단일 언어 작업뿐만 아니라 다국어, 다중 작업에서도 성능 차이가 두드러졌다. 이러한 기여로 NLP에서 **전이 학습**(transfer learning, TL)이 더욱 실용화되었다. 전이 학습은 같은 도델을 서로 다른 작업이나 언어에 재사용하는 것을 목표로 한다.

이번 장에서는 먼저 주의 메커니즘(attention mechanism)을 살펴보고 트랜스포머 아키텍처를 간략하게 개괄한다. 또한, 트랜스포머 모델과 이전 NLP 모델 간의 차이점도 정리한다.

이번 장에서 다루는 주제는 다음과 같다.

- NLP 접근 방식들의 진화 과정
- 전통적인 NLP 접근 방식 요약
- 딥러닝 활용
- 트랜스포머 아키텍처 개요

- 트랜스포머를 이용한 전이 학습
- 다중 모달 학습

1.1 NLP 접근 방식들의 진화 과정

그럼 지난 20년간 NLP 분야가 어떻게 진화했는지, 특히 어떤 개선점들이 있었는지 살펴보자. 최근의 발전은 트랜스포머 아키텍처의 혁신으로 대표된다. 이 아키텍처는 갑자기 등장한 것이 아니다. 다양한 신경망 기반 NLP 접근법에서 주의 기반 인코더-디코더 아키텍처로 발전해 왔으며, 지금도 계속 진화 중이다. 트랜스포머 아키텍처와 그 변형들이 지난 10년간 인기를 얻은 이유는 다음과 같다.

- 자기주의(self-attention) 덕분에 문맥적 단어 임베딩이 가능해졌다.
- 입력 문장 정보를 하나의 문맥 벡터로 압축하는 문제를 주의 메커니즘으로 해결했다.
- 개선된 부분단어(subword) 토큰화 알고리즘으로 미등록 단어나 희귀 단어 처리가 수월해졌다.
- 문장에 추가적인 메모리 토큰을 주입하는 기법을 도입했다. **Doc2vec**의 문단 ID나 **BERT**(Bidirectional Encoder Representations from Transformers)[1]의 **분류** 토큰([CLS])이 그 예이다.
- 병렬화 가능한 아키텍처로 학습과 미세조정 속도가 빨라졌다.
- 모델 압축 기술(증류, 양자화 등)을 적용했다.
- 전이 학습으로 딥러닝 모델을 새로운 작업이나 언어에 쉽게 적용할 수 있게 되었다.
- 교차 언어, 다국어, 다중 작업 학습이 가능해졌다.
- 다중 모달 훈련을 지원한다.

전통적인 NLP 접근법은 오랫동안 다양한 NLP 작업에 활용됐다. **n-그램 언어 모델**, **TF-IDF 기반 모델**, **BM25 정보 검색 모델**, **원핫 인코딩 문서-단어 행렬** 등이 그 예이다. 이들은 시퀀스^{sequence}(순차열) 분류, 언어 생성, 기계번역 등에 쓰였다. 하지만 이런 전통적인 접근 방식들은 한계가 있어서, 희소성, 희귀 단어, 장기 의존성 처리에 어려움을 겪었다. 이러한 문제를 해결하기 위해 다양한 딥러닝 기반 접근 방식들이 개발되었는데, RNN이나 CNN, FFNN, 그리고 기타 여러 변형 모델이 그것이다.

---

1 (옮긴이) BERT의 원문인 Bidirectional Encoder Representations from Transformers는 대략 '트랜스포머에서 산출한 양방향 인코더 표현들'이라는 뜻인데, 인기있는 교육용 TV 프로그램 세서미 스트리트의 인기 캐릭터 Bert^{베트}를 염두에 두고 문구를 지었났을 가능성이 높다. 이런 관행은 이후의 ALBERT나 RoBERTa, BART 등으로도 이어졌다. 이하, 정보값이 그리 크지 않은 약자 원문은 번역을 생략하기도 하겠다.

TF-IDF 모델로 생성한 문서 벡터는 특징(feature)이 3만 개가 넘을 때가 많았다. 2013년에 등장한 2계층 FFNN 단어 인코더 모델인 **word2vec**은 **단어 임베딩**(word embedding)이라는 작고 조밀한 단어 표현을 생성함으로써 이러한 '차원의 저주(curse of dimensionality)' 문제를 해결했다. 이 초기 모델은 주변 단어를 사용하여 대상 단어를 예측하는 방식으로 비지도 텍스트 데이터를 지도 데이터로 변환하는 자기 지도 학습(self-supervised learning)을 통해 빠르고 효율적인 정적 단어 임베딩을 생성할 수 있었다. 한편, **GloVe**라는 모델도 널리 쓰였는데, 관계자들은 이런 카운트 기반 모델이 신경망 모델보다 더 나은 성능을 낼 수 있다고 주장했다. GloVe는 말뭉치(corpus)의 전역적 및 지역적 통계를 모두 활용해서 단어-단어 동시 출현 빈도를 기반으로 임베딩을 학습한다.

단어 임베딩은 다음 그림에서 보는 것처럼 일부 구문 및 의미 작업에 효과적임이 입증되었다. 이 그림은 임베딩에서 단어 간의 오프셋을 통해 벡터 기반 추론이 어떻게 가능한지 보여준다. 예를 들어, 남자와 여자라는 단어의 오프셋(남자 → 여자)으로부터 성별 관계라는 의미 관계(semantic relation)를 일반화할 수 있다. 그런 다음, 남배우라는 단어의 벡터에 앞에서 계산한 오프셋을 더하여 여배우라는 단어의 벡터를 산술적으로 추정할 수 있다. 마찬가지로, 단어의 복수형과 같은 구문적 관계도 학습할 수 있다. 예를 들어, 남배우, 남배우들, 여배우라는 단어 벡터들이 주어지면 여배우들이라는 단어 벡터를 추정할 수 있다.

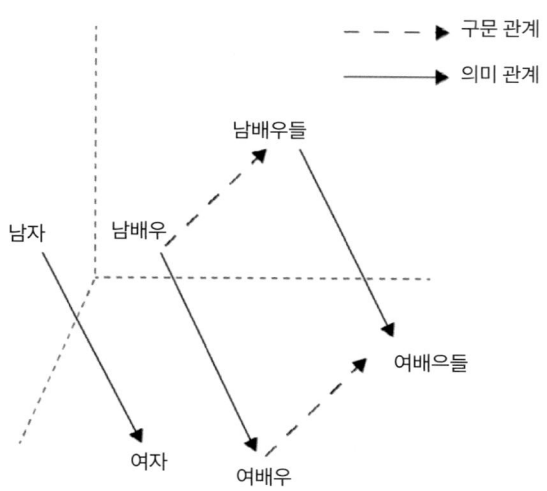

그림 1.2 관계 추출을 위한 단어 임베딩 오프셋

단어 임베딩의 표현력은 RNN이나 CNN 같은 딥러닝 모델의 기본 구성요소가 되었다. 각 토큰을 임베딩으로 표현하는 **seq2seq**(sequence-to-sequence) 문제를 풀기 위해 순환 아키텍처와 합성곱 아키텍처를 각각 인코더와 디코더로 사용하는 모델들이 등장했다. 이러한 초기 모델들은 다의어(여러 의미를 가진 단어)를 처리하는 데 어려움을 겪을 때가 많았다. 이런 모델들은 각 단어에 하나의 고정된 표현을 할당하므로 한 단어가 여러 의미를 가진다는 점이 무시된다. 이는 특히 문장 의미론(semantics)의 측면에서 심각한 문제였다.

ULMFiT(Universal Language Model Fine-tuning) 및 **ELMo**(Embeddings from Language Models) 같은 선구적인 신경망 모델은 정적 단어 임베딩과는 달리 문장 수준의 정보를 인코딩할 수 있었다. 덕분에 다의성 문제가 완화되었다. 이로부터, **문맥 단어 임베딩**(contextual word embedding)이라는 새로운 개념이 등장했다.

ULMFiT와 ELMo 접근 방식은 RNN의 변형인 **LSTM**(Long Short-Term Memory; 장단기 기억) 신경망에 기반한다. 또한 이들은 사전 학습과 미세조정 기술을 적극적으로 활용한다. 일반적인 작업을 위해 일반적인 텍스트 데이터셋으로 모델을 미리 훈련한 후, 지도 학습을 통해서 특정 작업에 맞게 모델을 조율하는 방식이다. 이는 이전에 이미지 처리 분야에서 성공을 거두었던 전이 학습(TL)이 NLP 분야에 처음으로 적용되었다는 점에서 중요한 발전이었다.

한편, 주의 메커니즘이라는 아이디어(Bahdanau 외, *Neural Machine Translation by Jointly Learning to Align and Translate*, 2015)가 NLP 분야에 강한 인상을 남겼다. 이 메커니즘은 특히 seq2seq 문제에서 상당한 성공을 거두었다. 이전 방식들은 전체 입력 시퀀스로부터 얻은 마지막 상태(문맥 벡터 또는 사고 벡터라고 함)를 출력 시퀀스에 연결하거나 제거하지 않고 전달했다. 하지만 주의 메커니즘을 이용하면 입력의 특정 부분을 출력의 특정 부분과 연결할 수 있다.

2017년에는 트랜스포머 기반의 인코더-디코더 모델이 등장했는데, 주의 메커니즘을 참신한 방식으로 활용한 덕분에 큰 성공을 거두었다. 이 모델의 설계는 RNN의 순환 특성을 제거하고 주의 메커니즘만 사용하는 FFNN에 기반한다(Vaswani 외, *Attention is All You Need*, 2017). 트랜스포머는 다른 방식들이 직면했던 많은 어려움을 극복하고 새로운 패러다임으로 자리 잡았다. 이 책을 통해서 트랜스포머 기반 모델이 어떤 것이고 어떻게 작동하는지 배우게 될 것이다.

1.2 전통적인 NLP 접근 방식의 요약

전통적인 모델은 곧 구식이 되겠지만, 혁신적인 디자인에 대한 단서를 제공할 수 있다. 이 중 가장 중요한 것은 여전히 사용되는 확률분포(distribution)에 기반한 방법들이다. **분포 의미론**(distributional semantics)은 미리 정의된 사전 정의나 기타 정적 자원에 의존하는 대신 단어의 분포와 관련한 증거를 분석해서 단어의 의미를 설명하는 이론이다. 이 접근 방식은 유사한 맥락에서 자주 나타나는 단어는 의미도 비슷할 때가 많다는 점에 주목한다. 예를 들어, 개와 고양이와 같은 단어는 종종 유사한 맥락에서 나타나는데, 이는 두 단어의 의미가 연관되어 있음을 암시한다. 이 아이디어는 1954년에 젤릭 S. 해리스 Zellig S. Harris가 "*Distributional Structure*"라는 논문에서 처음 제안했다. 분포 기반 접근 방식을 사용할 때 얻을 수 있는 이점 중 하나는 연구자가 시간이 지남에 따라(또는 단어의 여러 정의역 또는 어감에 걸쳐서) 단어의 뜻이 변하는 과정을 추적할 수 있다는 것이다. 이는 사전(dictionary)의 정의만으로는 불가능한 일이다.

수년 동안 전통적인 NLP 접근 방식은 단어와 문장을 이해하기 위해 **단어 모음 혹은 단어 주머니**(Bag-of-Words, BoW)와 n-그램 언어 모델에 의존해 왔다. **벡터 공간 모델**(vector space model, VSM)이라고도 하는 BoW 접근 방식은 원핫 인코딩one-hot encoding이라는 희소 표현(sparse representation) 방법을 이용해서 단어와 문서를 표현한다. 이러한 원핫 인코딩 기술은 텍스트 분류, 단어 유사성, 의미 관계 추출, 단어 의미 모호성 해소와 같은 다양한 NLP 작업을 해결하는 데 쓰였다. 반면에 n-그램 언어 모델은 단어 시퀀스(단어열)에 확률을 배정하는데, 이를 통해서 주어진 단어열이 말뭉치에 속할 가능성을 계산하거나 주어진 말뭉치를 기반으로 임의의 단어 시퀀스를 생성할 수 있다.

이런 모델들은 종종 **용어 빈도**(Term Frequency, TF)와 **역 문서 빈도**(Inverse Document Frequency, IDF) 지표와 함께 쓰인다. 이 지표들은 용어에 중요도를 배정하는 데 유용하다. 특히 유용한 것은 IDF다. IDF는 불용어(stop word)나 기능어(functional word)처럼 자주 등장하는 단어들의 가중치(weight)를 낮춘다. 이런 단어들은 문서 내용을 이해하는 데 별 도움이 되지 않는다. 용어의 변별력은 도메인(문제 영역)에 따라 다르다. 예를 들어 딥러닝(DL)에 관한 글들에는 네트워크[2]라는 단어가 자주 등장한다. 이 도메인의 데이터에서 네트워크라는 용어를 보는 건 놀랄 일이 아니다. 주어진 단어의 **문서 빈도**(Document Frequency, DF)는 그 단어가 나오는 문서의 수를 센 것이다. 이를 이용해 모든 용어의 가중치를 조절할 수 있다. TF는 단순히 한 문서 안에서 해당 용어가 출현한 횟수다.

---

2 (옮긴이) 예전에는 기계학습 관련 문헌에 나오는 network를 'neural network'의 준말로 가정해서 '신경망'으로 번역하곤 했다. 하지만 요즘은 기계학습 모델과 인간 두뇌와의 관련성이 그리 강하지 않으므로 이 번역서에서는 그냥 '네트워크'로 옮기기로 한다.

다음은 TF-IDF 기반 BoW 모델의 몇 가지 장단점이다.

표 1.1 TF-IDF BoW 모델의 장단점

장점	단점
- 구현하기 쉽다. - 결과를 사람이 해석할 수 있다. - 도메인에 맞게 적용할 수 있다.	- 차원의 저주 - 이전에 보지 못한 단어는 처리할 수 없다. - 의미 관계(일종, 소유, 동의어 등)를 거의 포착하지 못한다. - 단어 순서를 무시한다. - 어휘가 크면 처리 속도가 느리다.

BoW 접근 방식을 사용해 작은 문장을 표현하는 것은 비효율적일 수 있다. 문장에 나타나는지 여부와 관계없이 사전의 각 단어를 벡터의 별도 차원으로 표현해야 하기 때문이다. 그래서 0인 성분이 많은 고차원 벡터가 생성된다. 이런 벡터는 다루기 어려울 뿐만 아니라 저장에도 많은 메모리가 필요하다.

BoW 모델의 차원 문제를 극복하기 위해 **잠재 의미 분석**(Latent semantic analysis, **LSA**)이라는 방법이 널리 쓰였다. 이것은 용어 간의 쌍별 상관관계(pairwise correlation)를 포착하는 선형 기법이다. LSA 기반 확률적 방법을 그냥 주제 변수(topic variable)들로 이루어진 하나의 은닉층(hidden layer) 모델로 간주할 수도 있다. 하지만 요즘 딥러닝 모델에는 매개변수가 수십억 개인 은닉층이 여러 개 포함된다. 게다가, 트랜스포머 기반 모델은 이러한 기존 모델보다 잠재적 표현을 훨씬 더 잘 발견할 수 있음을 보여주었다.

기존 NLP 작업 파이프라인은 주로 토큰화, 형태소 분석, 명사구 감지, 청킹^{chunking}, 불용어 제거 등의 준비 단계로 시작된다. 이러한 단계가 완료되면 TF-IDF를 사용해 문서-용어 행렬을 구성하는 것이 일반적이다. 이 행렬은 감성 분석, 문서 유사성, 문서 클러스터링, 질의문과 문서의 관련성 점수 측정 등 다양한 **머신러닝**$^{Machine\ Learning}$(**ML**) 파이프라인의 입력으로 쓰인다. 마찬가지로, 용어는 행렬로 표현되어 개체명(named entity) 인식 및 의미 관계 추출 같은 토큰 분류 작업에 대한 입력으로 사용될 수 있다. 분류 단계에는 일반적으로 **서포트 벡터 머신**$^{support\ vector\ machine}$(**SVM**), 랜덤 포레스트$^{random\ forest}$, 로지스틱 회귀, 나이브(단순) 베이즈, 다중 학습기(부스팅 또는 배깅) 같은 지도 학습 알고리즘을 적용한다.

1.2.1 언어 모델의 설계와 생성

언어 생성 작업에 대한 전통적인 접근 방식은 마르코프 과정이라고도 하는 n-그램 언어 모델을 사용하는 경우가 많다. 이 모델은 이전 단어들의 부분집합에 기반해서 다음 단어(이벤트)의 확률을 추정하는 확률 모형이다. n-그램 모델의 주요 유형으로는 유니그램($n=1$인 경우)과 바이그램($n=2$), 그리고 임의의 n에 대한 일반적 n-그램이 있다. 이들을 더 자세히 살펴보자.

- **유니그램**unigram 모델은 모든 단어가 독립적이며 서로 연결되지 않는다고 가정한다. 어휘에 있는 단어의 확률은 전체 단어 수에서 해당 단어의 빈도로 계산된다.
- 1차 마르코프 과정(first-order Markov process)라고도 하는 **바이그램**bigram 모델은 이전 단어 하나를 기반으로 다음 단어의 확률을 추정한다. 이 확률은 연속된 두 단어의 결합확률을 첫 단어의 확률로 나눈 값이다.
- N차 마르코프 과정이라고도 하는 **n-그램** 모델은 이전 $n-1$개의 단어를 기반으로 다음 단어의 확률을 추정한다.

이상으로 전통적인 NLP 모델들의 기본 패러다임을 간략하게나마 소개했다. 그럼 신경망 언어 모델들이 NLP 분야에 어떤 영향을 미쳤는지, 특히 기존 모델의 한계를 어떻게 해결했는지 살펴보자.

1.3 딥러닝 활용

수십 년 동안 성공적인 아키텍처가 여럿 등장했는데, 특히 단어 및 문장 표현 분야에서 성과가 컸다. 신경망 기반 언어 모델들은 언어의 간결하고 높은 품질의 표현을 학습하는 데 효과적이었다. 이는 대규모 데이터셋을 이용해서 좀 더 발전된 신경망 아키텍처를 훈련할 수 있었기 때문이다.

2013년에 등장한 word2vec 모델은 연속 단어 표현을 학습하기 위한 간단하고 효과적인 아키텍처를 도입한 모델로, 감성 분석(sentiment analysis; 또는 감정 분석), 바꿔쓰기 감지(paraphrase detection), 관계 추출과 같은 다양한 구문 및 의미론적 언어 작업에서 다른 모델들보다 성능이 뛰어났다. 또한 계산 복잡도가 낮다는 점도 word2vec의 인기 요인이었다. word2vec의 임베딩 방법이 성공을 거두면서 NLP 분야가 단어 임베딩 표현에 주목하게 되었다. 단어 임베딩은 최신 NLP 모델들에서도 널리 쓰인다.

word2vec 및 유사한 모델은 주변 단어 예측에 기반한 예측 기반 신경망 아키텍처를 사용하여 단어 임베딩을 학습한다. 이 접근 방식은 빈도 기반 기술에 의존해서 분포 의미를 포착하는 기존 BoW 방법들과는 다르다. GloVe 모델의 작성자들은 빈도 기반 방법과 예측 기반 방법 중 어떤 것이 분포 단어 표현에 더 적합한지에 대한 논의를 제기하고, 두 접근 방식에 큰 차이가 없다고 주장했다. 널리 쓰이는 또 다른 모델로 **FastText**가 있다. 이 모델은 각 단어를 문자 n-그램들의 모음(bag)으로 표현하되, 각 n-그램을 상수 벡터로 표현함으로써 부분단어 정보를 통합한다. 각 단어는 해당 부분단어 벡터들의 합으로 표현된다. 이 아이디어는 1993년에 H. 슈체^{Schütze}가 처음 소개했다. 이런 방식 덕분에 FastText는 이전에 본 적이 없는 단어나 아주 드물게만 나오는 단어도 그 표현을 계산하고 접미사 및 접두사와 같은 단어의 내부 구조를 학습할 수 있다. 이런 능력은 형태학적으로 풍부한(morphologically rich) 언어에 특히 유용하다. 현대적인 트랜스포머 아키텍처 역시 부분단어 정보 통합을 활용하며, **WordPiece**나 **SentencePiece**, 또는 **BPE**(Byte-Pair Encoding; 바이트 쌍 인코딩) 같은 다양한 부분단어 토큰화 방법을 사용한다.

그럼 널리 쓰이는 RNN(순환 신경망) 모델들을 간략하게 살펴보자.

1.3.1 RNN 모델을 사용한 단어 순서 고려

기존 BoW 모델은 모든 단어를 개별 단위로 취급해서 한데 몰아넣을 뿐이다. 따라서 단어들의 순서는 고려하지 못한다. 반면에 RNN 모델은 이전 토큰의 정보를 누적하여 각 토큰(단어)의 표현을 학습한다. 이를 통해 최종 토큰은 전체 문장의 표현을 제공하게 된다.

다른 신경망 모델들처럼 RNN 모델은 원시 텍스트를 토큰^{token}이라는 원자 단위로 분해한다. 이를 토큰화(tokenization)라고 부른다. 그런 다음에는 각 토큰을 토큰 임베딩이라고 하는 숫자 벡터로 변환한다. 이 벡터들은 훈련 중에 학습된다. 또는, word2vec이나 FastText와 같은 잘 알려진 단어 임베딩 알고리즘을 사용하여 이러한 토큰 임베딩을 미리 생성할 수도 있다.

그림 1.3은 `The cat is sad.`(그 고양이는 슬프다)라는 문장에 대한 RNN 아키텍처를 개괄한 도식이다. 여기서 `x0`은 `the`의 벡터 임베딩이고 `x1`은 `cat`의 벡터 임베딩이다. 나머지 단어들도 마찬가지 방식으로 벡터 임베딩을 가진다. 이 그림은 RNN의 순환(recursion; 또는 재귀)으로 형성되는 신경망 층들을 모두 펼쳐서 비순환적인 하나의 **심층 신경망**(Deep Neural Network, **DNN**) 형태로 표시한 것인데, 여기서 '펼친다'라는 것은 각 단어를 개별 신경망 층에 연관시키는 것을 말한다. `The cat is sad.`라는 단어열은 토큰 다섯 개짜리 토큰열(token sequence)이 된다. 각 층의 은닉 상태(hidden state)는 모든 단계가 공유한다. 이 상태들은 신경망의 기억(메모리) 역할을 한다. 이 은닉 상태들은 이전 모든 시간 단계(timestep)와 현재 시간 단계에서 발생한 정보를 인코딩한 것에 해당한다. 이점을 염두에 두고 그림 1.3의 도식을 잘 살펴보기 바란다.

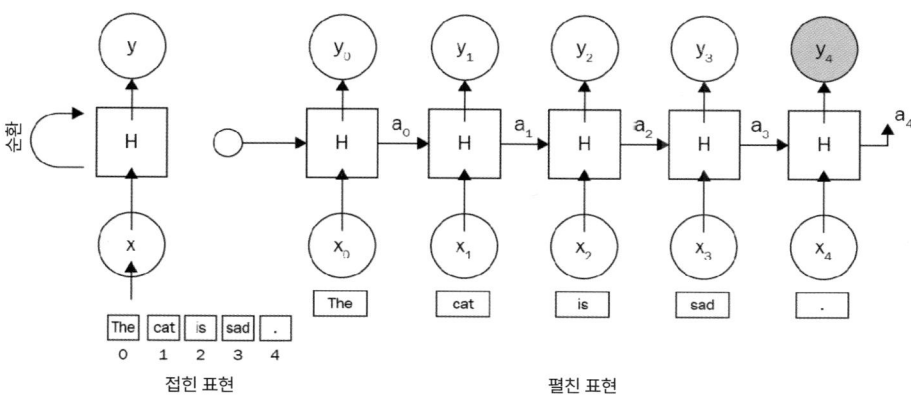

그림 1.3 RNN 아키텍처

다음은 RNN 아키텍처의 몇 가지 장점이다.

- **가변 길이 입력 처리**: 입력 문장의 길이에 상관없이 가변 길이의 입력을 처리할 수 있는 능력이다. 예를 들어, 매개변수를 바꾸지 않고도 세 단어로 구성된 문장과 300 단어 문장을 같은 방식으로 신경망에 입력할 수 있다.
- **단어 순서 고려**: 단어의 위치를 고려하여 순차적으로 단어를 처리한다.
- **다양한 모드에서 작동 가능**: 기계번역 모델과 감성 분석 모델을 동일한 순환(재귀) 패러다임을 이용해서 훈련할 수 있다. 두 아키텍처 모두 RNN을 기반으로 한다.
  - **일대다 모드**(one-to-many mode): 언어 생성이나 음악 생성 같은 작업을 위해 RNN을 일대다 모델로 재설계할 수 있다. 예를 들어, 단어에서 문장에서의 정의로의 변환이 가능하다.
  - **다대일 모드**(many-to-one mode): 텍스트 분류나 감성 분석에 사용할 수 있다. 예를 들어, 단어 목록으로 이루어진 문장을 감성 점수로 변환하는 것이 가능하다.
  - **다대다 모드**(many-to-many mode): 다대다 모델은 기계번역, 질문 답변, 텍스트 요약 같은 인코더-디코더 문제나 **개체명 인식**(Named Entity Recognition, **NER**) 같은 시퀀스 레이블링 문제를 해결하는 데 적합하다.

RNN 아키텍처의 단점은 다음과 같다.

- **장기 의존성 문제**: 매우 긴 문서에서 멀리 떨어진 용어들을 연관시키려면 그 중간에 있는 다른 관련 없는 용어들도 신경 써서 인코딩해야 한다.
- **기울기 폭발 또는 소실 문제 발생 가능성**: 긴 문서를 다룰 때는 초반 단어들의 가중치 갱신이 아주 까다롭다. 이 때문에 기울기 소실(vanishing gradient) 문제가 발생해서 모델을 훈련하는 것이 불가능해진다.

- **병렬 훈련이 어려움**: 병렬 처리를 위해서는 문제를 더 작은 단위로 분할해서 동시에 풀 수 있어야 한다. 하지만 RNN은 고전적인 순차적 접근 방식을 따른다. 각 층이 이전 층에 크게 의존하기 때문에 병렬 처리가 어렵다.
- **긴 시퀀스 처리 시 느린 계산 속도**: 짧은 텍스트 문제에 대해서는 RNN이 효율적일 수 있다. 하지만 긴 문서를 처리할 때는 (장기 의존성 문제 외에도) 속도가 매우 느려지는 문제가 있다.

RNN은 이론적으로 이전의 여러 시간 단계에 있는 정보에 주의를 기울일 수 있지만, 실제 응용에서는 긴 문서 및 장기 의존성과 같은 문제점이 잘 드러나지 않는다. 긴 시퀀스는 여러 깊은 층들 안에서 표현된다. 이 문제의 해법을 제시한 연구 논문이 많이 나왔는데, 다음은 그중 일부다.

- Hochreiter, Schmidhuber. *Long Short-term Memory*. 1997.
- Bengio 외. *Learning long-term dependencies with gradient descent is difficult*. 1993.
- K. Cho(조경현) 외. *Learning phrase representations using RNN encoder-decoder for statistical machine translation*. 2014.

1.3.2 LSTM 및 게이트 순환 유닛

LSTM 네트워크(Schmidhuber, 1997)와 **게이트 순환 유닛**(gated recurrent units, GRU; Cho, 2014)은 장기 의존성 문제를 해결하기 위해 설계된 RNN의 한 유형이다. LSTM의 주요 특징 중 하나는 셀 상태(cell state)를 활용하는 것이다. 셀 상태는 LSTM 단위 상단의 수평 시퀀스 라인인데, 망각·삽입·갱신 작업을 처리하는 특별한 게이트들로 제어된다. LSTM의 복합 구조가 그림 1.4에 나와 있다.

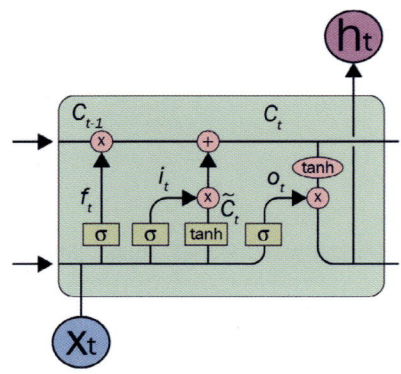

그림 1.4 LSTM 유닛

이러한 구조 덕분에 다음과 같은 작업이 가능하다.

- 셀 상태에 저장할 정보를 결정할 수 있다.
- 특정 정보를 선택해서 잊거나('망각') 삭제할 수 있다.

기존 RNN에서는 특정 토큰의 상태를 학습하기 위해 이전 토큰들의 전체 상태를 재귀적(순환적)으로 처리했다. 그러나 이전 시간 단계들의 모든 정보를 가져오면 기울기 소실 문제가 발생해서 모델의 훈련이 어려워진다. 간단하게 말하면, 정보를 전달하는 데 드는 어려움이 단계가 진행될수록 기하급수적으로 증가한다. 예를 들어 이전 토큰 하나의 정보를 전달하는 데 필요한 노력이 2단위라고 하면, 이전 2개의 토큰 정보를 전달하는 데는 4단위, 이전 10개의 토큰 정보를 전달하는 데는 1,024단위의 노력이 필요하다.

LSTM 네트워크는 게이트 메커니즘 덕분에 특정 시간 단계에서 관련 없는 일부 토큰을 건너뛰거나 장거리 상태를 기억하여 현재 토큰 상태를 학습할 수 있다. GRU는 여러 면에서 LSTM과 유사하지만, 주요 차이점은 셀 상태를 사용하지 않는다는 것이다. 대신 셀 상태의 기능을 은닉 상태로 통합함으로써 아키텍처를 단순화했다. GRU는 **갱신 게이트**(update gate)와 **재설정 게이트**(reset gate)라는 두 개의 게이트만 포함한다. 갱신 게이트는 이전 및 현재 시간 단계의 정보를 얼마나 전달할지 결정하며, 이를 통해 모델이 과거의 관련 정보를 유지할 수 있다. 이 덕분에 기울기 소실 문제가 발생할 위험이 줄어든다. 반면에 재설정 게이트는 관련 없는 데이터를 감지해서 망각하는 효과를 낸다.

기존 RNN을 사용하는 seq2seq 파이프라인에서는 입력 데이터의 모든 정보를 단일 표현으로 압축해야 했다. 그러나 그런 방식에서는 출력 토큰이 입력 토큰의 특정 부분에 집중하게 만들기가 어렵다. '**바다나우 주의 메커니즘**(Bahdanau's attention mechanism)'은 원래 이 문제를 효과적으로 해결하기 위해 RNN에 적용된 기법인데, 이후 트랜스포머 아키텍처의 핵심 개념이 되었다. 트랜스포머 아키텍처가 주의를 활용하는 이 책에서 나중에 좀 더 자세히 다룬다.

1.3.3 문맥적 단어 임베딩과 전이 학습

예전에는 word2vec 같은 전통적인 단어 임베딩이 신경망 기반 언어 이해 모델에서 중요하게 쓰였다. 하지만 이러한 임베딩 방식은 단어의 문맥(context, 맥락)을 고려하지 않는다는 한계를 가진다. 예를 들어 *bank*라는 단어는 문맥에 따라 '은행'을 뜻할 수도 있고 '강둑'을 뜻할 수도 있다. 하지만 전통적인 단어 임베딩은 주어진 단어를 항상 동일한 벡터로 표현했다. 사람이든 기계든, 언어를 제대로 이해하려면 단어의 의미가 문맥에 따라 다를 수 있음을 반드시 고려해야 한다.

이러한 맥락에서 ELMo와 ULMFiT는 자연어 처리(NLP) 분야에 문맥적 단어 임베딩과 효율적인 전이 학습을 도입한 선구적인 모델이라 할 수 있다. 이들은 질의응답, 개체명 인식(NER), 관계 추출 등 다양한 언어 이해 작업에서 뛰어난 성능을 보여주었다. 이러한 개념적 임베딩은 단어의 의미와 단어가 등장한 문맥을 함께 포착한다. 전통적인 단어 임베딩 방식과 달리, ELMo와 ULMFiT는 양방향 LSTM을 이용해 문장 전체를 고려해서 단어를 인코딩한다.

ELMo와 ULMFiT는 사전 훈련된 단어 임베딩을 다른 NLP 작업에 재사용할 수 있음을 보여주었다. 특히 ULMFiT는 전이 학습을 NLP 작업에 성공적으로 적용했다는 점에서 큰 의의를 지닌다. 당시 전이 학습은 컴퓨터 비전computer vision 분야에서는 보편적으로 활용되었지만, NLP 분야에서는 작업이 달라지면 모델을 수정하거나 처음부터 다시 훈련해야 하는 어려움이 있었다. ULMFiT는 모든 NLP 작업에 적용 가능한 효율적인 전이 학습 방법을 제시했으며, 언어 모델 미세조정 기술 또한 선보였다. ULMFiT는 세 단계로 구성된다. 첫 단계에서는 대규모 말뭉치를 이용해 일반적인 도메인 언어 모델을 사전 훈련한다. 이를 통해 다수의 신경망 층에서 일반적인 언어적 특징을 학습하게 된다. 둘째 단계에서는 사전 훈련된 언어 모델을 대상 작업 데이터셋에 맞게 미세조정한다. 이때 판별적 미세조정(discriminative fine-tuning)을 이용해서 작업 고유의 특징들을 학습한다. 마지막 단계에서는 점진적 고정 해제(gradual unfreezing)를 통해 대상 작업에 맞게 분류기를 미세조정한다. 이러한 방식은 하위 수준 표현을 유지하면서 상위 수준 표현을 조정할 수 있다는 것이 장점이다.

이제 이 책의 주된 주제인 트랜스포머로 넘어가자!

1.4 트랜스포머 아키텍처의 개요

트랜스포머 모델은 텍스트 분류부터 텍스트 생성까지 광범위한 NLP 문제에서 뛰어난 성능을 보여주면서 큰 주목을 받고 있다. 트랜스포머 모델의 핵심은 바로 '주의 메커니즘(attention mechanism)'이다. 주의 메커니즘은 트랜스포머 모델 이전에도 RNN 등 기존 딥러닝 모델의 개선에 쓰였지만, 트랜스포머 모델에서 그 중요성이 더욱 부각되었다. 트랜스포머 모델이 무엇이고 NLP 분야에 어떤 영향을 미쳤는지 이해하려면 먼저 주의 메커니즘을 자세히 살펴볼 필요가 있다.

1.4.1 주의 메커니즘

주의 메커니즘은 입력 시퀀스의 특정 토큰과 출력 시퀀스의 특정 토큰을 연결하여 모델의 성능을 향상한다. 예를 들어, 영어-한국어 번역 작업에서 입력 문장에 **Canadian Government**(캐나다 정부)라는 구문이 있다고 가정하자. 출력 문장의 **캐나다 정부** 토큰은 입력 문장의 Canadian Government 구문과 강하게 연결되고, 그밖의 단어들과는 상대적으로 약하게 연결된다(그림 1.5 참고).

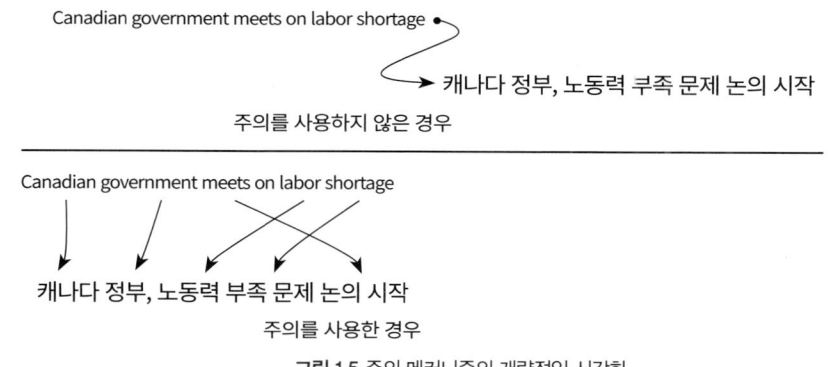

그림 1.5 주의 메커니즘의 개략적인 시각화

이 메커니즘을 통해 번역, 질의응답, 텍스트 요약과 같은 seq2seq 작업에서 모델의 성능을 높일 수 있다.

주의 메커니즘의 초기 변형 중 하나는 Bahdanau 외(2015)가 제안한 메커니즘이다. 이 메커니즘은 GRU 또는 LSTM과 같은 RNN 기반 모델이 **신경망 기계번역**(Neural Machine Translation, **NMT**) 같은 작업에서 정보의 병목(bottleneck) 현상을 겪는다는 점에 착안한다. 그런 인코더-디코더 기반 모델에서 **인코더**는 토큰 ID 형태의 입력 데이터를 **순환 방식**(recurrent fashion)으로 처리한다. 인코더가 출력한 중간 표현을 **디코더**에 해당하는 또 다른 **순환 유닛**에 입력하면 최종 결과가 산출된다. 이 과정에서 정보가 마치 눈덩이가 구르듯 누적되는데, 디코더가 모든 의존관계를 파악하지 못하고 중간 표현(문맥 벡터)만 입력받기 때문에 정보 손실이 발생할 수 있다.

이러한 문제를 해결하기 위해 바다나우는 중간 은닉 값에 가중치를 부여하는 주의 메커니즘을 제안했다. 이 가중치는 디코딩 과정에서 모델이 입력 시퀀스의 각 토큰에 얼마나 주의를 기울여야 하는지를 조절하는 효과를 낸다. 이러한 지침은 NMT와 같이 입력과 출력 시퀀스의 길이가 가변적인 다대다 작업에서 특히 유용하다. 이후 다양한 개선 사항을 포함한 여러 주의 메커니즘이 제안되었다. 대표적으로는 **가산적**(additive), **곱셈적**(multiplicative; 또는 승산적), **종합적**(general) 주의 메커니즘과 **내적**(dot-product) 주의 메커니즘이 있다. 내적 주의에 비례(scaling) 매개변수를 도입한 비례 내적 주의(scaled dot-product attention) 메커니즘도 등장했는데, 이것이 바로 트랜스포머 모델의 기초인 **다중 헤드 주의 메커니즘**(multi-head attention mechanism)이 되었다. 가산적 주의는 앞에서 NMT 작업에서 주목할 만한 변화로도 소개했다. 표 1.2는 여러 주의 메커니즘을 정리한 것이다.

표 1.2 여러 가지 주의 메커니즘

이름	주의 점수 함수
내용 기반 주의	$\text{score}(\boldsymbol{s}_t, \boldsymbol{h}_i) = \text{cosine}[\boldsymbol{s}_t, \boldsymbol{h}_i]$
가산적 주의	$\text{score}(\boldsymbol{s}_t, \boldsymbol{h}_i) = \boldsymbol{v}_a^\top \tanh(\boldsymbol{W}_a[\boldsymbol{s}_t; \boldsymbol{h}_i])$
위치 기반 주의	$\alpha_{t,i} = \text{softmax}(\boldsymbol{W}_a \boldsymbol{s}_t)$
종합적 주의	$\text{score}(\boldsymbol{s}_t, \boldsymbol{h}_i) = \boldsymbol{s}_t^\top \boldsymbol{W}_a \boldsymbol{h}_i$
내적 주의	$\text{score}(\boldsymbol{s}_t, \boldsymbol{h}_i) = \boldsymbol{s}_t^\top \boldsymbol{h}_i$
비례 내적 주의	$\text{score}(\boldsymbol{s}_t, \boldsymbol{h}_i) = \frac{\boldsymbol{s}_t^\top \boldsymbol{h}_i}{\sqrt{n}}$

표 1.2에서 h와 s는 각각 은닉 상태와 상태 자체를 나타내고, W는 주의 메커니즘에 고유한 가중치를 나타낸다.

주의 메커니즘은 NLP에만 국한되지 않는다. 컴퓨터 비전에서 음성 인식에 이르기까지 다양한 응용 분야에도 쓰인다. 예를 들어 그림 1.6은 신경망 이미지 캡션 생성을 위해 훈련된 다중 모달 접근 방식을 시각화한 것이다(K Xu 외, *Show, Attend and Tell: Neural Image Caption Generation with Visual Attention*, 2015).

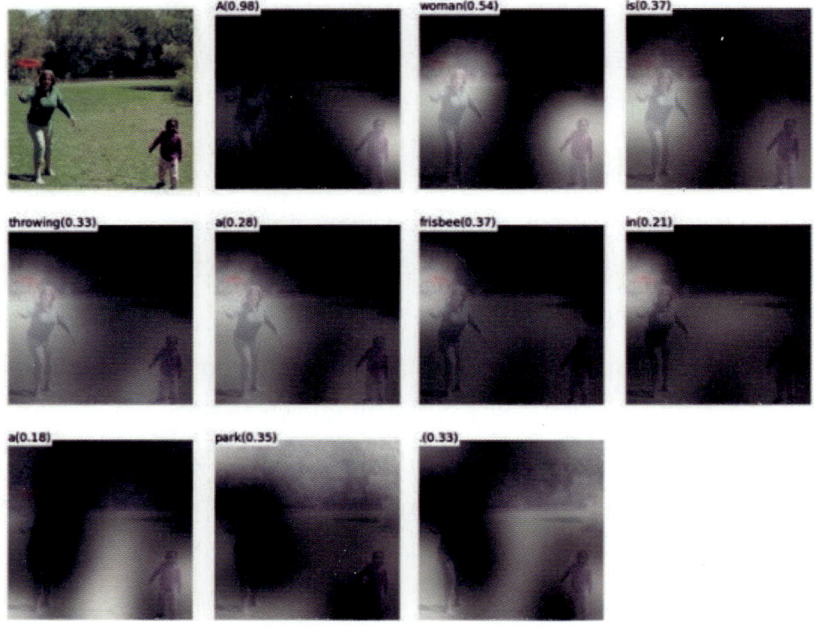

그림 1.6 컴퓨터 비전에 적용된 주의 메커니즘

다음은 또 다른 예이다.

그림 1.7 컴퓨터 비전에 주의 메커니즘이 적용된 또 다른 예

다음으로, 다중 헤드 주의 메커니즘을 살펴보자.

1.4.2 다중 헤드 주의 메커니즘

그림 1.8은 트랜스포머 아키텍처의 필수 요소인 다중 헤드 주의 메커니즘을 도식화한 것이다.

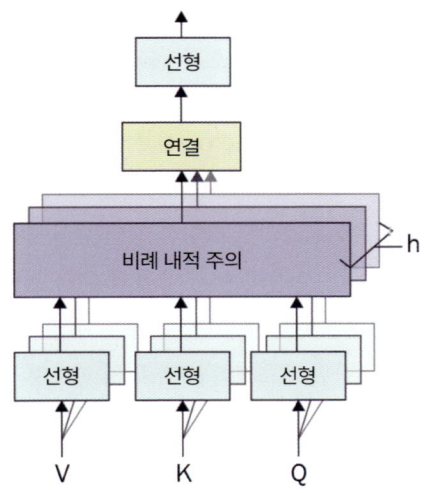

그림 1.8 다중 헤드 주의 메커니즘

비례 내적 주의 메커니즘을 이해하려면 먼저 **자기주의**(self-attention)를 알아둘 필요가 있다. 내적 주의라고도 하는 자기주의는 그림 1.8에 나온 비례 내적 주의의 기본 형태다. 이 주의 메커니즘은 입력 행렬을 사용하여 다양한 항목들 사이의 주의 점수(attention score)를 산출한다.

그림 1.9에서 Q는 **질의**(query), K는 **키**^{key}, V는 **가치**(value)를 나타낸다. 입력 X에 행렬 세타(θ), 피(ϕ), g를 곱하면 Q, K, V가 나온다. 이 행렬들을, 질의와 키를 이용해서 여러 항목이 수치상으로 어떻게 연관되는지를 말해주는 데이터베이스로 생각해도 될 것이다. 주의 점수와 V 행렬을 곱하면 주의 메커니즘의 최종 결과가 나온다. Q, K, V를 다른 외부의 어떤 데이터가 아니라 입력 X 자체로부터 계산한다는 점에서 '자기' 주의라는 이름이 붙었다.

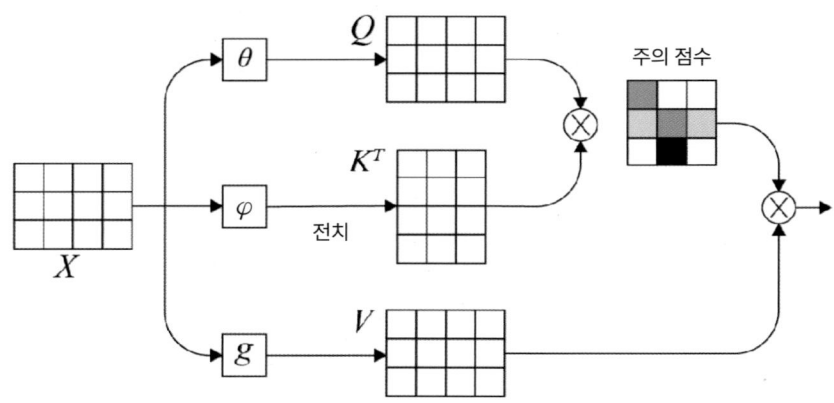

그림 1.9 주의 메커니즘의 수학적 표현 (https://blogs.oracle.com/datascience/multi-head-self-attention-in-nlp 참고)

비례 내적 주의 메커니즘은 비례 계수(scaling factor)를 사용한다는 점을 제외하면 자기주의(내적 주의) 메커니즘과 매우 유사하다. 한편, 다중 헤드 주의 메커니즘이라는 이름에서 '다중 헤드'라는 문구는 이 메커니즘 덕분에 모델이 모든 수준에서 입력의 다양한 측면을 볼 수 있다는 점을 반영한 것이다. 트랜스포머 모델은 인코더가 생성한 중간 표현들과 이전 층들의 은닉 값들에 주의를 기울인다. 트랜스포머 모델의 아키텍처에는 순환적인 단계별 흐름이 없다. 대신 위치 인코딩을 사용해 입력 시퀀스에서 각 토큰의 위치 정보를 받는다. 임베딩(무작위로 초기화됨)과 위치 인코딩의 고정값을 연결한 것이 첫 번째 인코더 부분의 층들로 들어가는 입력이다. 이 입력이 아키텍처 전체로 전파된다(그림 1.10 참고).

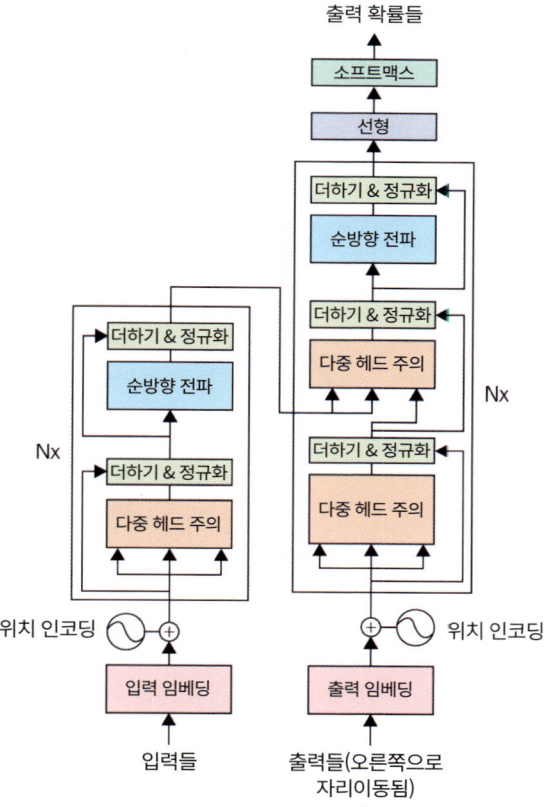

그림 1.10 트랜스포머 아키텍처

위치 정보는 여러 주파수에서 사인파와 코사인파를 평가하여 얻는다. 위치 인코딩(positional encoding)의 예가 그림 1.11에 나와 있다.

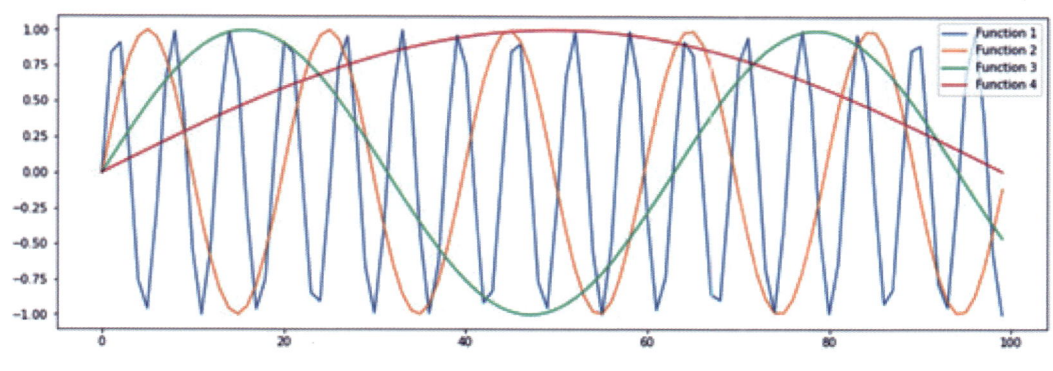

그림 1.11 위치 인코딩

그림 1.12는 트랜스포머 아키텍처와 비례 내적 주의 메커니즘의 우월한 성능을 잘 보여주는 예이다.

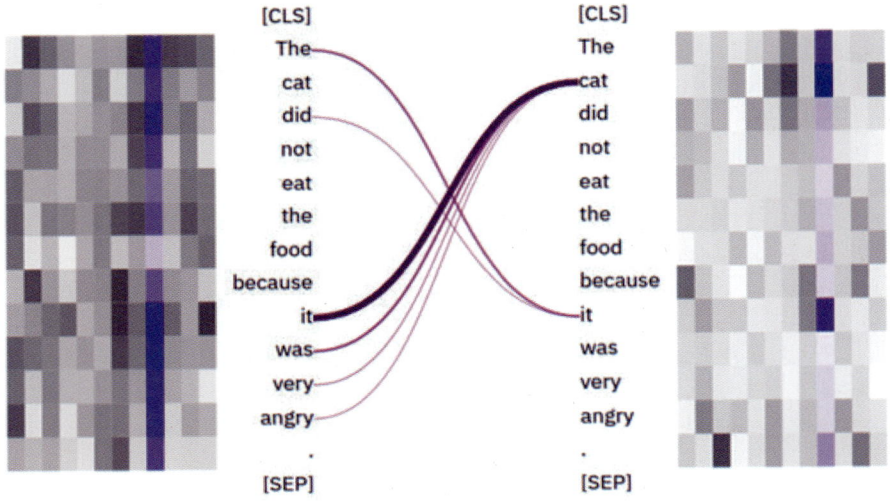

그림 1.12 트랜스포머의 주의 매핑

it이라는 영어 단어가 가리키는 대상은 문맥에 따라 다르다. 그림 1.12의 예에서는 cat(고양이)을 가리킨다. 만약 angry(화난)를 stale(상한)로 바꾼다면, it은 food(음식)를 지칭하게 된다. 트랜스포머 아키텍처를 사용함으로써 얻을 수 있는 또 다른 개선점은 병렬성(parallelism)이다. LSTM이나 GRU 같은 통상적인 순차 순환 모델(sequential recurrent model)은 토큰을 순차적으로 처리하기 때문에 병렬 처리 능력이 없다. 반면에 순방향 신경망의 층들은 각각의 행렬 곱셈을 순환 유닛보다 훨씬 빠르게 계산할 수 있어서 처리 속도가 더 빠르다.[3] 다중 헤드 주의 층(multi-head attention layer)들을 쌓으면 복잡한 문장을 더 잘 이해할 수 있다.

주의 메커니즘의 디코더 쪽은 인코더와 아주 유사한 접근 방식을 사용하지만, 조금 다른 점이 있다. 다중 헤드 주의 메커니즘은 동일하지만, 인코더 스택의 출력도 함께 사용한다는 점이 다르다. 인코더가 출력한 중간 표현은 두 번째 다중 헤드 주의 층의 각 디코더 스택에 입력된다. 이런 약간의 수정 덕분에 디코딩 과정에서 인코더 스택의 출력을 모델이 인지할 수 있게 되며, 동시에 훈련 중에 다양한 층에서 기울기의 흐름이 좀 더 개선된다. 디코더 층의 끝에 있는 최종 소프트맥스 층은 신경망 기계번역(NMT) 같은

---

[3] (옮긴이) 트랜스포머는 토큰들을 병렬로 처리하므로, 토큰만으로는 예를 들어 "I love you"와 "you love I"가 구별되지 않는다. 이 점을 보완하는 것이 앞에서 언급한 위치 인코딩이다.

다양한 용례를 위한 출력을 제공하는 데 쓰인다. 애초에 트랜스포머 아키텍처가 도입된 분야가 바로 기계번역이었다.

이 아키텍처의 입력은 두 개로, 그림 1.10에 '입력'과 '출력(오른쪽으로 자리이동)'으로 표시되어 있다. 전자는 훈련과 추론(inference) 모두에서 항상 존재하는 입력이고, 후자는 모델이 생성한 출력을 오른쪽으로 자리이동(shift)한 것이다. 추론에서 모델 예측을 사용하지 않는 이유는 모델이 스스로의 출력에 기반해서 엉뚱한 방향으로 나아가는 것을 방지하기 위해서다. 예를 들어, 신경망 번역 모델로 영어 문장을 프랑스어로 번역한다고 하자. 모델은 현재의 단어들에 근거해서 다음 단어를 예측하고, 예측한 단어를 사용하여 그다음 단어를 예측하는 과정을 반복할 것이다. 그런데 특정 단계에서 엉뚱한 단어를 예측하면 이후의 모든 예측 또한 잘못될 가능성이 높다. 이처럼 모델이 잘못된 방향으로 나아가는 것을 막기 위해 모델의 출력을 오른쪽으로 한 자리 이동함으로써 '정답' 단어가 입력되게 한다.

그림 1.13은 트랜스포머 모델을 시각화한 예이다. 이 그림은 인코더 층 두 개와 디코더 두 개로 이루어진 트랜스포머 모델을 나타낸다. 이 도식에서 **더하기 및 정규화**(Add & Normalize) 층은 **순방향 전파**(Feed Forward) 층에서 넘어온 입력을 더하고 정규화한다.

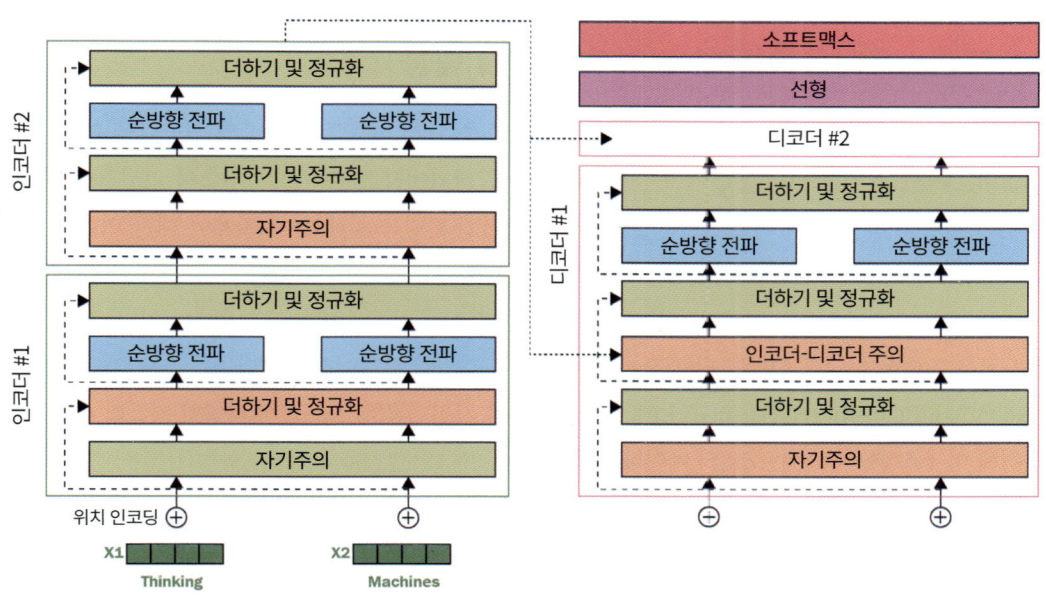

그림 1.13 트랜스포머 모델 (출처: http://jalammar.github.io/illustrated-Transformer/)

트랜스포머 기반 아키텍처는 입력 층에서 본 적 없는 토큰을 방지하는 문제에서도 중요한 개선을 이루었다. 이를 위한 접근 방식은 간단한 범용 텍스트 압축 체계를 기반으로 한다. 이 접근 방식은 바이트 쌍 인코딩(byte-pair encoding, BPE)이나 문장 조각 인코딩(sentence-piece encoding) 같은 다양한 방법을 이용해서 미지의 토큰을 처리함으로써 트랜스포머의 성능을 향상한다. 또한 형태가 유사한 토큰을 만났을 때 모델을 올바른 방향으로 이끄는 효과도 낸다. 이전에 본 적이 없고 훈련에서 거의 사용되지 않은 토큰이 추론 과정에서 나타날 수 있다. 훈련 과정에서 토큰의 일부만 나타나기도 한다. 터키어나 독일어, 체코어, 라트비아어처럼 형태학적으로 풍부한 언어에서 그렇다. 예를 들어 $training$이라는 단어는 본 적이 있지만 $trainings$는 처음 본 모델이 $trainings$를 $training+s$로 토큰화할 수 있다. 이들은 단어를 두 부분으로 나누었을 때 공통으로 나타나는 부분이다.

여러 트랜스포머 기반 모델은 몇 가지 공통적인 특징을 가지고 있다. 예를 들어 모든 모델은 앞에서 설명한 원래의 아키텍처를 기반으로 하되, 특정 단계들을 사용하거나 사용하지 않는다는 점에서 차별화된다. 또한, 다중 헤드 주의 메커니즘을 여러 방식으로 개선하는 등의 사소한 차이가 존재하기도 한다.

다음 절에서는 트랜스포머 안에서 전이 학습(TL)을 적용하는 방법을 살펴본다.

1.5 트랜스포머를 이용한 전이 학습(TL) 활용

전이 학습은 하나의 모델을 서로 다른 작업에 재사용할 수 있게 하는 것이 목표인 인공지능 분야다. 예를 들어, A라는 작업을 위해 훈련한 모델을 B라는 다른 작업에서 재사용할 수 있도록 미세조정하는 것이 전이 학습이다. 자연어 처리(NLP) 분야에서는 언어 모델링을 통해 언어 자체에 대한 이해를 포착할 수 있는 트랜스포머 같은 아키텍처를 이용해서 전이 학습을 실현할 수 있다. 그런 모델을 **언어 모델**(language model)이라고 부른다. 언어 모델은 훈련에 쓰인 언어에 대한 모델을 제공한다. 전이 학습은 새로운 기술이 아니다. 이전부터 컴퓨터 비전과 같은 다양한 분야에서 쓰였다. ResNet, Inception, **VGG**(Visual Geometry Group), EfficientNet 등은 사전 훈련된 모델로서 다양한 컴퓨터 비전 작업을 위해 미세조정할 수 있는 모델의 예이다.

NLP에서는 word2vec, GloVe, Doc2vec 같은 모델을 이용한 얕은(shallow) 전이 학습도 가능하다. 이런 유형의 전이 학습은 배운 것을 모델 자체에 전이하는 것이 아니라, 단어/토큰에 대해 사전 훈련한 벡터들을 전이한다. 그래서 **얕은** 전이 학습이라고 부르는 것이다. 그런 토큰 또는 문서 임베딩 모델은 분류기를 추가로 적용하는 식으로 활용할 수도 있고, 임의의 임베딩 대신 RNN 같은 다른 모델과 결합해서 활용할 수도 있다.

NLP에서 트랜스포머 모델을 이용한 전이 학습도 가능하다. 애초에 트랜스포머 모델은 레이블 붙은 데이터 없이도 언어 자체를 학습할 수 있기 때문이다. 언어 모델링은 다양한 문제에 대해 전이 가능한 가중치를 훈련하는 데 쓰이는 작업이다. 언어 자체를 학습하는 데 사용되는 방법의 하나로 마스크 언어 모델링(masked language modeling)이 있다. 마스크 언어 모델링은 word2vec의 구간(window) 기반 모델이 중심 토큰을 예측할 때와 비슷한 접근 방식을 사용하지만, 주어진 확률에 따라 각 단어를 *[MASK]*와 같은 특별한 토큰으로 대체해서 마스킹한다는 중요한 차이점이 있다. 언어 모델(이 책에서는 트랜스포머 기반 모델)은 마스킹된 단어를 예측해야 한다. word2vec과 달리 이 경우는 문장의 한 구간이 아니라 전체 문장이 주어지며, 모델은 마스킹된 단어들을 채워서 문장을 완성해야 한다.

언어 모델링을 위해 트랜스포머 아키텍처를 사용한 최초의 모델 중 하나는 트랜스포머 아키텍처의 인코더 부분에 기반한 **BERT**이다. BERT에서는 언어 모델을 훈련하기 전과 후에 앞에서 설명한 방법대로 마스크 언어 모델링을 수행한다. BERT는 토큰 분류, 시퀀스 분류, 심지어는 질의응답과 같은 다양한 NLP 작업을 위한 전이 가능한 언어 모델이다.

그런 작업들 각각은 하나의 언어 모델을 훈련한 후에 BERT가 수행하는 미세조정 작업에 해당한다. BERT는 기본 트랜스포머 인코더 모델의 핵심 특징들을 잘 보여주는 모델로 유명하다. 그런 특징들을 적절히 수정한 small(소형), tiny(초소형), base(기준), large(대형), extra-large(초대형) 같은 다양한 버전이 제안되었다. 문맥적 임베딩을 통해 모델은 주어진 문맥에 맞는 단어의 정확한 의미를 이해할 수 있다. 예를 들어, *cold-hearted killer*(냉혹한 살인자)와 *cold weather*(추운 날씨)에서 *cold*라는 단어는 의미가 다르다. 그림 1.14에서 보듯이, 층 수, 입력 차원, 출력 임베딩 차원, 다중 헤드 주의 메커니즘 수 등이 조정 가능한 주요 특징이다.

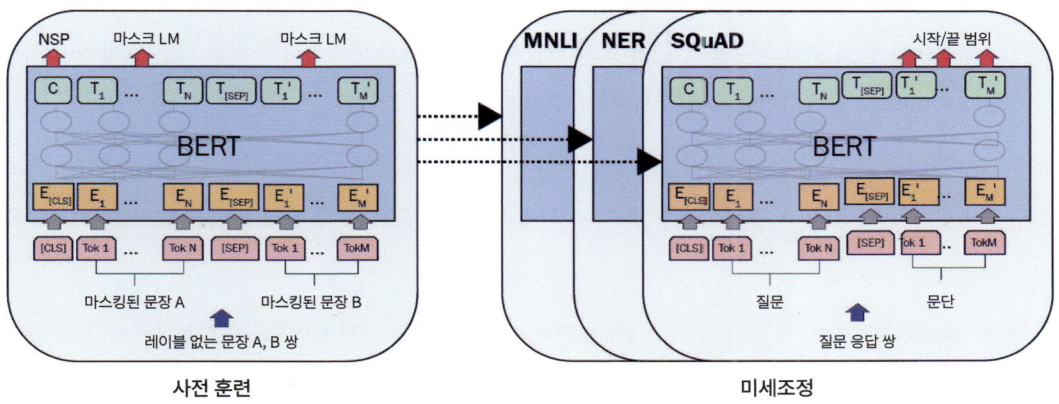

그림 1.14 BERT의 사전 훈련 및 미세조정 절차 (이미지 출처: J. Devlin 외, *BERT: Pre-training of deep bidirectional Transformers for language understanding*, 2018)

그림 1.14에서 볼 수 있듯이 사전 훈련 단계에는 **NSP**(next-sentence prediction; **다음 문장 예측**) 라는 또 다른 훈련 목표(training objective)[4]가 포함된다. 알다시피 하나의 문서는 일련의 문장들로 구성된다. 언어를 이해하는 모델을 훈련할 때 중요한 점 하나는 문장 간의 관계를 이해하는 것, 다시 말해 문장들이 서로 관련이 있는지를 파악하는 것이다. 이를 위해 BERT는 [CLS]와 [SEP] 같은 특수 토큰을 도입했다. [CLS] 토큰은 처음에는 의미가 없는 토큰으로, 모든 작업의 시작을 나타내며 문장 전체의 정보를 담는다. NSP 같은 시퀀스 분류 작업에서는 이 토큰의 출력(출력 위치는 0)을 분류기에 연결한다. 또한 문장의 의미를 평가하거나 의미를 포착하는 데 유용하다. 예를 들어 Siamese BERT 모델을 사용할 때 코사인 유사도와 같은 메트릭을 사용하여 서로 다른 문장에 대한 이러한 두 [CLS] 토큰을 비교하는 것은 매우 유용하다. 반면에 [SEP]는 두 문장을 구분하는 데만 사용된다. 사전 훈련 후 감성 분석 같은 시퀀스 분류 작업을 위해 BERT를 미세조정할 때는 [CLS]의 출력 임베딩을 분류기에 연결한다. 또한 모든 전이 학습 모델은 미세조정 중에 동결되거나 해제될 수 있다는 점도 유의해야 한다. **동결**(freeze; 또는 고정)이란 모델 내부의 모든 가중치와 편향 값(bias)[5]을 상수로 간주해서 훈련을 중단하는 것을 의미한다. 감성 분석의 경우, 일단 모델을 동결했다면 모델 자체는 훈련되지 않고 분류기만 훈련된다.

다음 절에서는 다중 모달 학습을 알아본다. 또한, 트랜스포머와 관련해서 이 학습 패러다임을 사용하는 다양한 아키텍처도 살펴본다.

1.6 다중 모달 학습

다중 모달 학습(multimodal learning; 또는 멀티모달 학습, 다중 양상 학습)은 인공지능의 일반적인 주제의 하나로, 모달리티^{modality}가 한 가지인 데이터(이를테면 이미지만 있는 데이터나 텍스트만 있는 데이터)가 아니라 여러 가지인 데이터를 다루는 학습 패러다임을 말한다. 예를 들어, 입력이나 출력에 이미지와 텍스트가 함께 포함되는 문제나, 입력의 모달리티와 출력의 모달리티가 서로 다른 교차 모달리티(cross-modality) 문제가 다중 모달 학습과 관련된 문제다.

트랜스포머를 이용한 다중 모달 학습으로 넘어가기 전에, 트랜스포머 모델이 어떻게 이미지에도 적용되는지 설명할 필요가 있겠다. 원래 트랜스포머는 시퀀스(1차원 순차열) 형태의 입력을 받지만, 텍스트와

---

[4] (옮긴이) 'objective function'을 흔히 '목적함수'로 옮기는 점을 생각하면 'training objective'는 '훈련 목적'으로 옮겨야 하겠지만, 사소하나마 오독의 여지가 있어서 '훈련 목표'로 옮기기로 한다. 기계학습, 특히 딥러닝의 맥락에서 훈련 목표와 목적함수는 밀접한 관련이 있는 개념들이다. NSP가 BERT의 훈련 목표 중 하나라는 것은 모델이 두 문장의 연관 관계를 얼마나 잘 파악하는지를 정량화(수치화)하는 '목적함수'가 훈련 과정에서 쓰인다는 뜻이다.

[5] (옮긴이) 딥러닝의 맥락에서 bias는 통계학의 '편향'과는 다르다. 혼동을 피하기 위해 딥러닝의 bias를 '치우침 값'이라고 부르기도 한다.

는 달리 이미지는 1차원 시퀀스가 아니다. 이 문제를 해결하는 접근 방식 중 하나는 주어진 이미지를 여러 패치patch로 분할하고, 각 패치를 하나의 벡터 형태로 선형 투영한 후 위치 인코딩을 적용하는 것이다.

그림 1.15는 **비전 트랜스포머**Vision Transformer(**ViT**)의 아키텍처와 그 작동 방식을 보여준다.

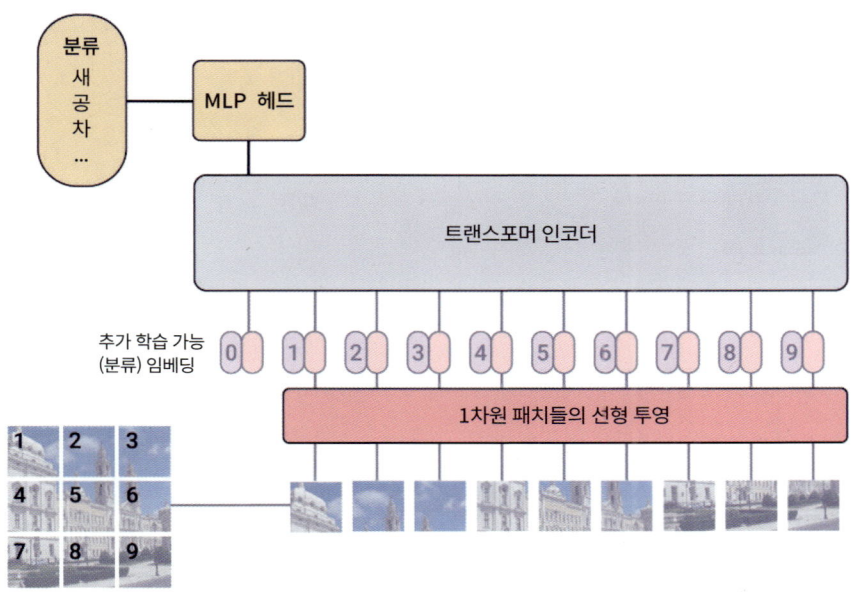

그림 1.15 비전 트랜스포머(ViT) (출처: https://ai.googleblog.com/2020/12/transformers-for-image-recognition-at.html)

BERT 같은 아키텍처에서처럼 분류 헤드를 적용해 이런 모델로 이미지 분류 등의 작업을 수행할 수 있다. 나아가, 이 접근 방식에서 다른 용례와 응용 분야를 도출하는 것도 가능하다.

이미지와 텍스트에 대해 트랜스포머를 따로 적용한다면 각각 텍스트와 이미지를 잘 이해하는 개별적인 모델들이 나온다. 하지만 텍스트와 이미지를 둘 다 이해하며 텍스트와 이미지를 연관시킬 수 있는 모델을 원한다면 제약 조건을 두고 훈련을 수행해야 한다. 이미지와 텍스트를 함께 이해하는 모델로 **CLIP**(Contrastive Language-Image Pre-training; 대조 언어-이미지 사전 훈련) 모델이 있다. 이 모델은 입력과 출력 둘 다 텍스트나 이미지인 의미 검색에 유용하다.

그림 1.16은 이중 인코더를 이용해서 CLIP 모델을 훈련하는 방법을 보여준다.

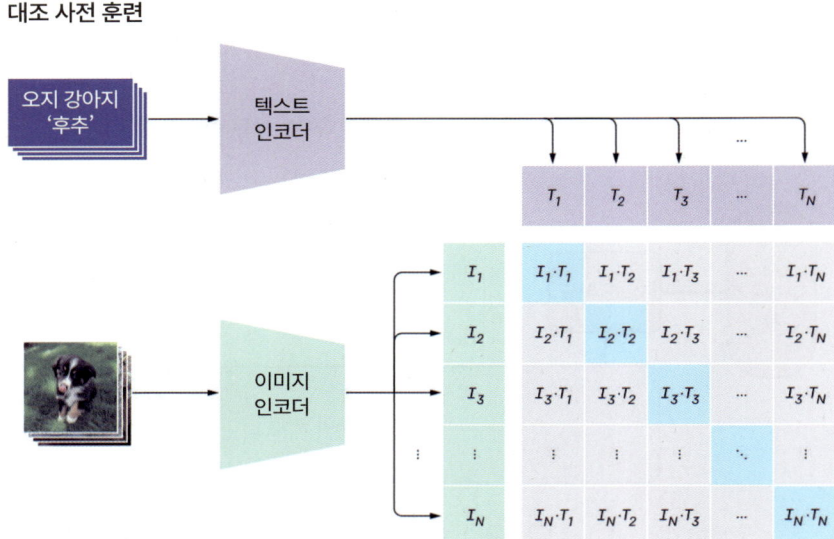

그림 1.16 CLIP 모델의 대조 사전 훈련(contrastive pre-training) (https://openai.com/blog/clip/)[6]

그림의 구조에서 명확히 알 수 있듯이, CLIP 아키텍처는 텍스트 및 이미지 모달리티에 대한 제로샷 예측(zero-shot prediction)에 매우 유용하다. DALL-E나 스테이블 디퓨전$^{Stable\ Diffusion}$ 같은 확산 기반 모델(diffusion-based model)이 이 범주에 속한다.

그림 1.17은 **스테이블 디퓨전**의 파이프라인이다.

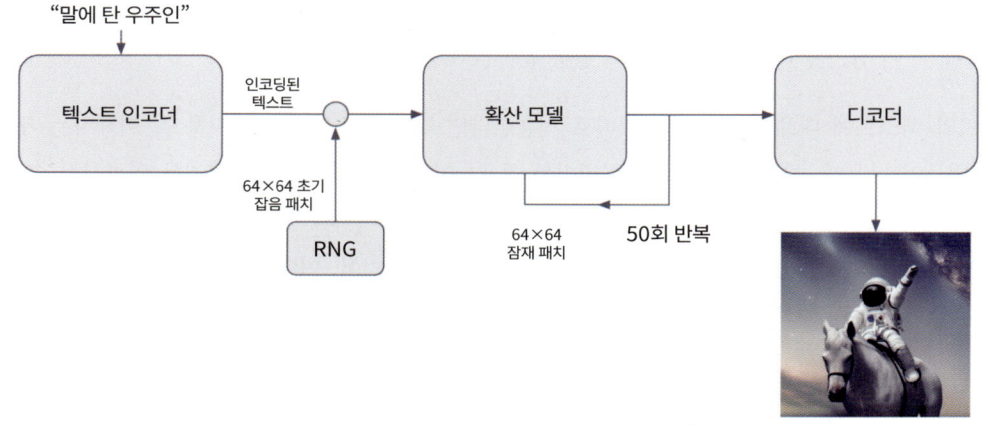

그림 1.17 스테이블 디퓨전의 파이프라인

---

6 (옮긴이) 참고로 '오지^{aussie}'는 오스트레일리아 셰퍼드 종의 애칭이다.

이 그림은 https://www.tensorflow.org/tutorials/generative/generate_images_with_stable_diffusion에서도 볼 수 있다. 라이선스는 https://creativecommors.org/licenses/by/4.0이다.

예를 들어 스테이블 디퓨전은 텍스트 인코더를 이용해서 텍스트를 밀집 벡터(dense vector)[7]로 변환한다. 그러면 확산 모델이 해당 이미지의 벡터 표현을 생성한다. 디코더는 그 벡터 표현을 디코딩한다. 결과적으로 텍스트 입력과 비슷한 의미의 이미지가 생성된다.

다중 모달 학습은 이처럼 이미지-텍스트 관련 작업에서 서로 다른 모달리티들을 활용하는 데 유용할 뿐만 아니라, 텍스트가 음성이나 수치 데이터, 그래프 같은 다른 여러 모달리티에 결합되는 문제에도 적용할 수 있다.

요약

이것으로 이번 장을 마무리하겠다. 이제 BoW부터 트랜스포머까지 NLP 방법과 접근 방식의 발전을 이해했을 것이다. 이번 장에서는 BoW, RNN, CNN 기반 접근 방식을 구현하는 방법을 살펴봤으며, word2vec이 무엇이고 얕은 전이 학습을 통해 기존의 딥러닝 기반 방법을 어떻게 개선할 수 있는지 이야기했다. 그리고 BERT를 예로 들어서 트랜스포머 아키텍처의 기본 개념을 설명했다. 전이 학습이 무엇이고 BERT에서 그것이 어떻게 활용되는지도 알아보았다. 아울러 다중 모달 학습의 일반적인 개념을 설명하고, ViT를 간단하게 소개했다. CLIP과 스테이블 디퓨전 같은 모델도 설명했다.

이번 장을 통해서 트랜스포머 기반 아키텍처의 기본 개념과 이 아키텍처를 사용하여 전이 학습을 적용하는 방법을 이해했다면, 이 책의 나머지 장들을 공부하는 데 필요한 기본 지식이 갖추어진 셈이다.

다음 장에서는 간단한 트랜스포머 예제를 실행하는 방법을 처음부터 상세히 설명한다. 설치 및 설정 방법은 물론 관련 데이터셋(dataset)과 벤치마크를 다루는 방법도 자세히 이야기할 것이다.

---

[7] (옮긴이) 수학에서는(특히 대한수학회 용어집에서) dense를 '조밀'로 번역한다는 점도 알아두면 좋을 것이다. 이 책은 성격상 표준 용어집을 근거로 삼기보다는 보편적으로 사용되는 표현 위주로 사용했으니 참고하기 바란다.

참고문헌

- Mikolov, T., Chen, K., Corrado, G., Dean, J. (2013). *Efficient estimation of word representations in vector space.* arXiv 출판 전 논문 arXiv:1301.3781.

- Bahdanau, D., Cho, K., Bengio, Y. (2014). *Neural machine translation by jointly learning to align and translate.* arXiv 출판 전 논문 arXiv:1409.0473.

- Pennington, J., Socher, R., Manning, C. D. (2014, October). *GloVe: Global vectors for word representation.* Proceedings of the 2014 conference on empirical methods in natural language processing (EMNLP) (pp. 1532–1543).

- Hochreiter, S. and Schmidhuber, J. (1997). *Long short-term memory. Neural computation*, 9(8), 1735–1780.

- Bengio, Y., Simard, P., Frasconi, P. (1994). *Learning long-term dependencies with gradient descent is difficult.* IEEE transactions on neural networks, 5(2), 157–166.

- Cho, K. 외 (2014). *Learning phrase representations using RNN encoder-decoder for statistical machine translation.* arXiv 출판 전 논문 arXiv:1406.1078.

- Kim, Y. (2014). *Convolutional neural networks for sentence classification.* CoRR abs/1408.5882 (2014). arXiv 출판 전 논문 arXiv:1408.5882.

- Vaswani, A. 외 (2017). *Attention is all you need.* arXiv 출판 전 논문 arXiv:1706.03762.

- Devlin, J., Chang, M. W., Lee, K., Toutanova, K. (2018). *BERT: Pre-training of deep bidirectional Transformers for language understanding.* arXiv 출판 전 논문 arXiv:1810.04805.

- Alammar (2022). *The Illustrated Stable diffusion.* https://jalammar.github.io/illustrated-stable-diffusion/

- Zhong, Y. 외 (2022). *Regionclip: Region-based language-image pretraining.* Proceedings of the IEEE/CVF Conference on Computer Vision and Pattern Recognition (pp. 16793–16803).

- Dosovitskiy, A. 외 (2020). *An image is worth 16x16 words: Transformers for image recognition at scale.* arXiv 출판 전 논문 arXiv:2010.11929.

- Radford, A. 외 (2021, July). *Learning transferable visual models from natural language supervision.* International Conference on Machine Learning (pp. 8748–8763). PMLR.

02

실습 환경 준비와 기본 지식

이전 장에서는 **딥러닝**(DL) 기반의 **자연어 처리**(NLP) 기술 발전 과정을 개괄하고 트랜스포머와 그 아키텍처에 관한 기본적인 정보를 제시한다. 이번 장에서는 트랜스포머 모델을 실제로 활용하는 방법을 더 깊이 탐구한다. 토크나이저와 여러 모델, 특히 **BERT**(Bidirectional Encoder Representations from Transformers)를 좀 더 기술적으로 상세하게 설명하고, 사전 훈련된 커뮤니티 모델과 토크나이저를 불러와서 활용하는 방법을 실습 예제를 통해서 살펴볼 것이다. 그런데 그 어떤 모델이든 모델을 사용하려면 먼저 그에 필요한 환경을 갖추어야 한다. 이를 위해 이번 장에서는 아나콘다^{Anaconda}를 이용해서 모델 실행 환경을 설치하고 설정하는 과정부터 설명한다. 리눅스, Windows, macOS 등 다양한 운영체제에서 라이브러리와 프로그램을 설치하는 방법을 살펴볼 것이다. 또한 **파이토치**^{PyTorch}와 **텐서플로**^{TensorFlow}의 CPU 및 GPU 버전 설치 방법과 **구글 코랩**에서 트랜스포머 라이브러리를 빠르게 설치하는 방법도 제공한다. 그리고 파이토치와 텐서플로 프레임워크에서 모델을 사용하는 방법도 따로 설명한다.

허깅 페이스$^{Hugging\ Face}$ 모델 저장소도 이번 장의 중요한 부분이다. 허깅 페이스에서 다양한 모델을 찾고 여러 파이프라인을 사용하는 방법을 논의할 것이다. 예를 들어 **BART**(bidirectional and auto-regressive transformer; 양방향 자기회귀 트랜스포머), BERT, **TAPAS**(TAble PArSing) 같은 모델을 자세히 살펴보고, **GPT-2**(generative pretrained transformer 2; 생성형 사전 훈련 트랜스포머 2)를 이용한 텍스트 생성도 간단하게나마 시험해 본다. 하지만 이 부분은 전적으로 개요일 뿐이다. 이번 장에서 이 부분의 의도는 환경을 준비하고 사전 학습된 모델을 사용하는 방법을 익히는 것이다. 모델의 훈련은 이번 장에서 논의하지 않는다. 그 주제는 이후의 장들에서 좀 더 본격적으로 다룰 것이다.

환경을 준비한 다음에는 커뮤니티에서 제공하는 모델과 Transformer 라이브러리를 이용해서 추론 작업을 수행하는 방법을 설명한다. 그런 다음 datasets 라이브러리를 이용해서 다양한 데이터셋(dataset)과 벤치마크를 불러오고 측정치들을 활용하는 방법을 설명한다. 교차 언어(cross-language) 데이터셋을 다루는 방법과 datasets 라이브러리로 로컬 파일을 사용하는 방법도 논의할 것이다. 이번 장을 통해서 이 책의 나머지 부분에서 트랜스포머로 여러분만의 NLP 파이프라인을 개발할 수 있는 체계를 갖추게 된다.

이번 장에서 다루는 주제는 다음과 같다.

- 아나콘다로 Transformer 라이브러리 설치
- 언어 모델과 토크나이저 다루기
- 커뮤니티에서 제공하는 모델 활용
- 다중 모달 트랜스포머 다루기
- 벤치마크와 데이터셋 활용
- 속도와 메모리 벤치마킹

2.1 기술적 요구사항

다음은 반드시 설치해야 하는 라이브러리와 소프트웨어다. 최신 버전일수록 좋지만, 반드시 서로 호환되는 버전을 설치해야 한다. 허깅 페이스 트랜스포머의 최신 버전 설치에 대한 자세한 정보는 공식 웹페이지(https://huggingface.co/docs/transformers/installation)를 참고하자.

- Anaconda
- transformers 4.25.1
- pytorch 1.13.1
- tensorflow 2.9.2
- datasets 1.4.1

이번 장에 나오는 모든 코드는 이 책의 깃허브^{GitHub} 저장소(https://github.com/PacktPublishing/Mastering-Transformers-Second-Edition)에 있다는 점도 기억하기 바란다.

2.2 아나콘다로 Transformer 라이브러리 설치

아나콘다는 과학 계산용 패키지의 배포와 설치를 쉽게 해주는 파이썬 및 R 프로그래밍 언어 배포판이다. 여기서는 Transformer 라이브러리를 설치하는 방법을 설명한다. 사실 아나콘다 없이도 이 라이브러리를 설치할 수 있다. 하지만 아나콘다를 이용하면 설치와 패키지 구성 과정을 설명하기가 더 쉽다.

이 책에 필요한 라이브러리들을 설치하려면 먼저 아나콘다를 설치해야 한다. 아나콘다 공식 문서에 주요 운영체제(macOS, Windows, Linux)별 간단한 설치 방법이 나와 있다.

그럼 세 종류의 주요 운영체제에서 아나콘다를 설치하는 방법을 살펴보자.

2.2.1 리눅스에 아나콘다 설치

리눅스의 배포판은 다양하다. 가장 선호되는 배포판은 **우분투**^{Ubuntu}일 것이다. 다음은 우분투에서 아나콘다를 설치하는 과정인데, 다른 배포판도 크게 다르지 않다.

1. https://www.anaconda.com/download/success 에서 다음 스크린샷(그림 2.1)과 비슷한 모습의 섹션을 찾아서 여러분의 플랫폼에 맞는 리눅스용 아나콘다 설치 프로그램을 다운로드한다.

그림 2.1 리눅스용 아나콘다 다운로드 링크

2. 다음과 같은 bash 명령으로 설치 프로그램을 실행한다. .sh 파일의 이름은 버전 및 아키텍처에 따라 다를 수 있다.

   ```
   bash /다운로드/폴더/Anaconda.sh
   ```

3. [Enter]를 눌러 라이선스 동의서를 확인한다. 전체를 읽지 않으려면 [Q]를 누르면 된다.

4. [Yes]를 클릭해서 라이선스에 동의한다.

5. 설치 프로그램이 항상 conda 루트 환경을 초기화하도록 [Yes]를 클릭한다.

6. 설치를 마친 후 터미널에서 python 명령을 실행하면 Python 버전 정보 다음에 아나콘다 프롬프트가 표시돼야 정상이다.

7. 터미널에서 anaconda-navigator 명령을 실행하면 아나콘다의 **그래픽 사용자 인터페이스**(GUI)인 아나콘다 내비게이터^{Anaconda Navigator}가 실행된다. 그림 2.2는 아나콘다 내비게이터가 아직 준비 중인 모습이다.

그림 2.2 아나콘다 내비게이터

이제 Windows로 넘어가자.

2.2.2 Windows에 아나콘다 설치

Windows 운영체제에 아나콘다를 설치하는 방법은 다음과 같다.

1. https://www.anaconda.com/download/success에서 다음 스크린샷(그림 2.3)과 비슷한 모습의 섹션을 찾아서 여러분의 Windows 버전에 맞는 아나콘다 설치 프로그램을 다운로드한다.

그림 2.3 Windows용 아나콘다 다운로드 링크

2. 다운로드한 설치 프로그램을 실행하고 안내에 따라 [Next] 버튼과 [I Agree] 버튼을 클릭한다.
3. 다음 스크린샷(그림 2.4)과 같은 대화상자가 나오면 설치 디렉터리를 선택한다.

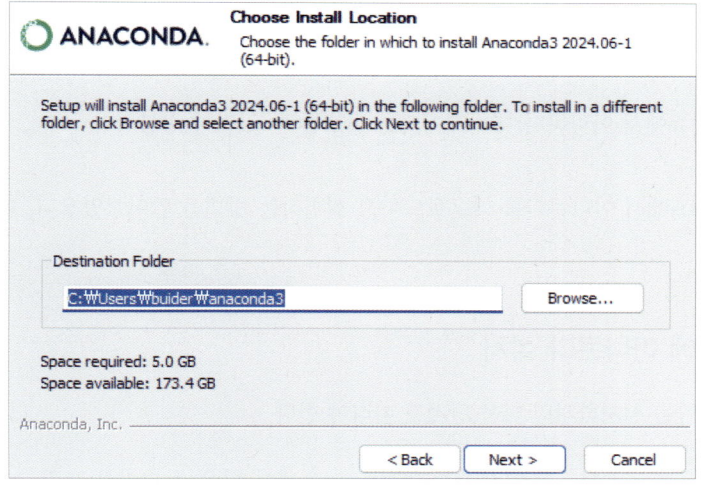

그림 2.4 Windows용 아나콘다 설치 프로그램

4. [Next]를 클릭하면 다음(그림 2.5)과 같은 고급 설치 옵션 대화상자가 나타나는데, 'Add anaconda3 to my PATH environment variable' 체크상자를 반드시 체크하기 바란다. 이 체크상자를 체크하지 않으면 아나콘다 버전의 파이썬 경로가 Windows 환경 변수에 추가되지 않아서 Windows 셸이나 명령 프롬프트에서 python 명령으로 파이썬을 직접 실행할 수 없게 된다.

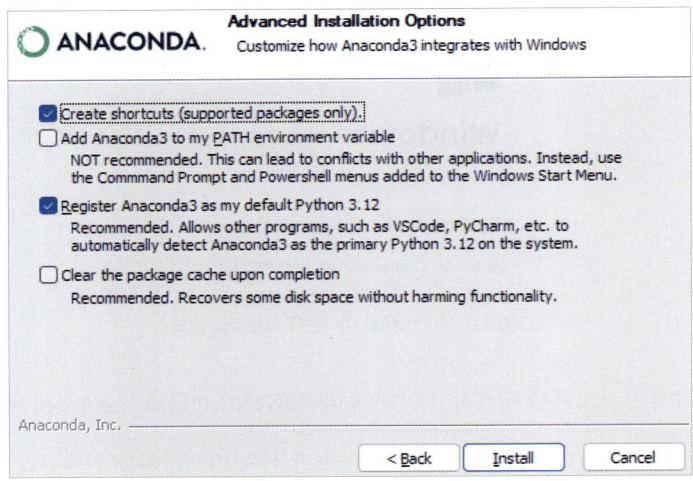

그림 2.5 아나콘다 고급 설치 옵션

5. 나머지 단계들을 진행해서 설치를 마무리한다.
6. 이제 **시작** 메뉴에서 아나콘다 내비게이터를 실행할 수 있어야 정상이다.

리눅스와 Windows에서 아나콘다를 다운로드하고 설치하는 방법을 알아보았으니, 이제 macOS로 넘어가자.

2.2.3 macOS에 아나콘다 설치

macOS에 아나콘다를 설치하려면 다음 단계를 따라야 한다.

1. https://www.anaconda.com/download/success에서 다음 스크린샷(그림 2.6)과 비슷한 모습의 섹션을 찾아서 여러분의 macOS 버전에 맞는 아나콘다 설치 프로그램을 다운로드한다.

02 _ 실습 환경 준비와 기본 지식   35

그림 2.6 macOS용 아나콘다 다운로드 링크

2. 다운로드한 설치 프로그램을 실행한다.

3. 초기 대화상자들을 넘긴 후, 다음(그림 2.7)과 같은 대화상자가 나오면 **[Install]** 버튼을 클릭해서 미리 정의된 위치에 아나콘다를 설치한다. **[Change Install Location]** 버튼을 클릭해서 설치 위치를 바꿀 수 있지만, 권장하지 않겠다.

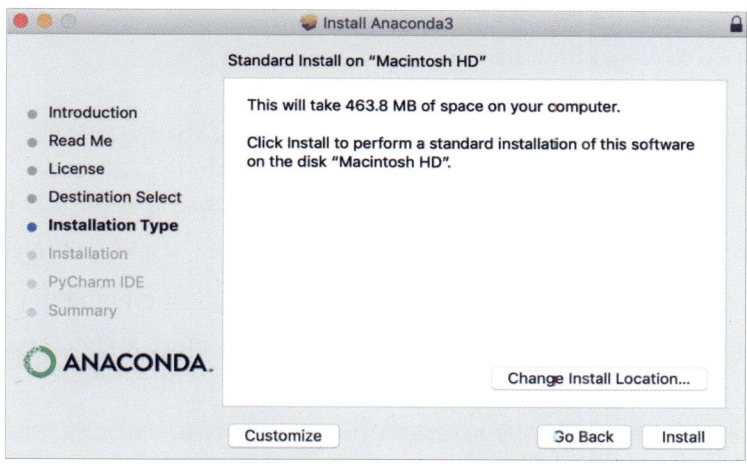

그림 2.7 macOS용 아나콘다 설치 프로그램

설치가 완료되면 아나콘다 내비게이터를 실행할 수 있을 것이다.

2.2.4 텐서플로, 파이토치, Transformer 설치

딥러닝에 주로 사용되는 TensorFlow와 PyTorch는 `pip`으로 설치할 수도 있고 `conda`로 설치할 수도 있다. `conda`는 아나콘다가 제공하는 **명령줄 인터페이스**(Command-Line Interface, CLI)로, 환경 관리 기능과 함께 여러 라이브러리들을 좀 더 쉽게 설치할 수 있는 기능도 제공한다[1].

깔끔한 설치를 위해서는, 특히 다른 환경과의 충돌을 피하려면 Transformers 라이브러리용 `conda` 환경을 따로 만드는 것이 좋다. 다음은 `Transformer`라는 이름의 개별 `conda` 환경을 생성하는 명령이다.

```
$ conda create -n Transformer
```

이 명령은 다른 라이브러리들을 설치할 빈 환경을 생성한다[2]. 생성 후에는 다음과 같이 환경을 활성화해야 한다.

```
$ conda activate Transformer
```

이제 다음 명령들로 **Transformers 라이브러리**와 필수 의존 라이브러리들을 간단하게 설치할 수 있다.

```
$ conda install -c conda-forge tensorflow
$ conda install -c conda-forge pytorch
$ conda install -c conda-forge transformers
```

`conda install` 명령의 `-c` 인수는 아나콘다가 추가적인 채널에서 라이브러리를 검색하도록 한다.

Transformers 라이브러리는 텐서플로와 파이토치를 사용하므로 두 라이브러리 모두 반드시 설치해야 한다. `conda`를 이용하면 텐서플로의 CPU 버전과 GPU 버전을 좀 더 쉽게 다룰 수 있다는 점을 언급할 필요가 있겠다. 그냥 `tensorflow` 뒤에 `-gpu`를 붙이기만 하면 자동으로 GPU 버전이 설치된다. 또한, 파이토치의 GPU 버전(cuda 라이브러리 사용)을 설치하려면 관련 라이브러리가 필요하지만, `conda`가

---

1 (옮긴이) 이 책에서 아나콘다의 GUI는 거의 사용하지 않는다. 여러 문맥에서 conda는 아나콘다 자체를 의미하기도 함을 기억하기 바란다.
2 (옮긴이) 파이썬 실행기조차도 설치되지 않은 빈 환경이다. 파이썬 실행기와 기타 파일들은 파이썬에 의존하는 라이브러리를 설치하면 자동으로 설치되는데, 이때 파이썬의 버전은 해당 라이브러리의 요구 조건에 따라 결정된다. 특정 버전을 강제하고 싶다면 환경 생성 시(또는 첫 라이브러리 설치 시) 해당 명령에 `python==버전` 형태의 인수를 추가하면 된다. 호환성 문제를 피하려면 관련 라이브러리들의 최소/최대 파이썬 버전을 잘 확인해야 할 것이다. 역자의 경우 주피터 노트북의 원활한 실행을 위해 3.10을 사용했으나, 번역서가 나온 시점에서는 상황이 다를 수 있다.

이를 자동으로 처리하므로 추가 설정이나 설치가 필요 없다. 그림 2.8은 conda가 파이토치 GPU 버전과 관련 `cudatoolkit` 및 `cudnn` 라이브러리를 자동으로 설치하는 과정을 보여준다.

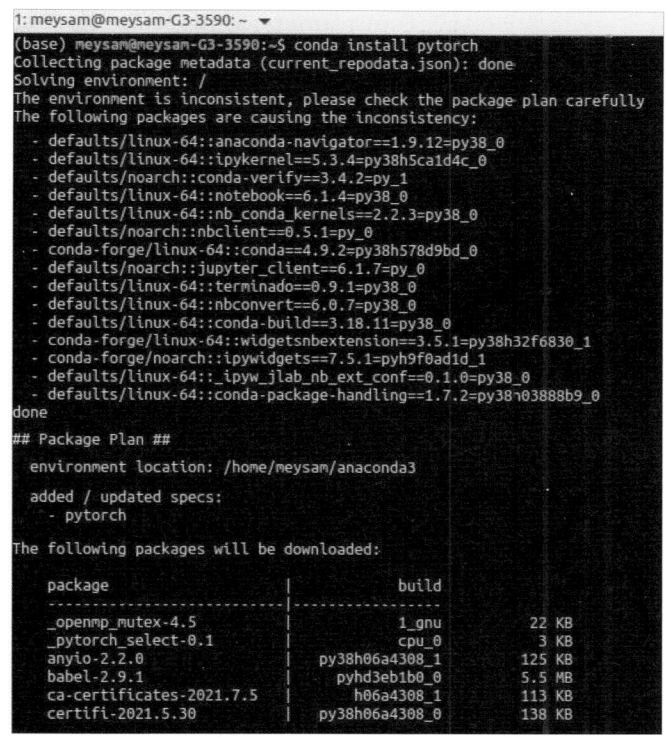

그림 2.8 Conda가 파이토치와 관련 cuda 라이브러리들을 설치하는 모습

이 모든 설치 과정을 conda 없이 진행하는 것도 가능하지만, 방금 보았듯이 아나콘다를 이용하면 설치 과정이 훨씬 수월하다. 환경 사용이나 텐서플로, 파이토치의 GPU 버전 설치 등을 아나콘다가 마치 마법처럼 처리해 주는 덕분에 시간이 크게 절약된다.

2.2.5 구글 코랩에서 Transformers 설치 및 사용

아나콘다가 시간을 절약해 주고 여러 유용한 기능을 제공하지만, 아나콘다로 모든 문제가 해결되지는 않는다. 특히 머신러닝의 경우에 모든 사람이 작업에 필요한 컴퓨팅 자원을 가지고 있지는 않은 경우가 많다. 그런 경우 좋은 대안이 바로 구글 코랩Google Colab이다. 코랩에서는 다음 명령으로 Transformers 라이브러리를 설치할 수 있다.

```
!pip install transformers
```

이처럼 느낌표로 시작하는 명령은 파이썬 인터프리터가 아니라 코랩의 셀에서 실행된다. 즉, 터미널에서 명령을 실행하는 것과 같다. 이 명령 하나면 Transformers 라이브러리가 자동으로 설치된다.

이제 Transformers 라이브러리가 갖추어졌으니, BERT 모델과 토크나이저를 다루는 방법으로 넘어가자.

2.3 언어 모델과 토크나이저 다루기

이번 절에서는 Transformers 라이브러리를 활용하여 언어 모델과 관련 토크나이저를 함께 사용하는 방법을 살펴본다. 특정 언어 모델을 사용하려면 먼저 해당 모델을 임포트^{import}(가져오기 또는 도입)해야 한다. 먼저, 구글이 제공하는 BERT 모델의 사전 훈련된 버전을 사용해 보자.

```
from transformers import BertTokenizer
tokenizer = \
    BertTokenizer.from_pretrained('bert-base-uncased')
```

첫 행은 BERT 토크나이저 클래스를 임포트하고, 둘째 행은 BERT 기본 버전을 위한 사전 훈련된 토크나이저를 다운로드한다. 이름에 '-uncased'가 붙은 버전은 해당 토크나이저가 대소문자 구분 없이 훈련되었음을 뜻한다. 따라서 이 토크나이저에서는 입력 텍스트의 대소문자 구성이 중요하지 않다. 그럼 이 토크나이저를 시험해 보자.

```
text = "Using Transformers is easy!"
tokenizer(text)
```

출력은 다음과 같다.[3]

```
{'input_ids': [101, 2478, 19081, 2003, 3733, 999, 102], 'token_type_ids': [0, 0, 0, 0, 0, 0, 0],
'attention_mask': [1, 1, 1, 1, 1, 1, 1]}
```

---

[3] 예제 코드를 개별 *.py 파일에 저장해서 실행하는 경우라면 `print(tokenizer(text))`처럼 print 함수로 감싸야 출력을 볼 수 있다.

`input_ids`는 각 토큰의 ID이고, `token_type_ids`는 첫 시퀀스와 둘째 시퀀스를 구분하는 각 토큰의 유형을 나타낸다. 다음 도식을 참고하기 바란다(그림 2.9).

```
0 0 0 0 0 0 0 0 0 0 1 1 1 1 1 1 1 1
|      첫 시퀀스      |     둘째 시퀀스    |
```

그림 2.9 BERT를 위한 시퀀스 분리

`attention_mask`는 0과 1로 구성된 마스크로, 트랜스포머 모델에서 불필요한 계산을 방지하기 위해 시퀀스의 시작과 끝을 나타내는 데 쓰인다. 토크나이저 종류마다 원래 시퀀스에 특수 토큰을 추가하는 방식이 다를 수 있다. BERT 토크나이저의 경우에는 시퀀스의 시작에 [CLS]라는 토큰을, 끝에 [SEP]라는 토큰을 추가하는데, 앞 출력의 `input_ids`에서 101과 102가 바로 이 두 토큰에 해당한다. 이 수치들은 사전 훈련된 토크나이저의 토큰 ID에서 비롯된 것이다.

이 토크나이저를 파이토치 기반 Transformer 모델과 텐서플로 기반 Transformer 모델 둘 다에 사용할 수 있다. 각각의 출력을 얻으려면 `tokenizer` 함수를 호출할 때 `return_tensors` 키워드 인수에 "pt" 또는 "tf"를 지정하면 된다. 다음은 파이토치 기반 Transformer 모델을 사용하는 예이다.

```
encoded_input = tokenizer(text, return_tensors="pt")
```

이제 `encoded_input`에는 파이토치 모델에 적용할 토큰화된 텍스트가 담겨 있다. 특정 모델을 실행하려면 먼저 huggingface 모델 저장소에서 원하는 모델을 다운로드해야 한다. 다음은 BERT 기본 모델을 내려받는 예이다.

```
from transformers import BertModel
model = BertModel.from_pretrained("BERT-base-uncased")
```

토크나이저의 출력을 다운로드한 모델에 전달하는 것도 간단하다. 다음 한 줄이면 된다.

```
output = model(**encoded_input)
```

이렇게 하면 `output`에 임베딩과 교차 주의 출력 형식의 모델 출력이 저장된다.

모델을 불러오고(load; 적재) 임포트할 때 모델의 버전을 좀 더 구체적으로 지정할 수 있다. 모델 이름 앞에 **TF**를 붙이면 Transformers 라이브러리는 해당 모델의 텐서플로 버전을 불러온다. 다음은 BERT 기본 모델의 텐서플로 버전을 불러와서 사용하는 방법을 보여주는 예이다.

```
from transformers import BertTokenizer, TFBertModel
tokenizer = \
    BertTokenizer.from_pretrained('BERT-base-uncased')
model = TFBertModel.from_pretrained("BERT-base-uncased")
text = " Using Transformer is easy!"
encoded_input = tokenizer(text, return_tensors='tf')
output = model(**encoded_input)
```

허깅 페이스는 언어 모델을 이용한 마스크 채우기 같은 특정 작업을 위한 파이프라인들을 미리 만들어서 제공한다. 다음 예시 코드는 미리 만들어진 파이프라인을 가져와서 마스크 채우기 작업을 수행하는 방법을 보여준다.

```
from transformers import pipeline
unmasker = \
    pipeline('fill-mask', model='BERT-base-uncased')
unmasker("The man worked as a [MASK].")
```

다음은 이 코드의 출력으로, **[MASK]** 토큰에 들어갈 수 있는 토큰들과 그 점수를 보여준다.

```
[{'score': 0.09747539460659027, 'sequence': 'the man worked as a carpenter.', 'token': 10533, 'token_str': 'carpenter'}, {'score': 0.052383217960596085, 'sequence': 'the man worked as a waiter.', 'token': 15610, 'token_str': 'waiter'}, {'score': 0.049627091735601425, 'sequence': 'the man worked as a barber.', 'token': 13362, 'token_str': 'barber'}, {'score': 0.03788605332374573, 'sequence': 'the man worked as a mechanic.', 'token': 15893, 'token_str': 'mechanic'}, {'score': 0.03768084570765495, 'sequence': 'the man worked as a salesman.', 'token': 18968, 'token_str': 'salesman'}]
```

다음과 같이 판다스^{pandas} 라이브러리를 이용하면 출력을 좀 더 깔끔한 형태로 볼 수 있다.

```
pd.DataFrame(unmasker("The man worked as a [MASK]."))
```

그림 2.10에 이 코드의 결과가 나와 있다.

	score	sequence	token	token_str
0	0.097475	the man worked as a carpenter.	10533	carpenter
1	0.052383	the man worked as a waiter.	15610	waiter
2	0.049627	the man worked as a barber.	13362	barber
3	0.037886	the man worked as a mechanic.	15893	mechanic
4	0.037681	the man worked as a salesman.	18968	salesman

그림 2.10 BERT 마스크 채우기의 출력

지금까지 사전 학습된 BERT 모델을 불러와서 사용하는 방법을 배웠고 기본 개념과 모델들의 파이토치/텐서플로 버전 간의 차이도 이해했다. 다음 절에서는 다양한 모델을 불러와서 모델 작성자가 제공한 관련 정보를 확인하는 방법과 텍스트 생성이나 질의응답(QA) 등을 위한 다양한 파이프라인을 사용하는 방법을 배운다.

2.4 커뮤니티 제공 모델 활용

허깅 페이스에는 구글이나 페이스북(메타) 같은 대형 AI/IT 기업의 협력자들이 제공한 커뮤니티 모델이 수없이 많다. 개인이나 대학교도 흥미로운 모델을 많이 제공한다. 이런 모델들을 가져와서 사용하기도 매우 쉽다. 제일 먼저 할 일은 허깅 페이스 웹사이트의 모델 저장소(https://huggingface.co/models)에서 원하는 모델을 찾는 것이다. 그림 2.11에 허깅 페이스 모델 저장소의 모습이 나와 있다.

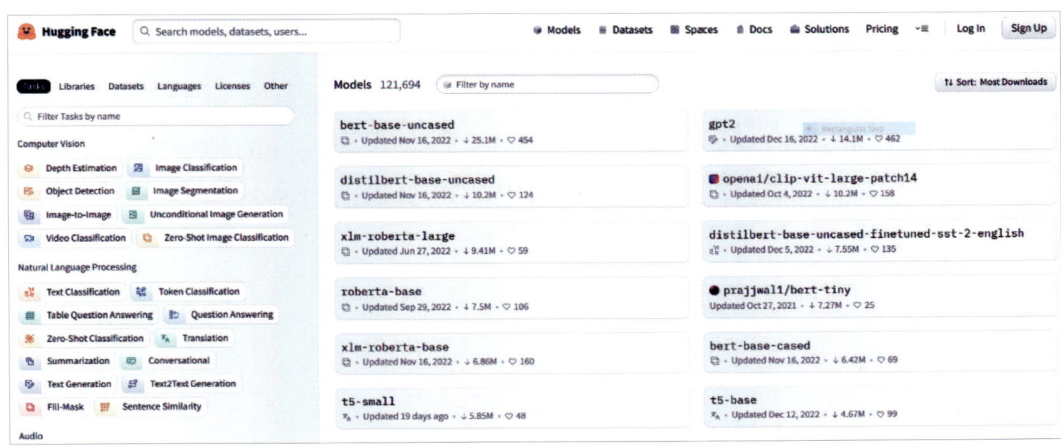

그림 2.11 허깅 페이스 모델 저장소

이런 모델 외에 허깅 페이스는 NLP 작업에 유용한 데이터셋도 여럿 제공한다. 키워드 검색을 이용해서 원하는 모델을 찾아도 되고, 저장소 페이지 왼쪽의 내비게이션 영역에 나열된 주요 NLP 작업 및 파이프라인 태그를 클릭해서 찾아도 된다.

예를 들어 쓸 만한 테이블 QA 모델을 찾는다고 하자. 내비게이션 영역의 **Natural Language Processing** 섹션에서 **Table Question Answering** 태그를 클릭하면 오른쪽 목록에 관련 모델들이 나타난다. 그림 2.12는 그중 구글 TAPAS 기본 모델의 상세 페이지이다(https://huggingface.co/google/tapas-base-finetuned-wtq).

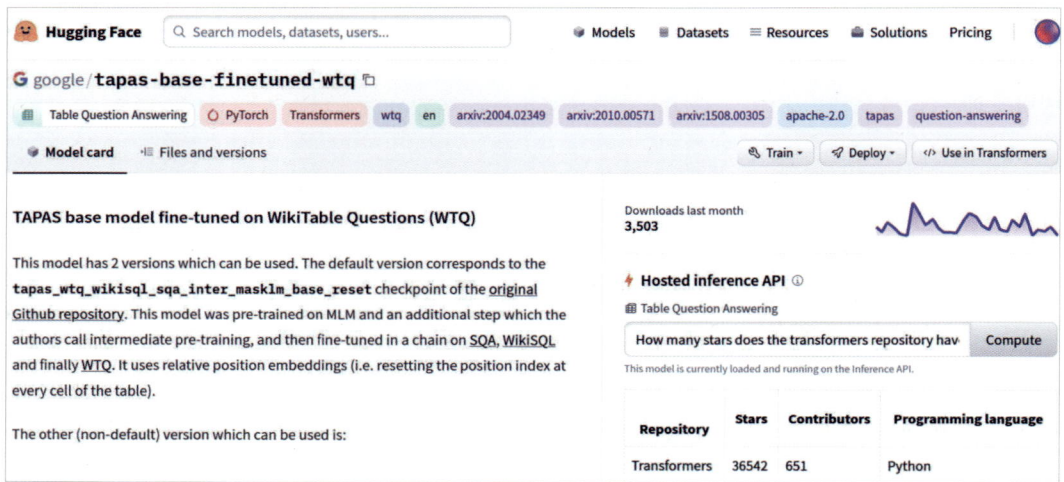

그림 2.12 구글 TAPAS 모델 페이지

상세 페이지 오른쪽의 **Inference API** 패널에서 이 모델을 테스트해볼 수 있다[4]. 이것은 주어진 데이터베이스 테이블에 관한 질문에 답하는 테이블 QA 모델임을 유의하자. 질문을 입력하면 답의 주요 부분을 강조해서 표시해준다. 그림 2.13은 특정 테이블에 관한 질문에 모델이 답한 모습이다.

---

4 (옮긴이) 모든 모델에 이 패널이 제공되지는 않는다. 이 패널이 없는 경우에는 다른 비슷한 모델(지금 예의 경우 이를테면 https://huggingface.co/google/tapas-large-finetuned-wtq 등)을 시험해 보기 바란다.

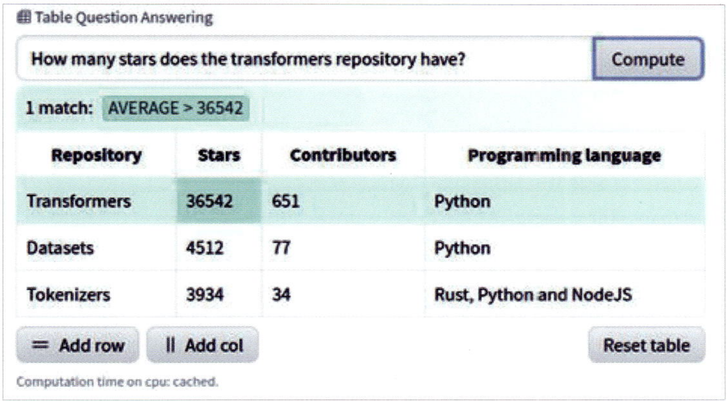

그림 2.13 TAPAS를 이용한 테이블 QA

모델 상세 페이지의 **Model card** 탭에는 모델 제작자가 제공한 정보가 표시된다. 이 '모델 카드'에는 모델 사용법을 알려주는 예시 코드가 있는 경우가 많다. 예를 들어 그림 2.14는 허깅 페이스 저장소 GPT-2 상세 페이지(https://huggingface.co/openai-community/gpt2)의 모델 카드 중 사용법 예시 코드 부분이다.

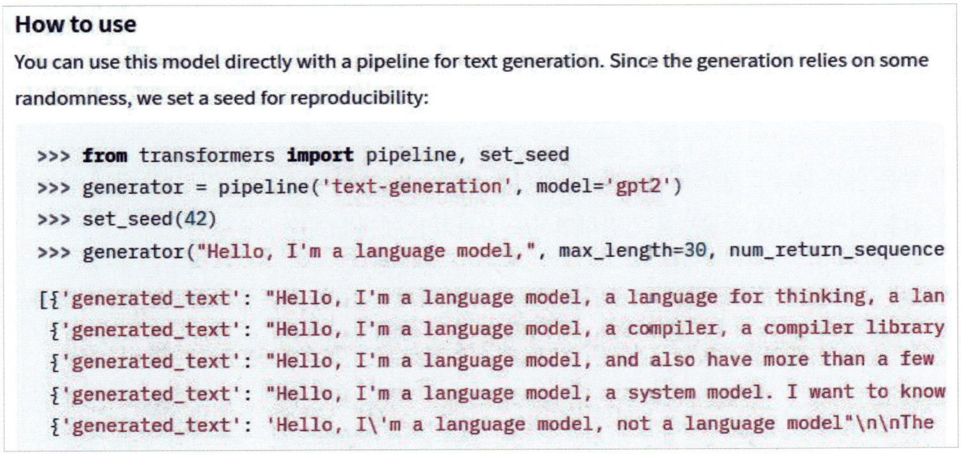

그림 2.14 허깅 페이스 GPT-2 페이지의 텍스트 생성 예제 코드

모델을 사용할 때는 모델을 직접 다루기보다는 파이프라인을 사용하는 방식이 권장된다. 이는 Transformers 라이브러리가 모든 복잡한 작업을 처리해 주기 때문이다. 또 다른 예로, 바로 사용할 수

있는 제로샷 분류기(zero-shot classifier)가 필요하다고 가정하자. 다음 코드는 그런 사전 훈련된 모델을 마련하고 사용하는 것이 얼마나 간단한지 보여준다[5].

```
from transformers import pipeline
classifier = pipeline("zero-shot-classification",
    model="facebook/bart-large-mnli")
sequence_to_classify = "I am going to france."
candidate_labels = ['travel', 'cooking', 'dancing']
classifier(sequence_to_classify, candidate_labels)
```

이 코드의 결과는 다음과 같다[6].

```
{'labels': ['travel', 'dancing', 'cooking'], 'scores': [0.9866883158683777, 0.007197578903287649, 0.006114077754318714], 'sequence': 'I am going to france.'}
```

여기까지가 NLP 분야의 'Hello world' 프로그램에 해당하는 예제들이다. 지금까지 각종 라이브러리의 설치와 환경 설정 방법을 살펴봤고, 첫 번째 트랜스포머 파이프라인도 경험해 봤다. 다음 절에서는 이후의 실습에 꼭 필요한 유틸리티인 datasets 라이브러리를 소개한다.

2.5 다중 모달 트랜스포머 활용하기

CLIP과 같은 다중 모달 트랜스포머는 두 개 이상의 모달리티(예: 텍스트와 이미지)가 함께 사용될 때 매우 유용하다. 이러한 모델의 용법을 간단하면서도 직관적인 예제를 통해 살펴보자.

제로샷 이미지 분류는 분류명(클래스 이름)이나 클래스와 관련된 문구만 주어진 상황에서 매우 유용할 수 있다. 다중 모달 모델인 CLIP은 이미지와 텍스트를 동일한 의미 공간에서 표현할 수 있어서 그런 상황에서 매우 편리하다. 각 클래스에 대한 예시(example; 견본) 없이 클래스 이름들만 주어진 경우를 상상해 보자. 현재 사용 가능한 유일한 정보는 주어진 분류명이나 클래스 문구와 이전에 본 적 없는 일단의 이미지뿐이다.

---

[5] (옮긴이) 모델을 처음 사용하는 경우 관련 파일들이 자동으로 다운로드된다. 2024년 9월 현재 facebook/bart-large-mnli 모델을 사용하려면 약 1.7GB의 파일들을 내려받게 된다.

[6] (옮긴이) travel의 점수가 약 0.99임에 주목하자. 프랑스에 간다는 것이 여행을 뜻한다는 점을 모델이 잘 파악했다. 참고로 이 모델은 한국어를 잘 이해하지 못하기 때문에 '나는 프랑스로 간다'와 '여행', '춤', '요리'로 이 코드를 실행했을 때의 결과는 그리 인상적이지 않다.

1. 이 실습을 위해서는 이미지 파일이 필요하다. 다음과 같이 인터넷에서 이미지 파일을 하나 내려받기로 하자[7].

   ```
   from PIL import Image
   import requests
   url = "http://images.cocodataset.org/test-stuff2017/000000000448.jpg"
   image = Image.open(requests.get(url, stream=True).raw)
   ```

2. 그림 2.15에 이 이미지가 나와 있다(COCO 데이터셋에 있는 테스트 관련 이미지이다). 주피터 노트북이나 구글 코랩에서는 다음 코드를 실행하면 이미지를 확인할 수 있어서 편하다.

   ```
   image
   ```

그림 2.15 CLIP 테스트용 샘플 이미지 (http://images.cocodataset.org/test-stuff2017/000000000448.jpg)

3. 다음으로, 모든 클래스에 추가할 프롬프트를 정하고 텍스트 부분의 입력을 생성한다.

   ```
   prompt = "a photo of a "
   class_names = ["fighting", "meeting"]
   inputs = [prompt + class_name for class_name in class_names]
   ```

---

[7] (옮긴이) 현재 환경에 PIL(Python Image Library) 패키지가 설치되어 있어야 한다. 이후에도 추가적인 라이브러리나 패키지를 요구하는 코드 예제가 등장하는데, 대부분의 경우 코드 처음 부분의 import 문을 참고해서 적절한 라이브러리를 conda install 또는 pip install로 설치하면 된다. 단, PIL은 환경의 파이썬 버전에 따라서는 conda install PIL이 아니라 conda install Pillow로 설치해야 함을 주의하자.

4. 이렇게 해서 입력할 텍스트와 이미지가 준비되었다. 이제 모델을 불러올 차례이다.

```
from transformers import CLIPProcessor, CLIPModel
model = (CLIPModel.from_pretrained("openai/clip-vit-large-patch14"))
processor = \
    (CLIPProcessor.from_pretrained("openai/clip-vit-large-patch14"))
```

5. `CLIPProcessor`라는 처리기는 토큰화에 매우 유용한 하나의 래퍼^{wrapper}이다. 마지막으로, 전처리와 토큰화를 거친 데이터를 모델에 입력해서 최종 출력을 얻는다.

```
inputs = processor(text=inputs, images=image,
    return_tensors="pt", padding=True)
outputs = model(**inputs)
logits = outputs.logits_per_image
probs = logits.softmax(dim=1)
```

`logits` 변수에는 각 조합(첫 프롬프트와 이미지, 둘째 프롬프트와 이미지)과 관련된 점수들인 *10.9*와 *18.5*가 들어 있다. 여기에 소프트맥스 함수를 적용하면 최종 분류 확률들이 나온다. 둘째 확률이 0.9955임에 주목하자. 이는 예제 이미지가 회의(meeting) 장면일 확률이 거의 100%임을 뜻한다.

이렇게 해서 다중 모달 트랜스포머의 기본을 익혔다. 다음 절에서는 벤치마크와 데이터셋을 활용하는 방법을 살펴본다.

2.6 벤치마크와 데이터셋 활용

트랜스포머 아키텍처와 라이브러리 덕분에 특정 작업에서 배운 내용을 다른 작업에 전이할 수 있게 되었다. 이를 **전이 학습**이라고 한다. 관련된 문제들 사이에서 표현(representation)을 전이함으로써, 여러 작업에 걸쳐 공통의 언어 지식을 공유하는 범용 모델을 훈련할 수 있다. 현재의 딥러닝 접근 방식은 여러 작업을 동시에 해결할 수 있다. 이를 **다중 작업 학습**(multitask learning, **MTL**)이라고도 부른다. 또한 여러 작업을 차례로 해결할 수도 있는데, 이는 **순차적 전이 학습**(sequential transfer learning, **STL**)에 해당한다. 벤치마킹 메커니즘은 언어 모델이 이러한 능력을 얼마나 보유하고 있는지를 평가한다.

datasets 라이브러리를 소개하기 전에, 먼저 주요 벤치마크를 살펴보는 것이 좋겠다. 주요 벤치마크로는 **GLUE**(General Language Understanding Evaluation), **XTREME**(Cross-lingual TRansfer

Evaluation of Multilingual Encoders), **SQuAD**(Stanford Question Answering Dataset) 등이 있다. 벤치마킹은 특히 다중 작업 및 다국어 환경에서 전이 학습 능력을 평가하는 데 중요한 역할을 한다. 머신러닝(ML)에서는 한 가지 성능 측정치에만, 그러니까 특정한 하나의 작업이나 데이터셋에 관한 성능 점수에만 집중하는 경향이 있다. 하지만 벤치마크들을 이용하면 다수의 작업을 동시에 해결할 때의 언어 모델의 전이 학습 능력을 측정할 수 있게 된다.

그럼 주요 벤치마크들을 살펴보자.

2.6.1 주요 벤치마크

이번 절에서는 트랜스포머 기반 아키텍처에서 널리 쓰이는 주요 벤치마크를 소개한다. 여기서 소개할 벤치마크들은 다중 작업 학습과 다국어 및 제로샷 학습에 특히나 중요하며, 여러 까다로운 작업을 포함하고 있다. 살펴볼 벤치마크는 다음과 같다.

- GLUE
- SuperGLUE
- XTREME
- XGLUE
- SQuAD

지면 관계상 벤치마크로 측정하는 작업(task)들은 GLUE의 경우에만 자세히 설명하고, 다른 벤치마크들은 해당 벤치마크의 특징만 간단히 소개하기로 하겠다.

2.6.2 GLUE 벤치마크

최근 연구에 따르면, 특정 모델을 특정 작업에 적용할 때 단일 작업 학습보다 다중 작업 훈련 방식이 더 나은 결과를 얻을 수 있다고 한다. 이러한 맥락에서 다중 작업 학습(MTL)을 위한 **GLUE** 벤치마크가 도입되었다. 이 벤치마크는 여러 작업에 걸친 MTL 모델의 성능을 평가하기 위한 도구와 데이터셋을 모은 것이다. GLUE는 벤치마크를 사용한 제출 성능(submission performance)을 모니터링할 수 있는 공개 리더보드를 제공하며, 11가지 작업(task; 과제)을 요약한 단일 수치 측정 항목(메트릭, 지표)들도 제공한다. 이 벤치마크에는 다양한 크기, 텍스트 유형, 난이도의 여러 데이터셋에 관한 다양한 문장 이해 작업이 포함되어 있다. 이 작업은 크게 다음 세 부류로 나뉜다.

단일 문장 작업:

- **CoLA**(Corpus of Linguistic Acceptability; 언어 용인성 말뭉치) 데이터셋: 언어학 이론 관련 논문에서 추출한, 영어 문장의 용인성 판단 문제로 이루어진 작업이다.
- **SST–2**(Stanford Sentiment Treebank; 스탠퍼드 감성 트리뱅크) 데이터셋: 영화평 문장들과 그에 대한 pos/neg(긍정/부정) 레이블, 그리고 사람이 추가한 주석(annotation)이 포함되어 있다.

유사성 및 바꿔쓰기(의역) 작업:

- **MRPC**(Microsoft Research Paraphrase Corpus) 데이터셋: 한 쌍의 문장이 의미적으로 동등한지 판단한다.
- **QQP**(Quora Question Pairs; 쿼라 질문 쌍) 데이터셋: 수많은 질문으로 구성되어 있다. 주어진 두 질문이 의미상 동일한지 확인한다.
- **STS–B**(Semantic Textual Similarity Benchmark; 의미적 텍스트 유사성 벤치마크) 데이터셋: 뉴스 헤드라인에서 추출한 문장 쌍의 유사성을 1에서 5까지의 점수로 평가한다.

추론 작업:

- **MNLI**(Multi–Genre Natural Language Inference; 다중 장르 자연어 추론) 말뭉치: 문장 쌍의 집합이다. 전제와 가설 사이의 관계(함의, 모순, 중립)를 예측한다.
- **QNLI**(Question Natural Language Inference; 질문 자연어 추론) 데이터셋: SQuAD를 변형한 버전으로, 주어진 문장이 질문에 대한 답을 포함하는지 확인한다.
- **RTE**(Recognizing Textual Entailment; 텍스트 함의 인식) 데이터셋: 다양한 출처의 데이터를 결합한 텍스트 함의 과제로, 첫 번째 텍스트가 두 번째 텍스트를 함의하는지 확인하는 QNLI와 유사하다.
- **WNLI**(Winograd Natural Language Inference; 위노그라드 자연어 추론) 스키마 챌린지: 원래는 문장 안에서 대명사와 구의 연결을 다루는 대명사 결정(resolution) 과제였지만, GLUE에서는 문장 쌍 분류 문제로 바뀌었다. 잠시 후에 좀 더 설명하겠다.

2.6.3 SuperGLUE 벤치마크

GLUE처럼 SuperGLUE도 새로 등장한 벤치마크이다. 이름에서 짐작하겠지만 GLUE보다 더 어려운 언어 이해 작업들로 구성되어 있다. 현재 약 8개의 언어 작업에 대한 공개 리더보드를 제공하며, GLUE와 유사한 단일 수치 성능 측정 항목을 사용한다. SuperGLUE가 개발된 이유는 이 책(원서 2판)을 집필하는 시점에 모델들의 GLUE 점수가 인간의 성능을 넘어섰기 때문이다. 당시 최고 모델의 GLUE 점수는 91.3이었으며, 초판 집필 시에는 90.8이었다(반면에 인간의 점수는 87.1에 머물렀다). 더 도전적이고 다양한 작업을 제공하여 범용 언어 이해 기술을 향상하고자 SuperGLUE가 개발되었으나, 요즘 모델들은 SuperGLUE조차도 넘어선 것으로 보인다. 인간의 점수는 *89.8*인 반면에 최고 모델의 성능은 *91.3*에 달한다.

GLUE 벤치마크와 SuperGLUE 벤치마크는 gluebenchmark.com에서 확인할 수 있다.

2.6.4 XTREME 벤치마크

최근 몇 년간 NLP 연구자들은 단일 작업보다는 여러 관련 작업에 적용할 수 있는 범용 표현을 모델이 학습하게 만드는 데 주력해 왔다. 범용 언어 모델을 구축하는 또 다른 방법은 다국어 작업을 활용하는 것이다. 대규모 다국어 말뭉치로 사전 훈련된 **다국어 BERT**(Multilingual BERT, mBERT)나 **XLM-R** 같은 최신 다국어 모델을 다른 언어로 전이하면 더 나은 성능을 보인다는 연구 결과가 있다. 이러한 접근 방식의 주된 장점은 교차 언어 일반화(cross-lingual generalization)를 통해 제로샷 교차 언어 전이를 적용함으로써 자원이 부족한 언어에서도 성공적인 NLP 애플리케이션을 구축할 수 있다는 점이다.

이러한 고려 사항을 바탕으로 설계된 벤치마크 중 하나가 바로 **XTREME**이다. 이 벤치마크는 현재 12개 언어군에 속하는 약 40개의 서로 다른 언어를 포함하며, 다양한 수준의 구문 또는 의미 추론이 필요한 아홉 가지 작업을 포괄한다. 하지만 전 세계 7,000개 이상의 언어를 포괄하도록 모델을 확장하는 것은 여전히 어려운 문제다. 애초에 언어 포괄과 모델 성능은 상충 관계이다. 이 벤치마크에 관한 자세한 정보는 https://sites.research.google/xtreme을 참고하기 바란다.

2.6.5 XGLUE 벤치마크

XGLUE는 또 다른 교차 언어 벤치마크로, **자연어 이해**(natural language understanding, **NLU**)와 **자연어 생성**(natural language generation, **NLG**)을 위한 교차 언어 사전 학습 모델의 성능을 평가하고 개선하는 것을 목표로 한다. 원래는 19개 언어에 걸친 11개 작업으로 구성되었다. XTREME과의 주된 차이점은 각 작업에 대한 훈련 데이터가 영어로만 제공된다는 점이다. 따라서 이 벤치마크로 평가하려는 언어 모델은 영어 텍스트 데이터로만 학습한 지식을 다른 언어로 전이할 수 있어야 하는데, 그러려면 제로샷 교차 언어 전이 능력이 필수이다. 또 다른 차이점은 NLU와 NLG 작업을 동시에 포함한다는 것이다. 자세한 내용은 https://microsoft.github.io/XGLUE/에서 확인할 수 있다.

2.6.6 SQuAD 벤치마크

SQuAD는 NLP 분야에서 널리 쓰이는 질의응답 데이터셋이다. SQuAD는 NLP 모델의 독해 (comprehension) 능력을 벤치마킹하기 위한 질문 답변 쌍들을 제공한다. 질문 답변 쌍은 위키백과 기사들에 기반한 것으로, 크라우드 작업자(crowdworker)들이 작성한 질문, 지문, 답변으로 구성되어 있다. 질문의 답은 지문 안의 특정 문구이다. 초기 버전인 **SQuAD 1.1**에는 '답이 없음' 선택지가 없었다. 즉, 모든 질문의 답이 지문의 어딘가에 있었다. 따라서 NLP 모델은 불가능해 보이더라도 질문에 답해야만 했다. 이를 개선한 **SQuAD 2.0**에서 NLP 모델은 답변 가능한 질문에 답해야 할 뿐만 아니라, 답이 없는 질문에 대해서는 답을 하지 말아야 한다. SQuAD 2.0에는 SQuAD 1.1에서 가져온 10만 개의 질문 외에, 크라우드 작업자들이 답변 가능한 질문과 유사하게 보이도록 적대적으로 작성한 50,000개의 답변 불가능한 질문이 포함되어 있다.

2.6.7 API를 이용한 데이터셋 접근

datasets 라이브러리는 허깅 페이스 허브를 통해 데이터셋을 적재(불러오기), 처리, 공유하기 위한 대단히 효율적인 유틸리티를 제공한다. 텐서플로의 Datasets 컬렉션과 비슷하게, datasets 라이브러리를 이용하면 원본 데이터셋 호스트로부터 요청 시 데이터셋을 직접 다운로드하고 캐시에 저장하며 동적으로 로드하는 작업을 간편하게 처리할 수 있다. 또한, 이 라이브러리는 데이터와 함께 평가 지표도 제공한다. 허깅 페이스 허브가 실제로 데이터셋을 호스팅하거나 배포하는 것은 아니다. 대신 허브는 소유자, 전처리 스크립트, 설명, 다운로드 링크 등 데이터셋에 관한 모든 정보를 관리한다. 특정 데이터셋에 관한 더 자세한 사항은 원서 깃허브 저장소(https://github.com/PacktPublishing/Mastering-Transformers-Second-Edition)에 있는 해당 데이터셋의 `dataset_infos.json` 및 `{데이터셋-이름}.py` 파일을 참고하기 바란다.

먼저, 다음 명령으로 datasets 라이브러리를 설치하자.

```
$ pip install datasets
```

이제 다음 코드를 실행하면 datasets 라이브러리가 허깅 페이스 허브를 이용해서 자동으로 CoLA 데이터셋을 불러온다. `datasets.load_dataset()` 함수는 데이터가 캐시^{cache}에 없는 경우 관련 스크립트를 웹에서 내려받아서 데이터셋 다운로드를 진행한다.

```
from datasets import load_dataset
cola = load_dataset('glue', 'cola')
cola['train'][25:28]
```

> **중요 참고사항**
>
> **데이터셋 재활용**: 같은 코드를 여러 번 실행할 때의 효율성을 위해 datasets 라이브러리는 불러오기 및 데이터 조작 요청들을 캐싱한다. 코드를 실행하면 라이브러리는 먼저 데이터셋을 저장한 다음, 다양한 데이터셋 작업(분할, 선택, 정렬 등)을 캐싱하기 시작한다. 캐시에 있는 데이터가 재사용되는 경우 "reusing dataset xtremə (/home/savas/.cache/huggingface/dataset…)" 또는 "loading cached sorted…" 같은 경고 메시지가 표시된다.

앞의 예제 코드는 GLUE 벤치마크에서 cola 데이터셋을 다운로드하고 그중 train 분할에서 몇 가지 예시를 선택한다.

이 책을 쓰는 현재 datasets 라이브러리는 다양한 작업을 위한 19,298가지 데이터셋과 116가지 측정 항목(metric; 평가 지표)을 지원한다(원서 1판에서는 NLP 데이터셋이 661개, 측정 항목이 21개였다)[8]. 다음 코드로 확인할 수 있다.

```
from pprint import pprint
from datasets import list_datasets, list_metrics
all_d = list_datasets()
metrics = list_metrics()
print(f"{len(all_d)} datasets and {len(metrics)} metrics \
    exist in the hub\n")
pprint(all_d[:20], compact=True)
pprint(metrics, compact=True)
```

출력은 다음과 같다.

```
19298 datasets and 116 metrics exist in the hub.
['acronym_identification', 'ade_corpus_v2', 'adversarial_qa', 'aeslc', 'afrikaans_ner_corpus',
'ag_news', 'ai2_arc', 'air_dialogue', 'ajgt_twitter_ar', 'allegro_reviews', 'allocine', 'alt',
'amazon_polarity', 'amazon_reviews_multi', 'amazon_us_reviews', 'ambig_qa', 'amttl', 'anli',
'app_reviews', 'aqua_rat']
```

---

8 (옮긴이) 이 책을 번역하는 현재 데이터셋은 무려 205,025개, 측정 항목이 274개이다. 이 수치들은 계속 변할 것이다. 이후에도 이처럼 시기에 따라 변할 수 있는 수치들이 등장하는데, 따로 역주를 달지는 않겠다.

```
['accuracy', 'BERTscore', 'bleu', 'bleurt', 'comet', 'coval', 'f1', 'gleu', 'glue', 'indic_glue',
'meteor', 'precision', 'recall', 'rouge', 'sacrebleu', 'sari', 'seqeval', 'squad', 'squad_v2',
'wer', 'xnli']
```

하나의 데이터셋에 다수의 구성(configuration)이 있을 수 있다. 예를 들어, 통합 벤치마크인 GLUE에는 앞서 언급한 CoLA, SST-2, MRPC와 같은 여러 하위 집합이 있다. GLUE 벤치마크의 특정 데이터셋에 접근하려면 두 개의 인수를 지정해야 하는데, 첫째는 GLUE 벤치마크를 뜻하는 glue이고, 둘째는 해당 데이터셋의 특정 예시 데이터셋(example dataset) 이름이다(이를테면 cola나 sst2). 위키백과 데이터셋도 이와 비슷하게 여러 언어에 대한 구성들을 제공한다.

데이터셋은 여러 Dataset 인스턴스를 포함하는 DatasetDict 객체로 제공된다. 분할 선택 (split='...')을 사용하면 Dataset 인스턴스들을 얻게 된다. 예를 들어 CoLA 데이터셋의 DatasetDict에는 train, validation, test라는 세 가지 분할이 있다. train 데이터셋과 validation 데이터셋은 두 가지 레이블(1은 허용 가능, 0은 허용 불가능)을 포함하지만, test 분할의 레이블 값은 레이블이 없음을 뜻하는 -1 하나뿐이다.

그럼 CoLA 데이터셋 객체(Dataset 인스턴스)의 구조를 살펴보자.

```
cola = load_dataset('glue', 'cola')
cola
DatasetDict({
train: Dataset({
features: ['sentence', 'label', 'idx'],
    num_rows: 8551 })
validation: Dataset({
features: ['sentence', 'label', 'idx'],
    num_rows: 1043 })
test: Dataset({
    features: ['sentence', 'label', 'idx'],
    num_rows: 1063   })
})
cola['train'][12]
{'idx': 12, 'label':1,'sentence':'Bill rolled out of the room.'}
cola['validation'][68]
{'idx': 68, 'label': 0, 'sentence': 'Which report that John was incompetent did he submit?'}
```

```
cola['test'][20]
{'idx': 20, 'label': -1, 'sentence': 'Has John seen Mary?'}
```

데이터셋 객체에는 우리에게 도움이 될 만한 추가적인 메타데이터 정보가 포함되어 있다. `split`, `description`, `citation`, `homepage`, `license`, `info`가 그것이다. 다음 코드를 실행해 보자[9].

```
print("1#",cola["train"].description)
print("2#",cola["train"].citation)
print("3#",cola["train"].homepage)
```

```
1# GLUE, the General Language Understanding Evaluation benchmark(https://gluebenchmark.com/) is a collection of resources for training, evaluating, and analyzirg natural language understanding systems.
2# @article{warstadt2018neural, title={Neural Network Acceptability Judgments}, author={Warstadt, Alex and Singh, Amanpreet and Bowman, Samuel R}, journal={arXiv preprint arXiv:1805.12471}, year={2018}}@inproceedings{wang2019glue, title={{GLUE}: A Multi-Task Benchmark and Analysis Platform for Natural Language Understanding}, author={Wang, Alex and Singh, Amanpreet and Michael, Julian and Hill, Felix and Levy, Omer and Bowman, Samuel R.}, note={In the Proceedings of ICLR.}, year={2019}}
3# https://nyu-mll.github.io/CoLA/
```

앞서 언급했듯이 GLUE 벤치마크는 다양한 데이터셋을 제공한다. 다음은 MRPC 데이터셋을 내려받아서 불러오는 코드이다.

```
mrpc = load_dataset('glue', 'mrpc')
```

GLUE의 다른 데이터셋이나 작업을 원한다면 아래 예처럼 둘째 매개변수를 적절히 변경하면 된다.

```
load_dataset('glue', 'XYZ')
```

다음은 GLUE가 제공하는 여러 데이터셋의 가용성을 한 번에 확인하는 코드이다.

```
glue=['cola', 'sst2', 'mrpc', 'qqp', 'stsb', 'mnli',
    'mnli_mismatched', 'mnli_matched', 'qnli', 'rte',
```

---

9 (옮긴이) CoLA 데이터셋의 버전에 따라서는 description 등의 필드가 빈 문자열일 수 있다. `print(cola["train"].info)`로 확인해 보기 바란다.

```
    'wnli', 'ax']
for g in glue:
    _=load_dataset('glue', g)
```

앞에서 언급했듯이 XTREME도 인기 있는 다국어 벤치마크로, 특히 교차 언어 데이터셋들을 포함한다. 그럼 XTREME의 MLQA 예제를 살펴보자. MLQA는 XTREME의 부분집합으로, 다국어 QA 모델의 성능을 평가하기 위해 설계되었다. SQuAD 형식의 추출형 QA 사례 5,000여 개를 포함하는데, 언어는 영어, 독일어, 아랍어, 힌디어, 베트남어, 스페인어, 중국어(간체자)로 7종이다.

예를 들어 영어-독일어 QA 예시 데이터셋인 MLQA.en.de를 다음과 같이 불러올 수 있다.

```
en_de = load_dataset('xtreme', 'MLQA.en.de')
en_de
DatasetDict({
  test: Dataset({features: ['id', 'title', 'context', 'question', 'answers'], num_rows: 4517
})
  validation: Dataset({ features: ['id', 'title', 'context', 'question', 'answers'], num_rows: 512})
})
```

판다스 라이브러리의 데이터프레임^{DataFrame}을 이용해서 데이터를 좀 더 보기 좋게 표시하자.

```
import pandas as pd
pd.DataFrame(en_de['test'][0:4])
```

이 코드의 출력은 다음과 같다(그림 2.16).

	answers	context	id	question	title
0	{'answer_start': [31], 'text': ['cell']}	An established or immortalized cell line has a...	037e8929e7e4d2f949ffbabd10f0f860499ff7c9	Woraus besteht die Linie?	Cell culture
1	{'answer_start': [232], 'text': ['1885']}	The 19th-century English physiologist Sydney R...	4b36724f3cbde7c287bde512ff09194cbba7f932	Wann hat Roux etwas von seiner Medullarplatte ...	Cell culture
2	{'answer_start': [131], 'text': ['TRIPS']}	After the Uruguay round, the GATT became the b...	13e58403df16d88b0e2c665953e89575704942d4	Was muss ratifiziert werden, wenn ein Land ger...	TRIPS Agreement

그림 2.16 영어-독일어 다국어 QA 데이터셋

이렇게 해서 원하는 데이터셋을 불러오는 방법을 살펴봤다. 이제 데이터셋 인스턴스를 조작하는 방법으로 넘어가자.

2.7 datasets 라이브러리를 이용한 데이터 다루기

하나의 데이터셋은 다수의 부분집합(subset) 또는 '분할(split)'로 이루어진다. load_dataset 함수는 부분집합들의 사전(dictionary) 객체를 담은 데이터셋 객체를 돌려주는데, split 매개변수를 이용하면 특정 부분집합(들) 또는 부분집합의 일부만 불러올 수 있다. 이 매개변수의 기본값은 none으로, 이 경우 모든 부분집합(train, test, validation 등)이 포함된다. 특정 부분집합 이름을 지정하면 해당 부분집합만 적재된다. 다음은 cola 데이터셋의 train 분할만 가져오는 예이다.

```
cola_train = load_dataset('glue', 'cola', split ='train')
```

train 부분집합과 validation 부분집합을 섞어서 가져올 수도 있다

```
cola_sel = load_dataset('glue', 'cola',
    split = 'train[:300]+validation[-30:]')
```

이 예의 split 표현식은 train의 처음 예시 300개와 validation의 마지막 예시 30개를 뜻한다. 결과적으로 총 330개의 예시가 cola_sel에 저장된다.

다음은 이런 식으로 부분집합들을 다양하게 조합하는 예이다.

- train과 validation에서 각각 처음 예시 100개씩 취합:

    ```
    split='train[:100]+validation[:100]'
    ```

- train의 50%와 validation의 마지막 30%를 취합:

    ```
    split='train[:50%]+validation[-30%:]'
    ```

- train의 처음 20%와 validation의 30번째부터 50번째 예시들을 취합:

    ```
    split='train[:20%]+validation[30:50]'
    ```

다음으로는 데이터셋을 정렬하고 뒤섞는 방법을 살펴본다.

2.7.1 정렬, 첨자 접근, 뒤섞기

다음 코드는 cola_sel 객체의 sort() 함수를 호출해서 레이블들을 정렬하고 처음 15개와 마지막 15개만 출력하는 예이다.

```
cola_sel.sort('label')['label'][:15]
[0, 0, 0, 0, 0, 0, 0, 0, 0, 0, 0, 0, 0, 0, 0]
cola_sel.sort('label')['label'][-15:]
[1, 1, 1, 1, 1, 1, 1, 1, 1, 1, 1, 1, 1, 1, 1]
```

이 예제를 비롯해 이 책의 예제 코드는 독자가 파이썬의 슬라이싱 표기법에 익숙하다고 가정한다. 한편, 다음은 첨자(subscript) 혹은 색인(index)들을 나열해서 데이터셋의 특정 행에 접근하는 예이다.

```
cola_sel[6,19,44]
{'idx': [6, 19, 44],
 'label': [1, 1, 1],
 'sentence':['Fred watered the plants flat.',
  'The professor talked us into a stupor.',
  'The trolley rumbled through the tunnel.']}
```

데이터셋을 뒤섞을 때는 shuffle() 함수를 사용한다.

```
cola_sel.shuffle(seed=42)[2:5]
{'idx': [159, 1022, 46],
 'label': [1, 0, 1],
 'sentence': ['Mary gets depressed if she listens to the Grateful Dead.',
  'It was believed to be illegal by them to do that.',
  'The bullets whistled past the house.']}
```

> **중요 참고사항**
>
> **시드 값**[10]: 시드 값(seed value)을 이용하면 뒤섞기가 항상 동일한 결과를 내게 할 수 있다. 지금 예에서는 독자도 저자와 동일한 결과를 얻도록 42라는 시드 값을 명시적으로 지정했다.

---

10 (옮긴이) 종잣값

2.7.2 캐싱과 재사용성

파일 캐싱 기능을 이용하면, 속도가 빠른 백엔드와 메모리 매핑을 통해서 대용량 데이터셋을 효율적으로 불러올 수 있다(데이터셋을 담을 디스크 드라이브 용량이 충분하다고 할 때). 이러한 스마트 캐싱은 실행한 작업의 결과를 드라이브에 저장해 두고 재사용하는 데 도움이 된다. 다음은 데이터셋의 캐시 로그를 확인하는 코드이다.

```
cola_sel.cache_files

[{'filename': '/home/savas/.cache/huggingface...','skip': 0,  'take': 300}, {'filename': '/home/savas/.cache/huggingface...','skip': 1013,  'take': 30}]
```

이 출력은 데이터가 이미 캐싱되어 있음을 말해준다.

2.7.3 filter 함수를 이용한 필터링

데이터셋의 특정 레코드들만 다루고 싶을 때가 있다. 예를 들어, cola 데이터셋에서 kick이라는 단어가 포함된 문장만 가져온다고 하자. 다음은 이를 위해 `datasets.Dataset.filter()` 함수를 이용하는 예로, 익명 함수와 lambda 키워드를 이용해서 kick이 포함된 문장들만 선택한다.

```
cola_sel = load_dataset('glue', 'cola',
    split='train[:100%]+validation[-30%:]')
cola_sel.filter(lambda s: "kick" in s['sentence'])["sentence"][:3]

['Jill kicked the ball from home plate to third base.', 'Fred kicked the ball under the porch.', 'Fred kicked the ball behind the tree.']
```

다음은 긍정적인, 즉 허용 가능한(acceptable) 예시들만 선택하는 예이다.

```
cola_sel.filter(lambda s: s['label']== 1 )["sentence"][:3]

["Our friends won't buy this analysis, let alone the next one we propose.",
 "One more pseudo generalization and I'm giving up.",
 "One more pseudo generalization or I'm giving up."]
```

그런데 분류명 또는 클래스 레이블의 정수 코드를 모를 때도 있다. 예를 들어 acceptable 레이블에 해당하는 정수 코드가 1이 맞는지 확실하지 않다면, 정수 코드를 명시적으로 지정하는 대신 다음처럼 acceptable로 str2int() 함수를 호출하면 된다.

```
cola_sel.filter(lambda s: s['label']== \
    cola_sel.features['label'].str2int('acceptable')
    )["sentence"][:3]
```

출력은 이전과 동일하다.

2.7.4 map 함수를 이용한 데이터 처리

`datasets.Dataset.map()` 함수는 데이터셋을 순회하면서 각각의 예시에 하나의 처리 함수를 적용해서 예시의 내용을 수정한다. 다음은 각 예시에 문장의 길이를 나타내는 len이라는 특징(feature)을 새로 추가하는 예이다.

```
cola_new=cola_sel.map(lambda e:{'len': \
    len(e['sentence'])})
pd.DataFrame(cola_new[0:3])
```

이 예제 코드의 출력은 다음과 같다(그림 2.17).

	idx	label	len	sentence
0	0	1	71	Our friends won't buy this analysis, let alone...
1	1	1	49	One more pseudo generalization and I'm giving up.
2	2	1	48	One more pseudo generalization or I'm giving up.

그림 2.17 새로운 열(특징)이 추가된 Cola 데이터셋

또 다른 예로, 다음 코드는 각 문장을 20자까지만 남기고, 이후 부분은 _ 하나로 대체해서 잘라낸다. 새로운 특징을 추가하는 것이 아니라 문장 특징의 내용을 갱신하는 것이다.

```
cola_cut=cola_new.map(lambda e: {'sentence': e['sentence'][:20]+ '_'})
```

출력은 다음과 같다(그림 2.18)[11].

---

11 (옮긴이) len 특징이 자동으로 갱신되지는 않음에 주목하자. 실제 응용에서는 len들도 적절히 갱신해야 할 것이다.

	idx	label	len	sentence
0	0	1	71	Our friends won't bu_
1	1	1	49	One more pseudo gene_
2	2	1	48	One more pseudo gene_

그림 2.18 기존 내용이 갱신된 업데이트된 Cola 데이터셋

미리 준비된 데이터셋을 다루는 데는 이 정도 기법들로 충분하다. 이제 이 책의 본론을 위한 실제 데이터셋을 다루는 문제로 넘어가자.

2.7.5 지역 파일 다루기

CSV나 TXT, JSON 형식의 지역 파일(local file)에서 데이터셋을 적재할 때는 `load_dataset()` 호출 시 파일 형식(csv, text, json 등을)을 지정해야 한다. 이번 장 예제 디렉터리의 data/ 폴더에 SST-2 데이터셋에서 무작위로 선택한 세 개의 CSV 파일(a.csv, b.csv, c.csv)이 있다. 다음은 이들을 불러오는 예제 코드이다. data1 객체에서 보듯이 파일 하나만 불러올 수도 있고, data2 객체에서처럼 여러 파일을 합치거나 data3 객체에서처럼 데이터셋을 분할할 수도 있다.

```
from datasets import load_dataset
data1 = load_dataset('csv',
data_files='./data/a.csv',
delimiter="\t")
data2 = load_dataset('csv',
data_files=['./data/a.csv',
    './data/b.csv',
    './data/c.csv'],
delimiter="\t")
data3 = load_dataset('csv',
data_files={
    'train':['./data/a.csv','./data/b.csv'],
    'test':['./data/c.csv']}, delimiter="\t")
```

다른 형식의 파일을 가져오려면 csv 대신 json 또는 text를 전달하면 된다. 다음이 그러한 예이다.

```
data_json = load_dataset('json', data_files='a.json')
data_text = load_dataset('text', data_files='a.txt')
```

지금까지 허깅 페이스 허브에 이미 호스팅되어 있거나 지역 드라이브에 있는 데이터셋을 불러오고 처리하는 여러 방법을 이야기했다. 다음 절에서는 트랜스포머 모델 훈련을 위한 데이터셋을 준비하는 방법을 살펴본다.

2.7.6 모델 학습을 위한 데이터셋 준비

우선 살펴볼 것은 토큰화이다. 각 모델에는 실제 언어 모델 이전에 훈련되는 고유한 토큰화 모델(tokenization model)이 있다. 토큰화 모델은 다음 장에서 자세히 다룬다. 토크나이저를 사용하려면 Transformers 라이브러리가 설치되어 있어야 한다. 다음 예제 코드는 사전 훈련된 distilBERT-base-uncased 모델의 토큰화 모델로부터 토크나이저 객체를 생성하고, map과 익명 함수(lambda 키워드 인수)를 이용해서 data3의 각 분할에 그 토크나이저를 적용한다. map 함수 호출 시 batched 인수를 True로 지정하면 일정 개수의 예시들로 이루어진 '배치batch'가 tokenizer 함수에 전달된다. batch_size는 그 배치의 크기(배치당 예시 개수)인데, 기본값은 1,000이다. 따로 선택하지 않으면 데이터셋 전체가 하나의 배치로서 전달된다.

```
from transformers import DistilBertTokenizer
tokenizer = DistilBERTTokenizer.from_pretrained(
    'distilBERT-base-uncased')
encoded_data3 = data3.map(lambda e: tokenizer(
    e['sentence'], padding=True, truncation=True,
    max_length=12), batched=True, batch_size=1000)
```

다음의 출력에서 보다시피, encoded_data3에는 data3에 없던 두 가지 특징이 추가되었다. attention_mask와 input_ids이다. 이 두 특징은 이번 장 앞부분에 등장했다. 간단히 말하면 input_ids는 문장의 각 토큰에 해당하는 색인이다. 다음 장에서 다룰 Transformer의 Trainer 클래스는 이 특징들을 요구한다.

보통은 다수의 문장을 하나로 묶어서(앞에서 언급한 '배치'가 이것이다) 토크나이저에 전달하고, 토큰화된 배치를 다시 모델에 전달한다. 이를 위해 모든 문장의 길이를 통일하는데, 주어진 배치 안의 최대 문장 길이 또는 max_length 매개변수로 지정된 특정 최대 길이(이 예제는 개념 설명을 위한 간단한 예제라서 12로 했다)보다 짧은 문장은 문자를 더 채우고(padding=True), 더 긴 문장은 잘라낸다(truncation=True). 다음은 토큰화 전의 데이터(data)와 후의 데이터(encoded_data3)를 비교한 것이다.

```
data3

DatasetDict({
train: Dataset({
    features: ['sentence','label'], num_rows: 199 })
test: Dataset({
    features: ['sentence','label'], num_rows: 100 })})
encoded_data3
DatasetDict({
train: Dataset({
  features: ['attention_mask', 'input_ids', 'label',   'sentence'],
  num_rows: 199 })
test: Dataset({
features: ['attention_mask', 'input_ids', 'label', 'sentence'],
num_rows: 100 })})

encoded_data3['test'][12]

{'attention_mask': [1, 1, 1, 1, 1, 1, 1, 0, 0, 0, 0, 0], 'input_ids': [101, 2019, 5186, 16010,
2143, 1012, 102, 0, 0, 0, 0, 0], 'label': 0, 'sentence': 'an extremely unpleasant film . '}
```

이상으로 datasets 라이브러리 사용법에 관한 설명을 마무리하겠다. 지금까지 우리는 datasets의 여러 측면을 살펴봤으며, 분류 작업에 초점을 두고 GLUE 등의 여러 벤치마크를 소개했다. 다음 절에서는 분류가 아니라 계산 성능(속도와 메모리 사용량)에 초점을 둔 벤치마크를 살펴본다.

2.8 속도와 메모리 사용량 벤치마크

특정 작업이나 벤치마크에 대한 분류 성능으로 대규모 모델을 비교하는 것만으로는 충분치 않다. 추론 속도나 메모리 사용량 같은 계산 성능상의 지표도 중요한 모델 평가 기준이다. 따라서 주어진 환경(RAM, CPU, GPU)에서 모델의 속도와 메모리 사용량을 구체적으로 따져볼 필요가 있다. 이때 중요한 측정 항목 두 가지는 훈련 비용과 실제 추론을 위한 프로덕션 환경으로의 배포(deployment) 비용이다. Transformers 라이브러리의 `PyTorchBenchmark`와 `TensorFlowBenchmark` 클래스를 이용하면 텐서플로와 파이토치 모두에 대해 모델을 벤치마킹할 수 있다.

실험을 시작하기 전에, GPU의 능력을 확인해 봐야 한다. 다음은 GPU 메모리 용량을 조회하는 코드이다.

```
import torch
print(f"The GPU total memory is \
    {torch.cuda.get_device_properties(0).total_memory/(1024**3)} GB")
The GPU total memory is 2.89 GB
```

위의 출력은 NVIDIA GeForce GTX 1050(**3GB**)에서 얻은 것이다. Transformers 라이브러리는 현재 단일 장치 벤치마킹만 지원한다. GPU에서 벤치마킹을 수행할 때는 파이썬 코드를 실행할 GPU 장치를 지정해야 하는데, `CUDA_VISIBLE_DEVICES` 환경 변수에 장치 번호를 설정하면 된다. 예를 들어 `export CUDA_VISIBLE_DEVICES=0`은 첫 번째 cuda 장치를 사용하겠다는 뜻이다.

다음 예제 코드는 `models` 배열에 나열된 네 개의 사전 훈련 BERT 모델(임의로 택한 것이다)을 비교한다. `sequence_lengths` 목록(list)은 시험할 시퀀스 길이이다. 배치 크기(`batch_sizes`)는 4로 한다. 독자가 더 좋은 성능의 GPU를 가지고 있다면 배치 크기를 증가하고(최대 64까지) 다른 관련 매개변수들도 조정해서 매개변수 검색 공간을 키워도 좋을 것이다.

```
from transformers import PyTorchBenchmark, PyTorchBenchmarkArguments
models= ["BERT-base-uncased",
    "distilBERT-base-uncased","distilroBERTa-base",
    "distilBERT-base-german-cased"]
batch_sizes=[4]
sequence_lengths=[32,64, 128, 256,512]
args = PyTorchBenchmarkArguments(models=models,
    batch_sizes=batch_sizes,
    sequence_lengths=sequence_lengths,
    multi_process=False)
benchmark = PyTorchBenchmark(args)
```

> 중요 참고사항
>
> **텐서플로 벤치마킹**: 이 부분의 코드 예제들은 파이토치 벤치마킹을 위한 것이다. 텐서플로 벤치마킹은 PyTorchBenchmark와 PyTorchBenchmarkArguments 대신 TensorFlowBenchmark와 TensorFlowBenchmarkArguments 클래스를 사용하면 된다.

이제 벤치마크를 수행할 준비가 끝났다. 다음 코드를 실행하면 벤치마킹이 시작된다.

```
results = benchmark.run()
```

CPU/GPU 성능과 선택된 매개변수 값들에 따라서는 벤치마크가 끝나기까지 시간이 좀 걸릴 수 있다. 중간에 메모리 부족 문제가 발생한다면 다음 조치를 취해야 할 것이다.

- 커널이나 운영체제를 다시 시작한다.
- 시작하기 전에 메모리에서 불필요한 객체를 모두 삭제한다.
- 배치 크기를 더 낮게 설정한다(2나 심지어는 1로).

그림 2.19의 결과는 추론 속도 성능을 보여준다. 검색 공간이 4종의 모델과 다섯 가지 시퀀스 길이로 구성되었기 때문에 총 20개의 행이 표시되었다.

```
==================== INFERENCE - SPEED - RESULT ====================
       Model Name            Batch Size    Seq Length    Time in s
--------------------------------------------------------------------
        bert-base-uncased         4            32          0.021
        bert-base-uncased         4            64          0.031
        bert-base-uncased         4           128          0.057
        bert-base-uncased         4           256          0.12
        bert-base-uncased         4           512          0.269
  distilbert-base-uncased         4            32          0.007
  distilbert-base-uncased         4            64          0.011
  distilbert-base-uncased         4           128          0.021
  distilbert-base-uncased         4           256          0.044
  distilbert-base-uncased         4           512          0.095
       distilroberta-base         4            32          0.009
       distilroberta-base         4            64          0.014
       distilroberta-base         4           128          0.025
       distilroberta-base         4           256          0.053
       distilroberta-base         4           512          0.118
distilbert-base-german-cased      4            32          0.007
distilbert-base-german-cased      4            64          0.012
distilbert-base-german-cased      4           128          0.021
distilbert-base-german-cased      4           256          0.044
distilbert-base-german-cased      4           512          0.095
--------------------------------------------------------------------
```

그림 2.19 추론 속도 성능

마찬가지로, 그림 2.20은 20가지의 서로 다른 시나리오에 대한 추론 메모리 사용량이다.

```
==================== INFERENCE - MEMORY - RESULT ====================
--------------------------------------------------------------------
          Model Name              Batch Size    Seq Length    Memory in MB
--------------------------------------------------------------------
        bert-base-uncased             4             32            1453
        bert-base-uncased             4             64            1487
        bert-base-uncased             4            128            1547
        bert-base-uncased             4            256            1661
        bert-base-uncased             4            512            1901
    distilbert-base-uncased           4             32            1908
    distilbert-base-uncased           4             64            1900
    distilbert-base-uncased           4            128            1900
    distilbert-base-uncased           4            256            1900
    distilbert-base-uncased           4            512            1900
      distilroberta-base              4             32            1907
      distilroberta-base              4             64            1900
      distilroberta-base              4            128            1900
      distilroberta-base              4            256            2098
      distilroberta-base              4            512            2492
  distilbert-base-german-cased        4             32            2499
  distilbert-base-german-cased        4             64            2492
  distilbert-base-german-cased        4            128            2492
  distilbert-base-german-cased        4            256            2491
  distilbert-base-german-cased        4            512            2491
--------------------------------------------------------------------
```

그림 2.20 추론 메모리 사용량

매개변수에 따른 메모리 사용량을 관찰하기 위해 통계치들이 저장된 results 객체를 이용해서 그래프를 그려보자. 다음 코드는 모델과 시퀀스 길이에 따른 추론 시간 성능 그래프를 생성한다.

```
import matplotlib.pyplot as plt
plt.figure(figsize=(8,8))
t=sequence_lengths
models_perf=[list(
    results.time_inference_result[m]['result'][batch_sizes[0]].values()
    ) for m in models]
plt.xlabel('Seq Length')
plt.ylabel('Time in Second')
plt.title('Inference Speed Result')
plt.plot(t, models_perf[0], 'rs--',
    t, models_perf[1], 'g--.',
    t, models_perf[2], 'b--^',
    t, models_perf[3], 'c--o')
plt.legend(models)
plt.show()
```

그림 2.21에서 보듯이 세 DistilBERT 모델은 속도가 비슷하다(그중 둘은 특정 길이까지는 속도가 같다). `bert-based-uncased` 모델은 세 DistilBERT 모델보다 못한데, 특히 시퀀스가 길수록 성능이 크게 떨어진다.

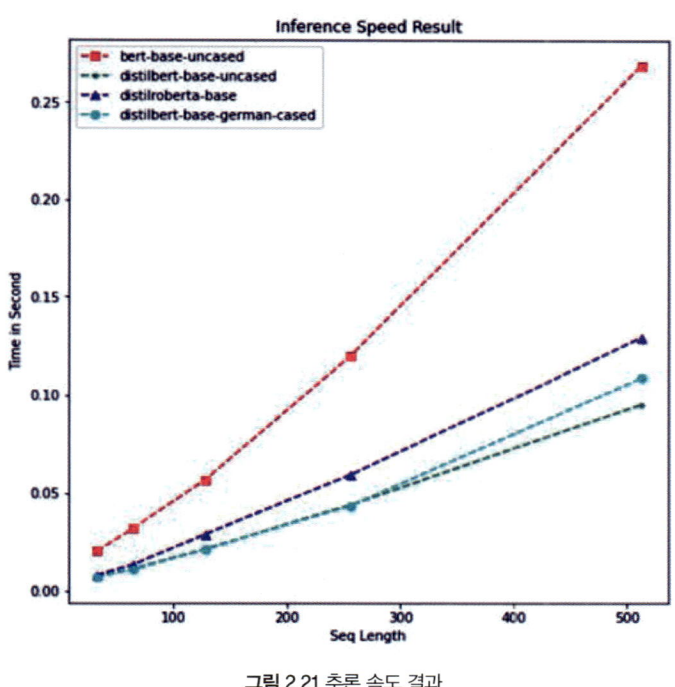

그림 2.21 추론 속도 결과

메모리 성능에 대한 그래프를 생성하려면 앞의 코드에서 `results` 객체의 `time_inference_result` 대신 `memory_inference_result`를 사용하면 된다.

다음 링크에 흥미로운 벤치마킹 예제들이 있으니 참고하기 바란다.

- 허깅 페이스 Benchmarks 페이지(https://huggingface.co/transformers/benchmarks)
- 깃허브 huggingface/transformers 저장소의 주피터 노트북들(https://github.com/huggingface/transformers/tree/main/notebooks)

이상으로 이번 장의 논의를 마치기로 하겠다. 필요한 환경을 설치하고 최초의 'Hello world' 트랜스포머 프로그램을 실행했으며 datasets 라이브러리를 사용해 보고 벤치마킹까지 수행하는 꽤 긴 과정을 너끈히 완수한 독자에게 축하의 말을 보낸다.

요약

이번 장에서는 다양한 입문 주제를 다루었고, 'Hello world' 트랜스포머 애플리케이션도 실습해 봤다. 이번 장의 내용은 이후의 장들을 공부하는 데 꼭 필요한 기초 지식이다. 그럼 우리가 배운 내용을 정리해 보자. 먼저 환경 설정과 시스템 설치로 첫걸음을 뗐다. 아나콘다 패키지 관리자를 이용해서 여러분의 운영체제에 맞는 필수 모듈들을 설치했다. 또한 언어 모델, 특히 커뮤니티 제공 모델들을 소개했고 토큰화 과정도 살펴봤다. 다중 모달 모델과 간단한 프롬프트를 이용해서 아주 간단한 방식의 제로샷 이미지 분류 작업도 체험해 봤다. 나아가, 이번 장에서는 다중 작업 벤치마크(**GLUE**)와 교차 언어 벤치마크(**XTREME**)도 소개했다. 이런 벤치마크들은 언어 모델을 더 강하고 정확하게 개선하는 데 도움이 된다. 그리고 커뮤니티에서 제공하는 NLP 데이터셋에 효율적으로 접근할 수 있게 해주는 'datasets' 라이브러리의 사용법도 익혔다. 마지막으로, 특정 모델의 계산 비용을 메모리 사용량과 속도 측면에서 평가하는 방법을 살펴봤다. 트랜스포머 프레임워크를 이용하면 텐서플로와 파이토치 모두에서 모델 벤치마킹이 가능하다.

이번 장에서 사용한 모델들은 커뮤니티가 미리 훈련해서 공유한 것이다. 이제는 우리가 언어 모델을 훈련해서 커뮤니티에 돌려줄 차례이다. 다음 장에서는 BERT 언어 모델과 토크나이저를 훈련하고 그 결과를 커뮤니티와 공유하는 방법을 배운다.

2부

여러 가지 트랜스포머 모델: 오토인코더에서 자기회귀 모델까지

2부에서는 인코더 기반 생성형 언어 모델의 멋진 세계로 들어가서, 이런 모델들의 사전 훈련 방법과 미세조정 방법을 살펴본다. 이를 통해 미세조정, 추론, 매개변수 최적화 등 일상적인 주제에 대한 귀중한 통찰을 얻을 수 있을 것이다. 더 나아가 모델 성능 향상과 효과적인 미세조정 전략 같은 고급 주제도 다룰 예정이다. 2부에서 얻은 지식은 3부에서 살펴볼 좀 더 심화된 주제의 기초가 된다.

2부를 구성하는 장은 다음과 같다.

- 3장 오토인코딩 언어 모델
- 4장 생성형 모델에서 LLM(대규모 언어 모델)으로
- 5장 텍스트 분류를 위한 언어 모델 미세조정
- 6장 토큰 분류를 위한 언어 모델 미세조정
- 7장 텍스트 표현
- 8장 모델 성능 향상
- 9장 매개변수 효율적 미세조정

03
오토인코딩 언어 모델

2장에서 허깅 페이스의 Transformers 라이브러리를 이용해서 일반적인 트랜스포머 모델을 사용하는 방법을 살펴봤다. 지금까지 이 책에서 다룬 주제는 대부분 사전 훈련된, 또는 미리 만들어진 모델을 사용하는 방법에 관한 것이었다. 특정한 모델과 그 훈련 방법에 관한 정보는 별로 다루지 않았다.

이번 장에서는 임의의 주어진 언어에 대해 **오토인코딩**^{autoencoding}(자기 부호화) **언어 모델**을 처음부터 훈련하는 방법을 논의한다. 여기에는 모델의 일반적인 사전 훈련(pretraining)뿐만 아니라 특정 작업에 특화된 훈련도 포함된다. 이번 장에서는 먼저 BERT 모델이 무엇이고 어떻게 작동하는지 살펴본다. 그런 다음에는 간단하고 작은 말뭉치를 이용해서 BERT 모델을 훈련한다. 마지막으로는 그 모델을 임의의 케라스^{Keras} 모델 안에서 사용하는 방법을 살펴본다.

이번 장에서 다루는 주제는 다음과 같다.

- 오토인코딩 언어 모델 중 하나인 BERT(Bidirectional Encoder Representations from Transformers)
- 임의의 언어를 위한 오토인코딩 언어 모델 학습
- 모델을 커뮤니티와 공유하는 방법
- 다른 여러 오토인코딩 모델 소개
- 토큰화 알고리즘 다루기

3.1 기술적 요구사항

다음은 이번 장에 필요한 소프트웨어와 라이브러리들이다.

- Anaconda
- transformers >= 4.0.0
- pytorch >= 1.0.2
- tensorflow >= 2.4.0
- datasets >= 1.4.1
- tokenizers

원서 깃허브 저장소(https://github.com/PacktPublishing/Mastering-Transformers-Second-Edition)의 CH03 디렉터리도 참고하기 바란다.

3.2 BERT: 오토인코딩 언어 모델의 하나

BERT는 언어 모델링을 위해 인코더 트랜스포머 스택을 약간 수정하여 활용한 최초의 오토인코딩 언어 모델 중 하나이다.

BERT 아키텍처는 원래의 트랜스포머 구현에 기반한 다층(multilayer) 트랜스포머 인코더이다. 트랜스포머 모델 자체는 원래 기계번역 작업을 위해 만들어졌지만, BERT의 주요 개선점은 이 아키텍처의 일부를 활용하여 더 나은 언어 모델링을 제공한다는 것이다. 사전 훈련을 거치면 이 언어 모델은 학습된 언어를 종합적으로 이해하는 능력을 갖추게 된다.

이번 절(§ 3.2)에서는 BERT 같은 오토인코딩 언어 모델의 사전 훈련 방법을 소개하고 BERT 언어 모델 자체를 좀 더 자세히 설명한다. 훈련한 모델을 커뮤니티와 공유하는 방법은 다음 절(§ 3.3)에서 살펴볼 것이다.

3.2.1 BERT 언어 모델의 사전 훈련 작업

BERT가 사용하는 MLM(Masked Language Modeling; 마스크 언어 모델링)을 명확히 이해하려면 MLM이라는 것을 좀 더 정확하게 정의할 필요가 있다. MLM은 일부 토큰이 마스킹된(가려진) 문장을 입력받아서 그 토큰들을 채운 전체 문장을 출력으로 내는 작업이다. 그렇다면 이런 모델링이 분류 같은 하위 작업의 성능을 향상하는 데 도움이 되는 이유는 무엇일까? 답은 간단하다. 모델이 **빈칸 추론** 혹은 **빈칸 채우기 문제**(cloze test, 빈칸을 채워 언어 이해력을 평가하는 언어학적 테스트)를 풀 수 있다면, 그 모델은 언어에 대한 전반적인 이해를 갖추고 있다는 뜻이다. 이미 마스크 언어 모델링을 통해 사전 훈련이 이루어졌기 때문에 다른 작업에서도 더 나은 성능을 보일 수 있다.

예를 들어 다음과 같은 빈칸 채우기 문제를 생각해 보자.

> *추석은 한국의 대표적인 명절 중 하나로, 음력 ___ 15일입니다.*

빈칸에 들어갈 적절한 단어는 '8월'이다. 마스크 언어 모델도 이와 마찬가지로, 문장에서 무작위로 선택된 마스킹된 토큰을 채우는 작업을 수행하게 된다.

BERT는 또한 **다음 문장 예측**(Next Sentence Prediction, **NSP**) 작업에 대해서도 훈련된다. 이 사전 훈련 작업을 통해 BERT는 마스킹된 토큰 예측 시 모든 토큰 사이의 관계를 학습한다. 또한 이 사전 훈련은 BERT 모델이 두 문장의 관계를 이해하는 데도 도움이 된다. 이 사전 훈련에서는 두 문장을 [SEP]라는 토큰으로 구분한 형태의 예시들을 BERT에 제공한다. 해당 데이터셋에는 둘째 문장이 첫 문장 뒤에 오는지 여부도 들어 있다.

다음은 NSP 입력의 예이다.

> 이 문장은 빈칸 채우기가 필요하다. 비트코인은 다른 알트코인에 비해 가격이 너무 높다.

잘 훈련된 모델은 이 예시가 부정적이라고, 즉 두 문장이 서로 관련이 없다고 예측할 것이다.

이러한 두 가지 사전 훈련 작업을 통해 BERT는 언어 자체에 대한 이해를 얻게 된다. BERT의 토큰 임베딩은 각 토큰에 대한 문맥적 임베딩(contextual embedding; 또는 맥락적 임베딩)을 제공한다. 즉, 각 토큰은 주변 토큰과 완전히 연관된 임베딩을 가지게 된다. word2vec 같은 모델과는 달리 BERT는 각 토큰 임베딩에 대해 더 풍부한 정보를 제공한다. 또한, NSP 작업은 BERT가 [CLS] 토큰에 대해 더 나은 임베딩을 학습하도록 돕는다. 1장에서 언급했듯이 [CLS] 토큰은 전체 입력에 관한 정보를 제공한다. 이 토큰은 분류 작업에 사용되며, 사전 훈련 단계에서 전체 입력의 전반적인 임베딩을 학습하게 된다. 그림 3.1은 BERT 모델의 개요와 해당 입력 및 출력을 보여준다.

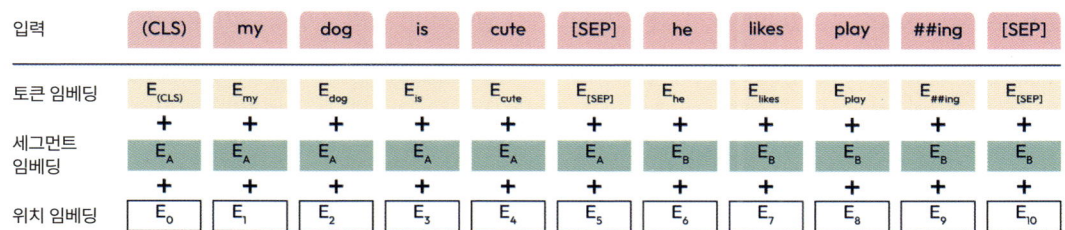

그림 3.1 BERT 모델

그럼 BERT 언어 모델을 좀 더 자세히 살펴보자.

3.2.2 자세히 살펴본 BERT 언어 모델

토크나이저는 여러 NLP 응용과 그 파이프라인에서 대단히 중요한 부분이다. BERT는 **WordPiece**라는 토큰화 알고리즘을 사용한다. WordPiece는 **SentencePiece**와 **바이트 쌍 인코딩**(byte pair encoding, **BPE**)과 함께 여러 트랜스포머 기반 아키텍처에서 가장 널리 알려진 세 가지 토크나이저 중 하나이다. 이들은 병합 전략, 단위 표현(바이트, 문자 또는 부분단어 단위), 토큰화 방식, 분할 모드의 유연성 면에서 차이가 있다. 알고리즘마다 나름의 장단점이 있으므로 구체적인 작업의 요구사항에 맞게 선택해야 한다. BERT나 다른 트랜스포머 기반 아키텍처가 부분단어(subword) 토큰화 알고리즘을 사용하는 주된 이유는 그런 토크나이저가 미지의 토큰을 처리할 수 있기 때문이다.

BERT는 또한 위치 인코딩을 이용해서 토큰의 위치 정보를 모델에 제공한다. 1장에서 언급했듯이 BERT나 유사 모델들은 밀집 신경망 층(dense neural network layer) 같은 비순차적 연산을 사용한다. LSTM이나 RNN 기반 모델 등의 전통적인 모델은 자연스러운 위치를 고려한다. BERT에 그런 추가 정보를 제공하는 데 위치 인코딩이 유용하다.

BERT의 사전 훈련은 오토인코딩 모델과 유사하게 모델에 언어적 정보를 제공한다. 그러나 실제 응용에서 모델로 여러 문제(시퀀스 분류, 토큰 분류, 질의응답)를 풀 때는 모델 출력의 서로 다른 부분이 사용된다.

예를 들어 감성 분석이나 문장 분류 같은 시퀀스 분류 작업에서 원래의 BERT 논문은 마지막 층의 CLS 임베딩을 사용해야 한다고 제안했다. 하지만 다른 연구에서는 BERT에 다양한 기법을 적용해서 그런 분류 작업을 수행한다. 이를테면 모든 토큰의 평균 토큰 임베딩을 사용하거나, 마지막 층에 LSTM을 적용하거나, 마지막 층 위에 CNN을 두는 식이다. 시퀀스 분류를 위한 마지막 [CLS] 임베딩은 어떤 종류의 분류기에서도 사용할 수 있지만, 권장되는(그리고 가장 일반적인) 방법은 입력 크기가 최종 토큰 임베딩 크기와 같고 출력 크기가 클래스 수와 같은 소프트맥스 활성화 함수를 가진 밀집층을 사용하는 것이다. 출력이 다중 레이블일 수 있고 문제 자체가 다중 레이블 분류인 문제에서는 S자형 함수(시그모이드 함수 sigmoid function)를 사용하는 것도 대안이 될 수 있다.

BERT의 실제 작동 방식을 파악하는 데는 그림 3.2의 도식이 도움이 될 것이다. 이 도식은 NSP 작업을 나타낸 것인데, 이해를 돕기 위해 토큰화 부분은 단순화했다.

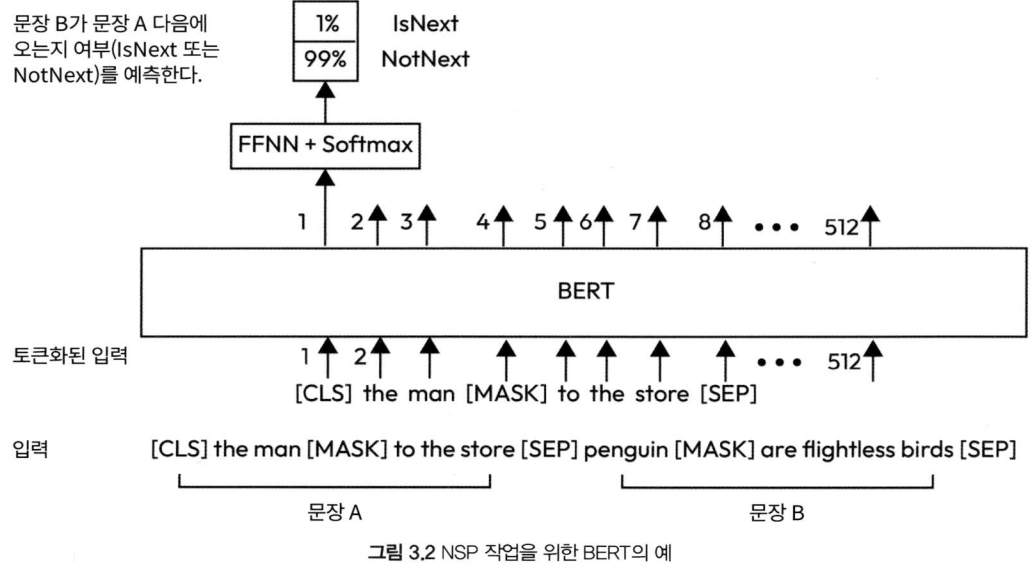

그림 3.2 NSP 작업을 위한 BERT의 예

BERT 모델에는 주요 매개변수의 설정에 따라 여러 가지 변형이 있다. 그림 3.2의 예에서 모델이 입력받을 수 있는 최대 시퀀스 크기는 512다. 그런데 입력에는 특수 토큰인 [CLS]와 [SEP]가 포함되므로 실제 최대 크기는 510이다. 한편, WordPiece를 토크나이저로 사용하면 부분단어 토큰이 생성되므로 시퀀스 크기가 달라진다. 토큰화 전에는 단어 수가 적었어도, 토큰화 후에는 토크나이저가 자주 보이지 않는 단어를 부분단어들로 분해해서 시퀀스가 길어질 수 있다.

그림 3.3은 다양한 작업에 대한 BERT의 도식이다. NER 작업의 경우 [CLS] 대신 각 토큰의 출력이 사용된다. 질의응답의 경우에는 질문과 답변이 구분 토큰 [SEP]로 연결되며, 답변은 마지막 층의 출력 중 '시작/끝' 구간(span)에 대한 주석(annotation)으로 주어진다. 이 경우 '문단(Paragraph)'은 질문 대상에 관한 문맥(맥락)이다.

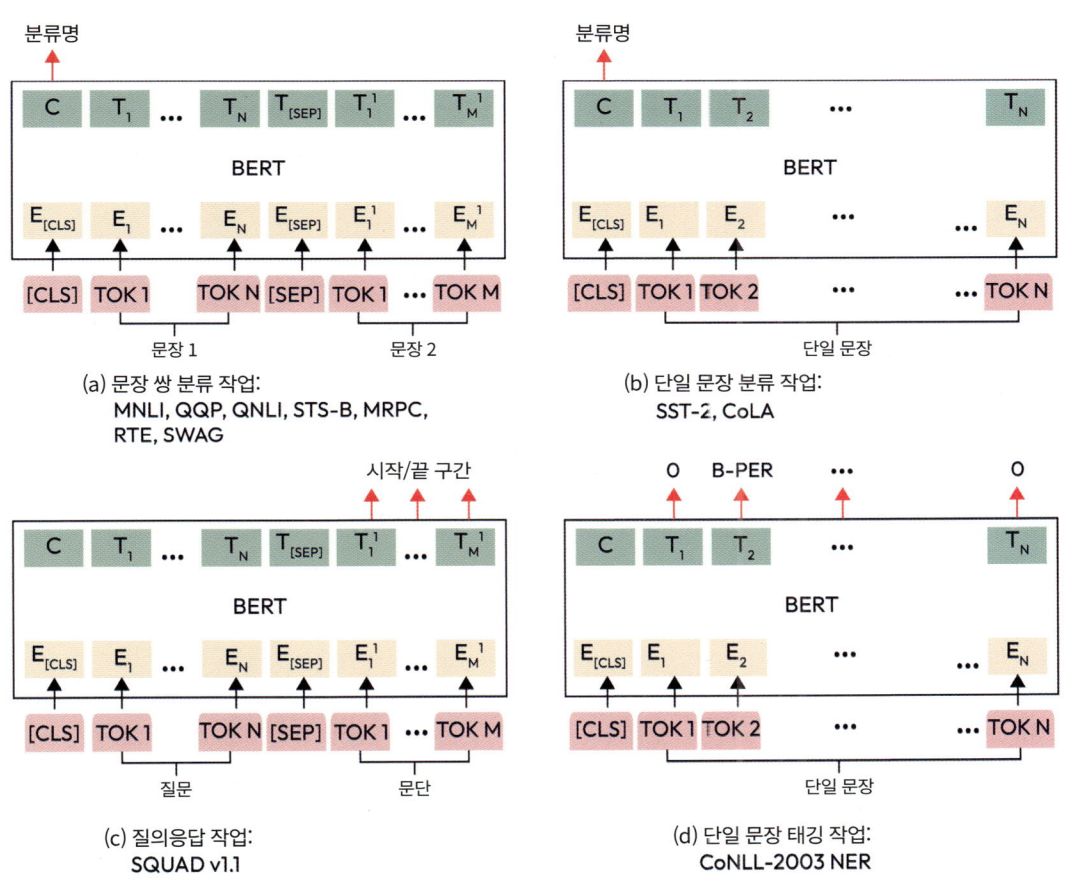

그림 3.3 다양한 NLP 작업을 위한 BERT 모델

이처럼 다양한 작업이 가능하지만, 그래도 BERT의 가장 중요한 능력은 문맥을 고려한 텍스트 표현이다. BERT가 여러 작업에서 성공을 거두는 것은 입력을 밀집 벡터 형태로 표현하는 트랜스포머 인코더 아키텍처 덕분이다. 이 벡터들은 아주 간단한 분류기를 통해서 손쉽게 출력으로 변환된다.

단어 순서를 유지하려면 위치 인코딩(positional encoding)이 필수다. 위치 인코딩은 단어 임베딩에 아주 작은 값을 더해서 원래의 뜻과 가까운 의미를 유지하되 특정한 순서를 따르게 한다.

이상으로 BERT가 무엇이고 어떻게 작동하는지를 간단하게나마 살펴봤다. BERT를 사용할 수 있는 다양한 작업을 살펴봤고, 이 아키텍처의 주요 특성과 개념도 소개했다.

다음 절에서는 BERT의 사전 훈련 방법과 훈련 후 활용 방법을 논의한다.

3.3 임의의 언어를 위한 오토인코딩 언어 모델의 훈련

앞에서 우리는 BERT의 작동 방식을 배웠다. 또한, 허깅 페이스 저장소에서 제공하는 사전 훈련된 BERT 버전을 사용할 수 있다는 점도 이번 장 앞부분에서 언급했다. 이번 절에서는 허깅 페이스 라이브러리를 이용해서 BERT를 직접 훈련하는 방법을 살펴본다.

언어 모델링을 위해서는 양질의 훈련 데이터가 필수다. 그런 데이터를 **말뭉치**(corpus)라고 부르는데, 일반적으로 말뭉치는 방대한 양의 데이터로 구성된다(미리 전처리되고 정제된 데이터일 수도 있다). 말뭉치는 훈련하려는 언어 모델의 용도와 용법에 맞아야 한다. 예를 들어 BERT를 영어 전용으로 훈련하려면 Common Crawl(https://commoncrawl.org/)과 같은 방대한 양질의 데이터셋이 많이 있다. 하지만 훈련을 빠르게 진행하고 싶다면 더 작은 데이터셋을 사용하는 것이 좋을 것이다.

비교적 작은 데이터셋으로는 50,000개의 영화평으로 구성된 IMDb 데이터셋(https://www.kaggle.com/lakshmi25npathi/imdb-dataset-of-50k-movie-reviews)이 있다. 감성 분석 용도로는 큰 편이지만, 언어 모델 훈련을 위한 말뭉치로 사용하기에는 상대적으로 작은 크기다. 그럼 이 데이터셋으로 훈련을 진행해 보자.

1. IMDb데이터셋의 CSV 파일을 앞에서 언급한 주소에서 내려받아 `IMDB Dataset.csv`라는 이름으로 저장한 후, 언어 모델 및 토크나이저 훈련을 위해 일반 텍스트 형식으로 변환해서 `corpus.txt`라는 이름으로 저장한다.

    ```
    import pandas as pd
    imdb_df = pd.read_csv("IMDB Dataset.csv")
    reviews = imdb_df.review.to_string(index=None)
    with open("corpus.txt", "w") as f:
        f.writelines(reviews)
    ```

2. 이제 말뭉치가 준비되었으니 토크나이저의 훈련을 시작하자. `tokenizers` 라이브러리는 WordPiece 토크나이저를 빠르고 쉽게 훈련할 수 있는 기능을 제공한다. 다음 세 줄의 코드로 충분하다.

    ```
    from tokenizers import BertWordPieceTokenizer
    bert_wordpiece_tokenizer =BertWordPieceTokenizer()
    bert_wordpiece_tokenizer.train("corpus.txt")
    ```

3. 토크나이저 훈련이 끝났다. 훈련된 어휘(vocabulary)는 다음과 같이 토크나이저 객체의 `get_vocab()` 함수(메서드)로 조회할 수 있다.

```
bert_wordpiece_tokenizer.get_vocab()
```

출력은 다음과 같다.

```
{'almod': 9111, 'events': 3710, 'bogart': 7647, 'slapstick': 9541, 'terrorist': 16811, 'patter': 9269, '183': 16482, '##cul': 14292, 'sophie': 13109, 'thinki': 10265, 'tarnish': 16310, '##outh': 14729, 'peckinpah': 17156, 'gw': 6157, '##cat': 14290, '##eing': 14256, 'successfully': 12747, 'roomm': 7363, 'stalwart': 13347,...}
```

4. 나중에 다시 사용할 수 있도록 토크나이저를 저장해 두는 것이 좋다. 원하는 디렉터리를 지정해서 토크나이저 객체의 `save_model()` 함수를 호출하면 그곳에 토크나이저의 어휘가 저장된다.

```
bert_wordpiece_tokenizer.save_model("tokenizer")
```

5. 저장한 토크나이저는 `from_file()` 함수로 다시 불러올 수 있다.

```
tokenizer = \
    BertWordPieceTokenizer.from_file("tokenizer/vocab.txt")
```

6. 그럼 이 토크나이저를 이용해서 간단한 영어 문장을 토큰화해보자.

```
tokenized_sentence = \
    tokenizer.encode("Oh it works just fine")
tokenized_sentence.tokens
['[CLS]', 'oh', 'it', 'works', 'just', 'fine','[SEP]']
```

BERT의 입력 처리에 필요한 특수 토큰 [CLS]와 [SEP]가 자동으로 토큰 목록에 추가되었음을 알 수 있다.

7. 다음은 또 다른 문장을 토큰화하는 예이다.

```
tokenized_sentence = \
    tokenizer.encode("ohoh i thougt it might be workingg well")
['[CLS]', 'oh', '##o', '##h', 'i', 'thoug', '##t', 'it', 'might', 'be', 'working', '##g', 'well', '[SEP]']
```

8. 잡음이 섞이고 철자가 틀린 텍스트도 잘 처리했다는 점에서 좋은 토크나이저인 것 같다. 이제 토크나이저를 마련하고 저장까지 했으니, 여러분만의 BERT 모델을 훈련할 준비가 된 셈이다. 첫 단계는 Transformers 라이브러리의 `BertTokenizerFast` 인스턴스를 생성하는 것이다. 이를 위해 이전 단계에서 토크나이저의 어휘 파일을 저장한 디렉터리를 지정해서 `from_pretrained()` 함수를 호출한다.

```
from transformers import BertTokenizerFast
tokenizer = BertTokenizerFast.from_pretrained("tokenizer")
```

`BertTokenizerFast`를 사용하는 것은 허깅 페이스의 문서에서 권장하기 때문이다. `BertTokenizer`라는 토크나이저 클래스도 있지만, 라이브러리 문서에 따르면 `Fast`가 붙은 버전보다는 구현이 비효율적이라고 한다. 대부분의 사전 훈련 모델의 문서화와 모델 카드는 `BertTokenizerFast` 버전을 사용할 것을 강력히 권장한다.

9. 다음으로, 더 빠른 학습을 위해 말뭉치 데이터셋을 준비한다.

```
from transformers import LineByLineTextDataset
dataset = \
    LineByLineTextDataset(tokenizer=tokenizer,
        file_path="corpus.txt",
        block_size=128)
```

10. MLM을 위해서는 데이터 콜레이터(data collator) 객체도 만들어야 한다.

```
from transformers import DataCollatorForLanguageModeling
data_collator = DataCollatorForLanguageModeling(
    tokenizer=tokenizer,
    mlm=True,
    mlm_probability=0.15)
```

데이터 콜레이터는 데이터를 가져와서 훈련에 맞게 변환한다. 예를 들어 위의 데이터 콜레이터는 주어진 데이터를 0.15의 MLM 확률에 맞게 준비한다. 이런 메커니즘을 사용하는 의도는 전처리를 즉석에서 수행함으로써 자원 소비를 줄이는 것이다. 대신, 각 표본(sample)을 훈련 시 매번 즉석에서 전처리해야 하므로 훈련 시간은 늘어난다.

11. 훈련 인수(training argument)도 훈련 단계에서 트레이너에 정보를 제공한다. 다음은 주요 훈련 인수들을 설정하는 코드다.

```
from transformers import TrainingArguments
training_args = TrainingArguments(
    output_dir="BERT",
    overwrite_output_dir=True,
    num_train_epochs=1,
    per_device_train_batch_size=128)
```

12. 이제 BERT 모델을 직접 만들 차례다. 주의 메커니즘 헤드 수, 트랜스포머 인코더 층 수 등은 그냥 기본 설정을 따르기로 한다.

```
from transformers import BertConfig, BertForMaskedLM
bert = BertForMaskedLM(BertConfig())
```

13. 마지막 단계는 Trainer 객체를 생성하는 것이다.

```
from transformers import Trainer
trainer = Trainer(model=bert,
    args=training_args,
    data_collator=data_collator,
    train_dataset=dataset)
```

14. 이제 모든 준비가 끝났다. 다음을 실행하면 모델의 훈련이 시작된다.

```
trainer.train()
```

하단에 그림 3.4와 같은, 훈련 진행 상황을 나타내는 진행 표시줄(progress bar)이 나타날 것이다.

[13/391 07:02 < 4:01:47, 0.03 it/s, Epoch 0.03/1]

그림 3.4 BERT 모델의 훈련 진행 상황

모델 훈련을 진행하는 동안 runs라는 로그 디렉터리(자동으로 생성된다)에 단계별 체크포인트가 저장된다(그림 3.5).

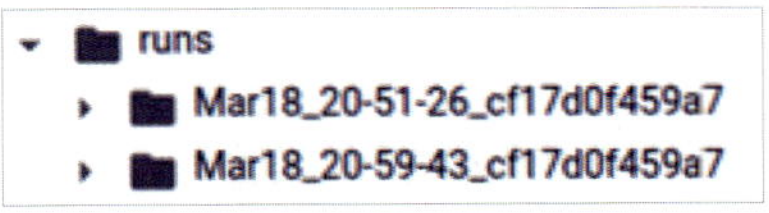

▼ runs
  ▸ Mar18_20-51-26_cf17d0f459a7
  ▸ Mar18_20-59-43_cf17d0f459a7

그림 3.5 BERT 모델 훈련의 체크포인트들

15. 훈련이 끝났다면, 다음과 같이 save_model 함수를 이용해서 모델을 저장한다.

```
trainer.save_model("MyBERT")
```

이렇게 해서 특정 언어에 대해 BERT 모델을 처음부터 훈련하는 방법을 살펴봤다. 적절한 데이터셋을 구해서 훈련용 말뭉치를 준비하고 토크나이저와 BERT 모델을 훈련하는 방법을 배울 수 있었을 것이다.

이 훈련 과정에서 주목할 부분은 단계 12에서 지정한 BERT 기본 구성(configuration)이다. 이 구성이 중요하다. BERT의 아키텍처와 초매개변수(hyperparameter)들이 이 구성에 따라 결정되기 때문이다. 구체적으로 어떤 값들이 설정됐는지는 다음 코드로 확인할 수 있다.

```
from transformers import BertConfig
BertConfig()
```

출력은 다음과 같다(그림 3.6).

```
BertConfig {
  "attention_probs_dropout_prob": 0.1,
  "gradient_checkpointing": false,
  "hidden_act": "gelu",
  "hidden_dropout_prob": 0.1,
  "hidden_size": 768,
  "initializer_range": 0.02,
  "intermediate_size": 3072,
  "layer_norm_eps": 1e-12,
  "max_position_embeddings": 512,
  "model_type": "bert",
  "num_attention_heads": 12,
  "num_hidden_layers": 12,
  "pad_token_id": 0,
  "position_embedding_type": "absolute",
  "transformers_version": "4.4.2",
  "type_vocab_size": 2,
  "use_cache": true,
  "vocab_size": 30522
}
```

그림 3.6 BERT 모델 구성

이러한 기본 BERT 구성의 초매개변수를 적절히 수정하면 BERT의 tiny, mini, small, base, relative 버전을 복제할 수 있다. 그림 3.7의 수치를 참고하기 바란다(출처는 https://github.com/google-research/bert).

	H=128	H=256	H=512	H=768
L=2	2/128 (BERT-Tiny)	2/256	2/512	2/768
L=4	4/128	4/256 (BERT-Mini)	4/512 (BERT-Small)	4/768
L=6	6/128	6/256	6/512	6/768
L=8	8/128	8/256	8/512 (BERT-Medium)	8/768
L=10	10/128	10/256	10/512	10/768
L=12	12/128	12/256	12/512	12/768 (BERT-Base)

그림 3.7 BERT 모델 구성

이 초매개변수들은 학습 시간에 직접적인 영향을 미친다. 특히 max_position_embeddings, num_attention_heads, num_hidden_layers, intermediate_size, hidden_size가 그렇다. 이들의 값을 크게 잡으면 대규모 말뭉치의 훈련 시간이 아주 길어질 수 있음에 유의하자.

예를 들어 다음 구성을 이용하면 좀 더 빠른 훈련에 적합한 초소형(tiny) BERT 버전을 만들 수 있다.

```
tiny_bert_config = \
    BertConfig(max_position_embeddings=512,
        hidden_size=128,
        num_attention_heads=2,
        num_hidden_layers=2,
        intermediate_size=512)
tiny_bert_config
```

이 구성의 구체적인 수치들은 다음과 같다(그림 3.8).

```
BertConfig {
    "attention_probs_dropout_prob": 0.1,
    "gradient_checkpointing": false,
    "hidden_act": "gelu",
    "hidden_dropout_prob": 0.1,
    "hidden_size": 128,
    "initializer_range": 0.02,
    "intermediate_size": 512,
    "layer_norm_eps": 1e-12,
    "max_position_embeddings": 512,
    "model_type": "bert",
    "num_attention_heads": 2,
    "num_hidden_layers": 2,
    "pad_token_id": 0,
    "position_embedding_type": "absolute",
    "transformers_version": "4.4.2",
    "type_vocab_size": 2,
    "use_cache": true,
    "vocab_size": 30522
}
```

그림 3.8 초소형 BERT 모델의 구성

그럼 이 구성을 이용해서 초소형 BERT 모델을 훈련해 보자.

1. 이전과 마찬가지 방식으로 MLM용 BERT 인스턴스를 생성한다.

```
tiny_bert = BertForMaskedLM(tiny_bert_config)
```

2. 역시 이전과 동일한 훈련 설정으로 트레이너 객체를 생성해서 훈련을 진행한다.

```
trainer = Trainer(model=tiny_bert, args=training_args,
    data_collator=data_collator,
    train_dataset=dataset)
trainer.train()
```

훈련이 진행되는 동안 그림 3.9와 같은 진행 표시줄이 나타날 것이다.

[9/391 00:17 < 15:43, 0.40 it/s, Epoch 0.02/1]

그림 3.9 초소형 BERT 모델의 훈련

이전보다 훈련이 훨씬 빨리 끝날 것이다. 하지만 이 버전은 층 수와 매개변수 개수가 적은 BERT의 초소형 버전이므로, BERT 기본 모델보다는 성능이 떨어진다는 점에 유의해야 한다.

이렇게 해서 기본 구성과는 다른 구성으로 모델을 직접 훈련하는 방법까지 살펴봤다. 그런데 언어 모델 훈련용 데이터셋을 다루거나 특정 작업을 위한 훈련에 데이터셋을 사용할 때는 2장에서 살펴본 datasets 라이브러리를 이용하는 것이 더 나은 선택이라는 점도 기억해 두기 바란다.

BERT 언어 모델을 임베딩 층(embedding layer)으로 사용해서 다른 딥러닝 모델과 결합하는 것도 가능하다. 그럼 사전 훈련된 BERT 모델(커뮤니티 제공 모델이든, 앞에서처럼 직접 훈련한 모델이든)을 케라스 모델과 함께 사용하는 예를 살펴보자.

1. 사전 훈련된 BERT 모델을 불러오고, 토크나이저도 생성한다.

```
from transformers import (
    TFBertModel, BertTokenizerFast)
bert = TFBertModel.from_pretrained("bert-base-uncased")
tokenizer = \
    BertTokenizerFast.from_pretrained("bert-base-uncased")
```

2. 이런 성격의 응용에는 굳이 BERT 모델 전체를 사용할 필요가 없다. 특정 층에만 접근하면 된다. 어떤 층들이 있는지는 모델 객체의 layers 속성으로 확인할 수 있다.

```
bert.layers
```
```
[<Transformers.models.bert.modeling_tf_bert.TFBertMainLayer at 0x7f72459b1110>]
```

3. 위의 출력에서 보듯이 지금 예제에서는 **TFBertMainLayer**에 층이 하나뿐이다. 케라스 모델 안에서 이 층에 접근하면 된다. 하지만 이 층을 사용하기 전에, 이 층이 어떤 출력을 제공하는지 확인해 보는 것이 바람직하다.

```
tokenized_text = tokenizer.batch_encode_plus(
    ["hello how is it going with you",
    "lets test it"],
    return_tensors="tf",
    max_length=256,
    truncation=True,
    pad_to_max_length=True)
bert(tokenized_text)
```

출력은 다음과 같다(그림 3.10).

```
TFBaseModelOutputWithPooling([('last_hidden_state',
                <tf.Tensor: shape=(2, 256, 768), dtype=float32, numpy=
                array([[[ 1.00471362e-01,  6.77026287e-02, -8.33595246e-02, ...,
                        -4.93304580e-01,  1.16539136e-01,  2.26647347e-01],
                       [ 3.23623657e-01,  3.70719165e-01,  6.14685774e-01, ...,
                        -6.27267540e-01,  3.79083097e-01,  7.05310702e-02],
                       [ 1.99532971e-01, -8.75509441e-01, -6.47868365e-02, ...,
                        -1.28077380e-02,  3.07651043e-01, -2.07325034e-02],
                       ...,
                       [-6.53299838e-02,  1.19046383e-01,  5.76846600e-01, ...,
                        -2.95460820e-01,  2.49744654e-02,  1.13964394e-01],
                       [-2.64715493e-01, -7.86386207e-02,  5.47280848e-01, ...,
                        -1.37515247e-01, -5.94691373e-01, -5.17928638e-02],
                       [-2.44958848e-01, -1.14793395e-01,  5.92173815e-01, ...,
                        -1.56882048e-01, -3.39757398e-02, -8.46135616e-02]],

                      [[ 2.94558890e-02,  2.30868042e-01,  2.92651534e-01, ...,
                        -1.30421281e-01,  1.89659461e-01,  4.68427837e-01],
                       [ 1.78523107e+00,  6.91360656e-01,  7.31509984e-01, ...,
                         2.89382200e-01,  5.36758840e-01, -1.54553086e-01],
                       [ 1.04596823e-01,  9.63676572e-02,  6.99661374e-02, ...,
                        -4.15922999e-01, -1.18989825e-01, -6.72240376e-01],
                       ...,
                       [ 8.00909758e-01,  2.38983199e-01,  4.15492684e-01, ...,
                         3.98530713e-02,  2.34373803e-01,  1.22278236e-01],
                       [ 2.68862708e-01,  4.43267114e-02,  3.63648295e-01, ...,
                        -7.53704458e-04,  3.84620279e-02, -2.14213312e-01],
                       [-2.30111778e-01, -4.98388559e-01, -1.26496106e-02, ...,
                         4.49867934e-01,  6.16019145e-02, -2.61357218e-01]]],
                      dtype=float32)>),
                ('pooler_output',
                <tf.Tensor: shape=(2, 768), dtype=float32, numpy=
                array([[-0.9204854 , -0.37138987, -0.6051259 , ..., -0.4473697 ,
                        -0.64347583,  0.9423271 ],
                       [-0.8854158 , -0.26547667,  0.21015054, ...,  0.17237163,
                        -0.6402989 ,  0.8888342 ]], dtype=float32)>)])
```

그림 3.10 BERT 모델의 출력

결과를 보면 출력이 두 종류인데, 하나는 마지막 은닉층의 상태이고 다른 하나는 풀링 층 (pooler)의 출력이다. 마지막 은닉층 상태는 시작과 끝에 각각 '[CLS]'와 '[SEP]' 토큰이 추가된 BERT의 토큰 임베딩 전체를 제공한다.

4. 이제 BERT 모델을 임베딩 층으로 사용하는 케라스 모델을 만들어 보자. 텐서플로로 딥러닝 모델을 만들어 본 경험이 있는 독자라면 어렵지 않을 것이다.

```
from tensorflow import keras
import tensorflow as tf
max_length = 256
tokens = keras.layers.Input(shape=(max_length,),
    dtype=tf.dtypes.int32)
masks = keras.layers.Input(shape=(max_length,),
    dtype=tf.dtypes.int32)
embedding_layer = bert.layers[0]([tokens,masks])[0][:,0,:]
dense = tf.keras.layers.Dense(units=2,
    activation="softmax")(embedding_layer)
model = keras.Model([tokens,masks],dense)
```

5. `model` 객체로 대표되는 케라스 모델의 입력은 토큰과 마스크 두 가지다. 토크나이저 출력의 `input_ids`와 `attention_mask`를 각각 토큰 입력과 마스크 입력으로 사용하면 된다. 다음은 토큰화를 수행하는 코드다.

```
tokenized = tokenizer.batch_encode_plus(
    ["hello how is it going with you",
    "hello how is it going with you"],
    return_tensors="tf",
    max_length= max_length,
    truncation=True,
    pad_to_max_length=True)
```

토크나이저를 사용할 때는 `truncation`, `max_length`, `pad_to_max_length` 매개변수를 적절히 설정해서 절단과 채우기를 활성화하는 것이 중요하다. 이전에도 언급했듯이 이렇게 하면 최대 길이(지금의 경우 256)보다 길거나 짧은 입력이 적절히 절단되거나 채워져서 출력이 가지런해진다.

6. 이제 준비된 입력들로 이 혼합 모델을 실행해 보자.

```
model([tokenized["input_ids"],tokenized["attention_mask"]])
```

출력은 다음과 같다(그림 3.11).

```
<tf.Tensor: shape=(2, 2), dtype=float32, numpy=
array([[0.45928752, 0.5407125 ],
       [0.45928752, 0.5407125 ]], dtype=float32)>
```

그림 3.11 혼합 모델의 분류 결과

7. 모델을 훈련하려면 먼저 compile 함수를 이용해서 모델을 컴파일해야 한다.

```
model.compile(optimizer="Adam",
    loss="categorical_crossentropy",
    metrics=["accuracy"])
model.summary()
```

출력은 다음과 같다(그림 3.12).

```
Layer (type)                    Output Shape         Param #     Connected to
==================================================================================
input_tokens (InputLayer)       [(None, 256)]        0
input_masks (InputLayer)        [(None, 256)]        0
bert (TFBertMainLayer)          multiple             109482240   input_tokens[0][0]
                                                                 input_masks[0][0]
tf.__operators__.getitem_3 (Sli (None, 768)          0           bert[3][0]
output_layer (Dense)            (None, 2)            1538        tf.__operators__.getitem_3[0][0]
==================================================================================
Total params: 109,483,778
Trainable params: 109,483,778
Non-trainable params: 0
```

그림 3.12 모델의 요약 정보

8. 모델 요약을 보면 훈련 가능한 매개변수가 BERT를 포함해서 총 109,483,778개임을 알 수 있다. 하지만 BERT 모델의 사전 훈련이 이미 끝났고 구체적인 작업에 대해서는 더 이상 BERT 모델을 훈련하지 않고 싶다면 다음과 같이 설정해서 BERT 모델(임베딩 층)만 동결하면 된다.

```
model.layers[2].trainable = False
```

임베딩 층의 색인이 2라는 것을 알고 있으므로 간단히 동결할 수 있었다. 이제 summary 함수를 다시 호출하면 훈련 가능한 매개변수가 마지막 층의 매개변수 개수인 1,538개로 줄어들었음을 알 수 있다(그림 3.13).

```
Layer (type)                      Output Shape      Param #      Connected to
==================================================================================
input_tokens (InputLayer)         [(None, 256)]     0
input_masks (InputLayer)          [(None, 256)]     0
bert (TFBertMainLayer)            multiple          109482240    input_tokens[0][0]
                                                                 input_masks[0][0]
tf.__operators__.getitem_3 (Sli   (None, 768)       0            bert[3][0]
output_layer (Dense)              (None, 2)         1538         tf.__operators__.getitem_3[0][0]
==================================================================================
Total params: 109,483,778
Trainable params: 1,538
Non-trainable params: 109,482,240
```

그림 3.13 갱신된 모델 요약. 훈련 가능한 매개변수가 줄어들었다.

9. 앞에서 언어 모델 훈련에 IMDb 감성 분석 데이터셋을 사용했던 것을 기억할 것이다. 이 데이터셋을 이용해서 케라스 기반 모델을 감성 분석용으로 훈련하기로 하자. 먼저 입력과 출력을 준비한다.

```
import pandas as pd
imdb_df = pd.read_csv("IMDB Dataset.csv")
reviews = list(imdb_df.review)
tokenized_reviews = tokenizer.batch_encode_plus(
        reviews, return_tensors="tf",
        max_length=max_length,
        truncation=True,
        pad_to_max_length=True)
import numpy as np
train_split = int(0.8 *
    len(tokenized_reviews["attention_mask"]))
train_tokens = tokenized_reviews["input_ids"][:train_split]
test_tokens = tokenized_reviews["input_ids"][train_split:]
train_masks = tokenized_reviews["attention_mask"][:train_split]
test_masks = tokenized_reviews["attention_mask"][train_split:]
sentiments = list(imdb_df.sentiment)
labels = np.array([[0,1] if sentiment == "positive" else\
    [1,0] for sentiment in sentiments])
train_labels = labels[:train_split]
test_labels = labels[train_split:]
```

10. 이제 모델을 이 데이터에 적합(fitting)시키면 훈련이 진행된다.

```
model.fit([train_tokens,train_masks], train_labels, epochs=5)
```

적합 과정이 끝나면 모델을 사용할 준비가 된 것이다.

지금까지 분류 작업을 위해 BERT 모델을 훈련하는 방법과 훈련된 모델을 저장하는 방법을 살펴봤으며, 훈련된 BERT 모델을 다른 딥러닝 모델과 함께 사용하는 방법도 이야기했다. 다음 절에서는 훈련된 모델을 커뮤니티와 공유하는 방법을 알아본다.

3.4 커뮤니티와 모델 공유하기

훈련된 모델을 커뮤니티와 공유하는 것은 전혀 어렵지 않다. 모델을 커뮤니티와 공유하면 여러분의 성과를 좀 더 널리 알릴 수 있다. 허깅 페이스는 사용하기가 대단히 쉬운 모델 공유 메커니즘을 제공한다.

1. 먼저, `huggingface-cli`라는 CLI(command line interface; 명령줄 인터페이스) 도구를 이용해서 허깅 페이스에 로그인한다[1]. https://huggingface.co/settings/tokens에서 생성한 토큰을 입력해야 한다.

    ```
    huggingface-cli login
    ```

2. 로그인되었다면 다음 명령으로 모델 저장소(repository)를 생성한다. **모델-이름** 부분은 여러분이 원하는 멋진 모델 이름으로 대체한다[2].

    ```
    huggingface-cli repo create 모델-이름
    ```

3. 다음으로, Git LFS가 설치되어 있는지 확인한다[3].

    ```
    git lfs install
    ```

    Git LFS는 대용량 파일을 처리하기 위한 Git 확장 프로그램이다. 허깅 페이스의 사전 훈련 모델들은 대체로 대용량 파일이라서 Git LFS 같은 추가 라이브러리가 필요하다.

---

1 (옮긴이) 2장에서 허깅 페이스의 Transformers 라이브러리를 설치했다면 이 도구도 이미 설치되어 있을 것이다. 허깅 페이스 계정은 https://huggingface.co/join에서 만들 수 있다.

2 (옮긴이) 모델 저장소 이름에는 영문자와 숫자, -, _, .만 사용할 수 있으며, 첫 문자가 _나 .이어서는 안 된다.

3 (옮긴이) 이것은 Git LFS 자체를 설치하는 명령은 아님을 주의하자. 설치는 운영체제에 맞게 apt나 brew 등을 이용해서 따로 진행해야 한다. 하지만 Git 패키지를 설치할 때 이미 함께 설치되어 있을 가능성이 크다. 이 명령이 `Git LFS initialized.` 같은 메시지를 출력한다면 설치되어 있는 것이다.

4. 앞에서 생성한 저장소를 다음과 같은 형태의 명령을 이용해서 지역 디렉터리에 복제한다.

```
$ git clone https://huggingface.co/허깅페이스-사용자-이름/모델-이름
```

5. 이제부터는 평소에 Git 저장소를 사용할 때와 마찬가지 방식으로 파일을 추가하거나 제거하면 된다. 변경을 마쳤다면 다음 명령으로 커밋하고 푸시한다.

```
$ git add . && git commit -m "Update from $USER"
$ git push
```

오토인코딩 모델들은 기본 트랜스포머 아키텍처의 왼쪽 인코더 부분에 의존한다. 이런 모델들은 분류 문제를 해결하는 데 매우 효율적이다. 오토인코딩 모델이라고 하면 흔히 BERT를 떠올리지만, 학계에서는 다양한 대안이 논의되고 있다. 그럼 몇 가지 중요한 대안들을 살펴보자.

3.5 그 밖의 오토인코딩 모델들

이번 절에서는 원래 제안된 BERT(이하 간단히 원조 BERT)를 약간 수정한 오토인코딩 모델의 대안들을 검토한다. 이러한 대안적 재구현 모델들은 사전 훈련 과정 최적화, 층 또는 헤드 수 조정, 데이터 품질 개선, 더 나은 목적함수 설계 등 다양한 방법을 활용하여 하위 작업의 성능을 향상하는 것을 목표로 한다. 개선의 원천은 크게 두 가지인데, 하나는 아키텍처 설계의 선택 사항들을 개선하는 것이고 다른 하나는 사전 훈련을 제어하는 것이다.

최근 효과적인 대안이 아주 많이 공유되었기 때문에 여기서 그 모든 모델을 소개하고 설명할 수는 없다. 대신, 학계에서 가장 많이 인용되고 자연어 처리 벤치마크에서 가장 많이 사용되는 몇 가지 모델만 살펴보기로 한다. 아키텍처 설계상의 선택사항 개선에 중점을 두고 BERT를 재구현한 경량 모델인 **ALBERT 모델**(A Lite BERT)로 시작하자.

3.5.1 ALBERT 소개

일반적으로 언어 모델의 성능은 모델의 크기가 커질수록 향상된다고 알려져 있다. 그러나 메모리 제한과 긴 훈련 시간 때문에 대규모 모델의 훈련이 점점 더 어려워지고 있다. 이러한 문제를 해결하기 위해 구글 팀은 ALBERT라는 모델을 제안했다. ALBERT는 BERT 아키텍처를 기반으로 하되, 메모리 사용량을 줄이고 훈련 속도를 높이기 위해 여러 새로운 기법을 도입한 모델이다. 새로운 설계 덕분에 BERT보다

규모가변성(scalability; 확장성)이 크게 개선되었다. ALBERT는 원조 BERT 대형 모델보다 매개변수가 18배 적고, 훈련 속도는 1.7배 빠르다.

원조 BERT와 비교했을 때 ALBERT 모델의 주된 수정 사항은 다음 세 가지다.

- 인수분해된 임베딩 매개변수화
- 층 간 매개변수 공유
- 문장 간 일관성 손실

처음 두 수정 사항은 매개변수 개수를 줄이기 위한 것으로, 원조 BERT의 모델 크기 및 메모리 소비 문제와 관련된 사항이다. 셋째 수정 사항은 **문장 순서 예측**(Sentence-Order Prediction, **SOP**)을 새로운 목적함수(object function)로 도입한 것이다. 원조 BERT의 NSP 작업을 대신하는 SOP 덕분에 모델이 더 얇아지고 성능이 개선되었다.

분해된 임베딩 매개변수화(factorized embedding parameterization)는 커다란 어휘 임베딩 행렬을 두 개의 작은 행렬로 분해한다. 이 행렬들은 은닉층의 크기를 어휘 크기와 분리한다. 이러한 분해로 임베딩 매개변수 개수의 규모가 $O(V \times H)$에서 $O(V \times E + E \times H)$로 줄어든다. 여기서 V는 어휘 크기, H는 은닉층 크기, E는 임베딩 개수다. $H \gg E$라는 조건이 충족되는 한 전체 모델 매개변수를 좀 더 효율적으로 사용할 수 있다.

예를 들어 ALBERT 대형 모델에서 H는 1026이고 V는 30,000이다. E가 128이라고 가정하면 $H \gg E$ 조건이 충족된다. V×H는 약 3천만(1026 × 30,000)이지만, (30,000 × 128 + 128 × 1026)은 약 4백만에 불과하다. 이로 인해 모델의 효율성이 10배 향상된다.

층 간 매개변수 공유(cross-layer parameter sharing)는 네트워크가 깊어질수록 전체 매개변수 개수가 증가하는 문제를 방지한다. 매개변수들을 공유 또는 복사함으로써 매개변수 크기를 작게 유지할 수 있기 때문에 매개변수 효율성을 높이는 또 다른 기법으로 유용하다. 원 논문에서는 층들 사이에서 순방향(feed-forward) 매개변수들만 공유하거나, 주의 매개변수들만 공유하거나, 전체 매개변수를 공유하는 등의 다양한 접근 방식을 실험했다.

ALBERT의 또 다른 수정 사항은 문장 간 일관성 손실(inter-sentence coherence loss)을 도입한 것이다. 앞서 언급했듯이 BERT 아키텍처는 MLM 손실과 NSP라는 두 가지 손실 계산을 활용한다. NSP는 주어진 두 세그먼트가 원본 텍스트에서 연이어 나타나는지 여부를 예측하는 이진 교차 엔트로피 손실

(binary cross-entropy loss)을 사용한다. 부정적 예시(negative example)들은 서로 다른 문서에서 두 세그먼트를 선택해서 만든다. 그런데 ALBERT 팀은 NSP가 비교적 쉬운 문제로 간주되는 주제 탐지(topic detection) 문제일 뿐이라고 비판하고, 주제 예측보다는 주로 일관성(또는 응집성)에 기반한 손실 계산 방식을 제안했다.

ALBERT는 SOP(문장 순서 예측) 손실 함수를 사용했다. 이 손실 함수는 주제 분류보다는 문장들 사이의 일관성 모델링에 중점을 둔다. BERT처럼 ALBERT도 같은 문서에서 연속된 두 세그먼트를 긍정적 예시들로 사용한다. 부정적 예시들은 긍정적 예시의 두 세그먼트의 순서를 바꾼 것이다. 이런 접근 방식 덕분에 모델은 담화(discourse) 수준에서 일관성 속성들의 좀 더 미묘한 차이를 학습할 수 있다.

그럼 실습 예제를 통해서 ALBERT 모델과 그 작동 방식을 좀 더 자세히 살펴보자.

1. 먼저, Transformers 라이브러리를 사용하여 원조 BERT와 ALBERT의 구성을 비교해 보겠다. 다음은 BERT-Base 초기 모델의 구성 중 매개변수 개수를 출력한다. 출력에서 보듯이 매개변수는 약 1억1천만 개다.

```
#BERT-BASE 모델의 구성 (L=12, H=768, A=12, Total Parameters=110M)
from transformers import BertConfig, BertModel
bert_base= BertConfig()
model = BertModel(bert_base)
print(f"{model.num_parameters() /(10**6)} million parameters")
109.48224 million parameters
```

2. 다음으로, Transformers 라이브러리의 `AlbertConfig` 클래스와 `AlbertModel` 클래스를 이용해서 ALBERT 모델을 정의하고 매개변수 개수를 출력한다.

```
# ALBERT-Base 모델의 구성
from transformers import AlbertConfig, AlbertModel
albert_base = AlbertConfig(hidden_size=768,
    num_attention_heads=12,
    intermediate_size=3072,)
model = AlbertModel(albert_base)
print(f"{model.num_parameters() /(10**6)}\
    million parameters")'
11.683584 million parameters
```

매개변수는 약 1천1백만 개인데, 이는 ALBERT의 여러 버전 중 기본(base) 모델에 해당한다. 이 수치를 얻기 위해 은닉층 크기, 주의 헤드 수, 중간 크기 등을 적절히 설정했다. 매개변수가 약 1천1백만 개인 ALBERT 기본 모델은 BERT 기본 모델보다 약 10배 작다. 그림 3.14는 ALBERT 원 논문에서 보고된 벤치마크 수치들이다.

Model		Parameters	SQuAD1.1	SQuAD2.0	MNLI	SST-2	RACE	Avg	Speedup
BERT	base	108M	90.4/83.2	80.4/77.6	84.5	92.8	68.2	82.3	4.7x
	large	334M	92.2/85.5	85.0/82.2	86.6	93.0	73.9	85.2	1.0
ALBERT	base	12M	89.3/82.3	80.0/77.1	81.6	90.3	64.0	80.1	5.6x
	large	18M	90.6/83.9	82.3/79.4	83.5	91.7	68.5	82.4	1.7x
	xlarge	60M	92.5/86.1	86.1/83.1	86.4	92.4	74.8	85.5	0.6x
	xxlarge	235M	94.1/88.3	88.1/85.1	88.0	95.2	82.3	88.7	0.3x

그림 3.14 ALBERT 모델 벤치마킹

3. 그럼 ALBERT 언어 모델을 사용해 보자. 훈련 과정은 Transformers 패키지의 API를 § 3.3에서 BERT 모델을 훈련했을 때와 동일한 방식으로 사용하는 것이므로 생략하고, 대신 미리 훈련된 ALBERT 모델을 불러와서 사용하기로 한다.

```
from transformers import AlbertTokenizer, AlbertModel
tokenizer = \
    AlbertTokenizer.from_pretrained("albert-base-v2")
model = AlbertModel.from_pretrained("albert-base-v2")
text = "The cat is so sad ."
encoded_input = tokenizer(text, return_tensors='pt')
output = model(**encoded_input)
```

4. 앞의 코드는 ALBERT 모델의 가중치들과 구성 설정을 허깅 페이스 허브에서 내려받거나 지역 캐시 디렉터리에서 불러온다. 후자는 이전에 `AlbertTokenizer.from_pretrained()`를 호출해서 내려받은 경우다. `model` 객체는 사전 훈련된 언어 모델이므로, 그 능력은 제한적이다. 구체적인 작업을 위해 추론을 수행하려면 추가적인 학습이 필요한데, 이 부분은 이후 장들에서 중요하게 살펴볼 것이다. 대신 여기서는 ALBERT의 훈련 목표 중 하나가 마스크 언어 모델이라는 점을 활용한다.

```
from transformers import pipeline
fillmask= pipeline('fill-mask',
    model='albert-base-v2')
pd.DataFrame(fillmask("The cat is so [MASK] ."))
```

출력은 다음과 같다(그림 3.15).

sequence	score	token	token_str
[CLS] the cat is so cute.[SEP]	0.281025	10901	_cute
[CLS] the cat is so adorable.[SEP]	0.094893	26354	_adorable
[CLS] the cat is so happy.[SEP]	0.042963	1700	_happy
[CLS] the cat is so funny.[SEP]	0.040976	5066	_funny
[CLS] the cat is so affectionate.[SEP]	0.024233	28803	_affectionate

그림 3.15 albert-base-v2 모델의 마스크 채우기 출력

이 마스크 채우기(fill-mask) 파이프라인은 softmax() 함수로 각 어휘 토큰의 점수를 계산해서 확률이 높은 순으로 토큰들을 정렬한다. 지금 예에서는 '고양이는 귀엽다'라는 뜻의 문장을 완성하는 cute의 확률이 0.281로 제일 높다. 그림 3.15에서 token_str 열을 보면 항목들이 _ 문자로 시작하는데, 이는 ALBERT 토크나이저의 내부 작동 방식과 관련한 현상일 뿐이다.

다음으로는 주로 사전 훈련 단계의 개선에 중점을 둔 대안 모델인 **RoBERTa**(Robustly Optimized BERT Pretraining Approach)를 살펴본다.

3.5.2 RoBERTa 모델

RoBERTa도 인기 있는 BERT 재구현 모델이다. 이 모델은 구조적 설계보다는 학습 전략에서 많은 개선을 이루었다. 특히, GLUE의 여러 과제에서 BERT를 능가하는 성능을 보였다. **동적 마스킹**(dynamic masking)은 RoBERTa의 독창적인 설계 선택 중 하나이다. **정적 마스킹**(static masking)이 더 나은 성능을 보이는 작업도 있긴 하지만, RoBERTa 팀은 동적 마스킹이 전반적인 성능에서 우수함을 입증했다. 그럼 BERT와의 차이점과 전체적인 특징을 살펴보자.

구조상의 변화는 다음과 같다.

- NSP(다음 문장 예측)를 훈련 목표(training objective)로 사용하지 않는다.
- 정적 마스킹을 사용하는 대신, 마스킹 패턴을 동적으로 변경한다. 모델에 시퀀스를 입력할 때마다 마스킹 패턴이 생성된다.
- BPE 부분단어 토크나이저를 사용한다.

훈련과 관련한 변화는 다음과 같다.

- **훈련 데이터 제어**: BERT의 16GB보다 더 큰 데이터(이를테면 160GB)를 훈련에 사용한다. 데이터의 양뿐 아니라 질과 다양성도 고려했다.
- 훈련이 더 길다. 사전 훈련 단계 수가 최대 50만이다.
- 배치가 더 크다.
- 시퀀스가 더 길다. 덕분에 채움(패딩)이 줄어들었다.
- 어휘가 크다. 30K BPE 어휘 대신 50K BPE의 대규모 어휘를 사용한다.

다음은 RoBERTa 모델의 매개변수 개수를 확인하는 코드인데, Transformers 라이브러리의 통일된 API 덕분에 이전의 BERT나 ALBERT 예제에서와 코드가 거의 같다.

```
from transformers import RobertaConfig, RobertaModel
conf= RobertaConfig()
model = RobertaModel(conf)
print(f"{model.num_parameters() /(10**6)} million parameters")
109.48224 million parameters
```

사전 훈련된 모델을 불러오는 방법도 이전과 동일하다.

```
from transformers import RobertaTokenizer, RobertaModel
tokenizer = \
    RobertaTokenizer.from_pretrained('roberta-base')
model = RobertaModel.from_pretrained('roberta-base')
text = "The cat is so sad ."
encoded_input = tokenizer(text, return_tensors='pt')
output = model(**encoded_input)
```

이 코드는 주어진 텍스트를 모델로 처리하는 방법을 보여준다. 그런데 현재 모델에서는 마지막 층의 출력 표현이 그리 유용하지 않다. 앞에서 언급했듯이 실질적인 작업에 사용하려면 미세조정이 필요하다. 대신, 앞에서처럼 마스크 언어 모델로 시험해 보자. 다음은 roberta-base 모델로 마스크 채우기를 수행하는 코드다.

```
from transformers import pipeline
fillmask= pipeline("fill-mask ",model="roberta-base",
    tokenizer=tokenizer)
pd.DataFrame(fillmask("The cat is so <mask> ."))
```

출력은 다음과 같다(그림 3.16).

sequence	score	token	token_str
\<s>The cat is so cute.\</s>	0.191843	11962	Ġcute
\<s>The cat is so sweet.\</s>	0.051524	4045	Ġsweet
\<s>The cat is so funny.\</s>	0.033595	6269	Ġfunny
\<s>The cat is so handsome.\</s>	0.032893	19222	Ġhandsome
\<s>The cat is so beautiful.\</s>	0.032314	2721	Ġbeautiful

그림 3.16 roberta-base 모델의 마스크 채우기 작업 결과

이전 ALBERT 마스크 채우기 모델처럼 이 파이프라인도 적합한 후보 단어들의 순위를 매긴다. 토큰 앞의 Ġ 접두사는 무시하자. 이것은 바이트 수준 BPE 토크나이저가 생성한 인코딩된 더미 문자인데, 나중에 좀 더 설명하겠다. ALBERT와 RoBERTa 파이프라인에서 마스킹된 토큰을 각각 [MASK]와 <mask>로 표현했다는 점도 주목하자. 마스킹 토큰 표현은 토크나이저의 설정을 따른다. 어떤 토큰 표현이 쓰이는지는 다음 코드에서처럼 tokenizer.mask_token으로 확인할 수 있다.

```
tokenizer = AlbertTokenizer.from_pretrained('albert-base-v2')
print(tokenizer.mask_token)
```
```
[MASK]
```
```
tokenizer = RobertaTokenizer.from_pretrained('roberta-base')
print(tokenizer.mask_token)
```
```
<mask>
```

잘못된 마스크 토큰을 사용하는 실수를 피하려면 다음처럼 파이썬 F-문자열을 이용해서 파이프라인 입력 문장에 fillmask.tokenizer.mask_token을 포함시키면 된다.

```
fillmask(f"The cat is very {fillmask.tokenizer.mask_token}.")
```

RoBERTa는 이것으로 마무리하고, 다음 절에서는 ELECTRA를 소개한다.

3.5.3 ELECTRA

ELECTRA 모델(케빈 클라크^{Kevin Clark} 등의 2020년 논문에서 제안되었다)은 대체 토큰 탐지(replaced token detection)를 훈련 목표로 사용하는 새로운 마스크 언어 모델에 초점을 둔 것이다. 사전 훈련 과정에서 모델을 무작위로 추출(sampling, 표집)한 토큰들로 훈련하는 대신, 유망한 토큰들에서 추출한 합성 부정 예시와 실제 입력 토큰을 구별하도록 훈련한다. ALBERT 모델은 BERT의 NSP 목표가 주제 탐지 문제이며 저품질의 부정 예시들을 사용한다고 비판했다. ELECTRA는 생성기(generator)와 판별기(discriminator)라는 두 개의 신경망을 훈련한다. 생성기는 고품질의 부정 예시를 생성하고, 판별기는 원래 토큰과 대체된 토큰을 구별한다. 이는 GAN의 접근 방식이다. 컴퓨터 비전 분야에서 GAN(Generative Adversarial Networks, 생성적 적대 신경망)은 생성기(G)가 가짜 이미지를 생성해서 판별기(D)를 속이려 하고, 판별기는 속지 않으려 한다. 이와 비슷하게 ELECTRA도 생성기-판별기 접근 방식을 이용해서 원래의 토큰을 그럴듯하지만 합성된 고품질 부정 예시로 대체한다.

모델을 정의하고 기본 용도로 사용하는 코드는 이전과 다를 바 없으므로 생략하고, ELECTRA 생성기를 이용한 간단한 마스크 채우기 예제만 제시한다.

```
fillmask = \
    pipeline("fill-mask", model="google/electra-small-generator")
fillmask(f"The cat is very \{fillmask.tokenizer.mask_token} .")
```

그럼 다음 모델로 넘어가자.

3.5.4 DeBERTa 모델

주요 NLP 벤치마크인 GLUE와 SuperGLUE를 살펴보면 **DeBERTa**(Decoding-Enhanced BERT with Disentangled Attention)가 큰 주목을 받고 있음을 알 수 있다. 이 모델은 최근 여러 학술 및 산업 프로젝트에서도 우수한 성과를 보였다. DeBERTa의 성능 향상에는 다음 두 가지 기술이 크게 기여했다.

- **분리된 주의 메커니즘**(disentangled attention mechanism): 이 기술은 단어 쌍의 중요도가 내용과 상대적 위치 둘 다에 의해 결정된다는 가정에 기반한다. 두 단어의 상호 의존성은 두 단어가 서로 다른 문장에 있을 때보다 같은 문장에서 나란히 사용될 때 훨씬 더 강해진다.
- **향상된 마스크 디코더**(enhanced mask decoder): 기존 BERT 모델은 소프트맥스 층에서 단어 내용과 위치의 통합 문맥 벡터를 기반으로 마스킹된 단어를 디코딩한다. DeBERTa는 소프트맥스 층 직전에 단어 절대 위치 임베딩을 추가한다.

허깅 페이스의 Transformers 라이브러리는 이 DeBERTa 모델도 지원한다. 다음은 이 모델을 초기화하고 구성을 확인하는 코드다.

```
from transformers import DebertaConfig, DebertaModel
configuration = DebertaConfig()
model = DebertaModel(configuration)
configuration = model.config
```

이것으로 오토인코딩 모델에 관한 논의를 마무리하겠다. 이제 트랜스포머의 성공에 중요한 영향을 미치는 토큰화 알고리즘으로 넘어가자.

3.6 토큰화 알고리즘 다루기

이번 장 앞부분에서 BERT 모델을 훈련할 때 `BertWordPieceTokenizer`라는 특정한 토크나이저를 사용했다. 이제 토큰화 과정을 좀 더 자세히 살펴볼 차례다. 토큰화는 텍스트 입력을 토큰으로 분할하고 각 토큰에 식별자를 할당하여 신경망에 전달하는 과정이다. 가장 직관적인 방법은 공백(whitespace) 문자를 기준으로 시퀀스를 작은 조각으로 나누는 것이다. 그러나 이런 방식은 일본어 등 일부 언어에 적합하지 않다. 게다가 어휘 크기가 지나치게 커지는 문제를 일으킬 수 있다. 거의 모든 트랜스포머 모델은 부분단어 토큰화를 사용하는데, 이는 차원 축소뿐만 아니라 훈련 과정에서 보지 못한 희귀 단어나 미지의 단어를 인코딩하기 위해서이기도 하다. 토큰화는 모든 단어, 특히 희귀 단어나 미지의 단어를 훈련 말뭉치의 곳곳에 있는, 의미 있는 짧은 기호 조각들로 분해할 수 있다는 아이디어에 기반한다.

Moses[4]와 `nltk` 라이브러리의 일부로 개발된 몇몇 전통적인 토크나이저는 고도의 규칙 기반(rule-based) 기법들을 사용한다. 반면에 트랜스포머와 함께 쓰이는 토큰화 알고리즘은 자기 지도 학습(self-supervised learning)에 기반해서 말뭉치에서 규칙들을 추출한다. 간단하고 직관적인 규칙 기반 토큰화 방법은 문자, 구두점(문장부호), 공백 단위로 토큰들을 생성하는 것이다. 하지만 이런 문자 기반 토큰화를 사용하면 언어 모델이 입력의 의미를 놓치게 된다. 'cat'을 'c', 'a', 't'라는 개별 문자들로 인코딩한다면 어휘가 작아지긴 하겠지만, 모델이 'cat' 자체의 의미를 포착하기는 어렵다. 게다가 입력 시퀀스의 차원이 아주 커진다. 마찬가지로 구두점 기반 모델은 'haven't'나 'ain't' 같은 표현을 제대로 처리하지 못한다.

---

[4] (옮긴이) Moses는 통계적 접근 방식을 사용하는 유서 깊은 기계번역 소프트웨어다. 자세한 사항은 https://www2.statmt.org/moses/를 참고하기 바란다.

최근에는 BPE와 같은 여러 고급 부분단어 토큰화 알고리즘이 트랜스포머 아키텍처의 중요한 부분이 되었다. 이러한 현대적 토큰화 절차는 두 단계로 구성된다. 첫 단계는 사전 토큰화(pre-tokenization)인데, 여기서는 공백 문자나 언어별 규칙을 이용해서 간단한 방식으로 입력을 토큰들로 분할한다. 둘째 단계는 토크나이저 훈련이다. 이 단계에서 생성된 토큰들에 기반해서 적절한 크기의 기본 어휘가 구축된다.

그럼 실습으로 들어가자. 토크나이저를 직접 훈련하는 것은 나중에 살펴보고, 먼저 미리 훈련된 토크나이저를 불러와서 사용하기로 한다. 다음은 Transformers 라이브러리의 **BertTokenizerFast**에 기반한 터키어를 위한 토크나이저 객체를 생성하는 예이다.

```
from transformers import AutoModel, AutoTokenizer
tokenizerTUR = AutoTokenizer.from_pretrained(
    "dbmdz/bert-base-turkish-uncased")
print(f"VOC size is: {tokenizerTUR.vocab_size}")
print(f"The model is: {type(tokenizerTUR)}")

VOC size is: 32000
The model is: Transformers.models.bert.tokenization_bert_fast.BertTokenizerFast
```

출력에서 보듯이 어휘의 크기는 32K다. 다음으로, bert-base-uncased 모델을 위한 영어 BERT 토크나이저를 불러온다.

```
from transformers import AutoModel, AutoTokenizer
tokenizerEN = \
    AutoTokenizer.from_pretrained("bert-base-uncased")
print(f"VOC size is: {tokenizerEN.vocab_size}")
print(f"The model is {type(tokenizerEN)}")

VOC size is: 30522
The model is ... BertTokenizerFast
```

이제 이들을 사용해 보자. 'telecommunication'이라는 단어를 두 토크나이저로 토큰화해 보겠다. 우선 이 단어가 어휘에 있는지 확인한다.

```
word_en="telecommunication"
print(f"is in Turkish Model ? {word_en in tokenizerTUR.vocab}")
print(f"is in English Model ? {word_en in tokenizerEN.vocab}")

is in Turkish Model ? False
```

```
is in English Model ? True
```

'telecommunication'은 영어 토크나이저의 어휘에는 포함되어 있지만 터키어 토크나이저의 어휘에는 없다. 그럼 터키어 토크나이저로 이 단어를 토큰화해 보자.

```
tokens=tokenizerTUR.tokenize(word_en)
tokens
['tel', '##eco', '##mm', '##un', '##ica', '##tion']
```

터키어 토크나이저 모델의 어휘에는 이 단어가 없기 때문에 토크나이저는 이 단어를 자신이 이해할 수 있는 여러 조각으로 나누었다. 각 조각은 어휘집에 이미 존재하는 토큰이다. 이 점은 다음 코드로 확인할 수 있다.

```
[t in tokenizerTUR.vocab for t in tokens]
[True, True, True, True, True, True]
```

같은 단어를 앞에서 만든 영어 토크나이저로 토큰화해 보자.

```
tokenizerEN.tokenize(word_en)
['telecommunication']
```

영어 모델의 기본 어휘에는 'telecommunication'이 있기 때문에 토크나이저는 단어를 부분단어로 쪼개지 않고 그대로 토큰으로 만들었다. 말뭉치로 학습된 토크나이저는 단어를 문법에서 크게 벗어나지 않는 논리적인 하위 요소들로 변환할 수 있다. 터키어의 좀 더 어려운 예를 살펴보자. 교착어인 터키어에서는 어간에 여러 접미사를 붙여서 아주 긴 단어를 만들어낼 수 있다. 다음은 텍스트에 실제로 쓰이는 터키어 단어 중 가장 긴 축에 속하는 단어다(https://en.wikipedia.org/wiki/Longest_word_in_Turkish).

Muvaffakiyetsizleştiricileştiriveremeyebileceklerimizdenmişsinizcesine

이 단어는 '마치 당신이 우리가 쉽게/빠르게 다른 사람을 실패하게 만드는 사람으로 바꾸지 못할 사람이라는 듯이'라는 복잡한 의미를 지닌다. 터키어 BERT 토크나이저가 훈련 과정에서 이 긴 단어를 보지 못했겠지만, 이 단어를 구성하는 부분단어들은 접했을 가능성이 크다. 단어의 어간은 *muvaffak*(성공적인)이고, 그다음에 *iyet*(성공), *siz*(실패), *leş*(실패하게 되다) 같은 부분단어가 붙는다. 다음은 터키어 토크나이저가 추출한 토큰들인데, 앞의 위키백과 기사로 견주어 볼 때 터키어 문법에 대략 맞는 것으로 보인다.

```
print(tokenizerTUR.tokenize(long_word_tur))
['muvaffak', '##iyet', '##siz', '##les', '##tir', '##ici', '##les', '##tir', '##iver', '##emeye',
'##bilecekleri', '##mi', '##z', '##den', '##mis', '##siniz', '##cesine']
```

터키어 토크나이저는 BERT 모델과 함께 작동한다는 점에서 `WordPiece` 알고리즘의 한 예라고 할 수 있다. BERT, DistilBERT, ELECTRA를 포함한 거의 모든 언어 모델은 `WordPiece` 토크나이저가 필요하다.

이제 Transformers 라이브러리가 지원하는 여러 토큰화 접근 방식을 살펴볼 준비가 되었다. 먼저 널리 쓰이는 `BPE`, `WordPiece`, `SentencePiece`를 간략하게 소개하고, 허깅 페이스의 고성능 토크나이저 라이브러리를 이용해서 해당 토크나이저들을 훈련해 보겠다.

3.6.1 BPE

BPE(Byte-Pair Encoding; 바이트 쌍 인코딩)는 일종의 데이터 압축 기술이다. 이 토큰화 알고리즘은 데이터 시퀀스를 훑어서 자주 등장하는 바이트 쌍을 하나의 기호로 대체하는 작업을 반복한다. BPE는 *Neural Machine Translation of Rare Words with Subword Units*(Sennrich 외, 2015)에서 처음 제안되었는데, 기계번역에서 미지 단어와 희소 단어 문제를 해결하기 위한 것이었다. 이제는 GPT-2를 비롯한 여러 최신 모델에 성공적으로 쓰이고 있다. 여러 현대적 토큰화 알고리즘이 이 압축 기술에 기반한다.

BPE는 주어진 텍스트를 일련의 문자 n-그램으로 표현한다. 문자 n-그램을 문자 수준 부분단어(character-level subword)라고도 부른다. 훈련은 말뭉치에 등장한 모든 유니코드 문자(또는 기호)로 구성된 어휘로 시작한다. 영어의 경우에는 이 어휘가 작지만, 한국어처럼 문자가 다양한 언어에서는 상당히 클 수 있다. 주어진 어휘에 기반해서 BPE는 문자 바이그램(2-그램)을 계산해서 가장 자주 나오는 것들을 특별한 새 기호로 대체하는 과정을 반복한다. 예를 들어 영어 텍스트에는 *t*와 *h*의 쌍이 자주 나오므로, BPE는 이 쌍을 하나의 기호로 대체한다. 이러한 과정을 어휘가 원하는 크기가 될 때까지 반복한다. 가장 흔히 쓰이는 어휘 크기는 약 30,000이다.

BPE는 특히 미지 단어(unknown word), 즉 이전에 본 적이 없는 단어를 표현하는 데 효과적이다. 하지만 희소 단어나 희소 부분단어가 포함된 단어를 제대로 처리한다는 보장은 없다. 희소 단어의 경우 BPE는 희소한 문자들을 특수 기호 <UNK>와 연관시키기 때문에 단어의 의미가 조금 손실될 수 있다. 이에 대한 잠재적 해결책으로 **바이트 수준 BPE**(byte-level BPE, **BBPE**)가 제안되었다. BBPE는 유니코드 문자 대신 256바이트 어휘 집합을 이용해서 모든 기본 문자가 어휘에 포함되게 한다.

3.6.2 WordPiece 토큰화

WordPiece도 인기 있는 단어 분할 알고리즘으로, BERT, DistilBERT, ELECTRA 등 여러 모델에 쓰인다. 이 알고리즘은 2012년 슈스터^{Schuster}와 나카지마^{Nakajima}가 일본어와 한국어 음성 문제를 해결하기 위해 제안했다. 그들은 영어에서는 단어 분할(word segmentation)이 크게 중요하지 않지만, 공백이 별로 쓰이지 않는 아시아 언어의 처리에는 단어 분할이 중요한 전처리 과정이라는 점에 착안해서 연구를 진행했다. 실제로 아시아 언어의 NLP 연구에서는 단어 분할 접근 방식을 자주 볼 수 있다. BPE처럼 WordPiece도 대규모 말뭉치를 이용해서 어휘와 병합 규칙(merging rule)을 학습한다. BPE와 BBPE는 공동 출현 통계에 기반해서 병합 규칙을 학습하는 반면, WordPiece 알고리즘은 최대 가능도(maximum likelihood; 최대 우도) 추정을 이용해서 말뭉치에서 병합 규칙을 추출한다. 먼저 유니코드 문자(어휘 기호(vocabulary symbol)라고도 함)로 어휘를 초기화한다. 그런 다음 훈련 말뭉치의 각 단어를 기호 목록(초기에는 유니코드 문자들)으로 취급해서 가능한 모든 기호 쌍에 대해 가능도(빈도가 아니라)의 최대화에 기반해 두 기호를 병합해서 새로운 기호를 생성한다. 이러한 생성 과정을 어휘가 원하는 크기가 될 때까지 반복한다.

3.6.3 SentencePiece 토큰화

앞에서 소개한 토큰화 알고리즘들은 텍스트를 공백으로 구분된 단어 목록으로 취급한다. 하지만 이런 공백 기반 분할이 통하지 않는 언어들도 있다. 예를 들어 일부 언어는 둘 이상의 단어로 이루어진 복합명사를 공백 없이 붙여 쓴다(이를테면 한국어의 '정보통신기술'이나 독일어의 '*Menschenrechte*'(인권)). 이에 대한 해결책은 언어별 사전 토큰화기를 사용하는 것이다. 독일어의 경우 NLP 파이프라인에서 복합어 분할 모듈을 이용해서 단어를 더 작은 조각으로 분할할 수 있는지 확인하는 식으로 이 문제를 해결할 수 있다. 그러나 띄어쓰기가 아예 없는, 그러니까 단어와 단어 사이에 공백을 아예 두지 않는 언어들도 있다. 예를 들어 중국어나 일본어, 태국어 같은 동아시아 언어들이 그렇다. 이런 공백의 한계를 극복하기 위해 설계된 것이 **SentencePiece 알고리즘**이다. 2018년에 구도^{Kudo} 등이 제안한 SentencePiece

는 간단하면서도 언어 독립적인 토큰화 알고리즘이다(Kudo, T, Richardson, J, "SentencePiece: A simple and language independent subword tokenizer and detokenizer for Neural Text Processing.", 2018). 이 알고리즘은 입력 텍스트를 원시 입력 스트림으로 취급하는데, 공백 문자도 문자 집합의 일부로 간주한다는 점이 특징이다. SentencePiece 알고리즘을 이용하는 토크나이저는 the _ character 같은 출력을 생성한다. 앞에서 ALBERT 모델 예제의 출력에 _가 등장한 것이 이 때문이다. XLNet, Marian, T5 등 다른 인기 있는 언어 모델들도 SentencePiece를 사용한다.

이상으로 주요 부분단어 토큰화 접근 방식을 소개했다. 다음 절에서는 tokenizers 라이브러리를 이용해서 토크나이저를 직접 훈련해 본다.

3.6.4 tokenizers 라이브러리

앞의 터키어와 영어 예제에서는 Transformers 라이브러리에 포함된, 미리 훈련된 토크나이저들을 사용했다. 그런데 토크나이저를 여러분이 직접 훈련하거나 커스텀화하고 싶을 수도 있다. 이를 위해 허깅 페이스 팀은 Transformers 라이브러리와는 별도로 **tokenizers**라는 좀 더 빠르고 유연한 라이브러리를 제공한다(https://github.com/huggingface/tokenizers). 이 라이브러리는 원래 러스트^{Rust}로 작성되어 다중 코어 병렬 계산이 가능하며, 사용 편의를 위해 파이썬으로 래핑되었다.

먼저 다음 명령으로 tokenizers 라이브러리를 설치하자.

```
$ pip install tokenizers
```

tokenizers 라이브러리는 원시 텍스트의 전처리부터 토큰화된 단위 ID의 디코딩까지 모든 기능을 갖춘 '전 과정(end-to-end)' 토크나이저를 만드는 데 필요한 여러 구성요소를 제공한다. 토큰화의 전 과정은 다음과 같다.

> 정규화 → 사전 토큰화 → 모델링 → 후처리 → 디코딩

그림 3.17은 이러한 토큰화 과정을 파이프라인 형태로 도식화한 것이다.

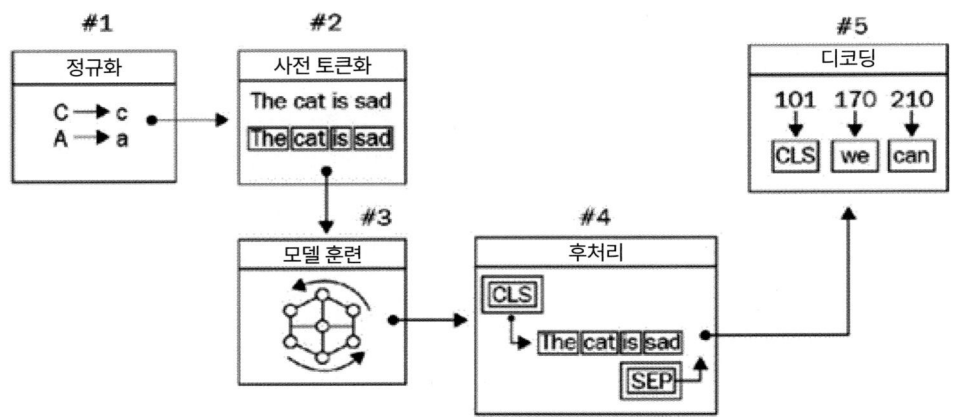

그림 3.17 토큰화 파이프라인

토큰화 파이프라인의 각 단계는 다음과 같다.

- 정규화(normalization) 단계는 소문자 변환, 공백 제거, 유니코드 정규화, 악센트 기호 제거 같은 기본적인 텍스트 정리 작업을 수행한다.
- 사전 토큰화 단계는 그다음의 모델 훈련 단계를 위한 말뭉치를 준비한다. 특히, 띄어쓰기(공백) 등의 규칙에 따라 입력을 토큰들로 분할한다.
- 모델 훈련 단계는 앞에서 논의한 BPE, BBPE, WordPiece 같은 부분단어 토큰화 알고리즘을 적용해서 토크나이저를 훈련한다. 이 단계에서 부분단어/어휘가 발견되고, 생성 규칙이 학습된다.
- 후처리(post-processing) 단계는 Transformers 라이브러리의 트랜스포머 모델 클래스들과 호환되는, BertProcessor 같은 고급 클래스 구성요소를 제공한다. 후처리 단계에서는 주로 토큰화된 입력에 [CLS]나 [SEP] 같은 특수 토큰을 추가한다. 후처리 단계를 거친 토큰들이 트랜스포머 아키텍처에 입력된다.
- 디코딩 단계는 토큰 ID들을 원래의 문자열로 변환한다. 주로 진행 상황을 조사하는 데 쓰인다.

이제 BPE 기반 토크나이저를 실제로 훈련해 보자.

BPE의 훈련

이 실습 예제에서는 셰익스피어의 희곡들을 이용해서 BPE 토크나이저를 훈련한다.

1. 먼저 필요한 데이터를 불러온다.

   ```
   import nltk
   from nltk.corpus import gutenberg
   nltk.download('gutenberg')
   nltk.download('punkt')
   plays=['shakespeare-macbeth.txt','shakespeare-hamlet.txt',
       'shakespeare-caesar.txt']
   shakespeare=[" ".join(s) for ply in plays \
       for s in gutenberg.sents(ply)]
   ```

2. 다음으로, 토큰화 알고리즘에 사용할 후처리 객체를 만든다. 특정 언어 모델에 맞게 입력을 준비하려면 TemplateProcessing 클래스가 편하다. 다음은 BERT 모델을 위해 템플릿 방식의 후처리 객체를 생성하는 코드다. 이 코드는, BERT는 입력 시작에 [CLS] 토큰이, 끝과 중간에 [SEP] 토큰이 필요하다는 점을 반영해서 템플릿 후처리 객체를 커스텀화한다.

   ```
   from tokenizers.processors import TemplateProcessing
   special_tokens=["[UNK]","[CLS]","[SEP]","[PAD]","[MASK]"]
   temp_proc= TemplateProcessing(
       single="[CLS] $A [SEP]",
       pair="[CLS] $A [SEP] $B:1 [SEP]:1",
       special_tokens=[
           ("[CLS]", special_tokens.index("[CLS]")),
           ("[SEP]", special_tokens.index("[SEP]")),
       ],
   )
   ```

3. 전 과정 토큰화 파이프라인을 구축하는 데 필요한 구성요소들을 임포트한다.

   ```
   from tokenizers import Tokenizer
   from tokenizers.normalizers import (
       Sequence,Lowercase, NFD, StripAccents)
   from tokenizers.pre_tokenizers import Whitespace
   from tokenizers.models import BPE
   from tokenizers.decoders import BPEDecoder
   ```

4. BPE 토크나이저를 생성하는 것으로 파이프라인 구축을 시작하자.

   ```
   tokenizer = Tokenizer(BPE())
   ```

5. 이제 파이프라인의 네 단계를 구현한다. `normalizer` 속성은 정규화 단계에 해당한다. 정규화 단계는 여러 개의 작업으로 구성될 수 있다. 여기서는 세 가지 작업을 지정하는데, `NFD()`는 유니코드 정규화이고 `Lowercase()`는 소문자 변환, `StripAccents()`는 악센트 기호 제거다. 사전 토큰화 단계에 해당하는 `pre-tokenizer`에는 텍스트를 공백 문자를 기준으로 분할하는 `Whitespace()`를 지정한다. 디코딩 단계에 해당하는 `decoder`에는 토크나이저 모델과 호환되는 디코딩 구성요소를 지정해야 한다. 지금 모델은 BPE이므로 `BPEDecoder`가 당연한 선택이다.

```
tokenizer.normalizer = Sequence(
    [NFD(),Lowercase(),StripAccents()])
tokenizer.pre_tokenizer = Whitespace()
tokenizer.decoder = BPEDecoder()
tokenizer.post_processor=temp_proc
```

6. 이제 데이터로 토크나이저를 훈련할 준비가 끝났다. tokenizers 라이브러리가 제공하는 `BpeTrainer` 클래스를 이용하면 손쉽게 초매개변수들을 설정하고 훈련을 진행할 수 있다. `vocab_size`는 원하는 어휘 크기인데, 셰익스피어 말뭉치가 그리 크지 않으므로 5000으로 설정한다. 대규모 프로젝트에서는 훨씬 큰 말뭉치를 사용하는데, 어휘 크기는 30,000 정도다.

```
from tokenizers.trainers import BpeTrainer
trainer = BpeTrainer(vocab_size=5000,
    special_tokens= special_tokens)
tokenizer.train_from_iterator(shakespeare, trainer=trainer)
print(f"Trained vocab size:{tokenizer.get_vocab_size()}" )
Trained vocab size: 5000
```

이렇게 해서 토크나이저의 훈련이 끝났다!

> **참고**
> **파일 시스템을 이용한 훈련**: 지금 실습 예제에서는 메모리 안에 있는 셰익스피어 말뭉치 객체를 문자열 목록으로 변환해서 `tokenizer.train_from_iterator()`에 전달함으로써 토크나이저를 훈련한다. 하지만 대규모 프로젝트에서 큰 말뭉치를 다룰 때는 메모리 내 저장소 대신 파일 시스템에서 데이터를 읽어오는 파이썬 생성기(generator)를 마련하고, 앞에서 BERT 모델의 토크나이저를 훈련할 때 사용한 `tokenizer.train()` 함수를 이용해서 훈련을 진행해야 한다.

7. 그럼 준비된 토크나이저를 시험해 보자. 다음은 맥베스의 한 문장을 `sen`이라는 변수에 배정하고 토큰화하는 예이다.

```
sen= "Is this a dagger which I see before me, \
    the handle toward my hand?"
sen_enc=tokenizer.encode(sen)
print(f"Output: {format(sen_enc.tokens)}")

Output: ['[CLS]', 'is', 'this', 'a', 'dagger', 'which', 'i', 'see', 'before', 'me', ',',
'the', 'hand', 'le', 'toward', 'my', 'hand', '?', '[SEP]']
```

8. 이전에 정의해 둔 템플릿 후처리 함수 덕분에, 원래의 입력에는 없던 [CLS]와 [SEP] 토큰이 적절한 위치에 추가되었다. 단어 분할은 'handle'이라는 단어에서만 발생했다(hand와 le로 분할됨). 분할이 적은 것은 모델이 이미 알고 있는 맥베스의 문장을 입력했기 때문이다. 게다가 말뭉치 자체가 작았고 토크나이저에 압축을 강제하지도 않았다. 이번에는 이 토크나이저가 모를 가능성이 큰 단어를 시도해 보자. 다음은 'Hugging Face'가 포함된 문장을 토큰화하는 코드다.

```
sen_enc2=tokenizer.encode("Macbeth and Hugging Face")
print(f"Output: {format(sen_enc2.tokens)}")

Output: ['[CLS]', 'macbeth', 'and', 'hu', 'gg', 'ing', 'face', '[SEP]']
```

9. 단어 'Hugging'이 소문자로 변환되고 hu, gg, ing의 세 조각으로 분할되었다. 모델의 어휘에 그 세 조각은 들어 있지만 'Hugging' 자체는 없기 때문에 이렇게 분할된 것이다. 이번에는 문장 두 개를 입력해 보자.

```
two_enc=tokenizer.encode("I like Hugging Face!",
    "He likes Macbeth!")
print(f"Output: {format(two_enc.tokens)}")

Output: ['[CLS]', 'i', 'like', 'hu', 'gg', 'ing', 'face', '!', '[SEP]', 'he', 'li', 'kes',
'macbeth', '!', '[SEP]']
```

후처리기가 [SEP] 토큰을 구분자로 삽입했음에 주목하기 바란다.

10. 이제 모델을 저장할 차례다. 부분단어 토큰화 모델만 저장할 수도 있고, 토큰화 파이프라인 전체를 저장할 수도 있다. 먼저 BPE 토큰화 모델만 저장한다.

```
tokenizer.model.save('.')
['./vocab.json', './merges.txt']
```

11. 출력을 보면 어휘와 병합 규칙을 각각 다른 파일로 저장했음을 알 수 있다. `merge.txt` 파일은 4,948개의 병합 규칙으로 구성되어 있다.

```
$ wc -l ./merges.txt
4948 ./merges.txt
```

12. 상위 5개 규칙은 다음과 같다. $[t, h]$가 가장 자주 나타나는 쌍이기 때문에 1순위가 되었다. 테스트 시 모델은 텍스트 입력을 훑으면서 제일 먼저 이 두 기호를 먼저 병합하려 할 것이다.

```
$ head -3 ./merges.txt
#version: 0.2 - Trained by `huggingface/tokenizers`
t h
o u
a n
th e
r e
```

BPE 알고리즘은 빈도에 따라 규칙의 순위를 매긴다. 실제로 셰익스피어 말뭉치에서 문자 바이그램을 직접 세어 보면 $[t, h]$가 가장 빈번한 쌍임을 확인할 수 있을 것이다.

13. 다음으로, 토큰화 파이프라인 전체를 저장하고 다시 불러와 보자.

```
tokenizer.save("MyBPETokenizer.json")
tokenizerFromFile =\
    Tokenizer.from_file("MyBPETokenizer.json")
sen_enc3 = \
    tokenizerFromFile.encode("I like Hugging Face and Macbeth")
print(f"Output: {format(sen_enc3.tokens)}")
Output: ['[CLS]', 'i', 'like', 'hu', 'gg', 'ing', 'face', 'and', 'macbeth', '[SEP]']
```

이처럼 토크나이저를 파일에 저장했다가 나중에 다시 불러와서 재사용할 수 있다.

WordPiece 모델의 훈련

이제부터는 WordPiece 토크나이저 모델을 훈련한다.

1. 먼저 필요한 모듈들을 가져온다.

   ```
   from tokenizers.models import WordPiece
   from tokenizers.decoders import WordPiece as WordPieceDecoder
   from tokenizers.normalizers import BertNormalizer
   ```

2. 다음으로, 빈 WordPiece 토크나이저 객체를 생성하고 훈련을 준비한다. `Bert Normalizer`는 미리 정의된 시퀀스 정규화 클래스로, 텍스트 정제, 악센트 변환, 한자(중국어 문자) 처리, 소문자 변환 등의 기능을 제공한다.

   ```
   tokenizer = Tokenizer(WordPiece())
   tokenizer.normalizer=BertNormalizer()
   tokenizer.pre_tokenizer = Whitespace()
   tokenizer.decoder= WordPieceDecoder()
   ```

3. 이제 `WordPiece()`에 잘 맞는 트레이너인 `WordPieceTrainer` 클래스를 인스턴스화해서 훈련을 진행하고, 앞의 맥베스 문장을 토큰화해 본다.

   ```
   from tokenizers.trainers import WordPieceTrainer
   trainer = WordPieceTrainer(vocab_size=5000,\
       special_tokens=["[UNK]","[CLS]","[SEP]","[PAD]","[MASK]"])
   tokenizer.train_from_iterator(shakespeare, trainer=trainer)
   output = tokenizer.encode(sen)
   print(output.tokens)
   ['is', 'this', 'a', 'dagger', 'which', 'i', 'see', 'before', 'me', ',', 'the', 'hand', '##le',
    'toward', 'my', 'hand', '?']
   ```

4. `decode()` 함수(앞에서 `WordPieceDecoder()`로 생성했다)를 이용하면 이 토큰들이 원래의 문장을 제대로 분할한 결과인지 확인할 수 있다.

   ```
   tokenizer.decode(output.ids)
   'is this a dagger which i see before me, the handle toward my hand?'
   ```

5. 출력에 미지의 단어 또는 부분단어를 의미하는 특수 토큰 [UNK]가 없음을 주목하자. 이는 토큰화 모델이 입력의 모든 단어를 알고 있었거나 어떻게든 분할해서 유효한 토큰들을 생성했기 때문이다. 그럼 모델이 [UNK] 토큰을 생성하도록 강제해 보자. 셰익스피어 말뭉치와는 전혀 무관한 터키어 문장을 입력한다.

```
tokenizer.encode("Kralsın aslansın Macbeth!").tokens
'[UNK]', '[UNK]', 'macbeth', '!']
```

의도한 결과가 나왔다! 토크나이저의 기본 어휘와 병합 규칙으로는 분할할 수 없는 단어들 때문에 [UNK] 토큰이 두 개 생겼다.

지금까지 우리는 정규화 구성요소에서 디코더에 이르기까지 모든 구성요소를 갖춘 전 과정 토큰화 파이프라인을 설계했다. 그런데 tokenizers 라이브러리에는 프로덕션을 위한 원형(프로토타입)을 빠르게 만들 수 있도록 적절한 구성요소들로 구성된 토큰화 파이프라인 몇 가지가 미리 정의되어 있다. 그러한 사전 제작 토크나이저 몇 가지를 간단히 소개하면 다음과 같다.

- CharBPETokenizer: 원래의 BPE
- ByteLevelBPETokenizer: BPE의 바이트 수준 버전
- SentencePieceBPETokenizer: SentencePiece에 쓰이는 것과 호환되는 BPE 구현
- BertWordPieceTokenizer: WordPiece 알고리즘을 사용하는 유명한 BERT 토크나이저

다음 코드는 이러한 파이프라인을 임포트하는 방법을 보여준다.

```
from tokenizers import (ByteLevelBPETokenizer,
    CharBPETokenizer,
    SentencePieceBPETokenizer,
    BertWordPieceTokenizer)
```

이들은 모두 미리 설계, 정의된 토큰화 파이프라인이다. 훈련, 모델 저장, 토크나이저 적용 등의 나머지 과정은 앞의 BPE 예제나 WordPiece 예제에서와 동일하다.

이것으로 이번 장을 마무리한다. 이번 장에서 우리는 첫 번째 트랜스포머 모델과 토크나이저를 성공적으로 훈련하는 큰 성과를 거두었다.

요약

이번 장에서는 오토인코딩 모델에 깔린 이론을 배웠고, 실제로 모델을 만들어서 훈련도 해봤다. 먼저 BERT의 기초를 소개하고, BERT 모델과 토크나이저를 처음부터 작성해서 훈련했다. 또한, 케라스 같은 다른 프레임워크에서 BERT 모델을 활용하는 방법도 논의했다. BERT 외에 ALBERT, RoBERTa, ELECTRA, DeBERTa 같은 여러 오토인코딩 모델들도 살펴봤다. 과도한 예제 코드 중복을 피하기 위해 그 모델들의 훈련 구현 코드는 생략했다. BERT 훈련과 함께 WordPiece 알고리즘을 사용하는 토크나이저도 훈련했다. 이번 장의 마지막 부분에서 그 밖의 여러 토큰화 알고리즘도 살펴봤다. 서로 다른 여러 트랜스포머 아키텍처가 서로 다른 여러 토큰화 알고리즘을 사용한다는 점에서 다양한 알고리즘을 논의하고 파악해 두는 것이 바람직하다.

오토인코딩 모델은 원래의 트랜스포머에 있는 두 디코더 중 왼쪽 디코더 부분을 사용하며, 주로 분류 문제를 위해 미세조정된다. 다음 장에서는 언어 생성 모델의 구현에 쓰이는 트랜스포머의 오른쪽 디코더 부분을 살펴본다.

04

생성형 모델에서 LLM(대규모 언어 모델)으로

이 장에서는 먼저 **생성형 언어 모델**(Generative Language Model, **GLM**)과 **대규모 언어 모델**(Large Language Models, **LLM**)을 소개한다. 그런 다음에는 **GPT-2**(Generative Pre-trained Transformer 2) 같은 임의의 언어 모델을 여러분만의 텍스트를 이용해서 사전 훈련하는 방법과 훈련한 모델을 **자연어 생성**(Natural Language Generation, **NLG**) 등의 작업에 활용하는 방법을 익힌다. 또한 **T5**(Text-to-Text Transfer Transformer) 모델의 기초를 학습하고, T5를 이용한 다중 작업 훈련도 실험해 본다. 더 나아가서 여러분만의 **기계번역**(Machine Translation, **MT**) 데이터로 **다국어 T5**(Multilingual T5, mT5) 모델을 훈련한다. 이번 장을 마치고 나면 GLM이 무엇인지, 요약, 바꿔 쓰기, 다중 작업 학습, 제로샷 학습, MT 같은 다양한 텍스트 투 텍스트 변환 작업에 GLM이 어떻게 쓰이는지 이해하게 될 것이다.

이번 장의 주제는 다음과 같다.

- GLM 다루기
- 텍스트 투 텍스트^{text-to-text} 모델 다루기
- AR 언어 모델 훈련
- GLM 훈련
- AR 모델을 이용한 NLG

4.1 기술적 요구사항

다음은 이번 장을 제대로 학습하려면 필요한 소프트웨어와 라이브러리다.

- Anaconda
- transformers 4.0.0
- pytorch 1.0.2
- tensorflow 2.4.0
- SimpleT5 0.1.4
- datasets 2.10.0
- tokenizers

이번 장의 예제 코드를 담은 파이썬 노트북들이 원서 깃허브 저장소(https://github.com/PacktPublishing/Mastering-Transformers-Second-Edition)에 있으니 참고하기 바란다.

4.2 GLM 소개

BERT 같은 **오토인코더**autoencoder(줄여서 AE) 언어 모델들은 트랜스포머의 인코더 부분에 기반한 것으로, 분류 문제에 적합하다. 반면, 생성형 모델은 인코더와 디코더로 구성되거나 디코더만으로 구성된다. GLM은 원래 기계번역이나 텍스트 요약 같은 언어 생성 작업을 위해 고안됐지만, 현재는 다양한 분야에서 좋은 성과를 내고 있다.

AE 모델은 텍스트 분류와 감성 분석 같은 분류 작업과 **개체명 인식**(named entity recognition, **NER**)이나 **품사 태깅**(part-of-speech, POS) 태깅 같은 토큰 수준 작업에 특히나 효과적이다. 이런 작업에서 AE 모델은 문장 시작 부분의 특수 CLS 토큰이나 임의 위치의 개별 토큰을 미리 정의된 클래스 레이블에 매핑하는 방식으로 분류를 수행한다. 반면에 GLM은 언어 생성 작업에 널리 사용되어 왔지만, 최근에는 분류 작업에도 성공적으로 활용되고 있다.

GLM은 다음 두 가지 목표 중 하나를 사용해 사전 훈련된다. 하나는 인과적 언어 모델링(causal language modeling)으로, 모델이 시퀀스의 다음 단어를 예측하는 능력을 배우게 만든다(예: GPT-3이나 PaLM). 다른 하나는 잡음 제거(denoising)다. 이 경우 모델은 손상된 문장에서 원래 문장을 복원하는 방법을 배운다(예: T5와 BART). 전자는 트랜스포머의 디코더 부분만을 사용하며, **자기회귀**(Auto Regressive, AR) 모델이라고도 불린다. 후자는 트랜스포머의 인코더-디코더 부분을 모두 사용하며 **텍스트 투 텍스트**text-to-text [1] 또는 **시퀀스 투 시퀀스**sequence-to-sequence 모델이라고도 한다. 흔히 말하는 seq2seq가 이것이다.

이러한 모델들은 주로 기계번역, 대화 시스템, 텍스트 요약 등에 쓰인다. 여기서 주목할 점은 텍스트 생성용 모델을 예전에는 주로 인코더 전용 모델이 해결하던 분류 작업에도 사용할 수 있다는 점이다. 그 반대는 불가능하다. 인코더 전용 모델로는 텍스트를 생성할 수 없다. 예를 들어, BERT로는 텍스트를 번역하는 것이 거의 불가능하다.

생성형 모델에서는 텍스트 출력을 제어하는 것이 매우 중요하다. 해결 과정에서 유해한 텍스트가 생성되거나 모델이 소위 '환각' 현상을 보일 수 있기 때문이다. 출력을 제어하면 GLM을 분류 작업에도 쉽게 활용할 수 있다. 이때 핵심은 원하는 작업을 적절한 지시문 또는 명령문으로 표현하는 것이다. 표 4.1에 몇 가지 예가 나와 있다.

표 4.1 작업별 프롬프팅

작업	입력 템플릿	가능한 텍스트 출력
감성 분석	입력 텍스트 + "이 텍스트의 감성은 어떤가요?"	"긍정적입니다" "부정적입니다"
텍스트 분류	입력 텍스트 + "이 텍스트는 무엇에 관한 것인가요?"	"경제에 관한 것입니다" "건강에 관한 것입니다"
텍스트 회귀	입력 텍스트 + "문장의 품질을 1~5점 척도로 평가해 주세요."	"3.0점입니다" "1.0점입니다"
개체명 인식	입력 텍스트 + "이 문장의 개체명들을 식별해 주세요" + 프롬프트	"인물(Person): 존" "도시(City): 파리"

이들은 모두 **프롬프트**prompt라고 하는 텍스트 조각을 입력에 추가해서 모델이 원하는 목표를 향하도록 유도한다.

LLM의 생성 능력과 프롬프팅 덕분에 생성형 모델은 모든 작업을 텍스트 투 텍스트 문제로 접근하여 성공적인 해법을 찾아낸다(프롬프팅에 관해서는 이후 장들에서 자세히 다룰 것이다). 이 접근 방식에서는 다양한 작업을 동일한 배치batch에서 쉽게 처리할 수 있다. 그래서 다중 작업 학습을 대단히 간단하게 적용할 수 있는 기회가 생긴다. 텍스트 투 텍스트라는 단일한 구조에 대응시킬 수 있는 작업은 아주 많다.

[1] (옮긴이) 간결하게 텍스트-텍스트라고 표기하기도 한다. 시퀀스-시퀀스도 마찬가지이다.

현재 인기 있는 주요 언어 모델인 **GPT-4, PaLM, ChatGPT** 등이 이러한 생성 기능을 활용한다. LLM에 대해서는 10장에서 더 자세히 논의할 것이다.

GLM과 지시문 기반 다중 작업 학습을 사용한 주목할 만한 예로는 FLAN 프레임워크가 있다. 이 프레임워크는 모델의 아키텍처를 변경하지 않고도 1,800개의 서로 다른 지시문 미세조정 작업을 동시에 모델링할 수 있었다. 기존 모델(초기 제안에서는 **LaMDA 137B**가 쓰였다)을 매개변수가 5,400억 개인 언어 모델(PaLM)로 확장하고 작업 수를 1,800개로 늘림으로써(초기 작업 크기는 62개였다), 모델은 훈련 중에 존재를 알지 못했던 작업에서도 성공할 수 있게 되었다. 이를 **제로샷 학습**(zero-shot learning)이라고 한다. 요즘 매일 같이 놀라운 응용 사례가 등장하는 것은 이러한 방향으로의 확장을 가능하게 하는 생성형 모델 덕분이다.

또한 오늘날 우리가 보는 프롬프트 엔지니어링이 시간이 지나면 사라질 것이라는 점에도 주목해야 한다. 가장 효과적인 프롬프트를 찾는 것을 목표로 하는 많은 연구 논문을 볼 수 있다. 그러나 지시문 미세조정이 발전하면서 점점 더 자연스러운 지시문들이 나올 것이다. ChatGPT는 이러한 발전의 훌륭한 예이다. ChatGPT(GPT-3.5 및 davinci-003 모델)는 모델이 지시문을 더 잘 이해하고 따르게 되면서 수많은 새로운 능력을 갖추게 될 것임을 보여준다. 이런 미세조정된 모델을 활용해서 대화형 질의응답 시스템과 같은 훌륭한 도구를 만든 사례가 수없이 많다.

하지만 여전히(이 책을 집필하는 시점 기준으로) 몇 가지 문제가 존재한다. LLM은 아직도 환각 현상으로 어려움을 겪고 있으며, 이 문제를 해결하기 위해 많은 연구가 진행되고 있다. **오픈북 질의응답**(Open Book Question Answering, **OBQA**)에서처럼 충분한 맥락과 함께 질문을 던져도 환각에 빠진 답이 나오곤 한다. 이런 도구를 활용하는 것이 중요하긴 하지만, 그 한계와 문제점을 아는 것은 더욱 중요하다.

4.3 GLM 다루기

트랜스포머 아키텍처는 원래 기계번역이나 요약 같은 텍스트 투 텍스트 작업에 효과가 있게 설계됐지만, 이후 토큰 분류에서 상호참조 해소(coreference resolution)까지 다양한 NLP 문제에 쓰이고 있다. 후속 연구들은 아키텍처의 왼쪽 부분과 오른쪽 부분을 분리해서 좀 더 창의적으로 사용하기 시작했다. 트랜스포머는 다음 단어 예측 외에, 손상되거나 잘린 입력에서 원래 입력을 완전히 복구하는 데도 쓰인다(이 경우 잡음 제거를 목표로 모델을 훈련한다).

T5 같은 텍스트 투 텍스트 모델은 인코더 부분과 디코더 부분을 모두 사용한다. 반면에 GPT 등은 디코더 부분만 사용하는 디코더 전용 모델이다. 디코더 전용 자기회귀(AR) 모델은 현재 단어의 오른쪽에 있는 단어(역방향의 경우에는 왼쪽에 있는 단어)에 접근하지 못하게 되어 있다. 이를 **단방향성**(unidirectionality)이라고 한다.

GPT와 그 후속 모델들(GPT-2, GPT-3, **InstructGPT**(일명 GPT-3.5), ChatGPT), **Transformer-XL**, **XLNet** 등이 연구 문헌에서 자주 인용되는 디코더 전용 AR 모델의 예이다. XLNet은 자기회귀를 기반으로 하지만, 순열(permutation) 기반 언어 목표 덕분에 양방향으로 단어의 양쪽 문맥을 모두 활용할 수 있었다. 그럼 이런 모델들을 간단하게 소개하고, 다양한 실습 예제를 통해 모델의 훈련 방법도 살펴보겠다. GPT로 시작하자.

4.3.1 GPT 모델 계열

자기회귀(AR) 모델은 여러 개의 트랜스포머 디코더 블록으로 구성된다. 각 블록에는 마스킹된 다중 헤드 자기주의(self-attention) 층과 자료점별(pointwise) 순방향(feed-forward) 층이 있다. 마지막 트랜스포머 블록의 활성화 값은 소프트맥스 함수로 전달되며, 모델은 소프트맥스 함수가 출력한 확률들을 전체 어휘에 대한 단어 확률 분포로 간주해서 다음 단어의 예측에 사용한다. 이런 구조로 주목할 만한 예가 OpenAI의 GPT 모델 계열이다.

2018년 발표된 원래의 GPT 논문 *Improving Language Understanding by Generative Pre-Training*(생성적 사전 훈련을 통한 언어 이해 개선)에서 저자들은 전통적인 ML 기반 NLP 파이프라인이 직면한 여러 병목 현상을 언급했다. 간단히 소개하자면, 전통적인 파이프라인은 첫째로 대량의 작업별 데이터와 작업별 아키텍처를 필요로 한다. 둘째, 사전 훈련된 모델의 아키텍처를 최소한으로 변경하면서 작업 인식 입력 변환을 적용하기가 어렵다. OpenAI 팀이 설계한 원조 GPT와 그 후속 모델들(GPT-2, GPT-3 등)은 이러한 문제에 초점을 두고 병목 현상을 해결하기 위한 해법을 제시했다. 원조 GPT 연구의 주된 기여는, 사전 훈련된 모델이 단일 작업뿐만 아니라 다양한 작업에서도 만족스러운 성과를 냈다는 점이다. 이를 다중 작업 학습(multi-task learning)이라고 한다. 레이블 없는 데이터로부터 생성형 모델을 학습하는 자기 지도 사전 훈련(self-supervised pre-training)을 거친 후, 상대적으로 적은 양의 작업별 데이터로 하위(downstream) 작업(또는 다중 작업)에 맞게 미세조정하는 **지도 미세조정**(supervised fine-tuning, **SFT**)을 수행한다. 이처럼 자기 지도 사전 훈련 후 지도 미세조정을 적용하는 2단계 방식은 다른 트랜스포머 모델에서도 널리 쓰인다.

GPT 모델은 GLM이 특히 다중 작업 학습에 의존함으로써 제로샷 작업 일반화 문제를 해결할 수 있음을 보여줬다. 다중 작업 학습을 실현하기 위해 GPT 아키텍처는 가능한 한 일반적인 구조를 유지한다. 작업별로 달라지는 것은 입력뿐이고, 전체 아키텍처는 정확히 동일하게 유지된다. 이 접근 방식에서는 텍스트 입력을 특정 작업에 적합한 형식으로 변환함으로써 사전 훈련된 모델이 해당 작업을 이해하게 만든다. 그림 4.1의 왼쪽은 원조 GPT 연구에서 쓰인 트랜스포머 아키텍처와 학습 목표를 보여준다(원본 논문에서 전재). 오른쪽은 여러 작업에 대한 미세조정을 위해 입력을 변환하는 방법을 보여준다.

간단하게만 말하면, 텍스트 분류 같은 단일 시퀀스 작업에서는 입력을 그대로 네트워크에 집어넣는다. 이 경우 선형층이 마지막 활성화 값을 사용하여 분류 결과를 산출한다. 텍스트 함의(textual entailment) 같은 문장 쌍 작업에서는 두 시퀀스로 구성된 입력을 그림 4.1의 둘째 예시에서처럼 구분자를 이용해서 표현한다. 두 시나리오 모두에서 아키텍처가 인식하는 것은 사전 훈련된 모델이 처리한 균일한 토큰 시퀀스일 뿐이다. 텍스트 함의의 경우에는 구분자 덕분에 어느 부분이 전제고 어느 부분이 가설인지를 모델이 알게 된다. 이런 방식의 입력 변환 덕분에 작업에 따라 아키텍처를 크게 고칠 필요가 없다.

다음은 여러 작업에 대한 입력 변환 및 그 표현이다(그림 4.1).

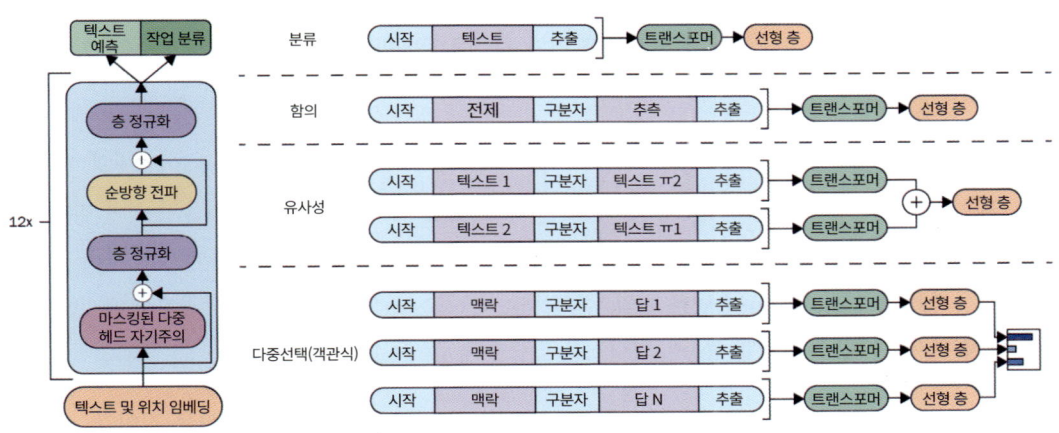

그림 4.1 입력 변환 (원 논문에서 전재)

GPT와 그 후속 모델들은 주로 미세조정 단계의 필요성을 제거하는 특정한 아키텍처 설계를 달성하는 데 초점을 맞췄다. 여기에는 모델이 사전 훈련 단계에서 언어에 대해 많은 것을 배울 수 있다면 미세조정 중에는 딱히 수행할 작업이 없다는 아이디어가 깔려 있다. 추론 시 모델에는 텍스트와 함께 작업의 몇 가지 예시가 입력으로 주어진다. 제로샷 학습처럼 예시가 전혀 제공되지 않는 경우도 있다.

원조 GPT의 후속 모델들

ChatGPT라는 이름에서 알 수 있듯이, 이 인기 모델은 OpenAI 팀이 개발한 GPT를 기반으로 한다. ChatGPT 외에도 이 팀은 GPT2, GPT3, InstructGPT 등 여러 모델을 설계했다.

GPT-2(논문 *Language Models are Unsupervised Multitask Learners*, 2019 참조)는 **WebText** 라고 불린 초기 GPT의 후속 모델로, 초기 모델보다 훨씬 더 큰 훈련 데이터로 훈련되었다. GPT-2는 미세조정 없는 제로샷 설정에서 8개 중 7개 작업에 더 나은 성과를 보였지만, 다른 작업들에서는 성과가 그리 좋지 않았다. GPT-2의 핵심 아이디어는 대체로 언어 모델에는 자기 지도 사전 훈련으로 충분하다는 것이다. 이는 대단히 가치 있는 통찰이지만, 실제 성능이 아주 좋지는 않았다. 하지만 일부 사례에는 놀라울 정도로 잘 작동했다. 연구자들은 이러한 제로샷/퓨샷few-shot 학습 아이디어를 훈련 과정의 일부 측면을 확장해서 적용할 수 있음을 깨닫고는 이 접근 방식을 적극적으로 따르기 시작했다. 그들은 거대하고 다양한 데이터셋으로 모델을 훈련함으로써 특정 작업에 국한되지 않는 모델을 만들 수 있음을 알게 되었다.

모델의 크기와 데이터셋 크기, 다중 작업의 경우 작업들의 크기를 확장하면 언어 모델의 제로샷 및 퓨샷 학습 능력이 크게 향상된다는 점에 착안해서 OpenAI 팀은 1,750억 개의 매개변수를 가진 GPT-3 모델을 훈련했다(논문 *Language models are few-shot learners*, 2020 참조). 이는 GPT-2보다 100배 더 큰 규모다. 이 연구는 모델 규모를 키우면 작업의 종류에 구애받지 않는 퓨샷 학습 성능이 크게 향상된다는 점을 보여줬다.

GPT-2와 GPT-3의 구조는 유사하다. 주된 차이점은 모델 크기, 작업의 다양성, 데이터셋의 양과 질이다. 데이터셋이 엄청나게 크고 훈련된 매개변수도 아주 많은 덕분에 이 모델은 기울기 기반 미세조정(gradient-based fine-tuning) 없이도 제로샷, 원샷, 퓨샷(예: K=32샷) 설정에서 여러 하위 작업에 더 나은 성과를 보였다. OpenAI 팀은 번역, 질의응답, 마스크 토큰 작업 등 많은 작업에서 매개변수 크기와 예시 수가 증가할수록 모델 성능이 향상됨을 입증했다.

생성형 언어 모델(GLM)의 주요 문제점 중 하나는 유해한 정보를 생성할 수 있다는 점이다. 유해한 언어와 허위 정보에 대한 우려에 대응해서 팀은 새로운 접근 방식을 도입한 InstructGPT라는 모델을 GPT 모델 계열에 추가했다. 모델의 안전성과 유용성을 높이기 위해 팀은 **RLHF**(reinforcement learning from human feedback; 인간 피드백 기반 강화학습) 기법을 이용해서 GPT-3을 개선했다. InstructGPT 모델은 자연어로 표현된 지시를 이해하고 실행하는 능력이 GPT-3보다 뛰어나다. 또한 거짓 정보나 유해한 정보를 생성할 가능성도 작다.

OpenAI 팀이 InstructGPT를 위해 개발한 훈련 프로세스는 3단계다. 첫 단계는 모델의 미세조정이고 둘째 단계는 **보상 모델**(reward model, **RM**) 생성이다. 마지막 단계에서는 지도 미세조정 모델을 가져와 강화학습을 통해 더욱 개선한다. InstructGPT의 한 가지 장점은 인간의 의도와 강하게 연계된다는 점이다. 강화학습 프레임워크를 통해서 인간의 피드백으로 모델을 학습시킨 덕분이다. 인기 있는 ChatGPT가 InstructGPT를 기반으로 한다고 알려졌지만, ChatGPT의 훈련 방식에 대한 공식 문서는 아직 공개되지 않았다.

4.3.2 Transformer-XL

또 다른 중요한 생성형 모델로 Transformer-XL이 있다. 이 모델의 작성자는 트랜스포머 모델이 장기 의존관계를 학습할 잠재력을 가지고 있지만 설계의 순환성(재귀성) 부족과 문맥 단편화 때문에 문맥의 길이가 고정되어 그 잠재력을 발휘하지 못한다고 지적했다. 대부분의 트랜스포머는 문서를 고정 길이(주로는 512)의 세그먼트 목록으로 나누는데, 이에 따라 세그먼트 사이에 정보가 흐르지 못한다. 결과적으로 언어 모델은 이 고정 길이 제한을 넘어서는 장기 의존관계를 포착하지 못한다. 게다가 분할 절차는 문장 경계를 고려하지 않고 세그먼트를 만든다. 한 세그먼트가 한 문장의 후반부와 다음 문장의 전반부로 구성될 수 있기 때문에 언어 모델이 다음 토큰을 예측할 때 필요한 맥락 정보를 놓칠 수 있다. 이 문제를 해당 논문에서는 **문맥 단편화**(contextual fragmentation) 문제라고 불렀다.

이런 문제점들을 해결하기 위해 Transformer-XL 작성자들은 세그먼트 수준의 순환 메커니즘과 새로운 위치 인코딩 방식을 포함한 새로운 트랜스포머 구조를 제안했다(논문 *Transformer-XL: Attentive Language Models Beyond a Fixed-Length Context*, 2019 참조). 이 접근 방식은 이후 많은 모델에 영감을 주었다. 이 구조에서 모델이 주목할 수 있는 가장 긴 의존관계의 길이는 층 수와 세그먼트 길이에 의해 제한된다.

4.3.3 XLNet

한동안 인코더 전용 트랜스포머 구조의 사전 훈련에는 **MLM**(Masked Language Modeling; 마스크 언어 모델링)이 주로 쓰였다. 그러나 마스킹된 토큰이 사전 훈련 단계에는 있지만 미세조정 단계에는 없어서 불일치가 존재하며, 이런 불일치 때문에 모델이 사전 훈련 단계에서 학습한 모든 정보를 활용하지 못할 수 있다는 비판을 받았다. XLNet은 이러한 병목 현상을 극복하기 위해 MLM을 PLM으로 대체했다(논문 *XLNet: Generalized Autoregressive Pretraining for Language Understanding*, 2019 참조). **PLM**(Permuted Language Modeling; 순열 언어 모델링)은 입력 토큰의 무작위 순열을 사용한다. 순열 언어 모델링은 각 토큰 위치에서 다른 모든 위치의 문맥 정보를 활용하게 함으로써 양방향 문맥을 포착한다. 목적함수는 단지 인수분해 순서를 순열치환(permutation)하고 바꾸고 토큰 예측 순서를 정의할 뿐, 시퀀스의 자연스러운 위치는 변경하지 않는다. 간단히 말해서 모델은 순열치환 후 일부 토큰을 목표로 선택하고, 나머지 토큰과 목표 토큰의 자연스러운 위치를 조건으로 해서 토큰들을 예측하려 한다. 이 덕분에 자귀회기(AR) 모델을 양방향으로 사용할 수 있게 된다.

XLNet은 오토인코딩(AE) 모델과 AR 모델의 장점만 취한 것이라 할 수 있다. 사실 XLNet은 AR의 일반화에 해당한다. 앞에서 언급한 목적함수 외에 XLNet의 주요 메커니즘은 두 가지다. 하나는 Transformer-XL에서 가져온 세그먼트 수준 순환 메커니즘(segment-level recurrence mechanism)이고, 다른 하나는 목표 인식 표현을 위해 세심하게 설계한 2스트림 주의 메커니즘(two-stream attention mechanism)이다.

다음 절에서는 트랜스포머의 두 부분을 모두 사용하는 모델들을 논의한다.

4.4 텍스트 투 텍스트 모델 다루기

트랜스포머의 왼쪽 인코더와 오른쪽 디코더 부분은 교차 주의(cross-attention)로 연결된다. 이에 의해 두 디코더 층은 최종 인코더 층에 주의를 기울여서 그 층에 축적된 인코딩된 정보를 활용할 수 있게 된다. 결과적으로, 모델은 입력과 밀접하게 연관된 출력을 생성하는 쪽으로 유도된다. 다음은 트랜스포머의 인코더와 디코더 부분을 모두 유지하는 텍스트 투 텍스트 모델 중 역사적으로 의미가 있거나 많이 쓰이는 몇 가지다.

- **T5**: 통합된 텍스트 투 텍스트 트랜스포머를 이용한 전이 학습의 한계를 탐색한다.
- **BART**(Bidirectional and Auto-Regressive Transformer; 양방향 및 자기회귀 트랜스포머)
- **PEGASUS**(Pre-training with Extracted Gap-sentences for Abstractive Summarization; 추출된 갭 문장을 이용한, 추상적 요약을 위한 사전 훈련 시퀀스 투 시퀀스)

그럼 이들을 살펴보고 실제로 사용해 보자. T5로 시작하겠다.

4.4.1 T5를 이용한 다중 작업 학습

Word2Vec에서 트랜스포머에 이르기까지 대부분의 NLP 아키텍처는 문맥 단어들(주변의 단어들)을 이용해서 마스킹된 단어를 예측함으로써 임베딩과 기타 매개변수들을 학습한다. 이 경우 NLP 문제는 곧 단어 예측 문제다. 실제로, 전적으로 다음 단어 예측에만 의존하는 텍스트 투 텍스트 모델들이 있다. 하지만 T5나 BART 같은 모델은 잡음 제거를 목표로 삼아서 무작위로 손상된 텍스트를 다시 복원하는 능력을 키우는 데 주력한다. 즉, 모델은 입력에서 누락되거나 손상된 토큰을 예측하도록 훈련된다. T5의 작성자들은 이 점에 착안해서 자체 목적함수를 개발했다(논문 *Exploring the Limits of Transfer Learning with a Unified Text-to-Text Transformer*, 2019 참고). 하지만 현재 시점에서 돌이켜 볼 때 T5의 주된 기여는 작업을 지시문 형태로 재구성함으로써 다중 작업 학습을 가능하게 했다는 점이다.

T5 모델은 동일한 구조로 다양한 작업을 해결할 수 있는 통합 프레임워크를 제안했다. T5의 기본 아이디어는 모든 NLP 작업을 입력과 출력 둘 다 토큰 목록인 텍스트 투 텍스트(또는 시퀀스 투 시퀀스, seq2seq) 문제로 재구성하는 것이다. GPT-3에서 볼 수 있듯이 트랜스포머 아키텍처는 질의응답부터 텍스트 요약까지 다양한 NLP 작업에 동일한 모델을 적용하는 데 유용한 것으로 밝혀졌는데, 이 덕분에 다중 작업 훈련이 가능하다.

그림 4.2는 T5 원 논문을 참고해서 T5가 기계번역, 다양한 NLP 작업(그림에서는 4개로, 언어 용인성, 의미 유사성, 요약)을 단일한 통합 프레임워크로 해결한다는 점을 보여준다(원 논문을 참고했음).

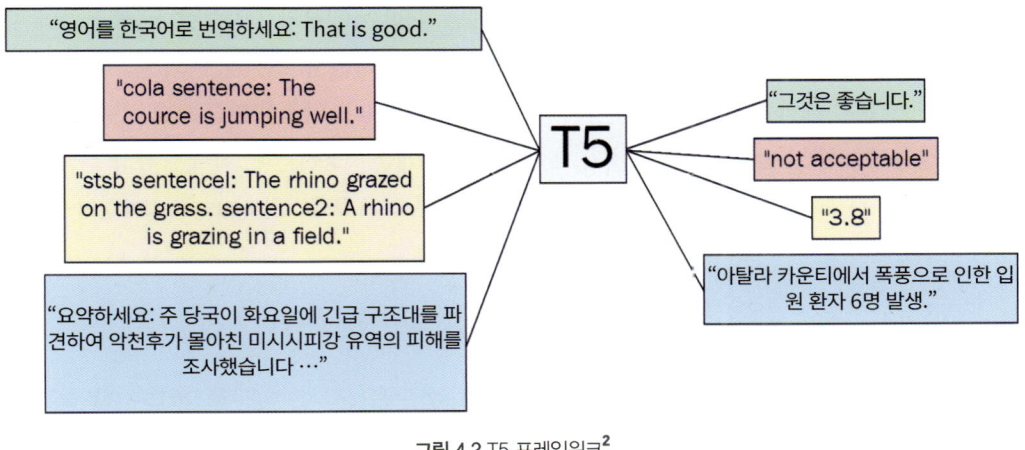

그림 4.2 T5 프레임워크[2]

---

[2] (옮긴이) 그림에서 'cola sentence'는 언어 용인성 관련 말뭉치인 CoLA(The Corpus of Linguistic Acceptability)의 한 문장을 뜻한다. CoLA는 주로 영어로 구성되어 있다. 참고로 언어 용인성은 간단히 말해 주어진 문장이 해당 언어의 문법에 맞는지를 뜻한다. stsb sentence는 의미 유사성 관련 벤치마크인 STS-B의 한 문장이다. 5장에 STS-B 데이셋을 이용하는 실습 예제가 나온다(§5.6).

T5 모델은 대체로 원래의 인코더-디코더 트랜스포머 모델을 따른다. 주된 차이점은 층 정규화, 잡음 제거 목적함수, 위치 임베딩 방식 등이다. 사인파 위치 임베딩이나 학습된 임베딩 대신 T5는 상대 위치 임베딩(relative positional embedding)을 사용한다. 이 임베딩 방식은 다른 여러 트랜스포머 아키텍처에도 점점 널리 쓰이고 있다.

T5는 작업을 텍스트 투 텍스트 형식으로 변환한다. 모델에는 작업을 나타내는 접두사 다음에 관련 입력을 붙인 텍스트가 공급된다. 이를 위해 레이블이 붙은 텍스트 데이터셋을 {'inputs': '....', 'targets': '...'} 형식으로 변환하고, 원하는 목적(작업)에 해당하는 접두어를 삽입한다. 그런 다음 레이블이 붙은 데이터로 모델을 훈련하면 모델은 자신이 무엇을 어떻게 해야 하는지 배우게 된다. 앞의 그림에서 봤듯이 영어-한국어 작업에서 "영어를 한국어로 번역하세요: That is good."를 입력하면 모델은 "그것은 좋습니다."를 생성한다. 마찬가지로 "요약하세요:" 접두어가 있는 모든 입력에 대해 모델은 입력을 요약한 텍스트를 생성한다.

그런데 애초에 T5가 작업에 구애받지 않고, 즉 작업에 독립적으로(task-agnostic) 사용할 수 있도록 설계된 것은 아님을 유념하기 바란다. 그럼 T5를 작업 구분 없이 수정하는 방법과 그 결과인 T0 모델을 살펴보자.

T5를 이용한 다중 작업 훈련

이제부터는 SimpleT5 라이브러리를 이용해서 T5 아키텍처에서 다중 작업 훈련을 적용하는 방법을 소개한다. 다중 작업 훈련을 확실히 이해할 수 있도록, 개념 증명(PoC)부터 시작하겠다. 개념 증명 차원에서 다중 작업 학습이라는 아이디어를 현실화할 수 있는지 확인하는 데 초점을 두고 실습을 진행할 것이다. 하지만 모든 잠재적 함의를 살펴보는 것도 물론 중요한 일이다. 처음인 만큼 모델 선택, 데이터셋, 작업 다양성은 가능한 한 단순하게 유지한다. 데이터셋은 두 개를 사용하는데, 하나는 감성 분석을 위한 **glue-sst2** 데이터셋이고 다른 하나는 기계번역을 위한 오푸스 프로젝트의 **opus_en-de**(영어-독일어) 데이터셋이다.

> **다양한 NLP 라이브러리**
>
> 이 책에서는 독자가 다양한 인프라를 경험할 수 있도록 여러 출처에서 나온 다종다양한 라이브러리를 사용한다. 예를 들어 이번 실습 예제에서는 다중 작업 훈련을 위해 SimpleT5 라이브러리를 사용하지만, 다음 번 실습 예제에서는 simpletransformer 라이브러리로 T5를 훈련한다. 이들은 모두 허깅 페이스의 Transformers 라이브러리를 기반으로 한다. 이런 접근 방식을 통해서 여러분은 다수의 오픈소스 소프트웨어를 접하게 된다. 어쩌면 여러분만의 새로운 아이디어나 기법을 오픈소스 소프트웨어 공동체에 기여하는 선순환으로까지 이어질 수도 있겠다.

먼저 필요한 라이브러리를 설치하자.

```
pip install simpleT5 datasets
```

이제 빠른 훈련을 위해 T5 모델의 소규모 체크포인트를 다운로드한다. 단, 실제 제품이나 서비스를 위해서는 성능이 더 좋은 큰 모델을 이용해야 한다는 점도 잊지 말기 바란다. 이 점은 퓨샷 문제에서 특히 중요하다.

```
from simplet5 import SimpleT5
model = SimpleT5()
model.from_pretrained("t5","t5-small")
```

다음으로, datasets 라이브러리를 이용해 glue-sst2 데이터셋을 불러와서 SimpleT5에 맞게 준비한다. SimpleT5는 판다스 데이터프레임 형식의 데이터를 요구하며, 열(column) 이름들이 반드시 ["source_text","target_text"]여야 한다. 이를 위해 다음 코드는 데이터프레임 안의 열 이름들을 적절히 변경한다. 빠른 프로토타이핑을 위해 처음 1,000개의 문장만 사용하기로 하자. 일단 모델이 잘 훈련되는지 확인한 후 데이터셋 전체를 이용해서 정확도를 개선하면 좋을 것이다.

```
import pandas as pd
from datasets import load_dataset
sst2_df =pd.DataFrame(
    load_dataset("glue",
        "sst2",
        split="train[:1000]"))
sst2_df=sst2_df[["sentence","label"]]
sst2_df.columns= ["source_text","target_text"]
```

이제 프롬프트를 사용하여 작업을 텍스트 투 텍스트에 적합한 형태로 재구성한다. 이를 위해 원본 문장에 "What is the sentiment? Good or Bad?"(어떤 감성인가요? 좋은가요, 나쁜가요?)라는 지시문을 추가한다. 또한, 대상 텍스트가 감성 분석 결과인 1(좋음, 긍정적)과 0(나쁨, 부정적)에 대해 각각 "Good"과 "Bad"라는 토큰을 설정한다.

```
prompt_sentiment=". What is the sentiment ? "\
    +"Good or Bad ?"
```

```
sst2_df["source_text"]= sst2_df\
    .source_text\
    .apply(lambda x: x +prompt_sentiment)
sst2_df["target_text"]=sst2_df\
    .target_text\
    .apply(lambda x:"Good" if x==1 else "Bad")
```

기계번역(MT)을 위한 데이터셋도 마찬가지 방식으로 텍스트 투 텍스트의 틀에 맞게 구성한다. 먼저 opus en-de 데이터셋에서 예시 1,000개만 불러오고, 영어를 독일어로 번역하기 위해 영어 문장이 담긴 열(en)과 독일어 문장 열(de)을 각각 source_text와 target_text로 설정한다[3].

```
opus=load_dataset("opus100","de-en", split="train[:1000]")
opus_df=pd.DataFrame(opus)
opus_df["source_text"]=opus_df.apply(
    lambda x: x.translation["en"], axis=1)
opus_df["target_text"]=opus_df.apply(
    lambda x: x.translation["de"], axis=1)
opus_df= opus_df[["source_text","target_text"]]
```

번역할 문장 끝에는 영어를 독일어로 번역하라는 뜻의 "Translate English to German"이라는 프롬프트를 덧붙인다.

```
prompt_tr=". Translate English to German"
opus_df["source_text"]= opus_df\
    .source_text\
    .apply(lambda x: x +prompt_tr)
```

이제 두 가지 작업을 위한 훈련 준비가 끝났다. 이들을 병합하고 뒤섞는다.

```
merge= opus_df.append(sst2_df).sample(frac=1.0)
merge.head(5)
```

---

[3] (옮긴이) 참고로 OPUS 프로젝트는 영어-한국어 데이터셋도 제공한다. 해당 코드에서 "de-en"을 "en-ko"로, "de"를 "ko"로 바꾸고 이후 단계들에서 'German'을 'Korean'으로 변경해서 실험해 보기 바란다. 다만, 영어-독일어에 비해 영어-한국어는 거리가 먼 언어들이라서 적은 수의 예시로는 좋은 번역 품질을 기대하기 힘들 것이다.

```
                        source_text                                    target_text
a perfect performance . What is the sentiment ...              Good
   Control Structures. Translate English to Korean    continue 는 현재 루프의 처음으로 가도록 하는 명령이다.
a clunky tv-movie approach to detailing a chap...              Bad
              - Is it?. Translate English to Korean            - 그래?
warm water under a red bridge is a celebration...              Good
```

그림 4.3 두 가지 NLP 작업을 동일한 seq2seq 형식으로 구성한 예

이렇게 해서 두 가지 작업을 위한 데이터를 하나의 시퀀스 투 시퀀스 형식으로 통합했다. 이 모델은 훈련용으로 예시 1,800개, 테스트용으로 예시 200개를 사용한다.

```
train_df=merge[:1800]
eval_df= merge[1800:]
```

SimpleT5 프레임워크 덕분에 훈련 과정은 매우 간단하다. 원본(영어) 토큰 최대 길이는 번역 대상(독일어) 토큰 최대 길이인 128보다 긴 512로 설정한다[4].

```
model.train(train_df=train_df,
    eval_df=eval_df,
    source_max_token_len = 512,
    target_max_token_len = 128,
    batch_size = 8,
    max_epochs = 3,
    use_gpu = True,
    precision = 32)
```

훈련이 성공적으로 완료되면 드디어 추론을 통한 다중 작업 학습 적용을 체험할 수 있다. 이제 "The cats are fun!"(고양이들은 재미있어!)이라는 하나의 문장에 서로 다른 프롬프트를 덧붙여서 감성 분석과 기계번역을 모두 수행해 보자.

감성 분석부터 시작한다. 문장에 감성 분석을 위한 프롬프트를 추가하기만 하면 된다.

```
import torch
model.device= torch.device("cpu")
a_sentence="The cats are fun!"
model.predict(a_sentence+ prompt_sentiment)

['Good']
```

---

4 (옮긴이) GPU를 훈련에 사용할 수 없는 환경이라면 use_gpu를 False로 설정해야 한다.

출력은 "Good"이다. 모델은 문장의 감정을 정확히 분석했다. 더 중요한 점은, 모델이 주어진 작업을 이해했다는 것이다. T5의 체크포인트들(T5-small, T5-base 또는 T5-large)은 이미 다양한 작업으로 사전 훈련되었기 때문에 요청된 작업을 오해할 소지가 있다. 하지만 이번 예제는 우리가 프롬프팅을 통해 모델을 올바르게 유도했음을 말해준다. 이 예제의 초점은 다중 작업 훈련이므로 모델이 주어진 문장의 감정을 완벽하게 분류하는지 여부는 중요하지 않다. 따라서 여기서 모델의 성능은 평가하지 않겠다.

다음으로, 영어-독일어 번역을 위한 지시문에 대해서는 모델이 어떻게 반응하는지 살펴보자. 이번에는 prompt_tr을 문장에 덧붙여서 모델에 전달한다.

```
model.predict(a_sentence+ prompt_tr)
['Die Katzen sind spass!']
```

놀랍게도 잘 작동했다! 두 경우 모두 모델이 해야 할 일을 이해했다. 예시가 적었음에도 모델의 번역 능력이 꽤 우수하다. 이는 T5 체크포인트가 이미 이러한 번역 작업을 위해 사전 훈련되었기 때문이다. 이전 실습의 의미는 미세조정을 통해 전이 학습을 수행했다는 점에 있다. 하지만 실제 응용에서는 다음과 같은 조처를 통해서 모델의 성능을 높일 필요가 있음을 기억하기 바란다.

- 우선 예시 1,000개가 아니라 데이터셋 전체를 사용한다.
- 작업의 다양성을 높인다. 개체명 인식(NER), 질의응답, 요약 같은 작업들도 추가해 보자.
- 각 작업에 여러 개의 데이터셋을 사용한다.
- 지시문의 다양성을 높인다. 동일한 데이터셋에 대해 서로 다른 여러 프롬프트를 사용한다.
- 초기 모델로 사용한 T5-small 대신, 여러분의 하드웨어 성능에 맞게 T5-base나 T5-large 같은 더 큰 모델을 선택한다.
- 모델의 훈련에는 시간이 오래 걸릴 수 있다. 매개변수 효율적(parameter-efficient; 매개변수 개수에 비해 성능이 좋은 것을 말한다) 접근 방식과 프레임워크에 집중하자.

이렇게 해서 모든 NLP 문제를 단일 형식으로 통합한, 간단한 다중 작업 학습 모델을 만들어 봤다. 다음 절에서는 T0가 무엇인지 논의한다.

4.4.2 T0 모델을 이용한 제로샷 텍스트 일반화

T5 프레임워크는 실제로 훈련된 작업들에 대해서는 좋은 성과를 낸다. 이는 다중 작업 모델링 방식 덕분이다. 다른 말로 하면, 동일한 아키텍처 내에서 서로 다른 작업을 해결하면 지식이 순환되어 각각의 작업에 긍정적인 영향이 미친다. 하지만 T5 프레임워크는 작업 독립적(task-agnostic)이 아니라는 단점이 있다. 즉, 풀기 위해 훈련한 문제들이 아닌 문제까지 풀 수 있도록 설계되지는 않았다.

모델의 매개변수, 데이터셋 크기, 작업 다양성을 확장하면 다양한 어려운 작업은 물론 배제된 작업(held-out task; 훈련에 포함되지 않은 작업)에 대해서도 모델의 언어 이해 능력이 획기적으로 향상될 수 있다고 알려져 있다. 이 점에 착안해서 T0 팀은 제로샷 일반화를 성공적으로 수행할 수 있는 작업 독립적 모델을 개발했다. T0라고 불리는 이 모델은 모델 규모와 데이터 다양성의 확장을 염두에 두고 T5 아키텍처를 기반으로 훈련되었다.

그림 4.4는 T0의 훈련 및 추론 방식을 보여주는 도식이다.

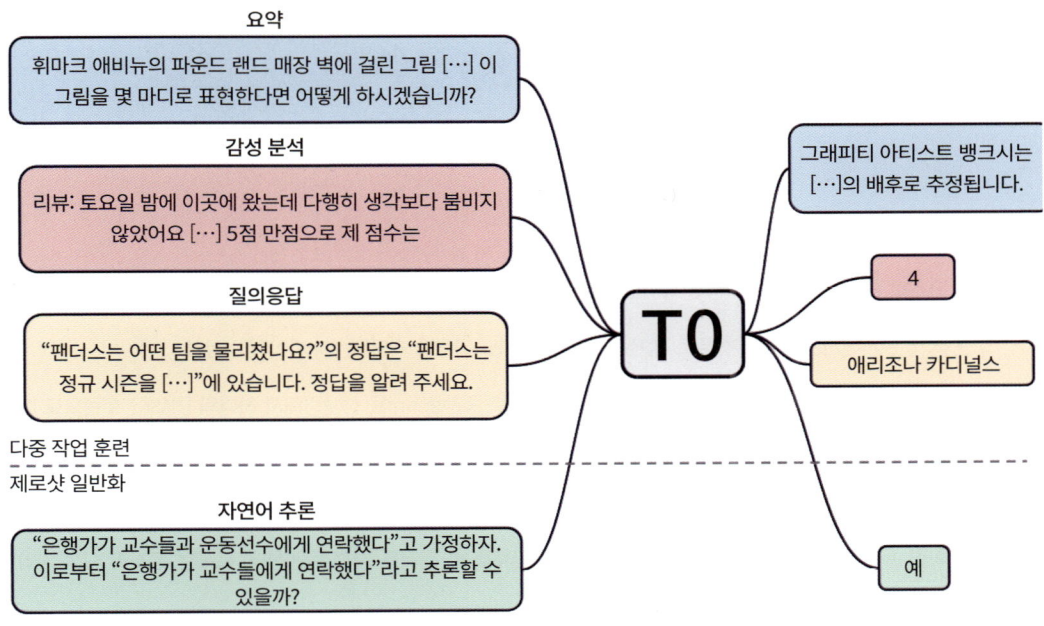

그림 4.4 T0 프레임워크

그림에서 보듯이, 먼저 여러 훈련된 작업(held-in task)을 섞어서 모델을 훈련한다(그림 위쪽). 그런 다음에는 배제된 작업들, 즉 훈련에 포함되지 않은 작업들에 대한 제로샷 일반화로 모델을 평가한다(그림

아래쪽). 데이터셋은 총 62개로, 12가지 작업별로 묶인다. T0 모델은 데이터셋이 아니라 작업 간 제로 샷 작업 일반화 문제에 대해 테스트된다.

4.4.3 BART: 또 다른 잡음 제거 기반 seq2seq 모델

XLNet처럼 BART 모델도 AE 모델과 AR 모델의 장점을 취한다(논문 *BART: Denoising Sequence-to-Sequence Pre-training for Natural Language Generation, Translation, and Comprehension*, 2019 참고). 이 모델은 표준 시퀀스 투 시퀀스 트랜스포머 아키텍처를 조금 수정해서 사용하는데, 다른 AR 모델들과는 훈련 목표가 다르다. BART는 다음 단어를 예측하는 대신, 다양한 잡음(noise) 추가 접근 방식을 이용해서 문서를 손상한다. 이 모델이 NLP 분야에 기여한 주요 사항은 다음 도식(그림 4.5)과 같이 여러 가지 창의적인 손상 방식을 제시했다는 점이다.

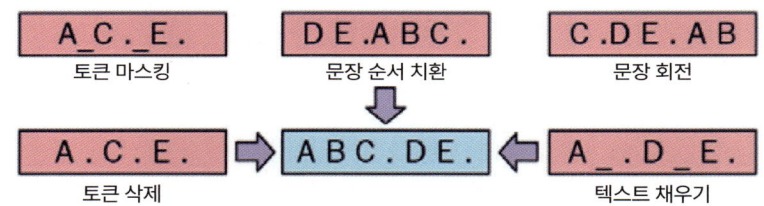

그림 4.5 BART의 여러 문서 손상 방식 (원 논문에서 전재)

각 방식을 자세히 살펴보면 다음과 같다.

- 토큰 마스킹: BERT 모델에서처럼 무작위로 토큰을 [MASK] 기호로 대체해서 마스킹한다.
- 토큰 삭제: 문서에서 토큰을 무작위로 제거한다. 모델은 어느 위치가 제거됐는지 파악해야 한다.
- 텍스트 채우기: SpanBERT의 방식에 따라 다수의 텍스트 구간(span)을 샘플링해서 하나의 [MASK] 토큰으로 대체한다. [MASK] 토큰 삽입도 함께 수행한다.
- 문장 순서 치환: 입력의 문장들을 분할해서 무작위 순서로 섞는다.
- 문서 회전: 무작위로 선택된 토큰(위 그림의 C)부터 시작하도록 문서를 회전(순환)한다. 목표는 문서의 시작 위치를 찾는 것이다.

BERT처럼 BART도 여러 가지 방식을 미세조정해서 구체적인 하위 응용문제에 활용할 수 있다.

시퀀스 분류 작업의 경우 입력은 인코더와 디코더를 거친다. 디코더의 최종 은닉 상태가 학습된 표현으로 간주된다. 거기에 간단한 선형 분류기를 적용한 것이 곧 다음 문장 예측이다. 마찬가지로, 토큰 분류 작업에서는 전체 문서가 인코더와 디코더에 입력되고, 마지막 디코더의 최종 상태가 각 토큰의 표현이 된다. 이러한 표현을 바탕으로 개체명 인식(NER)이나 품사 태깅과 같은 토큰 분류 작업을 수행할 수 있다.

시퀀스 생성의 경우, BART 모델의 디코더 블록을 직접 미세조정함으로써 추상적 질의응답(QA)이나 요약 같은 시퀀스 생성 작업을 수행할 수 있다. BART 작성자들은 **CNN/DailyMail**과 **XSum**이라는 두 가지 표준 요약 데이터셋을 이용해서 모델을 훈련했다. 작성자들은 또한 원본 언어를 처리하는 인코더 부분과 대상 언어의 단어를 생성하는 디코더 부분을 기계번역(MT)을 위한 단일 사전 훈련 디코더로 사용할 수 있다는 점도 보여줬다. 원본 언어의 단어를 학습하기 위해 작성자들은 인코더 임베딩 층을 새로운, 무작위로 초기화된 인코더로 교체했다. 그런 다음 모델을 종단간(end-to-end) 방식으로 훈련해서 새 인코더가 외국어 단어를 BART가 잡음을 제거해서 대상 언어 텍스트를 생성할 수 있는 형태의 입력으로 매핑하도록 했다. 새 인코더는 원래의 BART 모델과는 별도로 외국어를 포함한 어휘를 사용할 수 있다.

Transformers 라이브러리의 `AutoModel` 클래스를 이용하면 원래의 사전 훈련된 BART 모델에 손쉽게 접근할 수 있다.

```
AutoModel.from_pretrained('facebook/bart-large')
```

그리고 Transformers 라이브러리의 표준 `summarization` 파이프라인은 증류된(distilled) 사전 훈련 BART 모델을 사용한다. 다음 코드는 내부적으로 **sshleifer/distilbart-cnn-12-6** 모델과 해당 토크나이저를 불러온다.

```
summarizer = pipeline("summarization")
```

그럼 좀 더 본격적으로 예제를 살펴보자. 다음은 조금 전에 언급한 모델과 토크나이저를 명시적으로 불러오고 모델에 예제 텍스트를 입력해서 요약하는 코드다.

```
from transformers import (
    BartTokenizer, BartForConditionalGeneration, BartConfig)
from transformers import pipeline
```

```
model = BartForConditionalGeneration\
    .from_pretrained('sshleifer/distilbart-cnn-12-6')
tokenizer = BartTokenizer\
    .from_pretrained('sshleifer/distilbart-cnn-12-6')
nlp=pipeline("summarization",
    model=model,
    tokenizer=tokenizer)
text='''
We order two different types of jewelry from this
company the other jewelry we order is perfect.
However with this jewelry I have a few things I
don't like. The little Stone comes out of these
and customers are complaining and bringing them
back and we are having to put new jewelry in their
holes. You cannot sterilize these in an autoclave
...[지면 관계상 나머지 텍스트 생략]'''
q=nlp(text)
import pprint
pp = pprint.PrettyPrinter(indent=0, width=100)
pp.pprint(q[0]['summary_text'])
```

```
(' The little Stone comes out of these little stones and customers are complaining and bringing '
'them back and we are having to put new jewelry in their holes . You cannot sterilize these in an'
' ''autoclave because it heats up too much and the glue does not hold up so the second group of '
'these that we used I did not sterilize them that way and the stones still came out.')0/
```

다음 절에서는 기본적인 GLM 모델을 훈련하는 방법을 살펴본다.

4.5 GLM 훈련

이제부터는 여러분만의 언어 모델을 훈련하는 방법을 알아본다. 비교적 간단한 GPT-2 모델과 Transformers 라이브러리를 이용해서 다양한 훈련용 함수들을 살펴볼 것이다.

여러분만의 GPT-2를 훈련하는 데 사용할 수 있는 말뭉치는 많다. 여기서는 제인 오스틴의 로맨스 소설 엠마의 영어 텍스트를 사용하기로 한다. 물론 모델이 언어를 좀 더 종합적으로 이해하게 만들려면 이보다 훨씬 더 큰 말뭉치를 사용해야 할 것이다.

시작하기 전에, 허깅 페이스의 어떤 모델이라도 텐서플로나 파이토치로 직접 훈련할 수 있음을 보여주기 위해 이번 예제에서는 텐서플로의 기본 훈련 기능을 사용했다는 점을 언급해 두겠다. 그럼 실습 예제를 시작하자.

1. 터미널에서 다음 명령을 실행해서 엠마의 원문을 내려받는다[5].

   ```
   $ wget https://raw.githubusercontent.com/teropa/nlp/master/resources/corpora/\
   gutenberg/austen-emma.txt
   ```

2. 다음으로 할 일은 GPT-2 훈련에 사용할 말뭉치를 이용해서 BPE(바이트 쌍 인코딩) 토크나이저를 훈련하는 것이다. 이를 위해 tokenizers 라이브러리에서 BPE와 BytePairEncoding 등 필요한 모듈들을 임포트한다.

   ```
   from tokenizers.models import BPE
   from tokenizers import Tokenizer
   from tokenizers.decoders import ByteLevel as ByteLevelDecoder
   from tokenizers.normalizers import Sequence, Lowercase
   from tokenizers.pre_tokenizers import ByteLevel
   from tokenizers.trainers import BpeTrainer
   ```

3. 이번 예제에서는 정규화 단계에 소문자 변환을 위한 Lowercase를 추가해서 좀 더 정교한 토크나이저를 만든다. 다음은 이를 위한 토크나이저 객체를 생성하고 설정하는 코드다.

   ```
   tokenizer = Tokenizer(BPE())
   tokenizer.normalizer = Sequence([Lowercase()])
   tokenizer.pre_tokenizer = ByteLevel()
   tokenizer.decoder = ByteLevelDecoder()
   ```

   첫 줄은 BPE 토크나이저 클래스로부터 tokenizer라는 이름의 토크나이저 객체를 생성한다. 그런 다음 정규화 단계에 Lowercase를 추가한다. 또한, 입력이 바이트 단위로 처리되게 하기 위해 pre_tokenizer 속성을 ByteLevel로 설정한다. 디코딩 역시 바이트 단위로 처리돼야 하므로 decoder 속성도 ByteLevelDecoder로 설정한다.

4. 다음으로 토크나이저를 훈련하기 위한 트레이너 객체를 준비한다. 최대 어휘 크기는 50000으로 하고, 초기 알파벳으로는 ByteLevel의 알파벳을 사용한다.

---

[5] (옮긴이) 지면 관계상 긴 명령은 이처럼 \로 행을 나누어 표시한다. bash처럼 \를 인식하는 셸에서는 표시된 대로 여러 줄로 입력하면 된다. Windows 터미널이나 명령 프롬프트에서는 \ 대신 ^를 사용해야 한다. 그냥 \를 빼고 전체를 이어서 입력해도 된다.

```python
trainer = BpeTrainer(vocab_size=50000,
    inital_alphabet=ByteLevel.alphabet(),
    special_tokens=[
        "<s>",
        "<pad>",
        "</s>",
        "<unk>",
        "<mask>"
    ])
tokenizer.train(["austen-emma.txt"], trainer)
```

고려할 특수 토큰들을 추가하는 것도 빼먹으면 안 된다.

5. 나중에 사용하기 위해 토크나이저를 저장해 두자. 먼저 디렉터리를 하나 만든다[6].

   ```
   !mkdir tokenizer_gpt
   ```

6. 파이썬에서 다음 명령을 실행해서 토크나이저를 저장한다.

   ```
   tokenizer.save("tokenizer_gpt/tokenizer.json")
   ```

7. 토크나이저를 훈련하고 저장까지 마쳤다. 이제 GPT-2 훈련을 위한 말뭉치를 전처리할 차례다. 먼저 필요한 구성요소들을 임포트한다.

   ```python
   from transformers import (
       GPT2TokenizerFast, GPT2Config, TFGPT2LMHeadModel)
   ```

8. 앞에서 저장한 토크나이저를 `GPT2TokenizerFast`를 이용해서 간단하게 불러온다.

   ```python
   tokenizer_gpt = GPT2TokenizerFast.from_pretrained(
       "tokenizer_gpt")
   ```

9. 특수 토큰들과 해당 표시를 추가하는 것도 빼먹으면 안 된다.

   ```python
   tokenizer_gpt.add_special_tokens({
       "eos_token": "</s>",
       "bos_token": "<s>",
   ```

---

[6] (옮긴이) 2장에서 언급했듯이 느낌표로 시작하는 명령은 주피터나 코랩 환경을 가정한 것이다. 그 밖의 환경이라면 터미널(명령줄)에서 느낌표를 제외한 명령을 실행하면 된다.

```
    "unk_token": "<unk>",
    "pad_token": "<pad>",
    "mask_token": "<mask>"
})
```

10. 이 시점에서 다음 코드를 실행하면 모든 것이 잘 진행됐는지 확인할 수 있다.

```
tokenizer_gpt.eos_token_id
```

이 코드가 출력한 2는 현재 토크나이저의 문장 끝(EOS, End-of-Sentence) 토큰의 식별자(ID)다.

11. 또한, 실제로 문장을 토큰화해보는 것도 중요하다.

```
tokenizer_gpt.encode("<s> this is </s>")
```
`[0, 265, 157, 56, 2]`

이 출력에서 0은 문장의 시작(`<s>`)이고, 265, 157, 56은 문장 자체의 토큰들이다. 그리고 2는 앞에서 언급했듯이 문장의 끝(EOS, `</s>`)을 뜻한다.

12. 이제 적절한 설정으로 텐서플로 버전의 GPT-2 모델을 만든다. 설정 객체 `config`를 생성할 때는 주요 속성들을 토크나이저의 해당 속성과 일치시켜야 함에 주의하기 바란다.

```
config = GPT2Config(
    vocab_size=tokenizer_gpt.vocab_size,
    bos_token_id=tokenizer_gpt.bos_token_id,
    eos_token_id=tokenizer_gpt.eos_token_id
)
model = TFGPT2LMHeadModel(config)
```

13. 주피터나 REPL 환경에서 `config` 객체를 실행하면 여러 설정 값이 다음과 같이 사전 형식으로 표시된다.

```
config
```
```
GPT2Config { "activation_function": "gelu_new", "attn_pdrop": 0.1, "bos_token_id": 0,
"embd_pdrop": 0.1, "eos_token_id": 2, "gradient_checkpointing": false, "initializer_range":
0.02, "layer_norm_epsilon": 1e-05, "model_type": "gpt2", "n_ctx": 1024, "n_embd": 768,
"n_head": 12, "n_inner": null, "n_layer": 12, "n_positions": 1024, "resid_pdrop": 0.1,
"summary_activation": null, "summary_first_dropout": 0.1, "summary_proj_to_labels": true,
```

```
"summary_type": "cls_index", "summary_use_proj": true, "transformers_version": "4.3.2",
"use_cache": true, "vocab_size": 11750}
```

출력에서 보듯이 config에는 수많은 속성이 있는데, 앞에서 config를 생성할 때는 몇 가지만 직접 설정했다. 다른 속성들은 모두 기본값으로 설정되었다. 한 가지 흥미로운 점은 vocab_size가 11750이라는 것이다. 앞에서 명시적으로 50000으로 설정했지만, 말뭉치의 단어 수가 적어서 BPE 토크나이저가 11750개의 단어를 생성했기 때문에 이렇게 되었다.

14. 이제 사전 훈련을 위해 말뭉치를 준비할 때가 되었다. 먼저 엠마 본문 텍스트를 불러온다.

```
with open("austen-emma.txt", "r", encoding='utf-8') as f:
    content = f.readlines()
```

15. 현재 content에는 원본 파일의 모든 원시 텍스트가 포함되어 있다. 훈련을 위해서는 각 행에서 줄 바꿈 문자 '\n'을 제거해야 한다. 그리고 10자 미만의 행은 삭제해야 한다. 짧은 줄을 삭제해서 긴 시퀀스로만 모델을 훈련하면 모델이 좀 더 긴 시퀀스를 생성하게 된다. 다음은 이를 위한 코드다.

```
content_p = []
for c in content:
    if len(c)>10:
        content_p.append(c.strip())
content_p = " ".join(content_p)+tokenizer_gpt.eos_token
```

16. 앞의 코드를 수행하면 content_p는 짧은 문장이 제거된 원본 텍스트 전체 끝에 eos_token이 추가된 형태다. 그런데 이렇게 하는 대신, 각 행 끝에 </s>를 추가해서 행들을 구분할 수도 있다. 그러면 모델이 문장이 끝나는 시점을 인식하는 데 도움이 된다. 하지만 이번 예제에서는 모델이 EOS를 만나지 않고도 훨씬 더 긴 시퀀스에 대해 작동하게 만들고자 한다. 이를 위한 코드는 다음과 같다.

```
tokenized_content = tokenizer_gpt.encode(content_p)
```

이에 의해 GPT 토크나이저(tokenizer_gpt)는 전체 텍스트를 토큰화해서 하나의 긴 토큰 ID 시퀀스를 생성한다.

17. 이제 훈련용 표본들을 만들 차례다. 다음 코드를 실행하면 된다.

```
sample_len = 100
examples = []
for i in range(0, len(tokenized_content)):
    examples.append(
        tokenized_content[i:i + sample_len])
```

18. 앞의 코드는 examples에 100개의 예시(example)를 추가한다. 각 예시는 주어진 텍스트의 특정 부분에서 시작해서 토큰 100개로 이루어진 토큰 시퀀스다. 이제 이 예시들로 다음과 같이 훈련용 데이터셋을 생성한다.

```
train_data = []
labels = []
for example in examples:
    train_data.append(example[:-1])
    labels.append(example[1:])
```

train_data에는 각 예시의 1번 토큰에서 99번 토큰까지만 추가한다. labels에는 각 예시의 토큰 100개(1번부터 100번)를 모두 추가한다.

19. 훈련 속도를 높이기 위해 이 데이터를 텐서플로 고유의 데이터셋 형식으로 변환하자. 방법은 다음과 같다.

```
Import tensorflow as tf
buffer = 500
batch_size = 16
dataset = tf.data.Dataset.from_tensor_slices(
    (train_data, labels))
dataset = dataset.shuffle(buffer).batch(batch_size,
    drop_remainder=True)
```

여기서 buffer는 데이터 뒤섞기(shuffling)에 쓰이는 버퍼의 크기이고 batch_size는 훈련 시 배치의 크기다. drop_remainder를 True로 설정했는데, 이렇게 하면 배치 크기(16)를 다 채우지 못하는 나머지 예시들은 폐기된다.

20. 이제 모델을 컴파일한다. 다음과 같이 최적화 단계(optimizer 속성)와 손실 함수(loss 속성), 측정 항목(metrics 속성)을 적절히 지정해서 compile 메서드를 호출하면 된다.

```
optimizer = tf.keras.optimizers.Adam(
        learning_rate=3e-5,
        epsilon=1e-08, clipnorm=1.0)
loss = tf.keras.losses\
    .SparseCategoricalCrossentropy(from_logits=True)
metric = tf.keras.metrics\
    .SparseCategoricalAccuracy('accuracy')
model.compile(optimizer=optimizer,
        loss=[loss, *[None] * model.config.n_layer],
        metrics=[metric])
```

21. 모델 컴파일이 완료됐으므로 원하는 에포크^{epoch}(세; 훈련 반복 단위)만큼 훈련을 진행한다.

```
epochs = 10
model.fit(dataset, epochs=epochs)
```

다음(그림 4.6)과 비슷한 메시지들이 나타날 것이다.

```
WARNING:tensorflow:The parameters `output_attentions`, `output_hidden_states` and `use_cache` cannot be updated when callin
g a model.They have to be set to True/False in the config object (i.e.: `config=XConfig.from_pretrained('name', output_atte
ntions=True)`).
WARNING:tensorflow:The parameter `return_dict` cannot be set in graph mode and will always be set to `True`.
83/83 [==============================] - 212s 3s/step - loss: 6.7420 - logits_loss: 6.7420 - logits_accuracy: 0.0992 - past
_key_values_1_accuracy: 0.0026 - past_key_values_2_accuracy: 0.0021 - past_key_values_3_accuracy: 0.0018 - past_key_values_
4_accuracy: 0.0018 - past_key_values_5_accuracy: 0.0027 - past_key_values_6_accuracy: 0.0022 - past_key_values_7_accuracy:
0.0033 - past_key_values_8_accuracy: 0.0032 - past_key_values_9_accuracy: 0.0034 - past_key_values_10_accuracy: 0.0018 - pa
st_key_values_11_accuracy: 0.0039 - past_key_values_12_accuracy: 0.0019
```

그림 4.6 텐서플로/케라스를 이용한 GPT-2 훈련

이상으로 자연어 생성 작업을 위해 여러분만의 모델을 훈련하는 방법을 살펴봤다. 나중에 다시 사용할 수 있도록 모델을 파일에 저장해 두어도 좋을 것이다.

다음 절에서는 자동회귀(AR) 모델을 이용해서 자연어를 생성하는 방법을 논의한다.

4.6 자동회귀 모델을 이용한 자연어 생성

앞절에서는 개별 말뭉치를 이용해서 AR 모델을 훈련하는 방법을 배웠다. 그 결과로 여러분만의 GPT-2 버전이 만들어졌다. 그렇다면 이 모델을 어떻게 활용해야 할까? 이번 절에서는 몇 가지 활용 방법을 살펴본다.

1. 먼저, 훈련된 모델로 문장을 생성해 보자. 다음은 이를 위한 함수다.

    ```
    def generate(start, model):
        input_token_ids = tokenizer_gpt.encode(start,
            return_tensors='tf')
        output = model.generate(
            input_token_ids,
            max_length = 500,
            num_beams = 5,
            temperature = 0.7,
            no_repeat_ngram_size=2,
            num_return_sequences=1
        )
        return tokenizer_gpt.decode(output[0])
    ```

    이 코드가 정의하는 generate 함수는 문자열 start를 받아서 그 뒤에 이어지는 시퀀스를 model.generate 호출의 max_length 매개변수를 조정해서 더 작은 크기의 시퀀스를 생성하거나, num_return_sequences를 변경해서 여러 개의 시퀀스를 생성하는 등 필요에 따라 수정하기 바란다.

2. 빈 문자열을 시작 문구로 지정하면 어떤 시퀀스가 생성될까?

    ```
    generate(" ", model)
    ```

    다음과 같이 소설 엠마의 느낌을 주는 영어 문장들이 출력될 것이다(그림 4.7).

```
' it was a nervous; and emma could not but it, and made it necessary to be cheerful. his spirits required with th
em; hating change of every kind.  he was by no means yet reconciled to his own daughter\'s marrying, was always di
sagreeable; but with compassion, as the origin of affection, though it had been entirely a mile from his habits of
being never able to part with miss taylor been a great must be accepted in herself as for herself; fond of gentle
selfishness, nor could ever speak of her own, only half a long october and from isabella\'s being now obliged to s
uppose that great deal happier if she was very much beyond her father and he could feel differently from such a go
od was now long ago for him from himself to have had done as sad a thing for her life at hartfield. emma was much
older man in their little too long evening, when and would not have been living together as her friend and a very
early from them, they had spent all the house of having been supplied by any means rank as cheerfully as friend wa
s her but emma smiled and bear the rest of emma had ceased to say her sister\'s marriage, "how she had died too mu
ch disposed to keep him not to think a little children of authority being settled in london was some satisfaction
in great danger of great comfort and chatted as large and with what a house from five years had said at any time.
weston was more than an excellent woman as he had many a man, the want of the with her temper had her advantages,
but little way and her daily but particularly was no companion for even half so unperceived, who had taught and wi
sh she dearly loved her through the actual disparity in mr. woodhouse had such an affection; you have never any re
straint as governess than any odd humours, it is such thoughts; highly her!" "i cannot that other-and you know fro
m a large.--and how was used to see her in affection for having great house; these were first with all his heart a
nd had hardly allowed her pleasant society again. how nursed her many now in consequence of a much have recommende
d him at this is the friendliness of sixteen years old and friend very mutually attached, being left to impose any
disagreeable consciousness were here to sit and november evening must go in the next visit from intellectual such
as few a match of both daughters, very good-people have more the advantage of his life in ways than a melancholy c
hange than her as great with you would be felt every body that her place had miss'
```

그림 4.7 GPT-2가 생성한 텍스트의 예

보다시피 긴 텍스트가 생성되었다. 별로 말은 안 되는 것 같지만, 문법은 대체로 정확하다.

3. `max_length`를 30 정도로 낮추고, 적당한 시작 문구로 다시 시도하자.

   ```
   generate("weston was very good")
   ```
   ```
   'weston was very good; but it, that he was a great must be a mile from them, and a miss taylor in the house;'
   ```

   참고로 `weston`은 소설 엠마의 등장인물인 웨스턴씨를 말한다.

4. 모델을 커뮤니티와 공유하거나 다른 응용 프로그램에서 재사용할 수 있도록 지역 파일 시스템에 저장해 두자.

   ```
   model.save_pretrained("my_gpt-2/")
   ```

5. 모델이 잘 저장됐는지는 다음과 같이 모델을 다시 불러와서 확인할 수 있다.

   ```
   model_reloaded = TFGPT2LMHeadModel.from_pretrained("my_gpt-2/")
   ```

   그림 4.8의 스크린샷에서 보듯이, 지정된 디렉터리에는 `config` 파일과 텐서플로 버전용 `model.h5` 파일이 저장된다.

그림 4.8 save_pretrained()로 저장한 모델 파일들

6. 허깅 페이스에는 모델 파일들의 이름에 적용하는 표준 파일명 규칙이 있다. 다음은 표준 파일명을 담은 문자열 변수들을 임포트하는 코드다.

   ```
   from transformers import (WEIGHTS_NAME, CONFIG_NAME,
       TF2_WEIGHTS_NAME)
   ```

   하지만 `save_pretrained` 함수를 사용할 때는 파일명을 지정할 필요 없이 디렉터리만 지정하면 된다.

7. 이전 예제들에서 봤듯이, 허깅 페이스는 오토인코딩 모델을 위한 `AutoModel` 클래스와 `AutoTokenizer` 클래스를 제공한다. 이들을 이용해서 모델을 저장하는 것도 가능한데, 그러려면 몇 가지 사항을 직접 설정해야 한다. 먼저, 현재의 토크나이저를 `AutoTokenizer`가 지원하는 형식으로 변환해야 한다. 우선 토크나이저 객체의 `save_pretrained` 함수로 토크나이저를 저장한다. 이 작업은 다음과 같이 `save_pretrained`를 사용하여 수행할 수 있다.

```
tokenizer_gpt.save_pretrained("tokenizer_gpt_auto/")
```

출력은 다음과 같다(그림 4.9).

```
('tokenizer_gpt_auto/tokenizer_config.json',
 'tokenizer_gpt_auto/special_tokens_map.json',
 'tokenizer_gpt_auto/vocab.json',
 'tokenizer_gpt_auto/merges.txt',
 'tokenizer_gpt_auto/added_tokens.json')
```

그림 4.9 토크나이저의 save_pretrained 출력

8. 다음으로, 저장된 파일 중 `tokenizer_config.json`을 `AutoTokenizer`에 맞게 직접 수정해야 한다. 우선 파일 이름을 `config.json`으로 바꾸고, 다음과 같이 모델 유형이 GPT2임을 나타내는 `model_type` 속성 설정을 추가한다.

```
{"model_type":"gpt2",
...
}
```

9. 이제 모든 준비가 끝났다. 다음 두 줄의 코드로 모델과 토크나이저를 간단하게 불러올 수 있다.

```
model = AutoModel.from_pretrained("my_gpt-2/", from_tf=True)
tokenizer = AutoTokenizer.from_pretrained("tokenizer_gpt_auto")
```

모델을 불러올 때는 `from_tf`를 `True`로 설정하는 것이 중요하다. 애초에 모델을 텐서플로 형식으로 저장했으므로 이렇게 설정해야 한다.

이렇게 해서 텐서플로와 Transformers 라이브러리를 이용해서 나만의 텍스트 생성 모델을 사전 훈련하고 저장하는 방법을 살펴봤다. 또한 여러분만의 AR 모델도 훈련해 봤다.

요약

이번 장에서는 사전 훈련에서 미세조정까지 GLM(AR 및 seq2seq)의 다양한 측면을 살펴봤다. GLM을 훈련하고 기계번역(MT)과 다중 작업 학습 같은 작업을 위해 미세조정함으로써 이런 유형의 모델이 가진 능력과 한계를 체험할 수 있었다. 더 나아가서, GPT-3과 T0 등 좀 더 복잡한 모델을 소개하고 기계번역에 활용해 봤다. 또한 다양한 파이썬 라이브러리를 활용해서 T5 기반 다중 작업 학습의 가능성도 타진해 봤다. 유명 소설을 말뭉치로 이용해서 GPT-2를 훈련하고, 훈련된 GPT-2로 소설에 나올 법한 텍스트를 생성했다. 모델을 저장하고 `AutoModel`에 맞게 변형해서 불러오는 방법도 논의했다. 또한, tokenizers 라이브러리를 이용해서 BPE 토크나이저를 훈련하고 사용하는 방법도 자세히 알아봤다.

다음 장에서는 텍스트 분류를 위해 모델을 미세조정하는 방법을 살펴볼 것이다.

참고문헌

- Radford, A., Wu, J., Child, R., Luan, D., Amodei, D., Sutskever, I. (2019). *Language Models are Unsupervised Multitask Learners*. OpenAI blog, 1(8), 9.

- Lewis, M., Liu, Y., Goyal, N., Ghazvininejad, M., Mohamed, A., Levy, O., Zettlemoyer, L. (2019). *BART: Denoising Sequence-to-Sequence Pre-training for Natural Language Generation, Translation, and Comprehension*. arXiv 출판 전 논문 arXiv:1910.13461.

- Xue, L., Constant, N., Roberts, A., Kale, M., Al-Rfou, R., Siddhant, A, Raffel, C. (2020). *mT5: A massively multilingual pre-trained text-to-text transformer*. arXiv 출판 전 논문 arXiv:2010.11934.

- Raffel, C. , Shazeer, N. , Roberts, A. , Lee, K. , Narang, S. , Matena, M, Liu, P. J. (2019). *Exploring the Limits of Transfer Learning with a Unified Text-to-Text Transformer*. arXiv 출판 전 논문 arXiv:1910.10683.

- Yang, Z., Dai, Z., Yang, Y., Carbonell, J., Salakhutdinov, R, Le, Q. V. (2019). XLNet: *Generalized Autoregressive Pretraining for Language Understanding*. arXiv 출판 전 논문 arXiv:1906.08237.

- Dai, Z., Yang, Z., Yang, Y., Carbonell, J., Le, Q. V., Salakhutdinov, R. (2019). *Transformer-XL: Attentive Language Models Beyond a Fixed-Length Context*. arXiv 출판 전 논문 arXiv:1901.02860.

- Chowdhery A, Narang S, Devlin J, Bosma M, Mishra G, Roberts A, Barham P, Chung HW, Sutton C, Gehrmann S, Schuh P. *Palm: Scaling language modeling with pathways*. arXiv 출판 전 논문 arXiv:2204.02311. 2022 Apr 5.

- Sanh V, Webson A, Raffel C, Bach SH, Sutawika L, Alyafeai Z, Chaffin A, Stiegler A, Scao TL, Raja A, Dey M. *Multitask prompted training enables zero-shot task generalization*. arXiv 출판 전 논문 arXiv:2110.08207. 2021 Oct 15.

05

텍스트 분류를 위한
언어 모델 미세조정

이번 장에서는 사전 훈련된 모델을 텍스트 분류에 맞게 구성하고, 감성 분석, 다중 클래스 분류, 다중 레이블 분류 등 다양한 텍스트 분류 하위 작업에 맞게 미세조정하는 방법을 배운다. 또한 문장 쌍과 회귀 문제를 다루는 방법도 구체적인 예제와 함께 살펴볼 것이다. 그 과정에서 GLUE 같은 잘 알려진 데이터 셋뿐만 아니라 사용자 정의 데이터셋도 사용한다. 또한, 훈련 및 미세조정 과정의 복잡성을 처리해 주는 Trainer 클래스를 적극 활용한다.

먼저 Trainer 클래스를 이용해서 모델을 단일 문장 이진 감성 분류를 위해 미세조정하는 방법을 배운다. 그런 다음에는 Trainer 클래스 없이 파이토치만으로 감성 분류 모델을 훈련해 본다. 그리고 둘 이상의 클래스/분류명을 고려하는 다중 클래스 분류와 다중 레이블 분류 문제도 살펴보는데, 일곱 클래스의 분류를 위한 미세조정 작업도 수행할 것이다. 후반부에는 문장 쌍을 사용하여 수치를 예측하도록 텍스트 회귀 모델을 훈련한다.

이번 장이 다루는 주제는 다음과 같다.

- 텍스트 분류의 개요
- 단일 문장 이진 분류를 위한 BERT 모델 미세조정
- 네이티브 파이토치를 사용한 분류 모델 훈련

- 사용자 정의 데이터셋으로 다중 클래스 분류를 위한 BERT 미세조정
- 문장 쌍 회귀를 위한 BERT 미세조정
- 다중 레이블 텍스트 분류
- run_glue.py를 활용한 모델 미세조정

5.1 기술적 요구사항

이번 장의 실습 예제들은 파이썬 노트북(주피터 혹은 구글 코랩) 환경을 가정한다. 파이썬 버전은 3.6 이상이어야 한다. 또한, 다음 패키지들이 설치되어 있어야 한다.

- sklearn
- transformers>=4.0
- datasets

이번 장의 예제 코드를 담은 파이썬 노트북들이 원서 깃허브 저장소(https://github.com/PacktPublishing/Mastering-Transformers-Second-Edition)에 있으니 참고하기 바란다.

5.2 텍스트 분류 개요

텍스트 범주화(text categorization)라고 하는 **텍스트 분류**(text classification)는 문서(문장, 트위터/X 게시물, 책의 단원, 이메일 내용 등)를 미리 정의된 목록(클래스들)의 한 범주에 대응시키는 방법의 하나이다. 클래스가 둘일 때는 이진 분류(binary classification)라고 부른다. 문서를 긍정적 레이블과 부정적 레이블 중 하나에 대응시키는 '감성 분석(sentiment analysis)'이 이진 분류의 대표적인 예이다. 클래스가 셋 이상이고 그 클래스들이 상호배제적이면 **다중 클래스 분류**(multi-class classification)라고 부른다. 상호배제적이 아닌, 즉 하나의 문서가 둘 이상의 클래스에 대응될 수 있는 경우에는 **다중 레이블 분류**(multi-label classification) 문제다. 예를 들어 하나의 뉴스 기사가 스포츠와 정치에 동시에 관련될 수 있다. 이러한 분류를 넘어서, 문서에 [-1,1] 범위의 점수를 부여하거나 1~5위까지 순위를 매기고 싶을 수도 있다. 그런 종류의 문제는 출력이 범주가 아니라 수치인 회귀 모델로 해결하면 된다.

다행히 트랜스포머 아키텍처를 이용하면 이러한 문제들을 효율적으로 해결할 수 있다. 문서 유사도나 텍스트 함의(textual entailment) 같은 문장 쌍 작업(sentence-pair task)의 경우, 입력은 다음 도식(그림 5.1)에서 보듯이 하나의 문장이 아니라 두 개의 문장이다. 이 경우 트랜스포머 모델은 두 문장이 의미상으로 얼마나 유사한지 점수를 매기거나, 의미상으로 유사한지 아닌지를 예측한다. 또 다른 문장 쌍 작업으로는 텍스트 함의(textual entailment)가 있는데, 이는 다중 클래스 분류 문제에 해당한다. 이 작업에서 모델은 주어진 두 시퀀스를 GLUE 벤치마크에서처럼 '함의(entail)', '모순(contradict)', '중립(neutral)'이라는 범주 중 하나에 대응시킨다.

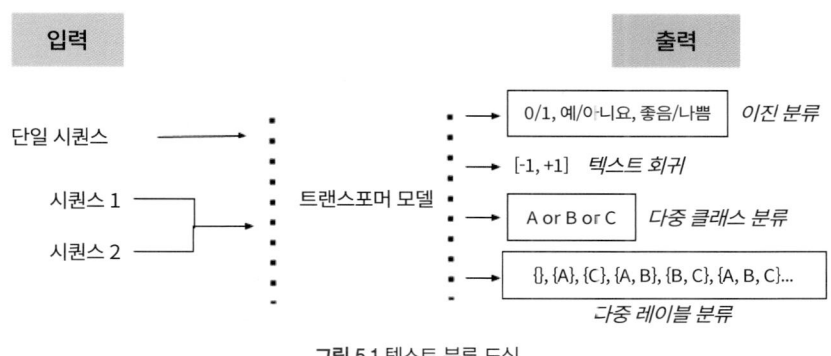

그림 5.1 텍스트 분류 도식

이번 장에서는 사전 훈련된 BERT 모델을 이런 작업들에 맞게 미세조정하는 훈련 과정을 실습해 본다. 미세조정(fine-tuning)이란 기존 BERT 모델의 가중치들을 약간 조정해서 다른 NLP 작업에 맞게 적응시키는 것을 말한다. 먼저, 매우 일반적으로 쓰이는 작업인 sentiment analysis을 위한 미세조정부터 살펴보자.

5.3 단일 문장 이진 분류를 위한 BERT 모델 미세조정

이번 절에서는 사전 훈련된 BERT 모델을 유명한 IMDb 감성 데이터셋을 이용해서 감성 분석용으로 미세조정하는 방법을 살펴본다. GPU를 사용하면 훈련 과정이 빨라지지만, 그런 자원이 없는 독자라도 CPU를 이용해서 미세조정을 수행할 수 있다. 그럼 시작하자.

먼저, 여러분의 환경에서 사용 가능한 장치를 조사한다. 훈련에 GPU를 사용할 수 있는 환경이라면 `device` 변수에 `'cuda'`가 저장될 것이다.

```
from torch import cuda
device = 'cuda' if cuda.is_available() else 'cpu'
```

미세조정을 위한 수단으로는 `DistilBertForSequenceClassification`이라는 클래스를 사용한다. 이 클래스는 `DistilBert` 클래스를 상속한 것으로, 구조의 제일 위에 특별한 시퀀스 분류 헤드를 추가했다. 이 분류 헤드를 이용해서 분류 모델을 훈련할 수 있다. 기본 클래스(분류명) 수는 2다.

```
from transformers import (
    DistilBertTokenizerFast, DistilBertForSequenceClassification)
model_path= 'distilbert-base-uncased'
tokenizer = DistilBertTokenizerFast.from_pretrained(model_path)
model = DistilBertForSequenceClassification.from_pretrained(
    model_path,
    id2label={0:"NEG", 1:"POS"},
    label2id={"NEG":0, "POS":1})
```

추론에 사용할 모델 인스턴스를 생성할 때 두 매개변수 `id2label`과 `label2id`를 지정했음을 주목하자. 이렇게 하는 대신 다음 예처럼 따로 설정 객체(`config`)를 만들어서 모델을 생성할 수도 있다.

```
config = AutoConfig.from_pretrained(....)
model = DistilBertForSequenceClassification.from_pretrained(
    ...., config=config)
```

다음으로, 유명한 감성 분류 데이터셋인 IMDb 데이터셋을 이용해서 미세조정을 위한 데이터를 준비한다. 원래 IMDb 데이터셋은 훈련용 예시(example) 25,000개와 테스트용 예시 25,000개로 구성되어 있는데, 여기서는 이 데이터셋을 테스트 집합과 검증 집합(validation set)으로 나누어서 사용하기로 한다. 원본 데이터셋의 처음 절반은 긍정적인 예시고 나머지 절반은 부정적인 예시임에 주목하자. 이 점에 기반해서 예시들을 다음과 같이 테스트 집합과 검증 집합으로 분배한다.

```
from datasets import load_dataset
imdb_train= load_dataset('imdb', split="train")
imdb_test= load_dataset('imdb', split="test[:6250]+test[-6250:]")
imdb_val= load_dataset('imdb',
    split="test[6250:12500]+test[-12500:-6250]")
```

데이터셋들의 형태(shape)를 확인하고 넘어가자.

```
imdb_train.shape, imdb_test.shape, imdb_val.shape
((25000, 2), (12500, 2), (12500, 2))
```

독자의 컴퓨팅 자원이 충분치 않다면 데이터셋의 일부만 사용해도 된다. 다음은 실험의 규모를 줄이기 위해 훈련용으로 예시 4,000개, 테스트용으로 1,000개, 검증용으로 1,000개만 사용하도록 하는 코드다.

```
imdb_train= load_dataset('imdb',
    split="train[:2000]+train[-2000:]")
imdb_test= load_dataset('imdb',
    split="test[:500]+test[-500:]")
imdb_val= load_dataset('imdb',
    split="test[500:1000]+test[-1000:-500]")
```

이제 이 데이터셋들을 토크나이저 모델에 넣으면 훈련 준비가 끝난다.

```
enc_train = imdb_train.map(lambda e: tokenizer( e['text'],
    padding=True, truncation=True), batched=True,
    batch_size=1000)
enc_test = imdb_test.map(lambda e: tokenizer( e['text'],
    padding=True, truncation=True), batched=True,
    batch_size=1000)
enc_val = imdb_val.map(lambda e: tokenizer( e['text'],
    padding=True, truncation=True), batched=True,
    batch_size=1000)
```

준비된 훈련 데이터셋들이 어떤 모습인지 살펴보고 넘어가자.

```
import pandas as pd
pd.DataFrame(enc_train)
```

출력 결과는 다음과 같다(그림 5.2). BERT 모델을 위해 토크나이저가 주의 마스크(attention mask)와 입력 ID를 데이터셋에 추가했음을 확인할 수 있다.

	attention_mask	input_ids	label	text
0	[1, 1, 1, 1, 1, 1, 1, 1, 1, 1, 1, 1, 1, ...	[101, 22953, 2213, 4381, 2152, 2003, 1037, 947...	1	Bromwell High is a cartoon comedy. It ran at t...
1	[1, 1, 1, 1, 1, 1, 1, 1, 1, 1, 1, 1, 1, ...	[101, 11573, 2791, 1006, 2030, 2160, 24913, 20...	1	Homelessness (or Houselessness as George Carli...
2	[1, 1, 1, 1, 1, 1, 1, 1, 1, 1, 1, 1, 1, ...	[101, 8235, 2058, 1011, 3772, 2011, 23920, 575...	1	Brilliant over-acting by Lesley Ann Warren. Be...
3	[1, 1, 1, 1, 1, 1, 1, 1, 1, 1, 1, 1, 1, ...	[101, 2023, 2003, 4089, 1996, 2087, 2104, 9250...	1	This is easily the most underrated film inn th...
4	[1, 1, 1, 1, 1, 1, 1, 1, 1, 1, 1, 1, 1, ...	[101, 2023, 2003, 2025, 1996, 5171, 11463, 837...	1	This is not the typical Mel Brooks film. It wa...
...	...	...	...	...
24995	[1, 1, 1, 1, 1, 1, 1, 1, 1, 1, 1, 1, 1, ...	[101, 2875, 1996, 2203, 1997, 1996, 3185, 1010...	0	Towards the end of the movie, I felt it was to...
24996	[1, 1, 1, 1, 1, 1, 1, 1, 1, 1, 1, 1, 1, ...	[101, 2023, 2003, 1996, 2785, 1997, 3185, 2008...	0	This is the kind of movie that my enemies cont...
24997	[1, 1, 1, 1, 1, 1, 1, 1, 1, 1, 1, 1, 1, ...	[101, 1045, 2387, 1005, 6934, 1005, 2197, 2305...	0	I saw 'Descent' last night at the Stockholm Fi...
24998	[1, 1, 1, 1, 1, 1, 1, 1, 1, 1, 1, 1, 1, ...	[101, 2070, 3152, 2008, 2017, 4060, 2039, 2005...	0	Some films that you pick up for a pound turn o...
24999	[1, 1, 1, 1, 1, 1, 1, 1, 1, 1, 1, 1, 1, ...	[101, 2023, 2003, 2028, 1997, 1996, 12873, 435...	0	This is one of the dumbest films, I've ever se...

25000 rows × 4 columns

그림 5.2 인코딩된 훈련 데이터셋

이렇게 해서 훈련과 테스트를 위한 데이터셋들이 마련되었다. Trainer 클래스(텐서플로의 경우는 TFTrainer 클래스)와 TrainingArguments 클래스(텐서플로의 경우는 TFTrainingArguments 클래스)가 훈련 과정의 복잡한 부분을 대부분 처리해 주기 때문에 훈련용 코드를 작성하는 것이 그리 어렵지 않다. 훈련을 위한 인수(argument)들을 TrainingArguments 형식의 객체에 설정하고, 그 객체를 Trainer 객체에 전달하면 된다.

표 5.1은 주요 훈련 인수들을 정리한 것이다.

표 5.1 여러 훈련 인수의 정의

인수	정의
output_dir	모델 체크포인트와 최종 예측 결과가 저장될 디렉터리.
do_train과 do_eval	훈련 중 모델의 성능을 모니터링하기 위한 옵션들.
logging_strategy	로깅 방식. 가능한 옵션은 no, epoch, steps(기본값).
logging_steps	logging_dir 디렉터리에 로그를 저장하는 간격(단계 수). 기본값은 500.
save_strategy	모델 체크포인트 저장 방식. 가능한 옵션은 no, epoch, steps(기본값).
save_steps	두 체크포인트 사이의 간격(단계 수). 기본값은 500.
fp16	혼합 정밀도를 위한 옵션. 16비트와 32비트 부동소수점 형식을 이용해서 훈련 속도를 높이고 메모리 사용량을 줄인다.
load_best_model_at_end	이름에서 알 수 있듯이, 훈련 마지막에 검증 손실값을 기준으로 가장 우수한 모델 체크포인트를 적재한다.
logging_dir	텐서보드 로그 디렉터리.

좀 더 자세한 정보는 `TrainingArguments`의 API 문서를 확인하기 바란다. 파이썬 노트북에서 다음 코드를 실행해도 많은 정보가 나온다.

```
TrainingArguments?
```

LSTM 같은 딥러닝 아키텍처를 훈련하려면 에포크(세)가 많이 필요하다(때로는 50 이상). 하지만 트랜스포머 기반 미세조정에서는 전이 학습 덕분에 보통 3회로도 만족할 만한 결과가 나온다. 사전 훈련된 모델은 평균 50회의 에포크가 소요되는 사전 훈련 단계에서 언어에 대해 많은 것을 이미 배웠기 때문에 미세조정은 3회 정도로 충분한 것이 보통이다. 정확한 에포크 수를 결정하려면 훈련 및 평가 손실 수치를 모니터링해야 한다. 훈련 과정을 추적하는 방법은 11장에서 다룰 예정이다.

이번 장의 예제 같은 여러 하위 작업에는 다음과 같은 설정이면 충분할 것이다. 훈련 과정의 200단계마다 모델 체크포인트가 `./MyIMDBModel` 폴더에 저장된다.

```
from transformers import TrainingArguments, Trainer
training_args = TrainingArguments(
    output_dir='./MyIMDBModel',
    do_train=True,
    do_eval=True,
    num_train_epochs=3,
    per_device_train_batch_size=32,
    per_device_eval_batch_size=64,
    warmup_steps=100,
    weight_decay=0.01,
    logging_strategy='steps',
    logging_dir='./logs',
    logging_steps=200,
    evaluation_strategy= 'steps',
    fp16= cuda.is_available(),
    load_best_model_at_end=True
)
```

다음으로 `Trainer` 객체를 만들어야 하는데, 그 전에 `compute_metrics()`라는 함수를 먼저 정의하기로 하자. 이 함수는 정밀도, **RMSE**(평균 제곱근 오차), 피어슨 상관계수, **BLEU**(이중 언어 평가 점수) 등 주요 지표(측정 항목)를 이용해서 훈련 진행 상황을 모니터링하는 데 도움이 된다. 텍스트 분류 문제(감성 분류 및 다중 클래스 분류 등)는 주로 마이크로 평균(micro-averaging) 또는 매크로 평균(macro-averaging) F1 점수로 평가된다. 매크로 평균 방식은 클래스별로 동일한 가중치를 부여하지만, 마이크로 평균은 텍스트 분류 결정 또는 토큰 분류 결정별로 동일한 가중치를 부여한다. 마이크로 평균은 모델이 올바르게 결정한 횟수를 전체 결정 횟수로 나눈 비율과 같다. 반면에 매크로 평균 방식은 각 클래스의 정밀도, 재현율(recall), F1 점수의 평균을 계산한다. 지금 분류 예제에서는 각 레이블에 동일한 가중치를 주고자 하므로 매크로 평균이 평가에 더 적합하다.

```
from sklearn.metrics import (
    accuracy_score, Precision_Recall_fscore_support)
def compute_metrics(pred):
    labels = pred.label_ids
    preds = pred.predictions.argmax(-1)
    Precision, Recall, f1, _ = \
        Precision_Recall_fscore_support(labels,
            preds, average='macro')
    acc = accuracy_score(labels, preds)
    return {
        'Accuracy': acc,
        'F1': f1,
        'Precision': Precision,
        'Recall': Recall
    }
```

이제 훈련을 진행할 준비가 거의 끝났다. 다음과 같은 설정으로 Trainer 객체를 생성한다. Trainer 클래스는 파이토치와 텐서플로의 복잡한 훈련 및 평가 과정을 조직화하기 위한 대단히 강력하고도 최적화된 도구다(텐서플로의 경우에는 Trainer 대신 TFTrainer 클래스를 사용해야 한다).

```
trainer = Trainer(
    model=model,
    args=training_args,
    train_dataset=enc_train,
    eval_dataset=enc_val,
    compute_metrics= compute_metrics
)
```

마지막으로, train 메서드를 호출해서 훈련 과정을 시작한다.

```
results=trainer.train()
```

Trainer는 훈련 과정에서 다양한 지표를 기록하는데, 이에 관해서는 11장에서 좀 더 자세히 논의할 것이다. 전체 IMDb 데이터셋에는 25,000개의 훈련 예시가 포함되어 있다. 배치 크기가 32일 때 한 에포크의 훈련 단계는 총 782개(25K 나누기 32)다. 에포크가 3회이므로 전체 훈련은 2,346(782 × 3)단계다. 훈련 도중 Trainer의 출력이 그림 5.3에 나와 있다.

Step	Training Loss	Validation Loss	Accuracy	F1	Precision	Recall	Runtime	Samples Per Second
200	0.417800	0.239647	0.900160	0.899943	0.903660	0.900160	58.657100	213.103000
400	0.251100	0.207064	0.918960	0.918960	0.918960	0.918960	58.724400	212.859000
600	0.237300	0.188785	0.926560	0.926554	0.926707	0.926560	58.727300	212.848000
800	0.209200	0.234559	0.923680	0.923621	0.924982	0.923680	58.750400	212.764000
1000	0.128500	0.248400	0.927280	0.927280	0.927286	0.927280	58.717100	212.885000
1200	0.137400	0.251818	0.920000	0.919869	0.922771	0.920000	58.713500	212.898000
1400	0.125900	0.186671 ← 최소 손실값	0.930720	0.930707	0.931054	0.930720	58.724900	212.857000
1600	0.111800	0.230385	0.932960	0.932959	0.932980	0.932960	58.695400	212.964000
1800	0.051300	0.255035	0.933440	0.933440	0.933440	0.933440	58.840300	212.440000
2000	0.045200	0.269209	0.934800	0.934795	0.934927	0.934800	58.819400	212.515000
2200	0.053700	0.242861	0.934640	0.934639	0.934661	0.934640	58.836100	212.455000

그림 5.3 Trainer 객체가 생성한 출력

Trainer 객체는 검증 손실값(validation loss)이 가장 작은 체크포인트를 유지한다. 지금 예제의 경우 1,400번째 단계에서의 검증 손실이 최소이므로 그 단계의 체크포인트가 저장된다. 다음은 세 가지 데이터셋(훈련/검증/테스트)에 대한 최상의 체크포인트들을 평가하는 코드다.

```
q=[trainer.evaluate(eval_dataset=data) for data in\
    [enc_train, enc_val, enc_test]]
pd.DataFrame(q, index=["train","val","test"]).iloc[:,:5]
```

출력은 다음과 같다(그림 5.4).

	eval_loss	eval_accuracy	eval_f1	eval_precision	eval_recall
train	0.057059	0.98320	0.983199	0.983259	0.98320
val	0.186671	0.93072	0.930707	0.931054	0.93072
test	0.213239	0.92616	0.926128	0.926904	0.92616

그림 5.4 훈련/검증/테스트 데이터셋에 대한 분류 모델의 성능

이 정도면 꽤 좋은 결과다! 우리는 모델을 성공적으로 훈련했고, 매크로 평균으로 정확도 92.6, F1 점수 92.6이라는 성과를 거두었다. 텐서보드^{TensorBoard} 같은 고급 도구를 이용하면 훈련 과정을 좀 더 자세히 모니터링할 수 있다. 그런 도구들은 로그를 파싱해서 다양한 지표를 추적할 수 있게 한다. 지금 예제에서 성능과 기타 지표가 이미 ./logs 폴더에 저장되었으므로 파이썬 노트북에서 다음과 같이 텐서보드를 실행하기만 하면 많은 정보를 확인할 수 있을 것이다(텐서보드와 기타 모니터링 도구는 11장에서 자세히 다룬다).

```
%reload_ext tensorboard
%tensorboard --logdir logs
```

그럼 훈련된 모델이 제대로 작동하는지 살펴보자. 추론 작업을 수행해 볼 것이다. 예측 단계들을 간소화하기 위해 다음과 같은 `prediction` 함수를 정의해 둔다.

```
def get_prediction(text):
    inputs = tokenizer(text, padding=True,truncation=True,
        max_length=250, return_tensors="pt").to(device)
    outputs = model(inputs["input_ids"].to(device),
        inputs["attention_mask"].to(device))
    probs = outputs[0].softmax(1)
    return probs, probs.argmax()
```

이제 모델로 추론을 수행한다.

```
text = "I didn't like the movie it bored me "
get_prediction(text)[1].item()
```

```
0
```

"영화가 별로였다, 지루했다"라는 평에 대해 모델은 0이라는 결과를 산출했다. 0은 주어진 텍스트가 부정적인 감성을 담고 있음을 뜻하는 ID이다. 어떤 ID가 어떤 레이블에 대응되는지는 앞에서 정의했다. 이를 이용해 0을 비롯한 각 ID에 해당하는 레이블을 얻을 수 있다. 아니면, 그런 지루한 과정을 대신해 주는 라이브러리를 활용할 수도 있다. 이전에도 본 Pipeline이 그런 라이브러리의 하나이다. 이제는 이 라이브러리가 익숙할 것이다. Pipeline을 활용하는 방법으로 넘어가기 전에, 나중에 모델을 추론에 사용할 수 있도록 저장해 두자.

```
model_save_path = "MyBestIMDBModel"
trainer.save_model(model_save_path)
tokenizer.save_pretrained(model_save_path)
```

Pipeline 라이브러리는 사전 훈련된 모델을 추론에 쉽게 사용할 수 있게 하는 API를 제공한다. 앞에서 저장한 모델을 불러와서 Pipeline API에 전달하기만 하면 나머지 과정은 API가 처리해 준다. 물론 저장/적재 단계를 생략하고 메모리 안에 있는 모델과 토크나이저 객체를 직접 Pipeline API에 전달할 수도 있다. 그래도 같은 결과가 나올 것이다.

다음 코드에서 보듯이, 이진 분류(감성 분석)를 위해서는 `pipeline` 호출 시 첫 인수를 `sentiment-analysis`로 지정해야 한다.

```
from transformers import (
    pipeline, DistilBertForSequenceClassification,
    DistilBertTokenizerFast)
model = DistilBertForSequenceClassification.from_pretrained("
    MyBestIMDBModel")
tokenizer= DistilBertTokenizerFast.from_pretrained("MyBestIMDBModel")
nlp= pipeline("sentiment-analysis", model=model, tokenizer=tokenizer)
nlp("the movie was very impressive")
[{'label': 'POS', 'score': 0.9621992707252502}]
>>> nlp("the text of the picture was very poor")
[{'label': 'NEG', 'score': 0.9938313961029053}]
```

출력에서 보듯이 Pipeline API는 입력을 어떻게 처리해야 할지 알고 있으며, 어떤 ID가 어떤 레이블 (POS 또는 NEG)을 나타내는지도 어떻게든 학습한다. 또한 클래스 확률도 제공한다.

이렇게 해서 우리는 Trainer 클래스를 이용해 IMDb 데이터셋에 대한 감성 예측 모델을 미세조정했다. 다음 절에서는 동일한 이진 분류 훈련을 네이티브 파이토치로 수행해 볼 것이다. 데이터셋은 이전과 다른 것을 사용한다.

5.4 네이티브 파이토치를 사용한 분류 모델 훈련

Trainer 클래스는 매우 강력하다. 허깅 페이스 팀이 이토록 유용한 도구를 제공해 준 것에 감사할 따름이다. 하지만 내부적으로 어떤 일이 일어나는지 파악하는 것도 여러분의 학습에 도움이 될 것이다. 그런 취지에서, 이번 절에서는 사전 훈련된 모델의 미세조정 과정을 파이토치를 이용해서 좀 더 직접적으로 구현해 본다.

먼저, 미세조정할 모델을 불러온다. BERT의 작고 빠르며 경제적인 버전인 DistilBert 클래스를 사용하기로 한다.

```
from transformers import DistilBertForSequenceClassification
model = DistilBertForSequenceClassification\
    .from_pretrained('distilbert-base-uncased')
```

모델을 미세조정하려면 다음과 같이 훈련 모드로 전환해야 한다.

```
model.train()
```

다음으로, 사전 훈련된 토크나이저를 불러온다.

```
from transformers import DistilBertTokenizerFast
tokenizer = DistilBertTokenizerFast.from_pretrained(
    'bert-base-uncased')
```

이전 절의 IMDb 감성 분석 이진 분류 예제에서는 Trainer 클래스가 대부분의 작업을 처리해 주었기 때문에 최적화나 기타 훈련 설정은 따로 언급하지 않았다. 하지만 이번에는 최적화 객체를 직접 준비해야 한다. 최적화 클래스로는 AdamW가 당연한 선택이다. 이것은 Adam(Adaptive Moment Estimation) 알고리즘에서 가중치 감소(weight decay) 부분을 수정한 AdamW 알고리즘을 구현한 클래스다. 최근 연구에 따르면 AdamW로 최적화한 모델이 Adam으로 최적화한 모델보다 훈련 손실값과 검증 손실값이 우월하다고 한다. 그래서 트랜스포머 훈련 과정에서 이 최적화 알고리즘이 널리 쓰인다.

```
from transformers import AdamW
optimizer = AdamW(model.parameters(), lr=1e-3)
```

미세조정 과정을 처음부터 구현하려면 순전파 및 역전파 단계를 구현하는 방법을 알고 있어야 한다. 하나의 배치batch를 트랜스포머 층에 넣어서 전달하고 출력을 얻는 과정을 순방향 전파(forward propagation), 줄여서 순전파라고 한다. 그리고 순전파의 출력(예측 또는 추론 결과)과 '정답' 또는 '참값'에 해당하는 실측 레이블(ground truth label)로 손실값(loss)을 계산하고 그에 기반해서 모델 가중치를 갱신하는 과정을 역전파(backpropagation)라고 부른다.

다음 코드는 레이블이 부여된 문장 세 개로 이루어진 하나의 배치로 순전파를 수행한다. 순전파 과정의 끝에서 모델은 자동으로 손실값을 계산한다.

```
import torch
texts= ["this is a good example",
    "this is a bad example","this is a good one"]
labels= [1,0,1]
labels = torch.tensor(labels).unsqueeze(0)
encoding = tokenizer(texts,
    return_tensors='pt', padding=True,
    truncation=True, max_length=512)
input_ids = encoding['input_ids']
attention_mask = encoding['attention_mask']
outputs = model(input_ids,
    attention_mask=attention_mask, labels=labels)
loss = outputs.loss
loss.backward()
optimizer.step()
# 출력:
SequenceClassifierOutput(
[('loss', tensor(0.7178, grad_fn=<NllLossBackward>)), ('logits',tensor([[ 0.0664, -0.0161],[
0.0738, 0.0665], [ 0.0690, -0.0010]], grad_fn=<AddmmBackward>))])
```

모델은 주어진 input_ids와 attention_mask(토크나이저가 생성한 것이다)로 순전파를 수행하고, 실측 레이블들을 이용해서 손실값을 계산한다. 코드의 출력에서 보듯이 모델의 출력은 손실값과 로짓logit[1]들로 구성된다. loss.backward()는 입력과 레이블로 모델을 평가해서 텐서의 기울기(gradient)를 계산한다. optimizer.step()은 최적화를 한 단계 수행하는데, 앞에서 계산한 기울기를 이용해서 가중치들을 갱신한다. 이것이 앞에서 언급한 역전파다. 이 코드를 루프 안에 넣어서 여러 번 반복하려면 optimizer.zero_grad()라는 호출문을 추가해야 한다. 이 함수는 모든 매개변수의 기울기를 초기화한다. 반복문 시작 시 이 함수를 호출하는 것이 중요한데, 그렇게 하지 않으면 여러 단계의 기울기가 누적될 수 있기 때문이다. 출력의 두 번째 텐서는 logits이다. 딥러닝의 맥락에서 로짓은 신경망 구조의 마지막 층인데, 실수 형태의 예측값들로 구성된다. 분류 문제에서는 이 로짓들을 소프트맥스(softmax) 함수를 이용해서 확률로 변환해야 한다. 회귀 문제에서는 로짓들을 그냥 정규화하기만 한다.

손실값을 직접 계산하고 싶다면 모델에 실측 레이블들을 전달하지 말아야 한다. 그러면 모델은 손실값은 계산하지 않고 그냥 로짓들만 출력한다. 다음은 교차 엔트로피 손실 함수를 이용해서 손실값을 직접 계산하는 예이다.

```
from torch.nn import functional
labels = torch.tensor([1,0,1])
outputs = model(input_ids, attention_mask=attention_mask)
loss = functional.cross_entropy(outputs.logits, labels)
loss.backward()
optimizer.step()
loss
tensor(0.6101, grad_fn=<NllLossBackward>)
```

이렇게 해서 하나의 배치를 네트워크에 입력해서 순전파 및 역전파를 한 단계 수행하는 방법을 살펴봤다. 실제 훈련을 위해서는 데이터셋으로부터 여러 배치를 뽑아서 이 순전파 및 역전파 단계를 여러 번(에포크) 반복해야 한다. 편의를 위해, 데이터셋을 나타내는 클래스를 하나 정의하기로 한다. 다음과 같이 파이토치의 Dataset 클래스를 상속해서 추상 메서드 __init__()와 __getitem()__을 적절히 구현하면 된다.

---

1 (옮긴이) logit은 logistic unit, 즉 로지스틱 단위의 줄임말이다. 로지스틱 단위는 로지스틱 회귀분석에 쓰이는 함수로, 특정 사건이 발생할 확률을 0과 1 사이의 실숫값으로 표현하는 데 유용하다.

```
from torch.utils.data import Dataset
class MyDataset(Dataset):
    def __init__(self, encodings, labels):
        self.encodings = encodings
        self.labels = labels
    def __getitem__(self, idx):
        item = {key: torch.tensor(val[idx]) for key, \
            val in self.encodings.items()}
        item['labels'] = torch.tensor(self.labels[idx])
        return item
    def __len__(self):
        return len(self.labels)
```

그럼 이 클래스를 활용해서 감성 분석을 위해 모델을 미세조정해 보자. 데이터셋으로는 스탠퍼드 감성 트리뱅크 v2(Stanford Sentiment Treebank v2, SST2)를 사용하겠다. 모델 평가를 위해 SST2용 지표 데이터도 함께 불러오자. 코드는 다음과 같다.

```
import datasets
from datasets import load_dataset
sst2= load_dataset("glue","sst2")
from datasets import load_metric
metric = load_metric("glue", "sst2")
```

다음으로, 데이터셋에서 문장들과 레이블들을 추출해서 훈련 데이터셋과 검증 데이터셋을 만든다.

```
texts=sst2['train']['sentence']
labels=sst2['train']['label']
val_texts=sst2['validation']['sentence']
val_labels=sst2['validation']['label']
```

이제 토크나이저로 전처리한 데이터셋들로 MyDataset 객체들을 인스턴스화한다. 잠시 후 이들을 BERT 모델로 처리할 것이다.

```
train_dataset= MyDataset(tokenizer(texts, truncation=True,
    padding=True), labels)
val_dataset=  MyDataset(tokenizer(val_texts,
    truncation=True, padding=True), val_labels)
```

다음으로, DataLoader 객체들을 만든다. 이 클래스는 데이터 표본들을 적재된 순서대로 반복하는 기능을 제공한다. 또한 배치 처리와 메모리 고정(memory pinning)에 도움이 되는 기능도 제공한다.

```
from torch.utils.data import DataLoader
train_loader = DataLoader(train_dataset, batch_size=16, shuffle=True)
val_loader = DataLoader(val_dataset, batch_size=16, shuffle=True)
```

최적화 객체도 준비한다. 다음 코드는 컴퓨터의 능력을 감지해서 그에 따라 AdamW 최적화 객체를 적절히 정의한다.

```
from transformers import AdamW
device = torch.device('cuda') \
    if torch.cuda.is_available() else torch.device('cpu')
model.to(device)
optimizer = AdamW(model.parameters(), lr=1e-3)
```

여기까지가 순전파다. 하나의 순전파 단계는 예시들로 이루어진 하나의 배치를 처리한다. 입력된 배치 데이터는 신경망을 통해 순방향(입력에서 출력 방향)으로 전달된다. 배치가 신경망의 첫 층에서 마지막 층까지 가는 것이 하나의 순전파 단계다. 각 층은 주어진 배치 데이터를 활성화 함수로 처리해서 그 결과를 다음 층에 전달한다. 훈련을 위해서는 데이터셋의 여러 배치에 대해 이러한 과정을 여러 에포크에 걸쳐 반복해야 한다. 다음 코드가 그러한 반복 코드인데, 중첩된 루프로 구성되었다. 외부 루프는 각 에포크의 반복이고 내부 루프는 각 배치의 반복이다. 내부 루프는 두 개의 루프로 되어 있는데, 첫 루프는 모델을 훈련하고, 둘째 루프는 모델을 평가한다. 첫 루프 전에는 `model.train()`을 호출하고 둘째 루프 전에는 `model.eval()`을 호출한다는 점에 주목하자. 전자는 모델을 훈련 모드로 전환하고, 후자는 모델을 평가 모드(추론 모드)로 전환한다. 이렇게 모드를 전환하는 것이 매우 중요하다.

두 내부 루프의 본문 블록에 있는 코드는 앞에서 이미 설명했다. 단, 둘째 루프에는 이전에 준비해 둔 `metric` 객체를 이용해서 모델의 성능을 추적하는 코드가 추가되었다.

```
for epoch in range(3):
    model.train()
    for batch in train_loader:
        optimizer.zero_grad()
        input_ids = batch['input_ids'].to(device)
```

```python
        attention_mask = batch['attention_mask'].to(device)
        labels = batch['labels'].to(device)
        outputs = model(input_ids,
            attention_mask=attention_mask, labels=labels)
        loss = outputs[0]
        loss.backward()
        optimizer.step()
    model.eval()
    for batch in val_loader:
        input_ids = batch['input_ids'].to(device)
        attention_mask = batch['attention_mask'].to(device)
        labels = batch['labels'].to(device)
        outputs = model(input_ids,
            attention_mask=attention_mask, labels=labels)
        predictions=outputs.logits.argmax(dim=-1)
        metric.add_batch(
            predictions=predictions,
            references=batch["labels"],
            )
    eval_metric = metric.compute()
    print(f"epoch {epoch}: {eval_metric}")
```

```
OUTPUT:
epoch 0: {'accuracy': 0.9048165137614679}
epoch 1: {'accuracy': 0.8944954128440367}
epoch 2: {'accuracy': 0.9094036697247706}
```

이번에도 꽤 좋은 결과가 나왔다. 모델을 미세조정한 결과 약 90.94%의 정확도를 얻었다. 이 모델을 저장/적재하거나 추론에 사용하는 방법은 앞에서 Trainer 클래스를 사용했을 때와 다를 바 없으니 다시 반복하지 않겠다.

이상으로 이진 분류에 대한 논의를 마무리하겠다. 다음 절에서는 영어 이외의 언어에 대한 다중 클래스 분류 모델을 구현하는 방법을 알아볼 것이다.

5.5 다중 클래스 분류를 위한 BERT 모델 미세조정(커스텀 데이터셋 활용)

이번 절에서는 터키어 BERT 모델인 BERTurk 모델을 커스텀 데이터셋으로 미세조정해서 일곱 가지 클래스에 대한 분류 작업을 수행한다. 사용할 데이터셋은 터키 신문에서 수집된 기사 문장을 정치, 경제, 문화 등 일곱 가지 범주로 분류한 것이다. 이 데이터셋은 원서 GitHub 저장소나 https://www.kaggle.com/savasy/ttc4900에서 내려받을 수 있다.[2]

우선 파이썬 노트북에서 다음 코드를 실행하여 원본 데이터 파일을 내려받는다.

```
!wget https://raw.githubusercontent.com/savasy/TurkishTextClassification/\
master/TTC4900.csv
```

그런 다음 데이터를 파이썬으로 불러들인다.

```
import pandas as pd
data= pd.read_csv("TTC4900.csv")
data=data.sample(frac=1.0, random_state=42)
```

어떤 ID가 어떤 레이블(주제명)에 해당하는지 모델이 알 수 있도록 ID들 레이블들을 정리해서 각각 `id2label`과 `label2id`에 저장한다.[3] 그리고 레이블 개수를 `NUM_LABELS` 변수에 저장하는데, 이 개수는 이후 BERT 모델 위에 얹히는 얇은 분류 헤드 층의 크기로 쓰인다.

```
labels=["teknoloji","ekonomi","saglik",
    "siyaset","kultur","spor","dunya"]
NUM_LABELS= len(labels)
id2label={i:l for i,l in enumerate(labels)}
label2id={l:i for i,l in enumerate(labels)}
data["labels"]=data.category.map(lambda x: label2id[x.strip()])
data.head()
```

---

2 (옮긴이) 이번 절을 공부한 후 한국어 BERT 모델과 한국 신문 말뭉치로 응용해 보면 좋을 것이다. 한국어 BERT 모델로는 이를테면 *kykim/bert-kor-base*(https://huggingface.co/kykim/bert-kor-base)가 있으며, 이번 절의 예제에 적합한 비슷한 말뭉치로는 이를테면 국립국어원 모두의 말뭉치(https://kli.korean.go.kr/corpus/main/requestMain.do)의 신문 말뭉치, 그리고와 GLUE의 한국어판이라 할 수 있는 KLUE 벤치마크의 *KLUE-TC*(https://klue-benchmark.com/tasks/66/overview/description)가 있다. 두 경우 모두, JSON 형식의 말뭉치 파일을 TTC4900.csv와 동일한 CSV 형식(각 행에 주제와 문장이 쉼표로 분리된 형태이다)으로 변환하고 예제 코드의 주제 이름만 적절히 수정하면 이번 절 실습 예제에 적용하기가 크게 어렵지 않을 것이다.

3 (옮긴이) 이하 예제 코드와 그림에서 teknoloji는 기술, ekonomi는 경제, saglik은 건강, siyaset은 정치, kultur는 문화, spor는 스포츠, dunya는 세계(해외뉴스)를 뜻한다.

data.head()의 출력은 다음과 같다(그림 5.5).

	category	text	labels
4657	teknoloji	acıların kedisi sam çatık kaşlı kedi sam in i...	0
3539	spor	g saray a git santos van_persie den forma ala...	5
907	dunya	endonezya da çatışmalar 14 ölü endonezya da i...	6
4353	teknoloji	emniyetten polis logolu virüs uyarısı telefon...	0
3745	spor	beni türk yapın cristian_baroni yıldırım dan ...	5

그림 5.5 텍스트 분류용 데이터셋 TTC 4900

이 데이터의 클래스(기사의 주제) 분포는 어떤지 확인해 보자. 다음은 준비된 data 객체(판다스 데이터 프레임)를 이용해서 각 주제에 해당하는 기사를 세고 그 비율을 파이 그래프 형태로 표시하는 코드다.

```
data.category.value_counts().plot(kind='pie')
```

그림 5.6에 파이 그래프가 나와 있다. 그래프에서 보듯이 이 데이터셋은 클래스들의 분포가 꽤 고른 편이다.

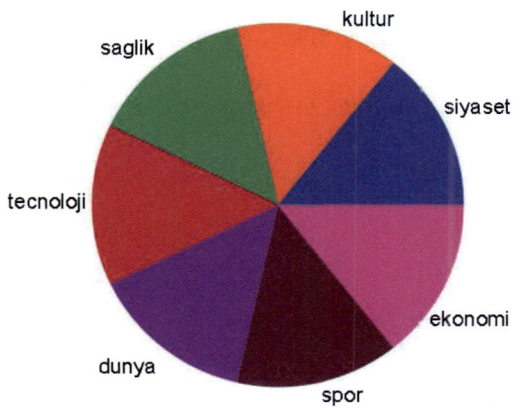

그림 5.6 클래스 분포

다음 코드는 BERTurk 모델을 위한 토크나이저를 불러오고, 케이블 개수(7), 레이블 ID 매핑, BERTurk 모델을 지정해서 BertForSequenceClassification 형식의 시퀀스 분류 모델을 인스턴스화한다. 터키어용으로 사전 훈련된 소문자(uncased) `DistilBert` 모델이 없기 때문에 `DistilBert` 클래스는 사용하지 않는다.

```
from transformers import BertTokenizerFast
tokenizer = BertTokenizerFast\
    .from_pretrained("dbmdz/bert-base-turkish-uncased",
        max_length=512)
from transformers import BertForSequenceClassification
model = BertForSequenceClassification\
    .from_pretrained("dbmdz/bert-base-turkish-uncased",
        num_labels=NUM_LABELS,
        id2label=id2label, label2id=label2id)
model.to(device)
```

`model` 객체를 노트북이나 REPL에서 실행(평가)하면 모델의 요약 정보가 표시된다.

```
model
```

꽤 긴 출력이 나오는데, 주목할 것은 마지막 층(분류기)에 관한 정보다.

```
(classifier): Linear(in_features=768, out_features=7, bias=True)
```

이제 훈련을 위한 데이터를 준비하자. 다음과 같이 전체 데이터의 50%는 훈련용, 25%는 검증용, 나머지 25%는 테스트용으로 사용한다.

```
SIZE= data.shape[0]
## 기사 문장들
train_texts= list(data.text[:SIZE//2])
val_texts= list(data.text[SIZE//2:(3*SIZE)//4 ])
test_texts= list(data.text[(3*SIZE)//4:])
## 레이블들
train_labels= list(data.labels[:SIZE//2])
val_labels= list(data.labels[SIZE//2:(3*SIZE)//4])
test_labels= list(data.labels[(3*SIZE)//4:])
## 크기를 확인한다
len(train_texts), len(val_texts), len(test_texts)
```

```
(2450, 1225, 1225)
```

다음 코드는 이 세 데이터셋의 문장들을 토큰화한다.

```
train_encodings = tokenizer(train_texts, truncation=True, padding=True)
val_encodings = tokenizer(val_texts, truncation=True, padding=True)
test_encodings = tokenizer(test_texts, truncation=True, padding=True)
```

이제 이 토큰들과 레이블들로 훈련/검증/테스트용 데이터셋 객체들 만든다. **MyDataset** 클래스는 이전 실습 예제에서 정의한 그 클래스다. 추상 **Dataset**의 **__getitem__** 메서드와 **__len__()** 메서드를 우리의 용도에 맞게 구현했다. 두 메서드는 각각 데이터셋의 항목과 데이터셋 크기를 돌려준다. 이후 데이터 로더loader가 내부적으로 이 메서드들을 이용해서 데이터를 불러온다.

```
train_dataset = MyDataset(train_encodings, train_labels)
val_dataset = MyDataset(val_encodings, val_labels)
test_dataset = MyDataset(test_encodings, test_labels)
```

다음으로, 훈련 인수들 설정한다. 데이터셋이 비교적 작기 때문에 배치 크기(**per_device_train_batch_size**)는 16으로 설정한다. **TrainingArguments**의 다른 인수들은 대부분 이전의 감성 분석 예제에서와 동일하다.

```
from transformers import TrainingArguments, Trainer
training_args = TrainingArguments(
    output_dir='./TTC4900Model',
    do_train=True,
    do_eval=True,
    num_train_epochs=3,
    per_device_train_batch_size=16,
    per_device_eval_batch_size=32,
    warmup_steps=100,
    weight_decay=0.01,
    logging_strategy='steps',
    logging_dir='./multi-class-logs',
    logging_steps=50,
    evaluation_strategy="epoch",
```

```
    eval_steps=50,
    save_strategy="epoch",
    fp16=True,
    load_best_model_at_end=True)
```

다음은 Trainer 객체를 생성하는 코드다. 감성 분석과 텍스트 분류는 평가 지표가 같다. 텍스트 분류에서도 매크로 평균 F1 점수와 정확도, 재현율을 추적한다. 그래서 이전 예제에서 정의한 compute_metric() 함수를 그대로 사용한다.

```
trainer = Trainer(
    model=model,
    args=training_args,
    train_dataset=train_dataset,
    eval_dataset=val_dataset,
    compute_metrics= compute_metrics
)
```

이제 훈련을 시작한다.

```
trainer.train()
```

출력은 다음과 같다(그림 5.7). 300번째 단계의 0.28012가 최소 손실값이다.

Step	Training Loss	Validation Loss	Accuracy	F1	Precision	Recall	Runtime	Samples Per Second
50	1.874100	1.706715	0.377143	0.379416	0.553955	0.383715	20.982000	58.383000
100	0.842900	0.327575	0.915102	0.913738	0.914565	0.915279	20.981700	58.384000
150	0.358200	0.281808	0.911020	0.910288	0.912012	0.911213	20.997000	58.342000
200	0.233500	0.366845	0.905306	0.905313	0.916948	0.903440	20.980800	58.387000
250	0.222700	0.292270	0.922449	0.921374	0.921567	0.923131	20.981300	58.385000
300	0.257700	0.280120	0.924898	0.923810	0.924427	0.924510	20.979800	58.390000
350	0.115200	0.292410	0.925714	0.924946	0.924752	0.925454	20.982700	58.381000
400	0.064900	0.322697	0.925714	0.924944	0.925674	0.925265	20.988300	58.366000
450	0.080400	0.297606	0.929796	0.929267	0.929170	0.929497	20.985100	58.375000

[462/462 12:27, Epoch 3/3] — 300행의 Validation Loss 0.280120: 최소 손실값

그림 5.7 텍스트 분류를 위한 Trainer 클래스의 출력

이 모델이 잘 미세조정되었는지 확인하기 위해 세 가지 데이터셋으로 이 모델을 평가해 보자.

```
q=[trainer.evaluate(eval_dataset=data) for data \
    in [train_dataset, val_dataset, test_dataset]]
pd.DataFrame(q, index=["train","val","test"]).iloc[:,:5]
```

출력은 다음과 같다(그림 5.8).

	eval_loss	eval_Accuracy	eval_F1	eval_Precision	eval_Recall
train	0.091844	0.975510	0.97546	0.975942	0.975535
val	0.280120	0.924898	0.92381	0.924427	0.924510
test	0.280038	0.926531	0.92542	0.927410	0.925425

그림 5.8 훈련/검증/테스트 데이터셋에 대한 텍스트 분류 모델의 성능

테스트 데이터와 검증 데이터에 대한 분류 정확도는 약 92.6이고 매크로 평균 F1은 약 92.5이다. 이 터키어 벤치마크 데이터셋에 다양한 접근 방식을 시도한 연구 논문들이 있는데, 대부분 TF-IDF와 선형 분류기, word2vec 임베딩, 또는 LSTM 기반 분류기를 사용했다. 가장 좋은 결과는 F1 점수가 90.0 정도였다. 트랜스포머 모델 이외의 이러한 접근 방식들과 비교해 보면, 미세조정한 BERT 모델이 더 뛰어난 성능을 보임을 알 수 있다.

다른 실험과 마찬가지로 TensorBoard를 통해 실험을 추적할 수 있다.

```
%load_ext tensorboard
%tensorboard --logdir multi-class-logs/
```

그럼 이 모델로 추론(예측)을 수행해 보자. 이를 위해 다음과 같은 함수를 정의한다. 이 함수는 모델의 `config` 객체를 활용해서 ID 대신 레이블이 표시되게 한다.

```
def predict(text):
    inputs = tokenizer(text, padding=True, truncation=True,
        max_length=512, return_tensors="pt").to("cuda")
    outputs = model(**inputs)
    probs = outputs[0].softmax(1)
```

```
    return (probs,
        probs.argmax(),
        model.config.id2label[probs.argmax().item()])
```

다음은 이 함수를 호출해서 축구팀에 관한 기사 문장을 분류하는 예이다[4].

```
text = "Fenerbahçeli futbolcular kısa paslarla hazırlık çalışması yaptılar"
predict(text)
# 출력:
(tensor([[5.6183e-04, 4.9046e-04, 5.1385e-04,
    9.94e-04, 3.44e-04, 9.96e-01, 4.061e-04]],
    device='cuda:0',
    grad_fn=<SoftmaxBackward>),
tensor(5, device='cuda:0'),
'spor')
```

출력에서 보듯이 모델은 주어진 문장의 주제를 스포츠(spor)로 잘 분류했다. 그럼 나중에 `from_pretrained` 함수로 다시 불러올 수 있도록 토크나이저와 모델을 파일에 저장해 두자.

```
model_path = "turkish-text-classification-model"
trainer.save_model(model_path)
tokenizer.save_pretrained(model_path)
```

다음은 저장한 모델을 다시 불러오고 `pipeline` 클래스를 이용해서 추론을 수행하는 예이다.

```
model_path = "turkish-text-classification-model"
from transformers import (pipeline,
    BertForSequenceClassification,
    BertTokenizerFast)
model = BertForSequenceClassification.from_pretrained(model_path)
tokenizer= BertTokenizerFast.from_pretrained(model_path)
nlp= pipeline("sentiment-analysis",
            model=model, tokenizer=tokenizer)
```

---

4 (옮긴이) 문장은 '페네르바흐체 축구 선수들은 짧은 패스로 준비 훈련을 했다'라는 뜻이다. 참고로 페네르바흐체는 트라브존스포르와 함께 터키의 유명한 프로 축구팀으로, 한국 축구 국가대표 수비수 김민재 선수가 소속된 적이 있다.

마지막의 pipeline 호출을 보면 모델이 수행할 작업 이름을 sentiment-analysis로 지정했다. 다소 헷갈리지만, 실제로는 감성 분석이 아니라 텍스트 분류를 위한 TextClassificationPipeline의 인스턴스가 생성된다. 그럼 파이프라인을 실행해 보자.

```
nlp("Sinemada hangi filmler oynuyor bugün")
[{'label': 'kultur', 'score': 0.9930670261383057}]
nlp("Dolar ve Euro bugün yurtiçi piyasalarda yükseldi")
[{'label': 'ekonomi', 'score': 0.9927696585655212}]
nlp("Bayern Münih ile Barcelona bugün karşı karşıya geliyor. \
    Maçı İngiliz hakem James Watts yönetecek!")
[{'label': 'spor', 'score': 0.9975664019584656}]
```

모델이 문장들을 잘 분류했다[5].

지금까지 우리는 두 가지 단일 문장 작업인 감성 분석과 다중 클래스 분류를 구현했다. 다음 절에서는 문장 쌍 입력을 처리하는 방법과 BERT를 사용하여 회귀 모델을 설계하는 방법을 알아볼 것이다.

5.6 문장 쌍 회귀를 위한 BERT 모델 미세조정

회귀 모델(regression model)은 일반적으로 분류 작업에 쓰인다. 분류 작업에서는 예측한 여러 실숫값 확률을 처리해서 미리 정해진 다수의 범주 중 하나를 출력한다. 하지만 문장 쌍 회귀(sentence-pair regression)의 경우에는 출력이 실제로 실숫값(유사도 점수)이다. 문장 쌍 회귀를 위한 모델은 마지막 층을 하나의 단위(unit)로만 구성하고, 그 층의 출력을 소프트맥스 코지스틱 회귀로 처리하는 대신 그냥 정규화한다. Transformers 라이브러리를 이용해서 최상단에 단일 단위 헤드 층이 있는 모델을 정의하는 방법은 크게 두 가지다. 하나는 BERT.from_pretrained() 메서드 호출 시 직접 num_labels=1 매개변수를 지정하는 것이고, 다른 하나는 미리 준비한 config 객체를 통해서 그러한 정보를 전달하는 것이다. 다음 코드는 후자를 사용한다. 사전 훈련된 모델의 config 객체를 복사해서 config 객체를 생성하되 num_labels만 필요에 맞게 수정하는 방식이다.

---

5 (옮긴이) 순서대로 "오늘날 영화관에서 상영되는 영화" : 문화, "오늘 국내 시장에서 달러와 유로 상승" : 경제, "바이에른 뮌헨과 바르셀로나는 오늘 맞붙는다" : 스포츠이다.

```
from transformers import (
    DistilBertConfig, DistilBertTokenizerFast,
    DistilBertForSequenceClassification)
model_path='distilbert-base-uncased'
config = DistilBertConfig.from_pretrained(model_path,
    num_labels=1)
tokenizer = DistilBertTokenizerFast.from_pretrained(model_path)
model = DistilBertForSequenceClassification.from_pretrained(
    model_path, config=config)
```

num_labels=1 매개변수 덕분에 사전 훈련된 모델에 단일 단위 헤드 층이 추가되었다. 이제 데이터셋으로 이 모델을 미세조정해 보자. 이번에는 **STS-B**(Semantic Textual Similarity Benchmark; 의미적 텍스트 유사성 벤치마크)의 데이터셋을 사용한다[6]. 이것은 뉴스 헤드라인 등 다양한 텍스트에서 추출한 문장 쌍 모음인데, 각 쌍에는 1부터 5까지의 유사성 점수가 주석으로 붙어 있다. 우리가 할 일은 주어진 문장 쌍에 대해 유사성 점수를 예측하도록 BERT 모델을 미세조정하는 것이다. 기존 문헌들의 제안에 따라 피어슨/스피어먼 상관계수를 이용해서 모델을 평가할 것이다. 그럼 시작하자.

다음 코드는 데이터를 불러온다. 원본 데이터는 세 부분으로 나뉘어 있는데, 테스트용 분할에는 레이블(유사도 점수)이 붙어 있지 않기 때문에 검증 데이터셋의 일부를 테스트용 데이터셋으로 사용한다.

```
import datasets
from datasets import load_dataset
stsb_train= load_dataset('glue','stsb', split="train")
stsb_validation = load_dataset('glue','stsb', split="validation")
stsb_validation=stsb_validation.shuffle(seed=42)
stsb_val= datasets.Dataset.from_dict(stsb_validation[:750])
stsb_test=datasets.Dataset.from_dict(stsb_validation[750:])
```

stsb_train 훈련 데이터가 어떤 모습인지 살펴보자. 다음처럼 판다스 데이터프레임으로 감싸면 깔끔한 출력이 만들어진다.

```
pd.DataFrame(stsb_train)
```

---

[6] (옮긴이) 비슷한 성격의 한국어 벤치마크로는 KorSTS(https://github.com/kakaobrain/kor-nlu-datasets)와 KLUE-STS(https://klue-benchmark.com/tasks/67/overview/description)가 있다.

훈련 데이터는 다음과 같은 모습이다(그림 5.9).

	idx	label	sentence1	sentence2
0	0	5.00	A plane is taking off.	An air plane is taking off.
1	1	3.80	A man is playing a large flute.	A man is playing a flute.
2	2	3.80	A man is spreading shreded cheese on a pizza.	A man is spreading shredded cheese on an uncoo...
3	3	2.60	Three men are playing chess.	Two men are playing chess.
4	4	4.25	A man is playing the cello.	A man seated is playing the cello.
...	...	...	...	...
5744	5744	0.00	Severe Gales As Storm Clodagh Hits Britain	Merkel pledges NATO solidarity with Latvia
5745	5745	0.00	Dozens of Egyptians hostages taken by Libyan t...	Egyptian boat crash death toll rises as more b...
5746	5746	0.00	President heading to Bahrain	President Xi: China to continue help to fight ...
5747	5747	0.00	China, India vow to further bilateral ties	China Scrambles to Reassure Jittery Stock Traders
5748	5748	0.00	Putin spokesman: Doping charges appear unfounded	The Latest on Severe Weather: 1 Dead in Texas ...

5749 rows × 4 columns

그림 5.9 STS-B 훈련 데이터셋

다음 코드를 실행해서 세 데이터셋의 형태를 확인해 보자.

```
stsb_train.shape, stsb_val.shape, stsb_test.shape
((5749, 4), (750, 4), (750, 4))
```

다음은 이 데이터셋들을 토큰화하는 코드다.

```
enc_train = stsb_train.map(lambda e: tokenizer(
        e['sentence1'],e['sentence2'], padding=True,
        truncation=True),
    batched=True, batch_size=1000)
enc_val = stsb_val.map(lambda e: tokenizer( e['sentence1'],
        e['sentence2'], padding=True, truncation=True),
    batched=True, batch_size=1000)
enc_test = stsb_test.map(lambda e: tokenizer(
        e['sentence1'],e['sentence2'], padding=True,
        truncation=True),
    batched=True, batch_size=1000)
```

토크나이저는 문장 쌍의 두 문장을 [SEP] 구분자로 연결해서 문장 쌍에 대해 하나의 `input_ids`와 `attention_mask`를 생성한다. 판다스로 확인해 보자.

```
pd.DataFrame(enc_train)
```

출력은 다음과 같다(그림 5.10).

	attention_mask	idx	input_ids	label	sentence1	sentence2
0	[1, 1, 1, 1, 1, 1, 1, 1, 1, 1, 1, 1, 1, 1, ...	0	[101, 1037, 4946, 2003, 2635, 2125, 1012, 102,...	5.00	A plane is taking off.	An air plane is taking off.
1	[1, 1, 1, 1, 1, 1, 1, 1, 1, 1, 1, 1, 1, 1, ...	1	[101, 1037, 2158, 2003, 2652, 1037, 2312, 8928...	3.80	A man is playing a large flute.	A man is playing a flute.
2	[1, 1, 1, 1, 1, 1, 1, 1, 1, 1, 1, 1, 1, 1, ...	2	[101, 1037, 2158, 2003, 9359, 14021, 5596, 209...	3.80	A man is spreading shreded cheese on a pizza.	A man is spreading shredded cheese on an uncoo...
3	[1, 1, 1, 1, 1, 1, 1, 1, 1, 1, 1, 1, 1, 1, ...	3	[101, 2093, 2273, 2024, 2652, 7433, 1012, 102,...	2.60	Three men are playing chess.	Two men are playing chess.
4	[1, 1, 1, 1, 1, 1, 1, 1, 1, 1, 1, 1, 1, 1, ...	4	[101, 1037, 2158, 2003, 2652, 1996, 10145, 101...	•4.25	A man is playing the cello.	A man seated is playing the cello.
...	...	...	...	...	...	...
5744	[1, 1, 1, 1, 1, 1, 1, 1, 1, 1, 1, 1, 1, 1, ...	5744	[101, 5729, 14554, 2015, 2004, 4040, 18856, 13...	0.00	Severe Gales As Storm Clodagh Hits Britain	Merkel pledges NATO solidarity with Latvia
5745	[1, 1, 1, 1, 1, 1, 1, 1, 1, 1, 1, 1, 1, 1, ...	5745	[101, 9877, 1997, 23437, 19323, 2579, 2011, 19...	0.00	Dozens of Egyptians hostages taken by Libyan t...	Egyptian boat crash death toll rises as more b...
5746	[1, 1, 1, 1, 1, 1, 1, 1, 1, 1, 1, 1, 1, 1, ...	5746	[101, 2343, 5825, 2000, 15195, 102, 2343, 8418...	0.00	President heading to Bahrain	President Xi: China to continue help to fight ...

그림 5.10 인코딩된 훈련 데이터셋

다음은 훈련을 위해 `TrainingArguments` 인스턴스와 `Trainer` 인스턴스를 생성하는 코드인데, 이전 실습 예제들과 거의 같다.

```
from transformers import TrainingArguments, Trainer
training_args = TrainingArguments(
    output_dir='./stsb-model',
    do_train=True,
    do_eval=True,
    num_train_epochs=3,
    per_device_train_batch_size=32,
    per_device_eval_batch_size=64,
    warmup_steps=100,
    weight_decay=0.01,
```

```
    logging_strategy='steps',
    logging_dir='./logs',
    logging_steps=50,
    evaluation_strategy="steps",
    save_strategy="steps",
    fp16=True,
    load_best_model_at_end=True
)
```

이번 예제의 문장 쌍 회귀와 이전의 분류 작업의 또 다른 중요한 차이점은 compute_metrics의 설계에 있다. 이전과는 달리 이번에는 일반적인 관행을 따라 피어슨 상관계수(Pearson correlation coefficient)와 스피어먼 순위 상관계수(Spearman's rank correlation coefficient)에 기반한 지표들을 평가에 사용한다. 또한, 회귀 모델에 특히 자주 쓰이는 **평균 제곱 오차**(Mean Squared Error, **MSE**), **평균 제곱근 오차**(Root Mean Square Error, **RMSE**), **평균 절대 오차**(Mean Absolute Error, **MAE**) 지표도 제공한다.

```
import numpy as np
from scipy.stats import pearsonr
from scipy.stats import spearmanr
def compute_metrics(pred):
    preds = np.squeeze(pred.predictions)
    return {"MSE": ((preds - pred.label_ids) ** 2)\
        .mean().item(),
        "RMSE": (np.sqrt (((preds - pred.label_ids)**2)\
        .mean())).item(),
        .mean().item(),
        "Pearson" : pearsonr(preds,pred.label_ids)[0],
        "Spearman":spearmanr(preds,pred.label_ids)[0]
        }
```

그럼 Trainer 객체를 인스턴스화하자.

```
trainer = Trainer(
    model=model,
    args=training_args,
    train_dataset=enc_train,
```

```
        eval_dataset=enc_val,
        compute_metrics=compute_metrics,
        tokenizer=tokenizer)
```

그리고 다음과 같이 훈련을 시작한다.

```
train_result = trainer.train()
```

출력은 다음과 같다(그림 5.11).

Step	Training Loss	Validation Loss	Mse	Rmse	Mae	Pearson	Spearman's rank	Runtime	Samples Per Second
50	4.973200	2.242550	2.242550	1.497515	1.261815	0.140489	0.138228	0.943900	794.538000
100	1.447300	0.801587	0.801587	0.895314	0.735321	0.808588	0.809430	0.933300	803.602000
150	0.940400	0.693730	0.693730	0.832904	0.675787	0.843234	0.842421	0.930700	805.838000
200	0.736300	0.679696	0.679696	0.824437	0.662136	0.846722	0.843393	0.934700	802.407000
250	0.585400	0.590002	0.590002	0.768116	0.618677	0.859470	0.854824	0.931600	805.067000
300	0.513800	0.584674	0.584674	0.764640	0.610141	0.861033	0.856779	0.942900	795.438000
350	0.488000	0.604512	0.604512	0.777504	0.611338	0.865844	0.861726	0.939600	798.174000
400	0.362900	0.555219	0.555219	0.745130	0.582900	0.868366	0.863372	0.938200	799.379000
450	0.298500	**0.544973** (최소 손실값)	0.544973	0.738223	0.576751	0.868145	0.864209	0.938200	799.407000
500	0.270100	0.546966	0.546966	0.739571	0.575326	0.867538	0.864035	0.941900	796.240000

그림 5.11 문장 쌍 회귀를 위한 훈련 결과

계산된 최소 검증 손실값은 단계 450의 0.544973이다. 이 단계에서 최상의 체크포인트 모델을 평가해 보자.

```
q=[trainer.evaluate(eval_dataset=data) for data in \
    [enc_train, enc_val, enc_test]]
pd.DataFrame(q, index=["train","val","test"]).iloc[:,:5]
```

출력은 다음과 같다(그림 5.12).

	eval_loss	eval_MSE	eval_RMSE	eval_MAE	eval_Pearson	eval_Spearman's Rank
train	0.232471	0.232471	0.482152	0.372915	0.944844	0.935578
val	0.544973	0.544973	0.738223	0.576751	0.868145	0.864209
test	0.537752	0.537752	0.733316	0.567489	0.875409	0.872858

그림 5.12 훈련/검증/테스트 데이터셋에 대한 회귀 성능

테스트 데이터셋에 대한 피어슨 상관계수와 스피어먼 순위 상관계수는 각각 약 87.54와 87.28이다. 요즘 최고 모델들에 준하는 결과는 아니지만, GLUE 벤치마크 리더보드의 STS-B 작업 성능 수치에 비견할 정도는 된다.

이제 모델을 추론에 사용할 준비가 되었다. 의미가 비슷한 두 문장('비행기가 이륙한다', '항공기가 이륙한다')을 모델에 입력해 보자.

```
s1,s2="A plane is taking off.","An air plane is taking off."
encoding = tokenizer(s1,s2, return_tensors='pt',
    padding=True, truncation=True, max_length=512)
input_ids = encoding['input_ids'].to(device)
attention_mask = encoding['attention_mask'].to(device)
outputs = model(input_ids, attention_mask=attention_mask)
outputs.logits.item()
4.033723831176758
```

부정적 사례로 잘 추론하는지 확인하기 위해 이번에는 의미가 사뭇 다른 두 문장('남자들이 축구한다'와 '한 남자가 오토바이를 탄다')을 입력한다.

```
s1,s2="The men are playing soccer.","A man is riding a motorcycle."
encoding = tokenizer(s1, s2, return_tensors='pt',
    padding=True, truncation=True, max_length=512)
input_ids = encoding['input_ids'].to(device)
attention_mask = encoding['attention_mask'].to(device)
outputs = model(input_ids, attention_mask=attention_mask)
outputs.logits.item()
OUTPUT: 2.3579328060150146
```

예상대로 잘 추론했다. 이제 모델을 저장하자.

```
model_path = "sentence-pair-regression-model"
trainer.save_model(model_path)
tokenizer.save_pretrained(model_path)
```

수고 많았다. 이렇게 해서 감성 분석, 다중 클래스 분류, 문장 쌍 회귀라는 세 가지 작업을 성공적으로 완료했다. 그런데 지금까지의 모든 작업은 단일 레이블 기반이다. 다음 절에서는 다중 레이블 분류 문제를 해결하는 방법을 살펴본다.

5.7 다중 레이블 텍스트 분류

앞에서 우리는 주어진 텍스트를 여러 클래스 중 하나로 분류하는 다중 클래스 텍스트 분류 문제를 풀었다. 이제부터는 주어진 한 텍스트에 여러 개의 레이블이 배정될 수 있는 다중 레이블 분류(multi-label classification) 문제를 살펴본다. 다중 레이블 분류 문제는 뉴스 기사 분류 같은 NLP 응용 분야에서 흔히 볼 수 있다. 주어진 뉴스 기사를 스포츠와 건강 모두에 관련시키는 것이 좋은 예이다. 그림 5.13은 다중 레이블 분류의 구조를 보여준다.

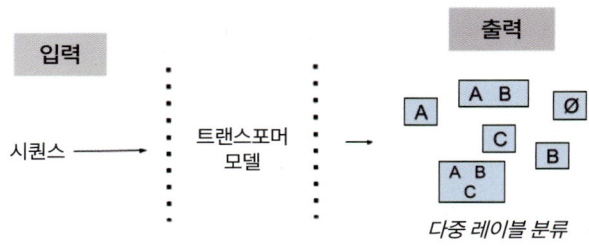

그림 5.13 다중 레이블 분류의 구조

이제부터 다중 레이블 분류를 적용하기 위한 파이프라인을 개발하는 과정을 자세히 살펴보겠다. 데이터로는 약 5만 개의 연구 논문 초록으로 구성된 PubMed 데이터셋을 사용한다. 이 데이터셋의 각 논문에는 생물의학 전문가들이 수작업으로 선택한 다수의 MeSH 레이블이 붙어 있다. 각 논문은 14가지 MeSH 레이블의 조합으로 서술된다.

먼저, 필요한 모듈을 임포트한다.

```
import torch, numpy as np, pandas as pd
from datasets import Dataset
from datasets import load_dataset
from transformers import (AutoTokenizer,
    AutoModelForSequenceClassification,
    TrainingArguments, Trainer)
```

이 데이터셋은 이미 허깅 페이스 허브에 호스팅되어 있으므로 load_dataset으로 간단하게 다운로드할 수 있다. 빠른 훈련을 위해 전체 데이터셋의 10%만 사용하기로 한다. 원한다면 데이터셋 전체를 이용해서 더 나은 성능을 얻을 수도 있다.

```
path="owaiskha9654/PubMed_MultiLabel_Text_Classification_Dataset_MeSH"
dataset = load_dataset(path, split="train[:10%]")
train_dataset=pd.DataFrame(dataset)
text_column='abstractText' # 텍스트 필드
label_names= list(train_dataset.columns[6:])
num_labels=len(label_names)
print('Number of Labels:' , num_labels)
train_dataset[[text_column]+ label_names]
Number of Labels: 14
```

그림 5.14의 표에서 보듯이 데이터셋은 abstractText 필드와 14가지 레이블로 구성된다. 각 레이블은 논문의 특징을 말해주는 개별 태그에 대응되는데, 레이블 값 1과 0은 해당 태그의 존재 또는 부재를 뜻한다.

	abstractText	A	B	C	D	E	F	G	H	I	J	L	M	N	Z
0	Fifty-four paraffin embedded tissue sections f...	0	1	1	1	1	0	0	1	0	0	0	0	0	0
1	The present cross-sectional study was conducte...	0	1	1	1	1	1	1	0	1	1	0	1	1	1
2	The occurrence of individual amino acids and d...	1	1	0	1	1	0	1	0	0	0	1	0	0	0
3	In 1980, Lim and Sun introduced a microcapsule...	1	1	1	1	1	0	1	0	0	1	0	0	0	0
4	Substantially improved hydrogel particles base...	1	1	0	1	1	0	1	0	0	1	0	0	0	0

그림 5.14 PubMed 다중 레이블 데이터셋

다음은 레이블들의 분포를 계산하고 분석하는 코드다.

```
train_dataset[label_names].apply(lambda x: sum(x),
    axis=0).plot(kind="bar", figsize=(10,6))
```

이 코드는 다음과 같은 막대 그래프를 생성한다(그림 5.15).

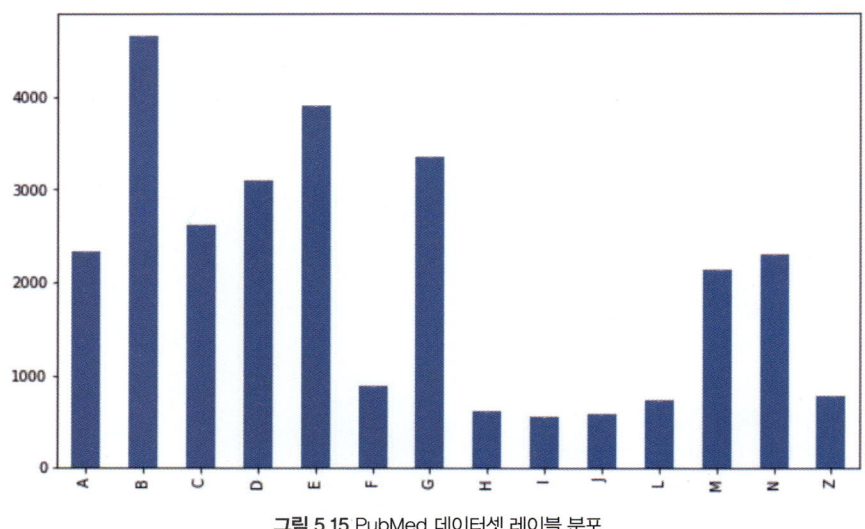

그림 5.15 PubMed 데이터셋 레이블 분포

그림을 보면 레이블들의 분포가 고르지 않음을 알 수 있다. 특히 F, H, I, J, L, Z 같은 레이블은 해당 논문이 상당히 적다. 데이터셋 전체를 분석해도 이와 비슷한 분포가 나온다.

훈련을 위해서는 레이블 열(column)들을 하나의 목록(list)으로 변환해야 한다. 이를 위한 코드는 다음과 같다.

```
train_dataset["labels"]=train_dataset.apply(
    lambda x: x[label_names].to_numpy(), axis=1)
train_dataset[[text_column, "labels"]]
```

그림 5.16은 이 데이터의 형태다. 이번 예제의 파이프라인은 이처럼 abstractText → labels 형태의 데이터를 요구한다.

	abstractText	labels
0	Fifty-four paraffin embedded tissue sections f...	[0, 1, 1, 1, 0, 0, 1, 0, 0, 0, 0, 0, 0]
1	The present cross-sectional study was conducte...	[0, 1, 1, 1, 1, 1, 0, 1, 1, 0, 1, 1, 1]
2	The occurrence of individual amino acids and d...	[1, 1, 0, 1, 1, 0, 1, 0, 0, 0, 1, 0, 0, 0]
3	In 1980, Lim and Sun introduced a microcapsule...	[1, 1, 1, 1, 0, 1, 0, 0, 1, 0, 0, 0, 0]
4	Substantially improved hydrogel particles base...	[1, 0, 1, 1, 0, 1, 0, 0, 1, 0, 0, 0, 0]

그림 5.16 전처리된 데이터셋 (텍스트→레이블들)

다중 레이블 텍스트 분류를 위해 미세조정할 모델은 `distilbert-base-uncased`다. 텍스트를 토큰화해야 하므로 먼저 사전 훈련된 DistilBERT 토크나이저를 불러온다.

```
model_path="distilbert-base-uncased"
tokenizer = AutoTokenizer.from_pretrained(model_path)
def tokenize(batch):
    return tokenizer(batch[text_column],
        padding=True,
        truncation=True)
```

이제 데이터셋을 세 부분(훈련 50%, 검증 25%, 테스트 25%)으로 나누어서 각각 토큰화한다.

```
q = train_dataset[[text_column, "labels"]].copy()
CUT= int((q.shape)[0]*0.5)
CUT2= int((q.shape)[0]*0.75)
train_df= q[:CUT] # training set
val_df= q[CUT:CUT2] # validations set
test_df= q[CUT2:]  # test set
train=Dataset.from_pandas(train_df) #Cast to Dataset object
val=Dataset.from_pandas(val_df)
test=Dataset.from_pandas(test_df)
train_encoded = train.map(tokenize, batched=True,
    batch_size=None)
val_encoded = val.map(tokenize, batched=True,
    batch_size=None)
test_encoded = test.map(tokenize, batched=True,
    batch_size=None)
```

이렇게 해서 입력할 세 가지 데이터 부분집합을 만들고 인코딩했다. 잠시 후에 이 데이터셋들로 트랜스포머 모델을 훈련하고 평가할 것이다.

다음으로 할 일은 트랜스포머 모델의 마지막 층 활성화 함수의 출력(로짓 값들)을 하나의 '예측' 벡터로 변환하는 방법을 결정하는 것이다. 단일 레이블 분류에서는 단 하나의 레이블을 출력해야 하므로 소프트맥스 함수를 사용하는 것이 정석이다. 하지만 다중 레이블 분류에서는 레이블들이 상호 배타적이 아니다. 하나의 텍스트에 여러 개의 레이블이 배정될 수 있다. 그래서 소프트맥스는 사용하지 않고, 모든 레이블 값을 각각 S자형 함수(시그모이드 함수)에 넣어서 S자형 함수의 값이 0.5보다 크면 해당 레이블을 선택하는 방식을 사용하기로 하겠다. 이렇게 하면 임의의 개수의 레이블로 조합된 결과를 얻을 수 있다. 모든 레이블이 동시에 선택되거나 아무것도 선택되지 않는 결과도 가능하다.

그리고 훈련 단계 사이에서 모델의 성능을 모니터링하기 위한 compute_metric() 함수도 새로이 정의해야 한다. 이번에는 사이킷런 라이브러리(sklearn)를 이용해서 레이블 존재 여부에 대한 정밀도와 재현율, F1 점수를 제공하기로 한다. 다음 코드에서 f1_score() 함수를 호출할 때 pos_label=1로 설정했음을 주목하자. 이는 레이블의 존재만 고려하기 위한 것이다. 레이블의 존재와 부재를 모두 고려하면 인위적으로 높은 결과가 나올 수 있다. 특히, 레이블 희소성 모드(sparsity mode)에서는 모델의 성능을 제대로 모니터링하기 어렵다.

compute metrics 함수의 정의는 다음과 같다.

```python
from sklearn.metrics import (f1_score,precision_score,\
    recall_score)
def compute_metrics(eval_pred):
    y_pred, y_true = eval_pred
    y_pred = torch.from_numpy(y_pred)
    y_true = torch.from_numpy(y_true)
    y_pred = y_pred.sigmoid() >0.5
    y_true=y_true.bool()
    r=recall_score(y_true, y_pred, average='micro',
        pos_label=1)
    p=precision_score(y_true, y_pred, average='micro',
        pos_label=1)
    f1=f1_score(y_true, y_pred, average='micro',
        pos_label=1)
    result={"Recall":r,"Precision":p,"F1":f1}
    return result
```

단일 레이블 다중 클래스 분류에서는 소프트맥스 활성화 함수를 적용한 다음에 교차 엔트로피 손실 함수를 적용한다. 하지만 다중 레이블 모드에서는 그와는 다른 활성화 함수와 손실 함수가 필요하다. 이를 위해 Trainer를 상속해서 손실 계산을 커스텀화하겠다. 이 클래스는 통상적인 torch.nn.CrossEntropyLoss() 대신 torch.nn.BCEWithLogitsLoss()를 사용한다.

다음의 클래스 정의에서 보듯이, 이 Trainer 파생 클래스의 compute_loss 메서드는 torch.nn.BCEWithLogitsLoss() 함수를 이용해서 실측 레이블에 대한 원본 로짓의 손실을 계산한다. compute_loss 메서드는 먼저 원본 출력(로짓 값)을 S자형 함수에 넣어서 예측 확률들을 생성하고, 그에 기반해서 손실을 계산한다.

```
class MultilabelTrainer(Trainer):
    def compute_loss(self, model, inputs,
        return_outputs=False):
        labels = inputs.pop("labels")
        outputs = model(**inputs)
        logits = outputs.logits
        loss_fct = torch.nn.BCEWithLogitsLoss()
        preds_=logits.view(-1,self.model.config.num_labels)
        labels_=labels.float().view(-1,
            self.model.config.num_labels)
        loss = loss_fct(preds_,labels_)
        return (loss, outputs) if return_outputs else loss
```

이후 단계는 다중 클래스 분류 예제에서와 거의 같다. 먼저 훈련 인수들을 담은 TrainingArguments 인스턴스를 생성한다.

```
batch_size=16
num_epoch=3
args = TrainingArguments(
    output_dir="/tmp",
    per_device_train_batch_size=batch_size,
    per_device_eval_batch_size=batch_size,
    num_train_epochs=num_epoch,
    do_train=True,
    do_eval=True,
    load_best_model_at_end=True,
    save_steps=100,
    eval_steps=100,
    save_strategy="steps",
    evaluation_strategy="steps")
```

다음으로, 사전 훈련된 `DistilBERT` 모델을 불러온다. 모델의 출력층 크기를 14(`num_labels`의 값)로 설정했음을 주목하자.

```
model = AutoModelForSequenceClassification.from_pretrained(
    model_path, num_labels=num_labels)
```

이제 앞에서 정의한 `Trainer` 파생 클래스를 이용해서 훈련을 시작한다.

```
multi_trainer = MultilabelTrainer(model, args,
    train_dataset=train_encoded,
    eval_dataset=val_encoded,
    compute_metrics=compute_metrics,
    tokenizer=tokenizer)
multi_trainer.train()
```

모든 것이 잘 진행되었다면 다음과 같이 테스트 데이터셋으로 모델을 평가해서 좋은 결과를 얻을 수 있을 것이다.

```
res=multi_trainer.predict(test_encoded)
pd.Series(compute_metrics(res[:2])).to_frame()
```

출력은 다음과 같다(그림 5.17).

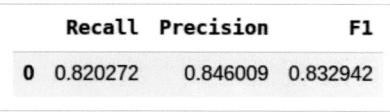

그림 5.17 테스트 데이터셋에 대한 성능

빠른 훈련을 위해 데이터셋의 일부만 사용한 것치고는 나쁘지 않은 결과다. 데이터셋으로 모델을 훈련했다면 더 나은 F1 점수가 나왔을 것이다. 직접 시도해 보기 바란다. 이렇게 해서 다중 레이블 분류 모델을 성공적으로 미세조정해 봤다. 다음 절에서는 이런 미세조정 과정을 좀 더 수월하게 만들어 주는 파이썬 스크립트를 소개한다.

5.8 run_glue.py를 활용한 모델 미세조정

지금까지 우리는 파이토치와 Trainer 클래스를 사용해 미세조정 아키텍처를 처음부터 끝까지 직접 설계하고 구현했다. 그런데 허깅 페이스 커뮤니티는 GLUE 벤치마크 및 GLUE와 유사한 분류 작업을 위한 강력한 스크립트인 run_glue.py도 제공한다. 이 스크립트를 이용하면 훈련/검증 과정 전체를 손쉽게 구성하고 실행할 수 있다. 빠른 프로토타이핑을 원한다면 이 스크립트가 아주 유용할 것이다. 허깅 페이스의 모든 사전 훈련 모델을 이 스크립트로 미세조정할 수 있다. 또한 임의의 형식의 커스텀 데이터를 모델에 입력하는 것도 가능하다.

이 스크립트는 https://github.com/huggingface/transformers/tree/main/examples/pytorch/text-classification에서 구할 수 있다.

이 스크립트는 아홉 가지 GLUE 작업을 지원한다. 앞에서 Trainer 클래스로 했던 모든 작업을 이 스크립트로도 할 수 있다. GLUE의 아홉 가지 작업에 해당하는 작업 식별자는 cola, sst2, mrpc, stsb, qqp, mnli, qnli, rte, wnli이다.

다음은 모델의 미세조정을 위한 run_glue.py 실행 명령의 틀이다.

```
export TASK_NAME= "작업 식별자"
python run_glue.py \
--model_name_or_path bert-base-cased \
--task_name $TASK_NAME \
--do_train \
--do_eval \
--max_seq_length 128 \
--per_device_train_batch_size 32 \
--learning_rate 2e-5 \
--num_train_epochs 3 \
--output_dir /tmp/$TASK_NAME/
```

커뮤니티는 run_glue_no_trainer.py라는 스크립트도 제공한다. 원본 run_glue.py 스크립트와 이 no_trainer 버전의 차이점은 최적화 옵션을 변경하는 등 좀 더 다양한 방식으로 훈련 과정을 커스텀화할 수 있다는 것이다.

요약

이번 장에서는 사전 훈련된 모델을 임의의 텍스트 분류 하위 작업을 위해 미세조정하는 방법을 논의했다. 감성 분석, 다중 클래스 분류, 문장 쌍 분류(특히 문장 쌍 회귀와 다중 레이블 분류)를 위해 여러 가지 모델을 미세조정했는데, 유명한 IMDb 데이터셋뿐만 아니라 자체 커스텀 데이터셋도 훈련에 사용해 봤다. `Trainer` 클래스 덕분에 훈련 및 미세조정 과정에서 복잡한 사항들을 대부분 수월하게 처리할 수 있었다. 또한, 모델 훈련의 내부 작동 방식을 이해하기 위해 Transformers 라이브러리를 이용해서 순전파 단계와 역전파 단계를 직접 구현해 보기도 했다. 정리하자면, 이번 장에서 우리는 `Trainer`를 사용한 단일 문장 분류, `Trainer` 없이 네이티브 파이토치를 사용한 감성 분류, 단일 문장 다중 클래스 분류, 다중 레이블 분류, 문장 쌍 회귀를 위한 미세조정 방법을 논의하고 실행했다.

다음 장에서는 사전 훈련된 모델을 품사 태깅이나 개체명 인식 같은 토큰 분류 하위 작업을 위해 미세조정하는 방법을 살펴본다.

참고문헌

- Maas, Andrew 외. *Learning word vectors for sentiment analysis*. Proceedings of the 49th annual meeting of the Association for Computational Linguistics: Human Language Technologies. 2011.

06

토큰 분류를 위한
언어 모델 미세조정

이번 장에서는 토큰 분류를 위한 언어 모델 미세조정에 대해 알아본다. **개체명 인식**(Named Entity Recognition, **NER**), **품사**(Part-of-Speech, **POS**) 태깅, **질의응답**(Question Answering, **QA**) 같은 작업을 다루며, 특히 BERT 모델을 활용한 미세조정 방법에 초점을 둔다. 또한 각 작업에 필요한 데이터셋과 이론적 세부 사항을 설명한다. 이번 장을 마치면 트랜스포머 모델을 활용해 다양한 토큰 분류 작업을 수행할 수 있을 것이다.

이 장에서는 BERT를 사용해 NER과 같은 토큰 분류 문제를 해결하는 방법을 설명한다. 또한 질의응답(QA) 문제를 토큰 분류 방식으로 접근하는 방법도 다룬다.

이번 장에서 다루는 주제는 다음과 같다.

- 토큰 분류 소개
- NER을 위한 언어 모델 미세조정
- 토큰 분류를 이용한 질의응답
- 다양한 작업을 위한 질의응답

6.1 기술적 요구사항

이번 장의 실습 예제들은 파이썬 노트북(주피터 혹은 구글 코랩) 환경을 가정한다. 파이썬 버전은 3.6 이상이어야 한다. 또한, 다음 패키지들이 설치되어 있어야 한다.

- sklearn
- transformers 4.0+
- datasets
- seqeval

이번 장의 예제 코드를 담은 파이썬 노트북들이 원서 깃허브 저장소(https://github.com/PacktPublishing/Mastering-Transformers-Second-Edition)에 있으니 참고하기 바란다.

6.2 토큰 분류 소개

토큰 시퀀스의 각 토큰을 분류하는 작업을 **토큰 분류**(token classification)라고 한다. 이 작업에서 모델은 각 토큰을 특정 클래스로 분류해야 한다. 품사 태깅과 개체명 인식(NER)은 이 범주에서 가장 잘 알려진 두 가지 작업이다. 하지만 QA 역시 이 범주에 속하는 주요 NLP 작업이다. 이 세 가지 작업의 기본 사항을 잠시 후에 차례로 논의할 것이다. NER, POS, QA 같은 작업을 두 가지 관점에서 볼 수 있다는 점을 명심하자. 하나는 텍스트의 각 부분에 적절한 클래스 레이블을 붙이는 것이고, 다른 하나는 텍스트를 생성하는 것이다.

토큰 분류는 전자, 즉 텍스트의 각 부분(토큰)을 특정 클래스로 분류해서 적절한 레이블을 부여하는 것이다. 다음과 같은 영어 문장을 생각해 보자.

```
"I went to Berlin."
```

여기에 NER을 적용한다면 'Berlin(베를린)'이 하나의 장소(location)라는 결과를 얻을 수 있다. 토큰 분류 접근 방식을 사용하는 NER에서는 출력이 다음과 같은 형태다.

```
I = O
went = O
```

```
to = O
Berlin = Location
```

반면에 생성 모델은 문제를 다르게 해결한다. 생성 모델은 입력된 텍스트에 기반해서 새로운 텍스트를 생성해 출력한다. 예를 들어 T5 기반 NER 모델(https://huggingface.co/dbmdz/t5-base-conll03-english)은 다음과 같은 형식을 사용한다.

```
I went to [ Berlin | location ]
```

모델이 인식한 개체(entity)들 추출하려면 추가적인 후처리 단계가 필요하다. QA에도 같은 원리가 적용된다. 생성형 QA에서는 답이 전적으로 주어진 문맥(맥락)에서만 추출되는 것이 아니다. 모델에 자신이 가진 얕은 지식을 동원해서 답을 꾸며내기도 한다.

단순히 텍스트에서 답을 추출하는 것을 넘어서 문제에 관한 추가적인 지식과 배경 설명이 중요한 응용 분야에서는 그런 생성형 QA가 매우 유용할 수 있다. 그러나 생성형 QA에서는 생성된 답변의 단어가 원래의 답변과 다르므로 정확성이 항상 보장되지는 않는다.

이번 장의 나머지 부분에서 NER과 품사 태깅, QA를 설명할 때는 주어진 입력 텍스트의 토큰들에 레이블을 붙이는 분류 기반 접근 방식에 초점을 둔다. 예를 들어 QA는 항상 토큰 분류에 기반한 '오픈북' QA를 뜻한다. NER과 POS도 마찬가지다.

6.2.1 NER의 이해

토큰 분류 작업의 대표적인 예는 개체명 인식(NER)이다. 개체명 인식은 각 토큰이 개체인지 아닌지를 판단하고, 개체일 경우 그 유형을 식별하는 작업이다. 예를 들어, 하나의 텍스트에는 사람 이름, 장소, 조직명 등 다양한 유형의 개체가 동시에 포함될 수 있다. 다음은 NER의 예시다.

```
이순신 장군은 한산도 해전에서 승리했다.
```

여기서 **이순신 장군**은 인물(person) 개체이고 **한산도**는 장소(location) 개체다. 이런 작업을 수행하는 시퀀스 태깅 모델은 각 단어에 태그를 붙여야 하며, 그 태그에 관한 정보도 제공해야 한다. 일반적으로 개체명 인식 작업에는 BIO 태그 시스템이 흔히 쓰인다.

그림 6.1의 표를 보면 BIO 태그가 어떤 방식인지 이해할 수 있을 것이다.

태그	설명
O	개체 바깥의(Out) 토큰
B-PER	인물 개체의 시작(Begining)
I-PER	인물 개체의 내부(Inside)
B-LOC	장소 개체의 시작
I-LOC	장소 개체의 내부
B-ORG	조직(Organization) 개체의 시작
I-ORG	조직 개체의 내부
B-MISC	기타(Misc) 개체의 시작
I-MISC	기타 개체의 내부

그림 6.1 BIO 태그와 그 의미

여기서 B는 태그의 시작, I는 태그의 내부, O는 개체의 외부를 뜻한다. 그래서 이런 태깅 방식을 *BIO*라고 부르는 것이다. 다음은 앞의 문장에 BIO 태깅 방식으로 태그를 부여한 것이다.

[B-PER|이순신] [I-PER|장군은] [B-LOC|한산도] [O|해전에서] [O|승리했다.]

이번 장의 예제에서도 시퀀스를 이런 BIO 방식으로 태깅한다. NER 태그들에 품사 태그가 섞이기도 한다. 예를 들어 그림 6.2는 CoNLL-2003 데이터셋(https://www.clips.uantwerpen.be/conll2003/ner/)의 태깅 형식을 보여준다.

그림에서 보듯이, 이 데이터셋에는 앞에 나온 NER 태그들 외에 **NNP**(고유명사) 같은 품사 태그도 포함되어 있다.

```
SOCCER NN B-NP O
- : O O
JAPAN NNP B-NP B-LOC
GET VB B-VP O
LUCKY NNP B-NP O
WIN NNP I-NP O
, , O O
CHINA NNP B-NP B-PER
IN IN B-PP O
SURPRISE DT B-NP O
DEFEAT NN I-NP O
. . O O

Nadim NNP B-NP B-PER
Ladki NNP I-NP I-PER

AL-AIN NNP B-NP B-LOC
, , O O
United NNP B-NP B-LOC
Arab NNP I-NP I-LOC
Emirates NNPS I-NP I-LOC
1996-12-06 CD I-NP O
```

그림 6.2 CoNLL-2003 데이터셋

6.2.2 품사 태깅의 이해

품사 태깅(POS 태깅) 또는 문법 태깅(grammar tagging)은 주어진 텍스트의 각 단어에 품사를 부여하는 작업이다. 간단한 예는 주어진 텍스트의 단어들을 명사, 형용사, 부사, 동사 같은 범주(품사)로 분류하는 것이다. 하지만 언어학의 관점에서는 품사의 종류가 그 네 가지보다 훨씬 많다.

품사 태그에는 여러 변형이 있으나, 영어 텍스트에서 가장 잘 알려진 것은 **펜 트리뱅크 품사**(Penn Treebank POS) 태그 집합이다[1]. 그림 6.3에 이 품사 태그 집합의 태그들이 나와 있다.

1.	CC	등위접속사		25.	TO	to 부정사
2.	CD	기수		26.	UH	감탄사
3.	DT	한정사		27.	VB	동사 원형
4.	EX	존재를 나타내는 there		28.	VBD	과거형 동사
5.	FW	외국어		29.	VBG	현재분사 또는 동명사
6.	IN	전치사 또는 종속접속사		30.	VBN	과거분사
7.	JJ	형용사		31.	VBP	3인칭 단수 현재형이 아닌 동사
8.	JJR	비교급 형용사		32.	VBZ	3인칭 단수 현재형 동사
9.	JJS	최상급 형용사		33.	WDT	의문 한정사
10.	LS	목록 항목 표시		34.	WP	의문 대명사
11.	MD	법 조동사		35.	WP$	소유 의문 대명사
12.	NN	단수 또는 집합 명사		36.	WRB	의문 부사
13.	NNS	복수 명사		37.	#	파운드 기호
14.	NNP	단수 고유 명사		38.	$	달러 기호
15.	NNPS	복수 고유 명사		39.	.	마침표
16.	PDT	전치 한정사		40.	,	쉼표
17.	POS	소유격 접미사		41.	:	콜론, 세미콜론
18.	PRP	인칭 대명사		42.	(	왼쪽 괄호
19.	PRP$	소유 대명사		43.	)	오른쪽 괄호
20.	RB	부사		44.	"	큰따옴표

---

1 (옮긴이) 한국어 품사 태그 집합으로는 세종 품사 태그와 mecab 품사 태그, 심광섭 품사 태그 등이 있다. 관련 정보를 웹에서 그리 어렵지 않게 찾을 수 있는데, https://happygrammer.github.io/nlp/postag-set/나 https://velog.io/@metterian/한국어-형태소-분석기POS-분석-2편.-품사-태그-정리를 참고하자.

21.	RBR	비교급 부사	45.	'	왼쪽 작은따옴표
22.	RBS	최상급 부사	46.	"	왼쪽 큰따옴표
23.	RP	불변화사	47.	'	오른쪽 작은따옴표
24.	SYM	기호	48.	"	오른쪽 큰따옴표

그림 6.3 펜 트리뱅크 품사 태그

품사 태깅 작업을 위한 데이터셋에는 그림 6.2의 예처럼 각 토큰에 품사 태그가 주석(annotation)으로 붙어 있다.

이런 태그 주석은 구체적인 여러 NLP 응용 문제에 대단히 유용하다. 품사 태그들은 다른 여러 응용 방법의 기본 재료가 된다. 트랜스포머 같은 고급 모델은 복잡한 아키텍처 덕분에 단어들의 관계를 어느 정도 이해할 수 있다.

6.2.3 질의응답(QA(Question Answering))의 이해

질의응답(QA) 또는 독해(reading comprehension) 작업은 지문(맥락)에 해당하는 텍스트와 그에 대한 질문으로 구성된다. 이 분야의 대표적인 데이터셋은 SQuAD(Stanford Question Answering Dataset; 스탠퍼드 질의응답 데이터셋)이다[2]. 이 데이터셋은 위키백과 텍스트와 그에 관한 질문들로 구성되어 있다. 질문의 답은 위키백과 원본 텍스트 중 특정 부분의 형태로 제시된다.

그림 6.4는 이 데이터셋에 포함된 한 예시(example)다.

Article: Endangered Species Act
Paragraph: "...Other legislation followed, including the Migratory Bird Conservation Act of 1929, a *1937 treaty* prohibiting the hunting of right and gray whales, and the *Bald Eagle Protection Act of 1940*. These *later laws* had a low cost to society—the species were relatively rare—and little *opposition* was raised."

Question 1: "Which laws faced significant *opposition*?"
Plausible Answer: *later laws*

Question 2: "What was the name of the *1937 treaty*?"
Plausible Answer: *Bald Eagle Protection Act*

그림 6.4 SQuAD 데이터셋 예시

---

2 (옮긴이) 한국어 질의응답 데이터셋으로는 KorQuAD(Korean Question Answering Dataset)가 있다. 공식 웹사이트는 https://korquad.github.io/이며, 버전 2까지 나왔다. 데이터 형식이 SQuAD와 비슷하기 때문에 이 책의 SQuAD 관련 예제들을 수정해서 적용하기에도 좋다.

빨간색으로 강조된 부분이 질문의 답이고, 파란색으로 강조된 부분은 질문에 답하는 데 중요한 정보가 되는 문구다. 좋은 NLP 모델은 질문에 맞게 텍스트를 분할할 수 있어야 하는데, 텍스트 분할의 한 형태가 바로 앞에서 살펴본 토큰 분류 방식의 시퀀스 레이블 배정이다. 이 경우 모델은 답변의 시작과 끝에 답변 시작 레이블과 답변 끝 레이블을 배정한다.

이상으로 질의응답, 개체명 인식, 품사 태깅 같은 현대적 NLP 시퀀스 태깅 작업에 관해 간단하게 소개했다. 다음 절부터는 세 작업 각각을 위해 BERT를 미세조정하는 방법을 살펴보고, 관련해서 datasets 라이브러리로 해당 데이터셋을 다루는 방법도 제시한다. 그럼 개체명 인식(NER)으로 시작하자.

6.3 개체명 인식을 위한 언어 모델 미세조정

이번 절에서는 개체명 인식 작업을 위해 BERT 모델을 미세조정한다. 제일 먼저 할 일은 datasets 라이브러리를 이용해서 CoNLL-2003 데이터셋을 불러오는 것이다.

이 데이터셋의 자세한 정보는 https://huggingface.co/datasets/conll2003에 있다. 그림 6.5는 허깅 페이스 웹사이트의 해당 데이터셋 카드다.

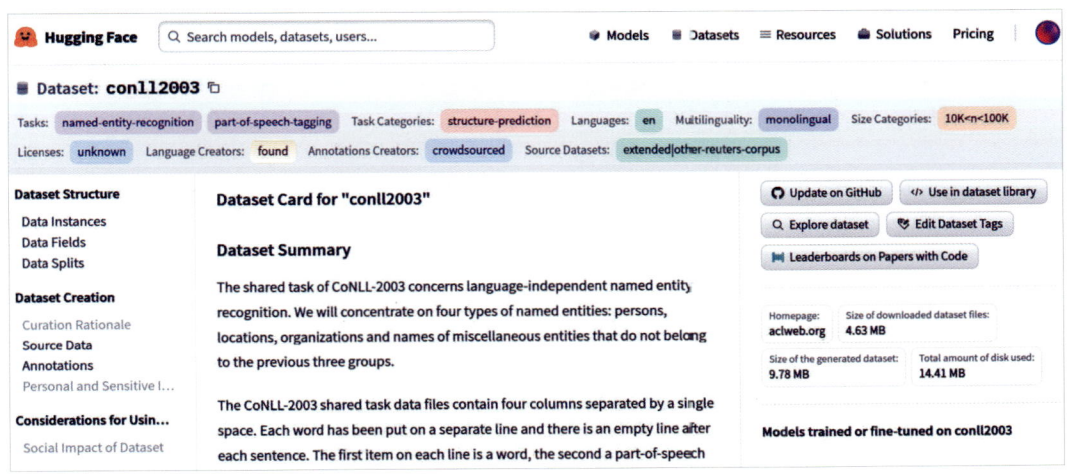

그림 6.5 Hugging Face의 CoNLL-2003 데이터셋 카드

데이터셋 카드 오른쪽 패널을 보면 이 데이터셋으로 훈련되거나 미세조정된 모델들이 나열되어 있다. 그리고 데이터셋 카드 자체에는 이 데이터셋의 크기와 특성 등 다양한 정보가 나와 있으니 참고하기 바란다.

1. 먼저 다음 코드로 데이터셋을 불러온다.

   ```
   import datasets
   conll2003 = datasets.load_dataset("conll2003")
   ```

   다음(그림 6.6)처럼 다운로드 진행 표시줄이 나타날 것이다. 다운로드(또는 캐시 불러오기)가 끝나야 데이터셋을 사용할 수 있으니 잠시 기다린다.

   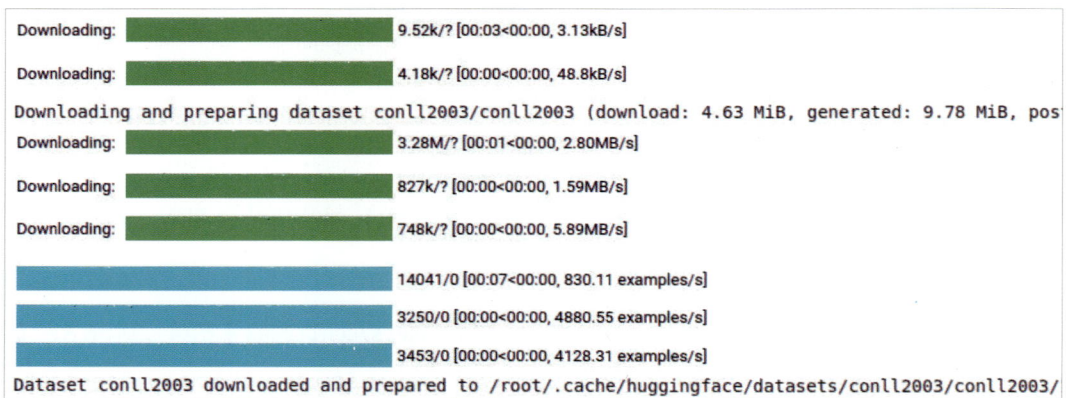

   그림 6.6 데이터셋 다운로드 및 준비

2. 데이터셋이 잘 다운로드됐는지 확인하기 위해 훈련 표본(sample)의 예시(example) 하나를 출력해 보자.

   ```
   conll2003["train"][0]
   ```

   그림 6.7과 같은 데이터가 출력될 것이다.

   ```
   {'chunk_tags': [11, 21, 11, 12, 21, 22, 11, 12, 0],
    'id': '0',
    'ner_tags': [3, 0, 7, 0, 0, 0, 7, 0, 0],
    'pos_tags': [22, 42, 16, 21, 35, 37, 16, 21, 7],
    'tokens': ['EU',
     'rejects',
     'German',
     'call',
     'to',
     'boycott',
     'British',
     'lamb',
     '.']}
   ```

   그림 6.7 CoNLL-2003 데이터셋 훈련 샘플의 일부

3. 앞의 스크린샷을 보면 데이터셋에 POS(품사) 태그와 NER(개체명 인식) 태그가 포함되어 있음을 알 수 있다. 이번 실습 예제에서는 NER 태그만 사용한다. 다음은 이 데이터셋에서 사용 가능한 NER 태그를 확인하는 코드다.

```
conll2003["train"].features["ner_tags"]
```

출력은 다음과 같다. 총 9개의 BIO 태그가 모두 표시되었다.

```
# 출력:
Sequence(feature=ClassLabel(num_classes=9, names=['O', 'B-PER', 'I-PER', 'B-ORG', 'I-ORG',
'B-LOC', 'I-LOC', 'B-MISC', 'I-MISC'], names_file=None, id=None), length=-1, id=None)
```

4. 다음으로, 사전 훈련된 BERT 토크나이저를 불러온다.

```
from transformers import BertTokenizerFast
tokenizer = BertTokenizerFast.from_pretrained("bert-base-uncased")
```

5. 일반적으로 NER 작업의 토큰들은 **BPE 토크나이저**나 기타 토크나이저가 생성한 형식의 토큰이 아니라, 공백을 기준으로 분할된 단어들이다. BertTokenizerFast 클래스는 이런 공백으로 토큰화된 문장도 지원한다. 공백으로 토큰화된 문장을 처리하려면 tokenizer를 다음과 같은 형태로 호출해야 한다.

```
tokenizer(["Oh","this","sentence","is","tokenized", "and",
    "splitted","by","spaces"], is_split_into_words=True)
```

눈치챘겠지만, 그냥 is_split_into_words를 True로 설정하면 된다.

6. 미세조정을 위한 훈련을 진행하려면 데이터의 전처리가 필요하다. 이를 위해 다음과 같은 데이터 전처리 함수를 정의한다.

```
def tokenize_and_align_labels(examples):
    tokenized_inputs = tokenizer(examples["tokens"],
        truncation=True, is_split_into_words=True)
    labels = []
    for i, label in enumerate(examples["ner_tags"]):
        word_ids = \
            tokenized_inputs.word_ids(batch_index=i)
        previous_word_idx = None
```

```
        label_ids = []
    for word_idx in word_ids:
        if word_idx is None:
            label_ids.append(-100)
        elif word_idx != previous_word_idx:
            label_ids.append(label[word_idx])
        else:
            label_ids.append(label[word_idx] if \
                label_all_tokens else -100)
        previous_word_idx = word_idx
    labels.append(label_ids)
tokenized_inputs["labels"] = labels
return tokenized_inputs
```

7. 이 함수는 토큰과 레이블을 적절히 대응시켜서 정렬한다(align). 토큰은 여러 조각으로 나뉘지만, 단어는 하나의 조각을 유지해야 하므로 이러한 정렬 작업이 필요하다. 그럼 이 함수가 잘 작동하는지 시험해 보자.

```
q = tokenize_and_align_labels(conll2003['train'][4:5])
print(q)
```

결과는 다음과 같다.

```
{'input_ids': [[101, 2762, 1005, 1055, 4387, 2000, 1996, 2647, 2586, 1005, 1055, 15651, 2837, 14121, 1062, 9328, 5804, 2056, 2006, 9317, 10390, 2323, 4965, 8351, 4168, 4017, 2013, 3032, 2060, 2084, 3725, 2127, 1996, 4045, 6040, 2001, 24509, 1012, 102]], 'token_type_ids': [[0, 0, 0, 0, 0, 0, 0, 0, 0, 0, 0, 0, 0, 0, 0, 0, 0, 0, 0, 0, 0, 0, 0, 0, 0, 0, 0, 0, 0, 0, 0, 0, 0, 0, 0, 0, 0, 0, 0]], 'attention_mask': [[1, 1, 1, 1, 1, 1, 1, 1, 1, 1, 1, 1, 1, 1, 1, 1, 1, 1, 1, 1, 1, 1, 1, 1, 1, 1, 1, 1, 1, 1, 1, 1, 1, 1, 1, 1, 1, 1, 1]], 'labels': [[-100, 5, 0, -100, 0, 0, 0, 3, 4, 0, -100, 0, 0, 1, 2, -100, -100, 0, 0, 0, 0, 0, 0, 0, -100, -100, 0, 0, 0, 0, 5, 0, 0, 0, 0, 0, 0, 0, -100]]}
```

8. 위의 결과는 읽기가 좀 어렵다. 다음과 같이 포매팅을 적용하면 보기가 편할 것이다.

```
for token, label in zip( tokenizer.convert_ids_to_tokens(
    q["input_ids"][0]),q["labels"][0]):
    print(f"{token:_<40} {label}")
```

결과는 다음과 같다(그림 6.8).

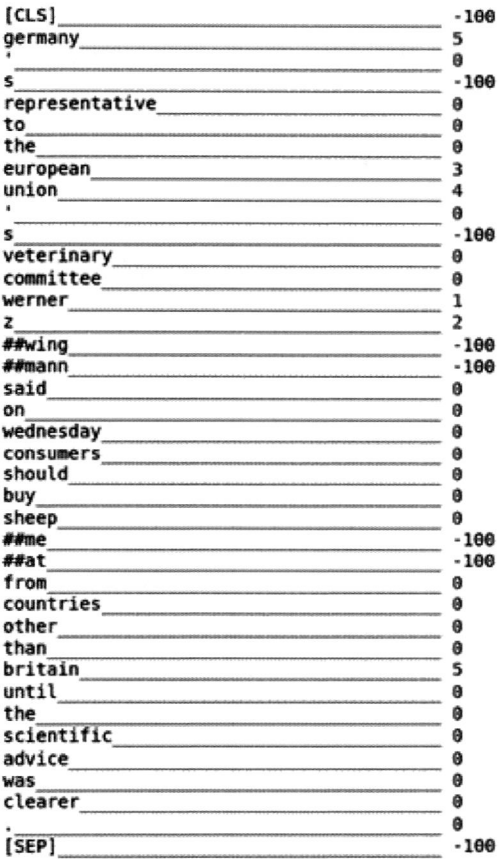

그림 6.8 토큰화 및 정렬 함수의 결과

9. datasets 라이브러리의 map 함수를 이용해서 앞에서 준비한 데이터셋에 이 함수를 일괄 적용한다.

```
tokenized_datasets = \
    conll2003.map(tokenize_and_align_labels, batched=True)
```

10. 이제 적절히 토큰화된 데이터가 마련되었다. 다음으로는 사전 훈련된 BERT 모델을 불러온다. 레이블 개수(num_labels)를 데이터셋의 레이블 수인 9로 지정했음에 주목하자.

```
from transformers import AutoModelForTokenClassification
model = AutoModelForTokenClassification.from_pretrained(
    "bert-base-uncased", num_labels=9)
```

11. 모델을 불러왔으니 훈련을 준비해 보자. 먼저 훈련 인수들을 적절히 설정한다.

```
from transformers import TrainingArguments, Trainer
args = TrainingArguments(
    "test-ner",
    evaluation_strategy = "epoch",
    learning_rate=2e-5,
    per_device_train_batch_size=16,
    per_device_eval_batch_size=16,
    num_train_epochs=3,
    weight_decay=0.01,
)
```

12. 훈련을 위해서는 데이터 콜레이터^{collator}가 필요하다. 콜레이터는 훈련 데이터셋에 배치 작업을 적용해서 메모리 사용량을 줄이고 성능을 향상한다. 다음은 이를 위한 콜레이터 객체를 생성하는 코드다.

```
from transformers import DataCollatorForTokenClassification
data_collator = \
    DataCollatorForTokenClassification(tokenizer)
```

13. 허깅 페이스의 datasets 라이브러리는 다양한 작업에 대해 모델의 성능을 평가하는 데 유용한 여러 지표(metric; 측정 항목)를 제공한다. 이번 NER 예제에서는 *seqeval* 라이브러리를 이용해서 시퀀스 평가(sequence evaluation) 관련 지표들을 측정한다. seqeval은 시퀀스 태깅 알고리즘과 모델을 평가하는 데 유용한 파이썬 프레임워크다. 먼저 다음 명령으로 seqeval 라이브러리를 설치한다.

```
$ pip install seqeval
```

14. 이제 다음과 같이 지표들을 불러온다.

```
metric = datasets.load_metric("seqeval")
```

15. seqeval이 어떤 지표들을 측정하는지 확인해 보자.

```
example = conll2003['train'][0]
label_list = \
    conll2003["train"].features["ner_tags"].feature.names
```

```
labels = [label_list[i] for i in example["ner_tags"]]
metric.compute(predictions=[labels], references=[labels])
```

결과는 다음과 같다(그림 6.9).

```
{'MISC': {'f1': 1.0, 'number': 2, 'precision': 1.0, 'recall': 1.0},
 'ORG': {'f1': 1.0, 'number': 1, 'precision': 1.0, 'recall': 1.0},
 'overall_accuracy': 1.0,
 'overall_f1': 1.0,
 'overall_precision': 1.0,
 'overall_recall': 1.0}
```

그림 6.9 seqeval 지표

출력에서 보듯이 seqeval은 입력 표본에 대해 정확도, F1 점수, 정밀도, 재현율 등 다양한 지표를 계산한다.

16. 그럼 훈련 과정에서 지표들을 계산하는 데 사용할 compute_metrics 함수를 정의해 보자.

```
import numpy as np def compute_metrics(p):
    predictions, labels = p
    predictions = np.argmax(predictions, axis=2)
    true_predictions = [
        [label_list[p] for (p, l) in zip(prediction, label) \
            if l != -100]
        for prediction, label in zip(predictions, labels)]
    true_labels = [
        [label_list[l] for (p, l) in zip(prediction,
            label) if l != -100]
        for prediction, label in zip(predictions, labels)
    ]
    results = \
        metric.compute(predictions=true_predictions,
        references=true_labels)
    return {
    "precision": results["overall_precision"],
    "recall": results["overall_recall"],
    "f1": results["overall_f1"],
    "accuracy": results["overall_accuracy"],
    }
```

17. 마지막으로, 트레이너 객체를 생성해서 훈련을 시작한다.

```
trainer = Trainer(
    model,
    args,
    train_dataset=tokenized_datasets["train"],
    eval_dataset=tokenized_datasets["validation"],
    data_collator=data_collator,
    tokenizer=tokenizer,
    compute_metrics=compute_metrics
)
trainer.train()
```

다음은 trainer의 train 함수가 실행을 마친 후의 모습이다(그림 6.10).

Epoch	Training Loss	Validation Loss	Precision	Recall	F1	Accuracy	Runtime	Samples Per Second
1	0.035800	0.043440	0.937072	0.944800	0.940920	0.988454	17.061700	190.486000
2	0.019100	0.043591	0.939359	0.951531	0.945406	0.989311	16.797100	193.486000
3	0.014500	0.043591	0.939359	0.951531	0.945406	0.989311	16.790100	193.567000

그림 6.10 trainer로 훈련을 마친 결과

18. 훈련이 끝났으므로 모델과 토크나이저를 저장해 두자.

```
model.save_pretrained("ner_model")
tokenizer.save_pretrained("tokenizer")
```

19. 이후 파이프라인에서 이 모델을 사용하려면 모델의 설정 파일을 불러와서 이전에 `label_list` 객체에서 사용한 레이블에 따라 `label2id`와 `id2label`을 적절히 설정할 필요가 있다.

```
id2label = {
    str(i): label for i,label in enumerate(label_list)
}
label2id = {
    label: str(i) for i,label in enumerate(label_list)
}
import json
config = json.load(open("ner_model/config.json"))
```

```
config["id2label"] = id2label
config["label2id"] = label2id
json.dump(config, open("ner_model/config.json","w"))
```

20. 그런 다음에는 이전과 같은 방식으로 모델을 불러와서 사용하면 된다.

```
from transformers import pipeline
model = \
    AutoModelForTokenClassification.from_pretrained("ner_model")
nlp = \
    pipeline("ner", model=mmodel, tokenizer=tokenizer)
example = "I live in Istanbul"
ner_results = nlp(example)
print(ner_results)
```

다음은 print 문의 출력이다.

```
[{'entity': 'B-LOC', 'score': 0.9983942, 'index': 4, 'worc': 'istanbul', 'start': 10, 'end': 18}]
```

사전 훈련된 모델을 특정 데이터셋이나 응용 분야(도메인), 언어에 대해 미세조정하면 모델의 성능이 크게 향상된다. 하지만 이러한 미세조정에는 장단점이 있다. 좋은 결과를 얻으려면 실제로 사용할 도메인을 포괄할 수 있을 만큼 폭넓은 데이터셋을 사용해야 한다. 예를 들어, 앞에서 사용한 데이터로 미세조정한 모델은 의료 분야에서는 좋은 성능을 내지 못할 것이다.

이상으로 BERT를 사용한 품사 태깅 적용에 관한 논의를 마무리하겠다. 이번 절에서는 Transformers 라이브러리를 이용해서 우리만의 품사 태깅 모델을 훈련하고 테스트하는 방법을 익혔다. 다음 절에서는 질의응답(QA)으로 초점을 옮긴다.

6.4 토큰 분류를 이용한 질의응답

일반적으로 질의응답 문제는 주어진 텍스트에 관한 질문에 AI가 답을 제시하는 NLP 문제로 정의된다. 보통은 지문(주어진 텍스트) 안의 특정 문구가 답이다. 하지만 그와는 다른 형태의 질의응답도 있다. 예를 들어 **시각적 질의응답**(Visual Question Answering, **VQA**)에서 질문은 텍스트 형태지만, 모델은 텍스트(지문)가 아니라 이미지에서 시각적 개념이나 개체를 인식해서 답을 제시해야 한다.

그림 6.11에 VQA의 몇 가지 예가 나와 있다.

그림 6.11 VQA의 예

VQA에 쓰이는 모델들은 대부분 시각적 맥락(이미지)과 질문(텍스트)을 함께 이해하고 적절한 답변을 생성할 수 있는 다중 모달 모델이다. 반면에 문맥, 질문, 답변이 모두 텍스트인 질의응답 작업은 단일 모달 모델로 해결할 수 있다.

앞에서 언급했듯이 SQuAD는 질의응답 분야에서 가장 잘 알려진 데이터셋의 하나이다. 그럼 SQuAD 데이터셋을 불러와서 예시 몇 개를 살펴보자.

```
from pprint import pprint
from datasets import load_dataset
squad = load_dataset("squad")
for item in squad["train"][1].items():
    print(item[0])
    pprint(item[1])
    print("="*20)
```

이 코드의 결과는 다음과 같다. 노터데임 대학교(University of Notre Dame)[3]의 본관 건물에 관한 지문과 질문('본관 건물 앞에 무엇이 있는가?'), 정답('청동 예수상')을 확인할 수 있다.

```
id
'5733be284776f4190066117f'
====================
```

---

[3] (옮긴이) 파리의 노트르담 대성당을 연상케 하는 이름이지만, 미국 인디애나 주에 있는 사립 대학교다.

```
title
'University_of_Notre_Dame'
===================
context
('Architecturally, the school has a Catholic character. Atop the Main '
 "Building's gold dome is a golden statue of the Virgin Mary. Immediately in "
 'front of the Main Building and facing it, is a copper statue of Christ with '
 'arms upraised with the legend "Venite Ad Me Omnes". Next to the Main '
 'Building is the Basilica of the Sacred Heart. Immediately behind the '
 'basilica is the Grotto, a Marian place of prayer and reflection. It is a '
 'replica of the grotto at Lourdes, France where the Virgin Mary reputedly '
 'appeared to Saint Bernadette Soubirous in 1858. At the end of the main drive '
 '(and in a direct line that connects through 3 statues and the Gold Dome), is '
 'a simple, modern stone statue of Mary.')
===================
question
'What is in front of the Notre Dame Main Building?'
===================
answers
{'answer_start': [188], 'text': ['a copper statue of Christ']}
```

그런데 앞에서 불러온 것은 SQuAD 데이터셋의 버전 1이다. 버전 2도 있다. 더 큰 훈련 표본을 담고 있다는 점에서 버전 1보다 버전 2가 권장된다. 그럼 질의응답 작업을 위해 모델을 미세조정하는 전반적인 방법을 이해하는 것을 목적으로, SQuAD 버전 2를 이용해서 BERT 모델을 훈련하는 과정을 살펴보자.

1. 먼저 다음 코드를 이용해서 SQuAD 버전 2를 불러온다.

    ```
    from datasets import load_dataset
    squad = load_dataset("squad_v2")
    ```

2. 본격적인 작업으로 들어가기 전에, 불러온 데이터셋의 세부 정보를 확인해 보는 것이 좋겠다. 노트북이나 REPL에서 다음을 실행해 보자.

    ```
    squad
    ```

    결과는 다음과 같다(그림 6.12).

```
DatasetDict({
    train: Dataset({
        features: ['id', 'title', 'context', 'question', 'answers'],
        num_rows: 130319
    })
    validation: Dataset({
        features: ['id', 'title', 'context', 'question', 'answers'],
        num_rows: 11873
    })
})
```

그림 6.12 SQuAD 데이터셋(버전 2)의 세부 정보

그림 6.12에서 보듯이 SQuAD 데이터셋 버전 2에는 13만 개 이상의 훈련 데이터와 1만1천 개 이상의 검증 데이터가 있다.

3. 개체명 인식(NER) 예제에서처럼, 모델을 훈련하려면 먼저 모델이 요구하는 올바른 형태가 되도록 데이터를 전처리해야 한다. 제일 먼저 할 일은 토크나이저를 준비하는 것이다. 질의응답 미세조정용으로는 다음과 같이 사전 훈련된 `AutoTokenizer` 타입의 토크나이저를 불러오면 된다.

```
from transformers import AutoTokenizer
model = "distilbert-base-uncased"
tokenizer = AutoTokenizer.from_pretrained(model)
```

코드에서 보듯이 이번 예제에서는 DistilBERT 모델을 사용한다.

SQuAD 예제에서는 모델에 둘 이상의 텍스트를 입력해야 한다. 하나는 질문용이고 다른 하나는 문맥용이다. 토크나이저는 두 텍스트의 토큰들을 차례로 배열하되 특수 [SEP] 토큰으로 두 텍스트를 구분해야 한다. DistilBERT는 이름에서 짐작하듯이 BERT 기반 모델이므로 이렇게 할 필요가 있다.

질의응답 작업에서는 문맥의 크기가 문제가 된다. 지문에 해당하는 문맥은 모델이 받아들일 수 있는 입력보다 길 수 있다. 그렇다고 문맥을 모델에 맞게 줄일 수는 없다. 입력 텍스트를 기계적으로 분할해서 길이를 맞추어도 되는 NLP 작업들도 있지만, 질의응답은 그렇지 않다. 답변 문구의 중간에서 입력 텍스트가 나누어질 수도 있기 때문이다. 이번 예제에서는 '보폭'(stride) 개념을 이용해서 이 문제를 해결한다[4].

4. 그림 `tokenizer` 객체를 이용해서 예시 하나를 토큰화해 보자.

---

[4] (옮긴이) 이 기법에서는 입력을 여러 조각으로 나눌 때 인접한 조각들이 일정 개수의 토큰만큼 겹치게 해서 답변 문구가 최대한 잘리지 않게 만든다. 지금 예에서는 최대 길이가 384이고 보폭이 128이므로, 384보다 긴 문맥이 주어지면 토크나이저는 첫 조각의 마지막 토큰 128개가 둘째 조각의 처음 토큰 128개와 겹치도록 문맥을 분할해서 토큰화한다.

```
max_length = 384
doc_stride = 128
example = squad["train"][173]
tokenized_example = tokenizer(
    example["question"],
    example["context"],
    max_length=max_length,
    truncation="only_second",
    return_overflowing_tokens=True,
    stride=doc_stride
)
```

stride 매개변수는 보폭으로, 여기서는 128(doc_stride)로 설정했다. 그리고 return_overflowing_tokens 플래그는 나머지 토큰들도 모델에 제공해야 하는지 여부를 뜻하는데, 답변 구간이 최대한 보존되도록 True로 설정했다.

5. SQuAD 버전 2의 173번 예시를 토큰화한 결과인 tokenized_example은 단일한 토큰화 출력이 아니라 두 개의 입력 ID로 구성된다. 이는 다음과 같이 확인할 수 있다.

```
len(tokenized_example['input_ids'])
```

6. 다음과 같이 for 루프를 실행해서 두 입력 ID의 데이터 전체를 확인해 보자.

```
for input_ids in tokenized_example["input_ids"][:2]:
    print(tokenizer.decode(input_ids))
    print("-"*50)
```

결과는 다음과 같다.

[CLS] beyonce got married in 2008 to whom? [SEP] on april 4, 2008, beyonce married jay z. she publicly revealed their marriage in a video montage at the listening party for her third studio album, i am... sasha fierce, in manhattan's sony club on october 22, 2008. i am... sasha fierce was released on november 18, 2008 in the united states. the album formally introduces beyonce's alter ego sasha fierce, conceived during the making of her 2003 single " crazy in love ", selling 482, 000 copies in its first week, debuting atop the billboard 200, and giving beyonce her third consecutive number - one album in the us. the album featured the number - one song " single ladies (put a ring on it) " and the top - five songs " if i were a boy " and " halo ". achieving the accomplishment of becoming her longest - running hot 100 single in her career, " halo "'s success in the us helped beyonce attain more top - ten singles on the list than any

```
other woman during the 2000s. it also included the successful " sweet dreams ", and singles "
diva ", " ego ", " broken - hearted girl " and " video phone ". the music video for " single
ladies " has been parodied and imitated around the world, spawning the " first major dance
craze " of the internet age according to the toronto star. the video has won several awards,
including best video at the 2009 mtv europe music awards, the 2009 scottish mobo awards, and
the 2009 bet awards. at the 2009 mtv video music awards, the video was nominated for nine
awards, ultimately winning three including video of the year. its failure to win the best
female video category, which went to american country pop singer taylor swift's " you belong
with me ", led to kanye west interrupting the ceremony and beyonce [SEP]
--------------------------------------------------
[CLS] beyonce got married in 2008 to whom? [SEP] single ladies " has been parodied and imitated
around the world, spawning the " first major dance craze " of the internet age according to the
toronto star. the video has won several awards, including best video at the 2009 mtv europe
music awards, the 2009 scottish mobo awards, and the 2009 bet awards. at the 2009 mtv video
music awards, the video was nominated for nine awards, ultimately winning three including video
of the year. its failure to win the best female video category, which went to american country
pop singer taylor swift's " you belong with me ", led to kanye west interrupting the ceremony
and beyonce improvising a re - presentation of swift's award during her own acceptance speech.
in march 2009, beyonce embarked on the i am... world tour, her second headlining worldwide
concert tour, consisting of 108 shows, grossing $ 119. 5 million. [SEP]
--------------------------------------------------
```

앞의 출력을 자세히 살펴보면 첫 입력 ID의 문맥 끝 부분의 토큰들이 둘째 입력 ID의 문맥 처음 부분에 복제되어 있다. 겹친 토큰들의 개수가 보폭(128)이다.

질의응답 작업에서 처리해야 할 또 다른 문제는 답변의 종료 범위(end span)다. 종료 범위는 데이터셋에 들어 있지 않다. 데이터셋에는 답변의 시작 범위(start span)나 시작 문자만 있다. 다행히, 종료 범위를 알아내는 것은 쉽다. 답변의 길이를 구해서 시작 범위에 더하면 된다.

7. 이제 이 데이터셋의 모든 세부 사항과 처리 방법을 알았으니, 전처리 함수를 정의하는 것은 간단한 문제다. 이번 예제의 전처리 함수는 허깅 페이스 커뮤니티가 제공하는 run_qa.py(https://github.com/huggingface/transformers/blob/master/examples/pytorch/question-answering/run_qa.py)를 참고한 것이다. 이 함수의 서명은 다음과 같다. 서명에서 보듯이 이 함수는 일련의 예시들을 받는다.

```
def prepare_train_features(examples):
```

8. 함수의 본문으로 들어가서, 먼저 함수는 주어진 예시들을 토큰화한다.

```
# tokenize examples
tokenized_examples = tokenizer(
    examples["question" if pad_on_right else "context"],
    examples["context" if pad_on_right else "question"],
    truncation="only_second" if pad_on_right else
        "only_first",
    max_length=max_length,
    stride=doc_stride,
    return_overflowing_tokens=True,
    return_offsets_mapping=True,
    padding="max_length",
)
```

9. 그런 다음 특징(feature)들을 각각의 예시에 대응시킨다.

```
sample_mapping = \
    tokenized_examples.pop("overflow_to_sample_mapping")
offset_mapping = tokenized_examples.pop("offset_mapping')
tokenized_examples["start_positions"] = []
tokenized_examples["end_positions"] = []
```

답변이 불가능한 예시에는 [CLS] 토큰을 부여해야 한다. 그리고 각각에 시작 토큰과 종료 토큰도 추가해야 한다.

```
    for i, offsets in enumerate(offset_mapping):
        input_ids = tokenized_examples["input_ids"][i]
        cls_index = input_ids.index(tokenizer.cls_token_id)
        sequence_ids = tokenized_examples.sequence_ids(i)
        sample_index = sample_mapping[i]
        answers = examples["answers"][sample_index]
        if len(answers["answer_start"]) == 0:
            tokenized_examples["start_positions"].\
                append(cls_index)
            tokenized_examples["end_positions"].\
                append(cls_index)
        else:
            start_char = answers["answer_start"][0]
```

```
            end_char = \
                start_char + len(answers["text"][0])
            token_start_index = 0
            while sequence_ids[token_start_index] != \
                (1 if pad_on_right else 0):
                token_start_index += 1
            token_end_index = len(input_ids) - 1
            while sequence_ids[token_end_index] != \
                (1 if pad_on_right else 0):
                token_end_index -= 1
            if not (offsets[token_start_index][0] <= \
                start_char and offsets[token_end_index][1] >= \
                end_char):
                tokenized_examples["start_positions"].append(
                cls_index)
                tokenized_examples["end_positions"].append(
                cls_index)
            else:
                while token_start_index < len(offsets) and \
                offsets[token_start_index][0] <= start_char:
                    token_start_index += 1
                tokenized_examples["start_positions"].
                append(token_start_index - 1)
                while offsets[token_end_index][1] >= end_char:
                    token_end_index -= 1
                tokenized_examples["end_positions"].
                append(token_end_index + 1)
    return tokenized_examples
```

10. 이제 이 함수를 데이터셋 전체에 매핑하면 모델이 요구하는 형태로 데이터셋이 변환된다.

```
tokenized_datasets = squad.map(prepare_train_features,
    batched=True, remove_columns=squad["train"].column_names)
```

11. 데이터셋이 준비되었으므로 미세조정할 사전 훈련된 모델을 불러오자. 이전 예제들에서처럼 적절한 모델 클래스에 대해 `from_pretrained`를 호출하면 된다.

```
from transformers import (
    AutoModelForQuestionAnswering, TrainingArguments, Trainer)
model = AutoModelForQuestionAnswering.from_pretrained(model)
```

12. 다음으로 할 일은 훈련 인수들을 준비하는 것이다.

```
args = TrainingArguments(
    "test-squad",
    evaluation_strategy = "epoch",
    learning_rate=2e-5,
    per_device_train_batch_size=16,
    per_device_eval_batch_size=16,
    num_train_epochs=3,
    weight_decay=0.01,
)
```

13. 이번 예제에는 커스텀 데이터 콜레이터가 필요하지 않다. Transformers 라이브러리가 제공하는 기본 데이터 콜레이터를 사용하면 된다.

```
from transformers import default_data_collator
data_collator = default_data_collator
```

14. 이제 트레이너를 만들 준비가 모두 완료되었다.

```
trainer = Trainer(
    model,
    args,
    train_dataset=tokenized_datasets["train"],
    eval_dataset=tokenized_datasets["validation"],
    data_collator=data_collator,
    tokenizer=tokenizer,
)
```

15. 트레이너의 **train** 함수를 호출해서 훈련을 시작한다.

```
trainer.train()
```

훈련이 끝나면 그림 6.13과 같은 모습이 될 것이다.

Epoch	Training Loss	Validation Loss	Runtime	Samples Per Second
1	1.220600	1.160322	39.574900	272.496000
2	0.945200	1.121690	39.706000	271.596000
3	0.773000	1.157358	39.734000	271.405000

[16599/16599 58:06, Epoch 3/3]

그림 6.13 훈련 결과

결과에서 보듯이 모델을 총 3에포크로 훈련했다. 검증과 훈련의 손실값도 나와 있다.

16. 이제 모델을 저장하자. 다른 모델에서처럼 `save_model()` 호출 한 번이면 된다.

```
trainer.save_model("distilBERT_SQUAD")
```

이후 언제라도 Transformers 라이브러리의 `pipeline`을 이용해서 이 모델을 불러와서 추론에 사용할 수 있다.

`pipeline`은 우리가 직접 저장한 모델뿐만 아니라 허깅 페이스가 제공하는 다른 여러 모델도 지원한다. 이번에는 허깅 페이스의 기존 모델을 질의응답에 사용해 보자.

1. 미리 SQuAD로 미세조정한 QA용 DistilBERT 모델[5]과 토크나이저로 파이프라인을 만든다.

```
from transformers import pipeline
qa_model = pipeline('question-answering',
    model='distilbert-base-cased-distilled-squad',
    tokenizer='distilbert-base-cased')
```

이 코드에서 보듯이 모델 이름과 토크나이저 이름만 지정하면 파이프라인이 만들어진다. `pipeline()` 호출의 첫 인수는 파이프라인 유형이다. 여기서는 질의응답을 위해 `question-answering`을 지정했다.

2. 다음으로, 추론할 질문과 문맥(지문)을 선택한다.

```
question = squad["validation"][0]["question"]
context = squad["validation"][0]["context"]
```

다음 코드를 이용해서 질문과 문맥을 확인할 수 있다[6].

```
print("Question:")
print(question)
print("Context:")
print(context)
```

---

[5] (옮긴이) 참고로, 해당 모델 카드(https://huggingface.co/distilbert/distilbert-base-cased-distilled-squad)에 따르면 `distilbert-base-cased-distilled-squad` 모델은 SQuAD 버전 2가 아니라 버전 1로 미세조정한 것이다.
[6] (옮긴이) 질문은 노르망디가 어느 나라에 있는지를 묻는 것이고, 지문은 노르만족에 관한 설명이다.

```
Question:
In what country is Normandy located?
Context:
('The Normans (Norman: Nourmands; French: Normands; Latin: Normanni) were the '
'people who in the 10th and 11th centuries gave their name to Normandy, a '
'region in France. They were descended from Norse ("Norman" comes from '
'"Norseman") raiders and pirates from Denmark, Iceland and Norway who, under '
'their leader Rollo, agreed to swear fealty to King Charles III of West '
'Francia. Through generations of assimilation and mixing with the native '
'\*\*'Frankish and Roman-Gaulish populations, their descendants would gradually '
'merge with the Carolingian-based cultures of West Francia. The distinct '
'cultural and ethnic identity of the Normans emerged initially in the first '
'half of the 10th century, and it continued to evolve over the succeeding ' 'centuries.')
```

3. 그럼 이 지문과 질문을 모델에 입력해 보자.

```
qa_model(question=question, context=context)
```

결과는 다음과 같다.

```
{'answer': 'France', 'score': 0.9889379143714905, 'start': 159, 'end': 165,}
```

지금까지 우리가 선택한 데이터셋을 이용해서 모델을 질의응답 작업에 맞게 미세조정하는 방법을 살펴봤다. 또한, 사전 훈련된 모델을 파이프라인을 이용해서 활용하는 방법도 이야기했다. 다음 절에서는 질의응답용으로 미세조정한 모델을 다양한 작업에 활용하는 방법을 살펴본다.

6.5 다양한 작업을 위한 질의응답

대다수의 언어(자연어)에서 NLP 작업은 결국 사람이 뭔가를 질문하면 모델이 답을 하는 문제로 간주할 수 있다. 즉, 대부분의 NLP 작업을 질의응답 작업으로 변환할 수 있는 것이다. 예를 들어 감성 분석(sentiment analysis)은 원래 입력을 세 클래스(긍정적, 부정적, 중립) 중 하나로 분류하는 작업이지만, 입력을 다음과 같이 바꾸면 질의응답 문제가 된다.

문맥: "나 이 영화 정말 좋아해!"
질문: "이 텍스트의 감성을 가장 잘 설명하는 것은 무엇인가? (긍정적, 부정적, 중립)"
답변: "긍정적"

이런 방식에서는 하나의 NLP 작업만이 아니라 여러 개의 NLP 작업을 하나의 토큰 분류기로 결합하는 것도 가능하다. 여러 가지 질문을 조합해서 여러 가지 NLP 작업을 처리할 수 있다. 이를 위해 모델을 미세조정하려면 이전 예제들처럼 질문, 문맥, 답변을 담은 데이터셋이 필요하다. 단, 이런 응용에서는 답변이 질문 자체에(주어진 문맥이 아니라) 들어 있을 수도 있다!

이 접근 방식의 또 다른 예는 대명사 해소(pronoun resolution) 문제를 질의응답으로 푸는 것이다. 다음과 같은 형태로 질문을 던지면 된다.

> 문맥: "메이삼은 사바슈를 존경했다. 그는 항상 사바슈의 작업에 매료되었다."
> 질문: "이 텍스트에서 '그'는 누구를 가리키는가?"
> 답변: "메이삼"

이상에서 보듯이 토큰 분류는 다양한 작업에 사용될 수 있다. 토큰 분류의 응용 방법은 질의응답 외에도 아주 많다.

요약

이번 장에서는 사전 훈련된 모델을 토큰 분류 작업에 맞게 미세조정하는 방법을 다뤘다. 개체명 인식(NER)과 질의응답(QA) 문제에 대한 모델 미세조정을 살펴봤고, 사전 훈련 및 미세조정된 모델을 파이프라인을 이용해서 특정 작업에 적용하는 방법을 실습 예제와 함께 상세히 설명했다. 또한, 이 두 가지 작업에 필요한 다양한 전처리 단계도 배웠다. 특정 작업에 맞게 미세조정한 모델을 저장하는 방법도 주요 학습 포인트 중 하나였다. 더 나아가서, 입력 크기가 제한된 모델을 질의응답처럼 모델 입력 크기보다 긴 시퀀스를 다루는 작업을 위해 훈련하는 방법도 살펴봤다. 문서 보폭(stride)을 이용한 문서 분할을 통해서 토크나이저를 좀 더 효율적으로 활용하는 방법 역시 중요한 주제였다.

다음 장에서는 트랜스포머를 이용한 다양한 텍스트 표현 방법을 논의한다. 제로샷 학습과 퓨샷 학습, 그리고 의미론적 텍스트 군집화를 수행하는 방법을 배우게 될 것이다.

07

텍스트 표현

이전 장들에서는 Transformers 라이브러리를 이용해 분류와 생성 문제를 처리했다. 현대적인 NLP에서 **텍스트 표현**(text representation)은 또 다른 중요한 NLP 작업이다. 텍스트 표현은 군집화(clustering), 의미 검색, **주제 모델링**(topic modeling)과 같은 비지도(unsupervised) 작업에서 특히 중요하다. 이번 장에서는 **USE**(Universal Sentence Encoder; 범용 문장 인코더)와 **SBERT**(Sentence-BERT) 같은 다양한 모델을 사용해 문장을 표현하는 방법을 설명한다. 그 과정에서 SentenceTransformers 같은 또 다른 파이썬 프레임워크도 소개한다. **BART**를 이용한 **제로샷 학습**(zero-shot learning)과 그 활용 방법도 배우게 될 것이다. 또한 **퓨샷 학습**(few-shot learning) 방법론과 **의미론적 텍스트 군집화**(semantic text clustering), 주제 모델링 같은 비지도 방식의 작업도 소개한다. 마지막으로는 **의미 검색**(semantic search) 같은 **원샷 학습**(one-shot learning) 사례를 논의한다. 임베딩과 텍스트 표현 모델은 대부분 의미론적 패러다임이나 구체적인 특정 주제에 기반한다. 하지만 이번 장에서는 지시문들로 미세조정한 임베딩 모델이 다양한 작업 해결에 어떻게 도움이 되는지도 논의한다.

이번 장에서 다루는 주제는 다음과 같다.

- **문장 임베딩**(sentence embedding) 소개
- 문장 유사도 모델 벤치마킹

- BART를 이용한 제로샷 학습
- FLAIR를 활용한 의미 유사도 실험
- Sentence-BERT를 이용한 텍스트 군집화
- Sentence-BERT를 이용한 의미 검색
- 지시문으로 미세조정한 임베딩 모델

7.1 기술적 요구사항

이번 장의 실습 예제들은 파이썬 노트북(주피터 혹은 구글 코랩) 환경을 가정한다. 파이썬 버전은 3.6 이상이어야 한다. 또한, 다음 패키지들이 설치되어 있어야 한다.

- sklearn
- transformers >=4.00
- datasets
- sentence-transformers
- tensorflow-hub
- flair
- umap-learn
- bertopic

이번 장의 예제 코드를 담은 파이썬 노트북들이 원서 깃허브 저장소(https://github.com/PacktPublishing/Mastering-Transformers-Second-Edition)에 있으니 참고하기 바란다.

7.2 문장 임베딩 소개

사전 훈련된 BERT 모델은 효율적이고 독립적인 문장 임베딩을 생성하지 않는다. 애초에 그런 모델은 처음부터 끝까지 지도 학습 방식으로 미세조정해서 사용할 것을 염두에 두고 만든 것이기 때문이다. 사전 훈련된 BERT 모델은 분리할 수 없는 하나의 전체로 볼 수 있다. 이런 모델에는 의미론적 정보

(semantic information)가 마지막 층뿐만 아니라 모든 층에 걸쳐 분산되어 있기 때문에 미세조정 없이 내부 표현만 따로 사용하는 것은 비효율적일 가능성이 크다. 또한 군집화, 주제 모델링, 정보 검색, 의미 검색과 같은 비지도 기반 작업을 처리하기 어렵다. 예를 들어 군집화 작업에서는 많은 수의 문장 쌍을 평가하는데, 이런 모델에서는 계산상 부담이 엄청나게 크다.

다행히, 의미론적으로 유의미하고 독립적인 문장 임베딩을 산출하도록 원래의 BERT 모델을 수정한 버전이 여럿 나와 있다. SBERT(Sentence-BERT)가 좋은 예이다. SBERT는 BERT가 사용하는 것과는 다른, 특별한 목적함수를 사용한다. SBERT의 접근 방식에서는 두 문장을 하나의 '쌍둥이 네트워크(twin network)'를 통해 하나의 쌍으로 연결해서 유사성을 평가할 수 있다. 잠시 후에 이런 접근 방식을 좀 더 자세히 설명한다. NLP 문헌들은 단일 문장을 공통 특징 공간(**벡터 공간 모델**)에 매핑(사상)하는 여러 가지 신경망 문장 임베딩 방법을 제안했다. 이 공통 특징 공간에서는 흔히 통상적인 코사인 함수(내적)를 이용해서 유사도를 측정하고, 비유사도는 유클리드 거리(Euclidean distance)로 측정한다.

다음은 문장 임베딩을 이용해 효율적으로 해결할 수 있는 몇 가지 응용 분야다.

- 문장 쌍 작업
- 정보 검색
- 질의응답
- 중복 질문 탐지
- 바꿔쓰기 탐지
- 문서 군집화
- 주제 모델링

신경망 문장 임베딩의 가장 단순하면서도 효율적인 유형은 평균 풀링(average-pooling) 연산이다. 이 연산은 한 문장 안의 단어 임베딩들에 적용된다. 이것을 좀 더 잘 표현하기 위해 초창기의 일부 신경망 기법들은 Doc2Vec이나 Skip-Thought, FastSent, Sent2Vec 같은 비지도 방식으로 문장 임베딩을 학습했다. Doc2Vec은 토큰 수준의 분포 이론과 인접 단어를 예측하는 목적함수를 활용했는데, 이는 **word2Vec**과 유사하다. 이 접근 방식은 각 문장에 추가적인 메모리 토큰(**문단 ID**(Paragraph-ID)라고 부른다)을 삽입한다. Transformers 라이브러리가 CLS 토큰이나 SEP 토큰을 삽입하는 것과 비슷하다. 이런 추가 토큰은 문맥 또는 문서 임베딩을 표현하는 하나의 메모리 조각의 경계를 표시하는 역할을 한다. SkipThought와 FastSent는 문장 수준 접근 방식으로 간주되며, 목적함수는 인접 문장을 예측하는 데 쓰인다. 이 모델들은 인접 문장과 그 문맥에서 필요한 정보를 얻기 위해 문장의 의미를 추출한다.

한편, InferSent 같은 방법은 지도 학습과 다중 작업 전이 학습을 이용해서 일반적인 문장 임베딩을 학습했다. InferSent는 더 효율적인 임베딩을 얻기 위해 다양한 지도 기반 작업들로 훈련되었다. GRU나 장단기 메모리(LSTM) 같은 **순환 신경망**(RNN) 기반 지도 학습 모델은 지도 학습 환경에서 마지막 은닉 상태(또는 전체 은닉 상태들의 축적)에서 문장 임베딩들을 얻는다. RNN 접근 방식은 1장에서 간단히 다루었다.

7.2.1 교차 인코더 대 이중 인코더

이전 장들에서 우리는 트랜스포머 기반 언어 모델을 훈련하고 각각 준지도(semi-supervised) 및 지도 방식으로 미세조정하는 방법을 논의했다. 거기서 봤듯이, 이런 미세조정으로 성공적인 결과를 얻을 수 있는 것은 트랜스포머의 아키텍처 덕분이다. 사전 훈련된 모델 위에 특정 작업에 특화된 얇은 선형층(linear layer)을 얹고 해당 작업에 맞게 레이블이 배정된 데이터로 훈련을 진행하면 네트워크의 모든 가중치가(마지막 작업 특화 선형층의 가중치뿐만 아니라) 해당 작업에 맞게 미세조정된다. 이전 장들에서는 또한 BERT 모델을 그 아키텍처를 수정하지 않고도 두 가지 다른 작업 그룹(단일 문장 또는 문장 쌍)에 대해 미세조정할 수 있음을 봤다. 유일한 차이점은, 문장 쌍 작업의 경우 두 문장을 SEP 토큰으로 연결한다는 것뿐이다. 결과적으로, 연결된 문장의 모든 토큰에 자기주의(self-attention)가 적용된다. 이처럼 두 입력 문장이 모든 층에서 서로 필요한 정보를 얻을 수 있다는 것이 BERT 모델의 큰 장점이다. 두 문장은 결국 동시에 인코딩되는데, 이를 **교차 인코딩**(cross-encoding)이라고 한다.

하지만 교차 인코더에도 단점이 있다. 다음은 SBERT의 작성자들이 언급한, 그리고 관련 논문(Humeau 외, 2019)에서 제시한 두 가지 단점이다.

- 교차 인코더 설정은 처리해야 할 조합이 너무 많기 때문에 아주 많은 수의 문장 쌍을 처리하는 작업에 적합하지 않다. 예를 들어 1,000개의 문장 목록에서 가장 가까운 두 문장을 얻으려면 교차 인코더 모델(BERT)은 약 500,000번($n(n-1)/2$)의 추론 계산이 필요하다. 따라서 SBERT나 USE 같은 대안 솔루션에 비해 매우 느릴 것이다. 대안 솔루션들이 사용하는 유사도 함수는 현대적 아키텍처에서 효율적으로 계산할 수 있다. 또한, 최적화된 인덱스 구조를 사용하면 많은 문서를 비교하거나 군집화할 계산 복잡도를 몇 시간에서 몇 분으로 줄일 수 있다.
- 지도 학습의 특성상 BERT 모델은 독립적이고 의미 있는 문장 임베딩을 도출할 수 없다. 군집화, 의미 검색 또는 주제 모델링 같은 비지도 작업에 사전 훈련된 BERT 모델을 그대로 활용하기가 어렵다. BERT 모델은 문서의 각 토큰에 대해 고정 크기 벡터를 생성한다. 비지도 설정에서 문서 수준의 표현을 얻으려면 토큰 벡터에 *SEP* 토큰과 *CLS* 토큰

을 추가해서 평균을 내거나 풀링해야 한다. 나중에 보겠지만, BERT의 이러한 표현은 평균 이하의 문장 임베딩을 생성한다. 해당 성능 점수는 일반적으로 Word2Vec, FastText 또는 GloVe와 같은 단어 임베딩 풀링 기법보다 낮다.

이에 대한 대안으로 SBERT와 같은 이중 인코더(bi-encoder)는 다음 다이어그램과 같이 두 문장을 독립적으로 의미 벡터 공간(semantic vector space)에 매핑한다. 두 문장의 표현이 분리되어 있기 때문에 이중 인코더는 각 입력에 대해 인코딩된 입력 표현을 따로 캐시에 담아둘 수 있으며, 결과적으로 추론이 빨라진다. BERT를 이중 인코딩에 맞게 수정한 버전 중 좋은 성과를 낸 것이 바로 SBERT이다. SBERT는 샴 네트워크(Siamese network)와 삼중항 네트워크(Triplet network) 구조를 기반으로 BERT 모델을 미세조정해서 의미론적으로 유의미하고 독립적인 문장 임베딩을 생성한다.

그림 7.1에 이중 인코더의 구조가 나와 있다.

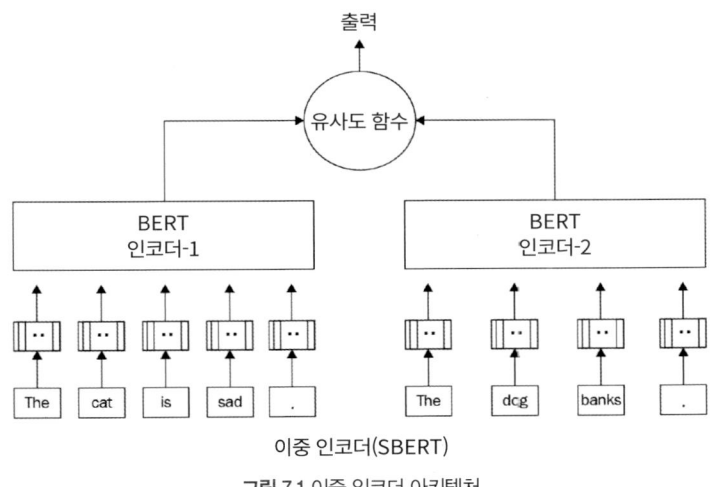

그림 7.1 이중 인코더 아키텍처

https://public.ukp.informatik.tu-darmstadt.de/reimers/sentence-transformers/v0.2/에 다양한 목적으로 훈련된 수백 개의 사전 훈련된 SBERT 모델이 있다. 이 중 일부를 이후의 절에서 사용해 볼 것이다.

7.3 문장 유사도 모델의 벤치마킹

사용할 수 있는 의미론적 텍스트 유사도 모델은 많이 있다. 어떤 모델을 사용할지 결정할 때는 다양한 지표(측정 항목)를 이용해서 모델을 벤치마킹해서 여러 모델의 성능 특징과 차이점 등을 파악하는 것이 매우 중요하다. 의미론적 텍스트 유사도 모델과 관련한 벤치마크들에 관한 정보가 **Papers With Code** 웹사이트의 'Semantic Textual Similarity' 웹페이지(https://paperswithcode.com/task/semantic-textual-similarity)에 정리되어 있으니 참고하기 바란다.

그 웹페이지에서 특정 벤치마크를 클릭하면 나오는 상세 페이지에서 해당 벤치마크로 평가한 여러 모델의 점수를 볼 수 있다. 이 수치들은 앞에서 언급한 논문에서 가져온 것이다.

유명한 **GLUE 벤치마크**(General Language Understanding Evaluation; 일반 언어 이해 평가) 벤치마크도 이 데이터셋 대부분과 해당 테스트를 제공한다. 물론 GLUE가 의미론적 텍스트 유사도에만 국한된 것이 아니다. NLP와 관련한 수많은 모델을 평가하기 위한 일반적인 벤치마크다. GLUE의 데이터셋과 그 사용법은 2장에서 자세히 다루었다. 잘 기억나지 않는다면 잠깐 다시 살펴보고 오기 바란다. 그럼 사전 훈련된 모델 하나를 GLUE의 텍스트 유사도 관련 데이터셋으로 평가해 보자.

1. 주요 지표와 데이터셋을 불러오기 위해 먼저 datasets 라이브러리의 관련 함수들을 임포트한다.

```
from datasets import load_metric, load_dataset
```

2. 임포트한 `load_metric` 함수는 지표들을 다루는 객체를 돌려준다. 이 함수로 `metric`이라는 객체를 만들었으며 모델이 생성(예측)한 값들이 `predictions`라는 배열에 저장되어 있다고 가정할 때, 다음 예처럼 `metric`의 `compute`를 호출하면 F1 점수와 정확도 등의 수치를 얻을 수 있다.

```
labels = [i['label'] for i in dataset['test']]
metric.compute(predictions=predictions, references=labels)
```

3. 그럼 실제로 지표 객체를 사용해 보자. 벤치마크 데이터셋이 제공하는 지표들은 벤치마크에 따라 다양하다. 예를 들어 **STSB**(Semantic Textual Similarity Benchmark; 의미론적 텍스트 유사도 벤치마크)는 스피어먼 상관계수와 피어슨 상관계수를 사용하는데, 이는 이 벤치마크의 출력과 예측이 0에서 5 사이의 실숫값이기 때문이다. 다음은 이 벤치마크의 지표 객체를 생성해서 지표들을 계산하는 예이다[1].

```
metric = load_metric('glue', 'stsb')
metric.compute(predictions=[1,2,3],references=[5,2,2])
```

---

[1] (옮긴이) datasets 라이브러리의 버전과 독자의 실행 환경에 따라서는 load_metric 호출 시 metric = load_metric('glue', 'stsb', trust_remote_code=True)처럼 trust_remote_code=True를 추가해서 원격 코드 실행을 명시적으로 허락해 주어야 한다.

이 예에서 보듯이, predictions 매개변수에는 모델이 출력한 값들을 지정하고 references 매개변수에는 데이터셋의 레이블들을 지정해야 한다.

4. 본격적인 벤치마크로 들어가서, STSB로 두 가지 모델의 성능을 비교해 보자. USE를 위해 만들어진 모델과 RoBERTa를 경량화한 모델을 사용하기로 한다. 먼저 실습에 필요한 라이브러리들부터 설치하자.

```
!pip install tensorflow-hub
!pip install sentence-transformers
```

5. 다음으로, 앞에서 본 것처럼 지표 객체를 생성하고, 벤치마크 데이터셋도 불러온다.

```
from datasets import load_metric, load_dataset
stsb_metric = load_metric('glue', 'stsb')
stsb = load_dataset('glue', 'stsb')
```

6. 이제 텐서플로 허브[2]에서 USE 모델과 RoBERTa 모델을 불러온다.

```
import tensorflow_hub as hub
use_model = hub.load(
    "https://tfhub.dev/google/universal-sentence-encoder/4")
from sentence_transformers import SentenceTransformer
distilroberta = SentenceTransformer(
    'stsb-distilroberta-base-v2')
```

7. 두 모델 모두 주어진 문장에 대한 임베딩을 제공한다. 두 문장의 유사도는 코사인 유사도 함수로 측정한다. 다음은 문장 쌍들을 담은 배치를 받고 USE 모델을 이용해서 각 문장 쌍의 코사인 유사도를 산출하는 함수다.

```
import tensorflow as tf
import math
def use_sts_benchmark(batch):
    sts_encode1 = tf.nn.l2_normalize(
        use_model(tf.constant(batch['sentence1'])), axis=1)
    sts_encode2 = tf.nn.l2_normalize(
        use_model(tf.constant(batch['sentence2'])), axis=1)
```

---

[2] (옮긴이) 텐서플로 허브에서 제공하던 모델들은 2023년 11월 15일자로 Kaggle Models 사이트(https://www.kaggle.com/models)로 이전되었다. 다행히 tensorflow-hub 라이브러리는 여전히 https://tfhub.dev/로 시작하는 URL을 지원한다.

```
        cosine_similarities = tf.reduce_sum(
            tf.multiply(sts_encode1, sts_encode2),axis=1)
        clip_cosine_similarities = tf.clip_by_value(
            cosine_similarities,-1.0, 1.0)
        scores = 1.0 - \
            tf.acos(clip_cosine_similarities) / math.pi
    return scores
```

8. RoBERTa 모델을 위한 함수도 이와 거의 비슷하다. 텐서플로 허브에서 가져온 USE 모델 대신 Transformers 라이브러리의 RoBERTa 모델을 사용한다는 점이 다를 뿐이다.

```
def roberta_sts_benchmark(batch):
    sts_encode1 = tf.nn.l2_normalize(
        distilroberta.encode(batch['sentence1']), axis=1)
    sts_encode2 = tf.nn.l2_normalize(
        distilroberta.encode(batch['sentence2']), axis=1)
    cosine_similarities = tf.reduce_sum(
        tf.multiply(sts_encode1, sts_encode2),  axis=1)
    clip_cosine_similarities = tf.clip_by_value(
        cosine_similarities, -1.0, 1.0)
    scores = 1.0  - \
        tf.acos(clip_cosine_similarities) / math.pi
    return scores
```

9. 이제 이 함수들을 데이터셋에 적용해서 각 모델의 유사도 점수를 얻는다.

```
use_results = use_sts_benchmark(stsb['validation'])
distilroberta_results = roberta_sts_benchmark(
    stsb['validation'])
```

10. 다음으로, 이 점수들을 앞에서 만든 지표 객체에 적용해서 스피어먼 상관계수와 피어슨 상관계수를 구한다.

```
results = {
    "USE":stsb_metric.compute(
        predictions=use_results,
        references=references),
    "DistilRoberta":stsb_metric.compute(
        predictions=distilroberta_results,
```

```
        references=references)
}
```

11. 판다스 데이터프레임을 이용해 결과를 표 형태로 표시하면 두 모델의 결과를 비교하기 좋다.

```
import pandas as pd
pd.DataFrame(results)
```

출력은 다음과 같다(그림 7.2).

	USE	DistillRoberta
pearson	0.810302	0.888461
spearmanr	0.808917	0.889246

그림 7.2 DistilRoBERTa와 USE의 STSB 검증 결과

이렇게 해서 의미론적 텍스트 유사도에 관한 중요한 벤치마크인 STSB를 살펴봤다. 서로 다른 모델들에 대해 동일한 측정 항목들을 이용해서 모델들의 성능을 정량화하는 방법을 배울 수 있었을 것이다. 다음 절에서는 제로샷 및 퓨샷 학습 모델을 살펴본다.

7.4 BART 모델을 이용한 제로샷 학습

머신러닝 분야에서 제로샷 학습(zero-shot learning)이란 모델을 어떤 특정한 작업을 위해 명시적으로 훈련하지 않고도 모델이 그 작업을 수행할 수 있게 만드는 것을 뜻한다. NLP 작업에서 모델은 주어진 텍스트가 미리 정해진 여러 클래스 중 어떤 것에 속하는지를 예측해야 한다. 제로샷 학습에서는 그러한 클래스들에 대해 명시적으로 모델을 훈련하지 않아도 모델이 텍스트의 클래스를 잘 분류한다.

전이 학습이 가능한 고급 언어 모델이 등장하면서 이러한 제로샷 학습이 현실화되었다. NLP에서 이런 종류의 학습은 테스트 과정에서 수행된다. 이때 모델은 이전에 접한 적이 없는 새로운 클래스에 속하는 샘플을 접하게 된다.

이런 종류의 학습은 주로 분류 작업에 쓰인다. 이 경우 모델은 텍스트뿐만 아니라 클래스에 대한 표현도 생성해서 둘의 의미 유사성을 비교한다. 둘 다 표현 형식은 임베딩 벡터다. 그 벡터들의 유사도를 측정해서 해당 문장 또는 텍스트가 해당 클래스로 분류될 확률을 산출한다(이때 유사도 측정은 코사인 유사도를 적용할 수도 있고 밀집층(dense layer) 같은 사전 훈련된 분류기를 이용할 수도 있다).

이러한 모델을 훈련하는 데 사용할 수 있는 방법과 시스템은 다양하다. 아주 초기에는 <meta> 태그에 키워드들이 포함된 웹페이지들을 크롤링해서 활용하는 방법이 쓰였다. 좀 더 자세한 사항은 아미트 차우두리[Amit Chaudhary]의 글 "Zero Shot Learning for Text Classification"(https://amitness.com/2020/05/zero-shot-text-classification/)을 참고하기 바란다.

웹에서 수집한 대규모 비정형 데이터를 사용하는 대신, **다중 장르 자연어 추론**(Multi-Genre Natural Language Inference, **MultiNLI**) 데이터셋으로 모델을 미세조정해서 서로 다른 두 문장의 관계를 검출하는 방법도 있다. BART 같은 언어 모델이 그런 방법을 사용한 것이다. 이 밖에도 허깅 페이스 모델 저장소에는 제로샷 학습을 위해 구현된 모델이 많이 있다. 허깅 페이스는 사용하기 편한 제로샷 학습 파이프라인도 제공한다.

한 예로, 다음은 메타[Meta]사의 기초 AI 연구(Fundamental AI Research, **FAIR**)에서 개발한 BART 모델을 이용해서 제로샷 텍스트 분류를 수행하는 코드다.

```
from transformers import pipeline
import pandas as pd
classifier = pipeline("zero-shot-classification",
    model="facebook/bart-large-mnli")
sequence_to_classify = "one day I will see the world"
candidate_labels = ['travel',
    'cooking',
    'dancing',
    'exploration']
result = classifier(sequence_to_classify, candidate_labels)
pd.DataFrame(result)
```

결과는 다음과 같다(그림 7.3).

	sequence	labels	scores
0	one day I will see the world	travel	0.795756
1	one day I will see the world	exploration	0.199332
2	one day I will see the world	dancing	0.002621
3	one day I will see the world	cooking	0.002291

그림 7.3 BART를 이용한 제로샷 학습의 결과

모델은, 직역하면 '언젠가 나는 세상을 볼 것이다'라는 문장의 즈제를 travel(여행)로 분류했다. exploration(탐험)의 확률도 꽤 높지만, travel의 확률이 압도적으로 높게 나왔다.

그런데 하나의 예시가 둘 이상의 클래스에 속하는 경우도 있다. 이는 다중 레이블 문제다. 허깅 페이스는 이를 위해 multi_label이라는 매개변수를 제공한다. 다음은 이 매개변수를 사용하는 예이다.

```
result = classifier(sequence_to_classify,
    candidate_labels,
    multi_label=True)
Pd.DataFrame(result)
```

이번에는 다음과 같이 travel과 exploration 둘 다 높은 확률이 나온다(그림 7.4).

	sequence	labels	scores
0	one day I will see the world	travel	0.994511
1	one day I will see the world	exploration	0.938389
2	one day I will see the world	dancing	0.005706
3	one day I will see the world	cooking	0.001819

그림 7.4 BART를 이용한 제로샷 학습의 결과 (multi_label = True의 경우)

여행과 비슷한 뜻을 가진 레이블을 추가해서 모델의 성능을 좀 더 테스트해 봐도 좋을 것이다. 예를 들어 moving(이사)이나 going(이동) 같은 레이블을 추가해서 시도해 보기 바란다.

레이블과 문맥의 의미 유사성을 이용해서 제로샷 분류를 수행하는 모델도 있다. 퓨샷 학습(few-shot learning)에서는 모델에 적은 수의 예시(example)를 제공한다. 물론 그 예시들만으로는 모델을 훈련하기에 충분하지 않다. 하지만 모델은 주어진 예시들을 이용해서 의미적 텍스트 군집화 같은 작업을 수행할 수 있다. 이에 관해서는 잠시 후에 좀 더 이야기하겠다.

BART를 제로샷 학습에 사용하는 방법을 살펴봤으니, 그 작동 원리를 알아보자. BART 모델은 MultiNLI 같은 **자연어 추론(NLI)** 데이터셋으로 미세조정된다. 이러한 데이터셋은 다수의 문장 쌍으로 이루어지는데, 각 문장 쌍은 세 가지 클래스 중 하나에 해당하는 레이블이 붙는다. 세 클래스 레이블은 중립을 뜻하는 Neutral, 함의 관계를 뜻하는 Entailment, 모순 관계를 뜻하는 Contradiction이다. 이런 데이터셋으로 훈련된 모델에 두 개의 문장을 입력하면 모델은 그 두 문장의 의미를 파악해서 세 레이블 중 하나를 선택하고 그 결과를 원핫 벡터 형식으로 출력한다. 중립 레이블을 빼고 함의와 모순만 출력 레이블로 사용한다고 하자. 만일 주어진 두 문장이 모순 관계가 아니라 함의 관계라면 두 문장은 의미가 비슷하다고 말할 수 있다. 이는 레이블을 첫 문장, 내용 문장을 둘째 문장으로 입력해서 NLI 모델을 실행함으로써 의미 유사성을 판정할 수 있다는 뜻이다. 예를 들어 레이블 travel과 내용 문장 one day I will see the world를 입력함으로써 해당 문장이 여행에 관한 것인지 아닌지를 알 수 있는 것이다. 그럼 이를 실제로 실험해 보자. 다음 코드는 제로샷 분류 파이프라인 없이 BART 모델을 직접 사용해서 방금 말한 추론을 실행한다.

```
from transformers import (
    AutoModelForSequenceClassification, AutoTokenizer)
nli_model = AutoModelForSequenceClassification\
    .from_pretrained(
    "facebook/bart-large-mnli")
tokenizer = AutoTokenizer\
    .from_pretrained(
    "facebook/bart-large-mnli")
premise = "one day I will see the world"
label = "travel"
hypothesis = f'This example is {label}.'
x = tokenizer.encode(
    premise,
    hypothesis,
    return_tensors='pt',
    truncation_strategy='only_first')
logits = nli_model(x)[0]
entail_contradiction_logits = logits[:,[0,2]]
probs = entail_contradiction_logits.softmax(dim=1)
prob_label_is_true = probs[:,1]
print(prob_label_is_true)
```

결과는 다음과 같다.

```
tensor([0.9945], grad_fn=<SelectBackward>)
```

이 코드는 레이블이 포함된 문장을 전제(premise), 내용 문장을 가설(hypothesis)로 간주해서 함의 관계를 판정한다. 0.9945라는 결과는 전제가 실제로 가설을 함의한다는 뜻이며, 이는 곧 해당 문장은 여행이라는 클래스에 속한다는 뜻이다.

이렇게 해서 NLI로 미세조정된 모델을 활용해서 제로샷 학습을 수행하는 방법을 살펴봤다. 다음 절에서는 의미적 텍스트 군집화와 의미 검색을 사용하여 퓨샷 또는 원샷 학습을 수행하는 방법을 알아본다.

7.5 FLAIR를 이용한 의미 유사성 실험

이번 실습 예제에서는 FLAIR 라이브러리를 이용해서 여러 문장 표현 모델을 정성적으로 평가해 본다. FLAIR 라이브러리를 이용하면 문서 임베딩을 아주 간단하게 생성할 수 있다.

실습 과정에서 다음과 같은 여러 가지 임베딩 접근 방식을 살펴볼 것이다.

- 문서 평균 풀링 임베딩
- RNN 기반 임베딩
- BERT 임베딩
- SBERT 임베딩

실습에 필요한 라이브러리부터 설치하자.

```
!pip install sentence-transformers
!pip install dataset
!pip install flair
```

정성적 평가(qualitative evaluation)를 위해 유사한 문장 쌍 목록과 유사하지 않은 문장 쌍 목록(각각 5쌍)을 정의한다. 임베딩 모델이 유사한 문장 쌍(이하 유사 쌍)에 대해서는 높은 점수를, 유사하지 않은 문장 쌍(이하 비유사 쌍)에 대해서는 낮은 점수를 산출할 것으로 기대한다.

문장 쌍들은 STSB 데이터셋(https://huggingface.co/datasets/glue/viewer/stsb)에서 추출한다. 이번 장은 물론 이전 장들에서도 여러 번 등장해서 이제는 익숙할 것이다.

다음은 STS-B 데이터셋에서 유사도 점수가 약 5인 문장을 무작위로 선택해서 만든 유사 쌍 목록이다. 각 쌍의 두 문장은 의미가 사실상 같다.

```python
import pandas as pd
similar=[
    ("A black dog walking beside a pool.",
    "A black dog is walking along the side of a pool."),
    ("A blonde woman looks for medical supplies for work in a  suitcase. ",
    " The blond woman is searching for medical supplies in a  suitcase."),
    ("A doubly decker red bus driving down the road.",
    "A red double decker bus driving down a street."),
    ("There is a black dog jumping into a swimming pool.",
    "A black dog is leaping into a swimming pool."),
    ("The man used a sword to slice a plastic bottle.",
    "A man sliced a plastic bottle with a sword.")]
pd.DataFrame(similar, columns=["sen1", "sen2"])
```

그림 7.5에 판다스 데이터프레임 출력이 나와 있다.

	sen1	sen2
0	A black dog walking beside a pool.	A black dog is walking along the side of a pool.
1	A blonde woman looks for medical supplies for ...	The blond woman is searching for medical supp...
2	A doubly decker red bus driving down the road.	A red double decker bus driving down a street.
3	There is a black dog jumping into a swimming p...	A black dog is leaping into a swimming pool.
4	The man used a sword to slice a plastic bottle.\t	A man sliced a plastic bottle with a sword.

그림 7.5 유사 쌍 목록

비유사 쌍은 STSB 데이터셋에서 유사도 점수가 약 0인 문장을 무작위로 추출해서 만든다. 각 쌍은 전혀 무관한 두 문장으로 구성된다.

```python
import pandas as pd
dissimilar= [
    ("A little girl and boy are reading books. ",
    "An older child is playing with a doll while gazing out the window."),
```

```
   ("Two horses standing in a field with trees in the background.",
    "A black and white bird on a body of water with grass in the background."),
   ("Two people are walking by the ocean.",
    "Two men in fleeces and hats looking at the camera."),
   ("A cat is pouncing on a trampoline.",
    "A man is slicing a tomato."),
   ("A woman is riding on a horse.",
    "A man is turning over tables in anger.")]
pd.DataFrame(dissimilar, columns=["sen1", "sen2"])
```

판다스 데이터프레임 출력은 다음과 같다(그림 7.6).

	sen1	sen2
0	A little girl and boy are reading books.	An older child is playing with a doll while ga...
1	Two horses standing in a field with trees in t...	A black and white bird on a body of water with...
2	Two people are walking by the ocean.	Two men in fleeces and hats looking at the cam...
3	A cat is pouncing on a trampoline.	A man is slicing a tomato.
4	A woman is riding on a horse.	A man is turning over tables in anger.

그림 7.6 비유사 쌍 목록

이제 임베딩 모델을 평가하는 데 필요한 함수들을 준비하자. 다음의 sim() 함수는 두 문장 s1과 s2의 코사인 유사도를 계산한다.

```
import torch, numpy as np
def sim(s1,s2):
    s1=s1.embedding.unsqueeze(0)
    s2=s2.embedding.unsqueeze(0)
    sim=torch.cosine_similarity(s1,s2).item()
    return np.round(sim,2)
```

이 실습에서 평가할 문서 임베딩 모델들은 모두 사전 훈련된 모델이다. 다음은 모델 하나를 평가하는 evaluate() 함수로, 모델 객체와 문장 쌍 목록(유사 또는 비유사)을 받아서 목록의 각 쌍에 대해 임베딩을 생성하고 유사도 점수를 계산한다. 모든 문장 쌍을 처리한 후에는 점수 목록과 평균 점수를 돌려준다.

```
from flair.data import Sentence
def evaluate(embeddings, myPairList):
    scores=[]
    for s1, s2 in myPairList:
        s1,s2=Sentence(s1), Sentence(s2)
        embeddings.embed(s1)
        embeddings.embed(s2)
        score=sim(s1,s2)
        scores.append(score)
    return scores, np.round(np.mean(scores),2)
```

이제 문장 임베딩 모델들을 평가할 때가 되었다. 평균 단어 임베딩 모델로 시작하자.

7.5.1 평균 단어 임베딩

문서 풀링(document pooling)이라고도 부르는 **평균 단어 임베딩**(average word embedding)은 문장의 모든 단어에 평균 풀링 연산을 적용한다. 이 방식에서는 문장의 모든 단어 임베딩의 평균을 그 문장의 임베딩으로 간주한다. 다음은 GloVe 벡터에 기반해서 문서 풀링 임베딩을 구하는 코드다. 여기서는 GloVe 벡터만 사용하지만, FLAIR 라이브러리를 이용하면 다중 단어 임베딩도 사용할 수 있다는 점을 기억해 두기 바란다.

```
from flair.data import Sentence
from flair.embeddings import (
    WordEmbeddings, DocumentPoolEmbeddings)
glove_embedding = WordEmbeddings('glove')
glove_pool_embeddings = DocumentPoolEmbeddings(
    [glove_embedding])
```

그럼 유사한 문장 쌍들로 이 GloVe 풀링 모델을 평가해 보자.

```
evaluate(glove_pool_embeddings, similar)
([0.97, 0.99, 0.97, 0.99, 0.98], 0.98)
```

1에 가까운 높은 점수들이 나왔다. 이는 우리가 기대한 좋은 결과다. 하지만 이 모델은 비유사 쌍 목록에 대해서도 평균 0.94라는 높은 유사도 점수를 산출한다. 비유사 문장 쌍들에 대해서는 0.4 미만의 낮은 점수가 나와야 마땅하므로, 이것은 문제다. 이에 관해서는 이번 장에서 나중에 좀 더 이야기하겠다. 비유사 쌍 평가 코드는 다음과 같다.

```
evaluate(glove_pool_embeddings, dissimilar)
([0.94, 0.97, 0.94, 0.92, 0.93], 0.94)
```

다음으로는 몇 가지 종류의 RNN 임베딩 모델을 같은 문장 쌍들로 평가해 본다.

7.5.2 RNN 기반 문서 임베딩

이번에는 GloVe 임베딩에 기반한 GRU 모델을 시험해 보겠다. DocumentRNNEmbeddings의 기본 모델이 GRU다.

```
from flair.embeddings import (
    WordEmbeddings, DocumentRNNEmbeddings)
gru_embeddings = DocumentRNNEmbeddings([glove_embedding])
```

이제 evaluate() 함수를 호출해서 모델을 평가하자.

```
evaluate(gru_embeddings, similar)
([0.99, 1.0, 0.94, 1.0, 0.92], 0.97)
evaluate(gru_embeddings, dissimilar)
([0.86, 1.0, 0.91, 0.85, 0.9], 0.9)
```

이 경우에도 비유사 쌍 목록에 대해 너무 높은 점수가 나왔다. 문장 임베딩에서 우리가 기대한 것과는 거리가 먼 결과다.

7.5.3 트랜스포머 기반 BERT 임베딩

다음 코드는 마지막 층을 풀링하는 bert-base-uncased 모델을 인스턴스화한다.

```
from flair.embeddings import TransformerDocumentEmbeddings
from flair.data import Sentence
bert_embeddings = TransformerDocumentEmbeddings(
    'bert-base-uncased')
```

이 모델을 평가해 보자.

```
evaluate(bert_embeddings, similar)
([0.85, 0.9, 0.96, 0.91, 0.89], 0.9)
evaluate(bert_embeddings, dissimilar)
([0.93, 0.94, 0.86, 0.93, 0.92], 0.92)
```

이전보다도 나쁜 결과가 나왔다! 비유사 쌍 목록의 유사도 점수가 유사 쌍 목록보다 높다.

7.5.4 SBERT 임베딩

이번에는 SBERT 임베딩 모델이다. 다른 모델들과는 달리 유사 쌍과 비유사 쌍을 잘 구별하는지 시험해 보자.

1. 먼저 SentenceTransformers 패키지를 설치한다. 이전 실습 예제들을 잘 따라 했다면 이미 설치되어 있을 것이다.

    ```
    !pip install sentence-transformers
    ```

2. 앞에서 언급했듯이 SBERT는 다양한 사전 훈련 모델을 제공한다. 이번 평가에는 `bert-base-nli-mean-tokens` 모델을 사용하기로 하겠다. 다음은 이 모델을 불러오는 코드다.

    ```
    from flair.data import Sentence
    from flair.embeddings import (
        SentenceTransformerDocumentEmbeddings)
    sbert_embeddings = SentenceTransformerDocumentEmbeddings(
        'bert-base-nli-mean-tokens')
    ```

3. 이제 모델을 평가해 보자.

    ```
    evaluate(sbert_embeddings, similar)
    ([0.98, 0.95, 0.96, 0.99, 0.98], 0.97)
    evaluate(sbert_embeddings, dissimilar)
    ([0.48, 0.41, 0.19, -0.05, 0.0], 0.21)
    ```

좋은 결과가 나왔다. SBERT 모델은 유사 쌍 목록에 대해 높은 점수를 산출했을 뿐만 아니라, 이전 모델들과는 달리 비유사 쌍 목록에 대해서는 기대한 대로 낮은 점수를 산출했다.

4. 이제 좀 더 어려운 테스트를 해보자. 이번에는 모델에 모순되는 문장들을 입력해서 평가해 본다.

```
tricky_pairs=[
    ("An elephant is bigger than a lion",    # 코끼리가 사자보다 크다
    "A lion is bigger than an elephant") ,   # 사자가 코끼리보다 크다
    ("the cat sat on the mat",               # 고양이가 매트 위에 앉아 있다
    "the mat sat on the cat")]               # 매트가 고양이 위에 놓여 있다

evaluate(glove_pool_embeddings, tricky_pairs)
([1.0, 1.0], 1.0)

evaluate(gru_embeddings, tricky_pairs)
([0.87, 0.65], 0.76)

evaluate(bert_embeddings, tricky_pairs)
([1.0, 0.98], 0.99)

evaluate(sbert_embeddings, tricky_pairs)
([0.93, 0.97], 0.95)
```

흥미로운 결과다. 유사도 점수가 모두 높은데, 이는 문장 유사도 모델들이 마치 주제 분류 모델처럼 작동해서 내용 유사성을 측정했기 때문이다. 문장들을 살펴보면 뜻은 반대지만, 주제 자체는 비슷하다. 첫 쌍은 사자와 코끼리에 관한 것이고 둘째 쌍은 고양이와 매트에 관한 것이다. 그래서 네 모델 모두 높은 유사도 점수를 산출했다. GloVe 임베딩 방식은 단어 순서를 고려하지 않고 단어들의 평균을 취하기 때문에 두 문장이 아예 같다고 판단했다. 반면에 GRU 모델은 단어 순서를 고려하기 때문에 점수가 더 낮다. SBERT 모델조차 제대로 된 점수를 산출하지 못한 것은 의외다. 어쩌면 SBERT 모델에 사용된 내용 유사성 기반 지도 학습 때문일 수 있다.

5. 두 문장 쌍의 의미를 '중립', '모순', '함의'의 세 가지 클래스로 정확히 분류하려면 MultiNLI(다중 장르 자연어 추론) 작업을 위해 미세조정된 모델을 사용해야 한다. 다음은 XNLI 데이터셋 (https://github.com/facebookresearch/XNLI)으로 미세조정한 **XLM-RoBERTa** 모델을 앞의 까다로운 문장 쌍들로 평가하는 코드다.

```
from transformers Import (
    AutoModelForSequenceClassification, AutoTokenizer)
nli_model = AutoModelForSequenceClassification\
    .from_pretrained(
```

```
        'joeddav/xlm-roberta-large-xnli')
tokenizer = AutoTokenizer.from_pretrained(
    'joeddav/xlm-roberta-large-xnli')
import numpy as np
for permise, hypothesis in tricky_pairs:
    x = tokenizer.encode(premise,
        hypothesis,
        return_tensors='pt',
        truncation_strategy='only_first')
    logits = nli_model(x)[0]
    print(f"Permise: {permise}")
    print(f"Hypothesis: {hypothesis}")
    print("Top Class:")
    print(nli_model.config.id2label[np.argmax(
        logits[0].detach().numpy()). ])
    print("Full softmax scores:")
    for i in range(3):
        print(nli_model.config.id2label[i],
            logits.softmax(dim=1)[0][i].detach().numpy())
    print("="*20)
```

출력은 다음과 같다. 테스트한 각 문장 쌍을 모델이 어떤 클래스로 분류했는지 유심히 살펴보기 바란다.

```
Premise: An elephant is bigger than a lion
Hypothesis: A lion is bigger than an elephant
Top Class:
contradiction
Full softmax scores:
contradiction 0.7731286
neutral 0.2203285
entailment 0.0065428796
====================
Premise: the cat sat on the mat
Hypothesis: the mat sat on the cat
Top Class:
entailment
Full softmax scores:
```

```
contradiction 0.49365467
neutral 0.007260764
entailment 0.49908453
=====================
```

두 문장 쌍 모두 모순 관계인데, 모델은 첫 문장 쌍을 모순으로 잘 분류했지만(Top Class: contradiction) 둘째 문장 쌍은 함의로 잘못 분류했다(Top Class: entailment).

다음 절에서는 텍스트 군집화를 살펴본다. SBERT 모델을 이용해서 텍스트 군집화 알고리즘을 비지도 학습 모델로서 텍스트에 적용해 볼 것이다.

7.6 SBERT를 이용한 텍스트 군집화

군집화 알고리즘에도 텍스트 유사도 모델이 필요하다. 변화를 주기 위해 이번에는 paraphrase-distilroberta-base-v1라는 모델을 사용하기로 한다. 그리고 데이터셋으로는 **Amazon Polarity**를 사용한다. 이것은 2013년 3월까지 총 18년 동안 아마존 웹사이트에서 수집한 제품 정보, 사용자 정보, 사용자 평점, 사용자 리뷰 등을 포함한 데이터셋으로, 데이터 항목이 3,500만 개 이상이다. 그럼 실습 예제를 시작하자.

1. 먼저, 다음과 같이 뒤섞기(shuffling)를 이용해 무작위로 1만 개의 리뷰를 선택해서 말뭉치를 만든다.

   ```
   import pandas as pd, numpy as np
   import torch, os, scipy
   from datasets import load_dataset
   dataset = load_dataset("amazon_polarity",split="train")
   corpus=dataset.shuffle(seed=42)[:10000]['content']
   ```

2. 이제 이 말뭉치를 군집화할 준비가 되었다. 우선 사전 훈련된 paraphrase-distilroberta-base-v1 모델을 불러온다.

   ```
   from sentence_transformers import SentenceTransformer
   model_path="paraphrase-distilroberta-base-v1"
   model = SentenceTransformer(model_path)
   ```

3. 다음으로, 불러온 모델을 이용해서 전체 말뭉치를 인코딩한다. 모델은 말뭉치의 모든 문장을 인코딩해서 생성한 임베딩 벡터들의 목록을 돌려준다.

```
corpus_embeddings = model.encode(corpus)
corpus_embeddings.shape
```
```
(10000, 768)
```

출력을 보면 임베딩 벡터의 크기(차원 수)가 768임을 알 수 있다. 이것은 BERT 기반 모델의 기본 임베딩 크기다.

4. 마지막으로, 이 임베딩 벡터들에 군집화를 적용한다. 널리 쓰이는 군집화 알고리즘인 k-평균 군집화(k-means clustering)를 사용하기로 하겠다. 이 알고리즘을 적용하려면 군집 개수 k를 미리 정해야 한다. 여기서는 5로 한다. 사실 이 수가 최적이 아닐 수 있다. **엘보법**(elbow method)이나 **실루엣법**(silhouette method) 등 최적의 군집 개수를 결정하는 방법들이 있긴 하지만, 여기서 자세히 논의하지는 않겠다. 다음은 군집 개수를 5로 해서 k-평균 군집화 알고리즘을 적용하는 코드다.

```
from sklearn.cluster import KMeans
K=5
kmeans = KMeans(
    n_clusters=5,
    random_state=0).fit(corpus_embeddings)
cls_dist=pd.Series(kmeans.labels_).value_counts()
cls_dist
```
```
3    2772
4    2089
0    1911
2    1883
1    1345
Name: count, dtype: int64
```

이렇게 해서 무작위로 선택한 1만 개의 리뷰를 다섯 군집으로 분할했다. 출력에서 보듯이 각 군집의 리뷰 수가 꽤 고르다. 군집화 응용에서 해결해야 할 또 다른 문제는 형성된 군집(클러스터)들이 무엇을 의미하는지 이해해야 한다는 점이다. 이를 위해 각 군집에 주제 분석을 적용하거나 군집 기반 **TF-IDF**(Term Frequency – Inverse Document Frequency; 용어 빈도 – 역문서 빈도)를 확인해서 내용을 파악하기도 한다. 하지만 여기서는 k-평균 알고리즘의 군집 중점을 활용한 방법을 사용하기로 하겠다. k-평균 알고리즘은 무게중심(centroid)이라고 부르는 군집 중점(cluster center)들을 계산해서 주어진 자료점(data point)들을 여러 군집으로 분할한다. 지금 실습 예제에서 무게중심은 `kmeans.cluster_centers_` 속성에 저장되어 있다. 무게중심은 그냥 각 군집에 속한 벡터(자료점)들의 평균이다. 따라서 무게중심은 가상의 한 점일 뿐, 실제 자료점은 아니다. NLP의 관점에서는 군집의 무게중심에 가장 가까운 문장이 해당 군집을 가장 잘 대표하는 예시라고 가정할 수 있다.

그럼 군집마다 해당 중점에 가장 가까운 실제 문장 임베딩을 하나씩단 찾아서 출력해 보자. 더 많은 문장을 찾도록 코드를 수정하는 것도 어렵지 않을 것이다. 코드는 다음과 같다.

```python
distances = scipy.spatial.distance.cdist(
    kmeans.cluster_centers_, corpus_embeddings)
centers={}
print("Cluster", "Size", "Center-idx",
    "Center-Example", sep="\t\t")
for i,d in enumerate(distances):
    ind = np.argsort(d, axis=0)[0]
    centers[i]=ind
    print(i,cls_dist[i], ind, corpus[ind] ,sep="\t\t")
```

그림 7.7에 이 코드의 출력이 나와 있다.

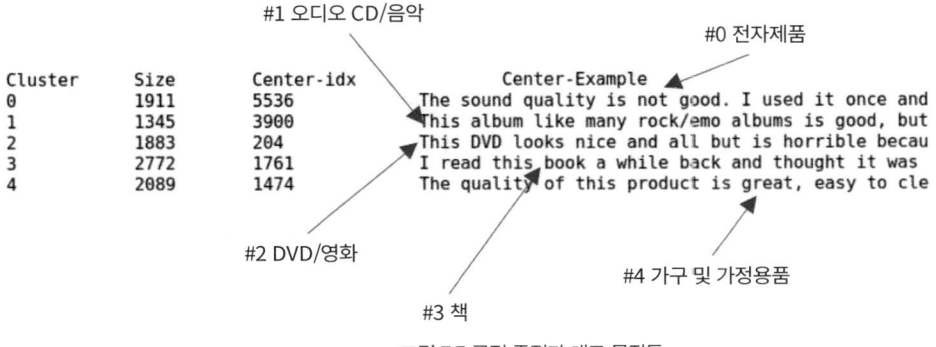

그림 7.7 군집 중점과 대표 문장들

이 대표 문장들로 해당 군집을 추론할 수 있다. k-평균 군집화 알고리즘은 주어진 리뷰들을 다섯 가지 뚜렷한 범주로 군집화한 것으로 보인다. 0번 클러스터부터 차례로 전자제품, 오디오 CD/음악, DVD/영화,

책, 가구 및 가정용품이다. 그럼 문장 자료점들과 군집 중점들을 2차원 공간에서 시각화해 보자. 차원 축소에는 **UMAP**(Uniform Manifold Approximation and Projection; 균일 다양체 근사 및 사영) 알고리즘을 사용하겠다. 그 외에 NLP에 적용할 수 있는 차원 축소 기법으로는 **t-SNE**(t-distributed Stochastic Neighbor Embedding; t-분포 확률적 이웃 임베딩)와 **주성분 분석**(principal component analysis, **PCA**)이 널리 쓰인다.

1. 먼저 다음 명령을 실행해서 umap-learn 라이브러리[3]를 설치한다.

    ```
    !pip install umap-learn
    ```

2. 이제 모든 임베딩의 차원을 축소하고 2차원 공간에 사상(매핑)해서 산점도(scatter plot)를 그린다.

    ```python
    import matplotlib.pyplot as plt
    import umap
    X = umap.UMAP(
        n_components=2,
        min_dist=0.0).fit_transform(corpus_embeddings)
        labels= kmeans.labels_fig,
        ax = plt.subplots(figsize=(12,8))

    plt.scatter(X[:,0], X[:,1], c=labels, s=1, cmap='Paired')

    for c in centers:
        plt.text(X[centers[c],0], X[centers[c], 1],"CLS-"+ str(c),
            fontsize=18)
    plt.colorbar()
    ```

    출력은 다음과 같다(그림 7.8).

---

[3] (옮긴이) UMAP 알고리즘을 고안한 리랜드 매킨스 등이 관리하는 라이브러리다.

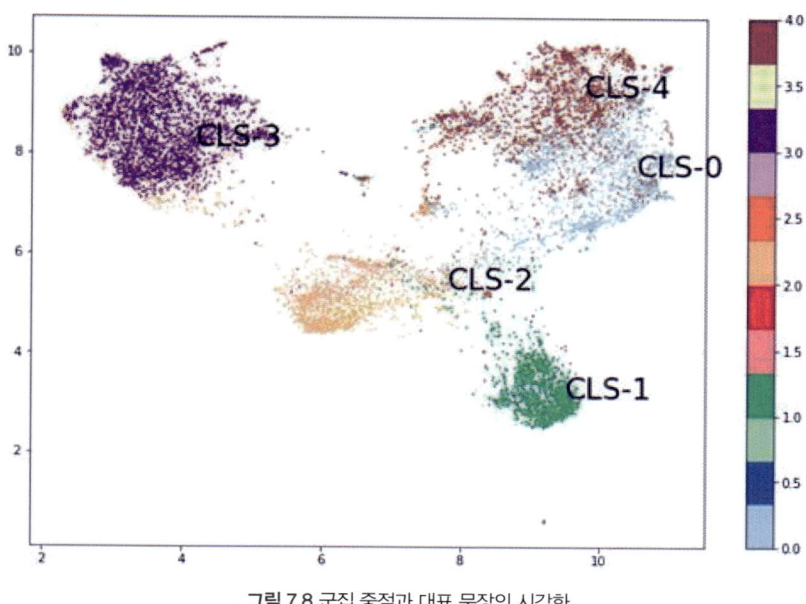

그림 7.8 군집 중점과 대표 문장의 시각화

이 그래프에서 각 자료점의 색상은 소속 군집 및 해당 중점과의 거리를 반영한다. 애초에 군집 개수를 5로 선택한 것은 잘한 결정인 것으로 보인다.

이렇게 해서 각 군집의 중점에 가까운 문장(군집당 하나씩)을 찾아서 군집을 해석해 봤다. 다음으로, 주제 모델링을 이용해서 문서의 주제를 좀 더 정확하게 포착하는 방법을 살펴보자.

7.6.1 BERTopic을 이용한 주제 모델링

문서에서 주제를 추출하는 데 쓰이는 비지도 주제 모델링(unsupervised topic modeling) 기법은 여러 가지가 있다. **잠재 디리클레 할당**(latent Dirichlet allocation, **LDA**) 주제 모델링과 **비음수 행렬 분해**(non-negative matrix factorization, **NMF**) 등이 문헌에서 널리 적용되는 전통적인 기법이다. 트랜스포머 기반 주제 모델링 프로젝트로 중요한 것을 두 가지 꼽자면 BERTopic과 Top2Vec이 있는데, 이번 절에서는 아마존 리뷰 말뭉치에 BERTopic 모델을 적용해 본다. 이 모델은 BERT 임베딩과 클래스 기반 TF-IDF 방법을 활용해서 해석하기 쉬운 주제들을 산출한다.

BERTopic 모델은 먼저 문장 트랜스포머나 기타 문장 임베딩 모델을 이용해서 문장을 인코딩한다. 그런 다음에는 그 임베딩들을 군집화한다. 군집화 과정은 두 단계로 구성된다. 단계 1은 UMAP을 적용해서 임베딩의 차원을 축소하는 것이고, 단계 2는 축소된 벡터들에 **HDBSCAN**(hierarchical density-based spatial clustering of applications with noise; 잡음을 적용한 위계적 밀도 기반 공간 군집화) 알고리즘으로 군집화하는 것이다. 이 과정을 거치면 유사한 문서들이 군집들을 형성하게 된다. 마지막으로는 군집별로 TF-IDF를 이용해서 해당 군집의 주제를 포착한다. 여기서 핵심은, 이 모델이 문서별로 가장 중요한 단어를 추출하는 것이 아니라 군집별로 가장 중요한 단어를 추출함으로써 각 군집의 주제에 대한 설명을 제공한다는 것이다. 그럼 실습을 시작하자.

먼저 BERTopic 모델을 위한 라이브러리를 설치한다.

```
!pip install bertopic
```

> **중요 참고사항**
> 이 설치 과정에서 일부 기존 패키지가 갱신될 수 있는데, 그러면 주피터 노트북 런타임을 다시 시작해야 한다. 주피터 노트북 화면에서 *Runtime | Restart Runtime*을 선택하면 된다.

자체 임베딩 모델을 사용하려면 미리 인스턴스화해서 BERTopic 모델에 전달해야 한다. 여기서는 앞에서처럼 SentenceTransformer 모델을 사용하기로 한다. 다음은 이 모델을 인스턴스화해서 BERTopic 모델을 생성하고 주제들을 산출하는 코드다.

```
from bertopic import BERTopic
sentence_model = SentenceTransformer(
    "paraphrase-distilroberta-base-v1")
topic_model = BERTopic(embedding_model=sentence_model)
topics, _ = topic_model.fit_transform(corpus)
topic_model.get_topic_info()[:6]
```

출력은 다음과 같다(그림 7.9).

	Topic	Count	Name
0	4	3086	4_book_read_books_who
1	-1	1818	-1_product_my_use_have
2	7	1499	7_movie_film_dvd_watch
3	5	1327	5_album_cd_songs_music
4	24	274	24_toy_daughter_we_loves
5	2	235	2_game_games_play_graphics

그림 7.9 BERTopic 결과

UMAP 주제 모델링은 확률적이기 때문에 동일한 매개변수로 실행하도 BERTopic이 다른 결과를 낼 수 있음을 유념하기 바란다. 그럼 여섯 번째 주제(5번 주제)의 단어 분포를 살펴보자.

```
topic_model.get_topic(5)
```

출력은 다음과 같다(그림 7.10).

```
[('album', 0.021777776441862785),
 ('cd', 0.0216003728561258),
 ('songs', 0.015716979809362878),
 ('music', 0.015336261401310738),
 ('song', 0.012883049138010031),
 ('band', 0.008790916825825062),
 ('great', 0.006907063839145953),
 ('good', 0.006594220889305517),
 ('he', 0.006428544176459775),
 ('albums', 0.006402900278216675)]
```

그림 7.10 BERTopic 모델로 얻은 여섯 번째 주제의 단어들

주제어(topic word)는 의미 공간에서 주제 벡터에 가까이 있는 벡터에 해당하는 단어다. 이전 실습 예제에서는 말뭉치를 군집화하고 중점과의 거리에 기반해서 형성한 군집들을 분석했지만, 이번 실습 예제에서는 말뭉치를 군집화하지 않고 말뭉치 전체에 이 기법을 적용했다. 각 군집에 대해 개별적으로 주제 모델링을 적용해서 주제를 파악하는 것도 가능하다. 그리 어렵지 않으므로 깃허브 Top2Vec 저장소(https://github.com/ddangelov/Top2Vec)를 참고해서 직접 해보기 바란다.

깃허브 Top2Vec 저장소에는 주제 모델링의 흥미로운 여러 응용 방법에 관한 정보도 있다.

다음 절에서는 SBERT를 이용해서 의미 검색을 구현해 본다.

7.7 SBERT를 이용한 의미 검색

우리가 흔히 생각하는 검색 **부울 모델**(Boolean model)에 해당하는 키워드 기반 검색이다. 즉, 주어진 키워드나 패턴에 맞는 문서를 찾아내는 것이다. 정규표현식을 이용한 검색도 있는데, 이 경우에는 **어휘-구문** 패턴(lexico-syntactic pattern) 같은 고급 패턴으로 특정 문서를 찾을 수 있다. 하지만 이런 전통적인 접근 방식은 동의어(이를테면 자동차와 차량) 문제나 단어의 중의성(이를테면 강둑을 뜻하는 bank와 은행을 뜻하는 bank) 문제를 처리하지 못한다. 동의어 문제는 놓치지 말아야 할 문서를 놓쳐서 재현율(recall)을 낮추고, 중의성 문제는 관련 없는 문서를 포함시켜서 정밀도(precision)를 낮춘다.

웹사이트들에 있는 **FAQ**(frequently asked questions; 자주 묻는 질문들)를 활용한 사례 연구를 하나 살펴보자. 구체적으로, 자연 보호 단체인 **WWF**(World Wide Fund for Nature; 세계자연기금)의 FAQ 자료를 이용해서 의미 검색 문제를 해결해 보겠다.

짐작했겠지만 의미론적 모델(semantic model)을 이용한 의미론적 검색(semantic search), 줄여서 의미 검색은 원샷 학습과 매우 유사하다. 원샷 학습에서 모델은 클래스당 하나만 주어지는 예시(example)에 기반해서 나머지 데이터(문장)를 재정렬한다. 이 문제를 주어진 예시와 의미가 비슷한(가까운) 예시를 찾는 문제로 재정의할 수도 있고, 예시에 따른 이진 분류 문제로 재정의할 수도 있다. 모델은 유사도 지표(similarity metric)를 측정해서 모든 샘플의 결과를 재정렬한다. 최종적으로 정렬된 목록이 바로 의미론적 표현과 유사도 지표에 따라 재정렬된 검색 결과가 된다.

WWF 웹페이지의 FAQ 섹션에는 18개의 질문과 답변이 있다. 이 실습에서는 이들을 `wf_faq`라는 파이썬 목록(list) 객체로 정의한다. 다음은 열여덟 가지 질문이다.

- I haven't received my adoption pack. What should I do?(입양 패키지를 받지 못했습니다. 어떻게 해야 하나요?)
- How quickly will I receive my adoption pack?(입양 패키지는 얼마나 빨리 받을 수 있나요?)
- How can I renew my adoption?(입양을 어떻게 갱신할 수 있나요?)
- How do I change my address or other contact details?(주소나 다른 연락처 정보를 어떻게 변경하나요?)
- Can I adopt an animal if I don't live in the UK?(영국에 살지 않아도 동물을 입양할 수 있나요?)
- If I adopt an animal, will I be the only person who adopts that animal?(동물을 입양하면 내가 그 동물을 입양한 유일한 사람이 되나요?)
- My pack doesn't contain a certificate?(패키지에 증명서가 없는데요?)
- My adoption is a gift but won't arrive on time. What can I do?(선물용 입양인데 제시간에 도착하지 않을 것 같습니다. 어떻게 해야 하나요?)
- Can I pay for an adoption with a one-off payment?(일회성 결제로 입양할 수 있나요?)
- Can I change the delivery address for my adoption pack after I've placed my order?(주문 후 입양 패키지 배송 주소를 변경할 수 있나요?)
- How long will my adoption last for?(입양은 얼마나 오래 지속되나요?)
- How often will I receive updates about my adopted animal?(입양한 동물에 관한 소식을 얼마나 자주 받게 되나요?)

- What animals do you have for adoption?(어떤 동물들을 입양할 수 있나요?)
- How can I find out more information about my adopted animal?(입양한 동물에 대해 더 자세한 정보를 어떻게 알 수 있나요?)
- How is my adoption money spent?(입양 비용은 어떻게 사용되나요?)
- What is your refund policy?(환불 정책은 어떻게 되나요?)
- An error has been made with my Direct Debit payment; can I receive a refund?(자동 이체 결제에 오류가 있었는데 환불받을 수 있나요?)
- How do I change how you contact me?(제 연락처를 어떻게 변경하나요?)

사용자는 어떤 질문이든 자유롭게 할 수 있다. 의미 검색 모델의 목표는 사용자의 자유로운 질문과 가장 유사한 FAQ 질문을 찾아내는 것이다. 그런 용도로 적합한 모델로는 quora-distilbert 모델이 있다. SBERT 허브는 이 모델의 두 가지 버전을 제공하는데, 하나는 영어용이고 다른 하나는 다국어용이다.

- **quora-distilbert-base**: SBERT를 쿼라Quora 중복 질문 탐지 검색용으로 미세조정한 모델이다.
- **quora-distilbert-multilingual**: quora-distilbert-base의 다국어 버전으로, 50개 이상 언어의 병렬 데이터로 미세조정되었다.

그럼 이상의 설명에 기반해서 의미 검색 모델을 만들고 시험해 보자.

1. 먼저 SBERT 모델을 다음과 같이 인스턴스화한다.

```
from sentence_transformers import SentenceTransformer
model = SentenceTransformer('quora-distilbert-base')
```

2. FAQ 질문 목록을 만들고 모델로 인코딩한다.

```
wwf_faq=["I haven't received my adoption pack. What should I do?",
  "How quickly will I receive my adoption pack?",
  "How can I renew my adoption?",
  "How do I change my address or other contact details?",
  "Can I adopt an animal if I don't live in the UK?",
  "If I adopt an animal, will I be the only person who adopts that animal?",
  "My pack doesn't contain a certicate",
  "My adoption is a gift but won't arrive on time. What car I do?",
```

```
    "Can I pay for an adoption with a one-off payment?",
    "Can I change the delivery address for my adoption pack after \
I've placed my order?",
    "How long will my adoption last for?",
    "How often will I receive updates about my adopted animal?",
    "What animals do you have for adoption?",
    "How can I nd out more information about my adopted animal?",
    "How is my adoption money spent?",
    "What is your refund policy?",
    "An error has been made with my Direct Debit payment, can I receive a refund?",
    "How do I change how you contact me?"]

faq_embeddings = model.encode(wwf_faq)
```

3. 다음으로, FAQ의 처음 질문 5개와 뜻이 비슷한 테스트용 질문 5개를 준비한다. 첫 테스트 질문은 첫 FAQ 질문과 비슷하고, 둘째 테스트 질문은 둘째 FAQ 질문과 비슷하고, … 등으로 순서를 맞춘 질문들로 test_questions 목록을 만들고 모델로 인코딩한다.

```
test_questions=["What should be done, if the adoption pack did not reach to me?",
    " How fast is my adoption pack delivered to me?",
    "What should I do to renew my adoption?",
    "What should be done to change address and contact details ?",
    "I live outside of the UK, Can I still adopt an animal?"]

test_q_emb= model.encode(test_questions)
```

4. 이제 각 테스트 질문과 FAQ 질문의 유사도를 측정해서 순위를 매긴다.

```
from scipy.spatial.distance import cdist
for q, qe in zip(test_questions, test_q_emb):
    distances = cdist([qe], faq_embeddings, "cosine")[0]
    ind = np.argsort(distances, axis=0)[:3]
    print("\n Test Question: \n "+q)
    for i,(dis,text) in enumerate(zip(
        distances[ind],
        [wwf_faq[i] for i in ind])):
        print(dis,ind[i],text, sep="\t")
```

출력은 다음과 같다(그림 7.11). 왼쪽의 수치들은 유사도가 아니라 '비유사도(dissimilarity)' 점수임을 주의하자. 이 점수가 낮아야 두 문장이 비슷한 것이다.

```
Test Question:
  What should be done, if the adoption pack did not reach to me?
0.1494580342947357    0     I haven't received my adoption pack. What should I do?
0.24940214249978787   7     My adoption is a gift but won't arrive on time. What can I do?
0.3669761157176866    1     How quickly will I receive my adoption pack?

Test Question:
  How fast is my adoption pack delivered to me?
0.16582390267585112   1     How quickly will I receive my adoption pack?
0.3470478678903325    0     I haven't received my adoption pack. What should I do?
0.3511114386193057    7     My adoption is a gift but won't arrive on time. What can I do?

Test Question:
  What should I do to renew my adoption?
0.04168242777718267   2     How can I renew my adoption?
0.2993018812386016    12    What animals do you have for adoption?
0.3014071168242859    0     I haven't received my adoption pack. What should I do?

Test Question:
  What should be done to change adress and contact details ?
0.276601898726506     3     How do I change my address or other contact details?
0.352868128705782     17    How do I change how you contact me?
0.4393553216276348    2     How can I renew my adoption?

Test Question:
  I live outside of the UK, Can I still adopt an animal?
0.16945626472973518   4     Can I adopt an animal if I don't live in the UK?
0.200544029334076     12    What animals do you have for adoption?
0.28782233378715627   13    How can I nd out more information about my adopted animal?
```

그림 7.11 의미가 유사한 질문 찾기

각 테스트 질문과 가장 유사한 FAQ 질문의 색인이 순서대로 0, 1, 2, 3, 4임에 주목하자. 모델이 주어진 테스트 질문과 유사한 FAQ 질문을 잘 찾아낸 것이다.

5. 다음은 실제 응용을 염두에 두고 만든 getBest() 함수다. 이 함수는 주어진 사용자 질문과 가장 비슷한 FAQ 질문 K 개를 돌려준다.

```python
def get_best(query, K=5):
    query_emb = model.encode([query])
    distances = cdist(query_emb,faq_embeddings,"cosine")[0]
    ind = np.argsort(distances, axis=0)
    print("\n"+query)
    for c,i in list(zip(distances[ind], ind))[:K]:
        print(c,wwf_faq[i], sep="\t")
```

6. 그럼 "연락처 정보를 변경하려면?"이라는 뜻의 질문으로 이 함수를 시험해 보자.

```python
get_best("How do I change my contact info?",3)
```

출력은 다음과 같다(그림 7.12).

```
How do I change my contact info?
0.05676792449319612     How do I change my address or other contact details?
0.185665422885958       How do I change how you contact me?
0.32408327251343816     How can I renew my adoption?
```

그림 7.12 뜻이 비슷한 질문을 찾아낸 결과

7. FAQ에 비슷한 질문이 없는 경우는 어떤 결과가 나올까? "온라인으로 구입한 비행기표는 어떻게 받나요?"라는 뜻의 질문으로 시험해 보자.

```
get_best("How do I get my plane ticket \
    if I bought it online?")
```

출력은 다음과 같다(그림 7.13).

```
How do I get my plane ticket if I bought it online?
0.35947505490536136     How do I change how you contact me?
0.3680785568009698      How do I change my address or other contact details?
0.4306634329555338      My adoption is a gift but won't arrive on time. What can I do?
```

그림 7.13 비슷하지 않은 질문에 대한 결과

이 경우 최고 비유사도 점수가 0.35밖에 되지 않는다. 따라서, 0.3 정도를 임곗값으로 정해서 그보다 비유사도 점수가 높으면 실제 질문에 대한 답변 대신 '해당 질문에 대한 답변을 찾을 수 없음' 같은 결과를 돌려줘야 할 것이다.

이번 실습에서는 질문 대 질문 방식의 대칭적 검색 유사도를 사용했지만, SBERT의 질문 대 답변 비대칭 검색 모델을 이용해서 의미 검색을 구현할 수도 있다. 예를 들어 `msmarco-distilbert-base-v3` 모델은 약 50만 개의 마이크로소프트 빙Bing 검색 질의 데이터셋으로 훈련한 모델이다. 해당 데이터셋은 **구절 랭킹**(Passage Ranking)에 기반한다고 알려져 있다. `msmarco-distilbert-base-v3` 모델은 질문과 문맥이 얼마나 관련 있는지 측정하고 질문에 대한 답변이 해당 구절에 있는지 확인하는 데 도움을 준다.

다음 절에서는 지시문으로 미세조정된 임베딩 모델을 살펴본다. 이런 종류의 임베딩 모델들은 대부분 텍스트의 임베딩뿐만 아니라 지시문(instruction)의 임베딩도 가능하게 한다.

7.8 지시문 미세조정 임베딩 모델

단일 텍스트 표현 모델을 특정 작업에 맞게 훈련한 경우, 다른 종류의 작업에 대해서는 좋은 성과를 내지 못할 수 있다. 예를 들어, 주어진 텍스트의 의미 표현(semantic representation)에 대해 훈련한 모델을 과학 교과서를 표현하는 데 사용하는 것은 바람직하지 않다. 해당 범위의 유사성은 의미론적 유사성과는 성격이 다르기 때문이다. 지시문 미세조정(instruction fine-tuning)은 제안된 지 몇 년 되지 않은 접근 방식인데, 이 접근 방식을 이용해서 단일 모델로 다양한 작업을 처리하는 새로운 방법이 많이 나왔다. 이번 절에서는 이런 종류의 모델이 어떻게 작동하는지를 몇 가지 실습 예제를 통해서 살펴본다.

허깅 페이스의 Transformers 라이브러리도 지시문 미세조정 모델을 제공하지만, 그보다는 Instruct Embedding이라는 라이브러리를 사용하는 것이 훨씬 편하다. 이번 절에서도 InstructEmbedding 라이브러리를 사용한다.

설치는 간단하다. 다음처럼 pip로 설치하면 된다.

```
!pip install InstructorEmbedding
```

이번 실습에는 sentence-transformers 라이브러리도 필요하다. 아직 설치하지 않았다면 다음과 같이 설치하기 바란다.

```
!pip install sentence-transformers
```

이제 다음과 같은 간단한 파이썬 코드로 모델을 불러온다.

```
from InstructorEmbedding import INSTRUCTOR
model = INSTRUCTOR('hkunlp/instructor-large')
```

이렇게 하면 허깅 페이스 Transformers 라이브러리에서처럼 모델이 자동으로 적재된다. 두 라이브러리 모두 내부적으로는 같은 방식을 사용한다.

이 모델은 다음과 같은 형식의 지시문으로 훈련되었다.

```
Represent the domain text_type for task_objective:
(다음 텍스트_유형 분야의 문장을 작업_목적을 위해 표현하라:)
```

여기서 `text_type`은 텍스트의 유형(금융, 과학 등)을 나타내고 `task_objective`는 군집화, 의미 유사성 파악 같은 작업 목표를 나타낸다.

다음은 군집화를 위해 의학 문장을 표현하라는 지시문들로 모델을 훈련하는 코드다.

```
import sklearn.cluster
sentences = [
  ['Represent the Medical sentence for clustering: ',
    'COVID has been striking all over globe from 2019.'],
  ['Represent the Medical sentence for clustering: ',
    'The coronavirus that causes COVID-19 is officially called SARS-CoV-2, \
which stands for severe acute respiratory syndrome coronavirus 2.'],
  ['Represent the Medical sentence for clustering: ',
    'The name of the illness caused by the coronavirus SARS-CoV-2. COVID-19 \
stands for "coronavirus disease 2019.'],
  ['Represent the Medical sentence for clustering: ',
    "HIV (human immunodeficiency virus) is a virus that attacks the body's \
immune system."],
  ['Represent the Medical sentence for clustering: ',
    'If HIV is not treated, it can lead to AIDS (acquired immunodeficiency \
syndrome).']]
embeddings = model.encode(sentences)
clustering_model = sklearn.cluster.MiniBatchKMeans(n_clusters=2)
clustering_model.fit(embeddings)
cluster_assignment = clustering_model.labels_
print(cluster_assignment)
```

마지막 `print` 문은 다음을 출력한다[4].

```
[0 0 0 1 1]
```

또한, 위키백과에서 추출한 질문들과 답변들을 대응시키는 것처럼 지금 실습과는 주제가 아예 다른 작업에 대해서도 이 접근 방식을 활용할 수 있다. 질문-답변 대응은 정보 검색(information retrieval)에

---

[4] (옮긴이) 처음 세 문장은 코비드19에 관한 것이고 나머지 두 문장은 에이즈에 관한 것인데, 출력을 보면 모델이 두 부류의 문장을 각각 군집 0과 군집 1로 잘 분리했다.

기반한 작업으로, 주어진 질문에 가장 가까운 답을 찾아야 한다. 다음은 이러한 응용 방법을 보여주는 간단한 예제 코드다.

```python
import numpy as np
from sklearn.metrics.pairwise import cosine_similarity
query = [[
    'Represent the Wikipedia question for retrieving supporting documents: ','What is sea sheep?']]
corpus = [
  ['Represent the Wikipedia document for retrieval: ',
   'Costasiella kuroshimae---also known as a "leaf slug", "leaf sheep", \
or "salty ocean caterpillar"---is a species of sacoglossan sea slug.'],
    ['Represent the Wikipedia document for retrieval: ',
     "Artificial intelligence (AI) is intelligence demonstrated by machines, \
as opposed to intelligence of humans and other animals."],
    ['Represent the Wikipedia document for retrieval: ',
     'In the fields of medicine, biotechnology and pharmacology, drug \
discovery is the process by which new candidate medications are discovered.']
]
query_embeddings = model.encode(query)
corpus_embeddings = model.encode(corpus)
similarities = cosine_similarity(query_embeddings,corpus_embeddings)
retrieved_doc_id = np.argmax(similarities)
print(retrieved_doc_id)
```

이 코드를 실행하면 다음과 같은 결과가 출력될 것이다.

```
0
```

이것은 답변 말뭉치의 첫 항목이다. 이 예에서 보듯이, 질문에 대한 임베딩은 답변에 대한 것과는 조금 다른 지시문으로 수행된다.

지시문 미세조정은 하나의 모델로 다양한 문제를 해결하는 새로운 방법을 열었다. 이러한 모델은 단일 용례에 대한 정적인 해법이 아니라, 주어진 지시문에 따라 다양한 문제를 이해하고 해결하는 능력을 갖춘 유연한 해결사다.

요약

이번 장에서는 여러 텍스트 표현 방법을 배웠다. 다양한 의미론적 모델을 이용해서 제로샷, 퓨샷, 원샷 학습 등의 작업들을 수행하는 방법을 살펴봤다. 또한 자연어 추론(NLI)이 무엇이고 텍스트의 의미를 포착하는 데 있어 자연어 추론이 왜 중요한지도 알아봤다. 더 나아가서, 트랜스포머 기반 의미론적 모델을 의미 검색, 의미론적 군집화, 토픽 모델링에 적용하는 방법도 실습 예제와 함께 살펴봤다. 군집화 결과를 시각화하는 방법을 소개했으며 이런 종류의 문제에서 무게중심이 중요하다는 점도 이야기했다. 또한, 주어진 지시문에 따라 표현을 생성할 수 있는 지시문 미세조정 다중 작업 모델도 설명했다.

다음 장에서는 트랜스포머 모델의 효율을 높이는 방법을 공부한다. 트랜스포머 기반 모델의 증류(distillation), 가지치기(pruning), 양자화(quantizing)를 소개할 것이다. 또한 계산 및 메모리 효율성을 개선한 여러 효율적 트랜스포머 아키텍처들을 소개하고 이들을 여러 NLP 문제에 적용하는 방법도 살펴본다.

더 읽을거리

- Lewis, M., Liu, Y., Goyal, N., Ghazvininejad, M., Mohamed, A., Levy, O., Stoyanov, V., Zettlemoyer, L. (2019). *BART: Denoising Sequence-to-Sequence Pre-training for Natural Language Generation, Translation, and Comprehension*. arXiv 출판 전 논문 arXiv:1910.13461.

- Pushp, P. K., Srivastava, M. M. (2017). *Train Once, Test Anywhere: Zero-Shot Learning for Text Classification*. arXiv 출판 전 논문 arXiv:1712.05972.

- Reimers, N., Gurevych, I. (2019). *Sentence-BERT: Sentence Embeddings using Siamese BERT-Networks*. arXiv 출판 전 논문 arXiv:1908.10084.

- Liu, Y., Ott, M., Goyal, N., Du, J., Joshi, M., Chen, D., Levy, M., Lewis, M., Zettlemoyer, L., Stoyanov, V. (2019). *RoBERTa: A Robustly Optimized BERT Pretraining Approach*. arXiv 출판 전 논문 arXiv:1907.11692.

- Williams, A., Nangia, N., Bowman, S. R. (2017). *A Broad-Coverage Challenge Corpus for Sentence Understanding through Inference*. arXiv 출판 전 논문 arXiv:1704.05426.

- Cer, D., Yang, Y., Kong, S. Y., Hua, N., Limtiaco, N., John, R. S., Constant, N., Guajardo-Cespedes, M., Yuan, S., Tar, C., Sung, Y., Strope, B., Kurzweil, R. (2018). *Universal Sentence Encoder*. arXiv 출판 전 논문 arXiv:1803.11175.

- Yang, Y., Cer, D., Ahmad, A., Guo, M., Law, J., Constant, N., Abrego, G. H., Yuan, S., Tar C., Sung, Y., Strope, B., Kurzweil, R. (2019). *Multilingual Universal Sentence Encoder for Semantic Retrieval*. arXiv 출판 전 논문 arXiv:1907.04307.

- Humeau, S., Shuster, K., Lachaux, M. A., Weston, J. (2019). *Poly-encoders: Transformer Architectures and Pre-training Strategies for Fast and Accurate Multi-sentence Scoring*. arXiv 출판 전 논문 arXiv:1905.01969.

- Su, H., Shi, W., Kasai, J., Wang, Y., Hu, Y., Ostendorf, M., Yih, W., Smith, N. A., Zettlemoyer, L., Yu, T. (2022). *One Embedder, Any Task: Instruction-Finetuned Text Embeddings*. arXiv. /abs/2212.09741

08

모델 성능 향상

앞에서 우리는 흔히 쓰이는 일반적인 접근 방식들로 다양한 과제를 해결했다. 하지만 특정 작업(task)에 좀 더 특화된 기법을 이용하면 작업 수행 성과를 더욱 높일 수 있다. 트랜스포머 모델의 성능 향상 방법을 소개하는 연구 논문이 많이 있는데, 이번 장에서는 그런 문헌에 등장하는 몇 가지 기법을 살펴본다. 이를테면 데이터 증강이나 도메인 적응 같은 기법을 이용해서 기본적인 학습 파이프라인보다 더 나은 성과를 내는 방법을 알아볼 것이다. **데이터 증강**(data augmentation)은 딥러닝 모델의 정확도를 높이는 데 널리 쓰이는 강력한 기법이다. 자료점(data point)을 증강하면 딥러닝 모델이 데이터에 내재한 패턴과 관계를 더 효과적으로 포착할 수 있다. 또 다른 모델 성능 향상 방법은 **도메인 적응**(domain adaptation)이다. 대체로 LLM들은 범용적이고 다양한 텍스트로 훈련되기 때문에 도메인(응용 분야)에 따라 불일치가 발생할 수 있다. 따라서 여러 요인을 고려해서 해당 도메인에 맞게 LLM을 조정할 필요가 생긴다. 또 다른 기법으로 **HPO**(hyperparameter optimization; 초매개변수 최적화)가 있다. HPO는 최적의 성능을 달성하기 위한 기법으로, 딥러닝의 모든 하위 분야에서 널리 쓰인다. 딥러닝 모델의 훈련 과정에는 해당 훈련을 통해서는 배울 수 없는 몇 가지 매개변수가 관여하는데, 그런 매개변수를 초매개변수(hyperparameter)라고 부른다. HPO는 그런 초매개변수들의 최적값을 찾는 데 도움이 된다.

이번 장에서 다룰 주제는 다음과 같다.

- 데이터 증강을 통한 성능 향상
- 모델을 도메인에 적응시키기
- 초매개변수 최적화(HPO)를 통한 성능 향상

8.1 기술적 요구사항

이번 장의 실습 예제들을 위해서는 파이썬 라이브러리 `nlpaug`, `datasets`, `transformers`, `sacremoses`, `optuna`가 설치되어 있어야 한다.

8.2 데이터 증강을 통한 성능 향상

데이터 증강은 딥러닝에서 모델의 성과를 향상하기 위해 흔히 사용하는 기법이다. 데이터 증강은 자료점(data point)들을 복제해서 데이터의 양을 늘리는 것인데, 이때 기존 자료점의 의미가 크게 달라지지 않도록 조금만 변화를 주어서 자료점을 복제한다. 이 기법은 특히 이미지 처리와 자연어 처리(NLP) 분야에서 즐겨 쓰인다. 그 두 분야에서는 일반적으로 신경망 모델을 더 많은 데이터로 훈련할수록 성능이 좋아지기 때문이다.

데이터 증강은 훈련용 데이터가 제한적일 때 특히 유용하다. 데이터 증강을 통해서 모델을 더 견고하게 만들고 하위 작업(downstream task)에 대한 모델의 성능을 향상할 수 있다. 데이터를 증강하는 방법은 여러 가지다. 기존 데이터에 잡음 또는 교란(perturbation)을 주입하기도 하고, 동일한 데이터의 새로운 변형 또는 측면(aspect)을 생성하기도 하고, 인접한 기존 자료점 몇 개를 보간해서 새 자료점을 만들기도 한다. 이미지 처리의 경우에는 이미지를 뒤집거나 밝기를 변경해서 새 이미지를 만들 수 있으며, NLP에서는 단어를 제거 또는 교체하거나, 무작위로 문자나 단어를 삽입하거나, 문장의 단어 순서를 바꾸는 식으로 데이터를 증강하기도 한다.

그 밖에도 새롭고 독창적인 데이터 증강 방법이 있을 수 있다. 수많은 데이터 복제 방법 중 어떤 것이 가장 바람직한지는 주어진 NLP 작업에 따라 달라진다. 예를 들어 언어 용인성을 위한 분류 작업의 경우 단어들을 섞는 것은 유용한 증강 방법이 아닐 것이다. 반면에 감성 분류 작업이라면 그런 방식의 뒤섞기가 실용적일 수 있다. 각각의 증강 기법을 여러분이 개별적으로 평가해서 어떤 기법이 효과적이고 어떤 기법이 해로운지를 구체적으로 판단하는 것이 중요하다. 시도해 보지 않고는 어떤 기법이 도움이 될지 알기 어렵다.

마지막으로, 대조 학습(contrastive learning) 분야에서도 데이터 증강이 널리 쓰인다는 점도 언급할 필요가 있겠다. 대조 학습에서는 이러한 증강을 통해 자기지도 학습(self-supervised learning)을 위한 긍정적/부정적 예시를 손쉽게 만들어 낼 수 있다. 따라서 데이터 증강은 데이터의 양을 늘리는 측면뿐만 아니라 **자기지도 학습** 측면에서도 이득이 된다.

이번 장에서는 IMDb 감성 분류 예제를 이용해서 몇 가지 데이터 증강 기법을 실습해 본다. 먼저 몇 가지 데이터 증강 기법을 소개하고, 이들을 이용해서 감성 분류 모델의 성능을 향상해 보겠다.

8.2.1 문자 수준 증강

문자 수준 증강(character-level augmentation)에서는 이름 그대로 문자들만 조작해서 데이터를 증강한다. 문자들을 조작해서 간단하게 데이터를 증강하는 방법은 여러 가지인데, 여기서 모두 이야기할 수는 없으니 가장 중요한 몇 가지만 살펴보겠다. 표 8.1에 몇 가지 문자 수준 증강 방법의 예가 나와 있다.

표 8.1 문자 수준 데이터 증강

문자 수준 증강		원본	증강 결과
키보드 증강	키보드에서 가까이 있는 문자들을 대체한다	*I love cats and dogs*	*I lobe cats and dogx*
무작위 증강	무작위로 문자를 삽입/교체/삭제한다	*I love cats and dogs*	*I love cats an doggs*
OCR 오류	$e->o, l->1$ 등 OCR 오류를 흉내 낸다. $e->o, l->1$	*branches*	*branchos*

그 밖에도 다양한 문자 수준 증강 방법을 생각해 낼 수 있을 것이다. 다음으로 단어 수준 증강을 살펴보자.

8.2.2 단어 수준 증강

단어 수준 증강(word-level augmentation) 접근 방식은 문자 수준 증강보다 더 많은 가능성을 제공한다. 단어 수준에서는 단어의 의미에 의존할 수 있으므로 좀 더 다양한 증강 기법이 가능해진다. 이 범주의 기법들은 미리 정의된 단어 목록을 기반으로 하며, 문자 수준 방법보다 적용하기 쉽다.

표 8.2 단어 수준 증강

단어 수준 증강		원본	증강 결과
철자 오류 사전	흔한 철자 오류들을 담은 사전을 활용한다	*achieve* *across*	*acheive* *accross*
문맥 단어 임베딩 증강	word2vec이나 BERT 같은 딥러닝 모델을 이용해서 문맥상 가장 가까운 의미의 단어로 대체한다	*Banana* *Astronaut*	*Apple* *Moon*

단어 수준 증강		원본	증강 결과
동의어 대체	동의어 사전을 이용한다	*automobile*	*car*
		large	*big*
반대말 대체	반대말 사전을 이용한다	*large*	*small*
무작위 단어	아무 단어나 삭제/삽입한다	*I love cats and dogs*	*I love cats and*
		I love cats and dogs	*I love table cats and dogs*
단어 뒤섞기	단어들의 순서를 바꾼다	*I love cats and dogs*	*love and cats dogs I*

단어 수준 증강은 유용할 수 있지만 한계가 있다. 단어 수준 조작들은 문맥과는 무관하기 때문에 문장의 의미론적 정보를 활용할 수 없다. 문장 의미론에 기반한 좀 더 고도화된 기술이 필요한 경우에는 다음 절에서 설명하는 문장 수준 증강 방법을 적용해야 한다.

8.2.3 문장 수준 증강

문장 수준 증강(sentence-level augmentation)은 전체 문장과 그 의미를 고려하는 데이터 증강 방법으로, 원문과 같은 뜻의 새로운 문장을 생성한다. 언어 모델이 발전하면서 이 기법이 점점 많이 쓰이고 있다. 다음은 중요한 두 가지 문장 수준 증강 방법이다.

- **역번역**(back-translation): 텍스트를 다른 언어로 번역한 후(예: 한국어에서 영어로) 다시 원래 언어로 번역하는 것이다(영어에서 한국어로). 더 나아가서, 텍스트를 A 언어에서 B 언어를 거쳐 C 언어로 번역한 후 역순으로 번역해서 원래 언어로 되돌리는(C에서 B를 거쳐 A로) 것도 역번역에 해당한다.
- **바꿔쓰기**(paraphrasing): 훈련된 체크포인트를 이용해서 원문과 같은 의미를 가진 텍스트를 다시 생성한다.

문장 수준 증강 방법들은 기존 텍스트와 의미가 같은 새 텍스트를 생성한다는 점에서 앞의 두 증강 방법보다 우월하지만, 신경망 모델의 추론을 실제로 수행해야 하므로 시간이 오래 걸린다.

다음은 문장 수준 증강의 몇 가지 예이다.

표 8.3 문장 수준 증강

문장 수준 증강		원본	증강된 결과
역번역	텍스트를 다른 언어로 번역(한국어-영어)한 후 다시 원래 언어로 번역(영어-한국어)	이해하려면 많은 생각이 필요합니다.	이해하려면 생각을 많이 해야 합니다.
바꿔쓰기	텍스트 투 텍스트 모델 활용	인생은 과거가 아닌 미래이다	과거가 아니라 미래가 인생에 중요하다.

데이터 증강 기법에 대한 소개는 이것으로 마무리하겠다. 그럼 이런 기술들을 다양한 NLP 작업에 적용해서 실제로 성능이 향상되는지 확인해 보자.

8.2.4 데이터 증강을 통한 IMDb 텍스트 분류 성능 향상

이제부터는 nlpaug 라이브러리가 제공하는 데이터 증강 기법 몇 가지로 IMDb 감성 분석용 모델의 성능을 개선해 본다. nlpaug 라이브러리의 자세한 내용은 깃허브 nlpaug 저장소(https://github.com/makcedward/nlpaug)를 참고하자.

이 파이썬 라이브러리는 IMDb 데이터셋(https://huggingface.co/datasets/imdb)의 텍스트 자료점들을 증강하는 데 도움을 준다. 이 라이브러리는 앞에서 소개한 것보다 훨씬 많은 데이터 증강 기법을 제공한다. 여기서는 무작위로 선택한 몇 가지 기법만 적용하지만, 여러분이 실제로 NLP 작업에 이 라이브러리를 사용한다면 여러 기법을 철저히 분석해서 여러분의 작업에 가장 적합한 것들을 골라야 할 것이다.

먼저 필요한 패키지들을 설치하자.

```
$ pip install nlpaug datasets transformers sacremoses
```

이제 파이썬으로 가서 먼저 증강에 필요한 수단들을 임포트한다.

```
import nlpaug.augmenter.char as nac
import nlpaug.augmenter.word as naw
import nlpaug.augmenter.sentence as nas
import nlpaug.flow as nafc
from nlpaug.util import Action
```

5장에서처럼 IMDb 데이터셋의 일부만 사용하기로 한다. 5장의 목적은 빠른 프로토타이핑이었지만, 이번에는 적은 양의 데이터를 증강했을 때 모델의 성능에 미치는 영향을 평가하는 것이 목적이다.

다음 코드는 예시 2,000개를 선택해서 훈련 데이터를 마련한다.

```
from datasets import load_dataset
imdb_train= load_dataset('imdb',
    split="train[:1000]+train[-1000:]")
```

```
imdb_test= load_dataset('imdb',
    split="test[:500]+test[-500:]")
imdb_val= load_dataset('imdb',
    split="test[500:1000]+test[-1000:-500]")
imdb_train.shape, imdb_test.shape, imdb_val.shape
OUTPUT> ((2000, 2), (1000, 2), (1000, 2))
```

다음으로, 몇 가지 함수를 정의한다. 이들은 이번 장의 다른 실습 예제에서도 쓰인다.

```
from sklearn.metrics import (accuracy_score,
precision_recall_fscore_support)
def compute_metrics(pred):
    labels = pred.label_ids
    preds = pred.predictions.argmax(-1)
    precision, recall, f1, _ = \
    precision_recall_fscore_support(labels,preds,
        average='macro')
    acc = accuracy_score(labels, preds)
    return {
        'Accuracy': acc,
        'F1': f1,
        'Precision': precision,
        'Recall': recall
    }

def tokenize_it(e):
    return tokenizer(e['text'],
        padding=True,
        truncation=True)
```

이제 nlpaug 라이브러리를 이용해서 증강 객체(증강기(augmenter)) 10개를 인스턴스화한다. 이들은 각자 다른 방식으로 데이터를 증강한다[1].

```
import nlpaug.augmenter.word as naw
# 키보드상의 거리에 따라 문자를 치환하는 증강기
```

---

1 (옮긴이) 마지막 aug10의 경우 device='cuda'로 되어 있는데, CUDA를 사용할 수 없는 환경에서는 device='cpu'로 고쳐야 한다.

```
aug1 = nac.KeyboardAug(aug_word_p=0.2,
    aug_char_max=2,
    aug_word_max=4)
# 무작위 문자 삽입, 교환, 삭제
aug2 = nac.RandomCharAug(action="insert", aug_char_max=1)
aug3 = nac.RandomCharAug(action="swap", aug_char_max=1)
aug4 = nac.RandomCharAug(action="delete", aug_char_max=1)
# 철자 오류
aug5 = naw.SpellingAug()
# 문맥적 단어 삽입, 치환
aug6 = naw.ContextualWordEmbsAug(
    model_path='bert-base-uncased',
    action="insert")
aug7 = naw.ContextualWordEmbsAug(
    model_path='bert-base-uncased',
    action="substitute")
# wordnet 기반 동의어 치환[2]
aug8 = naw.SynonymAug(aug_src='wordnet')
# 무작위 단어 삭제
aug9 = naw.RandomWordAug()
# 역번역
aug10 = naw.BackTranslationAug(
    from_model_name='facebook/wmt19-en-de',
    to_model_name='facebook/wmt19-de-en', device='cuda')
```

다음은 이 10가지 증강 기법을 통합해서 적용하는 래퍼^{wrapper} 함수 augment_it()이다. 이 함수는 증강할 원문(text)과 그 원문의 레이블(label)을 받는다. 이 레이블은 증강된 각 텍스트에 그대로 복제된다.

```
def augment_it(text, label):
    result= [eval("aug"+str(i)).augment(text)[0]
    for i in range(1,11) ]
    return result, [label]* len(result)
```

그럼 이 함수를 시험해 보자.

---

[2] (옮긴이) aug8 증강기는 WordNet 데이터셋 다운로드와 관련해서 오류를 일으킬 수 있다. 원인을 찾아서 고치기가 쉽지 않다면 aug8 = naw.SplitAug() 등 다른 증강 객체로 대체하는 것도 한 방법이다.

```
augment_it("i like cats and dogs",1)
```

출력은 다음과 같다.

```
(['i li.W cats and dogs',
 'i lBike cats and zdogs',
 'i liek ctas and dogs',
 'i ike ats and dogs',
 'in like cats and gogs',
 'mostly i like my cats and dogs',
 'i like this no dogs',
 'i like cats and dog',
 'like cats and',
 'I like cats and dogs'],
 [1, 1, 1, 1, 1, 1, 1, 1, 1, 1])
```

역번역 결과가 원문과 동일함에 주목하자. 이는 원문 자체가 너무 간단하기 때문이다. 좀 더 길고 복잡한 문장이었다면 다른 결과가 나왔을 것이다. 레이블은 모두 원문의 레이블과 동일한 1이다.

다음 코드는 앞의 IMDb 훈련 데이터셋에서 무작위로 10%의 표본을 추출하고, 표본의 각 예시에 대해 10개의 문장을 생성한다. 새 문장들을 훈련 데이터셋에 추가하면 두 배 분량의 데이터셋이 만들어진다. 이 코드는 BERT 계열 모델을 사용하기 때문에 문장 생성에 시간이 오래 걸릴 수 있다.

시간과 자원이 충분하다면, frac을 0.1보다 더 크게 잡아서 표본 크기를 늘리거나(1.0으로 하면 데이터셋 전체가 증강된다) 더 많은 증강 기법을 적용하는 등으로 증강의 강도를 높여서 성능에 미치는 영향을 관찰해도 좋을 것이다.

```
import pandas as pd
imdb_df=pd.DataFrame(imdb_train)
texts=[]
labels=[]
for r in imdb_df.sample(frac=0.1).itertuples(index=False):
    t,l=augment_it(r.text, r.label)
    texts+= t
    labels+=l
aug_df=pd.DataFrame()
```

```
aug_df["text"]= texts
aug_df["label"]= labels
imdb_augmented=pd.concat([imdb_df, aug_df])
imdb_df.shape, imdb_augmented.shape

# 출력:
((2000, 2), (4000, 2))
```

이렇게 해서 덩치가 두 배로 커진(2,000에서 4,000) 데이터셋 imdb_augmented를 얻었다.

다음 코드에는 두 개의 데이터셋이 있다. imdb_train은 원래의 훈련 데이터셋이고 imdb_augmented는 증강된 데이터셋이다. 현재는 원래의 훈련 데이터셋을 사용한다. 증강된 데이터셋을 사용하는 코드는 주석으로 처리되어 있다. 처음에는 이 코드를 그대로 실행하고, 그런 다음에는 주석들을 적절히 제거, 추가해 증강된 데이터셋에 대한 코드를 실행해서 성능을 비교한다.

```
from transformers import (
    BertTokenizerFast, BertForSequenceClassification)
model_path= 'bert-base-uncased'
tokenizer = BertTokenizerFast.from_pretrained(model_path)
# 증강된 IMDb 훈련 데이터
#imdb_augmented2= Dataset.from_pandas(imdb_augmented)
#enc_train=imdb_augmented2.map(tokenize_it,
#batched=True, batch_size=1000)
# 증강하지 않은 IMDb 훈련 데이터
enc_train=imdb_train.map(tokenize_it,
    batched=True, batch_size=1000)
enc_test=imdb_test.map(tokenize_it,
    batched=True, batch_size=1000)
enc_val=imdb_val.map(tokenize_it,
    batched=True, batch_size=1000)
model_path= "bert-base-uncased"
model = BertForSequenceClassification.from_pretrained(
    model_path,
    id2label={0:"NEG", 1:"POS"},
    label2id={"NEG":0, "POS":1})
```

다음은 현재 선택된 데이터셋을 이용해서 bert-base-uncased 모델을 미세조정하는 코드다. 5장의 해당 코드와 거의 같다.

```python
from transformers import TrainingArguments, Trainer
training_args = TrainingArguments(
    output_dir='./MyIMDBModel',
    do_train=True,
    do_eval=True,
    num_train_epochs=3,
    per_device_train_batch_size=16,
    per_device_eval_batch_size=16,
    fp16=True,
    load_best_model_at_end=True)
trainer = Trainer(
    model=model,
    args=training_args,
    train_dataset=enc_train,
    eval_dataset=enc_val,
    compute_metrics= compute_metrics)
trainer.train()
q=[trainer.evaluate(eval_dataset=data) \
    for data in [enc_train, enc_val, enc_test]]
pd.DataFrame(q, index=["train","val","test"]).iloc[:,:5]
```

증강하지 않은 데이터셋을 사용했을 때의 결과는 다음과 같다(그림 8.1).

	eval_loss	eval_Accuracy	eval_F1	eval_Precision	eval_Recall
train	0.089077	0.9735	0.973494	0.973899	0.9735
val	0.298978	0.8860	0.885406	0.894174	0.8860
test	0.331224	0.8690	0.868001	0.880521	0.8690

그림 8.1 증강하지 않은 IMDb 데이터셋에 대한 성능

다음은 증강된 데이터셋을 사용했을 때의 결과다(그림 8.2).

	eval_loss	eval_Accuracy	eval_F1	eval_Precision	eval_Recall
train	0.028604	0.99325	0.993250	0.993271	0.993239
val	0.391425	0.89600	0.895973	0.896406	0.896000
test	0.431911	0.88700	0.886905	0.888306	0.887000

그림 8.2 증강된 IMDb 데이터셋에 대한 성능

보다시피 eval_F1 점수가 86.8에서 88.6으로 증가했다(+1.8). 또한 다른 매개변수들도 개선된 것으로 보인다. 다양한 증강 접근 방식을 상세히 분석하고 적절히 선택해서 추가한다면 성능을 더 높일 수 있을 것이다.

이것으로 데이터 증강에 관한 논의를 마무리한다. 다음 절에서는 또 다른 모델 성능 향상 기법인 도메인 적응을 살펴본다.

8.3 모델을 도메인 적응시키기

트랜스포머 아키텍처의 미세조정 접근 방식은 일반적으로 좋은 성능을 보이지만, 원본 데이터와 대상 데이터의 분포 차이가 미세조정의 효과에 큰 영향을 미칠 수 있다(Ruder 외, *Transfer Learning in Natural Language Processing*, NAACL 2019). 원본과 대상 데이터셋의 성격이 상당히 다른 경우에는 적응(adaptation) 과정 없이 미세조정만 수행하면 학습에 어려움을 겪을 수 있다.

이전 연구에 따르면 단어 분포 변화를 처리하는 데 가장 믿을 만한 아키텍처는 사전 훈련된 트랜스포머다. 트랜스포머는 다른 아키텍처보다 일반화 능력이 훨씬 좋다(Yildirim, Savas, 외, *Adaptive Fine-tuning for Multiclass Classification over Software Requirement Data*, arXiv 출판 전 논문 arXiv:2301.00495 (2023)). 하지만 추가적인 도메인 내 데이터를 사용해서 일반화 능력을 개선하는 것도 여전히 가능하다(Gururangan 외, *Don't Stop Pretraining: Adapt Language Models to Domains and Tasks*, ACL 2020). 모델을 대상 데이터에 특화함으로써 하위 작업의 성능 향상을 기대할 수 있다. 즉, 이미 사전 훈련된 모델을, 대상 분포에 더 가까울 것으로 예상되는 대상 데이터에 맞는 사전 훈련 목표를 사용해 추가로 훈련하는 것이다. 그러면 최종적으로 '적응된' 또 다른 버전(이를테면 adapted-bert 등)을 얻게 되는데, 이 버전 역시 사전 훈련 모델이므로 하위 작업을 위해 미세조정할 필요가 있다. 그림 8.3은 이러한 적응적 미세조정(adaptive fine-tuning)의 틀을 도식화한 것이다.

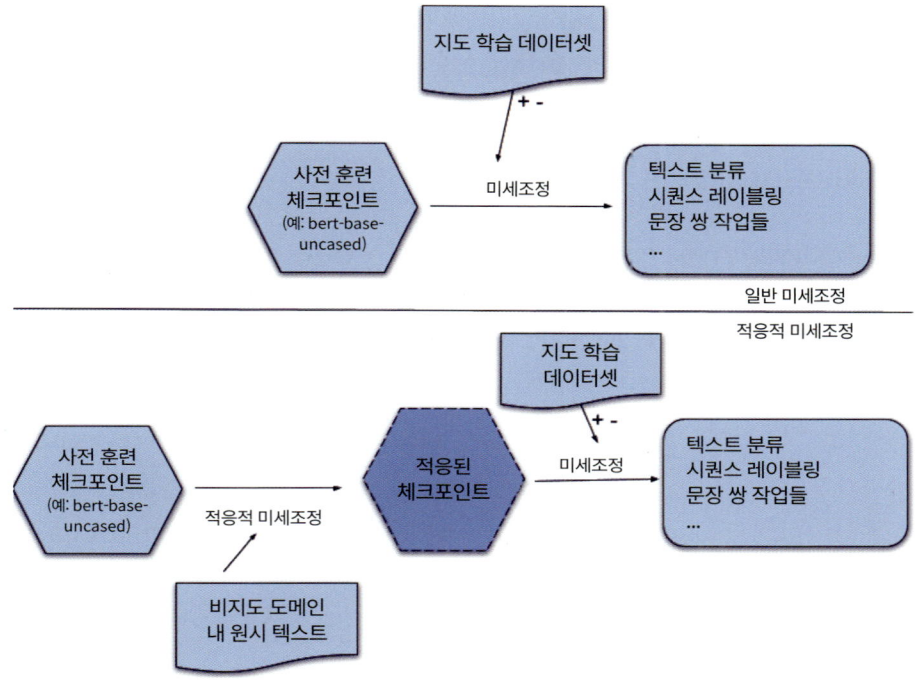

그림 8.3 도메인 적응적 미세조정

도식의 하단에서 보듯이, 적응적 미세조정은 세 단계로 진행된다. 훈련 목표로는 일반적으로 *MLM*(마스크 언어 모델; 3장 참고)이 쓰인다. 첫 단계는 적응할 사전 훈련 모델을 준비하는 것인데, 이를 위해 모델을 처음부터 사전 훈련할 필요는 별로 없다. `bert-base-uncased`나 `roberta-large` 같은 사전 훈련된 체크포인트가 여럿 있기 때문이다. 이런 사전 훈련 모델들은 3~5장에서 논의했듯이 다양한 데이터로 훈련되어 다양한 분야에 대한 구문 및 의미 지식이 매개변수에 충분히 인코딩되어 있다.

둘째 단계에서는 사전 훈련된 모델을 동일한 목표 MLM을 이용해서 훈련하되, 원하는 도메인 내부(in-domain)의 대상 비지도 데이터셋을 훈련 데이터로 사용함으로써 모델을 해당 도메인에 적응시킨다. 이 때 다른 종류의 보조 목적함수를 이용해서 적응을 개선할 수 있다는 점이 중요하다. 이 단계에서는 기본 BERT 모델 아키텍처의 목적함수(MLM)을 변경하거나 추가 매개변수를 도입하지 않는다. 셋째 단계는 둘째 단계에서 얻은 적응된 체크포인트를 원하는 하위 작업에 맞게 미세조정하는 것이다. 이 미세조정은 5장에서 설명한 방식대로 진행하면 된다.

그럼 BERT 모델을 도메인 데이터로 적응시키고 미세조정해 보자. 데이터셋으로는 이전 예제의 IMDb 데이터셋을 그대로 사용한다. 먼저 `model_path`를 정의하고 토크나이저를 불러온다.

```
from transformers import (BertTokenizerFast,
BertForSequenceClassification)
model_path= 'bert-base-uncased'
tokenizer = BertTokenizerFast.from_pretrained(model_path)
```

다음 코드는 IMDb 데이터셋에서 각각 4000, 1000, 1000개의 예시로 된 훈련/검증/테스트 데이터셋을 불러온다. 원한다면 IMDb 데이터셋 전체를 적당한 비율로 나누어서 사용하도록 코드를 수정해도 좋다.

```
from datasets import load_dataset
imdb_train= load_dataset('imdb',
    split="train[:2000]+train[-2000:]")
imdb_test= load_dataset('imdb',
    split="test[:500]+test[-500:]")
imdb_val= load_dataset('imdb',
    split="test[500:1000]+test[-1000:-500]")
imdb_train.shape, imdb_test.shape, imdb_val.shape
# 출력:
((4000, 2), (1000, 2), (1000, 2))
```

다음으로, 세 데이터셋을 토큰화하고 인코딩한다.

```
def tokenize_it(e):
    return tokenizer(e['text'],
    padding=True,
    truncation=True)

enc_train=imdb_train.map(tokenize_it,
    batched=True, batch_size=1000)
enc_test=imdb_test.map(tokenize_it,
    batched=True, batch_size=1000)
enc_val=imdb_val.map(tokenize_it,
    batched=True, batch_size=1000)
```

이제부터 훈련 데이터셋의 모든 원시 텍스트(raw text)로 `bert-base-uncased` 모델을 적응시킬 것이다. 여기에 지도 학습 방법은 전혀 쓰이지 않는다. 이 적응 단계에서는 원하는 도메인의 원시 텍스트 데이터를 그대로 사용할 수 있다. 다음 코드를 보면 IMDb 데이터셋의 리뷰 원문만 사용할 뿐 레이블은 사용하지 않는다. 적응에는 데이터의 크기가 중요하므로 IMDb 데이터셋 전체를 사용하기로 한다.

먼저 전체 훈련 데이터를 다음과 같이 불러온다.

```
dataset_for_adaptation= load_dataset('imdb', split="train")
imdb_sentences=dataset_for_adaptation["text"]
train_sentences=imdb_sentences[:20000]
dev_sentences=imdb_sentences[20000:]
```

그런 다음 모델을 불러온다.

```
from transformers import AutoModelForMaskedLM, AutoTokenizer
model = AutoModelForMaskedLM.from_pretrained(model_path)
```

다음으로, 적응 단계를 위한 몇 가지 초매개변수를 설정한다.

```
batch_size = 16
num_train_epochs = 15
max_length = 100
mlm_prob = 0.25
```

일반적인 미세조정보다 에포크 수를 크게 잡았음에 주목하자. MLM 확률(`mlm_prob`)은 `0.25`로 했는데, BERT의 원래 MLM 확률은 `0.15`이다. MLM 확률은 마스킹되는 입력 토큰의 비율에 해당한다. 이 값이 15~40% 사이일 때 더 효율적이라는 연구 결과가 있다. 마스킹된 토큰 수가 증가하면 모델은 의미를 포착하기 위해 더 강력한 표현을 추출할 수 있다. 이 점을 생각한다면, 단계 수나 에포크 수를 크게 잡을 필요가 있다. 이는 다음 절에서 살펴볼 시행착오(trial-and-error) 기반 방법이나 HPO를 적용하는 것이 도움이 된다는 뜻이다. 이번 실습 예제에서는 MLM 값을 `0.25`로 유지한다. 여러분이 사용하는 GPU의 성능에 따라 최대 길이(`max_length`)와 배치 크기(`batch_size`)를 더 늘려도 좋을 것이다.

다음의 `TokenizedSentencesDataset` 클래스는 깃허브 SBERT 저장소(https://github.com/UKPLab/sentence-transformers)에서 가져온 것이다. 그 저장소에는 명령줄에서 손쉽게 MLM 모델을 훈련할

수 있는 스크립트도 있다(https://www.sbert.net/examples/unsupervised_learning/MLM/README.html을 참고할 것).

TokenizedSentencesDataset 클래스의 정의는 다음과 같다.

```
class TokenizedSentencesDataset:
    def __init__(self, sentences, tokenizer,
        max_length, cache_tokenization=False):
        self.tokenizer = tokenizer
        self.sentences = sentences
        self.max_length = max_length
        self.cache_tokenization = cache_tokenization
    def __getitem__(self, item):
        if not self.cache_tokenization:
            return self.tokenizer(self.sentences[item],
                add_special_tokens=True,
                truncation=True,
                max_length=self.max_length,
                return_special_tokens_mask=True)
        if isinstance(self.sentences[item], str):
            self.sentences[item] =\
                self.tokenizer(self.sentences[item],
                add_special_tokens=True,
                truncation=True,
                max_length=self.max_length,
                return_special_tokens_mask=True)
        return self.sentences[item]
    def __len__(self):
        return len(self.sentences)
```

적응을 위해 데이터셋을 다음과 같이 토큰화한다.

```
train_dataset = TokenizedSentencesDataset(train_sentences,
    tokenizer, max_length)
dev_dataset = TokenizedSentencesDataset(dev_sentences,
    tokenizer, max_length)
```

이제 적응 과정을 실행할 트레이너 객체를 준비한다. DataCollator 객체를 만들 때 앞에서 설정한 mlm_prob = 0.25를 MLM 확률로 지정했음에 주목하자.

```
data_collator = \
    DataCollatorForLanguageModeling(tokenizer=tokenizer,
    mlm=True,
    mlm_probability=mlm_prob)
training_args = TrainingArguments(
    output_dir='./MyIMDBModel',
    num_train_epochs=num_train_epochs,
    evaluation_strategy="steps",
    per_device_train_batch_size=batch_size,
    prediction_loss_only=True,
    fp16=True)
trainer = Trainer(
    model=model,
    args=training_args,
    data_collator=data_collator,
    train_dataset=train_dataset,
    eval_dataset=dev_dataset)
```

이제 적응 훈련을 시작한다.

```
trainer.train()
```

훈련이 끝나면 다음과 같은 출력을 볼 수 있을 것이다(그림 8.4).

Step	Training Loss	Validation Loss
1000	1.649100	2.502931
2000	1.661200	2.487715
3000	1.728200	2.455443

그림 8.4 MLM을 이용한 도메인 적응 훈련 결과 (일부간 표시했음)

앞의 그림에는 훈련 에포크 처음 3회의 훈련 및 검증 손실값만 나와 있지만, 실제로는 에포크가 15회다. GPU 성능과 데이터셋 크기에 따라서는 훈련에 시간이 꽤 길어질 수 있다.

적응 훈련이 성공했으니, 이제 나중에 사용할 수 있도록 모델을 저장하자.

```
adapted_model_path="adapted-bert"
model.save_pretrained(adapted_model_path)
tokenizer.save_pretrained(adapted_model_path)
```

이제 우리에게는 다음과 같은 두 개의 체크포인트가 있다.

- bert-base-uncased (기본 BERT)
- adapted-bert (적응된 BERT)

다음은 두 모델을 비교하기 위한 코드다. 현재는 기본 BERT에 대한 코드가 주석으로 처리되어 있다. 첫 실행에서는 적응된 BERT 체크포인트를 미세조정하고, 둘째 실행에서는 주석들을 바꾸어서 기본 BERT 체크포인트를 미세조정한다.

```
model_path="adapted-bert"          # 1) 적응된 모델
#model_path= "bert-base-uncased"   # 2) 기본 BERT
model = BertForSequenceClassification.from_pretrained(
    model_path,
    id2label={0:"NEG", 1:"POS"},
    label2id={"NEG":0, "POS":1})
```

이제 TrainingArguments 객체와 Trainer 객체를 생성해서 훈련을 진행한다. 이 부분은 §8.2 '데이터 증강을 통한 성능 향상'에서와 같으므로 구체적인 코드는 생략하고 틀만 제시하겠다.

```
training_args = TrainingArguments(...
trainer = Trainer(...
trainer.train()
```

이제 기본 BERT 모델과 적응된 BERT 모델의 미세조정 성과를 비교해 보자. 다음은 기본 BERT의 미세조정 결과다(그림 8.5).

	eval_loss	eval_Accuracy	eval_F1	eval_Precision	eval_Recall
train	0.150218	0.95675	0.956747	0.956874	0.95675
val	0.249726	0.91500	0.914990	0.915201	0.91500
test	0.245597	0.91000	0.909997	0.910059	0.91000

그림 8.5 IMDb 데이터셋에 대한 기본 BERT의 성능

다음은 적응된 버전의 미세조정 결과다(그림 8.6).

	eval_loss	eval_Accuracy	eval_F1	eval_Precision	eval_Recall
train	0.116748	0.96175	0.961746	0.961964	0.96175
val	0.244279	0.90500	0.904950	0.905859	0.90500
test	0.218436	0.91400	0.913978	0.914424	0.91400

그림 8.6 IMDb 데이터셋에 적응시킨 BERT의 성능

그림에서 보듯이 적응된 모델이 모든 지표에서 기본 모델보다 약간 더 나은 성능을 보인다. 이상의 실습 예제에서는 적응을 다소 단순하게 처리했다. 적응 과정을 개선하는 다양한 방법이 있으니 관심 있는 독자는 관련 문헌을 조사해 보기 바란다.

그럼 적응적 학습에서 중요한 사항과 요령 몇 가지를 정리하고 넘어가자.

- **파국적 망각**(catastrophic forgetting)을 주의해야 한다. 파국적 망각이 발생하면 훈련된 모델 가중치에서 상당한 정보가 소실될 수 있다. 파국적 망각의 조짐이 보이면 학습률(학습 속도)을 낮추고, 검증 손실값을 주의 깊게 모니터링하는 것이 바람직하다. 그런 요소들에 주의를 기울이지 않으면 모델이 우리가 원하는 쪽으로 개선되지 않을 수 있다.
- 현재 우리의 전이 학습 전략은 순차적인 특징을 가지고 있다. 이는 이 훈련 단계를 지금까지의 파이프라인에 얼마든지 추가할 수 있다는 뜻이다.
- 앞에서 우리는 도메인에 특화된 텍스트를 이용해서 비지도 방식으로 도메인 적응 훈련을 수행했으며, 특정 작업에 맞는 목적함수를 이용해서 작업 적응 훈련도 진행했다. 그런데 마지막 미세조정 단계 직전에 해당 작업과 비슷한 다른 작업을 더 추가할 수도 있다. 예를 들어 의료 분야에서 특정한 질의응답(QA) 문제를 해결한다고 하자. PubMed 원시 텍스트나 SQuAD(스탠퍼드 질의응답 데이터셋)와 비슷한 형태의 의사-환자 대화 말뭉치 등 다양한 일반 데이터셋이 있을 것이며, 원하는 QA 작업을 위한 데이터도 갖추어져 있을 것이다. 먼저 PubMed 데이터셋을 이용해서 비지도 학습 방식으로 모델을 적응시키고, 그런 다음 의사-환자 데이터셋을 이용해서 지도 학습 방식으로 모델을 훈련하고, 마지막으로는 원하는 QA 작업에 맞는 데이터로 모델을 미세조정하는 방법을 생각해 볼 수 있다. 이런 방식으로 순차적 훈련(도메인 적응 후 작업 적응)을 시행하면 모델의 성능이 개선될 가능성이 크다.

- 또 다른 예로, 텍스트에서 민감한 정보(개인식별정보나 금융 정보 등)를 탐지하는 등의 시퀀스 라벨링 작업을 해결한다고 하자. 주된 시퀀스 라벨링 작업인 개체명 인식(NER)을 위해 사전 훈련된 체크포인트는 많이 있으므로, bert-base 대신 그런 체크포인트를 사용한다면 전체 과정을 크게 단축할 수 있다. 이는 순차적 전이 학습 방법이 제공하는 중요한 이점에 해당한다.

지금까지의 실습 예제들에서는 대부분의 초매개변수를 그냥 기본값으로 두었다. 다음 절에서는 초매개변수 값을 좀 더 효율적으로 선택하는 전략을 살펴본다.

8.4 최적의 초매개변수를 결정하기 위한 HPO 기법

훈련에 큰 영향을 미치지만 딥러닝 모델이 스스로 학습하지는 못하는 매개변수를 초매개변수라고 부른다. 효율적인 학습을 위해서는 이런 초매개변수들을 적절히 설정하는 방법이 필요하다. 가장 흔히 쓰이는 방법은 그냥 기존 연구 문헌에 나온 수치를 사용하는 것이다. 예를 들어 BERT 모델을 미세조정할 때 에포크 수로는 흔히 3을 사용한다. 또 다른 전략으로는 모델 성능, 특히 검증 손실을 모니터링하면서 이러한 매개변수를 사람이 직접 조정하는 것을 들 수 있겠다.

좀 더 본격적인 방법은 특정 알고리즘에 기반해서 최적의 초매개변수 집합을 체계적으로 결정하는 것이다. 이를 위한 한 가지 접근 방식은 미리 정해둔 초매개변수에 설정할 수 있는 모든 가능한 값을 일일이 탐색하는 것이다. 이러한 다소 단순한 방법을 **격자 검색**(grid search; 또는 그리드 탐색)이라고 부른다. 그런데 트랜스포머 모델 하나를 훈련하는 데도 시간이 오래 걸리는 만큼, 격자 검색 같은 단순한 방법은 지루할 수 있으며 경우에 따라서는 비현실적이기도 하다. 한 가지 대안은 **무작위 검색**(random search)이다. 이 접근 방식은 탐색 공간에서 값들을 무작위로 추출(표집)해서 모델의 성능을 측정하는 과정을 특정 기준이 충족될 때까지 반복한다. 격자 검색보다 시간이 덜 걸리면서도 비슷한 결과를 얻을 수 있다.

초매개변수 최적화(hyperparameter optimization, **HPO**)를 위한 현대적 알고리즘은 격자 탐색이나 무작위 탐색 외에도 베이즈 최적화(Bayesian optimization), 입자 무리 최적화(particle swarm optimization) 등 다양하다. 그중 주목할 만한 것으로 **트리 구조 파젠 추정기**(Tree-structured Parzen Estimator, **TPE**)가 있다. TPE는 베이즈 최적화 알고리즘의 하나로, 확률 모형을 이용해서 다양한 초매개변수의 성능을 평가한다. 좀 더 구체적으로, 이 방법은 과거 측정치를 기반으로 순차적으로 모델을 구축해서 새로운 초매개변수 값을 선택한다. 자세한 내용은 다음 논문을 참고하기 바란다.

Bergstra, James 외, Algorithms for hyper-parameter optimization, Advances in neural information processing systems 24 (2011).

그럼 HPO용 프레임워크인 Optuna(https://github.com/pfnet/optuna/)를 이용해서 HPO를 실제로 구현해 보자. Optuna는 다양한 초매개변수 최적화 알고리즘을 지원하는데, 기본 최적화 방법인 TPE 알고리즘을 사용하기로 한다.

먼저 필요한 패키지를 설치한다.

```
!pip install datasets transformers optuna
```

이전 예제에서처럼 IMDb 데이터셋을 불러오고, 거기서 각각 2000, 1000, 1000개의 예시를 뽑아서 훈련, 테스트, 검증용 데이터셋을 만든다.

```
from datasets import load_dataset
imdb_train= load_dataset('imdb',
    split="train[:1000]+train[-1000:]")
imdb_test= load_dataset('imdb',
    split="test[:500]+test[-500:]")
imdb_val= load_dataset('imdb',
    split="test[500:1000]+test[-1000:-500]")
imdb_train.shape, imdb_test.shape, imdb_val.shape
```

다음으로, 이후 과정에 필요한 두 함수 compute_metrics와 tokenize_it을 정의한다. §8.2.4 '데이터 증강을 통한 IMDb 텍스트 분류 성능 향상'과 §8.2.3 '문장 수준 증강'에서 정의한 함수들과 동일하므로 함수의 본문은 생략하겠다.

```
def compute_metrics(pred):
def tokenize_it(e):
```

bert-base-uncased 모델을 불러오고 토크나이저를 생성해서 데이터셋들을 토큰화한다. 이제는 익숙한 코드일 것이다.

```
from transformers import (BertTokenizerFast,
        BertForSequenceClassification)
model_path= 'bert-base-uncased'
tokenizer = BertTokenizerFast.from_pretrained(model_path)
enc_train=imdb_train.map(tokenize_it,
    batched=True, batch_size=1000)
enc_test=imdb_test.map(tokenize_it,
    batched=True, batch_size=1000)
enc_val=imdb_val.map(tokenize_it,
    batched=True, batch_size=1000)
```

최적화할 초매개변수는 많다. 다음은 트랜스포머에서 가장 중요한 초매개변수다.

- 학습률(learning rate; 학습 속도)
- 에포크 수
- 배치 크기
- 최적화 알고리즘 종류
- 스케줄러 유형

간단한 설명을 위해 이번 실습 예제에서는 **학습률**과 **배치 크기**만 최적화한다.

초매개변수 표집(sampling)은 Optuna가 제공하는 `Trial` 객체를 이용한다. 다음은 `Trial`이 제공하는 다양한 표집 함수다.

- **범주**(categorical): `optuna.trial.Trial.suggest_categorical()`
- **정수**(integer): `optuna.trial.Trial.suggest_int()`
- **부동소수점**(floating point): `optuna.trial.Trial.suggest_float()`

학습률은 로그 정의역 [1e-6, 1e-4] 범위에서 탐색한다. `log=True`로 설정했기 때문에 `trial.suggest_float()`는 1e-6, 1e-5, 1e-4라는 이산적인 세 가지 값을 제시한다. 로그를 사용하지 않으면 (`log=False`가 기본값이다) 선형 정의역을 탐색하게 된다. 배치 크기는 범주형으로 표집한다. 이 경우에는 범위 대신 실제 값들로 이루어진 목록을 지정한다([8, 16]).

```
def hp_space(trial):
    hp={"learning_rate":
        trial.suggest_float("learning_rate",
            1e-6, 1e-4,
            log=True),
    "per_device_train_batch_size":
        trial.suggest_categorical(
        "per_device_train_batch_size",
        [8, 16]),
    }
    return hp
```

이 함수는 Trial 형식의 객체를 받고 검색 공간을 나타내는 하나의 사전(dictionary) 객체를 돌려준다. 반환된 객체를 나중에 Trainer 객체가 최적화에 사용한다.

훈련을 위한 인수들과 Trainer 객체를 준비하고 모델을 불러오는 코드는 이전 절들(§ 8.2 '데이터 증강을 통한 성능 향상'과 § 8.3 '모델을 도메인에 적응시키기')과 동일하므로 구체적인 코드는 생략한다.

```
training_args = TrainingArgument(...
trainer = Trainer(...
model = BertForSequenceClassification.from_pretrained(...
```

훈련을 진행하는 방법은 이전과 다르다. 이번에는 trainer.train() 대신 다음과 같이 trainer.hyperparameter_search()를 호출한다.

```
best_run= trainer.hyperparameter_search(
    direction="maximize",
    hp_space=hp_space)
```

direction 매개변수를 "maximize"로 설정했기 때문에 훈련은 compute_metrics() 함수의 값을 최대화하는 것을 목표로 진행된다. 위의 코드를 실행하면 미세조정 과정이 여러 번 반복된다. 최적화할 초매개변수를 더 추가하고 검색 공간을 더 넓게 잡으면 전체 과정이 더 오래 걸릴 것이다. 모든 과정이 끝난 후 best_run 객체를 살펴보면 Optuna가 최적화한 초매개변수 값들을 알 수 있다. 그림 확인해 보자.

```
best_run
BestRun(run_id='11', objective=3.63,
    hyperparameters={
        'learning_rate': 2.25e-05,
        'per_device_train_batch_size': 16})
```

최적화된 학습률과 배치 크기는 각각 2.25e-05와 16이다. 이전 실습 예제들에서 학습률은 기본값인 5e-5로 설정하고 배치 크기는 16으로 설정했다. 이제 이들을 작업 성능 측면에서 비교해 보겠다. 배치 크기는 같으므로, 학습률만 기본값과 최적화된 값으로 다르게 설정해서 모델을 훈련한 후 해당 손실값을 살펴보면 된다.

다음은 HPO 없이 학습률을 기본값인 5e-05로 두고 훈련한 결과다(그림 8.7).

	eval_loss	eval_Accuracy	eval_F1	eval_Precision	eval_Recall
train	0.058251	0.9835	0.983500	0.983504	0.9835
val	0.357040	0.9000	0.899974	0.900410	0.9000
test	0.329510	0.9010	0.900964	0.901580	0.9010

그림 8.7 보통의 BERT 미세조정 결과

그리고 다음은 HPO로 얻은 2.25e-05를 학습률로 설정해서 훈련한 결과다.

	eval_loss	eval_Accuracy	eval_F1	eval_Precision	eval_Recall
train	0.086472	0.9765	0.976500	0.976504	0.9765
val	0.288456	0.8970	0.896955	0.897702	0.8970
test	0.281609	0.9030	0.902852	0.905467	0.9030

그림 8.8 HPO를 적용한 BERT 미세조정 결과

테스트 데이터 결과를 보면 HPO를 적용한 실험이 기본 훈련보다 아주 약간 낫다. F1 점수가 90.09에서 90.28로 증가하는 등 모든 수치가 0.2 정도 향상되었는데, 차이가 그리 크지는 않다. 이것이 의미 있는 차이인지 확인하려면 통계적 검정이 필요할 것이다. 예를 들어 맥네마 검정(McNemar's test)이나 t-검정, 5×2 교차 검증 등으로 두 머신러닝 모델을 비교할 수 있다. 더 다양한 초매개변수를 좀 더 본격적으로 최적화한다면 의미 있는 수준으로 모델의 성능을 향상할 수 있을 것이다.

지금까지 세 가지 접근 방식으로 모델을 개선해 봤는데, 셋 다 성공적이었다. 이 실습들은 최대한 간단하게 만든 것임을 유념하자. 좀 더 본격적으로 개선한다면 더 나은 결과를 얻을 수 있을 것이다. 더 많은 데이터 증강 기법을 시험해서 적절한 것들을 선택하고, 도메인 적응을 위한 데이터의 품질을 개선하고, 다양한 체크포인트를 시도하고, HPO의 검색 공간을 더 넓혀 보기 바란다.

요약

이 장에서는 모델의 성능을 향상하는 여러 기법을 살펴봤다. 특히 데이터 증강과 도메인 적응, HPO를 중점적으로 설명했는데, 셋 다 분류 작업을 위한 모델의 성능을 향상하는 데 도움이 됨을 확인할 수 있었다. 하지만 이번 장에서 다룬 기법 외에도 다양한 방법이 있음을 기억하기 바란다. 수많은 연구 논문이 모델 성능 향상을 위한 접근 방식을 제시했다. 이번 장에서는 그중 널리 쓰이는 것들만 다루었을 뿐이다.

지금까지는 미세조정 시 모델의 모든 매개변수를 갱신했다. 다음 장에서는 일부 매개변수만 갱신하는 기법으로 훈련의 시간 복잡도를 줄임으로써 모델 미세조정의 매개변수 효율성을 개선하는 방법을 논의한다.

09

매개변수 효율적 미세조정

미세조정은 AI에서, 특히 전이 학습에서 널리 사용되는 모델링 패러다임이다. 지금까지 이 책의 모든 실습은 모델의 모든 매개변수를 갱신했다. 그런데 꼭 그럴 필요는 없다. 혼동을 피하기 위해 이제부터는 모든 매개변수를 갱신하는 방식의 미세조정을 **전체 미세조정**(full fine-tuning) 혹은 **전체 매개변수 미세조정**(full parameter fine-tuning)이라고 부르기로 하겠다.

이번 장에서는 일부 매개변수만 갱신하는 **부분** 미세조정(partial fine-tuning) 전략을 살펴본다. **대규모 언어 모델**(LLM)의 매개변수 개수는 계속해서 증가하고 있다. 따라서 LLM의 미세조정과 추론을 위한 비용도 점점 커진다. 전체 미세조정은 모든 매개변수를 완전히 갱신해야 할 뿐만 아니라, 각각의 작업(task)에 대해 대규모 모델을 따로 저장해야 한다. 불행히도, 이 과정은 메모리와 실행 시간 측면에서 계산 비용이 매우 크다. 예를 들어, **BERT**의 매개변수는 3억 개밖에 되지 않지만 T5는 최대 110억 개, GPT는 1750억 개, **PaLM**은 무려 5400억 개다. 따라서 우리는 **매개변수 효율적 미세조정**(Parameter-Efficient Fine-Tuning, **PEFT**)을 깊이 고민할 필요가 있다.

이번 장에서 다루는 주제는 다음과 같다.

- PEFT란 무엇인가?
- PEFT 실습

9.1 기술적 요구사항

이번 장의 실습 예제를 위해서는 다음과 같은 파이썬 패키지들이 필요하다.

- adapter-transformers==3.2.1
- transformers==4.29.0
- peft==0.3.0
- datasets==2.12.0

9.2 PEFT 소개

시작하기 전에 이런 질문을 자신에게 던져 보자: ChatGPT의 성공을 보면 알 수 있듯이, LLM은 추가적인 갱신이나 미세조정 작업 없이도 많은 문제를 해결할 수 있다. 그렇다면 미세조정이 굳이 필요할까?

답은 '필요하다'이다. 감성 분석, 개체명 인식(NER), 텍스트 요약 같은 일반적인 NLP 문제는 ChatGPT 같은 모델이 잘 해결해 준다. 하지만 산업계나 학계에서는 문화, 도메인, 시간, 지리 같은 요인에 영향을 받는 아주 구체적인 NLP 문제를 풀어야 한다. 연구에 따르면, 특정 작업에 맞게 미세조정한 모델이 ChatGPT 같은 범용 언어 모델보다 성능이 좋다(Chengwei Qin 외, *Is ChatGPT a General-Purpose Natural Language Processing Task Solver?* 참고).

또한 BERT나 T5 같은 상대적으로 작은 모델을 회사 안에서 온프레미스로 사용하기 위해 미세조정할 수도 있다. 이러한 접근 방식은 정보 보안 침해의 위험을 줄인다. 요약하자면, 현재 다양한 NLP 요구를 충족하려면 미세조정이 여전히 필요하고 바람직하다.

PEFT(매개변수 효율적 미세조정)의 장점을 요약하자면 다음과 같다.

- 다수의 작업을 처리할 때는 PEFT 방법이 필수다. 전체 미세조정은 작업마다 따로 모델 매개변수들을 미세조정해야 하므로, 다중 작업용 모델을 서비스하려면 비용이 많이 들 수 있다. PEFT는 배포 시 작업 전환을 쉽게 해준다.
- PEFT는 매개변수 개수를 줄이는 데 도움이 될 뿐만 아니라, 새로운 작업에 모델을 적응시킬 때 **파국적 망각**을 피하는 데도 도움이 된다. 주 모델의 매개변수들을 수정하지 않고 작업 관련 개개변수들만 갱신하므로 파국적 망각이 잘 발생하지 않는다.

- PEFT 방법은 **초매개변수 최적화**(HPO) 같은 복잡한 절차의 시간 복잡성과 메모리 복잡성을 감당할 수 있는 수준으로 제어할 기회도 제공한다. 고성능 하드웨어가 있다고 해도, HPO처럼 자원을 많이 사용하는 기법에서는 전체 미세조정이 비현실적일 수 있다.

- PEFT를 이용하면 **다중 작업 학습**(Multi-task learning)이 좀 더 수월해진다. AdapterFusion 같은 프레임워크는 여러 원본 작업의 지식을 활용해서 대상 작업의 성능을 향상한다.

이번 장에서는 몇 가지 PEFT 방법을 소개하고, 모델 성능과 훈련 효율성을 기준으로 이 방법들을 비교하는 실험도 진행한다. 또한 매개변수들 일부만 갱신하거나 기타 효율적 미세조정 방법으로 모델을 훈련해서 전체 미세조정만큼 모델의 성능을 개선할 수 있는지도 살펴본다. 그럼 여러 PEFT 접근 방식부터 살펴보자.

9.3 여러 유형의 PEFT

LLM을 좀 더 대중화하기 위해 LLM의 추론 및 미세조정 비용을 줄이는 접근 방식이 여럿 개발되었다. 이번 장에서 살펴볼 부분 미세조정 외에도 int8 같은 양자화(quantization) 기법이나 증류(distillation), 희소화(sparsification) 같은 기법이 있다. 이러한 접근 방식들은 추론과 미세조정을 위한 메모리 요구사항을 줄여준다. 최근에는 모델 자체의 수정과 관련한 시도가 활발하게 일어났다. 뭉뚱그려서 PEFT라고 부르는 이런 시도들은 전체 훈련에 비견할 만한 성능을 유지하면서도 갱신되는 매개변수 수를 최소화하는 것을 목표로 한다. PEFT가 전체 미세조정보다 더 나은 결과를 보인다는 연구 결과도 있긴 하지만, 그런 성과가 초매개변수들의 선택에 민감할 수 있다는 점도 밝혀졌다.

여러 문헌이 제시하는 PEFT 접근 방식은 어댑터 조정(adapter tuning), 프롬프트 조정(prompt-tuning), 접두사 조정(prefix-tuning), (IA)[3], BitFit, **LoRA**(Low-rank Adaptation of Large Language Models; 대규모 언어 모델의 저계수 적응) 등으로 다양하다. 한 개괄 논문은 이러한 접근 방식들을 다음 세 범주로 분류했다(Vladislav Lialin, Vijeta Deshpande, and Anna Rumshisky, *Scaling Down to Scale Up: A Guide to Parameter-Efficient Fine-Tuning*).

- 가산적 방법
- 선택적 방법
- 저계수 미세조정

9.3.1 가산적 방법

가산적 방법(additive method; 또는 첨가식 방법)은 트랜스포머에 새로운 작업별 신경망 가중치(매개변수)들을 추가한다. 원 모델의 가중치들은 동결되며, 작업 사이에서 공유된다. 미세조정 단계에서는 추가된 새 가중치들만 훈련한다. 이 방법은 다중 작업 학습을 지원하며, 매개변수 효율성은 1% 미만이다. 이런 부류의 모델은 병목 아키텍처를 적용하고 원래의 차원을 낮은 차원으로 투사했다가 다시 원래 차원으로 사상(매핑)함으로써 갱신할 매개변수를 줄인다. 추가된 가중치들을 작업에 맞게 구체적으로 공유할 수 있다는 점에서 가산적 방법은 실무에 적용하기 쉬운 방법에 속한다. 이런 목적으로 만들어진 강력한 라이브러리로 adapter-transformers 라이브러리가 있다. 이번 장의 실습 예제들에서도 이 라이브러리를 사용한다.

어댑터는 대략 **직렬**(serial) 어댑터와 **병렬**(parallel) 어댑터로 나뉜다. 직렬 어댑터는 순차적으로 추가된 어댑터 층이다. 어댑터 조정(Neil Houlsby 외, *Parameter-efficient transfer learning for NLP* International Conference on Machine Learning, PMLR), 접두사 조정(Xiang Lisa Li, Percy Liang, *Prefix-tuning: Optimizing continuous prompts for generation*), 프롬프트 조정(Rami Al-Rfou, Noah Constant, *The power of scale for parameter-efficient prompt tuning*)은 모델의 은닉층에 추가적인 토큰을 병렬로 첨부한다. 접두사 조정은 각 트랜스포머 층의 주의 헤드(attention head)에 학습 가능한 벡터를 덧붙이고, 프롬프트 조정은 그 벡터를 입력 임베딩에만 덧붙인다. 접두사 조정과 프롬프트 조정은 소프트 프롬프팅$^{\text{soft-prompting}}$ 기법을 활용한다. 즉, 프롬프트 엔지니어링 단계에서 단어나 토큰을 추가하는 대신, 훈련 가능한 연속 프롬프트(continuous prompt)를 추가하는 방식이다. 훈련을 통해 모델은 이 소프트 프롬프트(또는 연속 프롬프트)의 임베딩을 추정할 것으로 기대한다. 이런 접사(접두사, 접중사(infix), 접미사(suffix)) 접근 방식의 단점은 모델의 가용 시퀀스 길이가 줄어든다는 것이다.

9.3.2 선택적 방법

이 범주의 접근 방식들은 언어 모델에 새로운 매개변수를 추가하지 않는다. 대신 특정한 방식으로 선택한 매개변수만 갱신한다. 예를 들어, **BitFit**은 네트워크의 다른 모든 매개변수를 동결하고 편향 항(bias term)만 훈련한다. **FISH Mask** 같은 희소 미세조정(sparse fine-tuning) 방법은 FISH 마스크의 피셔 정보(Fisher information) 같은 공식에 기반해서 모델의 일부 매개변수를 선택한다. **SparseAdapter**는 주요 모델 대신 추가된 어댑터에 희소화 방법을 적용한다. 따라서 이는 선택적 방법이면서 가산적인 방법이기도 하다.

9.3.3 저계수 미세조정

저계수 구조(low-rank structure)는 인공지능 분야에서 매우 흔하다. 특정한 저계수 구조를 가진 작업이 많이 있다. 그런 구조는 저계수 부분 공간에서 다양한 계산을 빠르게 수행하는 데 도움을 준다. 이 범주에서 가장 중요한 PEFT 방법은 LoRA다. LoRA는 자기주의 메커니즘(self-attention mechanism)에서 W_{q}(질의) 행렬과 W_{v}(값) 행렬을 위한 계수 분해(rank decomposition) 행렬 쌍들을 훈련해서 저계수 미세조정을 수행한다(Edward J. Hu 외, *Low-Rank Adaptation of Large Language Models* 참고). 미리 훈련된 모든 매개변수는 동결되고, 오직 W_{q} 행렬과 W_{v} 행렬만 훈련을 통해 재매개변수화(reparameterization)가 가능하게 한다. LoRA는 이들을 두 저계수 행렬의 곱으로 분해한다.

이러한 재매개변수화 과정은 계수가 낮고 선택적이기 때문에, 훈련 가능한 매개변수 수가 크게 줄어들면서도 전체 훈련과 비슷한 수준으로 성능이 향상된다. 이 접근 방식의 주요 동기는 어댑터 모델의 잠복지연(latency) 문제다. 어댑터 기반 모델은 순차적으로 처리해야 하므로 추론 시 잠복지연이 발생한다. 이는 LLM이 흔히 하드웨어 병렬 처리에 의존한다는 점과 잘 맞지 않는다. 어댑터 층을 기본 모델에 추가로 계산해야 하므로 추가적인 잠복지연을 피하기 어렵다. 이러한 직렬 어댑터 모델은 단일 GPU 상의 모델 미세조정에 좀 더 적합하다.

AdaLoRA는 LoRA 접근 방식을 두 가지 방식으로 개선한 방법이다(Qingru Zhang 외, *AdaLoRA: Adaptive Budget Allocation for Parameter-Efficient Fine-Tuning* 참고). 첫째, AdaLoRA는 다양한 중요도를 행렬들에 부여하고 불필요한 특잇값을 가지치기(pruning)해서 LLM을 미세조정한다. 이 접근 방식은 사전 훈련된 모델의 미세조정에서 가중치 행렬이 모듈에 따라, 그리고 층에 따라 그 중요도가 다르다는 점에 주목한다. 둘째, LoRA는 질의와 값의 사용(projection)에만 SVD(특잇값 분해)를 적용하지만, AdaLoRA는 모든 가중치 행렬에 이를 적용하여 성능을 향상한다.

이제 이런 방법들을 직접 체험해 볼 때가 되었다. 다음 절에서 몇 가지 방법을 실제로 적용해 보자.

9.4 PEFT 실습

이번 절 실습 예제의 훈련은 GPU로 실행할 것을 권한다. CPU를 사용하면 몇 가지 문제나 오류가 발생할 수 있다. 이번 절에서는 PEFT를 이용해서 두 가지 분류 작업을 수행한다. 하나는 이전에도 여러 번 나온 감성 분석 문제이고, 다른 하나는 실습의 다양성을 높이기 위해 새로이 시도하는 자연어 추론(NLI) 문제다.

두 실습을 간단히 소개하면 다음과 같다.

- adapter-transformers 라이브러리를 이용해서 BERT 모델을 IMDb 감성 데이터셋에 대해 효율적으로 미세조정한다.
- LoRA 프레임워크를 이용해서 FLAN-T5 모델을 NLI 작업에 대해 효율적으로 미세조정한다.

9.4.1 어댑터 조정을 통한 BERT 체크포인트 미세조정

첫 실습은 IMDb 데이터셋을 이용한 감성 분석이다. 이전에는 전체 미세조정 방법을 이용해서 모델을 미세조정했다. 이번에는 어댑터 조정을 이용해서 감성 분석 모델을 미세조정하고 기존 방법의 결과와 비교해 본다.

1. 먼저, 필요한 패키지들을 설치한다.

```
!pip install datasets==2.12.0 adapter-transformers==3.2.1
```

허깅 페이스의 Transformers 라이브러리는 설치하지 않았음에 주목하자. adapter-transformers가 Transformers 라이브러리를 대신하기 때문이다[1].

2. 이제 필요한 모듈들을 임포트한다.

```
import torch, os
from torch import cuda
import numpy as np
from transformers import AdapterTrainer
from transformers import (BertTokenizerFast,
                BertForSequenceClassification)
from transformers import Trainer, TrainingArguments
from datasets import load_dataset
```

3. 이번 실습에서 미세조정할 모델은 이전 실습에서처럼 bert-base-uncased이다. 모델 이름과 토큰화 객체를 설정한다.

```
model_path= 'bert-base-uncased'
tokenizer =BertTokenizerFast.from_pretrained(model_path)
```

---

1 (옮긴이) adapter-transformers는 허깅 페이스 Transformers 라이브러리를 복제(clone)하고 어댑터 관련 기능을 추가한 라이브러리로, API가 Transformers 라이브러리와 거의 같다. 본문의 관련 코드에서 `from transformers`의 `transformers`는 Transformers 라이브러리가 아니라 adapter-transformers다.

4. 역시 이전 실습들에서처럼 IMDb 데이터셋의 일부만 불러온다. 훈련에 4000개, 테스트에 1000개, 검증에 1000개의 예시를 사용한다.

```
imdb_train= load_dataset('imdb',
    split="train[:2000]+train[-2000:]")
imdb_test= load_dataset('imdb',
    split="test[:500]+test[-500:]")
imdb_val= load_dataset('imdb',
    split="test[500:1000]+test[-1000:-500]")
```

5. 데이터셋들을 인코딩하는 `tokenize_it()` 함수를 정의한다.

```
def tokenize_it(e):
    return tokenizer(e['text'],
        padding=True,
        truncation=True)
enc_train=imdb_train.map(tokenize_it,
    batched=True, batch_size=1000)
enc_test=imdb_test.map(tokenize_it,
    batched=True, batch_size=1000)
enc_val=imdb_val.map(tokenize_it,
    batched=True, batch_size=1000)
```

훈련 인수들도 이전의 전체 미세조정 실습에서와 동일하게 설정한다. 단, `learning_rate`는 이전과 달리 2e-4로 설정한다. 이전에는 더 낮은 2e-5를 사용했다. 전체 미세조정에서는 모든 매개변수를 갱신하기 때문에 학습률을 높게 잡으면 위험할 수 있다. 하지만 이제는 추가적인 매개변수만 갱신하고 전체 BERT 모델은 손대지 않으므로 이 정도로 설정해도 안전하다. 원한다면 `learning_rate`를 더 높게 잡아도 좋을 것이다.

6. 다음은 훈련 인수들을 설정하는 코드다.

```
training_args = TrainingArguments(
    "/tmp",
    do_train=True,
    do_eval=True,
    num_train_epochs=3,
    learning_rate=2e-4,
    per_device_train_batch_size=16,
```

```
    per_device_eval_batch_size=16,
    evaluation_strategy="epoch",
    save_strategy="epoch",
    fp16=True,
    load_best_model_at_end=True
)
```

7. 다음으로, 훈련 중 모니터링할 지표를 제공하는 함수를 정의한다. 여기서는 간단하게 정확도(accuracy)만 모니터링하기로 한다. 다음은 이 지표를 제공하는 compute_acc() 함수다.

```
def compute_acc(p):
    preds = np.argmax(p.predictions, axis=1)
    acc={"Accuracy": (preds == p.label_ids).mean()}
    return acc
```

8. 사전 훈련된 bert-base-uncased 체크포인트를 다음과 같이 불러온다.

```
from transformers import BertModelWithHeads
model = BertModelWithHeads.from_pretrained(model_path)
```

9. 이제 "imdb_sentiment"라는 이름의 어댑터를 모델에 추가한다. 이후 훈련 시 모델의 기존 매개변수들은 동결하고, 이 어댑터로 추가한 매개변수들만 갱신할 것이다.

```
model.add_adapter("imdb_sentiment")
```

10. 훈련 가능한 분류 헤드를 모델에 추가한다. add_classification_head() 호출의 첫 인수는 이 분류 헤드를 앞에서 추가한 imdb_sentiment 어댑터에 연결하라는 뜻이고, 둘째 인수는 이 헤드의 클래스(레이블) 개수다.

```
model.add_classification_head("imdb_sentiment",num_labels=2)
```

11. 다음으로, 이후 훈련 시 imdb_sentiment 어댑터를 훈련해야 함을 모델에 알려준다.

```
model.train_adapter("imdb_sentiment")
```

추가된 매개변수들을 훈련하지 않아야 하는 경우에 이런 설정이 필요하다. 특히 다중 작업 학습 단계에서는 이런 설정이 특히나 요긴할 수 있다.

매개변수 효율성은 다음과 같이 확인할 수 있다.

```
trainable_params=model\
    .num_parameters(only_trainable=True)/(2**20)
all_params=model.num_parameters() /2**20
print(f"{all_params=:.2f} M\n"+
f"{trainable_params=:.2f} M\n"+
f"The efficiency ratio is \
    {100*trainable_params/all_params:.2f}%")
```

출력은 다음과 같다.

```
all_params=105.83 M
trainable_params=1.42 M
the efficiency ratio = 1.34%
```

출력에서 보듯이 매개변수 개수가 약 1.38% 증가했다.

12. 허깅 페이스의 기본 Trainer 클래스 대신 AdapterTrainer 클래스를 이용해서 훈련을 시작한다.

```
trainer = AdapterTrainer(
    model=model,
    args=training_args,
    train_dataset=enc_train,
    eval_dataset=enc_val,
    compute_metrics=compute_acc)
trainer.train()
```

훈련 결과는 다음과 같다(그림 9.1).

Epoch	Training Loss	Validation Loss	Accuracy
1	No log	0.259850	0.885000
2	0.321100	0.267514	0.893000
3	0.321100	0.260782	0.903000

그림 9.1 adapter-transformers를 이용한 훈련

3에포크에 걸쳐 모델을 미세조정하는 데 1분 34초밖에 걸리지 않았음에 주목하자.

13. 이제 전반적인 정확도 성능을 확인해 보자.

```
import pandas as pd
q=[trainer.evaluate(eval_dataset=data) for data in\
    [enc_train, enc_val, enc_test]]
pd.DataFrame(q, index=["train","val","test"]).iloc[:,:5]
```

이 코드의 출력은 다음과 같다(그림 9.2).

	eval_loss	eval_Accuracy
train	0.209338	0.919
val	0.259850	0.885
test	0.235628	0.912

그림 9.2 adapter-transformers 라이브러리의 성과

테스트 정확도는 약 0.912이다.

비교적 짧은 시간에 모델을 미세조정했음에도 성능이 향상되었음을 알 수 있다. 그런데 실제로 훈련이 빠르고 성공적인지는 기존의 전체 미세조정 결과와 비교해 봐야 확실히 알 수 있다. 8장에서도 IMDb 데이터셋을 이용해서 지금과 동일한 성격의 실습을 수행했음을 기억할 것이다. 다음은 그 실습의 결과다(그림 9.3).

Epoch	Training Loss	Validation Loss	Accuracy	F1	Precision	Recall
1	0.296200	0.252173	0.901000	0.900988	0.901194	0.901000
2	0.189700	0.297335	0.897000	0.896809	0.899958	0.897000
3	0.052300	0.422962	0.910000	0.909999	0.910026	0.910000

[750/750 08:15, Epoch 3/3]

그림 9.3 어댑터 없이 훈련한 기본 트랜스포머의 성능

결과에서 보듯이 보통 방식의 전체 미세조정에는 8분 15초가 걸렸다. 반면에 PEFT를 이용한 훈련 시간은 그보다 훨씬 짧은 1분 34초다(그림 9.1). 그럼에도 정확도 성능은 비슷하다. 따라서 PEFT 미세조정이 실제로 빠르고 성공적이라고 말해도 틀리지 않을 것이다.

9.4.2 NLI 작업을 위한 FLAN-T5의 효율적 미세조정(LoRA 이용)

자연어 추론(NLI)은 주어진 전제(premise)에 근거할 때 주어진 가설(hypothesis)이 참인지, 거짓인지, 또는 참/거짓을 판정할 수 없는지를 판단하는 작업이다. 참이면 전제와 가설이 **함의**(entailment) 관계이고 거짓이면 **모순**(contradiction) 관계다. 참도 거짓도 아니라면 둘은 **중립**(neutral)이다.

이번 절의 자연어 추론 실습을 위해 SNLI라는 프로젝트를 사용하기로 한다. SNLI 프로젝트(https://nlp.stanford.edu/projects/snli/)는 모순, 함축, 중립 레이블이 부여된 570,000개의 문장 쌍으로 구성된다[2].

각 범주의 예가 표 9.1에 나와 있다.

표 9.1 SNLI 데이터셋의 세 가지 예시

전제	가설	레이블
A man inspects the uniform of a figure in a country. (한 남자가 어떤 나라 사람의 유니폼을 조사한다.)	The man is sleeping. (그 남자는 자고 있다.)	모순
An older and younger man smiling. (늙은 남자와 젊은 남자가 미소 짓고 있다.)	Two men are smiling and laughing at the cats playing on the floor. (두 남자가 바닥에서 놀고 있는 고양이를 보며 미소 짓고 웃고 있다.)	중립
A soccer game with multiple males playing. (여러 남성이 참여하는 축구 경기.)	Some men are playing a sport. (몇몇 남자가 스포츠를 하고 있다.)	함의

이 표에서 보듯이, NLI 작업에서 모델이 할 일은 전제와 가설로 이루어진 문장 쌍을 입력받아서 세 범주 중 하나를 출력하는 것이다. 이를 위해 이번 실습 예제에서는 FLAN-T5라는 모델을 LoRA를 이용해서 효율적으로 미세조정한다. 그럼 시작해 보자.

1. 먼저 필요한 파이썬 라이브러리들을 설치한다.

    ```
    !pip install transformers==4.29.0 peft==0.3.0 datasets==2.12.0
    ```

2. 필요한 모듈들을 임포트한다.

    ```
    from transformers import AutoModelForSeq2SeqLM, AutoTokenizer
    ```

---

[2] (옮긴이) 이에 대응되는 한국어 데이터셋으로는 KorNLI(https://github.com/kakaobrain/kor-nlu-datasets)의 KorNLI 데이터셋과 KLUE 벤치마크의 KLUE-NLI 데이터셋(https://klue-benchmark.com/tasks/68/overview/description)을 들 수 있다.

```
from transformers import (default_data_collator,
get_linear_schedule_with_warmup)
from peft import (get_peft_config, get_peft_model,
    get_peft_model_state_dict,LoraConfig, TaskType)
import torch, os
from torch.utils.data import DataLoader
from tqdm import tqdm
import pandas as pd
from datasets import (load_dataset,
    Dataset, DatasetDict)
```

3. SNLI 데이터셋에는 57만 개의 예시가 있다. 빠른 프로토타이핑을 위해 1%만 추출(표집)해서 사용하기로 한다. 나중에 전체 데이터셋을 사용하고 싶으면 `frac` 매개변수만 조정하면 된다.

```
dataset = load_dataset("snli")
snli_sampled=pd.DataFrame(dataset["train"])
snli_sampled=snli_sampled.sample(frac=0.01)
```

4. 추출한 데이터셋의 레이블 분포를 확인해 보자.

```
snli_sampled.label.value_counts()
```

출력은 다음과 같다.

```
 2    1870
 1    1825
 0    1798
-1       9
Name: label, dtype: int64
```

5. 레이블이 -1인 예시들은 함의, 모순, 중립으로 분류되지 않은 것들이다. 이들은 모두 제거한다.

```
snli_sampled= snli_sampled[snli_sampled.label>-1]
```

6. 레이블 이름들도 확인해 보자.

```
names=dataset["train"].features["label"].names
Names

['entailment', 'neutral', 'contradiction']
```

7. 다음으로, 레이블 ID와 레이블 이름을 대응시킨 사전(dictionary) 객체를 만든다.

```
mapp=dict(enumerate(names))
mapp

{0: 'entailment',
 1: 'neutral',
 2: 'contradiction'}
```

이제 데이터셋들이 준비되었다. 그런데 이 데이터셋들은 텍스트 분류에 적합한 형태다. BERT 모델을 텍스트 분류 작업에 대해 미세조정할 수도 있지만, 이번 실습에서는 접근을 달리해서 텍스트 투 텍스트text-to-text 모델인 FLAN-T5에 맞게 예시들을 변형한 후 미세조정에 사용한다. FLAN-T5 모델은 4장에서 생성형 모델의 하나로 소개했다. FLAN 프레임워크(https://github.com/google-research/FLAN)는 모델 아키텍처를 변경하지 않고도 1,800개의 다양한 지시문 미세조정 작업을 동시에 모델링하는 성과를 거두었다. 이 프레임워크는 언어 모델이 순수하게 지시문만으로도 제로샷 작업을 수행하는 능력을 향상하기 위해 T5 모델의 역량을 탐구했다.

FLAN-T5는 텍스트 투 텍스트 모델이기 때문에, 기존 NLI 작업(텍스트 1, 텍스트 2 → 레이블)에 맞춰진 데이터셋을 텍스트 투 텍스트 작업(입력 텍스트 → 출력 텍스트)에 맞게 다시 표현해야 한다. 그러려면 템플릿을 활용해서 입력과 출력 둘 다 적절한 텍스트로 표현할 필요가 있다. 이를 위해, 다음과 같이 주어진 전제와 가설의 함의/모순/중립 관계를 묻는 프롬프트와 그에 대한 답을 입력 텍스트와 출력 텍스트로 사용한다. 다른 종류의 작업 역시 이런 식으로 프롬프트를 구성함으로써 텍스트 투 텍스트 작업에 맞게 변환할 수 있으니 시도해 보기 바란다.

8. 다음은 데이터셋의 표현을 변경하고 확인하는 코드다.

```
snli_sampled_df= pd.DataFrame(snli_sampled)
snli_sampled_df["text"]= snli_sampled_df\
    .apply(lambda x: "S1:" +x.premise
    +"S2:"+x.hypothesis+
    ". The relation between S1 and S2 is labeled "+
    "as entailment, neutral or contradiction ?",
    axis=1)
snli_sampled_df["label"]=snli_sampled_df\
    .apply(lambda x: f"It is {mapp[x.label]}",
    axis=1)
```

출력은 다음과 같다(그림 9.4).

premise	hypothesis	label	text
Two firefighters clad in protective gear are entering a house and one of them is checking his hose system.	Two firefighters are entering a house.	It is entailment	S1:Two firefighters clad in protective gear are entering a house and one of them is checking his hose system. S2:Two firefighters are entering a house.. The relation between S1 and S2 is labeled as entailment, neutral or contradiction ?
Two men work together on a construction project.	Two men are working.	It is entailment	S1:Two men work together on a construction project. S2:Two men are working.. The relation between S1 and S2 is labeled as entailment, neutral or contradiction ?
Three men in uniform walk around town.	Three men rob the residents.	It is contradiction	S1:Three men in uniform walk around town. S2:Three men rob the residents.. The relation between S1 and S2 is labeled as entailment, neutral or contradiction ?

그림 9.4 SNLI 데이터셋의 작업을 작업 지시문 형태로 다시 표현한 결과

9. 이제 전제와 가설로 구성된 입력 텍스트와 해당 레이블을 표현한 출력 텍스트(예를 들어 1은 it is neutral이 된다)의 쌍들로 이루어진 데이터셋이 마련되었다. 다음은 입력 텍스트의 예이다.

   ```
   S1:Three men in uniform walk around town. S2:Three men rob the residents.
   The relation between S1 and S2 is labeled as entailment, neutral or
   contradiction ?.
   (S1: 유니폼을 입은 세 남자가 시내를 돌아다닌다. S2: 세 남자가 주민들을
   털었다. S1과 S2의 관계는 함의, 중립, 모순 중 무엇인가?)
   ```

   입력 텍스트(데이터셋의 text 필드)에는 전제와 가설이 모두 포함되었다. 프롬프트에서는 이들을 S1과 S2로 불렀지만, premise와 hypothesis로 명명할 수도 있다. 여러 가지로 시도해 보기 바란다. 출력 텍스트는 S1과 S2의 관계는 ...이다. 같은 단순한 형태가 아니다. 대신, 모델이 함의, 모순, 중립 중 하나를 출력하도록 ... is labeled as entailment, neutral or contradiction ?의 형태로 범주 이름들을 명시했다. 이는 생성형 언어 모델이 아무 말이나 하는 환각 현상을 보이곤 하기 때문이다. 이를 방지하려면 지금처럼 출력 공간을 명시적으로 좁히는 것이 바람직하다.

10. 변환한 데이터셋을 두 부분으로 나눈다. 70%는 훈련용, 30%는 검증용이다. 이들을 snli_sampled_dict라는 사전 객체에 저장한다.

    ```
    CUT=snli_sampled_df.shape[0]*7//10
    print(f"Training set size is {CUT}")
    print(f"Validation set size is \
        {snli_sampled_df.shape[0]-CUT}")
    print(f"Total size is {snli_sampled_df.shape[0]}")
    ```

```
snli_sampled_dict= DatasetDict({
    "train":
    Dataset.from_pandas(snli_sampled_df[:CUT])
    "validation":
    Dataset.from_pandas(snli_sampled_df[CUT:])
    })
```

출력은 다음과 같다.

```
Training set size is 3847
Validation set size is 1650
Total size is 5497
```

11. 토큰화와 인코딩은 텍스트 분류(감성 분석) 실습이나 토큰 분류(NER) 실습에서와 조금 다르다. 입력과 출력 모두 자연어 문장이므로, 둘 다 토크나이저로 인코딩해야 한다. 다음의 `preprocess_function()` 함수가 이 작업을 수행한다. 대부분의 텍스트 투 텍스트 문제에서 이런 방식의 전처리가 필요하다.

```
def preprocess_function(examples):
    inputs = examples["text"]
    targets = examples["label"]
    model_inputs = tokenizer(inputs,
        max_length=max_length,
        padding="max_length",
        truncation=True,
        return_tensors="pt")
    labels = tokenizer(targets,
        max_length=max_target_len,
        padding="max_length",
        truncation=True,
        return_tensors="pt")
    labels = labels["input_ids"]
    labels[labels == tokenizer.pad_token_id] = -100
    model_inputs["labels"] = labels
    return model_inputs
```

12. 이제 모델을 선택할 시간이다. 모델을 선택할 때는 여러분이 사용할 수 있는 하드웨어 자원에 맞는 것을 고르는 것이 중요하다. 하드웨어 성능에 따라 모델을 선택할 때 사용할 수 있는 간단한

계산 공식이 있다. 아주 간단하다. 모델 매개변수 개수의 10배를 GPU의 메모리 용량에 대응시키면 된다. 예를 들어 BERT 기본 모델의 매개변수는 약 1억 1천 개이므로, 이 모델을 위해서는 메모리가 1.2GB(110MB×10) 이상인 GPU가 필요하다. 따라서 최근 GPU라면 BERT 기본 모델을 너끈히 돌릴 수 있다.

매개변수가 30억 개인 `google/flan-t5-xl` 모델을 위해서는 3B×10=~30GB의 GPU가 필요하다. 앞에서 말했듯이 매개변수 하나당 10바이트로 계산한 것이다. 물론 이는 매우 대략적인 계산이다. `flan-t5-base`는 매개변수가 2억5천만 개이므로 2.5GB 이상의 GPU가 필요하고, `flan-t5-large`는 7억8천만 개이므로 8GB 이상의 GPU가 필요하다. 요즘은 16GB GPU도 많이 쓰이지만, 모든 독자가 그런 GPU를 가지고 있지는 않을 것이다. 이 실습에서는 `flan-t5-base`로 시작한다. 다른 두 대안은 코드에 주석으로 처리해 두었다. 나(저자)는 NVIDIA A100 40GB GPU가 있어서 `flan-t5-xlarge`로 파이프라인을 훈련할 수 있었다.

그럼 모델을 위한 토크나이저를 불러오자.

```
model_name_or_path="google/flan-t5-base"    # 매개변수 250M개
#model_name_or_path="google/flan-t5-large"  # 매개변수 780M개
#model_name_or_path="google/flan-t5-xl"     # 매개변수 3B개
tokenizer = AutoTokenizer.from_pretrained(model_name_or_path)
```

13. 다음으로, 준비된 `snli_sample_dict` 객체에 앞에서 정의한 전처리 함수를 적용한다. 이때 시퀀스 길이 문제를 조심해야 한다. 즉, 입력 텍스트 크기와 출력 텍스트 크기에 세심한 주의를 기울일 필요가 있다. 효율성을 위해서는 두 크기를 가능한 한 작게 유지해야 하겠지만, 그렇다고 데이터셋의 품질이 떨어질 정도로 텍스트를 잘라내서도 안 된다. 데이터셋을 조사해 보면 안전한 입력 및 출력 크기가 최대 토큰 수에 따라 각각 150과 10 정도임을 알 수 있다. 이보다 긴 입력 시퀀스나 출력 시퀀스는 없다. 이런 수치들은 `tokenizer.tokenize()` 함수를 이용해서 얻을 수 있는데, 지금 실습에 집중하기 위해 자세한 내용은 생략하기로 한다.

다음은 데이터셋을 전처리하는 코드다.

```
max_length = 150
max_target_len=10
snli_processed = snli_sampled_dict.map(
    preprocess_function,
    batched=True,
```

```
    num_proc=1,
    remove_columns=snli_sampled_dict["train"].column_names,
    load_from_cache_file=False,
)
train_dataset = snli_processed["train"]
eval_dataset = snli_processed["validation"]
```

14. 인코딩된 데이터셋이 어떤 모습인지 간단하게 확인하고 넘어가자.

```
pd.DataFrame(train_dataset).head(3)
```

출력은 다음과 같다(그림 9.5).

input_ids	attention_mask	labels
[180, 536, 10, 188, 3202, 5119, 3, 9, 4459, 32...	[1, 1, 1, 1, 1, 1, 1, 1, 1, 1, 1, 1, 1, ...	[94, 19, 7163, 1, -100, -100, -100, -100, -100...
[180, 536, 10, 3774, 1725, 5234, 4805, 2100, 5...	[1, 1, 1, 1, 1, 1, 1, 1, 1, 1, 1, 1, 1, ...	[94, 19, 27252, 1, -100, -100, -100, -100, -10...
[180, 536, 10, 188, 1021, 388, 19, 479, 300, 3...	[1, 1, 1, 1, 1, 1, 1, 1, 1, 1, 1, 1, 1, ...	[94, 19, 27252, 1, -100, -100, -100, -100, -10...

그림 9.5 토크나이저로 처리한 데이터셋

출력에서 보듯이, 텍스트들과 레이블들이 토큰 ID 목록으로 변환되었다.

15. 이제 훈련을 위한 `DataLoader` 객체를 생성한다. GPU 용량이 넉넉하므로 배치 크기는 32로 잡았다. 만일 훈련 도중 메모리 오류가 발생한다면 배치 크기를 줄여서 다시 시도하기 바란다. 하지만 배치가 작으면 모델링 성능이 나빠질 수 있다는 점도 유념하자. 최근 연구에 따르면, 배치 크기가 16 또는 32일 때 최적의 성능이 나온다고 한다. 하지만 이는 작업의 종류나 규모에 따라 다를 수 있다.

```
batch_size = 32
train_dataloader = DataLoader(
    train_dataset,
    shuffle=True,
    collate_fn=default_data_collator,
    batch_size=batch_size,
    pin_memory=True)
eval_dataloader = DataLoader(
```

```
        eval_dataset,
        collate_fn=default_data_collator,
        batch_size=batch_size,
        pin_memory=True)
```

16. 이제부터는 LoRA를 적용한 훈련과 LoRA를 적용하지 않은 훈련을 비교해 본다. `with_peft=True`로 설정하고 다음 코드를 실행하면 LoRA 훈련을 위한 모델이 준비된다. 이 경우 `if` 문의 조건이 성립해서 훈련 인수들을 담은 `LoraConfig` 객체로 `get_peft_model()`이 호출된다. `with_peft=False`로 바꾸어 실행하면 보통의 사전 훈련 모델과 이전에 설정한 훈련 인수들이 그대로 이후의 훈련에 쓰인다. 두 경로는 모델뿐만 아니라 학습률도 다르다. LoRA 경로에서는 `learning_rate`가 1e-3이지만 보통의 경로에서는 5e-5이다. 두 경로의 성과를 비교해 보면 LoRA의 효과를 가늠할 수 있을 것이다.

```
with_peft=True
model = AutoModelForSeq2SeqLM\
    .from_pretrained(model_name_or_path)
    lr=2e-5
if with_peft:
    lr=1e-3
    peft_config = LoraConfig(
        task_type=TaskType.SEQ_2_SEQ_LM,
        inference_mode=False,
        r=8,
        lora_alpha=32,
        lora_dropout=0.1)
    model = get_peft_model(model, peft_config)
    model.print_trainable_parameters()

# 출력:
trainable params: 884K || all params: 248M || trainable: 0.35%
```

이 코드에서 `r` 매개변수는 저계수 부분공간(subspace)의 계수(차원수)를 제어한다. LoRA 문헌 (Hu, Edward J. 외, "Lora: Low-rank adaptation of large language models." arXiv 출판 전 논문 arXiv:2106.09685 (2021))은 이 매개변수의 값으로 8을 권장한다. 따라서 flan-t5-base의 경우 훈련 가능한 매개변수의 수는 884,736개인데, 이는 전체 모델 매개변수의 0.35%를 차지한다. `r` 변수를 4로 설정하고 다시 시도하면 훈련 가능한 매개변수의 수가 442,368(0.17%)

로 감소하는 것을 볼 수 있다. 이 값을 변경할 때는 모델의 성능에 어떤 영향이 미치는지를 반드시 확인해야 한다.

17. 이제 허깅 페이스 PEFT 저장소(https://huggingface.co/docs/peft)의 기존 코드에 나온 대로, 고전적인 형태의 중첩된 훈련 및 평가 루프를 이용해서 훈련과 평가를 진행한다.

```
device="cuda"
model = model.to(device)
num_epochs = 3
optimizer = torch.optim.AdamW(model.parameters(), lr=lr)
lr_scheduler = get_linear_schedule_with_warmup(
    optimizer=optimizer,
    num_warmup_steps=0,
    num_training_steps=\
        (len(train_dataloader) * num_epochs),)
import time
st = time.time()
for epoch in range(num_epochs):
    model.train()
    total_loss = 0
    for step, batch in enumerate(tqdm(train_dataloader)):
        batch={k:v.to(device) for k, v in batch.items()}
        outputs = model(**batch)
        loss = outputs.loss
        total_loss += loss.detach().float()
        loss.backward()
        optimizer.step()
        lr_scheduler.step()
        optimizer.zero_grad()
model.eval()
eval_loss = 0
eval_preds = []
for step, batch in enumerate(tqdm(eval_dataloader)):
    batch = {k: v.to(device) for k, v in batch.items()}
    with torch.no_grad():
        outputs = model(**batch)
    loss = outputs.loss
    eval_loss += loss.detach().float()
```

```
        eval_preds.extend(
            tokenizer.batch_decode(
            torch.argmax(outputs.logits, -1)\
                .detach().cpu().numpy(),
            skip_special_tokens=True)
        )
    eval_loss_avg = eval_loss / len(eval_dataloader)
    train_loss_avg = total_loss / len(train_dataloader)
    print(f"{epoch=}-> {train_loss_avg=}\t {eval_loss_avg=}")
    et = time.time()
    elapsed_time = et - st
```

18. 그럼 PEFT의 전체 성능을 확인해 보자.

```
zipped=zip(eval_preds,
snli_sampled_dict["validation"]["label"])
q=[real.strip() in pred.strip()\
    for pred,real in zipped]
print(f"{model_name_or_path=}")
print(f"{num_epochs=}")
print(f"{elapsed_time=:.2f} seconds" \
    + (" with PEFT" if with_peft else " without    PEFT"))
print(f"Accuracy={sum(q)/len(q):.2f}")
```

이 코드의 출력은 다음과 같다.

```
model_name_or_path='google/flan-t5-base'
num_epochs = 3
elapsed_time = 90.51 seconds with PEFT
Accuracy = 0.86
```

19. `with_peft=False`로 바꾸어서 이상의 코드를 다시 실행하면 다음과 같은 결과가 출력된다. LoRA를 적용했을 때보다 훈련 시간이 길어졌음을 알 수 있다.

```
model_name_or_path='google/flan-t5-base'
num_epochs=3
elapsed_time=117.82 seconds without PEFT
Accuracy=0.84
```

참고로 다음은 더 큰 모델들에 대해 동일한 실험을 수행한 결과다(표 9.2).

표 9.2 FLAN-t5 체크포인트의 LoRA 효과 비교

모델	매개변수 개수	LoRA 적용		LoRA 미적용	
		시간(초)	정확도	시간(초)	정확도
flan-t5-base	250M	91	86	117	84
flan-t5-large	780M	280	90	369	90
flan-t5-xlarge	3B	879	92	OOM	OOM

> 참고
> 표의 OOM은 메모리 부족(out-of-memory) 오류를 뜻한다. 필자의 시스템에서 배치 크기를 32로 하고 flan-t5-xlarge를 훈련했을 때 메모리가 부족해서 오류가 발생했다. 배치 크기를 줄이면 오류가 해결되겠지만, 그러면 다른 버전들과의 비교가 무의미해진다.

표 9.2에서 끌어낼 수 있는 결론은 두 가지다. 첫째로, LoRA로 모델을 훈련하면 정확도를 희생하지 않고도 훈련 시간을 줄일 수 있어서 효과적이다. 둘째로, 더 큰 모델을 사용하면, 즉 매개변수를 더 늘리면 모델의 훈련 속도는 느리지만 성능이 좋아진다. 표를 보면 FLAN-T5의 base, large, xlarge 버전에 대한 정확도는 각각 86, 90, 92다. 적어도 이 결과에서 정확도는 모델 크기에만 의존한다. LoRA를 적용해도 정확도가 더 나아지지는 않았다. 그럼 이 모델들로 추론을 수행해 보자.

1. 먼저 모델을 저장한다.

```
peft_model_path="my_lora_model"
model.save_pretrained(peft_model_path)

!ls -lh $peft_model_path
total 9.2M
-rw-r--r-- 1 root root  333 May 25 20:22 adapter_config.json
-rw-r--r-- 1 root root 3.5M May 25 20:22 adapter_model.bin
```

ls 명령[3]의 출력에서 보듯이 어댑터 모델의 파일 크기는 3.5M 정도다(기본 모델은 약 500MB).

> 참고
> LoRA는 더 빨리 훈련할 수 있는 작은 모델이다. 그러나 기본 모델과 LoRA 모델을 별도로 불러오면 추론이 지연될 수 있다. 이러한 지연을 최소화하기 위해 PEFT 라이브러리는 merge_and_unload()라는 함수를 제공한다. 이 함수는 어댑터 가중치들을 기본 모델과 병합한다. 그러면 추론 시 병합된 모델 하나만 불러오면 되므로 편하다.

---

3 (옮긴이) Windows에서는 DIR 명령이나 파일 탐색기로 확인할 수 있다.

2. 어댑터 가중치들을 모델에 병합해서 앞에서와는 다른 이름으로 저장한다.

```
model = model.merge_and_unload()
model.save_pretrained("my_lora_model_merged")
```

3. 병합해서 저장한 모델을 불러오는 것은 아주 간단하다.

```
model = AutoModelForSeq2SeqLM\
    .from_pretrained("my_lora_model_merged",
        load_in_8bit=True)
```

4. 다음은 추론을 위해 모델을 준비하는 코드다. 앞에서 저장한 모델을 다시 불러와서 평가 모드로 전환한다. 테스트할 텍스트도 설정한다.

```
from peft import PeftModel, PeftConfig
config = PeftConfig.from_pretrained(peft_model_path)
model = AutoModelForSeq2SeqLM\
    .from_pretrained(config.base_model_name_or_path)
model = PeftModel.from_pretrained(model,peft_model_path)
model.eval()
my_text= snli_sampled_dict["validation"]["text"][0]
my_label= snli_sampled_dict["validation"]["label"][0]
print(f"{my_text=}")
print(f"{my_label=}")
```

출력은 다음과 같다.

```
My_text: S1:A girl wearing a black jacket and pink boots is poking in the water of the creek
with a stick, from the creek bank.S2:The girl is poking around in the creek trying to find
something that she lost. The relation between S1 and S2 is labeled as entailment, neutral or
contradiction ?
My_label: It is neutral.
```

5. 그럼 my_text로 추론을 실행해 보자.

```
inputs = tokenizer(my_text, return_tensors="pt")
with torch.no_grad():
    outputs = model.generate(
        input_ids=inputs["input_ids"],
```

```
        max_new_tokens=10)
print(tokenizer.batch_decode(
    outputs.detach().cpu().numpy(),
    skip_special_tokens=True))

['It is neutral']  # 추론 결과
```

모델은 "검은 재킷과 분홍색 부츠를 신은 소녀가 개울가에서 막대기로 개울 물을 찌르고 있다."라는 전제와 "그 소녀는 잃어버린 무언가를 찾으려고 개울에서 이리저리 찌르고 있다."라는 가설이 중립 관계라고 옳게 추론했다. 그럼 **양자화된 LoRA**(quantized LoRA)인 **QLoRA**로 넘어가자.

9.4.3 QLoRA를 이용한 미세조정

LLM의 매개변수 개수가 계속 증가함에 따라 더 효율적이고 메모리에 친화적인 방법을 찾으려는 노력이 이어지고 있다. 최근 연구에서는 기존의 효율적인 LoRA 모델에 기반한 QLoRA 모델이 제안되었다(Tim Dettmers 외, *QLoRA: Efficient fine-tuning of quantized LLMs*, Tim Dettmers). 이 접근 방식은 LLM에서 널리 쓰이고 있다. QLoRA는 LLM을 4비트로 양자화(quantization)한다. 이렇게 하면 기존 LoRA에 비해 모델의 메모리 사용량이 크게 줄어든다. 양자화된 LLM은 LoRA 방식을 통해 미세조정되는데, 이렇게 조정된 모델은 원래의 LLM과 비슷한 정확도를 유지하면서도 훨씬 더 빠르고 크기가 작다.

QLoRA를 사용하려면 모델을 초기화하는 코드만 바꾸면 된다. 그 밖의 과정은 이전과 동일하다. 여기서는 bitsandbytes 라이브러리를 이용해서 QLoRA용 모델 초기화를 수행한다. 이 라이브러리는 다음과 같이 설치하면 된다.

```
!pip install bitsandbytes
```

모델 초기화 코드는 다음과 같다. 이전 실습 예제의 단계 17에 해당한다.

```
from transformers import BitsAndBytesConfig
from peft import prepare_model_for_kbit_training
from transformers import AutoModelForSeq2SeqLM
model_name = "google/flan-t5-base"
bnb_config = BitsAndBytesConfig(
    load_in_4bit=True,
```

```
    bnb_4bit_use_double_quant=True,
    bnb_4bit_quant_type="nf4",
    bnb_4bit_compute_dtype=torch.bfloat16
)
model = AutoModelForSeq2SeqLM\
    .from_pretrained(model_name_or_path,
    quantization_config=bnb_config,
    device_map={"":0})
model.gradient_checkpointing_enable()
model = prepare_model_for_kbit_training(model)
model = get_peft_model(model, peft_config)
```

이제 단계 18의 중첩된 훈련 및 평가 루프부터 다시 실행해서 결과를 비교하면, 실제로 QLoRA가 LoRA 수준의 정확도를 유지하면서도 훈련 시간이나 메모리 사용량을 개선해 주는지 확인할 수 있을 것이다.

수고 많았다! 지금까지 우리는 PEFT(매개변수 효율적 미세조정)의 도움으로 두 종류의 문제를 성공적으로 해결했다. 특히, 언어 모델을 훈련하는 대신 일부 매개변수만 갱신함으로써 시간을 절약할 수 있었다.

요약

이번 장에서는 PEFT를 이용해서 미세조정 과정을 더 효과적으로 간드는 방법을 논의했다. 세 종류의 PEFT 방법(추가적, 선택적, 저계수)을 소개했으며, adapter-transformers 라이브러리와 허깅 페이스의 PEFT 프레임워크를 이용해서 실습을 진행했다. 두 가지 파이썬 PEFT 라이브러리 덕분에 텍스트 분류 작업과 NLI(자연어 추론) 작업을 효율적으로 해결할 수 있었다.

LLM의 장점과 위력은 분명하지만, 훈련과 미세조정, 추론 측면에서 커다란 장벽이 여럿 있다. 이런 장벽을 극복하는 방법은 중요한 연구 주제다. 이후의 장들은 LLM을 다루고, 제어하고, 활용하는 방법에 초점을 두며, LLM을 대중화하는 방법도 다룬다. 이번 장에서는 LLM을 효율적으로 미세조정하는 방법에 집중했지만, 그 밖에도 우리가 유심히 살펴볼 측면이 많이 있다.

다음 장에서는 지금까지 다룬 모델들보다 매개변수가 훨씬 많은 LLM(대규모 언어 모델)을 다루는 방법을 논의한다.

참고문헌

- Zaken, Elad Ben, Shauli Ravfogel, Yoav Goldberg. "*Bitfit: Simple parameter-efficient fine-tuning for transformer-based masked language-models.*" arXiv 출판 전 논문 arXiv:2106.10199 (2021).

- Sung, Yi-Lin, Varun Nair, Colin A. Raffel. "*Training neural networks with fixed sparse masks.*" *Advances in Neural Information Processing Systems* 34 (2021): 24193-24205.

- He, Shwai 외 et al. "*Sparseadapter: An easy approach for improving the parameter-efficiency of adapters.*" arXiv 출판 전 논문 arXiv:2210.04284 (2022).

3부

고급 주제들

3부에서는 NLP 분야에서 매우 중요한 여러 고급 주제를 다룬다. LLM(Large Language Models; 대규모 언어 모델)과 효율적인 트랜스포머, 그리고 다국어 언어 모델 같은 고급 모델 아키텍처 설계를 살펴볼 것이다. 또한 설명 가능한 AI(Explainable AI, XAI), 모델 추적, 모델 배포, 그리고 프로덕션 환경에서 모델을 운영하는 등의 기술적인 주제도 다룬다.

3부를 구성하는 장은 다음과 같다.

- 10장 LLM(대규모 언어 모델)
- 11장 NLP와 설명 가능한 AI(XAI)
- 12장 효율적 트랜스포머
- 13장 교차 언어 및 다국어 언어 모델링
- 14장 트랜스포머 모델의 서비스 제공
- 15장 모델 추적 및 모니터링

10

LLM
(대규모 언어 모델)

최근 몇 년 사이에 **LLM**(Large Language Models; 대규모 언어 모델) 분야가 괄목할 만한 진전을 이루었다. 이 기간에 **GPT-3**(175B), **PaLM**(540B), **BLOOM**(175B), **LLaMA**(65B), **Falcon**(180B), **Mistral**(7B) 등 다양한 LLM이 등장해서 다양한 자연어 처리 작업에서 놀라운 능력을 보였다. 이렇게 중요한 분야를 짧은 장 하나로 다루기가 쉽지는 않은 일이다. 하지만 4장을 비롯해 이 책의 여러 부분에서 LLM과 관련한 여러 주제를 다룬 것도 사실이다. 또한, 책 전반에 걸쳐 신경망 언어 모델의 패러다임과 그 훈련 과정을 논의했다.

이번 장에서는 LLM을 논의하고 몇 가지 실습을 진행한다. 이전 장들과 유사한 과정을 통해 LLM을 미세조정할 수 있음을 보게 될 것이다. 차이는 크지 않다.

다음은 이번 장에서 자세히 다루는 주제다.

- LLM이 왜 중요한가?
- LLM의 미세조정

10.1 기술적 요구사항

이번 장의 실습 예제를 위해서는 다음과 같은 패키지들이 필요하다.

- transformers==4.35.2
- accelerate==0.25.0
- bitsandbytes==0.42.0
- peft==0.7.1
- trl==0.7.9

10.2 LLM이 중요한 이유

LLM, 즉 '대규모' 언어 모델을 논의하려면 '대규모'가 붙지 않은 보통의 언어 모델(LM)과 무엇이 다른지부터 이야기해야 할 것이다. 요즘은 '언어 모델'과 '대규모 언어 모델'을 같은 의미로 사용하는 경우가 많지만, 상황에 따라서는 둘을 구별할 필요가 있다. 모든 대규모 언어 모델은 언어 모델이지만, 모든 언어 모델이 대규모 언어 모델인 것은 아니다.

과거에는 n-그램을 이용해서 문장의 다음 단어 확률을 계산하는 모델을 '언어 모델'이라고 불렀다. 요즘 말하는 '대규모 언어 모델'은 주로 **ChatGPT**나 **LLaMA**처럼 매개변수가 수십, 수백억 개인 트랜스포머 기반 신경망 모델을 뜻한다. 이런 모델들은 모두 생성형 언어 모델이다. BERT와 같은 약 1억 개의 매개변수를 가진 인코더 전용 언어 모델이나 단순한 n-그램 모델은 그냥 **언어 모델**로 분류하는 것이 현실적일 것이다.

간단히 말해 LLM은 10억 개 이상의 매개변수와 생성 능력을 갖춘 디코더 전용 모델을 가리킨다고 할 수 있다. 이 두 가지 특징이 부각된 이유는 최근 연구에서 모델의 규모를 키우고 대규모 데이터셋으로 훈련하면 성능이 매우 향상된다는 점이 밝혀졌기 때문이다. 특히 제로샷 및 퓨샷 성능이 개선되고, 주어진 지시를 규모에 맞게 매우 효과적으로 따를 수 있게 된다. 또한 생성 능력 덕분에 입력과 출력 둘 다 자유로운 텍스트 형식을 사용할 수 있어서 하나의 틀로 모든 유형의 문제를 해결하는 것이 가능하다. 프롬프트 엔지니어링prompt engineering이 대중화된 것은 이 덕분이다. LLM으로 수치 예측 같은 문제도 풀 수 있으며, 심지어 다양한 NLP 문제를 위한 컴퓨터 코드를 생성하는 것도 가능하다.

LLM의 최근 경향으로는 **RLHF**(Reinforcement Learning from Human Feedback; 인간 피드백 기반 강화학습)를 들 수 있다. 다음은 RLHF의 주요 단계다.

1. **자기지도 학습**: 모델이 스스로 지식을 습득하게 한다.
2. **지도 학습**: 모델이 학습할 정보를 명시적으로 제공한다.
3. **인간 피드백**: 사람이 모델을 관찰해서 행동을 수정한다.

그림 10.1에서 보듯이 단계 1은 기본적인 **사전 훈련 언어 모델**(pre-training language model, PTLM)을 훈련하는 것이다. 이 단계에서는 다음 단어 예측 같은 특정 자기지도(self-supervised) 목적함수를 사용해서 모델의 언어 이해 능력을 향상시킨다. 단계 2에서는 지시문 따르기(instruction-following) 데이터셋을 이용해서 모델이 자연어로 된 지시를 따르도록 적응시킨다. 이 과정을 통해 언어 모델은 다양한 작업에 관한 지식을 얻고, 익숙하지 않은 문제를 풀 수 있게 된다.

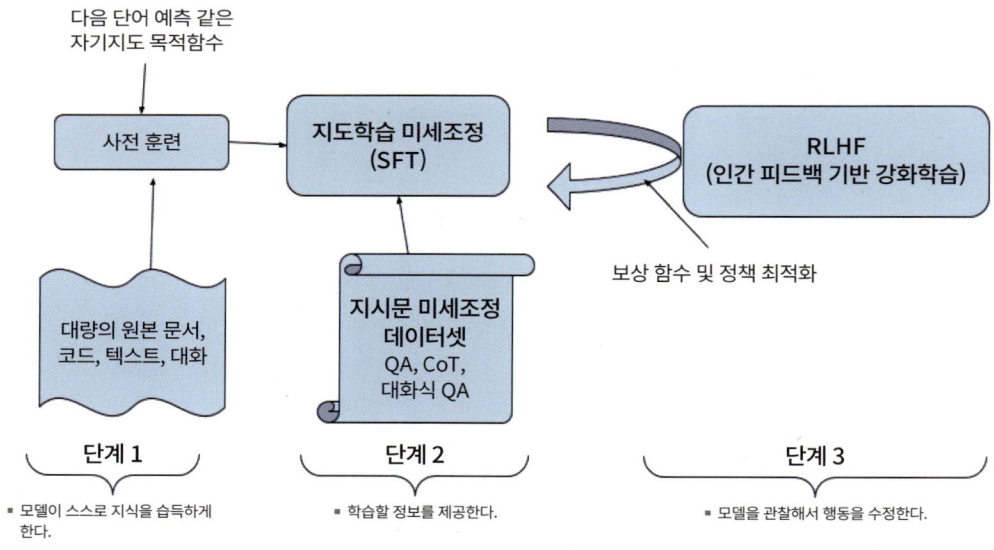

그림 10.1 RLHF 개념도

마지막 단계(단계 3)는 통상적인 2단계 사전 훈련 및 미세조정과 차별화되는 RLHF만의 독특한 단계다. 이 단계의 핵심은 **강화학습**(RL)을 위한 **보상 함수**(reward function)와 **정책 최적화**(policy optimization)다. 인간 평가자들이 능동적으로 모델 실험에 참여해서 모델의 결과에 등급(또는 순위)을 매긴다. 이 등급은 언어 모델이 생성한 텍스트 출력을 평가하는 데 쓰인다. RLHF 분야의 주요 연구 주제 중 하나는 이러한 인간의 선호도를 정확히 표현하는 보상 모델을 개발하는 것이다.

10.2.1 보상 함수의 중요성

ChatGPT가 출시되면서 LLM에 대한 관심이 학계 안팎에서 크게 고조되었다. 간단히 말해 대규모 언어 모델은 이름 그대로 언어 모델의 더 큰 버전일 뿐이다. 하지만 '대규모'의 구체적인 기준은 아직 불분명하다. 규모의 개념을 이해하기 위해 말하자면, 요즘은 매개변수가 수억 개여도 대규모 모델로 간주하지 않는다. 대규모라는 개념이 완전히 상대적이라는 점을 유념하자. 현재는 매개변수가 10억 개 이상이면 LLM으로 간주하지만, 몇 년 또는 몇 달 후에는 그렇지 않을 수 있다.

규모뿐만 아니라 다른 지표들도 이러한 모델의 품질에 영향을 미친다. 그런데 이 '품질'은 과학 연구 논문에 나오는 수치로 정량화되지 않는다. 현재로서는 모델 출력의 품질을 신뢰성 있게 파악할 수 있는 보편적인 측정 방법이 없기 때문이다. 하지만 주어진 상황에 알맞은 측정 방법을 적극적으로 찾아보는 것은 의미 있는 일이다. 예를 들어, 특정 맥락과 관련된 질문에 답할 수 있는 **OBQA**(Open Book Question Answering; 오픈북 질의응답) 모델을 만든다고 하자. 이 경우에는 모델이 해당 맥락에서 직접 추출한 정확한 답변을 제공하느냐가 유효한 품질 측도가 될 것이다.

하지만 응용 분야에 따라서는 맥락에서 추출한 곧이곧대로의 답변보다는 좀 더 자연스러운 대화체 답변이 선호될 수 있다. 그런 대화형 OBQA 모델이 필요하다면 정확도가 더 높은 모델을 기각하고, 원하는 어조와 글쓰기 스타일을 제공하는 모델을 선택해야 할 것이다.

그림 10.2는 **SQuAD** 데이터셋(https://huggingface.co/datasets/squad)으로 미세조정한 인코더 기반 QA 모델의 출력 예이다. 모델이 곧이곧대로 이름(Meysam)만 출력했음을 주목하자.

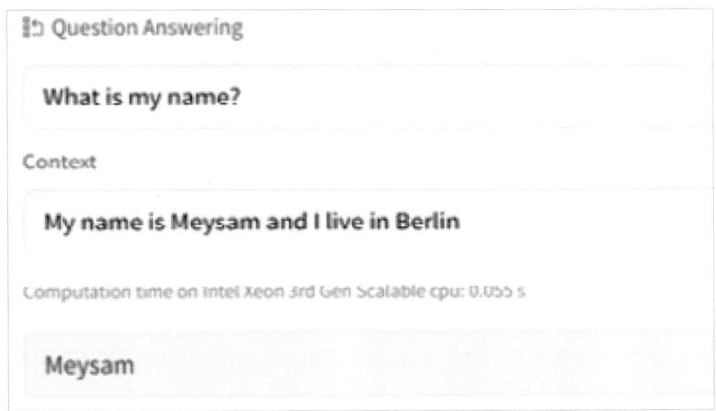

그림 10.2 SQuAD 미세조정 DistilBERT 모델(https://huggingface.co/distilbert/distilbert-base-cased-distilled-squad)을 사용한 질의응답

그림 10.3은 ChatGPT의 사례다. ChatGPT는 "당신의 이름은 메이삼입니다"라는 뜻의 완전한 문장을 제시했다.

```
Answer the question according to context:
Context: My name is Meysam and I live in Berlin
Question: what is my name?

Your name is Meysam.
```

그림 10.3 ChatGPT를 이용한 질의응답

짐작했겠지만 첫 모델은 단순히 질의응답에 미세조정된 언어 모델이고, 둘째 모델은 주어진 지시사항을 이해할 수 있는 LLM이다.

그림 10.1의 단계 1에 나온 지도 학습은 GPT나 T5 같은 모델의 개발에 큰 도움이 되었다. 이런 모델들은 프롬프트를 활용해 여러 작업을 학습할 수 있다. 하지만 단계 3과 같은 새로운 훈련 방식이 도입되면서 모델의 결과 생성 능력이 더욱 향상되었다. 이 접근 방식은 인간의 피드백을 활용해 모델을 지도한다. 다른 여러 강화학습 접근 방식에서처럼 RLHF도 보상 함수를 사용해서 모델을 올바른 방향으로 이끈다. 보상 함수는 모델의 학습 과정을 안내하고 원하는 출력을 생성하는 데 중요한 역할을 한다. 자연어 처리에서는 이 보상 함수 자체를 제대로 모델링하는 것이 중요하다.

텍스트 말뭉치로 훈련된 모델은 선호도(preference)를 결정한다. 이를 위해서는 레이블이 붙은 훈련 데이터가 필요하다. 보상 모델 없이 인간이 레이블을 붙인 데이터만으로 언어 모델을 훈련하는 것으로는 충분하지 않다. 또한, 레이블 붙은 훈련 데이터 없이 보상 함수만으로 미세조정을 하는 것도 충분하지 않다. 그런 경우 규모가 큰 모델은 낮은 평가를 받게 된다. 언어 모델은 이 점을 활용해서 오해의 소지가 있는 출력을 생성할 수 있다. 따라서 그런 상황을 방지하기 위해 원 모델과의 정렬(alignment)을 유지하는 문제가 중요해진다. 가장 좋은 방법은 원 모델과 강화학습 조정 모델 사이의 KL 발산값(Kullback-Leibler divergence)에 기반한 벌점(페널티)을 적용하는 것이다. 하지만 LLM의 우려 사항은 이것이 전부가 아니다. 아주 큰 대규모 언어 모델은 위험을 수반한다. 웹에서 수집한 데이터로 모델을 훈련하면 모델이 편견을 가질 수밖에 없다. 그런 모델을 프로덕션에서 사용하려면 독성 있는, 또는 모욕적인 내용을 식별하는 또 다른 모델로 보완하는 것이 중요하다. 그렇게 하지 않으면, 평가 좋고 대화에 능숙한 모델이라도 의도치 않게 사용자를 불쾌하게 만들 여지가 있다.

10.2.2 LLM의 instruction-following 능력

T0는 다양한 작업에 대해 광범위하게 훈련된 오픈소스 모델 계열이다. 그림 10.4는 허깅 페이스의 해당 상세 페이지에 있는 표인데, 이 계열의 모델들을 훈련하는 데 사용한 훈련 데이터셋들을 확인할 수 있다.

Model	Training datasets
T0	- Multiple-Choice QA: CommonsenseQA, DREAM, QUAIL, QuaRTz, Social IQA, WiQA, Cosmos, QASC, Quarel, SciQ, Wiki Hop - Extractive QA: Adversarial QA, Quoref, DuoRC, ROPES - Closed-Book QA: Hotpot QA*, Wiki QA - Structure-To-Text: Common Gen, Wiki Bio - Sentiment: Amazon, App Reviews, IMDB, Rotten Tomatoes, Yelp - Summarization: CNN Daily Mail, Gigaword, MultiNews, SamSum, XSum - Topic Classification: AG News, DBPedia, TREC - Paraphrase Identification: MRPC, PAWS, QQP
T0p	Same as T0 with additional datasets from GPT-3's evaluation suite: - Multiple-Choice QA: ARC, OpenBook QA, PiQA, RACE, HellaSwag - Extractive QA: SQuAD v2 - Closed-Book QA: Trivia QA, Web Questions
T0pp	Same as T0p with a few additional datasets from SuperGLUE (excluding NLI sets): - BoolQ - COPA - MultiRC - ReCoRD - WiC - WSC
T0_single_prompt	Same as T0 but only one prompt per training dataset
T0_original_task_only	Same as T0 but only original tasks templates
T0_3B	Same as T0 but starting from a T5-LM XL (3B parameters) pre-trained model

그림 10.4 https://huggingface.co/bigscience/T0#training-data에 나온 T0 훈련 데이터셋들

그럼 T0 계열 중 매개변수가 30억 개인 T0_3B 모델을 시험해 보자. 이 모델의 능력을 두 가지 시나리오로 평가해 보겠다. 하나는 공통참조(coreference; 공지시) 해소이고 다른 하나는 감성 분석이다.

다음 예제 코드를 실행하려면 A100 같은 고성능 GPU가 필요함을 유의하기 바란다. 먼저, 필요한 라이브러리를 설치한다.

```
!pip install transformers sentencepiece
```

다음으로 해당 모델과 토크나이저를 불러온다.

```
from transformers import(AutoTokenizer,
AutoModelForSeq2SeqLM)
tokenizer = AutoTokenizer.from_pretrained("bigscience/T0_3B")
model = AutoModelForSeq2SeqLM.from_pretrained("bigscience/T0_3B")
```

이제 지시문을 포함한 프롬프트로 모델을 실행한다.

```
inputs = tokenizer.encode("Is this review positive or negative? \
Review: This book covers many different ascpect of NLP. I highly \
recommend buying it!", return_tensors="pt")
outputs = model.generate(inputs)
print(tokenizer.decode(outputs[0]))
Positive
```

"이 리뷰는 긍정적인가 부정적인가?"라는 뜻의 지시 프롬프트에서 짐작했겠지만, 이것은 감성 분석 작업이다. 공통참조 해소의 경우에는 다음과 같이 Meysam이라는 남자에 관한 지문에 대해 'he'가 누구인지 묻는 프롬프트를 입력한다.

```
Input: Meysam lives in Germany. He has been living in Berlin for a long time.
In the previous sentence, decide who 'he' is referring to.
Meysam
```

모델은 'he'가 Meysam임을 정확히 추론했다. 이상의 두 예에서 보듯이, T0_3B 모델은 프롬프트에 있는 지시문을 잘 이해하는 능력을 갖추고 있다. 훈련에 사용한 것과는 다른 프롬프트를 활용한 자연어 지시문 기반 미세조정을 통해서 모델의 능력을 확장할 수 있음을 기억하기 바란다.

다음 절에서는 LLM의 미세조정을 좀 더 자세히 살펴본다. LLaMA 모델을 미세조정해 볼 것이다.

10.3 대규모 언어 모델의 미세조정

LLM에서 주로 염두에 두는 것은 프롬프트 엔지니어링을 통한 제로샷 작업 일반화다. 하지만 특정한 작업을 위해 LLM을 미세조정하는 것이 바람직한 응용 분야도 있다. 이번 절에서는 인기 높은 오픈소스 언어 모델인 LLaMA 모델을 SQuAD 데이터셋으로 미세조정해 본다. 여러 데이터셋을 단일한 형식으로 병합해서 모델을 훈련할 수 있다는 점도 기억해두기 바란다. 다중 작업 실험에서 그런 접근 방식을 시도해 봐도 좋을 것이다. 하지만 여기서는 논의를 간단하게 유지하기 위해 SQuAD 데이터셋 하나만 사용하기로 한다.

이번 장에서 LLM의 미세조정에 사용할 기술은 다음과 같다.

- **PEFT**: 모델 전체를 갱신하는 대신, 9장에서 논의한 LoRA를 사용해서 적은 수의 매개변수만 갱신한다. PEFT(매개변수 효율적 미세조정)의 주요 이점은 훈련할 매개변수 수가 크게 줄어든다는 것이다. 덕분에 훈련이 간단하고 빠르다. 이는 LLM 같은 대규모 머신러닝 프로젝트에 매우 유용한 특성이다.

- **모델 양자화**: 메모리 요구량을 줄이기 위해, 역시 9장에서 소개한 bitsandbytes 라이브러리를 이용해 매개변수들을 32비트에서 4비트로 양자화한다. 비트 수를 줄이는 방법인 양자화는 32비트 부동소수점 대신 8비트 정수와 같은 저정밀도 자료형(데이터 타입)을 사용함으로써 계산 및 메모리 비용을 최적화한다. 이는 메모리 사용량 감소, 에너지 소비 절감, 연산 속도 향상으로 이어진다. 임베디드 기기에 흔히 쓰이는 정수 자료형으로의 양자화도 가능하다. 본질적으로 모델 양자화는 고정밀도에서 저정밀도 데이터 타입으로 전환하는 것에 해당한다.

- **TRL**: TRL 패키지를 이용해서 미세조정 과정을 좀 더 간단하고 빠르게 진행한다. TRL을 이용하면 메모리도 덜 소비된다. 허깅 페이스 팀이 지원하는 TRL 라이브러리는 **지도 미세조정**(Supervised Fine-Tuning, **SFT**), **보상 모델링**(Reward Modeling, **RM**), **근접 정책 최적화**(Proximal Policy Optimization, **PPO**), **직접 선호도 최적화**(Direct Preference Optimization, **DPO**) 같은 방법을 이용해서 트랜스포머 언어 모델 및 확산 모델을 미세조정하고 정렬하기 위한 풀스택 도구 모음이다.

그럼 실습으로 들어가자. 먼저 필요한 파이썬 라이브러리들을 설치한다.

```
!pip install accelerate ==0.25.0 bitsandbytes ==0.42.0 \
peft ==0.7.1 transformers ==4.35.2 trl ==0.7.9
```

그리고 함수들과 클래스들을 임포트한다.

```
import os, torch
from trl import SFTTrainer
from peft import LoraConfig, PeftModel
from datasets import load_dataset
from transformers import (
    AutoModelForCausalLM,
    AutoTokenizer,
    TrainingArguments,
    BitsAndBytesConfig,
    HfArgumentParser,
    pipeline,
)
```

LLM의 훈련에서 중요한 단계 하나는 지시 따르기(instruction-following) 데이터셋을 제대로 구축하는 것이다. 다양한 유형과 분야의 데이터를 확보하면 다중 작업 목표와 제로샷 일반화 측면에서 모델의 성능을 향상할 수 있다. 여기서는 설명을 간단하게 유지하기 위해 SQuAD 데이터셋만으로 훈련을 진행하지만, 실제 응용에서는 서로 다른 여러 작업에 대응되는 좀 더 다양한 데이터를 사용해야 할 수도 있다.

SQuAD 데이터셋에서 훈련용으로 1,000개, 평가용으로 350개의 예시를 추출해서 데이터셋을 만든다. SQuAD 데이터셋 전체를 사용할 수도 있지만 그러면 훈련에 시간이 오래 걸린다.

```
import pandas as pd
dataset = load_dataset("squad")
train=pd.DataFrame(dataset["train"].select(range(1000)))
train.iloc[:,2:].head()
```

다음은 이 코드의 출력이다(그림 10.5).

context	question	answers
Architecturally, the school has a Catholic character. Atop the Main Building's gold dome is a golden statue of the Virgin Mary. Immediately in front of the Main Building and facing it, is a copper statue of Christ with arms upraised with the legend "Venite Ad Me Omnes". Next to the Main Building is the Basilica of the Sacred Heart. Immediately behind the basilica is the Grotto, a Marian place of prayer and reflection. It is a replica of the grotto at Lourdes, France where the Virgin Mary reputedly appeared to Saint Bernadette Soubirous in 1858. At the end of the main drive (and in a direct line that connects through 3 statues and the Gold Dome), is a simple, modern stone statue of Mary.	To whom did the Virgin Mary allegedly appear in 1858 in Lourdes France?	{'text': ['Saint Bernadette Soubirous'], 'answer_start': [515]}
Architecturally, the school has a Catholic character. Atop the Main Building's gold dome is a golden statue of the Virgin Mary. Immediately in front of the Main Building and facing it, is a copper statue of Christ with arms upraised with the legend "Venite Ad Me Omnes". Next to the Main Building is the Basilica of the Sacred Heart.	What is in front of the Notre	{'text': ['a copper statue of Christ'],

그림 10.5 SQuAD 데이터셋의 일부

출력에서 보듯이 이 데이터셋에는 문맥(context; 맥락), 질문(question), 답변(answer)이 포함되어 있다. 9장에서 T5 모델을 미세조정할 때는 데이터셋을 텍스트 투 텍스트 작업에 맞는 형식으로 변환했음을 기억할 것이다. 이번 실습에서는 문맥과 질문, 답변을 하나의 텍스트 조각으로 표현해야 한다. 구체적으로, 데이터셋의 구조를 다음과 같은 LLaMA 템플릿에 맞게 변경해야 한다.

```
<s>[INST] Context:  ... Question ? [/INST] Answer... </s>
```

다음은 데이터셋의 모든 (문맥, 질문, 답변) 세값쌍(triple)을 방금 제시한 `<s> [INST] ... [/INST]... </s>` 형식의 문자열로 변환하는 코드다.

```
train["text"]=train.apply(lambda x:
    f"<s>[INST]Context: {x.context} \
        Question: {x.question}[/INST] \
        {x.answers['text'][0]} </s>",
    axis=1)
val["text"]=val.apply(lambda x:
    f"<s>[INST]Context: {x.context} \
        Question: {x.question}[/INST] \
        {x.answers['text'][0]} </s>",
    axis=1)
from datasets import Dataset
train_dataset=Dataset.from_pandas(train[["text"]])
eval_dataset=Dataset.from_pandas(val[["text"]])
```

이 코드가 데이터셋에 "text"라는 새로운 필드(열)를 추가함을 주목하자. 각 예시의 모든 내용(문맥, 질문, 답변)이 이 필드 하나에 들어간다. 이 필드가 모델의 주된 초점이 될 것이다.

이제 LoRA를 설정할 차례다. 9장에서 T5 모델을 최적화하기 위해 LoRA를 사용했다. LoRA는 모델의 크기를 줄여서 더 적은 메모리로 계산을 가능하게 하는 기술이다. 다음은 설정을 위한 인수들이다.

```
peft_config = LoraConfig(
    lora_alpha=16,
    lora_dropout=0.1,
    r=64,
    bias="none",
    task_type="CAUSAL_LM",
)
```

양자화는 모델의 수치 정밀도를 줄이는 기술이다. 32비트 부동소수점 수 같은 고정밀 자료형 대신 8비트나 4비트 정수 같은 저정밀도 자료형을 사용함으로써 메모리 사용량을 줄이고 모델 실행 속도를 높이는데, 그러면서도 모델의 정확도를 최대한 유지하는 것을 목표로 한다. 다음은 양자화를 위한 인수들이다.

```
compute_dtype = getattr(torch, "float16")
bnb_config = BitsAndBytesConfig(
    load_in_4bit=True,
    bnb_4bit_quant_type=»nf4»,
    bnb_4bit_compute_dtype=compute_dtype,
    bnb_4bit_use_double_quant=False,
)
```

이제 사전 훈련된 LLaMA 모델을 가져올 차례다. 과정은 다음과 같다.

1. LLaMA는 메타(페이스북)가 제공하는 '통제 모델(gated model)'이다. 다른 말로 하면, 이 모델을 사용하려면 적절한 접근 권한이 필요하다. 접근 권한은 https://huggingface.co/meta-llama/Llama-2-7b-chat-hf에서 요청하면 된다.[1]

2. 통제 모델을 불러오려면 허깅 페이스 인증 과정이 필요하다. 이를 위해 새 읽기 토큰을 만든다. 설정 페이지의 접근 토큰 탭(https://huggingface.co/settings/tokens; 허깅 페이스 왼쪽

---

[1] (옮긴이) 해당 페이지의 간단한 양식(form)에 이름과 국가, 소속(affiliation) 등의 정보를 입력하고 [Submit] 버튼을 클릭하면 얼마 후(1~2일 수도 있고 몇십 분일 수도 있다) 다운로드 링크가 포함된 메일이 온다.

내비게이션 패널에서 **Settings**> **Access Tokens**)에서 **Create new token**을 클릭해서 새 **Read** 토큰을 생성한다. 잠시 후 코드에서 사용할 것이므로 새 접근 토큰을 복사해서 어딘가에 잘 보관하기 바란다.[2]

다음 단계로 넘어가기 전에, LLaMa 2 모델에 대한 접근이 허용됐는지 확인한다. 해당 모델 페이지에 그림 10.6처럼 "You have been granted access to this model"이라는 문구가 나와 있으면 접근이 허용된 것이다.

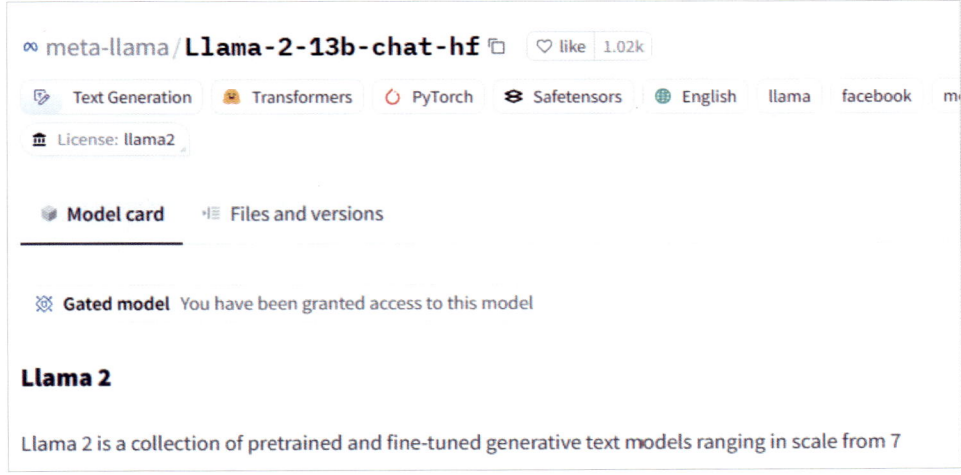

그림 10.6 허깅 페이스 LLaMA 2 모델 페이지의 접근 허용 메시지

3. 이제 읽기 토큰을 지정해서 허깅 페이스에 로그인한다.

```
from huggingface_hub import login
access_token_read = "hf_....." # <- 읽기 토큰을 여기에 붙여 넣는다
login(token = access_token_read)
```

4. 로그인에 성공하면 LLaMA 모델을 불러올 수 있다. 다음과 같이 LLaMA의 특정 체크포인트인 meta-llama/Llama-2-7b-chat-hf와 그 토크나이저를 불러오자. 모델 생성 시 양자화 인수 객체(bnb_config)를 지정했음을 주목하기 바란다.

```
# LLaMA 모델
model_name="meta-llama/Llama-2-7b-chat-hf"
```

---

[2] (옮긴이) 허깅 페이스의 토큰 값은 처음 생성했을 때만 볼 수 있다. 실수로 복사하지 않고 토큰 생성 창을 닫았다면, 삭제하고 다시 만들면 된다.

```python
model = AutoModelForCausalLM.from_pretrained(
    model_name,
    quantization_config=bnb_config,
    device_map={"": 0}
)
model.config.use_cache = False
model.config.pretraining_tp = 1
# 토크나이저
tokenizer = AutoTokenizer.from_pretrained(model_name,
    trust_remote_code=True)
tokenizer.pad_token = tokenizer.eos_token
tokenizer.padding_side = "right"
```

5. 이 실습에서는 TRL 라이브러리의 **SFTTrainer** 클래스를 사용한다. 이 클래스는 지도 학습식 미세조정에 도움이 되는 여러 기능을 제공한다. 다음은 이 클래스 타입의 트레이너 객체를 생성하는 코드다. 통상적인 훈련 인수들 외에, 앞에서 정의한 PEFT 인수 객체(`peft_config`)도 지정한다. 그리고 트레이너 객체가 `"text"` 필드에만 집중하도록 `dataset_text_field` 매개변수도 적절히 설정한다.[3]

```python
training_arguments = TrainingArguments(
    output_dir="my_llama",
    num_train_epochs=3,
    per_device_train_batch_size=4,
    gradient_accumulation_steps=1,
    optim="paged_adamw_32bit",
    evaluation_strategy="epoch",
    learning_rate=2e-4,
    weight_decay=0.001,
    fp16=True,
    bf16=True, # A100이 있으면 이렇게 설정해도 좋다
    lr_scheduler_type="linear"
)
from trl import SFTTrainer
trainer = SFTTrainer(
    model=model,
```

---

[3] (옮긴이) TrainingArguments의 bf16=True는 bfloat16(16비트 Brain Floating Point) 사용을 활성화한다. Nvidia 암페어 같은 최신 아키텍처의 GPU(주석에서 언급한 A100 등)에서는 이를 통해서 훈련 효율을 높일 수 있다고 한다.

```
    train_dataset=train_dataset,
    eval_dataset=eval_dataset,
    peft_config=peft_config,
    dataset_text_field="text",
    max_seq_length=None,
    tokenizer=tokenizer,
    args=training_arguments)
```

6. 이제 다음과 같이 훈련 과정을 시작한다.

```
trainer.train()
```

출력을 보면 손실값(loss)이 계속 증가하는데, 이는 훈련이 잘 진행되지 않는다는 징조다. 아마도 데이터셋의 일부만 사용했기 때문일 것이다. 데이터셋 전체를 사용했다면 더 나은 결과가 나왔으리라 예상할 수 있다.

그럼 PEFT와 양자화를 이용해서 미세조정한 모델로 추론을 수행해 보자. 다음과 같이 노터데임 대학교 본관 건물에 관한 문맥(지문)과 질문을 모델에 입력한다. 질문은 "1858년 프랑스 루르드 지방에서 성모 마리아가 누구 앞에 현현했다고 알려져 있는가?"라는 뜻이다.

```
prompt='''
Context:Architecturally, the school has a Catholic character. Atop the Main
Building's gold dome is a golden statue of the Virgin Mary.
Immediately in front of the Main Building and facing it, is a copper statue
of Christ with arms upraised with the legend "Venite Ad Me Omnes".
Next to the Main Building is the Basilica of the Sacred Heart. Immediately
behind the basilica is the Grotto, a Marian place of prayer and reflection.
It is a replica of the grotto at Lourdes, France where the Virgin Mary
reputedly appeared to Saint Bernadette Soubirous in 1858.
At the end of the main drive (and in a direct line that connects through 3
statues and the Gold Dome),
is a simple, modern stone statue of Mary.
Question:To whom did the Virgin Mary allegedly appear in 1858 in Lourdes
France?
'''
# 예상 답변: Saint Bernadette Soubirous(성 베르나데타 수비루)
squad_llama = pipeline(task="text-generation",
```

```
                        model=model,
                        tokenizer=tokenizer,
                        max_length=350)
result = squad_llama(f"<s>[INST] {prompt} [/INST]")
print(result[0]['generated_text'])
# 출력: Saint Bernadette Soubirous
```

완벽하다! 기대한 대로 Saint Bernadette Soubirous라는 답이 나왔다. 이번 실습은 손쉬운 예시로 수행한 간단한 테스트였을 뿐이다. LLM을 제대로 평가하려면 좀 효과적인 평가 기법을 사용해야 한다. 하지만 본격적인 LLM 평가는 이번 장의 초점이 아니었다. LLM 평가는 이번 장의 범위에서 벗어난 주제다.

요약

이번 장에서는 LLM(대규모 언어 모델)을 개괄적으로 소개하고, T5 같은 LLM이 서로 다른 프롬프트에 대해 어떻게 다양한 응답을 생성할 수 있는지 살펴봤다. 또한 PEFT와 양자화 기법을 활용하여 오픈 소스 언어 모델인 LLaMA를 좀 더 효율적으로 훈련해 봤다. 이번 장에서 LLM에 대해 깊이 있게 다루지는 않았지만, 주요 개념을 어느 정도는 파악할 수 있었을 것이다. 다음 장에서는 설명 가능한 인공지능(explainable artificial intelligence, XAI)을 살펴본다. 특히 NLP의 관점에서 XAI를 논의할 것이다.

11

NLP와 설명 가능한 AI (XAI)

대규모 언어 모델(large language model, **LLM**)을 일상적으로 사용할 수 있게 되면서 모델 출력의 정확성과 해석 가능성(interpretability)의 균형 문제가 주목받고 있다. **설명 가능한 인공지능**(explainable artificial intelligence, **XAI**) 연구에서 가장 어려운 점은 심층 신경망 모델의 층(layer)과 매개변수가 너무나 많다는 것이다. 이 난제를 어떻게 해결해야 할까? 이 심층 모델이 결정을 내리는 방식을 우리 인간이 이해할 수 있기는 할까? 간단한 답은 "아니요"지만, "어느 정도는 가능하다"라는 답도 아주 틀린 것은 아니다.

이번 장에서는 트랜스포머에 초점을 두고 이 문제에 접근한다. 두 가지 관점에서 살펴볼 예정이다. 첫째로, 트랜스포머 아키텍처의 가장 중요한 부분이라 할 수 있는 자기주의 메커니즘(self-attention mechanism)을 설명 가능성의 측면에서 검토한다. 이 메커니즘은 트랜스포머 모델이 입력을 처리하는 방식을 인간이 이해할 수 있게 만든다. 이를 위해 해석 가능성과 설명 가능성에 중요한 기능을 제공하는 다양한 주의 시각화 도구를 활용할 것이다. 먼저 주의의 내부를 시각화하는 방법을 논의하고, 학습된 표현을 해석해 본다. 이런 시도는 트랜스포머의 자기주의 헤드가 정보를 인코딩하는 방식을 이해하는 데 도움이 된다. 주의의 가장 흥미로운 특징은 특정 헤드가 구문이나 의미의 특정 측면에 대응한다는 점이다. 둘째로, 이번 장에서는 **LIME**과 **SHAP**(SHapley Additive exPlanations)이라는 두 가지 중요한 접근 방식을 통해 트랜스포머 모델이 결정을 내리는 방식을 설명해 본다.

정리하자면, 이번 장에서 다룰 주제들은 다음과 같다.

- 주의 헤드의 해석
- 모델이 내린 결정을 LIME 접근 방식으로 설명
- 모델이 내린 결정을 SHAP 접근 방식으로 설명

11.1 기술적 요구사항

이번 장의 예제 코드는 원서 깃허브 저장소(https://github.com/PacktPublishing/Mastering-Transformers-Second-Edition)의 CH11 폴더에 있다. 실습 예제들은 파이썬 노트북(주피터 노트북, 구글 코랩 등)에서 실행된다고 가정한다. 파이썬 3.6 이상과 다음 패키지들이 설치되어 있어야 한다.

- tensorflow
- pytorch
- transformers >=4.00
- bertviz
- ipywidgets
- lime
- shap

11.2 주의 헤드의 해석

대부분의 **딥러닝** 아키텍처처럼 트랜스포머 모델이 어떻게 학습하는지, 왜 그렇게 성공적인지는 아직 완전히 파악되지 않았다. 하지만 트랜스포머가 놀랍게도 언어의 여러 언어학적 특징(linguistic feature)을 학습한다는 사실은 알려져 있다. 사전 훈련된 모델의 은닉 상태와 자기주의(self-attention) 헤드에 상당량의 언어학적 지식이 분산되어 있다. 최근 이러한 현상을 이해하고 설명하기 위한 많은 연구가 발표되었고, 도구도 다양하게 개발되었다.

자연어 처리(natural language processing, **NLP**) 커뮤니티의 도구들 덕분에 이제는 트랜스포머 모델의 자기주의 헤드가 학습한 정보를 해석하는 것이 어느 정도 가능하다. 특히, 토큰 간 가중치들에 기반해서 헤드를 자연스럽게 해석할 수 있다. 이번 장의 실습 예제들에서 보겠지만, 트랜스포머의 특정 헤드는 구문이나 의미의 특정 측면과 연관된다. 또한 표면적인 패턴과 다른 여러 언어학적 특징도 관찰할 수 있다.

이번 절에서는 커뮤니티 도구들을 사용해서 주의 헤드의 그러한 패턴과 특징을 직접 관찰해 본다. 최근 연구에서 자기주의의 여러 특징이 밝혀졌다. 실습으로 들어가기 전에 일부 특징을 간단하게 짚고 넘어가자. 예를 들어, 대부분의 헤드는 **구분자**(separator, **SEP**) 토큰이나 **분류**(classification, **CLS**) 토큰 같은 경계(delimiter) 토큰에 주의를 기울인다. 이 토큰들은 마스킹되지 않으며 문장 수준의 정보를 담고 있기 때문이다. 또 다른 관찰 결과에 따르면, 대부분의 헤드는 현재 토큰에 거의 주의를 기울이지 않는다. 그러나 다음 또는 이전 토큰에만 주의를 기울이는 데 특화된 헤드들도 존재하는데, 특히 초기 층들의 헤드가 그렇다.

다음은 최근 연구에서 발견된, 그리고 실습에서 여러분이 비교적 쉽게 관찰할 수 있는 몇 가지 패턴이다.

- 같은 층의 주의 헤드들은 서로 비슷한 행동을 보인다.
- 특정 헤드는 구문이나 의미 관계의 특정 측면과 연관된다.
- 일부 헤드는 직접 목적어가 해당 동사에 주의를 기울이게 하는 식으로 토큰들을 인코딩한다(예: <lesson, take> 또는 <car, drive>).
- 일부 헤드는 명사 수식어가 해당 명사에 주의를 기울이거나(예: the hot water, the next layer) 소유 대명사가 해당 주어에 주의를 기울이도록(예: her car) 인코딩한다.
- 일부 헤드는 수동태 조동사가 해당 동사에 주의를 기울이도록 인코딩한다(예: been damaged와 was taken).
- 일부 헤드는 공통참조(coreference; 공지시) 단어들이 서로에게 주의를 기울이도록 인코딩한다(예: talks-negotiation, she-her, President-Biden).
- 하위 층들(초기 층들, 즉 입력 쪽에 가까운 층들)은 주로 단어의 위치에 관한 정보를 담고 있다.
- 구문적 특징은 트랜스포머의 초기 층들에서 관찰된다. 상위(뒤쪽) 층들에서는 고수준 의미 정보가 나타난다.
- 상위 층들은 좀 더 작업에 특화된(task-specific) 정보를 담는다. 따라서 하위 작업(downstream task)에 매우 효과적이다.

이런 패턴들을 관찰할 수 있는 도구 중 중요한 것으로는 **exBERT**와 **BertViz**가 있다. 두 도구의 기능은 거의 같다. 여기서 둘 다 사용해 볼 것이다. exBERT부터 시작하자.

11.2.1 exBERT를 사용한 주의 헤드 시각화

exBERT는 트랜스포머의 내부를 들여다볼 수 있는 시각화 도구다. 이 도구를 이용해서 `bert-base-cased` 모델의 주의 헤드를 시각화해 볼 것이다. 이 모델은 exBERT 인터페이스의 기본 모델이다. 따로 언급하지 않는 한 이후의 예제들도 모두 `bert-base-cased` 모델을 사용한다. 이 모델은 층이 12개이고 층마다 자기주의 헤드가 12개다. 따라서 총 144개의 자기주의 헤드가 있다.

그럼 exBERT 사용법을 단계별로 알아보자.

1. 허깅 페이스의 exBERT 페이지를 웹 브라우저로 연다: `https://huggingface.co/exbert`.
2. **Input Sentence** 필드에 "The cat is very sad."를 입력하고 **[Update]** 버튼을 클릭한 후 **Layer** 필드에서 1을 선택하면 그림 11.1과 같은 결과가 표시될 것이다.

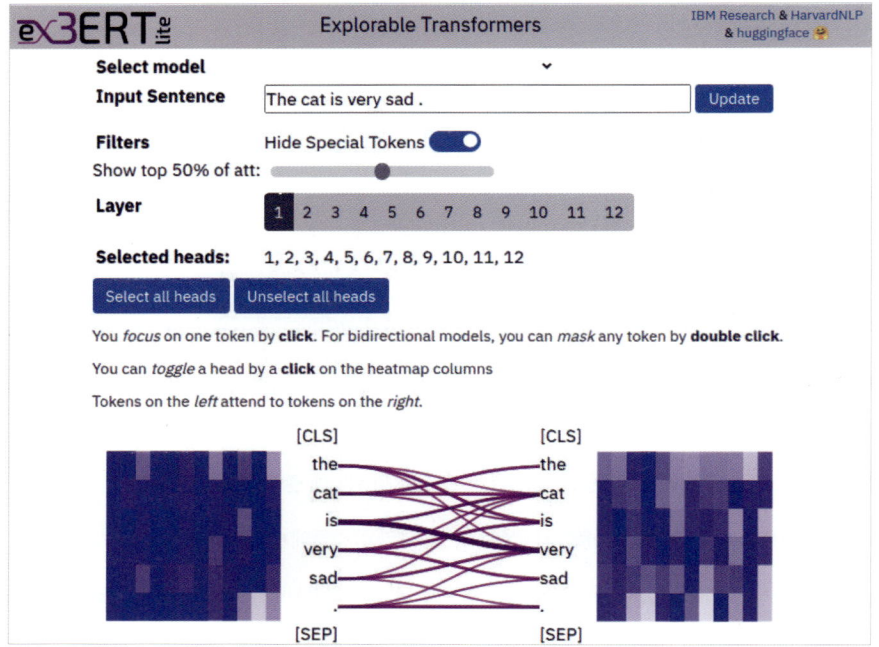

그림 11.1 exBERT 인터페이스

위의 스크린샷에서 좌우 토큰들에 주목하자. 연결선의 굵기는 가중치 값을 반영한 것이다. CLS 토큰과 SEP 토큰은 매우 자주 등장하고 연결도 많기 때문에 연결선은 표시되지 않는다. **Hide Special Tokens** 토글 스위치를 끄면 해당 연결선들도 표시된다. 현재 표시된 것은 층 1의 주의 매핑으로, 연결선들은 모든 헤드의 가중치 합을 나타낸다. 이를 **다중 헤드 주의 메커니즘**이라고 부른다. 지금 예에서는 12개의 헤드가 병렬로 작동한다. 이 메커니즘은 단일 헤드 주의보다 더 넓은 범위의 관계를 포착할 수 있다. 그림 11.1에서 주의들이 두 방향 모두 일대다 방식으로 연결된 것은 이 덕분이다. 토큰 좌우의 사각형 영역은 현재 층의 주의 헤드들을 나타낸다. 특정 열을 클릭해서 해당 헤드의 연결선을 켜거나 끌 수 있다.

왼쪽의 특정 토큰(the, cat 등)에 마우스를 올리면 오른쪽 토큰과 연결된 구체적인 가중치 값이 표시된다. 이 인터페이스의 사용법에 대한 좀 더 자세한 정보는 논문 *exBERT: A Visual Analysis Tool to Explore Learned Representations in Transformer Models*(Benjamin Hoover, Hendrik Strobelt, Sebastian Gehrmann, 2019)나 깃허브 exbert 저장소(`https://github.com/bhoov/exbert`)의 동영상을 참고하기 바란다.

3. 다음으로, 이번 장 도입부에서 언급한 연구 결과를 확인해 보자. 구체적으로, 초기 층에 다음 또는 이전 토큰에만 주의를 기울이는 데 특화된 헤드들이 실제로 있는지 살펴보기로 하겠다.

   이번 장의 나머지 부분에서는 특정 자기주의 헤드를 **<층 번호, 헤드 번호>** 형태로 지칭한다. exBERT에서는 번호가 1부터 시작하고 BertViz에서는 0부터 시작함을 주의하기 바란다. 예를 들어 <3,7>은 exBERT에서 셋째 층의 일곱째 헤드지만 BertViz에서는 넷째 층의 여덟째 헤드다. 현재 화면에서 <2,5> 헤드를 선택하면[1] 다음과 같이 실제로 왼쪽 토큰들이 각각의 이전 토큰에 주의를 기울인 모습을 볼 수 있다(그림 11.2). <4,12>나 <6,2>를 선택해도 비슷한 결과가 나온다.

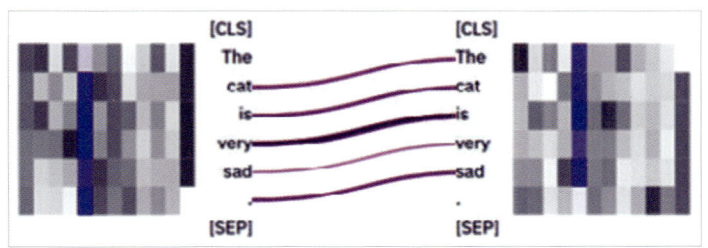

그림 11.2 이전 토큰에 주의를 기울이는 패턴

---

1 (옮긴이) 먼저 위쪽 Layer 필드에서 층을 선택하고 사각형 영역에서 열을 선택하면 된다.

4. 한편, <2,12> 헤드나 <3,4> 헤드는 다음과 같이 각 토큰이 다음 토큰에 주의를 기울인다(그림 11.3).

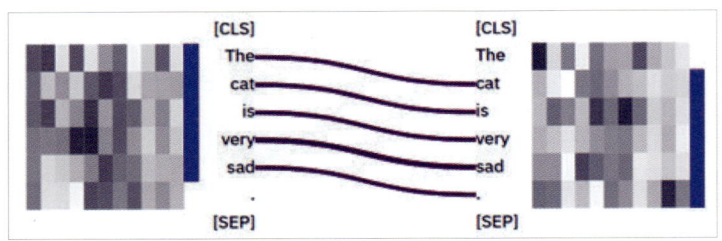

그림 11.3 다음 토큰에 주의를 기울이는 패턴

이 헤드들은 다른 입력 문장에 대해서도 같은 방식으로 작동한다. 즉, 입력과 독립적으로 작동한다. 다른 영어 문장으로 직접 시험해 보기 바란다.

탐침 분류기(probing classifier)를 이용하면 대명사 해소(pronoun resolution) 같은 고급 의미 작업에 주의 헤드를 활용할 수 있다. 먼저, 모델의 내부 표현이 대명사 해소(또는 공통참조 해소) 능력을 갖추고 있는지를 정성적으로(qualitatively) 확인해 보자. 대명사와 참조 대상 사이의 거리가 매우 긴 경우가 많다는 점에서 대명사 해소는 어려운 의미 관계 작업으로 간주된다.

5. 이제 "The cat is very sad, because it could not find food to eat."(고양이는 매우 슬프다, 그것은 먹을 음식을 찾지 못했기 때문이다)라는 문장을 입력하고 헤드들을 조사해 보자. 잘 살펴보면 <9,9> 헤드와 <9,12> 헤드가 대명사 관계를 인코딩하고 있음을 알 수 있다. 다음은 it을 클릭한 후 <9,9> 헤드에 마우스를 올렸을 때의 모습이다(그림 11.4).

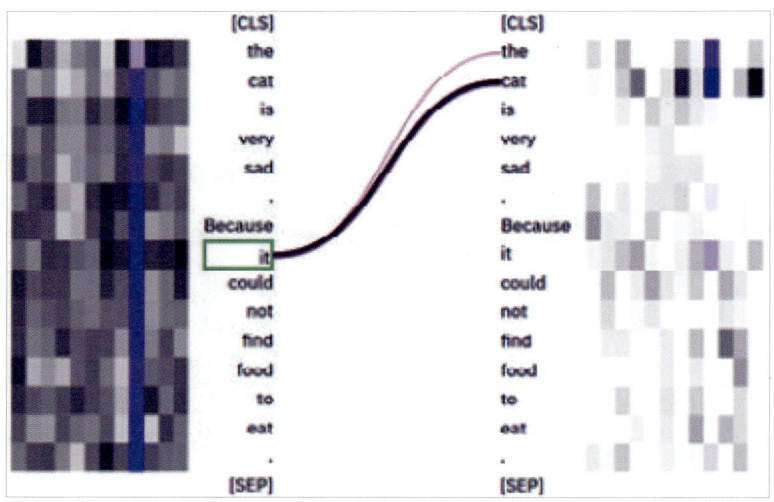

그림 11.4 <9,9> 헤드의 공통참조 패턴

⟨9,12⟩ 헤드도 대명사 관계에 주의를 기울인다. 이 헤드에 마우스를 올리면 다음과 같은 출력을 볼 수 있다(그림 11.5).

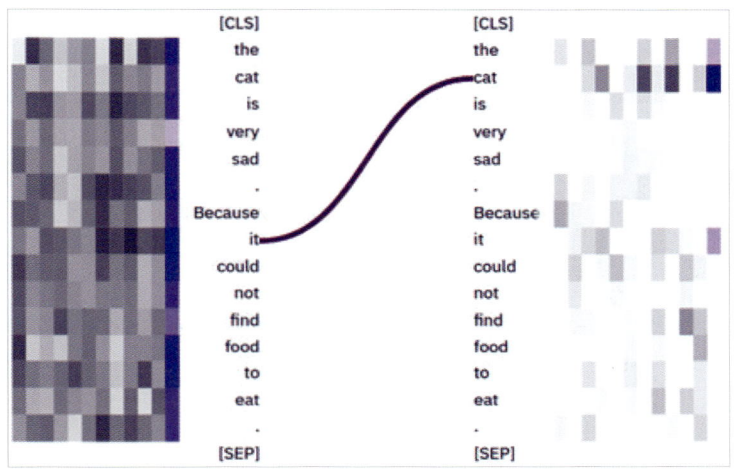

그림 11.5 ⟨9,12⟩ 헤드의 공통참조 패턴

위 스크린샷을 보면 대명사 it이 참조 대상인 cat에 강하게 주목하고 있음을 알 수 있다. 이제 문장을 약간 수정해서 대명사 it이 cat 대신 food를 가리키도록 해 보자. "The cat did not eat the food because it was not fresh."(고양이는 그 음식을 먹지 않았다, 그것이 신선하지 않았기 때문이다)라는 문장으로 바꾸면 된다. 다음 스크린샷(그림 11.6)에서 볼 수 있듯이, ⟨9,9⟩ 헤드에서는 예상대로 it이 참조 대상인 food에 적절히 주의를 기울인다.

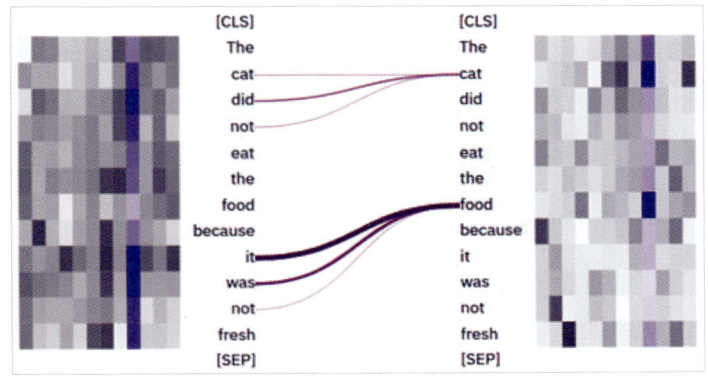

그림 11.6 둘째 예시 문장의 ⟨9,9⟩ 헤드 주의 패턴

6. 다음으로, 대명사 it이 cat을 가리키는 또 다른 예를 살펴보자. "The cat did not eat the food because it was very angry."(고양이는 음식을 먹지 않았다, 그것이 매우 화가 났기 때문이다)를 입력한 후 <9,9> 헤드를 보면, it 토큰이 주로 cat 토큰에 주목하고 있음을 알 수 있다(그림 11.7).

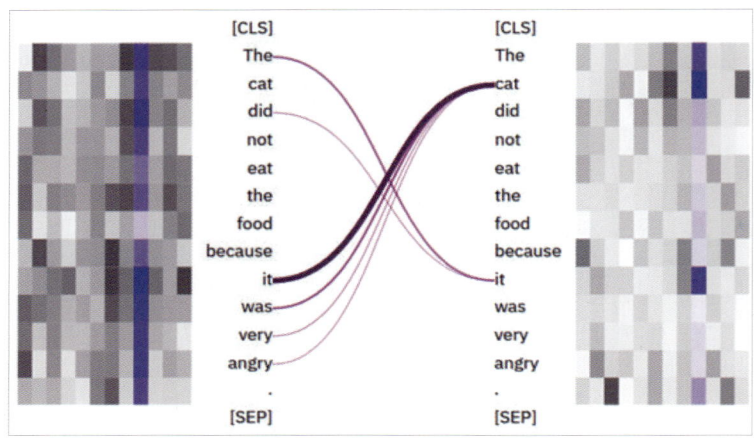

그림 11.7 셋째 예시 문장의 <9,9> 헤드 주의 패턴

7. 이 정도 예시면 충분할 것 같다. 이제부터는 exBERT를 다른 방식으로 이용해서 모델의 성능을 평가해 보겠다. exBERT 인터페이스를 재시작한 후 "The cat did not eat the food."(고양이는 그 음식을 먹지 않았다)를 입력하고 마지막 층(층 12)을 선택한 food를 더블클릭한다. 그러면 food 토큰이 회색이 되는데, 이는 이 토큰이 마스킹되었다는 뜻이다. food 토큰에 마우스를 올리면 다음과 같이 가중치들이 표시된다(그림 11.8).

그림 11.8 마스킹을 통한 모델 평가

이 가중치들은 food에 대한 bert-base-cased 모델의 예측 분포를 나타낸다. 가장 확률이 높은 출력(예측) 토큰은 예상대로 food다. 최근에는 BERT 모델의 이러한 특성이 데이터 증강(data augmentation)에 쓰인다. 예를 들어 food를 2순위 예측 토큰인 meat로 바꾸면 원래 문장과 비슷한 뜻을 가진 새로운 문장이 만들어진다.

이것으로 exBERT에 대한 논의를 마무리한다. 이 도구에 대한 더 자세한 정보는 exBERT 웹페이지(https://exbert.net/)를 참고하기 바란다. 다음 절에서는 BertViz를 이용해서 파이썬 코드에서 주의 헤드(attention head)에 접근해 볼 것이다.

11.2.2 BertViz를 이용한 주의 헤드의 다중 스케일 시각화

이번 절에서는 BertViz를 이용해서 주의 헤드를 시각화하는 파이썬 코드를 작성한다. BertViz는 exBERT처럼 트랜스포머 모델의 주의들을 시각화하는 도구다. 기존 시각화 도구 Tensor2Tensor의 확장 버전이라고 할 수 있는 이 도구는 2019년에 제시 빅$^{Jesse\ Vig}$이 개발했다(Jesse Vig, *A Multiscale Visualization of Attention in the Transformer Model* 2019 참고). BertViz를 이용하면 모델의 내부를 다중 스케일 정성 분석으로 모니터링할 수 있다. BertViz의 장점은 허깅 페이스가 제공하는 대부분의 모델(BERT, GPT, XLM 등)을 파이썬 API로 다룰 수 있다는 것이다. 따라서 영어 이외의 언어 모델이나 사전 훈련된 모델도 시각화할 수 있다. BertViz에 관한 좀 더 자세한 정보와 자료가 깃허브 BERTVIZ 저장소(https://github.com/jessevig/bertviz)에 있으니 참고하기 바란다.

exBERT처럼 BertViz도 단일한 인터페이스로 헤드를 시각화한다. 또한, 조감도(bird's-eye view)와 저수준 뉴런 뷰도 지원하기 때문에 개별 뉴런의 상호작용 방식이나 주의 가중치를 세밀하게 관찰할 수 있다. 시연 동영상(https://vimeo.com/340841955)도 도움이 될 것이다.

먼저, 필요한 라이브러리부터 설치하자.

```
!pip install bertviz ipywidgets transformers
```

다음으로, 사용할 모듈을 임포트한다.

```
from bertviz import head_view
from transformers import BertTokenizer, BertModel
```

BertViz는 헤드 뷰$^{\text{head view}}$, 모델 뷰$^{\text{model view}}$, 뉴런 뷰$^{\text{neuron view}}$라는 세 가지 뷰를 지원한다. 이들을 차례로 살펴볼 것이다. 그 전에 주의할 점 한 가지가 있다. exBERT에서는 층 번호와 헤드 번호가 1부터 시작하지만, BertViz에서는 파이썬처럼 0부터 시작한다는 점이다. 예를 들어 exBERT의 <9,9> 헤드는 BertViz에서 <8,8>에 해당한다.

그럼 헤드 뷰부터 시작하자.

주의 헤드 뷰

헤드 뷰는 앞에서 exBERT로 살펴본 것과 비슷하다. 이 뷰는 선택된 층에 있는 하나 이상의 주의 헤드에 기반한 주의 패턴을 시각화한다.

먼저, `get_bert_attentions()`라는 함수를 정의한다. 이 함수는 주어진 모델과 문장 쌍에 대한 주의들과와 토큰들을 조회해서 돌려준다.

```python
def get_bert_attentions(model_path, sentence_a, sentence_b):
    model = BertModel.from_pretrained(model_path,
        output_attentions=True)
    tokenizer = BertTokenizer.from_pretrained(model_path)
    inputs = tokenizer.encode_plus(sentence_a,
        sentence_b,
        return_tensors='pt',
        add_special_tokens=True)
    token_type_ids = inputs['token_type_ids']
    input_ids = inputs['input_ids']
    attention = model(input_ids,
        token_type_ids=token_type_ids)[-1]
    input_id_list = input_ids[0].tolist()
    tokens = tokenizer.convert_ids_to_tokens(input_id_list)
    return attention, tokens
```

다음 코드는 `bert-base-cased` 모델을 불러와서 두 문장의 토큰들과 해당 주의들을 조회한다. 그런 다음 `head_view()` 함수를 호출해서 그 주의들을 시각화한다.

```python
model_path = 'bert-base-cased'
sentence_a = "The cat is very sad."
```

```
sentence_b = "Because it could not find food to eat."
attention, tokens=get_bert_attentions(model_path,
    sentence_a, sentence_b)
head_view(attention, tokens)
```

이 코드는 다음과 같은 인터페이스를 출력한다(그림 11.9).

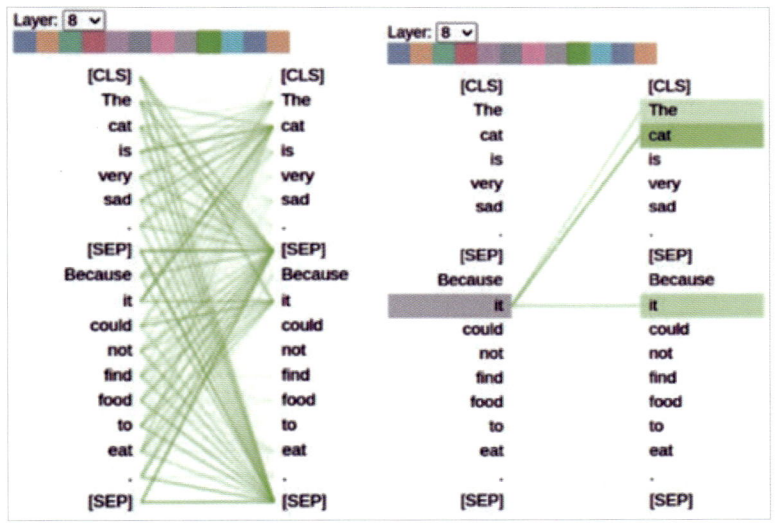

그림 11.9 BertViz의 헤드 뷰 출력

그림 11.9의 왼쪽은 인터페이스의 기본 모습이고, 오른쪽은 it 토큰에 마우스를 올려놓았을 때의 모습이다. 그림에서 보듯이 토큰에 마우스를 올리면 그 토큰에서 출발하는 주의들이 표시된다. 상단의 알록달록한 타일들은 주의 헤드다. 특정 헤드를 더블클릭하면 그 헤드의 주의 연결선들만 표시되고 다른 연결선들은 사라진다. 연결선이 굵을수록 주의 가중치가 큰 것이다.

이전 절의 exBERT 예제에서 우리는 <9,9> 헤드(BertViz는 <8,8>)가 대명사-참조 대상 관계를 나타낸다는 점을 관찰했다. 이번 예제에서도 <8, 8> 헤드를 선택하면(Layer에서 8을 선택하고 아홉 번째 타일을 더블클릭) 동일한 패턴을 볼 수 있다. 그림 11.9의 오른쪽 그림은 왼쪽 it 토큰에 마우스를 올려놓은 상태인데, it이 cat과 it 토큰(자기 자신)에 강하게 주목한다. 이것이 이 언어 모델만의 특성일까? 아니면 다른 사전 훈련 언어 모델에서도 이러한 의미적 패턴을 관찰할 수 있을까? 헤드들이 정확하게 일치하지는 않겠지만, 다른 모델의 일부 헤드는 이러한 의미적 특징을 인코딩할 가능성이 있다. 또한, 의미적 특징들이 주로 뒤쪽(상위) 층들에서 인코딩된다는 점도 최근 연구에서 밝혀졌다.

그럼 터키어 언어 모델에서 이런 공통참조 패턴을 찾아보자. 다음 코드는 bert-base-cased의 터키어 버전을 불러와서 두 문장을 입력한다.[2] 이번에도 <8,8> 헤드가 영어 모델과 동일한 의미적 특징을 가짐을 관찰할 수 있다.

```
model_path = 'dbmdz/bert-base-turkish-cased'
sentence_a = "Kedi çok üzgün."
sentence_b= "Çünkü o her zamanki gibi çok fazla yemek yedi."
attention, tokens= get_bert_attentions(model_path,
    sentence_a, sentence_b)
head_view(attention, tokens)
```

위 코드에서 sentence_a와 sentence_b는 각각 "고양이가 슬프다"와 "왜냐하면 그것이 너무 많이 먹었기 때문이다"를 뜻한다. 결과 인터페이스의 층 8에서 o(그것) 위에 마우스를 올리면 Kedi(고양이)에 주목하는 것을 볼 수 있다(그림 11.10).

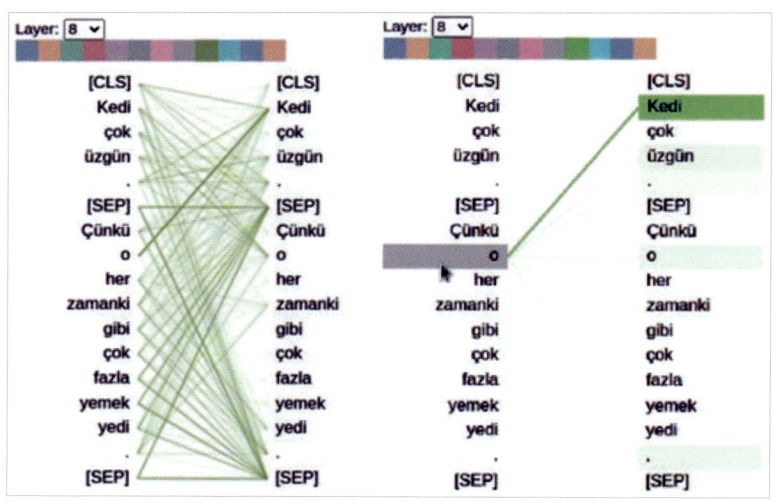

그림 11.10 터키어 언어 모델의 공통참조 패턴

o(그것)를 제외한 모든 토큰은 주로 SEP 구분자 토큰에 주목한다. 이는 BERT 아키텍처의 모든 헤드에서 나타나는 지배적인 행동 패턴이다.

---

[2] (옮긴이) 적당한 크기의 BERT 한국어 모델로는 kykim/bert-kor-base나 lassl/bert-ko-small, snunlp/KR-Medium 등이 있다. 하지만 지금 예제처럼 의미 있는 결과를 얻으려면 여러 예시 문장을 시도해 봐야 할 것이다. 그리고 좀 더 큰 모델이 필요할 수도 있다.

다른 언어 모델을 하나만 더 시험해 보고 모델 뷰 기능으로 넘어가겠다. 이번에는 독일어 버전인 bert-base-german-cased 모델에 앞에서와 동일한 뜻의 두 문장을 입력해서 주의들을 시각화한다.

다음은 독일어 모델을 불러와서 문장 쌍을 입력하고 시각화하는 코드다.

```
model_path = 'bert-base-german-cased'
sentence_a = "Die Katze ist sehr traurig."
sentence_b = "Weil sie zu viel gegessen hat"
attention, tokens= get_bert_attentions(model_path,
    sentence_a, sentence_b)
head_view(attention, tokens)
```

헤드들을 살펴보면 이번에도 층 8에서 공통참조 패턴을 볼 수 있다. 단, 헤드는 8번이 아니라 11번이다. <8,11> 헤드를 선택하려면 Layer에서 8을 선택하고 마지막 히드 타일을 더블클릭하면 된다(그림 11.11).

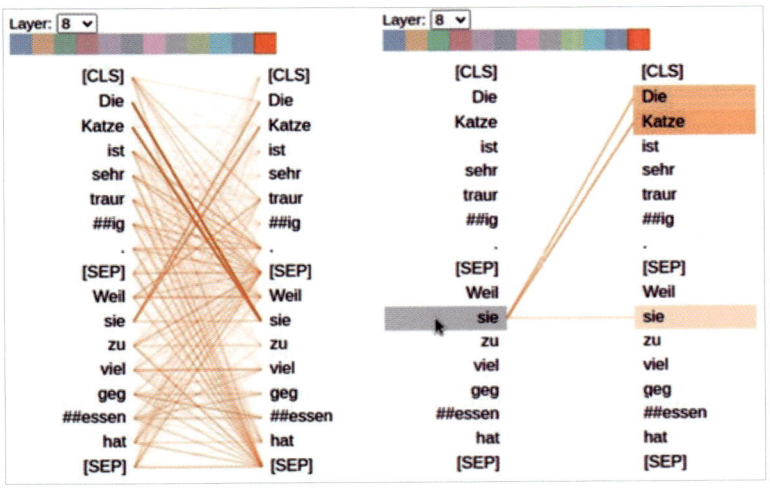

그림 11.11 독일어 언어 모델의 공통참조 관계 패턴

그림 11.11의 오른쪽에서 보듯이 sie(독일어 3인칭 대명사)에 마우스를 올리면 Die Katze(그 고양이)와의 굵은 연결선들이 나타난다. 이 <8,11> 헤드가 공통참조 관계(계산 언어학에서는 **조응 관계**(anaphoric relation)라고 부른다)에 대해 가장 강력한 헤드인 것은 분명하다. 하지만 이 관계가 다른 여러 헤드에도 분산되어 있을 가능성이 있다. 이 점을 확인하려면 모든 헤드를 일일이 관찰해야 할 것이다.

지금까지 살펴본 헤드 뷰와는 달리, BertViz의 모델 뷰는 모든 헤드를 한 번에 볼 수 있는 전체적인 조망을 제공한다. 그럼 모델 뷰로 넘어가자.

모델 뷰

모델 뷰를 통해 모든 헤드와 층의 주의들을 한눈에 볼 수 있다. BertViz의 모델 뷰에서 자기주의 헤드들은 표(테이블) 형태로 표시된다. 표의 행은 층이고 열은 헤드이다. 표의 각 칸은 주의 모델의 전반적인 형태를 보여주는 섬네일 이미지가 표시되며, 그 섬네일을 클릭하면 해당 헤드의 상세 정보가 나타난다.

이 모델 뷰를 이용하면, BERT의 작동 방식을 이해하고 해석하기가 좀 더 쉬워진다. *A Primer in BERTology: What We Know About How BERT Works* (Anna Rogers, Olga Kovaleva, Anna Rumshisky) 같은 최근 연구는 층들의 동작에 대한 몇 가지 단서를 찾아내서 나름의 결론을 도출했다. 이번 절(§ 11.2) 도입부에서 몇 가지 관찰 결과를 제시했다. 그럼 BertViz의 모델 뷰를 이용해서 그 결과들을 직접 확인해 보자.

이번 실습에서도 독일어 언어 모델 **bert-base-german-cased**를 사용한다.

1. 먼저 다음 모듈들을 임포트한다.

```
from bertviz import model_view
from transformers import BertTokenizer, BertModel
```

2. 이번 실습은 제시 빅[Jesse Vig]이 개발한 **show_model_view()** 래퍼 함수를 사용한다. 원본 코드는 https://github.com/jessevig/bertviz/blob/master/notebooks/model_view_bert.ipynb에 있다[3]. 함수 본문은 생략하겠다.

```
def show_model_view(model, tokenizer, sentence_a, sentence_b=None,
        hide_delimiter_attn=False, display_mode="dark"):
    inputs = tokenizer.encode_plus(sentence_a, sentence_b,
        return_tensors='pt', add_special_tokens=True)
    input_ids = inputs['input_ids']
    if sentence_b:
        token_type_ids = inputs['token_type_ids']
        attention = model(input_ids, token_type_ids=token_type_ids)[-1]
```

---

[3] (옮긴이) 버전 갱신으로 현재는 이 함수가 없다. 이전 버전인 https://github.com/jessevig/bertviz/blob/2eba9f/notebooks/model_view_bert.ipynb를 참조하기 바란다.

```
            sentence_b_start = token_type_ids[0].tolist().index(1)
    else:
        attention = model(input_ids)[-1]
        sentence_b_start = None
    input_id_list = input_ids[0].tolist() # Batch index 0
    tokens = tokenizer.convert_ids_to_tokens(input_id_list)
    if hide_delimiter_attn:
        for i, t in enumerate(tokens):
            if t in ("[SEP]", "[CLS]"):
                for layer_attn in attention:
                    layer_attn[0, :, i, :] = 0
                    layer_attn[0, :, :, i] = 0
    model_view(attention, tokens, sentence_b_start, display_mode=display_mode)
```

3. 입력 문장들을 설정하고 독일어 모델과 토크나이저를 불러온 후 앞의 show_model_view() 함수를 호출한다.

```
model_path='bert-base-german-cased'
sentence_a = "Die Katze ist sehr traurig."
sentence_b = "Weil sie zu viel gegessen hat"
model = BertModel.from_pretrained(model_path,
    output_attentions=True)
tokenizer = BertTokenizer.from_pretrained(model_path)
show_model_view(model, tokenizer, sentence_a,
    sentence_b,
    hide_delimiter_attn=False,
    display_mode="light")
```

출력은 다음과 같다(그림 11.12).

그림 11.12 독일어 언어 모델의 모델 뷰

이 뷰를 통해 다음 토큰(또는 이전 토큰) 주의 패턴 같은 여러 패턴을 쉽게 관찰할 수 있다. 앞의 헤드 뷰 실습 막바지에서 언급했듯이, 토큰들은 종종 구분자에 주의를 기울이는 경향이 있다. 특히 하위(앞쪽) 층들에서는 CLS 구분자에, 상위(뒤쪽) 층들에서는 SEP 구분자에 주목한다. 이러한 토큰들은 마스킹되지 않기 때문에 정보의 원활한 흐름에 도움이 된다. 마지막 층에서는 SEP 구분자 중심의 주의 패턴만 관찰된다. SEP가 문장 간 작업(이를테면 **다음 문장 예측**(Next Sentence Prediction, **NSP**)) 또는 문장 수준의 의미 인코딩에 사용될 수 있는 세그먼트 수준 정보를 수집하는 데 활용된다고 추측할 수 있다.

한편, 공통참조 관계 패턴은 주로 <8,1>, <8,11>, <10,1>, <10,7> 헤드에서 인코딩되는 것을 볼 수 있다. <8,11> 헤드가 독일어 모델에서 공통참조 관계를 인코딩하는 가장 강력한 헤드라는 점이 명확히 드러나는데, 이는 헤드 뷰 실습에서와 동일한 결론이다.

해당 섬네일(행 8, 열 11)을 클릭하면 다음과 같은 정보가 나타난다(그림 11.13)

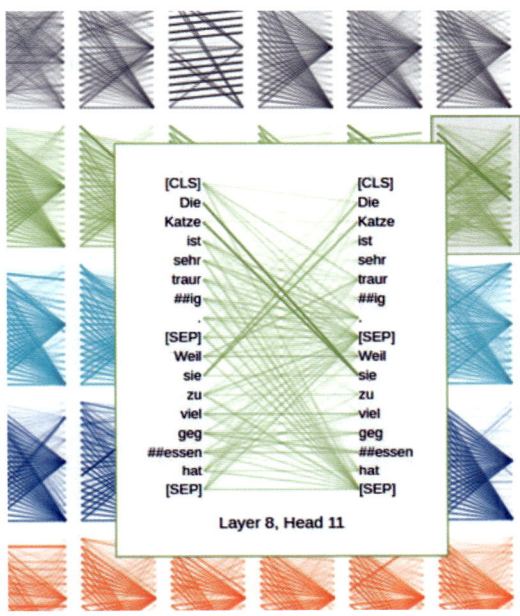

그림 11.13 모델 뷰에서 <8,11>의 상세 정보

여기서도 토큰 위에 마우스를 올려서 연결선들을 확인할 수 있다.

헤드 뷰와 모델 뷰는 이제 충분히 살펴본 셈이다. 다음으로는 뉴런 뷰를 이용해 모델을 분해하고 헤드들이 가중치를 계산하는 방식을 파악해 본다.

뉴런 뷰

지금까지의 뷰들은 주어진 입력에 대해 계산된 가중치들을 시각화한다. 반면에 뉴런 뷰는 주어진 질의(query)에 대한 뉴런들과 키^{key} 벡터들을 시각화한다. 이 뷰를 통해서 우리는 토큰 간 상호작용을 바탕으로 가중치들이 어떻게 계산되는지 파악할 수 있으며, 두 토큰 간의 계산 과정을 추적할 수 있다.

이번에도 독일어 BERT 모델을 불러와서 이전과 동일한 문장 쌍을 시각화한다. 코드는 다음과 같다.

```
from bertviz.transformers_neuron_view import BertModel, BertTokenizer
from bertviz.neuron_view import show
model_path='bert-base-german-cased'
sentence_a = "Die Katze ist sehr traurig."
sentence_b = "Weil sie zu viel gegessen hat"
```

```
model = BertModel.from_pretrained(model_path,
    output_attentions=True)
tokenizer = BertTokenizer.from_pretrained(model_path)
model_type = 'bert'
show(model, model_type, tokenizer,
    sentence_a, sentence_b, layer=8, head=11)
```

출력은 다음과 같다(그림 11.14).

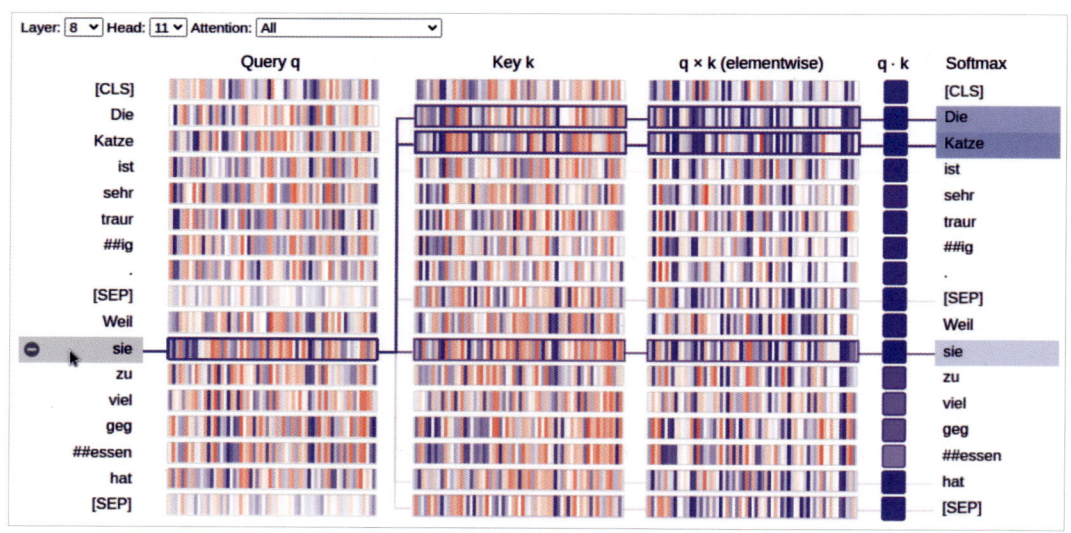

그림 11.14 공통참조 관계 패턴의 뉴런 뷰 (<8,11> 헤드)

이 뷰는 왼쪽에서 선택한 sie 토큰에서 오른쪽의 다른 토큰들로의 주의 계산 과정을 추적하는 데 도움이 된다. 양수는 파란색, 음수는 주황색으로 표시된다. 색의 세기는 수치의 크기를 반영한다. sie의 질의 벡터는 Die와 Katze의 키 벡터들과 매우 유사하다. 패턴을 자세히 살펴보면 이 벡터들이 얼마나 비슷한지 알 수 있다. 따라서 이들의 내적(dot product)은 다른 조합의 내적보다 크다. 그러면 해당 토큰들 사이에 강한 주의가 형성된다. 오른쪽으로 나아가면서 내적과 소프트맥스 함수의 출력도 추적할 수 있다. 또한, 왼쪽의 다른 토큰들을 클릭해서 다른 계산 과정을 추적할 수도 있다.

이제 같은 입력에 대해 '다음 토큰' 주의 패턴을 확인해 보자. <2,6> 헤드를 선택하기 바란다. 이 패턴에서는 거의 모든 주의가 다음 단어에 집중된다. 다시 sie 토큰을 클릭하면 그림 11.15와 같은 모습을 볼 수 있다.

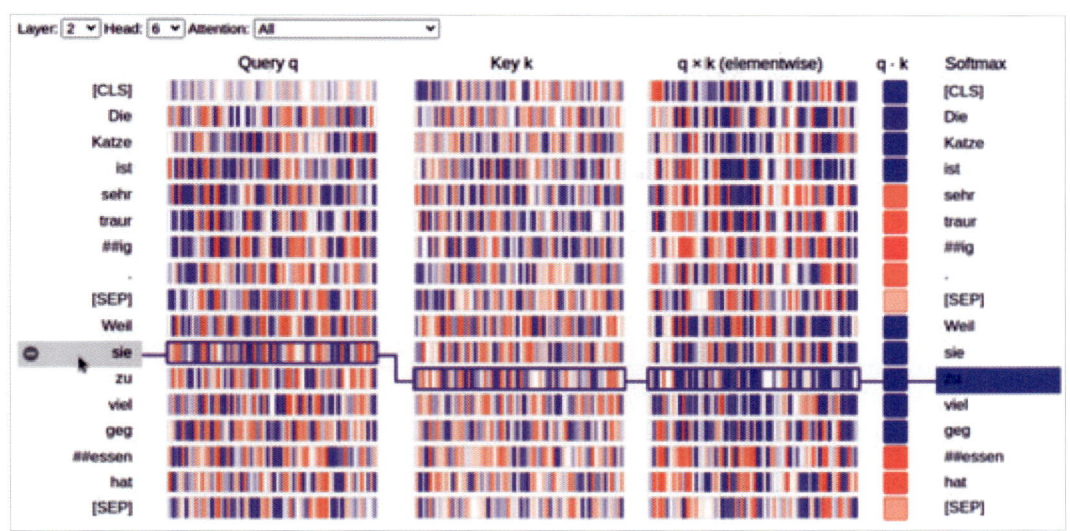

그림 11.15 다음 토큰 주의 패턴의 뉴런 뷰 (<2,6> 헤드)

이 경우 sie 토큰은 참조 대상(Die Katze)이 아니라 입력 문장의 다음 토큰(zu)에 주목한다. 질의와 후보 키들을 잘 살펴보면 sie의 질의 벡터와 가장 유사한 키 벡터는 다음 토큰인 zu의 키 벡터다. 내적과 소프트맥스 함수가 순서대로 적용되는 과정 역시 이와 비슷한 방식으로 관찰할 수 있다.

다음 절에서는 탐침 분류기를 이용해서 트랜스포머를 해석하는 방법을 간단하게만 살펴본다.

11.2.3 탐침 분류기를 이용한 BERT 내부 구조 이해

딥러닝 모델이 과연 무엇을 배우는지가 불투명하다는 점 때문에 딥러닝 모델의 해석에 관한 연구가 많이 이루어졌다. 연구자들은 특정한 언어적 특징들을 담당하는 것이 트랜스포머 모델의 어떤 부분인지, 또는 모델이 특정한 결정을 내리게 한 것이 입력의 어떤 부분인지 같은 문제를 연구하고 있다. 이러한 연구에는 모델의 내부 표현을 시각화하는 것 외에도, 표현에 대한 분류기를 훈련해서 외부의 형태적, 구문적, 의미적 속성을 예측하는 것도 도움이 된다. 그러면 내부 표현과 외부 속성 간의 연관성을 확인할 수 있기 때문이다. 모델이 얼마나 성공적으로 훈련되었는지는 그러한 연관성에 대한 정량적 증거가 된다. 즉, 모델이 잘 훈련되었다는 것은 언어 모델이 외부 속성과 관련된 정보를 학습했다는 뜻이다. 이러한 접근 방식을 **탐침 분류기 접근 방식**(probing-classifier approach)이라고 부른다. 탐침 분류기 접근 방식은 NLP 및 기타 딥러닝 연구에서 중요한 분석 기법이다. 주의 기반 탐침 분류기는 주의 맵(attention map)을 입력받아서 공통참조 관계나 핵심어-수식어(head-modifier) 관계 같은 외부 속성을 예측한다.

앞의 실습 예제에서 봤듯이 주어진 입력에 대한 자기주의 가중치들을 모델로부터 추출할 수 있다. `get_bert_attention()` 함수가 그런 작업을 수행한다. 그런데 그 가중치들을 시각화해서 사람이 확인하는 대신, 그대로 분류 파이프라인에 전달하고 지도 학습을 통해서 어떤 헤드가 어떤 의미적 특징에 적합한지 파악하는 것도 가능하다. 예를 들어 레이블이 붙은 데이터를 이용해서 어떤 헤드가 공통참조에 적합한지를 파악할 수 있는 것이다.

하지만 탐침 분류기를 위한 프레임워크들은 다루기가 생각보다 훨씬 복잡하다. 원본 데이터셋과 모델, 탐침용 데이터셋과 분류기를 명확히 정의하는 것이 중요하다. 분석 목적에 따라서는 탐침 정보를 추출하는 복잡성과 용이성 측면에서 프레임워크들을 평가하고 선택해야 할 수도 있다.

주의 헤드의 해석에 관한 논의는 이것으로 마무리하겠다. 다음 절에서는 효율적인 모델 구축에서 중요한 문제인 모델 추적(model-tracking)을 살펴본다.

11.3 모델 결정 설명하기

LLM의 결정(decision; 의사결정)이나 결과를 완전히 이해할 수는 없다. 하지만 그런 결정으로 이어진 특정 측면을 우리가 이해하고 설명하는 것은 가능하다. 그러려면 우리가 이해하고 설명하려는 것이 무엇인지부터 확실하게 정의할 필요가 있겠다. 그림 11.16의 도식에서 보듯이, 여기에는 세 가지 측면(차원)이 있다.

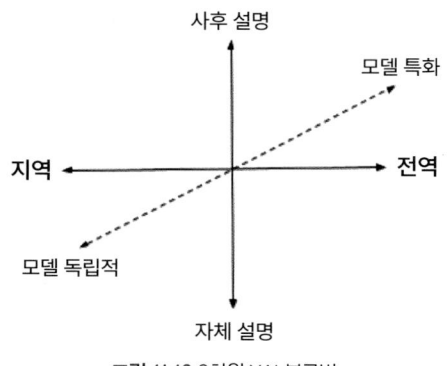

그림 11.16 3차원 XAI 분류법

XAI(설명 가능한 인공지능) 모델을 구분하는 첫 기준은 우리가 이해하려는 것이 모델의 전반적인 의사결정 과정인지 아니면 특정 입력에 대한 모델의 행동인지다. 전자를 **전역 설명**(global explanation),

후자를 **지역 설명**(local explanation; 또는 국소 설명)이라고 부른다. 지역 설명자(local explainer)는 특정 입력에 대한 결정을 다루지만 전역 설명자는 모델의 예측 과정 전체를 설명하려 한다.

둘째 구분 기준은 자체 설명(self-explaining) 대 사후 설명(post-hoc explaining)이다. 전자인 **자체 설명자**(self-explainer)는 자기주의 메커니즘처럼 예측과 설명을 동시에 수행한다. 단, 자기주의 메커니즘은 문맥적 단어 및 문장 임베딩을 구축하는 데 쓰일 뿐 의사결정에 쓰이지는 않는다. 결정 트리(decision tree) 같은 잘 알려진 머신러닝 모델이나 기타 규칙 기반 모델들이 전역 자체 설명자 모델의 좋은 예이다. 후자인 사후 설명 방식에서는 주 모델을 설명하기 위해 대리 모델(surrogate model)을 훈련하는 등의 추가적인 과정이 필요하다. 이 사후 과정은 전역적일 수도, 지역적일 수도 있다. LIME은 대리 모델을 사용해 지역 설명을 생성하는 좋은 예이며, SHAP은 두 가지 방식 모두 지원한다.

XAI의 또 다른 측면은 모델 특화(model-specific) 해석 도구와 모델 독립적(model-agnostic) 해석 도구의 구분이다. 모델 특화 도구는 특정 모델에만 사용할 수 있지만, 모델 독립적 도구는 그 어떤 블랙박스 모델도 설명할 수 있는 능력을 갖추고 있다.

최근 머신러닝 분야의 연구는 LLM 같은 대규모 신경망 기반 모델에 집중되어 있다. 대체로 그런 모델들은 블랙박스 모델로 여겨지므로, 대리 모델과 모델 독립적 접근 방식의 인기가 높다. 이러한 대리 모델들은 신경망 모델의 결정 행동을 설명하는 데 도움을 줄 수 있다.

다음은 이 분야에서 인기 있는 오픈소스 구현들이다.

- SHAP
- LIME
- LIT
- ELI-5
- Transformers Interpret
- Captum

여기서는 LIME과 SHAP을 이용해서 트랜스포머 모델의 결정을 파악해 본다. 그럼 LIME부터 시작하자.

11.3.1 LIME을 이용한 트랜스포머 결정 해석

LIME은 모델 독립적/지역적/사후 설명 접근 방식의 좋은 예이다. LIME의 핵심 아이디어는 입력 교란 (input perturbation)이다. 입력(우리의 경우 자연어 문장)에 무작위 교란을 적용하고, 그것이 출력(감성 또는 범주)에 미치는 영향을 측정한다. 이 과정에서 훈련이 가능한 간단한 ML 모델을 주 XAI 대리 모델로 사용한다.

LIME 프로세스에서 '설명(explanation)'은 모델 행동의 지역 선형 근사(local linear approximation)로 정의된다. 전역적으로 복잡한 모델이 많으며, 그런 모델에서는 특정 인스턴스의 근접 영역에서 근사하는 것이 더 쉽다. 이는 지역 선형 근사를 사용하는 이유다. 지역 선형 근사를 위해 LIME은 먼저 설명하려는 인스턴스에 교란을 가하고 그 인스턴스 근처에서 대리 모델(구체적으로는 희소 선형 모델(sparse linear model))을 훈련한다. 좀 더 자세한 내용은 논문 "*Why Should I Trust You?: Explaining the Predictions of Any Classifier*"(Ribeiro 외)를 참고하기 바란다.

LIME 프로세스를 요약하면 다음과 같다.

1. 설명하고자 하는 단일한 예측 사항을 선택한다.
2. 특징들을 무작위로 숨겨서 입력에 교란을 가하고, 블랙박스 모델의 결과를 수집해서 원래의 단일 표본 주변의 이웃 데이터를 생성한다.
3. 새 이웃 표본의 예시들 각각에 원본 예측과의 유사도에 따라 가중치를 부여한다.
4. 이런 식으로 변형한 표본으로 덜 복잡하고 해석 가능한 선형 모델을 훈련해서 대리 모델을 얻는다.
5. 마지막으로 이 지역 예측에 대한 설명을 대리 모델로 예측한다.

LIME 프로세스를 좀 더 잘 이해하기 위해 LIME 라이브러리와 Transformers 라이브러리를 이용해서 실제로 LIME 프로세스를 진행해 보자.

먼저 필요한 패키지들부터 설치한다.

```
!pip install lime transformers
```

다음으로, 허깅 페이스 허브에서 터키어 텍스트 분류 모델을 불러온다. 5장에서 미세조정했던 그 모델이다.

```
import lime
from lime.lime_text import LimeTextExplainer
from transformers import (AutoTokenizer,
    AutoModelForSequenceClassification)
model_path = 'savasy/bert-turkish-text-classification'
tokenizer = AutoTokenizer.from_pretrained(model_path)
model = AutoModelForSequenceClassification\
    .from_pretrained(model_path)
class_names =model.config.id2label.values()
```

클래스는 총 일곱 가지다(세계, 경제, 문화, 건강, 정치, 스포츠, 기술).

```
class_names
dict_values(['world', 'economy', 'culture', 'health', 'politics', 'sport', 'technology'])
```

이제 터키어 텍스트를 입력하고 모델의 분류 결과를 해석해 보자. 텍스트는 Ünlü futbolcu Ahmet Yıldız sene sonunda yapılacak turnuva maçları hakkında konuştu로, "유명 축구 선수 아흐메트 일디즈가 연말에 열릴 토너먼트 경기에 관해 이야기했다"라는 뜻이다. 스포츠에 관한 문장임이 명백하다.

다음은 이 입력을 분류하고 클래스 확률 분포를 그래프로 표시하는 코드다.

```
import pandas as pd
import torch.nn.functional as Func
text = 'Ünlü futbolcu Ahmet Yıldız sene sonunda yapılacak turnuva maçları \
hakkında konuştu'
outputs = model(**tokenizer(text,
    return_tensors="pt",
    padding=True))
probabilities = Func.softmax(outputs[0]).detach().numpy()
q=dict(zip(class_names,probabilities[0]))
pd.Series(q).plot(kind="bar")
```

그림 11.17은 이 코드가 출력한 확률 분포 막대그래프다. 일곱 가지 클래스 레이블 중 'sport(스포츠)'의 확률이 가장 높음을 확인할 수 있다.

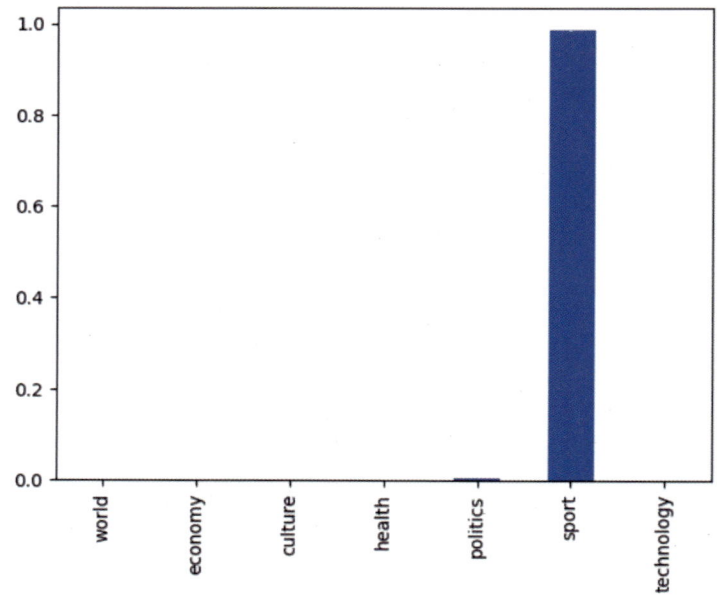

그림 11.17 터키어 텍스트 분류의 클래스 확률분포

그럼 이 결정에 대한 설명을 생성해 보자. 그러려면 클래스 확률분포를 계산하는 함수가 필요하다. 이 함수는 LIME XAI 모델이 이웃 표본을 생성하고 선형 XAI 분류기를 훈련하는 데 쓰인다. 함수의 정의는 다음과 같다.

```
def pred_prob(text):
outputs = model(**tokenizer(text,
    return_tensors="pt",
    padding=True))
ps = Func.softmax(outputs[0]).detach().numpy()
return ps
```

이제 LIME 코드를 실행할 준비가 되었다. 다음과 같이 클래스 이름들을 지정해서 `LimeTextExplainer`의 인스턴스를 생성한다. 그런 다음 입력 텍스트와 `pred_prob`(클래스 확률분포 계산 함수), 설명을 원하는 레이블(`labels` 매개변수의 5는 스포츠에 해당한다), LIME 모델이 결정을 설명하는 데 사용할 특징 개수(`num_features` 매개변수), 생성할 이웃 표본 개수(`num_samples` 매개변수)를 지정해서 `explain_instance()` 메서드를 호출해서 설명 인스턴스를 얻는다. 선형 분류기를 효율적으로 훈련하기 위해서는 이웃 표본 개수를 1,000에서 5,000 정도로 높게 잡는 것이 보통이다. 마지막으로, 설명 인스턴스에 대해 show_in_notebook()을 호출해서 설명을 시각화한다.

```
explainer = LimeTextExplainer(class_names=class_names)
exp = explainer.explain_instance(text,
    pred_prob,
    labels= [5],
    num_features=7,
    num_samples=1000)
exp.show_in_notebook(text=text)
```

이 코드의 출력은 다음과 같다(그림 11.18). 이 출력에 따르면, 갈색으로 표시된 단어들이 이 텍스트가 스포츠 범주에 속함을 뜻하는 지표다.

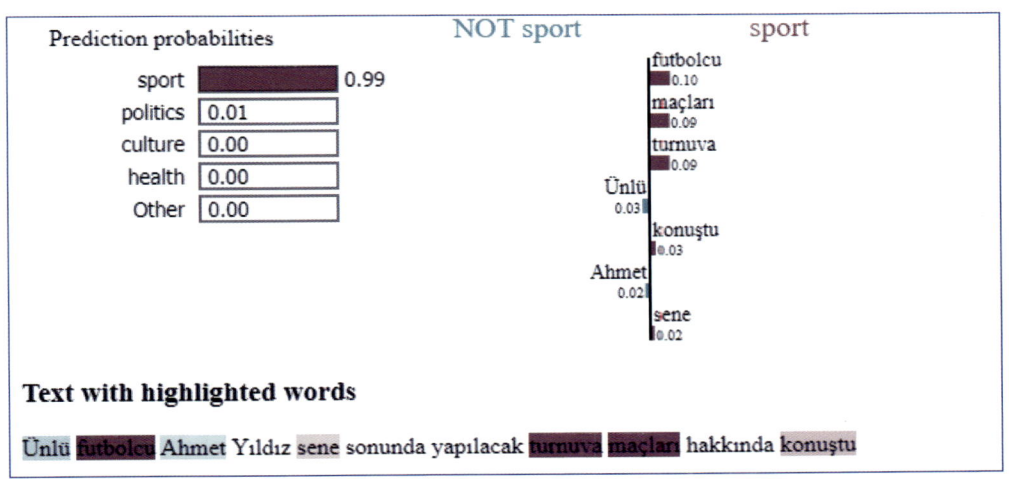

그림 11.18 LIME을 이용한 터키어 텍스트 분류 설명

연한 파란색은 스포츠와 관련 없는 내용을 나타낸다. 이 결과는 텍스트 분류 모델이 주어진 텍스트를 스포츠 범주에 대응시킬 때 스포츠 관련 용어에 주목했음을 말해준다. 색이 진할수록 결정에 더 큰 영향을 미친 단어다. 그림 또 다른 예로, 이번에는 영어 문장을 시험해 보자. 다음 코드는 roberta-base-go_emotions라는 영어용 감정(emotion) 분류 모델을 불러온다. 이것은 레이블이 28개인 다중 레이블 텍스트 분류 모델이지만, 소프트맥스 함수를 적용해서 단일 레이블 분류 모델로 취급하기로 한다. 과정은 터키어 파이프라인과 동일하다.

```
from transformers import AutoTokenizer, AutoModelForSequenceClassification
tokenizer = AutoTokenizer\
    .from_pretrained("SamLowe/roberta-base-go_emotions")
model = AutoModelForSequenceClassification\
    .from_pretrained("SamLowe/roberta-base-go_emotions")
class_names =model.config.id2label.values()
```

"I have tried different models, but I have not yet made a decision."(다른 모델들을 시도해 보았지만 아직 결정을 내리지 못했다)이라는 텍스트를 분류해보자. 설명을 원하는 레이블은 6번 confusion(혼란)이다.

```
text= "I have tried different models, but I have not yet made a decision."
explainer = LimeTextExplainer(class_names=class_names)
exp = explainer.explain_instance(text,
    pred_prob,
    labels= [6],
    num_features=7,
    num_samples=1000)
exp.show_in_notebook(text=text)
```

다음은 이 코드가 출력한 해석 결과의 일부다(그림 11.19).

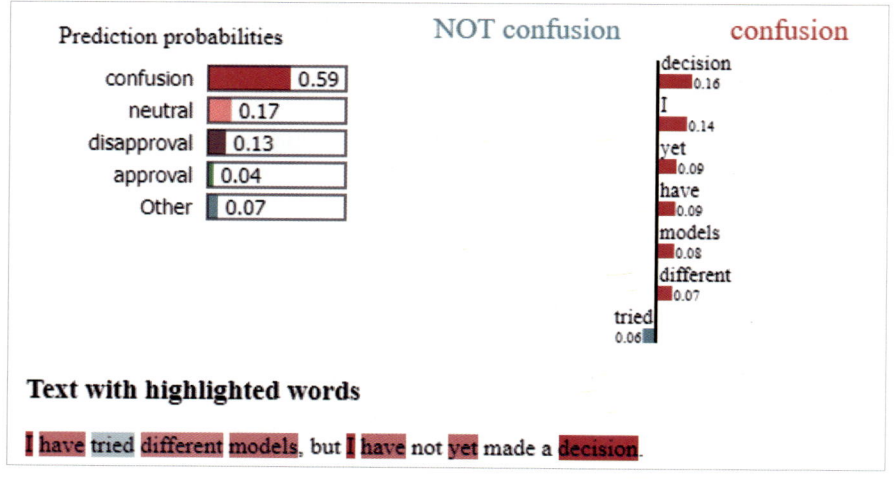

그림 11.19 영어 감정 분류에 대한 LIME 해석

그림은 전체 출력 중 단어 강조 부분만 나타낸 것이다. 이전 결과와 마찬가지로 단어의 색상은 의미를 지닌다. 빨간색은 혼란 레이블을, 녹색은 비혼란 레이블을 나타낸다. 출력의 다른 부분에 있는 정보(확률분포)도 유심히 살펴보기 바란다.

LIME의 한 가지 단점은 대리 모델이 전체 데이터셋에서 추출(표집)한 자료점들에 기반한다는 점, 그래서 표집 전략이 결과에 큰 영향을 미친다는 점이다. 동일한 데이터라도 이웃 데이터를 어떻게 추출하느냐에 따라 설명이 크게 달라질 수 있다. 또한 LIME 접근 방식은 지역 인스턴스를 선형적으로 해석할 수 있다는 가정에 기반한다는 점도 유의해야 한다. 그런 가정이 성립하지 않는 데이터에 대해서는 엉뚱한 설명이 나올 수 있다.

그럼 SHAP 모델로 동일한 작업을 수행해 보자.

11.3.2 SHAP(SHapley Additive exPlanations)을 이용한 트랜스포머 결정 해석

SHAP은 XAI 분야에서 널리 쓰이는 기법의 하나이다. SHAP은 게임 이론(game theory)의 섀플리 값(Shapley value)이라는 개념에 기반한다. LIME은 항상 지역 설명이 가능한 모델을 구축하려 하지만, SHAP은 그렇지 않다. 대신 SHAP은 블랙박스 모델을 이용해서 각 특징이 예측에 미치는 한계 기여도(marginal contribution)를 계산한다. 좀 더 자세한 내용은 Scott M. Lundberg, Su-In Lee, *A Unified Approach to Interpreting Model Predictions*를 참고하기 바란다.

특징들의 한계 기여도 계산을 통해서 SHAP은 전역과 지역에서 모델의 의사결정 과정을 주도하는 가장 중요한 특징들을 식별한다. 이를 통해 모델의 행동을 설명하는 데 도움이 되는 통찰을 얻을 수 있다. SHAP은 지역 수준에서 단어의 특징 중요도에 대한 섀플리 값을 계산한 후 각 개별 예측에 대한 절대 섀플리 값을 합산해서 전역 특징 중요도를 산출한다. SHAP 기법은 복잡한 딥러닝 모델에 관해 정확하고 해석 가능한 설명을 제공한다는 점에서 XAI 분야에서 인기를 얻고 있다.

LIME은 지역 모델이 선형이라고 가정하지만, SHAP은 그러한 가정을 두지 않는다. 그러나 SHAP은 섀플리 값들을 계산하는 데 비용이 많이 들고 시간이 오래 걸린다는 단점이 있다. 이는 SHAP이 모든 가능한 조합을 확인하기 때문이다. 단, 무차별 대입(brute force) 접근 방식을 사용하지는 않는다. 몬테카를로 시뮬레이션을 사용한다.

SHAP 프로세스를 실제로 체험해 보자. 예제 코드는 LIME 실습과 아주 비슷하다.

먼저, 필요한 패키지들을 설치한다.

```
!pip install shap transformers
```

이전처럼 28가지 클래스를 가진 영어 감정 분류 모델과 토크나이저를 불러온다.

```
from transformers import (AutoTokenizer,
 AutoModelForSequenceClassification)
tokenizer = AutoTokenizer\
    .from_pretrained("SamLowe/roberta-base-go_emotions")
model = AutoModelForSequenceClassification\
    .from_pretrained("SamLowe/roberta-base-go_emotions")
class_names =model.config.id2label.values()
```

이 모델을 실행하기 위한 파이프라인 객체를 만든다.

```
from transformers import pipeline
classifier= pipeline("text-classification",
    model=model,
    tokenizer=tokenizer)
```

먼저 영어 텍스트의 감정을 분류해 보자. 앞에서와 동일한 문장이다.

```
text= "I have tried different models, but I have not yet made a decision."
classifier(text)
{'label': 'confusion','score': 0.528}]
```

모델은 주어진 텍스트에 해당하는 레이블이 confusion(혼란)이라고 결정했다. 이 결정을 SHAP을 이용해서 설명해 보겠다. 설명자 객체를 생성해서 설명을 생성한다.

```
import shap
explainer = shap.Explainer(classifier)
shap_values = explainer([text])
```

이제 모델이 어떤 과정으로 confusion이라는 결정에 도달했는지 확인하기 위해 confusion 레이블과 관련한 섀플리 값들로 그래프를 그려 보자. 이런 성격의 값들을 조사하는 데는 막대그래프(bar plot)가 적합하다.

```
shap.plots.bar(shap_values[0,:,"confusion"])
```

이 코드는 다음과 같은 그래프를 출력한다(그림 11.20).

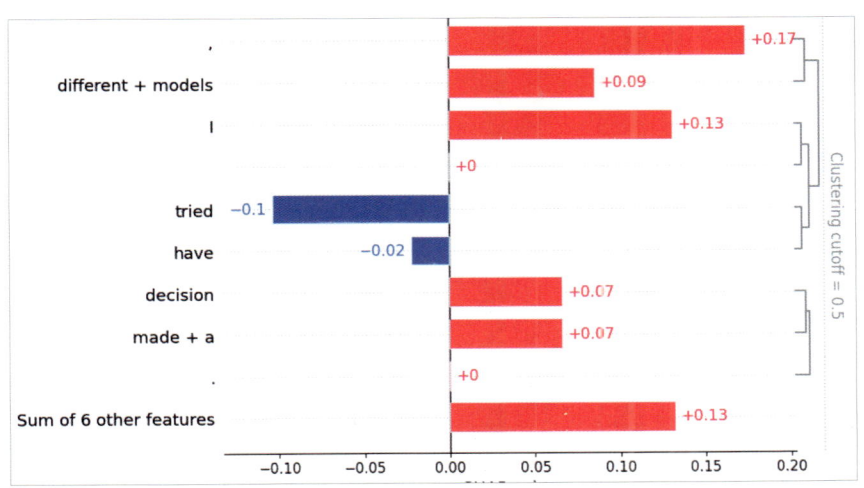

그림 11.20 영어 감정 분류에 대한 SHAP 해석

이 그래프를 LIME 결과(그림 11.19)와 비교해 보면, 두 방식이 유사한 해석을 제시했음을 알 수 있다. 한 마디 덧붙이자면, SHAP은 섀플리 값이라는 게임 이론 개념에 기반한 이론적 논증과 단순성 때문에 널리 사용되고 있으며, 아마도 더 널리 사용될 것이다. 하지만 LIME에서는 이웃을 어떻게 고려할지 정의해야 한다. 또한 매우 복잡한 결정 표면(decision surface)에서 선형이 아닐 수도 있는 선형 지역 모델을 구축한다. SHAP에는 그런 가정이 없다.

요약

이번 장에서는 AI가 직면한 가장 중요한 문제 중 하나인 설명 가능한 AI(XAI)에 대해 논의했다. 언어 모델들이 급격히 성장하면서 설명 가능성이 심각한 문제로 대두되고 있다. 이번 장에서 우리는 트랜스포머 모델과 관련된 두 가지 주제를 다루었다. 첫째, 아키텍처의 자기주의 메커니즘을 살펴봤다. 다양한 시각화 도구를 활용하여 이러한 메커니즘의 내부 프로세스를 이해하고자 노력했다. 둘째, 트랜스포머 아키텍처의 의사결정 과정을 해석했다. 널리 쓰이는 두 가지 모델 독립적 접근 방식인 LIME과 SHAP을 이용해서 텍스트 분류 과정에서 모델이 입력의 각 부분(단어)에 어떤 중요도를 부여하는지 관찰했다.

다음 장은 **효율적 트랜스포머**(efficient transformer)라고 부르는 특별한 유형의 트랜스포머에 초점을 둔다.

12

efficient transformer

이 책의 여러 장에서 우리는 트랜스포머 아키텍처를 이용해서 다양한 NLP 작업을 수행하는 방법을 논의했다. 이번 장에서는 '효율적인(efficient)' 모델을 만드는 문제로 눈길을 돌려서, 증류, 가지치기, 양자화 같은 기법들을 살펴본다. 또한 **Linformer, BigBird, Performer** 같은 효율적 희소 트랜스포머도 소개한다. 메모리 대 시퀀스 길이, 속도 대 시퀀스 길이 같은 다양한 측면에서 이 모델들의 성능을 확인해 볼 것이다. 또한 모델의 크기를 축소하는 방법도 실제로 체험해 본다.

이번 장이 다루는 모델 효율성 문제는 제한된 컴퓨팅 능력으로 대규모 신경망 모델을 실행하기가 점점 어려워지고 있다는 점에서 매우 중요하다. **DistilBERT** 같은 경량화된 범용 언어 모델을 갖추는 것이 아주 중요한 일이 되고 있다. 이런 모델을 적절히 미세조정함으로써 증류하기 전의 원래 모델과 비슷한 성능을 내는 것이 가능하다. 트랜스포머 기반 아키텍처의 한 가지 골칫거리는 주의 내적(attention dot product)으로 인한 이차(quadratic) 복잡도 병목 현상인데, 이는 특히 긴 문맥의 NLP 작업에서 심하다. 문자 기반 언어 모델, 음성 처리, 긴 문서 등이 긴 문맥 문제에 속한다. 최근 몇 년간 **Reformer, Performer, BigBird** 등등 자기주의(self-attention) 메커니즘을 좀 더 효율적으로 만드는 기술이 복잡도 문제의 해결책으로서 크게 발전했다. 이번 장에서 이들을 살펴볼 것이다. 또한, 더 효율적이고 쉬운 양자화를 위한 **bitsandbytes** 라이브러리도 간단하게 소개한다.

정리하자면, 이번 장에서 다루는 주제는 다음과 같다.

- 효율적이고 가볍고 빠른 트랜스포머 소개
- 모델 크기 축소 구현
- 효율적 자기주의 다루기
- bitsandbytes 라이브러리를 이용한 모델 양자화

12.1 기술적 요구사항

이번 장의 실습 예제들은 파이썬 노트북(주피터 혹은 구글 코랩) 환경을 가정한다. 파이썬 버전은 3.6 이상이어야 한다. 또한, 다음 패키지들이 설치되어 있어야 한다.

- tensorflow
- pytorch
- transformers >=4.00
- Datasets
- sentence-transformers
- py3nvml
- bitsandbytes

이번 장의 예제 코드를 담은 파이썬 노트북들이 원서 깃허브 저장소(https://github.com/PacktPublishing/Mastering-Transformers-Second-Edition)에 있으니 참고하기 바란다.

12.2 효율적이고 가볍고 빠른 트랜스포머 모델 소개

트랜스포머 기반 모델은 여러 NLP 문제에서 최고 수준의 성능을 달성한다. 하지만 그러한 성과를 얻으려면 메모리와 계산 복잡도가 제곱으로 증가한다는 대가를 치러야 한다. 복잡도와 관련한 주요 문제점은 다음과 같다.

- 자기주의 메커니즘의 복잡도가 시퀀스 길이의 제곱에 비례해서 증가하기 때문에 긴 시퀀스를 효율적으로 처리하기 어렵다.

- 일반적인 16GB GPU를 사용하는 실험 환경에서 토큰이 최대 512개인 문장까지는 학습과 추론이 가능하다. 하지만 그 이상의 길이에서는 문제가 발생할 수 있다.
- NLP 모델의 크기가 계속 커지고 있다. BERT-Base는 매개변수가 1억1천만 개였지만, GPT-3은 1,750억 개, PaLM은 5,400억 개로 증가했다. 이는 계산과 메모리 복잡도의 측면에서 우려스러운 규모다.
- 비용, 프로덕션, 재현성, 지속가능성도 고려해야 한다. 더 빠르고 가벼운 트랜스포머가 필요하다. 이는 특히 엣지^{edge} 기기에서 중요한 문제다.

계산 복잡도와 메모리 사용량을 줄이기 위한 접근 방식이 여럿 제안되는데, 아키텍처 자체를 변경하는 접근 방식도 있고 아키텍처를 유지하되 훈련된 모델이나 훈련 단계를 개선하는 접근 방식도 있다. 이들을 크게 '모델 크기 축소' 접근 방식과 '효율적 자기주의' 접근 방식으로 나눌 수 있다.

모델 크기 축소 범주에 속하는 주요 접근 방식은 다음 세 가지다.

- 지식 증류
- 가지치기
- 양자화

이 접근 방식들은 각자 고유한 방식으로 모델의 크기를 줄인다. 이들을 §12.3 '모델 크기 축소 구현' 절에서 실제로 시험해 볼 것이다.

지식 증류(knowledge distillation, 줄여서 그냥 **증류**) 기법에서는 교사에 해당하는 큰 트랜스포머 모델이 학생에 해당하는 작은 트랜스포머 모델에게 지식을 전달한다. 학생 모델은 교사의 행동을 모방하도록, 즉 동일한 입력에 대해 교사와 동일한 출력을 생성하도록 훈련된다. 이런 식으로 증류한 학생 모델은 교사보다 성능이 떨어질 수 있다. 압축률, 속도, 성능 사이에 절충점(trade-off)이 존재한다.

가지치기(pruning)는 모델에서 결과 생성에 덜 기여하는 부분을 제거함으로써 모델의 크기를 줄이는 머신러닝 모델 압축 기법이다. 가장 대표적인 예는 의사결정 트리 가지치기(decision tree pruning)인데, 이 기법은 모델의 복잡도를 줄이고 일반화 능력을 높이는 데 도움이 된다.

양자화(quantization)는 모델 가중치의 자료형을 고정밀도 타입에서 저정밀도 타입으로 변경한다. 이를테면 흔히 쓰이는 64비트 부동소수점(`float64`)을 8비트 정수형(`int8`)으로 변환하는 식이다. 당연히 수치 표현의 정확도가 떨어지게 된다.

자기주의 헤드는 긴 시퀀스에 최적화되어 있지 않다. 이 문제를 해결하기 위해 여러 접근 방식이 제안되었다. 가장 효율적인 방식은 **자기주의 희소화**(self-attention sparsification)로, 잠시 후에 좀 더 설명하겠다. 그 밖에 **메모리 효율적 역전파**(memory-efficient backpropagation)도 흔히 쓰인다. 이 방식은 중간 결과의 캐싱과 재계산 사이의 균형을 맞춘다. 순전파 과정에서 계산된 중간 활성화 값들은 역전파 과정의 기울기 계산에 필요하다. 기울기 체크포인트를 사용하면 상당한 양의 메모리 사용량과 계산을 줄일 수 있다. 또 다른 접근 방식으로는 **파이프라인 병렬화 알고리즘**(pipeline parallelism algorithm)이 있다. 미니 배치$^{mini\ batch}$를 마이크로 배치들로 분할하고, 병렬화 파이프라인이 그 배치들을 GPU나 TPU(텐서 처리 장치) 같은 딥러닝 가속기로 전송하는 동안 순전파와 역전파 연산의 대기 시간을 활용함으로써 훈련 시간을 단축한다.

매개변수 공유(parameter sharing)는 효율적인 딥러닝을 위한 초기 접근 방식 중 하나로 볼 수 있다. 가장 대표적인 예는 1장에서 설명한 RNN(순환 신경망)이다. RNN에서는 펼쳐진(unfolded) 표현의 단위 층들이 매개변수들을 공유한다. 이 덕분에 훈련 가능한 매개변수 개수가 입력 크기에 영향을 받지 않는다. 가중치 결합(weight tying) 또는 가중치 복제(weight replication)라고도 불리는 일부 매개변수 공유 기법들은 매개변수들을 네트워크 전체에 분산함으로써 훈련 가능한 매개변수 개수를 줄인다. 예를 들어 Linformer에서는 헤드와 층이 투영 행렬을 공유한다. Reformer는 성능 손실을 감수하고 질의 벡터와 키 벡터를 공유한다.

그럼 실습 예제들을 통해서 이러한 기법들과 개념들을 좀 더 확실하게 파악해 보자.

12.3 모델 크기 축소

트랜스포머 기반 모델은 다양한 NLP 응용 분야에서 최고 수준의 성과를 냈다. 하지만 대부분 동일한 문제점을 가지고 있다. 바로, 모델이 너무 크고 실행 속도가 충분히 빠르지 않다는 점이다. 모바일 앱이나 웹 인터페이스에 LLM을 내장해야 하는 비즈니스 용례에서는 원본 모델을 그대로 사용하기 어렵다.

모델의 크기와 속도 문제를 개선하기 위해 다음과 같은 기법들이 제안되었다.

- 증류(지식 증류)
- 가지치기
- 양자화

그럼 각 기법의 기술적 측면과 이론적 측면을 실습 예제와 함께 좀 더 자세히 살펴보자. 증류부터 시작한다.

12.3.1 DistilBERT를 이용한 지식 증류

큰 모델에서 작은 모델로 지식을 전달하는 과정을 **지식 증류**라고 한다. 지식 증류에서는 더 크고 강력한 모델인 '교사' 모델이 더 작고 약한 모델인 '학생' 모델에 지식을 전수함으로써 모델의 크기를 줄인다.

이 기법은 컴퓨터 비전 모델에서 음향 모델과 NLP에 이르기까지 다양한 문제에 쓰인다. 그림 12.1은 이 기법의 일반적인 구현 방식을 도식화한 것이다.

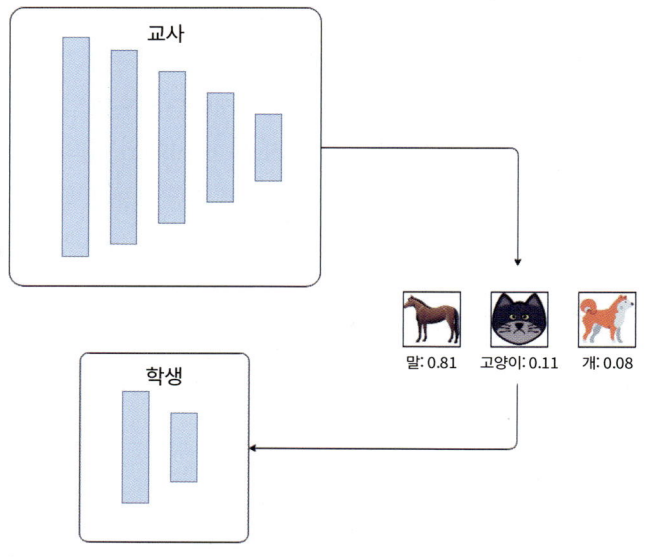

그림 12.1 이미지 분류를 위한 지식 증류

DistilBERT 모델은 이 분야에서 가장 중요한 모델 중 하나로, 크기에 비해 성능이 좋아서 연구자들과 기업들의 주목을 받았다. BERT-Base의 동작을 모방하려는 이 모델은 매개변수 개수가 교사 모델보다 50% 적지만 성능은 95%에 달한다.

다음은 몇 가지 DistilBERT 계열 모델의 정보다. 수치들은 기본 BERT 모델을 기준으로 한 것이다.

- DistilBERT는 1.7배 압축되고 1.6배 빠르며 상대적 성능은 97%이다.
- Mini-BERT는 6배 압축되고 3배 빠르며 상대적 성능은 98%이다.
- TinyBERT는 7.5배 압축되고 9.4배 빠르며 상대적 성능은 97%이다.

파이토치를 이용하면 모델 크기 감소를 위한 증류 훈련을 아주 간단하게 수행할 수 있다. 다음은 허깅 페이스 블로그에서 가져온 예제 코드다. 원본 코드와 설명은 https://medium.com/huggingface/distilbert-8cf3380435b5에서 확인할 수 있다.

```python
import torch
import torch.nn as nn
import torch.nn.functional as F
from torch.optim import Optimizer
KD_loss = nn.KLDivLoss(reduction='batchmean')
def kd_step(teacher: nn.Module,
    student: nn.Module,
    temperature: float,
    inputs: torch.tensor,
    optimizer: Optimizer):
    teacher.eval()
    student.train()
    with torch.no_grad():
        logits_t = teacher(inputs=inputs)
    logits_s = student(inputs=inputs)
    loss = KD_loss(input=F.log_softmax(
        logits_s/temperature,
        dim=-1),
        target=F.softmax(
            logits_t/temperature,
            dim=-1))
    loss.backward()
    optimizer.step()
    optimizer.zero_grad()
```

이러한 모델 지도 학습을 통해서 원본 모델과 행동이 아주 흡사하지단 크기가 더 작은 모델을 얻을 수 있다. 이 예제 코드는 쿨백-라이블러(KL) 손실 함수를 사용한다. 이에 의해 학생 모델은 마지막 softmax 로짓에 대한 결정을 수정하지 않고, 교사 모델의 좋은 점과 나쁜 점을 모두 모방하게 된다. 이 손실 함수는 두 분포가 얼마나 다른지를 나타낸다. 차이가 클수록 손실값이 크다. 이 손실 함수를 사용하는 이유는 학생 모델이 교사의 행동을 완전히 모방하게 하기 위해서다. BERT와 DistilBERT의 GLUE 매크로 점수 차이는 2.8%밖에 안 된다.

12.3.2 트랜스포머 모델의 가지치기

가지치기(pruning)는 미리 정한 기준에 따라 신경망 층의 가중치를 0으로 설정하는 과정이다. 이 방법은 값이 너무 작아 결과에 큰 영향을 미치지 않는 가중치들을 제거한다. 트랜스포머 네트워크의 중복되는 부분도 이런 식으로 가지치기할 수 있다. 가지치기된 네트워크는 원래 네트워크보다 일반화 성능이 더 좋을 가능성이 크다. 실제로 중요한 바탕 설명 요인(explanatory factor)들은 유지하고 중복된 하위 네트워크만 제거함으로써 좋은 결과를 얻은 가지치기 성공 사례들이 보고된 바 있다. 모델 성능에 미치는 영향이 작은, 덜 중요한 가중치와 단위가 제거된 덕분에 크기가 줄면서도 성능은 유지된다.

가지치기에는 두 가지 접근 방식이 있다.

- **비구조적 가지치기**(unstructured pruning): 신경망의 어디에 있는 가중치든 상관없이, 중요도가 낮은(또는 절댓값이 가장 작은) 개별 가중치를 제거한다.
- **구조적 가지치기**(structured pruning): 이 방식은 특정 헤드나 층을 제거한다.

어떤 접근 방식이든, 현대적인 GPU를 활용할 수 있어야 한다는 점도 중요하다.

파이토치나 텐서플로 라이브러리들은 대부분 가지치기 기능을 제공한다. 여기서는 파이토치를 사용하여 모델을 가지치기하는 방법을 설명하겠다. 가지치기에 사용할 수 있는 방법은 다양하다. 가중치의 크기에 기반한 방법도 있고 상호 정보에 기반한 방법도 있는데, 그중 이해하고 구현하기가 아주 쉬운 방법 하나는 L1 가지치기다. 이 방법은 각 층에서 L1 노름$^{\text{L1-norm}}$이 가장 낮은 가중치를 0으로 만든다. 가지치기 후 가중치의 몇 퍼센트를 0으로 변환할지도 지정할 수 있다. 실습 예제를 더 이해하기 쉽게 만들고 모델에 미치는 영향을 좀 더 잘 볼 수 있도록, 여기서는 7장의 텍스트 표현 예제에 L1 가지치기를 적용해 보겠다. 원본 모델과 가지치기한 모델을 비교해서 가지치기의 효과를 확인해 볼 것이다.

1. 사용할 모델은 DistillRoBERTa이다. 다음과 같이 DistillRoBERTa 기본 모델을 불러온다.

```
from sentence_transformers import SentenceTransformer
distilroberta = SentenceTransformer(
    'stsb-distilroberta-base-v2')
```

2. 평가를 위해 지표(측정 항목)들과 데이터셋도 불러온다.

```
from datasets import load_metric, load_dataset
stsb_metric = load_metric('glue', 'stsb')
stsb = load_dataset('glue', 'stsb')
```

3. 7장에서처럼 모델 평가를 위한 함수를 정의한다. 이 함수는 주어진 두 문장의 코사인 유사도 점수를 계산해서 돌려준다.

```
import math
import tensorflow as tf
def roberta_sts_benchmark(batch):
    sts_encode1 = tf.nn.l2_normalize(
        distilroberta.encode(batch['sentence1']),
        axis=1)
    sts_encode2 = tf.nn.l2_normalize(
        distilroberta.encode(batch['sentence2']), axis=1)
    cosine_similarities = tf.reduce_sum(
        tf.multiply(sts_encode1, sts_encode2), axis=1)
    clip_cosine_similarities = tf.clip_by_value(
        cosine_similarities,-1.0,1.0)
    scores = 1.0 -\
        tf.acos(clip_cosine_similarities) / math.pi
return scores
```

4. 물론 레이블들을 설정하는 것도 잊어서는 안 된다.

```
references = stsb['validation'][:]['label']
```

5. 이제 변경을 가하지 않은 원본 모델을 평가한다.

```
distilroberta_results = \
    roberta_sts_benchmark(stsb['validation'])
```

6. 실행이 끝났으면, 이제 모델 가지치기를 시작한다. 먼저 가지치기 객체를 준비한다.

```
from torch.nn.utils import prune
pruner = prune.L1Unstructured(amount=0.2)
```

7. 앞의 코드에서 amount=0.2는 각 층에서 전체 가중치 중 20%에 L1 노름 가지치기를 적용하라는 뜻이다. 이제 L1Unstructured()가 돌려준 가지치기 객체를 이용해서 원본 모델의 층들에 L1 노름 가지치기를 적용한다.

```
state_dict = distilroberta.state_dict()
for key in state_dict.keys():
```

```
    if "weight" in key:
        state_dict[key] = pruner.prune(state_dict[key])
```

이 코드는 이름에 weight가 있는 모든 층을 훑으면서 가지치기를 적용한다. 이에 의해 가중치가 있는 층들만 가지치기될 뿐 편향 값(bias)이 있는 층은 변하지 않는다. 물론 실험 삼아 편향 층들에도 가지치기를 적용해 보는 것도 좋은 생각이다.

8. 갱신된 상태 사전 객체를 모델에 적용한다.

```
distilroberta.load_state_dict(state_dict)
```

9. 이제 distilroberta 객체는 가지치기된 모델이다. 다음과 같이 새 모델의 성능을 평가한다.

```
distilroberta_results_p = \
    roberta_sts_benchmark(stsb['validation'])
```

10. 다음은 기존 결과와 새 결과를 판다스 데이터프레임을 이용해서 보기 좋게 출력하는 코드다.

```
import pandas as pd
pd.DataFrame({
"DistilRoberta":stsb_metric.compute(
    predictions=distilroberta_results,
    references=references),
"DistilRobertaPruned":stsb_metric.compute(
    predictions=distilroberta_results_p,
    references=references)
})
```

이 코드의 출력은 다음과 같다(그림 12.2).

	DistillRoberta	DistillRobertaPruned
pearson	0.888461	0.849915
spearmanr	0.889246	0.849125

그림 12.2 원본 모델과 가지치기된 모델의 비교

모델 가중치들을 20%나 제거했지만, 피어슨 상관계수와 스피어먼 순위 상관계수는 4% 정도만 감소했다. 이러한 가지치기를 양자화(다음 절에서 살펴본다) 같은 다른 기법과 결합하면 더 좋은 결과를 얻을 수 있을 것이다.

이런 유형의 가지치기는 각 층의 가중치들 일부에만 적용된다. 하지만 트랜스포머 아키텍처의 층이나 특정 부분을 통째로 제거하는 방법도 있다. 예를 들어, 몇몇 주의 헤드를 제거했을 때 성능이 어떻게 변하는지 살펴보는 것이 가능하다.

파이토치는 반복적 가지치기나 전역 가지치기 같은 다른 종류의 가지치기 알고리즘들도 제공한다. 그런 알고리즘들도 시도해 보기 바란다.

12.3.3 양자화

양자화(quantization)는 신호 처리 및 통신 분야에서 주로 사용되는 용어로, 데이터의 정확도(accuracy)와 관련이 있다. 일반적으로 데이터의 비트 수가 많을수록 해상도(resolution) 측면에서 데이터가 더 정확하고 정밀하다. 4비트로 표현된 변수를 2비트로 양자화하려면 데이터 해상도의 관점에서 정확도를 낮춰야 한다. 4비트로는 16가지 다른 상태를 표현할 수 있지만 2비트로는 네 가지 상태만 구분할 수 있다. 다른 말로 하면, 데이터의 해상도를 4비트에서 2비트로 줄이면 공간과 복잡도를 50%만큼 절약할 수 있게 된다.

텐서플로나 파이토치, MXNET 같은 여러 인기 있는 라이브러리들은 혼합 정밀도 연산(mixed-precision operation)을 지원한다. 5장에서 `TrainingArguments` 클래스로 훈련 인수들을 설정할 때 `fp16`라는 매개변수가 있었다. `fp16`을 이용하면 계산 효율성이 좋아진다. 이는 현대적인 GPU가 저정밀도 수학 연산들을 좀 더 효율적으로 수행하기 때문이다. 하지만 계산 결과는 32비트 부동소수점 형식인 `fp32`으로 누적된다. 이처럼 둘 이상의 정밀도를 사용하기 때문에 혼합 정밀도 연산이라고 부른다. 혼합 정밀도 연산을 이용하면 훈련에 필요한 메모리 사용량을 줄일 수 있으며, 그러면 배치 크기나 모델 크기를 증가해서 훈련 성과를 높일 가능성이 생긴다.

모델의 가중치들에 양자화를 적용해 가중치 해상도를 낮추면 계산 시간, 메모리 사용량, 모델 저장 공간을 절약할 수 있다. 그럼 앞에서 가지치기한 모델을 실제로 양자화해 보자.

1. 다음은 모델 가중치들을 부동소수점 수 대신 8비트 정수로 표현하도록 양자화하는 코드다.

   ```
   import torch
   distilroberta = torch.quantization.quantize_dynamic(
       model=distilroberta,
       qconfig_spec = {
       torch.nn.Linear : \
           torch.quantization.default_dynamic_qconfig,
           },
       dtype=torch.qint8)
   ```

2. 이제 양자화된 모델을 평가해 보자.

   ```
   distilroberta_results_pq = \
       roberta_sts_benchmark(stsb['validation'])
   ```

3. 이전처럼 판다스를 이용해서 세 결과(원본, 가지치기, 가지치기+양자화)를 비교한다.

   ```
   pd.DataFrame({
   "DistilRoberta":stsb_metric.compute(
       predictions=distilroberta_results,
       references=references),
   "DistillRobertaPruned":stsb_metric.compute(
       predictions=distilroberta_results_p,
       references=references),
   "DistilRobertaPrunedQINT8":stsb_metric.compute(
       predictions=distilroberta_results_pq,
       references=references)
   })
   ```

   이 코드의 출력은 다음과 같다(그림 12.3).

	DistillRoberta	DistillRobertaPruned	DistillRobertaPrunedQINT8
pearson	0.888461	0.849915	0.826784
spearmanr	0.889246	0.849125	0.824857

그림 12.3 원본 모델, 가지치기된 모델, 양자화된 모델의 비교

4. 지금까지 기존의 증류 모델을 가지치기하고 양자화해서 크기와 복잡도를 줄여봤다. 마지막으로, 모델 자체가 얼마나 작아졌는지 확인해 보자. 먼저 모델을 파일로 저장한다.

```
distilroberta.save("model_pq")
```

그런 다음 명령줄에서 파일 크기를 확인한다.

```
$ ls model_pq/0_Transformer/ -l --block-size=M | grep pytorch_model.bin

-rw-r--r-- 1 root 191M May 23 14:53 pytorch_model.bin
```

보다시피 크기는 191MB이다. 원본 모델이 313MB였으므로 원본의 약 61%로 축소되었다. 그러면서도 성능은 6~6.5%만 떨어졌다는 점이 중요하다. 참고로 macOS에서는 ls 명령의 --block-size 옵션이 작동하지 않을 수 있다. 대신 -lh를 사용해야 한다[1].

지금까지 가지치기와 양자화를 살펴봤다. 또한 증류 과정과 그 유용성에 대해서도 알아봤다. 언어 모델을 산업 현장 등 실제 업무 상황에서 실용적으로 사용할 수 있으려면 증류, 가지치기, 양자화 같은 기술이 아주 중요하다. 가지치기와 양자화를 수행하는 방법은 이번 절에서 살펴본 것 외에도 많이 있으니 찾아서 살펴보기 바란다. 예를 들어 **이동 가지치기**(movement pruning)는 간단하고 결정론적인 1차 가중치 가지치기 접근 방식으로, 결과에 미치는 영향이 적고 사용 빈도가 낮은 가중치들을 훈련 도중의 가중치 변화에 기반해서 찾아낸다. 좀 더 자세한 사항은 해당 깃허브 저장소(https://github.com/huggingface/block_movement_pruning)를 참고하기 바란다. 다음 절에서는 트랜스포머의 효율성을 높이는 방법을 살펴볼 것이다.

12.4 효율적인 자기주의 메커니즘 활용

트랜스포머의 효율성 향상 접근 방식들은 주로 주의 메커니즘을 제한함으로써 효과적인 트랜스포머 모델을 산출한다. 이는 트랜스포머의 높은 계산 비용과 메모리 사용량이 주로 자기주의 메커니즘에 기인하기 때문이다. 주의 메커니즘의 계산 복잡도는 입력 시퀀스 길이의 제곱(이차)에 비례해서 증가한다. 짧은 입력에는 이러한 이차 복잡도가 문제가 되지 않을 수 있다. 그러나 더 긴 문서를 처리하려면 시퀀스 길이에 대해 선형(일차)으로 증가하도록 주의 메커니즘을 개선할 필요가 있다.

---

1 (옮긴이) 참고로 --block-size=M은 파일 크기를 메가바이트 단위로 출력하라는 뜻이다. Windows의 DIR 명령에는 이에 대응되는 옵션이 딱히 없다.

효율적인 주의 솔루션들은 크게 다음 세 유형으로 분류된다.

- 고정 패턴을 가진 희소(sparse) 주의
- 학습 가능한 희소 패턴
- 저계수 인수분해/핵(kernel) 함수

먼저 고정 패턴 기반 희소 주의부터 살펴보자.

12.4.1 고정 패턴 기반 희소 자기주의

주의 메커니즘은 질의(query), 키(key), 값(value)으로 구성되며, 대략 다음과 같은 수학 공식으로 표현할 수 있다.

$$Attention\ (Q, K, V) = Score\ (Q, K) \cdot V$$

여기서 $Score$는 이름 그대로 점수 함수로, 일반적으로 소프트맥스 함수가 쓰인다. 이 함수는 $O(n^2)$의 메모리 및 계산 복잡도를 요구하는 곱셈을 수행한다. 이는 각 토큰 위치가 전체 자기주의 모드에서 다른 모든 토큰 위치에 주의를 기울여 임베딩을 구성하기 때문이다. 모든 토큰 각각에 대해 다른 모든 토큰 위치에 대해 같은 계산이 반복되므로 복잡도가 이차(제곱)가 되는데, 이는 문제다. 특히 긴 문맥을 다루는 NLP 문제에서 학습 비용이 아주 커진다. 따라서 "이렇게 조밀한(dense) 상호작용이 정말로 필요할까? 계산을 더 저렴하게 수행할 방법은 없을까?"라는 의문이 자연스럽게 제기된다. 많은 연구자가 이 문제를 다루었다. 연구자들은 자기주의 메커니즘의 이차 복잡도를 완화하고 축소하는 다양한 기법을 제시했다. 대부분의 기법은 특히 긴 문서에 대한 성능, 계산, 메모리 사이의 절충점을 찾는 데 주력한다.

복잡도를 줄이는 가장 간단한 방법은 전체 자기주의 행렬을 희소화하거나 전체 자기주의를 좀 더 저렴하게 근사(approximation)하는 것이다. 희소한 주의 패턴은 정보가 층들을 거쳐 가는 흐름을 방해하지 않으면서도 특정 위치를 연결하거나 단절하는 방법을 공식화(formulation)한다. 이는 모델이 장기 의존성을 추적하고 문장 수준의 인코딩을 구축하는 데 도움이 된다.

그림 12.4의 왼쪽은 전체 자기주의이고 오른쪽은 희소 자기주의이다. 행은 출력 위치에, 열은 입력에 대응된다. 전체 자기주의 모델에서는 모든 위치가 다른 모든 위치와 연결돼서 직접 정보를 전달한다. 반면에 오른쪽에 나온 희소 주의(좀 더 구체적으로는 **지역화된 이동 구간 주의**(localized sliding window attention)이다)는 빈칸이 많다. 빈칸은 해당 입력 위치와 출력 위치 사이에 상호작용이 없다는 뜻이다. 그림의 희소 모델은 사람이 특정 규칙에 따라 수동으로 설정한 고정 패턴에 기반한다. 지역 기반 고정 패턴(local-based fixed pattern) 접근 방식이라고도 부르는 이 지역화된 이동 구간 주의는 초기에 제안된 희소화 방법의 하나이다. 이 방법은 유용한 정보가 각 위치의 이웃에 위치한다고 가정한다. `window`가 구간 크기(토큰 개수)라고 할 때 각 질의 토큰은 해당 위치의 좌우로 `window/2`개의 키 토큰에 주의를 기울인다. 그림 12.4는 `window`가 4인 경우다. 이 규칙은 트랜스포머의 층에 동일하게 적용된다. 상위(뒤쪽) 층으로 갈수록 구간 크기를 증가해서 성능을 비교한 연구도 있다.

다음 그림은 전체 자기주의와 희소 자기주의의 차이를 간단히 보여준다(그림 12.4).

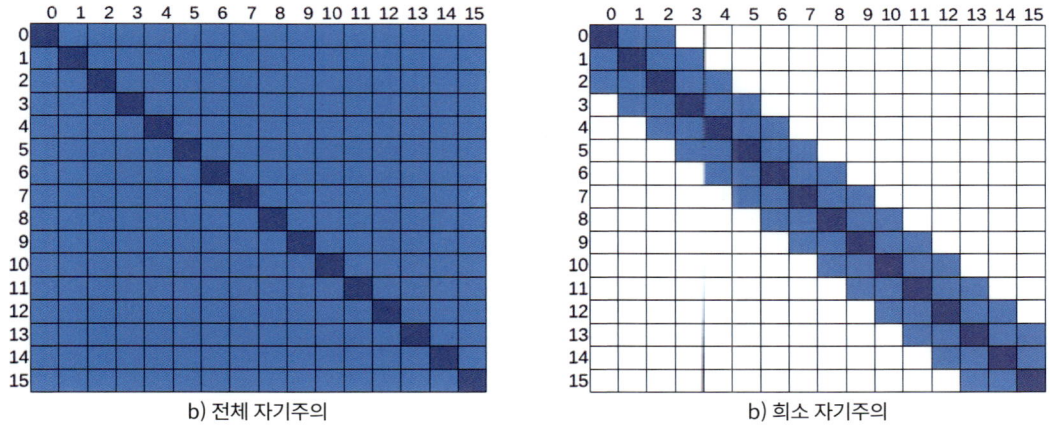

그림 12.4 전체 자기주의와 희소 주의의 비교

희소 자기주의 모델에서 정보는 연결된 노드들을 따라 직접 또는 간접적으로 전달된다. 예를 들어 그림 12.4의 오른쪽 희소 자기주의 도식에서 칸 (7,3)은 비어 있다. 이는 해당 모델이 출력 위치 7이 입력 위치 3에 직접 주의를 기울이지 않는다는 뜻이다. 하지만 위치 5가 위치 7과 위치 3 모두와 연결되므로, 위치 7은 위치 5를 거쳐서 간접적으로 위치 3에 주의를 기울이게 된다(7→5, 5→3에 의해 7→3으로 연결). 이 도식은 또한 전체 자기주의에는 총 n^2개의 활성 칸(그래프 용어로는 정점(vertex))이 필요하지만 희소 모델에는 대략 5×n개만 필요함을 보여준다.

또 다른 중요한 유형은 전역 주의(global attention)다. 이 방법에서는 선택된 일부 토큰이나 주입된 토큰들이 전역 주의로 작용해서, 모든 다른 위치에 주의를 기울이고 다른 위치들로부터 주의를 받게 된다. 따라서 두 토큰 위치 간 최대 경로 거리는 2다. *[GLB, the, cat, is, very, sad]*라는 문장이 있다고 가정해 보자. 여기서 *GLB*는 주입된 전역 토큰이다. 구간 크기가 2라고 할 때 각 토큰은 자신의 바로 왼쪽과 오른쪽 토큰, 그리고 GLB 토큰에만 주의를 기울이게 된다. 따라서 지금 예에서 *cat*과 *sad* 사이에는 직접적인 상호작용이 없다. 하지만 모든 토큰이 주의하는 GLB 토큰 덕분에 *cat*→*GLB*, *GLB*→*sad*로 연결돼서 두 토큰이 상호작용하게 된다. 전역 토큰으로는 기존 토큰 중 하나를 선택할 수도 있고, *(CLS)* 같은 특별한 토큰을 사용할 수도 있다. 다음 도식은 처음 두 토큰 위치를 전역 토큰으로 선택한 예이다(그림 12.5).

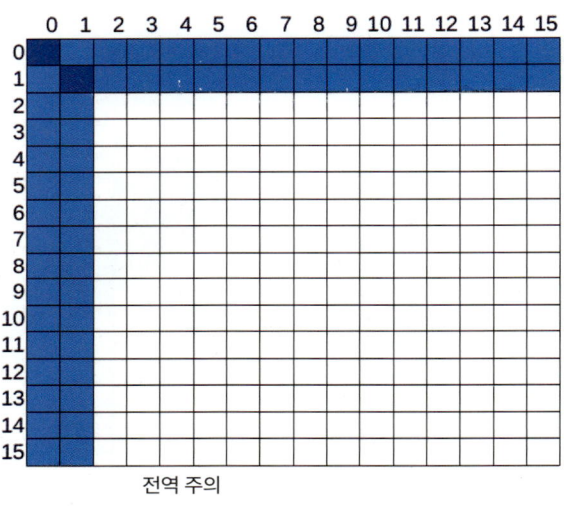

그림 12.5 전역 주의

이러한 전역 토큰들이 반드시 문장의 시작 부분에 있을 필요는 없다. 예를 들어 **Longformer** 모델은 처음 두 토큰 외에도 무작위로 전역 토큰을 선택한다.

이 밖에도 널리 쓰이는 패턴이 네 개 더 있다. 그림 12.6의 왼쪽 위에 나온 **무작위 주의**(random attention)는 기존 토큰들을 무작위로 선택해서 정보의 흐름을 원활하게 만든다. 하지만 이 무작위 주의 패턴만 단독으로 쓰기보다는 다른 패턴들과 조합해서 쓰는 경우가 많다. 그림의 왼쪽 아래에 그러한 **조합 패턴**(combined pattern)이 나와 있다. 그림의 오른쪽 위는 **팽창된 주의**(dilated attention) 패턴이다. 이동 구간 패턴과 비슷하지만, 구간 안에 빈칸들이 있다.

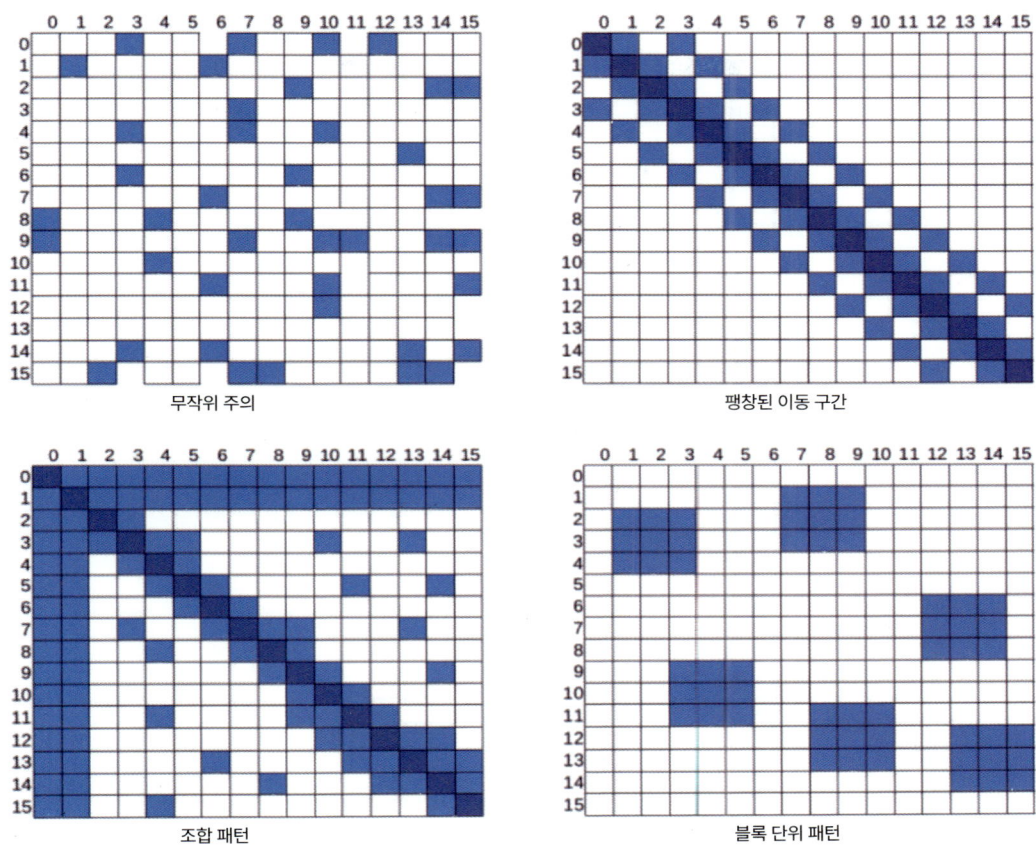

그림 12.6 무작위, 팽창, 조합, 블록 단위 주의 패턴

마지막으로, 그림 12.6의 우측 아래는 **블록 단위 패턴**(blockwise pattern)이다. 이것은 다른 패턴들의 기반으로 쓰인다. 블록 단위 패턴에서는 토큰들을 고정된 개수의 블록으로 나누는데, 특히 문맥이 긴 문제에 유용하다. 예를 들어 4096×4096 주의 행렬을 512 크기의 블록으로 나누면 8개의 (512×512) 질의 블록과 키 블록이 만들어진다. BigBird나 Reformer 같은 여러 효율적인 모델이 복잡도를 줄이기 위해 토큰들을 여러 블록으로 나눈다.

이런 패턴 중 어떤 것을 사용할지 결정할 때는 GPU 지원과 라이브러리 지원 여부를 확인하는 것이 중요하다. 이번 장을 쓰는 현재, 팽창된 주의 같은 일부 주의 패턴은 파이토치나 텐서플로 등 주요 딥러닝 라이브러리가 직접 지원하지 않기 때문에 특별한 행렬 곱셈 단계를 추가해야 한다.

이제 효율적인 트랜스포머 모델을 실제로 체험해 볼 준비가 되었다. 여기서는 Transformers 라이브러리에서 지원하고 허깅 페이스 허브에 체크포인트가 있는 모델들을 살펴본다. 그중 **Longformer 모델**은 희소 자기주의를 사용하는 모델인데, 이동 구간 주의와 전역 주의의 조합을 사용한다. 이 모델은 또한 팽창된 이동 구간 주의도 지원한다.

이번 절의 실습 예제는 GPU를 사용한다. 먼저, NVIDIA GPU 장치의 모니터링을 위해 `py3nvml`이라는 패키지를 설치하자.

```
!pip install py3nvml
```

다음으로, 현재 GPU를 사용하는 다른 프로세스가 없는지 확인한다.

```
!nvidia-smi
```

다음처럼 GPU 사용 현황이 출력될 것이다.

```
Sat May 22 13:43:18 2021
+-----------------------------------------------------------------------------+
| NVIDIA-SMI 465.19.01    Driver Version: 460.32.03    CUDA Version: 11.2     |
|-------------------------------+----------------------+----------------------+
| GPU  Name        Persistence-M| Bus-Id        Disp.A | Volatile Uncorr. ECC |
| Fan  Temp   Perf  Pwr:Usage/Cap|         Memory-Usage | GPU-Util  Compute M. |
|                               |                      |               MIG M. |
|===============================+======================+======================|
|   0  Tesla P100-PCIE...  Off  | 00000000:00:04.0 Off |                    0 |
| N/A   36C    P0    26W / 250W |      0MiB / 16280MiB |      0%      Default |
|                               |                      |                  N/A |
+-------------------------------+----------------------+----------------------+

+-----------------------------------------------------------------------------+
| Processes:                                                                  |
|  GPU   GI   CI        PID   Type   Process name                  GPU Memory |
|        ID   ID                                                   Usage      |
|=============================================================================|
|  No running processes found                                                 |
+-----------------------------------------------------------------------------+
```

그림 12.7 GPU 사용 현황

Longformer 모델 개발자들은 몇 가지 체크포인트를 공개했다. 다음 코드는 Longformer 체크포인트 `allenai/longformer-base-4096`과 해당 토크나이저를 불러와서 `"hello "`가 4천 번 이상 반복된 아주 긴 텍스트를 모델로 처리한다.

```
from transformers import (
    LongformerTokenizer, LongformerForSequenceClassification)
import torch
tokenizer = LongformerTokenizer.from_pretrained(
    'allenai/longformer-base-4096')
model=LongformerForSequenceClassification.from_pretrained(
    'allenai/longformer-base-4096')
sequence= "hello "*4093
inputs = tokenizer(sequence, return_tensors="pt")
print("input shape: ",inputs.input_ids.shape)
outputs = model(**inputs)
```

출력은 다음과 같다.

```
input shape:  torch.Size([1, 4096])
```

출력은 Longformer가 4096 길이의 시퀀스를 처리할 수 있음을 말해준다. 4096은 사실 최대 길이다. 이보다 긴 시퀀스를 입력하면 `IndexError: index out of range in self` 오류가 발생한다.

Longformer의 기본 주의 구간 크기는 512다. 주의 구간(attention window) 크기는 각 토큰 주변에서 주의를 기울일 토큰의 개수를 나타낸다. 다음 코드는 두 개의 Longformer 구성(인수 설정) 객체를 인스턴스화하는데, 첫 객체는 Longformer의 기본값들을 그대로 사용하고 둘째 객체는 주의 구간 크기를 상당히 작은 값인 4로 설정한다(`attention_window=4`). 이렇게 구성하면 한층 가벼운 모델이 만들어진다.

다음 코드에서 주목할 점 하나는 구성 객체를 생성하는 함수다. 이후 예제들에서도 구성 객체를 만들 때는 항상 **모델이름**`Config.from_pretrained()` 형태의 함수를 호출한다. 이 함수는 허깅 페이스 허브에서 실제 모델 체크포인트의 가중치들을 내려받는 대신 구성 설정 값만 내려받는다. 이번 절의 예제들은 모델을 미세조정하지 않으므로 가중치는 필요 없다. 구성 설정 값만 있으면 된다.

```
from transformers import (LongformerConfig,
    PyTorchBenchmark, PyTorchBenchmarkArguments)
config_longformer=LongformerConfig.from_pretrained(
    "allenai/longformer-base-4096")
config_longformer_window4=LongformerConfig.from_pretrained(
```

```
    "allenai/longformer-base-4096",
     attention_window=4)
```

이러한 구성 객체와 데이터셋이 있으면 Longformer 언어 모델을 훈련할 수 있다. 다음은 구성 객체를 지정해서 Longformer 모델 객체를 생성하는 코드다.

```
from transformers import LongformerModel
model = LongformerModel(config_longformer)
```

Longformer 모델을 직접 훈련하는 대신 사전 훈련된 체크포인트를 하위 작업에 맞게 미세조정하는 것도 가능하다. 3장의 언어 모델 훈련 코드와 5장 및 6장의 미세조정 코드를 적용하면 된다.

이제 다양한 입력 길이(128, 256, 512, 1024, 2048, 4096)로 두 모델(구성이 서로 다른)의 시간 및 메모리 성능을 비교해 보자. 다음은 Transformers 라이브러리의 **PyTorchBenchmark**를 이용해서 두 모델의 벤치마크를 수행하는 코드다.

```
sequence_lengths=[128,256,512,1024,2048,4096]
models=["config_longformer","config_longformer_window4"]
configs=[eval(m) for m in models]
benchmark_args = PyTorchBenchmarkArguments(
    sequence_lengths= sequence_lengths,
    batch_sizes=[1],
    models= models)
benchmark = PyTorchBenchmark(
    configs=configs,
    args=benchmark_args)
results = benchmark.run()
```

출력은 다음과 같다(그림 12.8).

```
> 1 / 2
  2 / 2
==================== INFERENCE - SPEED - RESULT ====================
--------------------------------------------------------------------
         Model Name         Batch Size    Seq Length    Time in s
--------------------------------------------------------------------
         config_longformer           1           128        0.036
         config_longformer           1           256        0.036
         config_longformer           1           512        0.036
         config_longformer           1          1024        0.064
         config_longformer           1          2048        0.117
         config_longformer           1          4096        0.226
  config_longformer_window4          1           128        0.019
  config_longformer_window4          1           256        0.022
  config_longformer_window4          1           512        0.028
  config_longformer_window4          1          1024        0.044
  config_longformer_window4          1          2048        0.074
  config_longformer_window4          1          4096        0.136
--------------------------------------------------------------------

==================== INFERENCE - MEMORY - RESULT ====================
--------------------------------------------------------------------
         Model Name         Batch Size    Seq Length    Memory in MB
--------------------------------------------------------------------
         config_longformer           1           128         1595
         config_longformer           1           256         1595
         config_longformer           1           512         1595
         config_longformer           1          1024         1679
         config_longformer           1          2048         1793
         config_longformer           1          4096         2089
  config_longformer_window4          1           128         1525
  config_longformer_window4          1           256         1527
  config_longformer_window4          1           512         1541
  config_longformer_window4          1          1024         1561
  config_longformer_window4          1          2048         1643
  config_longformer_window4          1          4096         1763
```

그림 12.8 벤치마크 결과

잠깐 PyTorchBenchmarkArguments에 관한 팁 몇 가지를 언급하겠다. 훈련과 추론 성능을 둘 다 보고 싶다면 training 매개변수를 True로 설정해야 한다(기본값은 False). 현재 환경에 대한 정보도 보고 싶다면 no_env_print를 False로 설정하면 된다. 기본값은 True다.

그림 성능을 해석하기 쉽도록 결과를 시각화해 보자. 이를 위해 plotMe()라는 함수를 정의한다. 이 함수는 실행 시간 복잡도와 메모리 복잡도 측면에서 추론 성능을 그래프로 표시한다. 이후 실습 예제들에서도 이 함수를 사용할 것이다.

함수의 정의는 다음과 같다.

```
import matplotlib.pyplot as plt
def plotMe(results,title="Time"):
    plt.figure(figsize=(8,8))
    fmts= ["rs--","go--","b+-","c-o"]
    q=results.memory_inference_result
```

```
if title=="Time":
    q=results.time_inference_result
models=list(q.keys())
seq=list(q[models[0]]['result'][1].keys())
models_perf=[list(q[m]['result'][1].values()) \
    for m in models]
plt.xlabel('Sequence Length')
plt.ylabel(title)
plt.title('Inference Result')
for perf,fmt in zip(models_perf,fmts):
    plt.plot(seq, perf,fmt)
plt.legend(models)
plt.show()
```

이제 구성이 서로 다른 두 Longformer 모델의 계산 성능을 살펴보자.

```
plotMe(results)
```

이 호출은 다음과 같은 그래프를 생성한다(그림 12.9).

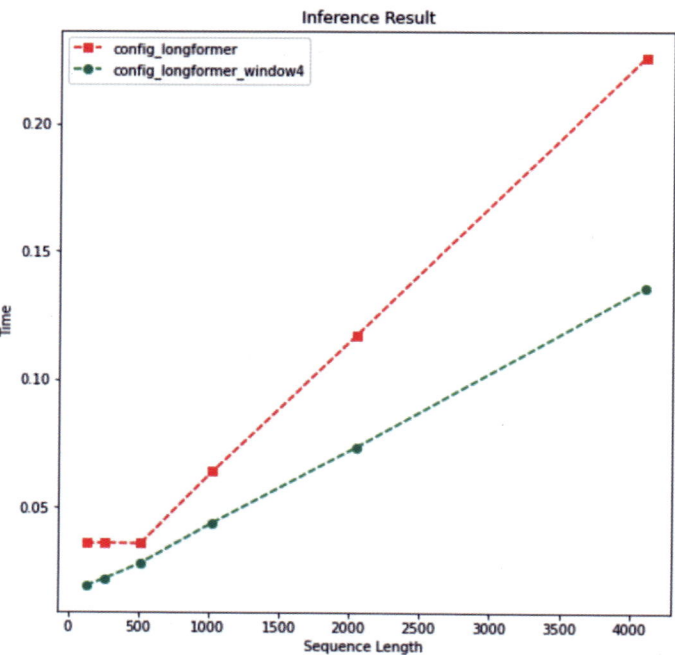

그림 12.9 시퀀스 길이에 따른 추론 시간 (Longformer)

그래프의 X축은 시퀀스 길이이고 Y축은 추론에 걸린 시간이다. 무거운 모델과 가벼운 모델은 길이 512부터 차이가 벌어진다. 녹색이 가벼운 Longformer 모델(구간 길이가 4인 모델)인데, 예상대로 시간 복잡도 측면에서 더 나은 성능을 보인다. 두 Longformer 모델 모두 입력 처리의 시간 복잡도가 선형이라는 점도 주목하자.

다음으로, 메모리 측면의 성능도 비교해 보자.

```
plotMe(results, "Memory")
```

이 호출은 다음과 같은 그래프를 생성한다(그림 12.10).

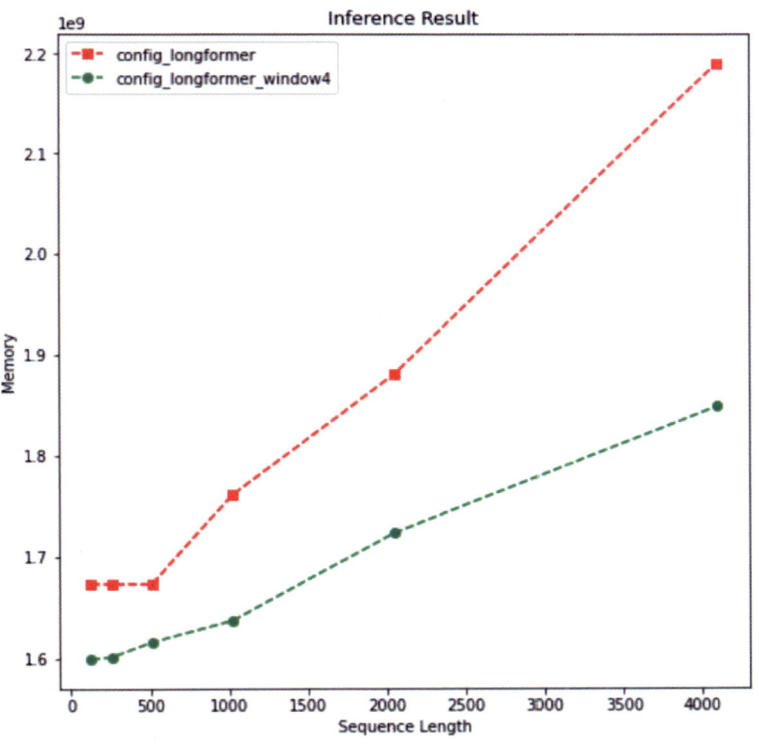

그림 12.10 시퀀스 길이에 따른 메모리 사용량 (Longformer)

이 그래프의 Y축은 메모리 사용량이다. 이번에도 길이 512까지는 큰 차이가 없지만, 그보다 긴 입력에 대해서는 추론 시간 그래프에서처럼 경량 모델이 더 효율적임을 알 수 있다. 또한, Longformer 자기주의의 메모리 복잡도 역시 시간 복잡도처럼 선형이라는 점도 명확하다. 단, 이러한 특성이 모델의 작업 수행 성능까지 말해주는 것은 아님을 주의하기 바란다.

`PyTorchBenchmark` 덕분에 모델들을 손쉽게 교차 검증할 수 있었다. 실습 예제에서 봤듯이 `PyTorchBenchmark`는 언어 모델의 훈련을 위해 다양한 구성을 시험해 보는 데 매우 유용하다. 언어 모델의 훈련에서나 사전 훈련 모델의 미세조정에서나 요긴한 도구다.

희소 주의(sparse attention)를 활용한 또 다른 최고 성능 모델로는 **BigBird 모델**을 들 수 있다. 해당 논문(Zohen 외, 2020) 저자들은 자신들의 희소 주의 메커니즘(논문에서는 *generalized attention mechanism*(일반화된 주의 메커니즘)이라고 불렀다)이 기존 트랜스포머의 전체(full) 자기주의 메커니즘의 모든 기능성을 선형 시간으로 보존한다고 주장했다. 저자들은 주의 행렬을 유향 그래프(directed graph)로 취급함으로써 그래프 이론 알고리즘들을 적용할 수 있게 했다. 주어진 그래프 G를 간선(edge)이나 정점(vertex)이 더 적은 그래프 G'로 근사하는 그래프 희소화 알고리즘에서 영감을 얻었다고 한다.

BigBird는 블록 단위 주의 모델로, 최대 **4096** 길이의 시퀀스를 처리할 수 있다. 이 접근 방식은 먼저 질의와 키를 함께 묶어 주의 패턴을 블록화한 다음, 이 블록들에 대해 주의를 정의한다. 이때 무작위 패턴, 이동 구간 패턴, 전역 주의 패턴을 활용한다.

그럼 이 모델을 시험해 보자. 모델 개발자들이 허깅 페이스 허브에 몇 가지 BigBird 체크포인트를 공유했는데, 그중 RoBERTa 체크포인트에 기반한 원본 BigBird 모델인 `google/bigbird-roberta-base`를 사용하겠다. Longformer에서처럼 이번에도 미리 정의된 BigBird 모델 체크포인트 구성만 내려받는다. 두 가지 `BigBirdConfig` 객체를 이용해 전체 자기주의와 희소 주의를 비교해서, 실제로 희소화가 전체 자기주의의 복잡도를 더 낮은 수준으로 줄이는지 확인해 볼 것이다. 이번에도 길이 512까지는 이차 복잡도에 의한 차이가 크게 드러나지 않을 것이라 예상할 수 있다. 그 이상에서는 이차 복잡도에 의한 성능 차이가 명확해질 것이다.

다음은 두 가지 모델을 위한 구성 객체들이다. 첫 구성 객체는 기본값들을 그대로 사용한다. 이렇게 하면 BigBird의 원래 방식인 희소 주의 모델이 된다. 둘째 구성 객체는 주의 유형을 뜻하는 `attention_type` 매개변수를 `original_full`로 설정한다. 이렇게 하면 전체 자기주의 모델이 만들어진다. 둘을 각각 `sparseBird`와 `fullBird`라고 부르기로 하겠다.

```
from transformers import BigBirdConfig
# Default Bird with num_random_blocks=3, block_size=64
sparseBird = BigBirdConfig.from_pretrained(
    "google/bigbird-roberta-base")
fullBird = BigBirdConfig.from_pretrained(
    "google/bigbird-roberta-base",
    attention_type="original_full")
```

다음은 두 모델로 벤치마크를 수행하는 코드다. 512 이하의 작은 시퀀스 길이에서는 block_size와 sequence_length의 불일치 때문에 attention_type의 값과는 무관하게 BigBird 모델이 전체 자기주의 모드로 작동한다는 점에 주의하기 바란다.

```
sequence_lengths=[256,512,1024,2048, 3072, 4096]
models=["sparseBird","fullBird"]
configs=[eval(m) for m in models]
benchmark_args = PyTorchBenchmarkArguments(
    sequence_lengths=sequence_lengths,
    batch_sizes=[1],
    models=models)
benchmark = PyTorchBenchmark(
    configs=configs,
    args=benchmark_args)
results = benchmark.run()
```

출력은 다음과 같다(그림 12.11).

```
======================   INFERENCE - SPEED - RESULT   ======================
     Model Name          Batch Size      Seq Length      Time in s
--------------------------------------------------------------------
     sparseBird              1              256           0.014
     sparseBird              1              512           0.029
     sparseBird              1             1024           0.112
     sparseBird              1             2048           0.288
     sparseBird              1             3072           0.217
     sparseBird              1             4096           0.279
     fullBird                1              256           0.014
     fullBird                1              512           0.024
     fullBird                1             1024           0.049
     fullBird                1             2048           0.123
     fullBird                1             3072           0.232
     fullBird                1             4096           0.348
--------------------------------------------------------------------

======================   INFERENCE - MEMORY - RESULT   ======================
     Model Name          Batch Size      Seq Length      Memory in MB
--------------------------------------------------------------------
     sparseBird              1              256           1495
     sparseBird              1              512           1571
     sparseBird              1             1024           1777
     sparseBird              1             2048           2195
     sparseBird              1             3072           2591
     sparseBird              1             4096           2969
     fullBird                1              256           1495
     fullBird                1              512           1571
     fullBird                1             1024           1801
     fullBird                1             2048           2257
     fullBird                1             3072           2955
     fullBird                1             4096           3835
--------------------------------------------------------------------
```

그림 12.11 벤치마크 결과 (BigBird)

이번에도 그래프를 그려서 시간 복잡도를 확인해 보자.

```
plotMe(results)
```

그래프는 다음과 같다(그림 12.12).

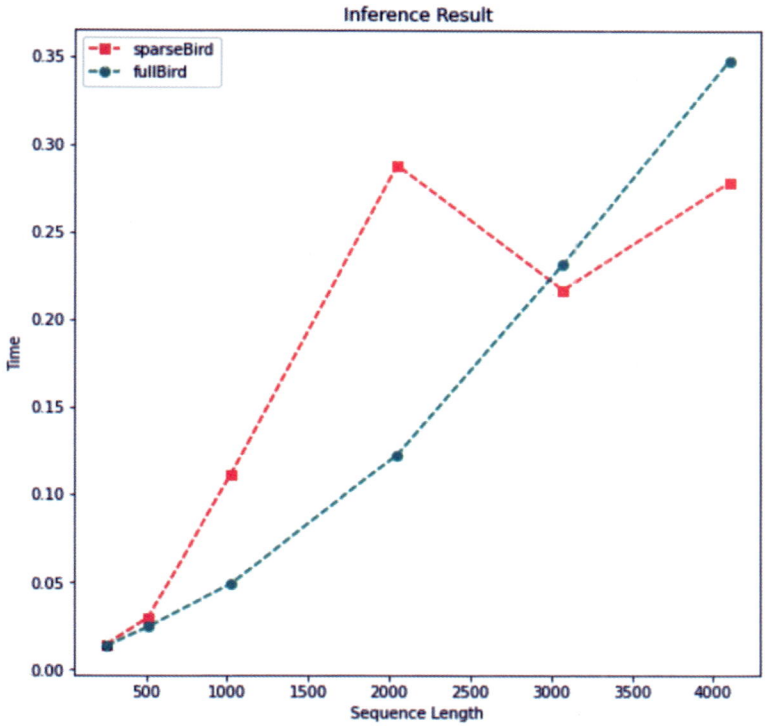

그림 12.12 시퀀스 길이에 따른 추론 시간 (BigBird)

길이 512 이후 어느 정도까지는 전체 자기주의 모델이 희소 모델보다 나은 성능을 보인다. 하지만 **fullBird**가 이차 시간 복잡도를 가진다는 점도 확인할 수 있다. 그래서 2,000부터는 희소 주의 모델이 갑자기 더 나은 성능을 보인다.

이제 메모리 복잡도를 확인해보자.

```
plotMe(results,"Memory")
```

다음과 같은 그래프가 생성된다(그림 12.13).

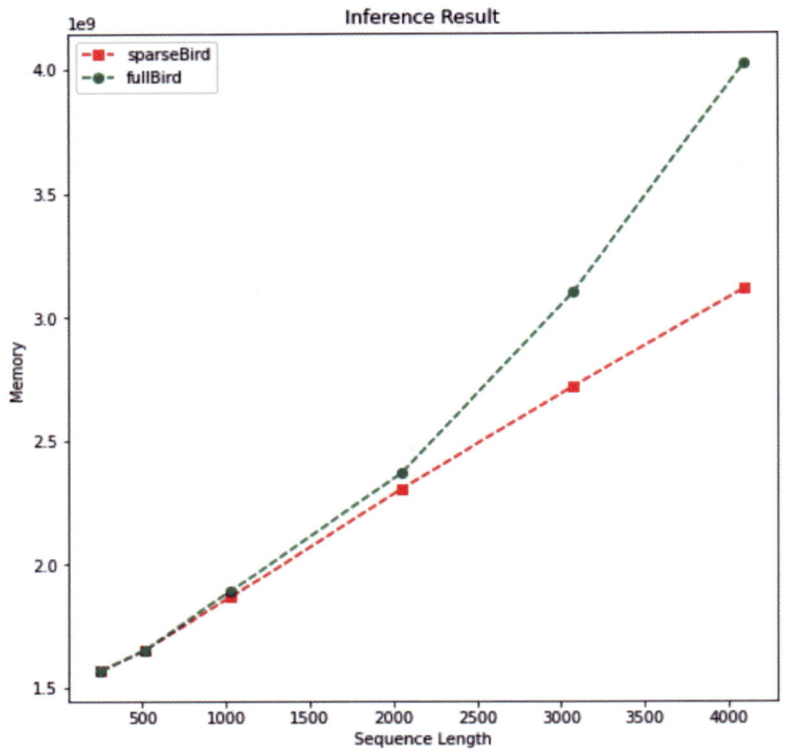

그림 12.13 시퀀스 길이에 따른 메모리 사용량 (BigBird)

여기서는 선형 메모리 복잡도와 이차 메모리 복잡도가 명확하게 대조된다. 단, 시간 복잡도와 마찬가지로 특정 지점(지금은 길이 2,000 부근)까지는 별 차이가 없다.

다음 절에서는 학습 가능 패턴이라는 접근 방식을 살펴보고, 좀 더 긴 입력을 처리할 수 있는 모델들을 시험해 본다.

12.4.2 학습 가능 패턴

고정된(미리 정의된) 패턴의 대안으로 **학습 기반 패턴**(learning-based pattern) 혹은 **학습 가능 패턴**(learnable pattern)이 있다. 이 부류의 접근 방식들은 데이터에서 비지도 방식으로 패턴을 추출한다. 이 접근 방식들은 질의와 키의 유사도를 측정하는 기법을 활용해서 질의들과 키들을 적절히 군집화한다. 이 계열의 트랜스포머 모델은 먼저 토큰들을 군집화하는 방법을 학습하고, 상호작용을 제한함으로써 주의 행렬에 대한 최적의 뷰를 얻는다.

여기서는 학습 가능 패턴에 기반한 주요 효율적 모델 중 하나인 Reformer로 몇 가지 실험을 진행할 것이다. 그 전에 이 Reformer 모델이 NLP 분야에 기여한 바를 잠깐 짚고 넘어가자.

Reformer는 복잡도 병목 현상을 줄이기 위해 입력을 n개의 청크로 나누는 **국소 자기주의**(Local Self Attention, LSA)를 사용한다. 그러나 분할된 청크의 가장자리에 있는 경계 토큰(boundary token)이 분할 전에는 인접해 있던 이웃 토큰들에 주의를 기울이지 못하는 문제가 있다. 예를 들어 [a,b,c] 청크와 [d,e,f] 청크에서 토큰 d는 바로 앞의 문맥인 c에 주의를 기울이지 못한다. 이를 해결하기 위해 Reformer는 각 청크에 이전 이웃 청크들의 개수를 제어하는 매개변수를 추가한다.

Reformer의 가장 중요한 기여는 **국소 민감 해싱**(Locality Sensitive Hashing, LSH) 함수가 유용함을 보였다는 점이다. 이 함수는 유사한 질의 벡터들에 동일한 값을 할당한다. 이렇게 하면 가장 유사한 벡터들만 비교해서 주의를 근사할 수 있어서 차원 축소와 행렬 희소화에 도움이 된다. 이렇게 해도 안전하다. `softmax` 함수가 큰 값들에 고도로 지배되어 유사하지 않은 벡터를 무시하기 때문이다. 또한 Reformer는 주어진 질의에 관련된 키들을 찾는 대신 유사한 질의들만 찾아서 군집화한다. 그래서 한 질의의 위치는 오직 코사인 유사도가 높은 다른 질의들의 위치에만 주의를 기울일 수 있게 된다.

Reformer 모델은 가역 잔차 층(reversible residual layer)을 이용해서 메모리 사용량을 줄인다. 여기에는 한 층의 활성화 값을 그다음 층의 활성화 값으로부터 복구할 수 있으므로, 모든 층의 활성화 값을 저장할 필요가 없다는 아이디어가 깔려 있다. 그와 유사한 아이디어가 **가역 잔차 네트워크**(Reversible Residual Network, **RevNet**)에도 적용되었다.

한 가지 주목할 점은 Reformer 모델을 비롯해 여러 효율적 트랜스포머 모델들이 실제로는 입력 길이가 매우 길 때만 기존 트랜스포머보다 효율적이라는 비판을 받는다는 것이다(Yi Tay, Mostafa Dehghani, Dara Bahri, Donald Metzler, *Efficient Transformers: A Survey*). 이전 실습 예제(BigBird와 Longformer)에서도 그런 현상을 목격했다.

그럼 Reformer로 몇 가지 실험을 진행해 보자. 허깅 페이스 플랫폼은 Reformer 구현과 사전 훈련된 체크포인트들을 제공하며, Transformers 라이브러리로 이들을 손쉽게 불러올 수 있다. 이번 실습에서는 원본 체크포인트인 `google/reformer-enwik8`의 구성을 불러와서, 모델이 전체 자기주의 모드에서 작동하도록 일부 설정을 변경한다. 구체적으로, `lsh_attn_chunk_length`와 `local_attn_chunk_length`를 Reformer가 처리할 수 있는 최대 길이인 `16384`로 설정하면 Reformer 인스턴스는 국소 최적화로 작동할 수 없기 때문에 자동으로 전체 자기주의를 사용하는 기본 트랜스포머처럼 작동한다. 이 구성을 fullReformer라고 부르자. 비교를 위해, 원본 체크포인트의 기본값들을 그대로 사용하는 희소 자기주의 구성 객체도 만든다. 이것은 sparseReformer라고 부르기로 한다.

```
from transformers import ReformerConfig
fullReformer = ReformerConfig\
    .from_pretrained("google/reformer-enwik8",
        lsh_attn_chunk_length=16384,
        local_attn_chunk_length=16384)
sparseReformer = ReformerConfig\
    .from_pretrained("google/reformer-enwik8")
sequence_lengths=[256, 512, 1024, 2048, 4096, 8192, 12000]
models=["fullReformer","sparseReformer"]
configs=[eval(e) for e in models]
```

Reformer 모델은 최대 16384 길이의 시퀀스를 처리할 수 있다. 그러나 내 경우는 전체 자기주의 모드에서 주의 행렬이 GPU 용량보다 커져서 CUDA 메모리 부족 오류가 발생했다. 그래서 최대 길이를 12000으로 설정해야 했다. GPU 용량이 충분한 독자라면 더 큰 값으로 설정해 보기 바란다.

다음은 두 가지 구성의 모델들로 벤치마크를 실행하는 코드다.

```
benchmark_args = PyTorchBenchmarkArguments(
    sequence_lengths=sequence_lengths,
    batch_sizes=[1],
    models=models)
benchmark = PyTorchBenchmark(
    configs=configs,
    args=benchmark_args)
result = benchmark.run()
```

출력은 다음과 같다(그림 12.14).

```
==================    INFERENCE - SPEED - RESULT    ==================
    Model Name          Batch Size      Seq Length      Time in s
    fullReformer            1              256            0.024
    fullReformer            1              512            0.036
    fullReformer            1             1024            0.075
    fullReformer            1             2048            0.196
    fullReformer            1             4096            0.529
    fullReformer            1             8192            1.722
    fullReformer            1            12000            3.443
    sparseReformer          1              256            0.026
    sparseReformer          1              512            0.049
    sparseReformer          1             1024            0.084
    sparseReformer          1             2048            0.165
    sparseReformer          1             4096            0.296
    sparseReformer          1             8192            0.576
    sparseReformer          1            12000            0.869

==================    INFERENCE - MEMORY - RESULT    ==================
    Model Name          Batch Size      Seq Length      Memory in MB
    fullReformer            1              256            1511
    fullReformer            1              512            1551
    fullReformer            1             1024            1671
    fullReformer            1             2048            2115
    fullReformer            1             4096            3791
    fullReformer            1             8192            8415
    fullReformer            1            12000           16191
    sparseReformer          1              256            1509
    sparseReformer          1              512            1705
    sparseReformer          1             1024            1885
    sparseReformer          1             2048            2339
    sparseReformer          1             4096            3143
    sparseReformer          1             8192            4803
    sparseReformer          1            12000            6367
```

그림 12.14 벤치마크 결과 (Reformer)

앞에서처럼 시간 성능을 시각화해 보자.

```
plotMe(result)
```

그래프는 다음과 같다(그림 12.15).

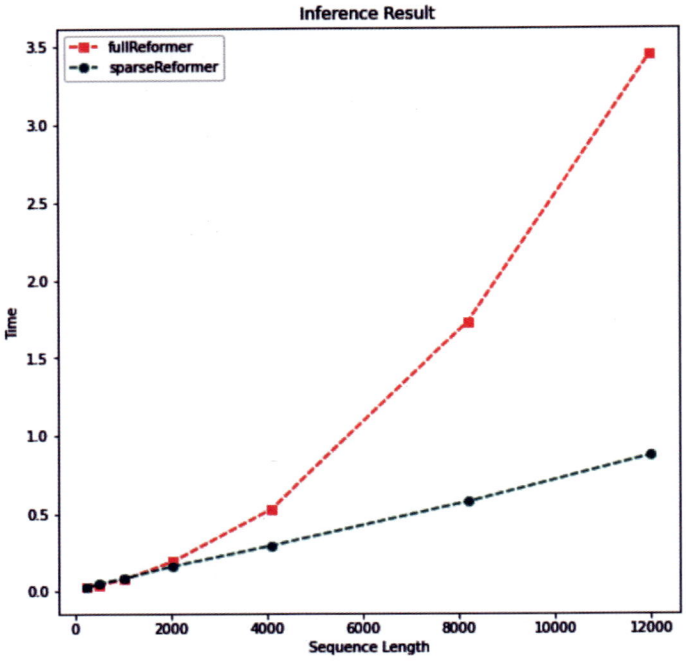

그림 12.15 시퀀스 길이에 따른 추론 시간 (Reformer)

한 모델은 시간 복잡도가 선형이고 다른 모델은 이차임을 확인할 수 있다. 메모리 사용량에 대한 그래프도 작성해 보자.

```
plotMe(result,"Memory Footprint")
```

다음과 같은 그래프가 표시될 것이다(그림 12.16).

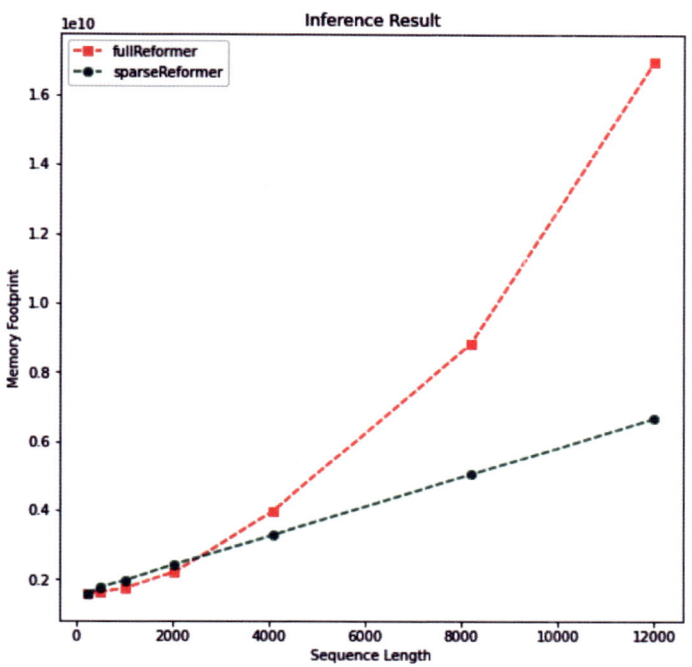

그림 12.16 메모리 사용량 (Reformer)

예상대로 희소 주의를 사용한 Reformer가 메모리를 덜 사용한다. 하지만 앞에서 언급했듯이 특정 길이까지는 이차 복잡도와 선형 복잡도의 차이가 드러나지 않는다. 이상의 실험들이 보여주듯이, 효율적 트랜스포머는 긴 텍스트에 대한 시간 및 메모리 복잡도를 감소할 수 있다. 작업(task) 성능은 어떨까? 분류나 요약 작업에 대해 얼마나 정확할까? 이에 대한 답은 Reformer 모델 논문의 성능 보고서에도 나와 있지만, 여러분이 직접 실험해 보는 것도 좋을 것이다. 4장과 5장의 예제 코드를 재활용하되, 기본 트랜스포머 모델 대신 효율적 트랜스포머 모델을 인스턴스화하도록 코드를 조금만 수정하면 된다. 더 나아가서 모델 추적(tracking) 도구를 이용해 모델 성능을 좀 더 구체적으로 추적하고 최적화할 수도 있는데, 이에 관해서는 15장에서 자세히 논의한다.

다음 주제로 넘어가기 전에, 희소화 이외의 효율적 트랜스포머 유형들 몇 가지를 간단히 살펴보자.

12.4.3 저계수 분해, 핵 방법 및 기타 접근 방식

효율적 트랜스포머 모델의 최신 경향은 전체 자기주의 행렬의 저계수(저차원) 근사를 활용하는 것이다. 자기주의의 시간 복잡도(속도)와 공간 복잡도(메모리) 모두 $O(n^2)$에서 $O(n)$으로 줄일 수 있다는 점에서 이런 모델들은 현재 가장 가벼운 트랜스포머 모델로 간주된다. 사영(projection) 차원 수 k를 n보다 보다 아주 작은 값으로 잡으면($k \ll n$) 공간 복잡도가 크게 감소한다. 이러한 저계수 분해로 전체 자기주의를 효율적으로 근사하는 모델로는 **Linformer**와 **Synthesizer**를 들 수 있다. 이들은 선형 투영을 통해 원래 트랜스포머의 $N \times N$ 내적 주의를 분해한다.

또 다른 방법으로, 좀 더 최근에 제안된 **핵 주의**(kernel attention)는 주의 메커니즘을 **핵 함수화**(kernelization; 커널화)의 관점에서 바라봄으로써 효율성을 개선한다. 핵 함수는 주어진 두 벡터를 특성 맵(feature map)으로 투영해서 곱하는 함수다. 이를 통해 자료점 좌표를 해당 고차원 특징 공간에서 실제로 계산하지 않고도 자료점들에 대한 연산을 수행할 수 있다. 공간의 차원이 높을수록 계산 비용이 크므로, 핵 함수 기법으로 고차원 공간 계산을 피함으로써 비용이 절감된다. 이러한 핵 함수화에 기반한 효율적 모델에서는 $N \times N$ 행렬을 명시적으로 계산하지 않고도 자기주의 메커니즘을 다시 작성할 수 있다. 머신러닝 분야에서 핵 함수 기법을 자주 사용하는 알고리즘 하나는 **SVM**(Support Vector Machine; 서포트 벡터 머신)이다. SVM은 방사 기저함수(radial basis function)나 다항 핵(polynomial kernel) 같은 핵 함수를 사용하는데, 특히 비선형성을 다룰 때 유용하다. 트랜스포머의 경우 가장 주목할 만한 예는 **Performer**와 **Linear Transformers**다.

12.5 bitsandbytes를 이용한 좀 더 쉬운 양자화

양자화는 정확도를 다소 희생하면서 모델 크기를 줄이는 기법이다. 양자화에서는 GPU 친화적 함수를 이용해서 모델의 성능을 최대한 끌어내는 것이 항상 중요하다. 이번 절에서는 8비트 양자화에 특화된 NVIDIA CUDA 커스텀 함수를 구현한 유용한 라이브러리 중 하나인 **bitsandbytes**를 소개한다.

허깅 페이스의 Transformers 라이브러리에도 이 기능이 통합되어 있어서 편리하게 사용할 수 있다. 런타임을 GPU로 변경한 뒤[2] bitsandbytes 라이브러리와 accelerator 라이브러리를 설치하면 된다.

```
!pip install bitsandbytes
!pip install accelerate
```

이제 어떤 모델이든 8비트 양자화를 적용해서 불러올 수 있다.

---

[2] (옮긴이) 구글 코랩의 경우 주 메뉴의 **런타임 – 런타임 유형 변경**을 선택한 후 **하드웨어 가속기** 항목에서 적절한 GPU 인스턴스를 선택하면 된다. GPU 종류에 따라서는 추가 비용이 발생할 수 있음에 주의하자.

```
from transformers import AutoModelForCausalLM
model = AutoModelForCausalLM.from_pretrained(
    'decapoda-research/llama-7b-hf',
    load_in_8bit=True)
```

이상의 코드에서 보듯이 Transformers 라이브러리에서 양자화를 적용하는 것은 아주 간단하다. `load_in_8bit` 매개변수를 True로 설정하기만 하면 된다.

양자화는 메모리와 연산 능력이 제한된 기기에서 대형 모델을 사용할 때 유용한 기법이다. 하지만 모델의 정확도가 다소 떨어질 수 있다는 점을 유념해야 한다.

요약

이번 장에서는 제한된 컴퓨팅 능력으로 대형 모델을 실행할 때의 부담을 완화하는 여러 방법을 살펴봤다. 훈련된 모델을 증류, 가지치기, 양자화를 통해 더 효율적으로 만드는 방법을 논의했다. 이런 응용에서는 DistilBERT 같은 작은 범용 언어 모델을 사전 훈련해서 사용하는 것이 중요하다. 이렇게 경량화한 모델은 다양한 작업에 대해 미세조정함으로써 원본 모델에 준하는 성능을 얻을 수 있다.

또한 이번 장에서는 Linformer, BigBird, Performer 등 근사 기법을 이용해서 전체 자기주의 행렬을 희소 행렬로 대체한 효율적 희소 트랜스포머들을 소개하고, 벤치마킹을 통해서 이들의 계산 복잡도와 메모리 복잡도를 확인했다. 큰 성능 저하 없이 이차 복잡도를 선형 복잡도로 줄일 수 있음을 알 수 있었다.

데이터와 언어 모델의 덩치는 점점 커져만 간다. 하지만 좀 더 광범의한 응용을 위해서는 언어 모델이 더욱더 빠르게 작동해야 한다. 그런 면에서 효율적 트랜스포머가 대단히 중요하다.

다음 장에서는 다국어 문제를 다루는 방법을 살펴본다.

참고문헌

- Sanh, V., Debut, L., Chaumond, J., Wolf, T. (2019). *DistilBERT, a distilled version of BERT: smaller, faster, cheaper and lighter*. arXiv 출판 전 논문 arXiv:1910.01108.

- Choromanski, K., Likhosherstov, V., Dohan, D., Song, X., Gane, A., Sarlos, T., Weller, A. (2020).* Rethinking attention with performers*. arXiv 출판 전 논문 arXiv:2009.14794.

- Wang, S., Li, B., Khabsa, M., Fang, H., Ma, H. (2020). *Linformer: Self-attention with linear complexity*. arXiv 출판 전 논문 arXiv:2006.04768.

- Zaheer, M., Guruganesh, G., Dubey, A., Ainslie, J., Alberti, C., Ontanon, S., Pham, P., Ravula, A., Wang, Q., Yang, L., Ahmed, A. (2020). *Big bird: Transformers for longer sequences*. arXiv 출판 전 논문 arXiv:2007.14062.

- Tay, Y., Dehghani, M., Bahri, D., & Metzler, D. (2020). *Efficient transformers: A survey*. arXiv 출판 전 논문 arXiv:2009.06732.

- Tay, Y., Bahri, D., Metzler, D., Juan, D. C., Zhao, Z., Zheng, C. (2020). *Synthesizer: Rethinking self-attention in transformer models*. arXiv 출판 전 논문 arXiv:2005.00743.

- Kitaev, N., Kaiser, Ł., Levskaya, A. (2020). *Reformer: The efficient transformer*. arXiv 출판 전 논문 arXiv:2001.04451.

- Fournier, Q., Caron, G. M., Aloise, D. (2021). *A Practical Survey on Faster and Lighter Transformers*. arXiv 출판 전 논문 arXiv:2103.14636.

13

교차 언어 및 다국어 언어 모델링

이 책에서 우리는 인코더 전용 모델부터 디코더 전용 모델까지, 효율적인 트랜스포머에서 긴 맥락(long-context) 트랜스포머에 이르기까지 트랜스포머 기반 아키텍처에 관해 많은 것을 배웠다. 또한 샴 네트워크(Siamese network)에 기반한 의미론적 텍스트 표현에 대해서도 학습했다. 그런데 지금까지는 이 모델들을 단일 언어 문제의 관점에서만 다뤘다. 이 모델들이 단일 언어만 이해할 뿐, 텍스트를 일반적으로, 언어 독립적으로 이해하지는 못한다고 가정했던 것이다. 사실 이러한 모델 중 일부에는 다국어 버전이 있다. mBERT(multilingual BERT), mT5(multilingual T5), mBART(multilingual BART) 등이 그 예이다. 한편, 처음부터 다국어 작업을 목적으로 특별히 설계되고 교차 언어 관련 목적 함수로 훈련된 모델도 있다. XLM(cross-language model, 교차 언어 모델)이 그러한 예인데, 이번 장에서 자세히 살펴볼 것이다.

이번 장에서는 언어 간 지식 공유라는 개념을 소개한다. BPE(바이트 쌍 인코딩)의 토큰화 부분이 입력의 품질을 개선하는 데 어떤 영향을 미치는지도 다룬다. 또한, 교차 언어 자연어 추론(XNLI) 말뭉치를 사용한 교차 언어 문장 유사도를 상세히 설명한다. 교차 언어 분류 같은 작업과, 한 언어로 학습하고 다른 언어로 테스트하는 교차 언어 문장 표현의 활용도 논의한다. 관련해서 다국어 의도 분류 같은 실제 NLP 문제의 구체적인 예를 제시할 것이다.

대규모 다국어 번역 또한 이 장의 중요한 주제다. mBART와 M2M100 같은 다국어 모델은 다수의 언어로 번역 작업을 수행할 수 있다.

정리하자면, 이번 장에서 다루는 주제는 다음과 같다.

- 번역 언어 모델링과 교차 언어 지식 공유
- XLM과 mBERT
- 교차 언어 유사도 작업들
- 교차 언어 분류
- 교차 언어 제로샷 학습
- 대규모 다국어 번역

13.1 기술적 요구사항

이번 장의 모든 예제 코드는 원서 깃허브 저장소(https://github.com/PacktPublishing/Mastering-Transformers-Second-Edition)의 CH13 폴더에 있다. 이번 장의 실습 예제들은 파이썬 노트북(주피터 혹은 구글 코랩) 환경을 가정한다. 파이썬 버전은 3.6 이상이어야 한다. 또한, 다음 패키지들이 설치되어 있어야 한다.

- tensorflow
- pytorch
- transformers >=4.00
- datasets
- sentence-transformers
- umap-learn
- openpyxl

13.2 번역 언어 모델링과 교차 언어 지식 공유

지금까지 살펴본 트랜스포머 모델들은 기본적으로 빈칸 채우기(cloze) 방식으로 모델을 훈련하는 **마스크 언어 모델링**(Masked Language Modeling, **MLM**) 접근 방식을 따른다. 하지만 그 외에도 여러 모델링 방식이 있다. 신경망 기반 언어 모델링은 그 접근 방식과 실제 용도에 따라 크게 다음 세 범주로 나 뉜다.

- **마스크 언어 모델링**(MLM)
- **인과적 언어 모델링**(Causal Language Modeling, CLM)
- **번역 언어 모델링**(Translation Language Modeling, TLM)

또한, 다음 문장 예측(NSP)이나 문장 순서 예측(SOP) 같은 다른 사전 훈련 접근 방식도 있음을 기억하기 바란다. 하지만 여기서는 토큰 기반 언어 모델링들만 고려하겠다. 위에 나열한 세 가지 모델링은 문헌들에 흔히 등장하는 주요 접근 방식이다. 이전 장들에서 자세히 설명한 MLM은 외국어 공부에 흔히 쓰이는 빈칸 채우기 테스트와 개념적으로 흡사하다.

한편 CLM(인과적 언어 모델링)은 이전 토큰 뒤에 오는 다음 토큰을 예측하는 방식이다. 다음 예를 보자.[1]

```
<s> Transformers changed the natural language ...
```

이처럼 마지막 토큰이 마스킹된(...) 문장(맥락)이 입력되면 모델은 이전 토큰들에 기반해서 마스킹된 토큰을 예측한다. 모델이 **processing**을 추측하면, 그것이 맥락 문장에 추가되어 또다시 입력된다. 그러면 모델은 </s>를 예측해서 문장을 완성한다. 이러한 접근 방식으로 훈련이 잘되려면 첫 토큰을 마스킹하지 않아야 한다. 첫 토큰을 마스킹하면 모델은 문장의 시작을 뜻하는 <s> 토큰만으로 문장을 만들게 되는데, 그러면 아무 문장이나 만들어 낼 수 있다. 다음이 그러한 예이다.

```
<s> ...
```

이로부터 모델이 예측할 수 있는 토큰에는 아무런 제한이 없으므로 어떤 토큰이라도 출력될 수 있다. 훈련 성과를 개선하려면 다음과 같이 적어도 첫 토큰은 제시해야 한다.

```
<s> Transformers ...
```

---

1 (옮긴이) 직역하면 "트랜스포머들은 자연어 …를 바꾸었다"인데, 어순 때문에 CML이 아니라 MLM이 되어 버린다. CML을 위해서는 "트랜스포머들은 자연어 처리를 …"로 해야 하겠지만, '자연어'와 '처리를' 다음에 '바꾸었다'가 예측될 확률이 natural과 language 다음에 processing이 예측될 확률과 비슷할 것이라는 보장은 없다.

만일 모델이 changed를 예측한다면 맥락은 `<s> Transformers changed ...`이 된다. 이어서 the, natural 등을 예측한다면 우리가 원하는 결과가 나온다. 이러한 접근 방식은 n-그램이나 LSTM(장단기 기억) 접근 방식과 비슷하다. 확률 에 기반해서 왼쪽에서 오른쪽으로 토큰을 생성한다는 점에서 그렇다. 여기서 은 예측할 토큰이고, 나머지는 그 이전에 있는 토큰들이다. 모델은 이 확률이 가장 큰 토큰을 다음 토큰으로 예측한다.

그런데 MLM과 CLM은 단일 언어 모델의 목표로 쓰인다. 다국어 또는 교차 언어(cross-lingual) 모델은 어떤 식으로 훈련해야 할까? 그 답이 TLM(번역 언어 모델링)이다. TLM은 MLM과 아주 비슷하지만, 몇 가지 점이 다르다. TLM에서는 모델에 한 가지 언어의 문장이 아니라 서로 다른 두 언어의 문장을 특수한 토큰으로 구분한 문장 쌍이 제공된다. 문장들은 무작위로 일부 토큰이 마스킹되어 있다. 모델은 마스킹된 토큰을 예측해야 한다.

다음은 그러한 이중 언어 문장 쌍의 예이다(그림 13.1).

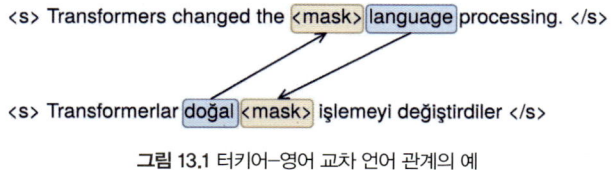

그림 13.1 터키어-영어 교차 언어 관계의 예

이처럼 마스킹된 두 문장이 주어지면 모델은 가려진 토큰을 예측해야 한다. 그림 13.1처럼 예측할 토큰이 상대방 언어의 문장에 있을 때도 있다(영어 문장의 `<mask>`에 대한 터키어 *doğal*과 터키어 문장의 `<mask>`에 대한 영어 *language*).

또 다른 예로, 그림 13.2는 같은 뜻의 터키어 문장과 페르시아어 문장 쌍이다. 그런데 둘째 문장의 *değiştirdiler*(그것들이 바꿨다) 토큰은 첫 문장의 여러 토큰에 주의를 기울일 수 있다(그중 하나는 마스킹된 토큰이다). 페르시아어 문장에서 마스킹된 단어는 تغییر(변화, 변경)이지만, 터키어 *değiştirdiler*의 뜻은 تغییر دادند(그것들이 바꿨다)이다.

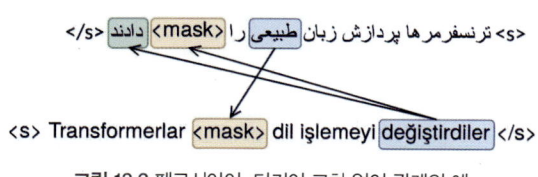

그림 13.2 페르시아어-터키어 교차 언어 관계의 예

이처럼 모델은 서로 다른 언어의 의미 간 대응 관계를 배울 수 있다. 기계번역을 위해서는 TLM이 언어들 사이의 복잡한 대응 관계를 배워야 한다. 기계번역은 단순한 토큰 대 토큰(단어 대 단어) 매핑 이상의 것이기 때문이다.

13.3 XLM과 mBERT

이번 절에서는 mBERT와 XLM을 설명한다. 이 두 모델을 선택한 이유는, 이들이 다국어 모델의 대표적인 예이기 때문이다. mBERT는 다양한 언어의 말뭉치를 이용해서 MLM 방식으로 훈련한 다국어 모델이다. 이 모델은 다수의 언어 각각에 대해 별도로 작동할 수 있다. 반면에 XLM은 다양한 말뭉치를 이용해서 MLM뿐만 아니라 CLM과 TLM으로도 훈련된 것으로, 다국어 작업(multilingual task)을 수행할 수 있다. 예를 들어 서로 다른 두 언어의 문장을 공통 벡터 공간에 사상(매핑)해서 유사도를 측정하는 것이 가능하다. 이는 mBERT로는 불가능한 작업이다.

13.3.1 mBERT 모델

3장에서 BERT 오토인코더 모델을 소개하고, 특정한 언어 하나의 말뭉치에 대해 MLM을 이용해서 BERT 모델을 훈련하는 방법을 설명했다. 그런데 한 가지 언어가 아니라 무려 104가지 언어의 거대한 말뭉치가 있다면 어떨까? 그런 말뭉치로 BERT를 훈련한다면 BERT의 다국어 버전이 만들어질 것이다. 하지만 그렇게 다양한 언어로 학습하면 모델 크기도 증가한다. BERT의 아키텍처상 그럴 수밖에 없다. 언어가 많으면 어휘(알려진 단어의 집합)가 커지고, 그에 따라 임베딩 층도 커진다.

단일 언어로 사전 훈련된 BERT와는 달리 이 새로운 다국어 버전은 하나의 모델로 다수의 언어를 처리할 수 있다. 이런 단순한 모델링의 단점은 언어 간 매핑이 불가능하다는 것이다. 즉, 모델은 사전 훈련 단계에서 서로 다른 언어의 토큰 사이의 의미적 매핑에 대해 아무것도 배우지 않는다. 이 모델이 교차 언어 매핑과 다국어 이해 능력을 갖추려면 교차 언어 지도 학습(이를테면 XNLI 데이터셋을 이용한)으로 추가 훈련을 진행할 필요가 있다.

BERT의 다국어 버전인 mBERT를 사용하는 것은 이전 장에서 사용한 모델들만큼 쉽다. 여기서는 허깅 페이스에 호스팅된 `bert-base-multilingual-uncased` 모델(https://huggingface.co/bert-base-multilingual-uncased 참고)을 사용해 보겠다. 다음은 이 모델로 간단한 빈칸 채우기 작업을 수행하는 코드다.

```python
from transformers import pipeline
unmasker = pipeline('fill-mask', model='bert-base-
    multilingual-uncased')
sentences = [
    "Transformers changed the [MASK] language processing",
    "Transformerlar [MASK] dil işlemeyi değiştirdiler",
    "트랜스포머는 [MASK] 처리를 바꾸었다."
]
for sentence in sentences:
    print(sentence)
    print(unmasker(sentence)[0]["sequence"])
    print("="*50)
```
이 코드를 실행하면 다음과 같은 결과가 출력될 것이다.
```
Transformers changed the [MASK] language processing
transformers changed the english language processing
==================================================
Transformerlar [MASK] dil işlemeyi değiştirdiler
transformerlar bu dil islemeyi degistirdiler
==================================================
트랜스포머는 [MASK] 처리를 바꾸었다.
트랜스포머는 새로운 처리를 바꾸었다.
==================================================
```

빈칸에 우리가 기대했던 정확한 단어가 채워지지는 않았지만 다양한 언어에 대해 빈칸 채우기를 수행할 수 있다는 점은 분명하다.

13.3.2 XLM

XLM 접근 방식에 쓰이는 것과 같은 언어 모델의 교차 언어 사전 훈련(cross-lingual pretraining)은 세 가지 사전 훈련 목표를 기반으로 한다. 구체적으로, XLM 모델의 사전 훈련에는 MLM, CLM, TLM 이 순서대로 적용된다. 이런 순서로 사전 훈련을 수행할 때는 관련된 모든 언어의 토큰들을 하나의 BPE 토크나이저로 공유한다. 토큰들을 공유하는 이유는 유사한 토큰이나 하위 단어를 가진 언어들의 경우 토큰 수가 줄어들기 때문이기도 하지만, 공유된 토큰들이 사전 훈련 과정에서 공유된 의미를 제공할 수 있기 때문이다. 예를 들어 일부 토큰은 다수의 언어에서 기표(표현)와 기의(뜻)이 놀라울 정도로 유사하다. 훈련 과정에서 그런 토큰들이 BPE 토크나이저를 통해 공유된다. 한편, 둘 이상의 언어에서 철자는 같지만 의미는 다른 토큰도 있다. 예를 들어 'was'는 독일어에도 있고 영어에도 있지만 뜻이 다르다[2]. 다행히 자기주의 메커니즘(self-attention mechanism)은 주변 맥락에 근거해서 'was'의 의미를 명확히 구분할 수 있다.

이 교차 언어 모델링의 또 다른 주요 개선점은 모델을 CLM으로도 훈련한다는 것이다. 덕분에 문장 예측이나 문장 완성이 필요한 모델의 추론 능력이 향상된다. 즉, 이런 식으로 훈련한 모델은 언어에 대한 이해력을 갖추고 있어서 문장을 완성하고, 누락된 토큰을 예측할 수 있으며, 누락된 토큰을 다른 언어의 말뭉치를 근거해서 예측할 수도 있다.

그림 13.3은 교차 언어 모델링의 전체 구조를 도식화한 것이다. 좀 더 자세한 내용은 https://arxiv.org/pdf/1901.07291.pdf에서 확인할 수 있다.

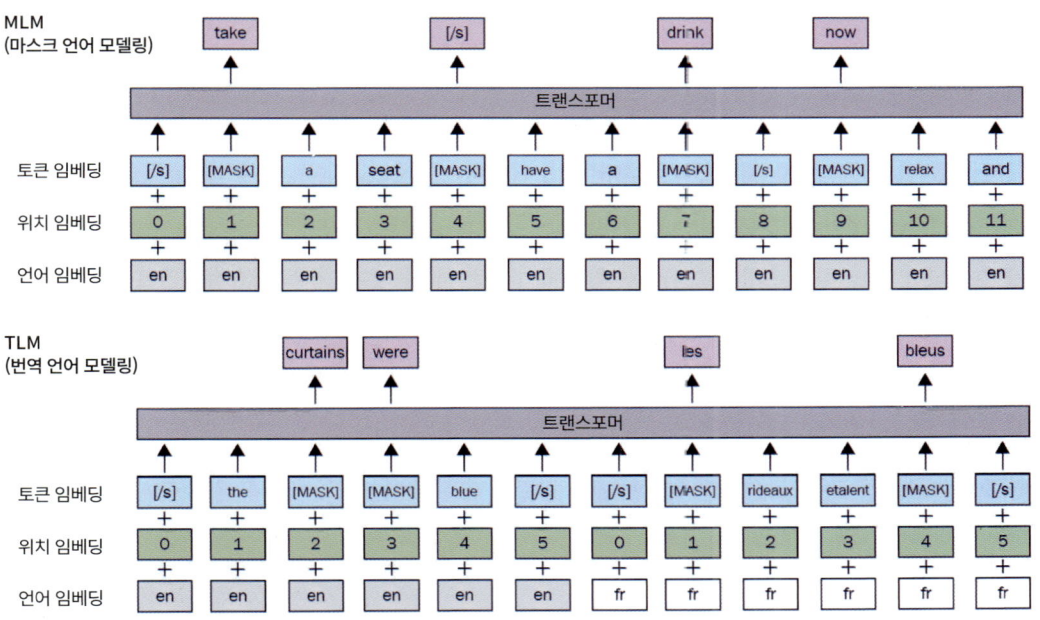

그림 13.3 교차 언어 모델링을 위한 MLM 및 TLM 사전 훈련

XLM 모델의 새로운 버전인 XLM-R 모델도 나왔다. XLM과는 훈련 방식과 말뭉치가 조금 다르다. XLM-R은 더 많은 언어와 훨씬 더 큰 말뭉치로 훈련되었다. XCommonCrawl 말뭉치와 Wikipedia

---

2   (옮긴이) 참고로 독일어의 'was'는 영어의 what에 해당하는 의문사다.

말뭉치를 합친 데이터셋을 이용해서 MLM 방식으로 훈련한 후, XNLI 데이터셋을 이용해서 TLM 방식으로 훈련했다고 한다. 그림 13.4는 XLM-R 사전 훈련에 사용된 데이터의 양을 보여준다.

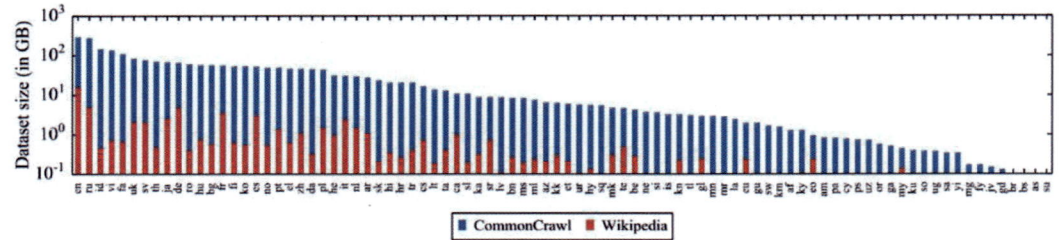

그림 13.4 XLM-R에 쓰인 데이터의 양. 기가바이트 단위의 수치를 로그 축척으로 표시한 것이다.

학습 데이터에 새로운 언어를 추가하는 것에는 장점도 있고 단점도 있다. 예를 들어, 새로운 언어를 추가해도 모델의 전반적인 자연어 추론(NLI) 능력이 반드시 향상되는 것은 아니다. XNLI 데이터셋은 일반적으로 다국어 및 교차 언어 NLI에 쓰인다. 이전 장에서 영어를 위한 MNLI(Multi-Genre NLI) 데이터셋을 살펴봤는데, XNLI 데이터셋은 그것과 거의 같지만 언어가 더 다양하고, 서로 다른 언어의 문장 쌍들도 포함되어 있다. 하지만 교차 언어 NLI 작업에 대해서만 모델을 훈련하는 것으로는 충분하지 않다. XNLI 데이터셋에는 TLM 사전 훈련을 위한 데이터가 없다. TLM 사전 훈련을 위해서는 OPUS(Open Source Parallel Corpus) 같은 좀 더 광범위한 데이터셋이 필요하다. OPUS 데이터셋은 다양한 언어의 영화 자막이나 소프트웨어 국제화 데이터(우분투 등 여러 소프트웨어 프로젝트가 제공한) 등 정렬(alignment)되고 정제(cleaning)된 번역 문장 쌍들을 포함한다.

그림 13.5는 OPUS(https://opus.nlpl.eu/trac/) 공식 웹사이트에서 영어-한국어 번역과 관련한 데이터셋을 검색한 결과다. 각 데이터셋에 대해 다양한 형식의 다운로드 링크를 제공하며, 언어별 문장 개수와 토큰 개수 등도 확인할 수 있다.

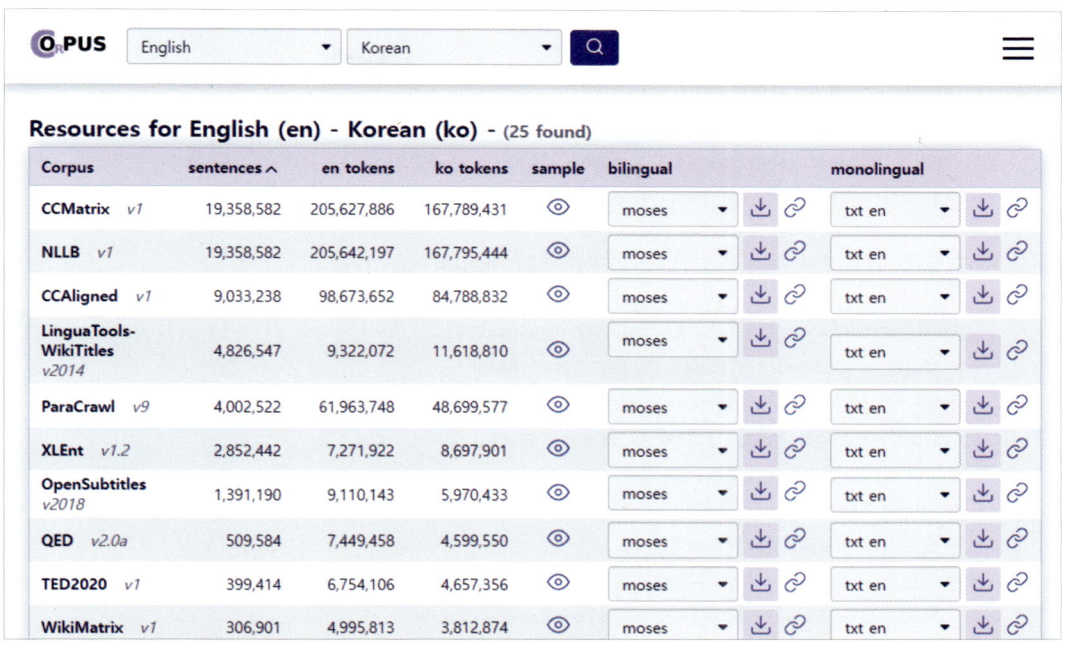

그림 13.5 OPUS 데이터셋 정보

그림 교차 언어 모델을 실제로 사용해 보자. 이전 실습 예제 코드를 조금만 변경해서 XLM-R 모델로 빈칸 채우기를 수행해 보겠다.

1. 먼저, 새로운 모델 이름으로 파이프라인을 만든다.

   ```
   unmasker = pipeline('fill-mask', model='xlm-roberta-base')
   ```

2. 빈칸을 채울 문장들을 설정한다. XLM-R에서는 마스킹된 토큰을 [MASK]가 아니라 <mask>로 표현해야 함을 주의하자. 참고로 모델별 마스킹 토큰은 tokenizer.mask_token으로 알아낼 수 있다.

   ```
   sentences = [
   "Transformers changed the <mask> language processing",
   "Transformerlar <mask> dil işlemeyi değiştirdiler",
   "트랜스포머는 <mask> 처리를 바꾸었다.",
   ]
   ```

3. 이전과 동일한 코드로 빈칸 채우기를 수행한다.

```
for sentence in sentences:
    print(sentence)
    print(unmasker(sentence)[0]["sequence"])
    print("="*50)
```

이 코드를 수행하면 다음과 같은 결과가 출력될 것이다.

```
Transformers changed the <mask> language processing
Transformers changed the human language processing
==================================================
Transformerlar <mask> dil işlemeyi değiştirdiler
Transformerlar, dil işlemeyi değiştirdiler
==================================================
트랜스포머는 <mask> 처리를 바꾸었다.
트랜스포머는 이런 처리를 바꾸었다.
==================================================
```

하지만 여전히 우리가 원했던 결과는 아니다. 한국어 문장에서는 **자연어**가 아니라 **이런**이라고 채웠고 영어 문장에서는 **natural**이 아니라 **human**이라고 채웠다. 터키어 버전에서는 그냥 **,(쉼표)**만 추가했다. 셋 다 비문은 아니지만, 우리가 기대한 것과는 다르다.

4. 접근을 달리해서, 두 문장을 연결해 하나의 문장으로 만들고 추가 힌트를 제공해서 추론을 수행해 보자. TLM으로 훈련된 교차 언어 모델이므로 이렇게 하면 더 나은 결과가 나올 것이다[3].

```
print(unmasker("Transformers changed the natural language processing. \
</s> Transformerlar <mask> dil işlemeyi değiştirdiler.")[0]["sequence"])
```

출력은 다음과 같다.

```
Transformers changed the natural language processing. Transformerlar doğal dil işlemeyi değiştirdiler.
```

이번에는 모델이 올바른 선택을 했다.

5. 다른 문장도 시험해 보자.

---

[3] 한국어 예문을 사용하고 싶었지만, XLM-R은 **트랜스포머는 언어 처리를 바꾸었다.** 라는 다소 아쉬운 결과를 출력했기 때문에 원서의 터키어 예문을 그대로 제시한다.

```
print(unmasker(
    "Earth is a great place to live in. </s> 지구는 살기 <mask> 곳이다.")[0]["sequence"])
```

출력은 다음과 같다.

```
Earth is a great place to live in. 지구는 살기 좋은 곳이다.
```

만족스러운 결과다! 지금까지 mBERT나 XLM 같은 다국어 및 교차 언어 모델을 살펴봤다. 다음 절에서는 이런 모델을 다국어 텍스트 유사성 작업에 사용하는 방법을 논의한다. 또한 다국어 표절 감지와 같은 몇 가지 사용 사례도 살펴볼 것이다.

13.4 교차 언어 유사성 작업

교차 언어 모델은 여러 언어의 텍스트를 하나의 통일된 형식으로 표현할 수 있다. 언어가 다른 문장들이라도, 의미가 비슷하면 벡터 공간에 비슷한 벡터들에 대응된다. 이전 절에서 살펴본 XLM-R은 이 범주에서 성공적인 모델 중 하나이다. 그럼 교차 언어 모델이 가진 이러한 특성의 몇 가지 응용 사례를 살펴보자.

13.4.1 교차 언어 텍스트 유사성

XNLI 데이터셋으로 사전 훈련된 교차 언어 모델을 이용하면 서로 다른 언어의 유사한 문장들을 찾아낼 수 있다. 이는 표절 탐지 시스템에 적용할 수 있는 유용한 기술이다. 구체적으로, 여기서는 XLM-R 모델이 주어진 아제르바이잔어 문장과 비슷한 영어 문장을 찾아내는지 시험해 보겠다. XLM-R 모델이 사실상 같은 내용의 문장 쌍을 찾아내면 성공이다.

1. 먼저, 이 작업을 위한 모델을 불러온다.

   ```
   from sentence_transformers import SentenceTransformer, util
   model = SentenceTransformer("stsb-xlm-r-multilingual")
   ```

2. 다음으로 아제르바이잔어 문장 목록과 영어 문장 목록을 준비한다. 같은 뜻의 문장들을 같은 순서로 나열한 것이다.

   ```
   azeri_sentences = ['Pişik çöldə oturur',
       'Bir adam gitara çalır',
   ```

```
    'Mən makaron sevirəm',
    'Yeni film möhtəşəmdir',
    'Pişik bağda oynayır',
    'Bir qadın televizora baxır',
    'Yeni film çox möhtəşəmdir',
    'Pizzanı sevirsən?']
english_sentences = ['The cat sits outside',
    'A man is playing guitar',
    'I love pasta',
    'The new movie is awesome',
    'The cat plays in the garden',
    'A woman watches TV',
    'The new movie is so great',
    'Do you like pizza?']
```

3. 이제 XLM-R 모델을 이용해서 이 문장들을 벡터 공간에 표현해야 한다. 각 문장 목록에 대해 모델의 encode 함수를 호출하기만 하면 된다.

```
azeri_representation = model.encode(azeri_sentences)
english_representation = model.encode(english_sentences)
```

4. 마지막으로, 아제르바이잔어 문장들을 훑으면서 비슷한 의미의 영어 문장을 검색한다.

```
results = []
for azeri_sentence, query in zip(azeri_sentences,
    azeri_representation):
    id_, score = util.semantic_search(
        query,english_representation)[0][0].values()
    results.append({
        "azeri": azeri_sentence,
        "english": english_sentences[id_],
        "score": round(score, 4)
    })
```

5. 판다스 데이터프레임을 이용해서 결과를 보기 쉽게 표시해 보자.

```
import pandas as pd
pd.DataFrame(results)
```

다음은 이 코드의 출력이다(그림 13.6). 찾아낸 문장 쌍과 부합 점수를 확인할 수 있다.

	azeri	english	score
0	Pişik çöldə oturur	The cat sits outside	0.5969
1	Bir adam gitara çalır	A man is playing guitar	0.9939
2	Mən makaron sevirəm	I love pasta	0.6878
3	Yeni film möhtəşəmdir	The new movie is so great	0.9757
4	Pişik bağda oynayır	A man is playing guitar	0.2695
5	Bir qadın televizora baxır	A woman watches TV	0.9946
6	Yeni film çox möhtəşəmdir	The new movie is so great	0.9797
7	Pizzanı sevirsən?	Do you like pizza?	0.9894

그림 13.6 표절 탐지 결과 (XLM-R)

점수가 가장 높은 문장이 원래 문장을 번역 또는 표절한 것이라고 간주한다면, 모델은 한 경우(4번 행)에서 실수를 범했다[4]. 이런 실수를 걸러내려면 어떤 임곗값을 설정해서 점수가 그 임곗값 이상인 결과만 채택하는 방식이 효과적일 것이다. 이후 절들에 좀 더 본격적인 방식으로 실험을 수행하는 실습 예제가 나온다.

한편, 대안적인 이중 인코더(bi-encoder) 접근 방식도 있다. 이 접근 방식에서는 두 문장의 쌍을 인코딩한 결과를 분류하는 식으로 모델을 훈련한다. 이 경우에는 LaBSE(language-agnostic BERT sentence embedding; 언어 독립적 BERT 문장 임베딩)가 좋은 선택이 될 수 있다. sentence-transformers 라이브러리와 텐서플로 허브도 LaBSE를 지원한다. LaBSE는 Sentence-BERT와 유사한 트랜스포머 기반의 듀얼^{dual}(쌍대) 인코더로, 동일한 매개변수를 가진 두 인코더를 두 문장의 쌍대 유사성에 기반한 손실 함수와 결합한다.

그럼 LaBSE를 실험해 보자. 이전 실습 예제의 단계 1에서 모델 이름만 바꾸면 된다. 나머지 코드는 완전히 동일하다.

```
model = SentenceTransformer("LaBSE")
```

결과는 다음과 같다(그림 13.7).

---

4 (옮긴이) 4번 행의 아제르바이잔어 문장은 "고양이가 정원에서 놀고 있다"라는 뜻이고, 영어 문장은 "남자가 기타를 연주한다"라는 뜻이다.

	azeri	english	score
0	Pişik çöldə oturur	The cat sits outside	0.8686
1	Bir adam gitara çalır	A man is playing guitar	0.9143
2	Mən makaron sevirəm	I love pasta	0.8888
3	Yeni film möhtəşəmdir	The new movie is awesome	0.9396
4	Pişik bağda oynayır	The cat plays in the garden	0.8957
5	Bir qadın televizora baxır	A woman watches TV	0.9359
6	Yeni film çox möhtəşəmdir	The new movie is so great	0.9258
7	Pizzanı sevirsən?	Do you like pizza?	0.9366

그림 13.7 표절 탐지 결과 (LaBSE)

LaBSE가 이전보다 나은 결과를 냈다. 이번에는 4번 행도 정확히 매핑했다. LaBSE 개발자들은 이 모델이 뜻이 조금만 다른 문장 쌍을 찾는 데는 그리 좋지 않지만, 원문과 번역문을 찾는 데는 매우 효과적이라고 주장한다. 따라서 다른 언어의 텍스트를 무단 번역으로 표절해서 지적 재산을 도용하는 사례를 찾는 데 매우 유용한 도구가 될 수 있다. 하지만 결과에 영향을 미치는 다른 요인들도 많다. 예를 들어, 각 언어에 대한 사전 훈련 모델의 자원 크기와 언어 쌍의 특성도 중요하다. 합리적인 비교를 위해서는 좀 더 많은 요인을 고려한 포괄적인 실험이 필요할 것이다.

13.4.2 언어 간 텍스트 유사성의 시각화

이번에는 두 문장의 텍스트 유사도를 측정해서 시각화해 보겠다. 한 문장은 원문이고 다른 문장은 그 문장의 번역문이다. 이런 원문-번역문 쌍으로 이루어진 공개 말뭉치로 Tatoeba 말뭉치가 있다. 이것은 XTREME 벤치마크의 일부다. XTREME 커뮤니티는 다수의 참가자로부터 고품질의 번역 예문들을 기여받아서 좋은 문장 번역 말뭉치를 구축하는 데 힘쓰고 있다. 그림 데이터셋에서 러시아어 문장들과 영어 문장들을 추출해서 텍스트 유사도를 측정하고 시각화해 보자.

1. 먼저 필요한 라이브러리들을 설치한다.

```
!pip install sentence_transformers datasets transformers umap-learn
```

2. 이제 원문이 러시아어이고 번역문이 영어인 문장 쌍들을 불러온다.

```
from datasets import load_dataset
import pandas as pd
data=load_dataset("xtreme","tatoeba.rus",
    split="validation")
```

```
pd.DataFrame(data)[["source_sentence","target_sentence"]]
```

출력은 다음과 같다(그림 13.8).

	source_sentence	target_sentence
0	Я знаю много людей, у которых нет прав.\n	I know a lot of people who don't have driver's...
1	У меня много знакомых, которые не умеют играть...	I know a lot of people who don't know how to p...
2	Мой начальник отпустил меня сегодня пораньше.\n	My boss let me leave early today.\n
3	Я загорел на пляже.\n	I tanned myself on the beach.\n
4	Вы сегодня проверяли почту?\n	Have you checked your email today?\n
...	...	...
995	Что сказал врач?\n	What did the doctor say?\n
996	Я рад, что ты сегодня здесь.\n	I'm glad you're here today.\n
997	Фермеры пригнали в деревню пять волов, девять ...	The farmers had brought five oxen and nine cow...
998	Жужжание пчёл заставляет меня немного нервнича...	The buzzing of the bees makes me a little nerv...
999	С каждым годом они становились всё беднее.\n	From year to year they were growing poorer.\n

1000 rows × 2 columns

그림 13.8 러시아어—영어 문장 쌍

3. 시각화를 위해 처음 K=30개의 문장 쌍을 선택한다. 나중에 전처 문장 쌍에 대한 실험도 진행할 것이다. 선택한 문장 쌍들을 이전 예제에서도 사용한 SentenceTransformer를 이용해서 인코딩한다.

```
from sentence_transformers import SentenceTransformer
model = SentenceTransformer("stsb-xlm-r-multilingual")
K=30
q=data["source_sentence"][:K] + data["target_sentence"][:K]
emb=model.encode(q)
len(emb), len(emb[0])
```

```
(60, 768)
```

4. 이제 길이(차원)가 768인 벡터 60개가 생겼다. 이 벡터들을 §7.6에서 소개한 UMAP을 이용해 2차원으로 축소해서 2차원 그래프를 그린다. 번역 관계인 문장들이 같은 색상과 식별 번호로 표시되게 한다. 또한 번역 관계를 좀 더 명확히 알 수 있도록 두 문장을 점선으로도 연결한다.

```
import matplotlib.pyplot as plt
import numpy as np
import umap
```

```python
import pylab
X= umap.UMAP(n_components=2, random_state=42).fit_transform(emb)
    idx= np.arange(len(emb))
fig, ax = plt.subplots(figsize=(12, 12))
ax.set_facecolor('whitesmoke')
cm = pylab.get_cmap("prism")
colors = list(cm(1.0*i/K) for i in range(K))
for i in idx:
    if i<K:
        ax.annotate("RUS-"+str(i), # text
            (X[i,0], X[i,1]), # coordinates
            c=colors[i]) # color
        ax.plot((X[i,0],X[i+K,0]),(X[i,1],X[i+K,1]),"k:")
    else:
        ax.annotate("EN-"+str(i%K),
            (X[i,0], X[i,1]),
            c=colors[i%K])
```

이 코드의 출력은 다음과 같다(그림 13.9).

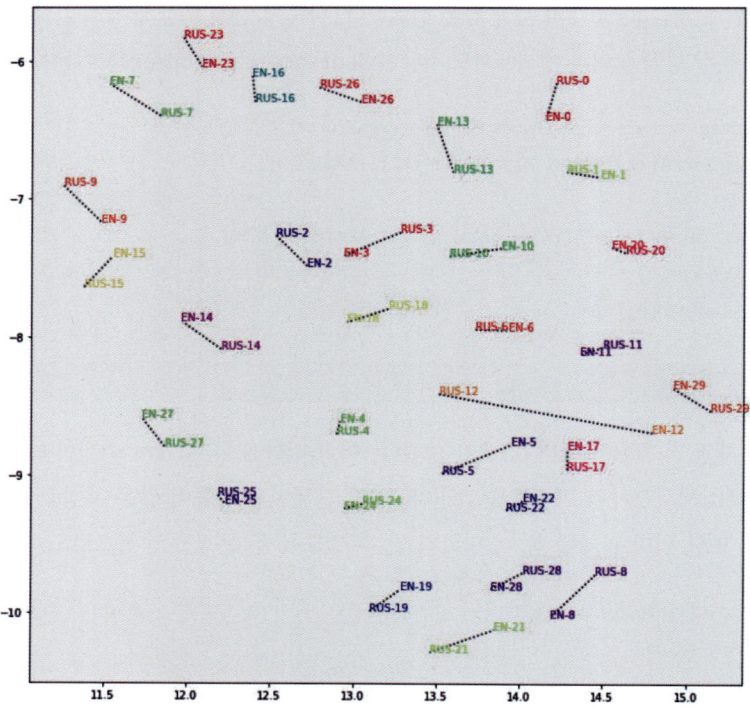

그림 13.9 러시아어-영어 문장 유사도를 시각화한 그래프

예상대로 대부분의 문장 쌍은 서로 가까이 있다. 하지만 어쩔 수 없이 예외도 있는데, 12번 쌍은 다소 멀다.

5. 좀 더 포괄적인 분석을 위해, 이번에는 데이터셋 전체를 측정해서 시각화해 보자. 다음과 같이 모든 원문과 번역문을 인코딩한다(총 1,000쌍).

```
source_emb=model.encode(data["source_sentence"])
target_emb=model.encode(data["target_sentence"])
```

6. 다음으로, 모든 쌍에 대해 두 문장의 코사인 유사도를 계산해서 sims 목록에 저장하고 히스토그램을 그린다.

```
from scipy import spatial
sims=[ 1 - spatial.distance.cosine(s,t) \
    for s,t in zip(source_emb, target_emb)]
plt.hist(sims, bins=100, range=(0.8,1))
plt.show()
```

출력은 다음과 같다(그림 13.10).

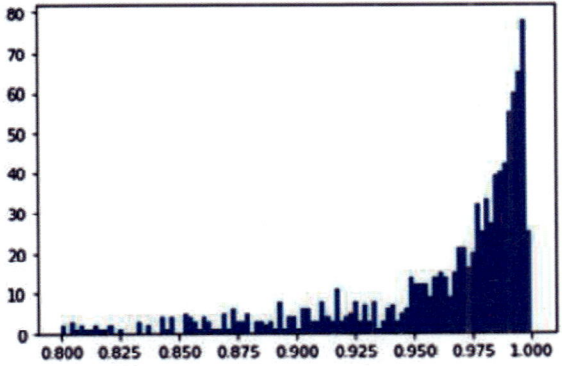

그림 13.10 러시아어-영어 문장 쌍의 유사도 히스토그램

7. 보다시피 점수들이 1에 매우 가깝다. 이는 우수한 교차 언어 모델에서 기대할 수 있는 결과다. 모든 유사도 측정값의 평균과 표준편차도 확인해 보자. 이 둘도 교차 언어 모델의 성능을 가늠할 수 있는 지표다.

```
>>> np.mean(sims), np.std(sims)
(0.946, 0.082)
```

8. 이상의 코드를 러시아어 이외의 언어에도 실행할 수 있다. 표 13.1은 프랑스어와 한국어, 타밀어 등 여섯 언어의 문장 쌍 유사도를 측정하고 분석한 결과다. 이 교차 언어 모델(`stsb-xlm-r-multilingual`)이 여러 언어에 대해 잘 작동하긴 하지만, 아프리칸스어나 타밀어 같은 일부 언어에서는 실패한다는 점을 알 수 있다.

표 13.1 다른 여러 언어에 대한 교차 언어 모델의 성능

언어	코드	평균	표준편차
프랑스어	fra	0.94	0.087
아프리칸스어	afr	0.79	0.18
아랍어	ara	0.94	0.08
한국어	kor	0.92	0.11
타밀어	tam	0.77	0.19

이상으로 교차 언어 모델을 이용해서 서로 다른 언어 간의 유사성을 측정해 봤다. 다음 절은 교차 언어 모델을 지도 학습 방식으로 활용해 본다.

13.5 교차 언어 분류

지금까지 교차 언어 모델이 의미론적 벡터 공간에서 서로 다른 언어를 이해할 수 있음을 배웠다. 이 공간에서 뜻이 비슷한 문장들은 언어가 다르다고 해도 서로 가까운(벡터 거리를 기준으로) 위치에 놓인다. 그런데 사용 가능한 표본(sample)이 그리 크지 않은 상황에서도 모델의 이런 능력을 활용하려면 어떻게 해야 할까?

예를 들어, 챗봇에 의도 분류(intent classification) 기능을 추가하려고 하는데 첫 언어(이를테면 영어)에 대해서는 표본이 충분하지만 둘째 언어의 표본은 거의 또는 전혀 없는 상황을 생각해 보자. 그런 경우 교차 언어 모델 자체는 동결(고정)하고 해당 작업을 위한 분류기(classifier)만 훈련하는 것이 하나의 해결책이다. 그렇게 훈련한 분류기를 훈련에 사용한 언어 대신 둘째 언어에 대해 테스트할 수 있다.

이번 절에서는 텍스트 분류를 위해 교차 언어 모델을 영어로 훈련한 후 다른 언어로 테스트하는 방법을 살펴본다. 둘째 언어로는 크메르어를 사용하기로 한다. 크메르어는 캄보디아, 태국, 베트남 등에서 약 1,600만 명이 사용하는 언어지만, 인터넷 자원이 거의 없어서 모델 훈련에 사용할 만한 좋은 데이터셋

을 찾기 어렵다. 반면에 영어 데이터셋은 아주 흔하다. 여기서는 감성 분석에 적합한 IMDb 데이터셋(인터넷 영화 데이터베이스) 영화평 감성 데이터셋을 사용하기로 한다. 이 데이터셋을 이용해서 따로 훈련되지 않은 언어에 대해 교차 언어 모델이 어떤 성능을 보이는지 알아볼 것이다.

그림 13.11은 스팸 문자 검출 작업과 관련한 것이지만, 우리가 시험하고자 하는 교차 언어 분류 작업의 흐름을 잘 보여준다. 먼저 모델을 왼쪽의 훈련 데이터셋으로 훈련한 후, 그 오른쪽의 테스트 집합으로 테스트한다. 이 흐름에서 기계번역과 문장 인코더 매핑이 중요한 역할을 함을 유념하기 바란다.

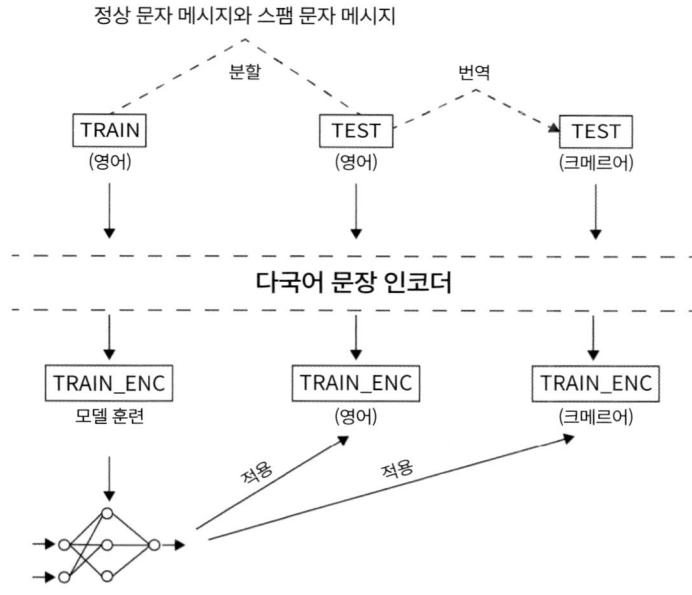

그림 13.11 교차 언어 분류의 흐름

다음은 교차 언어 분류를 위해 모델을 훈련하고 테스트하는 과정이다.

1. 먼저 IMDb 데이터셋을 불러온다.

   ```
   from datasets import load_dataset
   sms_spam = load_dataset("imdb")
   ```

2. 무작위한 표본을 얻기 위해 데이터셋을 뒤섞는다.

   ```
   imdb = imdb.shuffle()
   ```

3. 다음으로, 테스트를 위한 크메르어 데이터셋을 마련해야 한다. 여기서는 IMDb 데이터셋의 영어 문장을 구글 번역 같은 번역 서비스를 이용해서 크메르어로 번역하는 방법을 사용하겠다. 먼저 IMDb 데이터셋에서 일부 영어 문장을 추출해서 마이크로소프트 엑셀 형식의 파일로 저장한다[5].

```
imdb_x = [x for x in imdb['train'][:1000]['text']]
labels = [x for x in imdb['train'][:1000]['label']]
import pandas as pd
pd.DataFrame(imdb_x,
    columns=["text"]).to_excel(
    "imdb.xlsx",
    index=None)
```

4. 이 파일을 구글 번역(https://translate.google.com/?sl=en&tl=km&op=docs)에 업로드해서 크메르어로 번역하기 바란다(그림 13.12 참고).

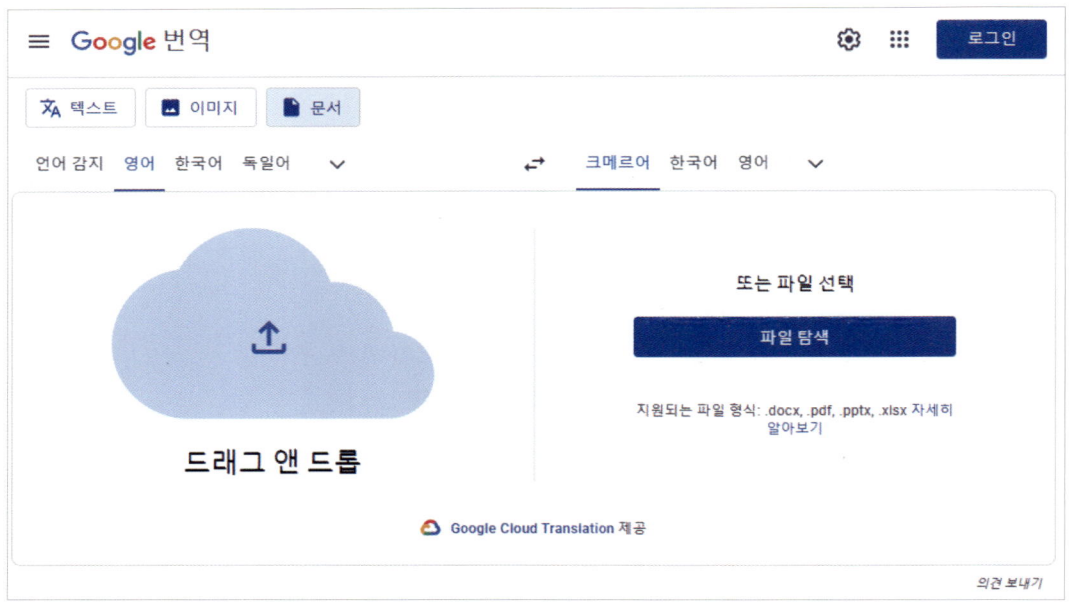

그림 13.12 Google 문서 번역기

5. 엑셀 파일을 업로드하면 크메르어로 번역된 버전을 얻을 수 있다. 번역된 크메르어 문장들을 복사해서 엑셀 스프레드시트에 붙여 넣은 후 KHMER.xlsx라는 이름으로 저장한다. 스프레드시트의

---

5 (옮긴이) 판다스의 버전에 따라 pip install openpyxl로 openpyxl 라이브러리를 설치해야 할 수도 있다.

각 행에 하나의 리뷰가 들어가게 만들면 된다. 크메르어 데이터셋이 잘 만들어졌는지 판다스를 이용해서 확인해 보자.

```
pd.read_excel("KHMER.xlsx")
```

다음과 같은 결과가 나타날 것이다.

	text
0	ទៅរហូតដល់ចំណុចចុងផុងឆ្កួត .. អាចប្រើបានតែនៅប៊ិហ...
1	អូកឡូ ... ចូជី wif u oni ...
2	ផ្ញើសារដោយឥតគិតថ្លៃក្នុងលេខ ២ ដោយឥតគិតថ្លៃដើម្...
3	U dun និយាយអញ្ចឹងមុនគេ ... U c និយាយរួចទៅហើយ ...។
4	ទេខ្ញុំមិនគិតថាគាត់ទៅរកយើងទេគាត់រស់នៅទីនេះ
...	...
5569	នេះជាលើកទី ២ ហើយដែលយើងបានព្យាយាមទំនាក់ទំនង ២ ។...
5570	តើប៉ខនឹងទៅផ្ទះ: esplanade fr?
5571	គួរឱ្យអាណិត,* គឺនៅក្នុងអារម្មណ៍សម្រាប់រឿងនោះ។...
5572	បុរសម្នាក់នេះបានធ្វើឱ្យខែចង់ខ្លះប៉ុន្តែខ្ញុំធុ...
5573	Rofl ។ វាជាឈ្មោះពិត

5574 rows × 1 columns

그림 13.13 크메르어로 된 IMDb 데이터셋

6. 훈련에 필요한 것은 텍스트뿐이므로 다음과 같이 텍스트만 추출한다.

```
imdb_khmer = list(pd.read_excel("KHMER.xlsx").text)
```

7. 이제 두 언어의 텍스트와 레이블이 갖추어졌다. 준비된 데이터셋을 다음과 같이 훈련, 테스트, 검증용으로 분할한다.

```
from sklearn.model_selection import train_test_split
train_x, test_x, train_y, test_y, khmer_train, khmer_test = \
    train_test_split(imdb_x, labels, imdb_khmer,
        test_size = 0.2, random_state = 1)
```

8. 다음으로 할 일은 XLM-R 교차 언어 모델을 사용해서 이 문장들의 표현을 생성하는 것이다. 먼저 다음과 같이 `stsb-xlm-r-multilingual` 모델을 불러온다.

```python
from sentence_transformers import SentenceTransformer
model = SentenceTransformer("stsb-xlm-r-multilingual")
```

9. 이제 데이터셋을 인코딩해서 표현을 얻는다.

```python
encoded_train = model.encode(train_x)
encoded_test = model.encode(test_x)
encoded_khmer_test = model.encode(khmer_test)
```

10. 잠시 후 텐서플로와 케라스를 이용해서 모델을 훈련할 것이다. 그런데 케라스 모델의 `fit`은 NumPy 배열만 지원한다. 따라서 레이블들을 NumPy 배열 형식으로 변환할 필요가 있다. 방법은 다음과 같다.

```python
import numpy as np
train_y = np.array(train_y)
test_y = np.array(test_y)
```

11. 표현들을 분류하기 위한 아주 간단한 모델 하나만 만들면 모든 준비가 끝난다.

```python
import tensorflow as tf
input_ = tf.keras.layers.Input((768,))
classification = tf.keras.layers.Dense(
    1, activation="sigmoid")(input_)
classification_model = \
    tf.keras.Model(input_, classification)
classification_model.compile(
    loss=tf.keras.losses.BinaryCrossentropy(),
    optimizer="Adam",
    metrics=["accuracy", "Precision", "Recall"])
```

12. 이제 `fit()` 함수를 호출해서 모델을 훈련한다.

```python
classification_model.fit(
    x = encoded_train,
    y = train_y,
    validation_data=(encoded_test, test_y),
    epochs = 10)
```

그림 13.14는 훈련을 20에포크만큼 진행한 결과다.

```
Epoch 1/20
25/25 [==============================] - 4s 15ms/step - loss: 0.6512 - accuracy: 0.6825 - precision: 0.6229 - recall: 0.6110 - val_loss: 0.5918 - val_accuracy: 0.7100 - val_precision: 0.7257 - val_recall: 0.7523
Epoch 2/20
25/25 [==============================] - 0s 4ms/step - loss: 0.5478 - accuracy: 0.7362 - precision: 0.7321 - recall: 0.7828 - val_loss: 0.5429 - val_accuracy: 0.7100 - val_precision: 0.7684 - val_recall: 0.6697
Epoch 3/20
25/25 [==============================] - 0s 4ms/step - loss: 0.5097 - accuracy: 0.7638 - precision: 0.7738 - recall: 0.7757 - val_loss: 0.5239 - val_accuracy: 0.7150 - val_precision: 0.7653 - val_recall: 0.6881
Epoch 4/20
25/25 [==============================] - 0s 4ms/step - loss: 0.4894 - accuracy: 0.7912 - precision: 0.7986 - recall: 0.8043 - val_loss: 0.5150 - val_accuracy: 0.7150 - val_precision: 0.7653 - val_recall: 0.6881
Epoch 5/20
25/25 [==============================] - 0s 4ms/step - loss: 0.4749 - accuracy: 0.7912 - precision: 0.8000 - recall: 0.8019 - val_loss: 0.5065 - val_accuracy: 0.7350 - val_precision: 0.7745 - val_recall: 0.7248
Epoch 6/20
25/25 [==============================] - 0s 4ms/step - loss: 0.4613 - accuracy: 0.7925 - precision: 0.8048 - recall: 0.7971 - val_loss: 0.5036 - val_accuracy: 0.7550 - val_precision: 0.7727 - val_recall: 0.7798
Epoch 7/20
25/25 [==============================] - 0s 4ms/step - loss: 0.4543 - accuracy: 0.8062 - precision: 0.8028 - recall: 0.8353 - val_loss: 0.5122 - val_accuracy: 0.7150 - val_precision: 0.7708 - val_recall: 0.6789
Epoch 8/20
25/25 [==============================] - 0s 4ms/step - loss: 0.4468 - accuracy: 0.8000 - precision: 0.8076 - recall: 0.8115 - val_loss: 0.4996 - val_accuracy: 0.7450 - val_precision: 0.7685 - val_recall: 0.7615
Epoch 9/20
25/25 [==============================] - 0s 4ms/step - loss: 0.4429 - accuracy: 0.8037 - precision: 0.8032 - recall: 0.8282 - val_loss: 0.5026 - val_accuracy: 0.7350 - val_precision: 0.7692 - val_recall: 0.7339
Epoch 10/20
25/25 [==============================] - 0s 4ms/step - loss: 0.4335 - accuracy: 0.8100 - precision: 0.8141 - recall: 0.8258 - val_loss: 0.5043 - val_accuracy: 0.7350 - val_precision: 0.7596 - val_recall: 0.7248
Epoch 11/20
25/25 [==============================] - 0s 4ms/step - loss: 0.4300 - accuracy: 0.8087 - precision: 0.8107 - recall: 0.8282 - val_loss: 0.5091 - val_accuracy: 0.7250 - val_precision: 0.7647 - val_recall: 0.7156
Epoch 12/20
25/25 [==============================] - 0s 4ms/step - loss: 0.4200 - accuracy: 0.8175 - precision: 0.8212 - recall: 0.8234 - val_loss: 0.5111 - val_accuracy: 0.7250 - val_precision: 0.7755 - val_recall: 0.6972
Epoch 13/20
25/25 [==============================] - 0s 4ms/step - loss: 0.4216 - accuracy: 0.8175 - precision: 0.8212 - recall: 0.8234 - val_loss: 0.5107 - val_accuracy: 0.7200 - val_precision: 0.7624 - val_recall: 0.7064
Epoch 14/20
25/25 [==============================] - 0s 4ms/step - loss: 0.4166 - accuracy: 0.8150 - precision: 0.8173 - recall: 0.8329 - val_loss: 0.5174 - val_accuracy: 0.7150 - val_precision: 0.7600 - val_recall: 0.6972
Epoch 15/20
25/25 [==============================] - 0s 4ms/step - loss: 0.4124 - accuracy: 0.8150 - precision: 0.8219 - recall: 0.8258 - val_loss: 0.5085 - val_accuracy: 0.7300 - val_precision: 0.7570 - val_recall: 0.7431
Epoch 16/20
25/25 [==============================] - 0s 4ms/step - loss: 0.4093 - accuracy: 0.8225 - precision: 0.8274 - recall: 0.8353 - val_loss: 0.5216 - val_accuracy: 0.7150 - val_precision: 0.7476 - val_recall: 0.7064
Epoch 17/20
25/25 [==============================] - 0s 4ms/step - loss: 0.4053 - accuracy: 0.8175 - precision: 0.8182 - recall: 0.8377 - val_loss: 0.5216 - val_accuracy: 0.7150 - val_precision: 0.7600 - val_recall: 0.7156
Epoch 18/20
25/25 [==============================] - 0s 4ms/step - loss: 0.4057 - accuracy: 0.8150 - precision: 0.8265 - recall: 0.8186 - val_loss: 0.5129 - val_accuracy: 0.7350 - val_precision: 0.7593 - val_recall: 0.7523
Epoch 19/20
25/25 [==============================] - 0s 4ms/step - loss: 0.4068 - accuracy: 0.8313 - precision: 0.8365 - recall: 0.8425 - val_loss: 0.5174 - val_accuracy: 0.7250 - val_precision: 0.7596 - val_recall: 0.7248
Epoch 20/20
25/25 [==============================] - 0s 4ms/step - loss: 0.3962 - accuracy: 0.8375 - precision: 0.8416 - recall: 0.8496 - val_loss: 0.5226 - val_accuracy: 0.7150 - val_precision: 0.7600 - val_recall: 0.6972
<tensorflow.python.keras.callbacks.History at 0x7f8d141fdc18>
```

val_loss: 0.5226 - val_accuracy: 0.7150 - val_precision: 0.7600 - val_recall: 0.6972

그림 13.14 IMDb 데이터셋의 영어 버전으로 모델을 훈련한 결과

결과에는 영어 검증 데이터셋에 대한 에포크별 모델 성능 수치들이 나와 있다. 마지막 에포크의 손실값, 정확도, 정밀도, 재현율은 다음과 같다.

```
val_loss: 0.5226
val_accuracy: 0.7150
val_precision: 0.7600
val_recall: 0.6972
```

13. 그럼 영어로 훈련하고 테스트한 모델을 크메르어 테스트 집합으로 테스트해 보자. 이 모델은 크메르어 예시 문장과 그에 대응되는 영어 문장을 전혀 보지 못했음을 기억하기 바란다.

```
classification_model.evaluate(x = encoded_khmer_test,
    y = test_y)
```

결과는 다음과 같다.

```
loss: 0.5949
accuracy: 0.7250
precision: 0.7014
recall: 0.8623
```

지금까지 데이터가 부족한 언어에 대해 교차 언어 모델의 기능을 활용하는 방법을 살펴봤다. 훈련에 사용할 표본이 아주 적거나 전혀 없을 때 이런 기법이 아주 유용하다. 다음 절에서는 표본이 아예 없는 제로샷 학습을 살펴본다. 영어처럼 자원이 많은 언어의 경우에도 제로샷 학습이 유용할 수 있음을 보게 될 것이다.

13.6 교차 언어 제로샷 학습

제로샷 학습(zero-shot learning)은 이전 장들에서도 다루었지만, 그때는 단일 언어 모델을 사용했다. 이번 절에서는 교차 언어 모델의 제로샷 학습 방법을 살펴본다. XLM-R의 경우에는 제로샷 학습과 퓨샷 학습의 차이가 별로 없으므로(이전 절들의 접근 방식과 예제 코드를 다국어 및 교차 언어 제로샷 텍스트 분류에도 거의 그대로 적용할 수 있다), 여기서는 T5의 다국어 버전인 mT5를 사용하기로 한다.

mT5 모델은 대규모 다국어 사전 훈련 언어 모델로, T5처럼 트랜스포머의 인코더-디코더 아키텍처에 기반한다. T5는 영어로만 사전 훈련되었지만, mT5는 101가지 언어의 텍스트로 이루어진 다국어 말뭉치 Common Crawl(mC4)로 사전 훈련되었다.

허깅 페이스는 XNLI 데이터셋에 대해 미세조정된 mT5 버전을 제공한다. 자세한 정보는 https://huggingface.co/alan-turing-institute/mt5-large-finetuned-mnli-xtreme-xnli에서 확인할 수 있다.

T5 모델과 그 변형인 mT5는 전적으로 텍스트 투 텍스트 모델이다. 따라서 분류나 NLI(자연어 추론) 같은 작업도 입력 텍스트에 대해 적절한 출력 텍스트를 생성하는 식으로 해결해야 한다. 그럼 실제로 시험해 보자.

1. 먼저, 앞에서 언급한 모델과 토크나이저를 불러온다.

```
from torch.nn.functional import softmax
from transformers import(
    MT5ForConditionalGeneration, MT5Tokenizer)
model_name = "alan-turing-institute/mt5-large-finetuned-mnli-xtreme-xnli"
tokenizer = MT5Tokenizer.from_pretrained(model_name)
model = MT5ForConditionalGeneration\
    .from_pretrained(model_name)
```

2. 다음으로, 제로샷 분류를 적용할 문장과 레이블들을 준비한다.

   ```
   sequence_to_classify = \
       "Wen arden Sie bei der nächsten Wahl wählen? "
   candidate_labels = ["spor", "ekonomi", "politika"]
   hypothesis_template = "Dieses Beispiel ist {}."
   ```

   시퀀스(문장) 자체는 독일어지만("다음 선거에서 누구에게 투표하시겠습니까?"라는 뜻이다) 레이블들은 터키어임을 주목하자(각각 스포츠, 경제, 정치를 뜻하는 "spor", "ekonomi", "politika"). 그리고 가설 문장을 위한 템플릿(hypothesis_template)은 "이 예시는 {}이다."라는 뜻의 독일어다.

3. 다음으로 할 일은 함의, 모순, 중립에 해당하는 레이블의 ID를 설정하는 것이다. 이 ID들은 나중에 모델이 생성한 결과를 추론할 때 쓰인다. 코드는 다음과 같다.

   ```
   ENTAILS_LABEL = "_0"        # 함의
   NEUTRAL_LABEL = "_1"        # 중립
   CONTRADICTS_LABEL = "_2"    # 모순
   label_inds = tokenizer.convert_tokens_to_ids([
       ENTAILS_LABEL,
       NEUTRAL_LABEL,
       CONTRADICTS_LABEL])
   ```

4. T5 모델에 어떤 작업을 시키려면 적절한 접두어를 제공해야 함을 기억할 것이다. 여기서는 교차 언어 자연어 추론을 뜻하는 xnli를 사용한다. 다음은 접두어 xnli와 주어진 전제(premise) 및 가설(hypothesis)로 입력 텍스트를 만들어서 돌려주는 함수다.

   ```
   def process_nli(premise, hypothesis):
       return f'xnli: premise: {premise} hypothesis: {hypothesis}'
   ```

5. 이제 각 레이블에 대해 앞의 함수를 이용해서 입력 텍스트(시퀀서)들을 생성한다.

   ```
   pairs =[(sequence_to_classify,\
       hypothesis_template.format(label)) for label in
       candidate_labels]
   seqs = [process_nli(premise=premise,
       hypothesis=hypothesis)
       for premise, hypothesis in pairs]
   ```

6. 어떤 시퀀스들이 만들어졌는지 확인해 보자.

```
print(seqs)
['xnli: premise: Wen werden Sie bei der nächsten Wahl wählen? hypothesis: Dieses Beispiel ist spor.',
 'xnli: premise: Wen werden Sie bei der nächsten Wahl wählen? hypothesis: Dieses Beispiel ist ekonomi.',
 'xnli: premise: Wen werden Sie bei der nächsten Wahl wählen? hypothesis: Dieses Beispiel ist politika.']
```

이 시퀀스들은 모두 XNLI를 위한 접두어 xnli:로 시작한다. 전제는 모두 "다음 선거에서 누구에게 투표하시겠습니까?"라는 뜻의 독일어 문장이고, 가설은 순서대로 "이 예시는 스포츠이다", "이 예시는 경제이다", "이 예시는 정치이다"라는 뜻의 독일어 문장이다. 단, 스포츠, 경제, 정치에 해당하는 spor, ekonomi, politika는 독일어가 아니라 터키어다.

7. 다음으로, 이 시퀀스들을 토큰화하고 모델에 입력해서 출력 텍스트를 생성한다.

```
inputs = tokenizer.batch_encode_plus(seqs,
    return_tensors="pt", padding=True)
out = model.generate(**inputs, output_scores=True,
    return_dict_in_generate=True,num_beams=1)
```

8. generate()가 돌려준 결과에는 어휘의 각 토큰에 대한 점수가 들어 있다. 우리가 원하는 것은 함의, 모순, 중립의 점수다. 다음과 같이 레이블 ID들을 이용해서 해당 점수들을 조회할 수 있다.

```
scores = out.scores[0]
scores = scores[:, label_inds]
```

9. 점수들을 확인해 보자.

```
print(scores)
tensor([[-0.9851,  2.2550, -0.0783],
        [-5.1690, -0.7202, -2.5855],
        [ 2.7442,  3.6727,  0.7169]])
```

10. 그런데 이 추론 작업에 중립 점수는 필요하지 않다. 함의 점수와 모순 점수만 있으면 된다. 다음은 두 종류의 점수들만 추출하는 코드다.

    ```
    entailment_ind = 0
    contradiction_ind = 2
    entail_vs_contra_scores = scores[:, [entailment_ind,
        contradiction_ind]]
    ```

11. 이렇게 해서 표본의 각 시퀀스에 대한 함의 점수와 모순 점수가 마련되었다. 이제 소프트맥스 층을 이용해서 함의 점수와 모순 점수에 기반한 최종 분류 확률을 구한다.

    ```
    entail_vs_contra_probas = softmax(entail_vs_contra_scores,
        dim=1)
    ```

12. 확률들을 출력해 보자.

    ```
    print(entail_vs_contra_probas)
    tensor([[0.2877, 0.7123],
            [0.0702, 0.9298],
            [0.8836, 0.1164]])
    ```

13. 이제 함의 확률들을 비교하면 주어진 전제와 가장 잘 부합하는 가설을 찾을 수 있다. 이를 위해, 함의 점수들을 선택해서 소프트맥스 층을 적용한다.

    ```
    entail_scores = scores[:, entailment_ind]
    entail_probas = softmax(entail_scores, dim=0)
    ```

14. 다음은 확률들을 출력하는 코드다.

    ```
    print(entail_probas)
    tensor([2.3438e-02, 3.5716e-04, 9.7620e-01])
    ```

15. 셋째 시퀀스의 확률이 제일 높다는 결과가 나왔다. 셋째 시퀀스의 가설에 politika, 즉 '정치'가 포함되어 있음을 기억할 것이다. 다음은 이 결과를 좀 확실하게 출력하는 코드다.

    ```
    print(dict(zip(candidate_labels, entail_probas.tolist())))
    'politika': 0.9762046933174133,
    'spor': 0.023438096046447754}
    ```

이상의 추론 과정을 간단히 요약하면 다음과 같다. 전제는 동일하고 가설은 각기 다른 레이블을 포함한 예시들을 모델에 제공해서 어휘의 각 토큰에 대한 점수를 생성한다. 그리고 그 점수들에 기반해서 모순 토큰에 비해 가장 높은 점수를 받은 함의 토큰을 파악한다.

13.7 대규모 다국어 번역

다국어 모델과 다국어 데이터에 잘 작동하는 모델의 아주 중요한 용도는 번역이다. 그런데 번역에는 다양한 접근 방식이 존재한다. 언어 쌍마다 다른 모델을 사용하는 접근 방식도 있고, 모든 언어 쌍에 대해 한 가지 모델을 사용하는 접근 방식도 있다.

M2M100 모델은 이 분야에서 아주 중요한 모델로, 100가지 언어에 대해 9,900가지 방향의 번역이 가능하다. Transformers 라이브러리도 이 모델을 지원한다. 다음과 같이 아주 간단하게 사용할 수 있다.

```
from transformers import (
    M2M100ForConditionalGeneration, M2M100Tokenizer)
model = M2M100ForConditionalGeneration.from_pretrained(
    "facebook/m2m100_1.2B")
tokenizer = M2M100Tokenizer.from_pretrained(
    "facebook/m2m100_1.2B")
```

여기서는 터키어 원문을 한국어로 번역해 보겠다. 먼저 원문을 토큰화한다. 토큰화 객체에 원문 언어의 ID를 설정해야 함을 주의하자.

```
text_turkish = "ne olacak bu insanlik hali?"
tokenizer.src_lang = "tr"
encoded_text = tokenizer(text_turkish, return_tensors="pt")
```

이제 번역을 실행한다. 이때 `forced_bos_token_id` 매개변수에 대상 언어의 ID를 지정해야 함을 주의하자. 이 설정은 입력 텍스트를 해당 언어로 번역하도록 모델을 이끄는 효과를 낸다.

```
generated_tokens = model.generate(**encoded_text,
    forced_bos_token_id=tokenizer.get_lang_id("ko"))
text_korean = tokenizer.batch_decode(generated_tokens,
    skip_special_tokens=True)
```

한국어로 번역된 텍스트를 출력해 보자.

```
print(text_korean[0])
이 인류는 어떻게 될 것인가?
```

모델이 지원하는 100여 가지 언어의 어떤 것도 원본 언어나 대상 언어로 선택할 수 있다. 이렇게 해서 대규모 기계번역 모델을 간단하게 살펴봤다. 다음 절로 넘어가기 전에, 다국어 모델의 근본적인 한계를 짚어보고자 한다.

다국어 및 교차 언어 모델이 NLP에 대해 잠재력을 가지고 있는 것은 사실이지만, BERT 같은 소규모 언어 모델에서는 그 효과가 제한적이다. 이는 많은 연구의 초점이 되어왔다. 예를 들어 mBERT 모델은 다양한 작업에서 단일 언어 모델만큼 성능을 내지 못한다. 이는 특히 분류 작업에서 후자가 여전히 널리 쓰이는 이유다. 하지만 최근 대규모 언어 모델의 발전은 다국어 모델의 한계를 크게 해소하고 그 능력을 향상했다. 이러한 개선은 매개변수 증가와 훈련 데이터셋 확장 덕분이자, 강화학습 같은 고급 훈련 방법 덕분이다. 그 결과로 **mT5, Bloomz, Bactrian-x, Aya-101** 같은 성공적인 다국어 모델들이 등장했다. 이 모델들은 오픈 소스라서 누구나 접근할 수 있다.

이 분야의 연구에 따르면, 다국어 모델은 모든 언어를 적절히 표현하려 하다 보니 소위 **다국어성의 저주**(curse of multilingualism)에 걸린다. 다국어 모델에 새로운 언어를 추가하면 일정 지점까지는 성능이 향상된다. 그러나 그 후부터는 언어를 추가할수록 오히려 성능이 저하되는데, 이는 공유 어휘 때문일 수 있다. 단일 언어 모델에 비해 다국어 모델은 매개변수 예산 측면에서 훨씬 더 제한적이다. 100개 이상의 언어에 각각 어휘를 할당해야 하기 때문이다.

단일 언어 모델과 다국어 모델 간의 성능 차이는 토크나이저의 능력에 기인할 수 있다. 연구 논문 *How Good is Your Tokenizer? On the Monolingual Performance of Multilingual Language Models*(Rust 외, 2021. https://arxiv.org/abs/2012.15613)에 따르면, 다국어 모델에 일반적인 토크나이저(공유 다국어 토크나이저 같은) 대신 특정 언어 전용 토크나이저를 연결하면 해당 언어의 성능이 향상된다.

또 다른 연구 결과에 따르면, 현재로서는 언어별 자원 분포의 불균형으로 인해 세계의 모든 언어를 단일 모델로 표현하는 것이 불가능하다. 이에 대한 한 가지 해결책은 저자원 언어는 과대표집(oversampling)하고 고자원 언어는 과소표집(undersampling)하는 것이다. 또한, 두 언어 간의 지식 전이는 언어가 가까울수록 더 효율적이며, 언어가 멀수록 이 전이의 효과가 미미할 수 있다는 관찰 결과도 있다. 이전의 교차 언어 문장 쌍 실험에서 아프리칸스어와 타밀어에 대해 더 나쁜 결과가 나온 것은 아마도 이 때문일 것이다.

하지만 이 주제에 관한 연구가 활발히 진행 중이므로, 언제라도 이러한 한계가 극복될 수 있다. 이 글을 쓸 당시 XLM-R 팀은 XLM-R XL과 XLM-R XXL이라는 두 가지 새로운 모델을 제안했다. 이 모델들은 XNLI에서 기존 XLM-R 모델보다 각각 1.8%와 2.4%의 평균 정확도 향상을 보였다.

13.7.1 미세조정한 다국어 모델의 성능

그럼 특정 작업에 대해 미세조정한 다국어 모델의 성능이 실제로 단일 어 모델보다 나쁜지 확인해 보자. 5장의 §5.5 '다중 클래스 분류를 위한 BERT 모델 미세조정(커스텀 데이터셋 활용)'에서 터키어 문장의 주제를 일곱 가지 범주로 분류하는 문제를 논의했다. 그때 터키어 전용 단일 언어 모델을 이 작업에 맞게 미세조정해서 좋은 결과를 얻었다. 이번에도 같은 분류 작업을 수행하되, 터키어 단일 모델 대신 mBERT와 XLM-R 모델을 사용한다. 과정은 다음과 같다.

1. 먼저, 5장 예제의 모델 불러오기 코드를 다시 떠올려보자. 그때는 dbmdz/bert-base-turkish-uncased 모델과 토크나이저를 다음과 같이 불러왔다.

```
from transformers import BertTokenizerFast
tokenizer = BertTokenizerFast.from_pretrained(
    "dbmdz/bert-base-turkish-uncased")
from transformers import BertForSequenceClassification
model = BertForSequenceClassification.from_pretrained(\
    "dbmdz/bert-base-turkish-uncased",
    num_labels=NUM_LABELS,
    id2label=id2label,
    label2id=label2id)
```

이 단일 언어 모델을 주제 분류 작업에 대해 미세조정한 후 예시 문장들을 분류해서 다음과 같은 결과를 얻었다(그림 13.15).

	eval_loss	eval_Accuracy	eval_F1	eval_Precision	eval_Recall
train	0.091844	0.975510	0.97546	0.975942	0.975535
val	0.280120	0.924898	0.92381	0.924427	0.924510
test	0.280038	0.926531	0.92542	0.927410	0.925425

그림 13.15 단일 언어 텍스트 분류 성능 (5장의 그림 5.8)

2. § 5.5의 미세조정 코드를 mBERT에도 그대로 적용할 수 있다. 모델과 토크나이저를 불러오는 코드만 다음과 같이 수정하면 된다. 이번에는 다국어 BERT 모델인 bert-base-multilingual-uncased를 사용한다.

```
from transformers import(
    BertForSequenceClassification, AutoTokenizer)
tokenizer = AutoTokenizer.from_pretrained(
    "bert-base-multilingual-uncased")
model = BertForSequenceClassification.from_pretrained(
    "bert-base-multilingual-uncased",
    num_labels=NUM_LABELS,
    id2label=id2label,
    label2id=label2id)
```

3. 그 밖의 코드는 § 5.5의 실습 예제와 동일하다. 다음은 이전과 동일한 데이터셋과 훈련 인수 등을 그대로 사용해서 분류를 실행한 결과다(그림 13.16).

	eval_loss	eval_Accuracy	eval_F1	eval_Precision	eval_Recall
train	0.093405	0.978367	0.978373	0.978547	0.978291
val	0.325458	0.911837	0.911586	0.911678	0.911592
test	0.372160	0.904490	0.903152	0.902647	0.904335

그림 13.16 mBERT 미세조정 성능

실제로 다국어 모델이 단일 언어 모델보다 못하다는 결과가 나왔다. 모든 지표에서 약 2.2% 정도 성능이 떨어진다.

4. 이제 같은 문제에 대해 XLM-R 모델 xlm-roberta-base를 미세조정해 보자. 이번에도 모델을 불러오는 코드만 바꾸면 된다.

```
from transformers import (
    AutoTokenizer, XLMRobertaForSequenceClassification)
tokenizer = AutoTokenizer.from_pretrained(
    "xlm-roberta-base")
model = XLMRobertaForSequenceClassification\
    .from_pretrained("xlm-roberta-base",
        num_labels=NUM_LABELS,
        id2label=id2label,label2id=label2id)
```

5. 이전과 동일한 코드로 분류를 수행한다. 다음은 XLM-R 모델의 성능 수치들이다(그림 13.17).

	eval_loss	eval_Accuracy	eval_F1	eval_Precision	eval_Recall
train	0.122369	0.968571	0.968665	0.968830	0.968862
val	0.339011	0.912653	0.912454	0.913331	0.912042
test	0.334882	0.915918	0.915662	0.918334	0.914893

그림 13.17 XLM-R 미세조정 성능

나쁘지 않다! XLM 모델은 단일 모델에 근접한 성능을 보였다. 차이는 약 1.0% 정도다. 따라서 비록 특정 작업에 대해 단일 언어 모델이 다국어 모델보다 나은 성능을 보이는 경우가 많다고 해도, 경우에 따라서는 다국어 모델로도 꽤 괜찮은 결과를 얻을 수 있다. 이렇게 생각해 보자. 단 1%의 성능 향상을 위해 전체 단일 언어 모델을 열흘 이상 훈련하는 게 꼭 필요할까? 그 정도의 작은 성능 차이는 무시할 만한 수준일 수 있다.

요약

이번 장에서는 다국어 및 교차 언어 모델의 사전 훈련 방법을 살펴보고, 단일 언어 사전 훈련과 다국어 사전 훈련의 차이점을 논의했다. CLM과 TLM도 소개했다. 의미론적 검색, 표절, 제로샷 텍스트 분류 같은 다양한 사용 사례에 교차 언어 모델을 활용하는 방법을 살펴봤으며, 한 언어의 데이터셋으로 모델을 훈련하고 그와는 완전히 다른 언어로 모델을 테스트하는 방법도 배웠다. 다국어 모델과 단일 언어 모델의 미세조정 성능을 평가했고, 일부 다국어 모델의 경우 아주 작은 수준의 성능 손실로 단일 언어 모델을 대체할 수 있음을 알게 되었다. 그리고 대규모 번역을 위한 모델도 소개했는데, 100가지 언어에서 9,900가지 방향으로 번역할 수 있는 M2M100 모델로 간단한 번역 작업을 실행해 봤다.

다음 장에서는 실무용으로 트랜스포머 모델을 준비하고 배포하는 방법과 모델을 프로덕션을 목적으로 모델을 훈련하는 방법을 살펴본다.

참고문헌

- Conneau, A., Lample, G., Rinott, R., Williams, A., Bowman, S. R., Schwenk, H., Stoyanov, V. (2018). *XNLI: Evaluating cross-lingual sentence representations*. arXiv 출판 전 논문 arXiv:1809.05053.

- Xue, L., Constant, N., Roberts, A., Kale, M., Al-Rfou, R., Siddhant, A., Raffel, C. (2020). *mT5: A massively multilingual pre-trained text-to-text transformer*. arXiv 출판 전 논문 arXiv:2010.11934.

- Lample, G., Conneau, A. (2019). *Cross-lingual language model pretraining*. arXiv 출판 전 논문 arXiv:1901.07291.

- Conneau, A., Khandelwal, K., Goyal, N., Chaudhary, V., Wenzek, G., Guzmán, F., Stoyanov, V. (2019). *Unsupervised cross-lingual representation learning at scale*. arXiv 출판 전 논문 arXiv:1911.02116.

- Feng, F., Yang, Y., Cer, D., Arivazhagan, N., Wang, W. (2020). *Language-agnostic bert sentence embedding*. arXiv 출판 전 논문 arXiv:2007.01852.

- Rust, P., Pfeiffer, J., Vulić, I., Ruder, S., Gurevych, I. (2020). *How Good is Your Tokenizer? On the Monolingual Performance of Multilingual Language Models*. arXiv 출판 전 논문 arXiv:2012.15613.

- Goyal, N., Du, J., Ott, M., Anantharaman, G., Conneau, A. (2021). *Larger-Scale Transformers for Multilingual Masked Language Modeling*. arXiv 출판 전 논문 arXiv:2105.00572.

- Fan, A., Bhosale, S., Schwenk, H., Ma, Z., El-Kishky, A., Goyal, S., ⋯ & Joulin, A. (2021). *Beyond english-centric multilingual machine translation*. The Journal of Machine Learning Research, 22(1), 4839–4886.

14

트랜스포머 모델의 서비스 제공

지금까지 우리는 트랜스포머의 여러 측면을 살펴봤다. 트랜스포머 모델을 처음부터 훈련해서 사용하는 방법을 배웠고, 다양한 작업에 맞게 미세조정하는 방법도 익혔다. 하지만 이러한 모델을 실제 프로덕션 환경에서 어떻게 활용하는지는 아직 다루지 않았다. 다른 모든 현대적이고 실용적인 솔루션처럼 NLP(자연어 처리) 기반 솔루션도 프로덕션 환경에서 서비스를 제공할 수 있어야 한다. 단, 이런 솔루션을 개발할 때는 응답 시간 같은 지표들을 중요하게 고려해야 한다.

이번 장에서는 CPU와 GPU를 사용할 수 있는 환경에서 트랜스포머 기반 NLP 솔루션의 기능을 실제로 제공하는 방법을 설명한다. 머신러닝 모델의 배포를 위한 솔루션으로 *TFX*(TensorFlow Extended; 확장 텐서플로)를 소개한다. 또한 FastAPI 같은 도구를 이용해서 트랜스포머의 기능을 **API**(Application Programming Interface; 응용 프로그래밍 인터페이스)의 형태로 제공하는 방법도 설명한다. 도커의 기본 개념을 소개하고, 트랜스포머 솔루션의 서비스를 도커화(dockerization)해서 배포 가능한 형태로 만드는 방법도 배우게 된다. 마지막으로는 Locust를 이용해서 트랜스포머 기반 솔루션의 속도와 부하 테스트를 수행하는 방법을 살펴본다.

이번 장에서 다룰 주제는 다음과 같다.

- FastAPI를 이용한 트랜스포머 모델의 서비스 제공
- API 도커화

- TFX를 사용한 더 빠른 트랜스포머 모델 서비스 제공
- Locust를 이용한 부하 테스트
- ONNX를 사용한 더 빠른 추론
- SageMaker 추론

14.1 기술적 요구사항

이번 장의 실습 예제들을 위해서는 파이썬과 도커가 필요하다. 파이썬 버전은 3.6 이상이어야 하며, 다음과 같은 파이썬 패키지들이 설치되어 있어야 한다.

- tensorflow
- pytorch
- transformers >=4.00
- fastapi
- docker
- locust
- optimum
- onnxruntime
- uvicorn

이번 장의 모든 예제 코드는 원서 깃허브 저장소(https://github.com/PacktPublishing/Mastering-Transformers-Second-Edition)의 CH14 폴더에 있다.

그럼 FastAPI부터 살펴보자.

14.2 FastAPI를 이용한 트랜스포머 모델 서비스 제공

트랜스포머 모델의 서비스를 웹으로 제공하는 데 사용할 수 있는 웹 프레임워크는 Sanic, Flask, FastAPI 등으로 다양하다. 그중에서도 FastAPI는 최근 속도와 안정성 때문에 많은 주목을 받고 있다.

이번 절에서는 FastAPI를 사용하여 서비스를 구축하는 방법을 살펴본다. 이번 절의 내용은 FastAPI의 공식 문서를 많이 참고했음을 밝혀 둔다. 또한 이번 절에서는 pydantic 라이브러리를 이용해서 데이터 모델을 구축한다. 그럼 시작해 보자.

1. 먼저 pydantic과 FastAPI를 설치해야 한다.

   ```
   $ pip install pydantic
   $ pip install fastapi
   $ pip install uvicorn
   ```

2. 다음으로 할 일은 pydantic을 이용해서 API 입력을 꾸미기 위한 데이터 모델을 만드는 것이다. 그러려면 우리가 사용할 모델이 무엇인지, 어떤 입력이 필요한지부터 파악해야 한다.

   이번 실습에서는 **질의응답**(Question Answering, **QA**) 모델을 사용할 것이다. 6장에서 배웠듯이 QA 작업에서 입력은 지문에 해당하는 문맥(맥락)과 그 지문에 관한 질문으로 이루어진다.

3. 다음으로, QA 데이터 모델을 나타내는 클래스를 정의한다.

   ```
   from pydantic import BaseModel
   class QADataModel(BaseModel):
       question: str
       context: str
   ```

4. API 종단점(endpoint) 함수는 클라이언트가 서버로 요청을 보낼 때마다 호출된다. 요청이 있을 때마다 매번 모델을 불러오는 것은 비효율적이다. 다음과 같이 전역 범위에서 한 번만 불러온 후 재사용하는 것이 바람직하다.

   ```
   from transformers import pipeline
   model_name = 'distilbert-base-cased-distilled-squad'
   model = pipeline(model=model_name, tokenizer=model_name,
       task='question-answering')
   ```

5. 이제 웹 서버의 작동을 제어하는 데 사용할 FastAPI 인스턴스를 생성한다.

   ```
   from fastapi import FastAPI
   app = FastAPI()
   ```

6. 다음으로, 서비스를 제공할 FastAPI 종단점을 정의한다. 이 종단점은 경로 /question_answering으로 들어온 HTTP POST 요청에 대응한다.

```
@app.post("/question_answering")
async def qa(input_data: QADataModel):
    result = model(question = input_data.question, context=input_data.context)
    return {"result": result["answer"]}
```

함수에 async 키워드를 지정해서 비동기 모드로 실행하게 하는 것이 중요하다. 이렇게 하면 다수의 요청들이 병렬로 처리된다. API의 workers 매개변수를 늘려 여러 개의 독립적인 API 호출에 동시에 응답하게 할 수도 있다.

7. 마지막으로, Uvicorn을 이용해서 API 서버를 실행한다. Uvicorn은 파이썬 기반 API를 최대한 빠르게 실행할 수 있게 해주는 초고속 서버 구현체다. 코드는 다음과 같다.

```
if __name__ == '__main__':
    uvicorn.run('main:app', workers=1)
```

8. 이상의 코드는 독립적으로 실행할 하나의 파이썬 스크립트다. 따라서 .py 파일에 저장해야 한다는 점을 기억하자. 다음은 지금까지의 코드를 main.py로 저장한 후 터미널에서 실행하는 명령이다.

```
$ python main.py
```

터미널에 다음과 같은 출력이 나타날 것이다(그림 14.1).

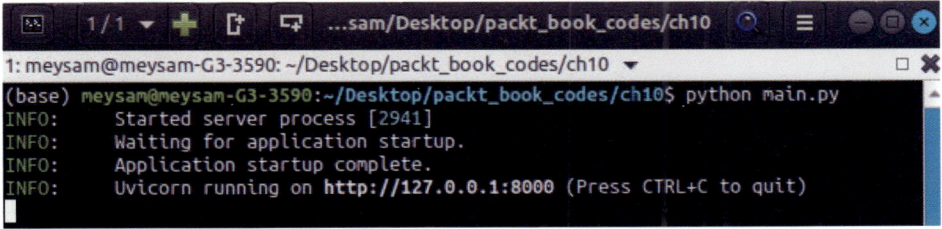

그림 14.1 FastAPI 웹 서버의 실행 모습

9. 그럼 API를 시험해 보자. API를 테스트하는 도구는 많다. 그중에서도 아주 좋은 도구로 꼽히는 것이 Postman이다. Postman 사용법을 배우기 전에, 터미널에서 cURL을 이용해서 API 종단점에 요청을 보내 보자.

```
$ curl --location --request POST 'http://127.0.0.1:8000/question_answering' \
--header 'Content-Type: application/json' \
--data-raw '{
```

```
    "question":"What is extractive question answering?",
    "context":"Extractive Question Answering is the task of extracting an \
answer from a text given a question. An example of a question answering \
dataset is the SQuAD dataset, which is entirely based on that task. If you \
would like to fine-tune a model on a SQuAD task, you may leverage the \
`run_squad.py`."
}'
```

그러면 다음과 같은 응답이 출력될 것이다.

```
{"answer":"the task of extracting an answer from a text given a question"}
```

10. cURL은 유용한 도구지만 Postman만큼 편리하지는 않다. Postman은 GUI를 제공하기 때문에 명령줄 인터페이스(CLI) 도구인 curl에 비해 사용하기가 더 쉽다. Postman을 사용하려면 여러분의 시스템에 Postman 프로그램을 설치해야 한다. 다음 URL에서 설치 프로그램을 내려받아 설치하기 바란다.

- https://www.postman.com/downloads/

11. 이제 Postman을 실행한 후 왼쪽 패널의 **New** 버튼을 클릭하고 **HTTP**를 선택하거나 오른쪽 탭 바에서 + 버튼을 클릭한다. 그러면 그림 14.2와 비슷한 API 요청 탭이 만들어진다.

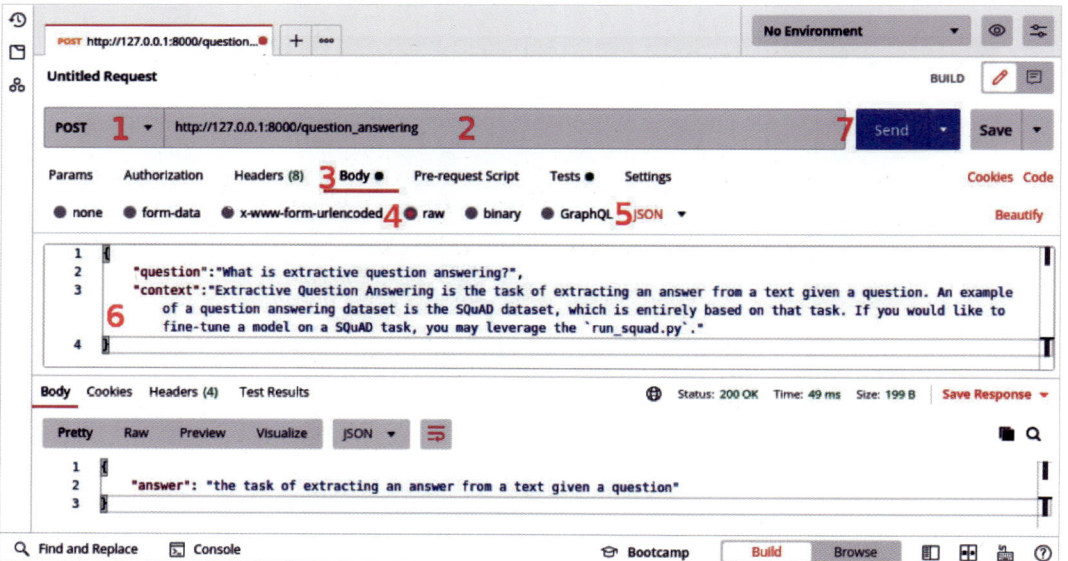

그림 14.2 Postman 사용법

다음은 QA 모델 서비스 API를 시험하는 과정이다. 각 단계의 번호는 그림 14.2에 표시된 번호에 대응된다.

1. 메서드로 POST를 선택한다.
2. 종단점 URL http://127.0.0.1:8000/question_answering을 입력한다.
3. 요청의 본문을 뜻하는 Body를 클릭한다.
4. 본문 유형 옵션 중 raw를 선택한다.
5. 오른쪽 드롭다운에서 JSON을 선택한다.
6. 단계 9의 JSON 데이터를 입력한다.
7. [Send] 버튼을 클릭한다.

Postman 하단 창에 API 서버가 돌려준 응답이 나타날 것이다.

다음 절에서는 이상의 FastAPI 기반 API를 도커화하는 방법을 살펴본다. 도커를 이용하면 API를 손쉽게 패키징하고 배포할 수 있으므로 도커 사용법을 꼭 익혀둘 필요가 있다.

14.3 API의 도커화

소프트웨어 제작 시간을 줄이고 소프트웨어를 좀 더 수월하게 배포하려면 도커가 사실상 필수다. 도커는 서비스와 앱을 격리하는 것은 물론이고 동일한 코드를 운영체제와 무관하게 어디에서나 실행할 수 있게 한다는 점에서 대단히 중요한 도구다. 이를 위해 도커는 뛰어난 패키징 및 배포 기능을 제공한다. 여기서는 도커가 여러분의 시스템에 이미 설치되어 있다고 가정한다. 아직 설치하지 않은 독자는 공식 문서 (https://docs.docker.com/get-docker/)를 참고해서 설치하기 바란다. 다음은 앞에서 만든 FastAPI 서비스를 하나의 도커 컨테이너로 포장(패키징)하는 '도커화(dockerization)' 과정이다.

1. 먼저 main.py 파일을 app 디렉터리에 넣는다.
2. 다음으로, main.py의 끝부분에 있는 다음 코드를 제거한다.

```
if __name__ == '__main__':
    uvicorn.run('main:app', workers=1)
```

3. 그다음에 할 일은 이 FastAPI 서비스를 위한 Dockerfile을 만드는 것이다. 현재 디렉터리 (app 디렉터리의 상위 디렉터리)에 다음과 같은 내용을 담은 텍스트 파일을 만들고, 확장자 없이 Dockerfile라는 이름으로 저장한다.

```
FROM python:3.7
RUN pip install torch
RUN pip install fastapi uvicorn transformers
EXPOSE 80
COPY ./app /app
CMD ["uvicorn", "app.main:app", "--host", "0.0.0.0", "--port", "8000"]
```

4. 이제 docker 명령을 이용해서 도커 컨테이너를 빌드한다.

```
$ docker build -t qaapi .
```

생성한 컨테이너를 실행하는 방법은 간단하다. 다음과 같이 하면 된다.

```
$ docker run -p 8000:8000 qaapi
```

이렇게 하면 앞에서처럼 지역 호스트의 포트 8000을 통해서 API에 접근할 수 있다. 앞 절(§ 14.2)의 마지막 부분에서처럼 Postman을 이용해서 요청을 보내 보자.

이상으로 트랜스포머 모델에 기반해서 API를 구현하고 FastAPI를 이용해서 서비스를 제공하는 방법과 그 서비스를 도커화하는 방법을 살펴봤다. 여기서는 도커의 기본 사항만 다루었음을 유념하기 바란다. 도커에 관해 알아야 할 옵션과 설정이 많이 있다.

다음 절에서는 TFX를 이용해서 모델의 서비스를 좀 더 빠르게 제공하는 방법을 배운다.

14.4 TFX를 이용한 좀 더 빠른 트랜스포머 모델 서비스 제공

TFX를 이용하면 딥러닝 기반 모델의 서비스를 좀 더 빠르고 효율적으로 제공할 수 있다. 그런데 TFX를 사용하려면 알아 두어야 할 중요한 사항이 몇 가지 있다. 특히, 모델을 TFX 도커나 CLI에서 사용하려면 반드시 텐서플로의 SavedModel 형식으로 저장해야 한다. 다음은 TFX를 트랜스포머 모델 서비스에 적용하는 과정이다.

1. 다음은 트랜스포머 모델을 불러와서 텐서플로의 SavedModel 형식으로 저장하는 코드다. 텐서플로의 SavedModel 형식에 관한 자세한 정보는 공식 문서(https://www.tensorflow.org/guide/saved_model)에서 확인할 수 있다.

    ```
    from transformers import TFBertForSequenceClassification
    model = \
        TFBertForSequenceClassification.from_pretrained(
            "nateraw/bert-base-uncased-imdb",
            from_pt=True)
    model.save_pretrained("tfx_model", saved_model=True)
    ```

2. 다음으로, 터미널에서 TFX용 도커 컨테이너 이미지를 가져온다.

    ```
    $ docker pull tensorflow/serving
    ```

3. 이제 제공할 TFX 모델을 담은 도커 컨테이너가 마련되었다. 이제 이 도커 컨테이너를 실행하자.

    ```
    $ docker run -d --name serving_base tensorflow/serving
    ```

4. 다음으로, 앞에서 저장한 SavedModel 파일을 도커 컨테이너의 파일 시스템에 복사한다.

    ```
    $ docker cp tfx_model/saved_model tfx:/models/bert
    ```

5. 복사가 끝났다고 해서 바로 사용할 수 있는 것은 아니다. 다음과 같이 변경 사항을 커밋해야 한다.

    ```
    $ docker commit --change "ENV MODEL_NAME bert" tfx my_bert_model
    ```

6. 이제 모든 준비가 끝났으므로 도커 컨테이너를 종료한다.

    ```
    $ docker kill tfx
    ```

    이렇게 하면 컨테이너의 실행이 중지된다.

    이렇게 해서 TFX를 통해서 트랜스포머 모델의 서비스를 제공하는 컨테이너가 만들어졌다. 그런데 TFX를 호출하려면 또 다른 서비스가 필요하다. 이는 이 트랜스포머 기반 모델이 토크나이저가 제공하는 특별한 입력 형식에 의존하기 때문이다.

7. 필요한 것은 TFX 컨테이너가 제공하는 API를 모델링하는 FastAPI 서비스다. 이 서비스를 작성하기 전에, BERT 기반 모델의 실행을 위한 매개변수를 지정해서 도커 컨테이너를 실행하자. 이렇게 하면 오류 발생 시 버그를 수정하기가 편하다.

```
$ docker run -p 8501:8501 -p 8500:8500 --name bert my_bert_model
```

8. 이제 다음과 같은 코드로 `main.py` 파일을 작성한다.

```python
import uvicorn
from fastapi import FastAPI
from pydantic import BaseModel
from transformers import BertTokenizerFast, BertConfig
import requests
import json
import numpy as np
tokenizer =\
    BertTokenizerFast.from_pretrained(
        "nateraw/bert-base-uncased-imdb")
config = BertConfig.from_pretrained(
    "nateraw/bert-base-uncased-imdb")
class DataModel(BaseModel):
    text: str
app = FastAPI()
@app.post("/sentiment")
async def sentiment_analysis(input_data: DataModel):
    print(input_data.text)
    tokenized_sentence = [dict(tokenizer(input_data.text))]
    data_send = {"instances": tokenized_sentence}
    response = \
    requests.post(
        "http://localhost:8501/v1/models/bert:predict",
        data=json.dumps(data_send))
    result = np.abs(json.loads(response.text)["predictions"][0])
    return {"sentiment": config.id2label[np.argmax(result)]}
if __name__ == '__main__':
    uvicorn.run('main:app', workers=1)
```

이 코드는 감성 분석을 위한 API 종단점(`/sentiment`)을 제공하는 FastAPI 서비스를 구현한다. §14.2의 QA 서비스와 거의 비슷하다. 단, 결과에 필요한 레이블들을 모델의 기본 구성 설정에서 가져오는 등(`config` 객체)의 차이가 있다.

9. 이제 파이썬으로 이 파일을 실행해서 서비스를 시작한다.

```
$ python main.py
```

이제 서비스를 사용할 준비가 되었다. 다음은 Postman을 이용해서 간단한 영어 문장의 감성을 분석하는 예이다(그림 14.3).

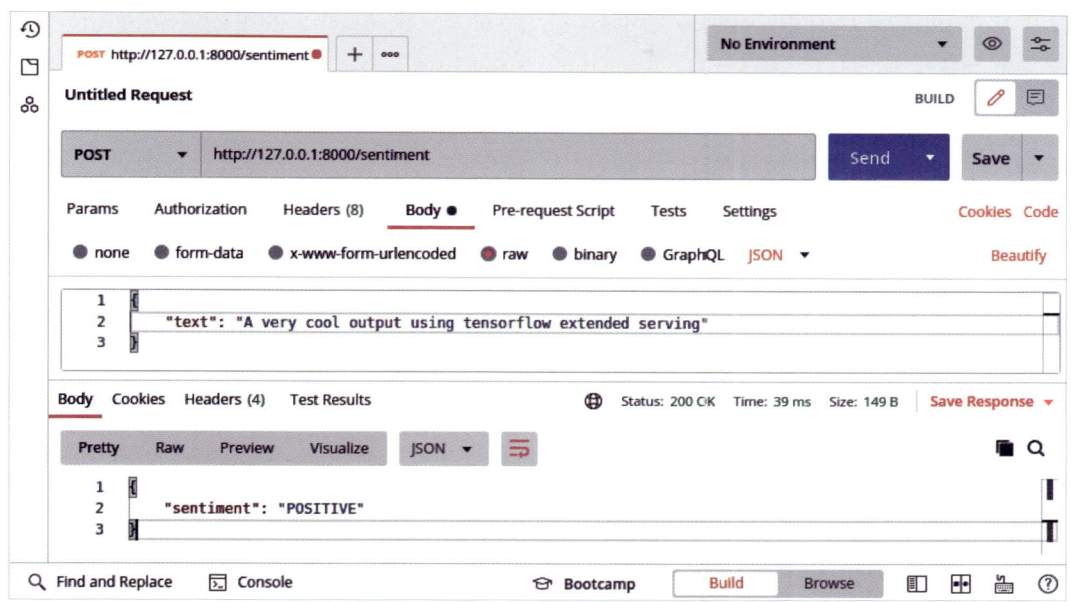

그림 14.3 TFX 기반 서비스의 Postman 출력

이전 예제와는 달리 이번에는 API 서비스가 TFX 도커 컨테이너 들어 있다. 전체적인 구조는 그림 14.4와 같다.

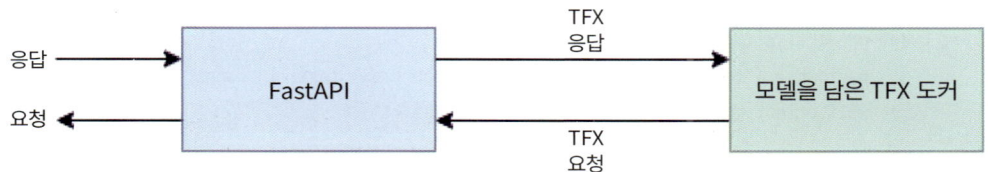

그림 14.4 TFX 기반 서비스 아키텍처

지금까지 TFX를 이용해서 모델의 서비스를 제공하는 방법을 배웠다. 그런데 실무에서 서비스를 운용하려면 서비스의 한계를 파악하고 필요에 따라 양자화나 가지치기를 통해서 모델을 최적화할 필요가 있다. 이 부분에 도움이 되는 것이 Locust 같은 도구를 이용한 서비스 부하 테스트다. 다음 절에서는 고부하 상태의 모델 성능을 Locust로 테스트하는 방법을 설명한다.

14.5 Locust를 이용한 부하 테스트

서비스의 부하 테스트(load test)에 사용할 수 있는 도구는 많다. 그런 용도의 도구나 라이브러리는 대부분 서비스의 응답 시간(반응 시간)과 지연에 관한 유용한 정보를 제공한다. 또한 실패율(failure rate)에 관한 정보를 제공하기도 한다. Locust는 이러한 목적에 아주 적합한 도구다. 그럼 앞에서 살펴본 세 가지 트랜스포머 기반 모델 서비스 제공 방법(FastAPI, FastAPI 도커화, TFX 기반 FastAPI)에 대해 Locust로 부하 테스트를 수행해 보자.

1. 먼저 locust를 설치해야 한다.

   ```
   $ pip install locust
   ```

   잠시 기다리면 Locust가 설치된다. 부하 테스트에서 중요한 점은 성능에 영향을 미치는 변수들을 통제하는 것이다. 특히, 지금 실습에서는 세 가지 방식의 서비스가 모두 동일한 모델을 이용해서 동일한 작업을 수행하게 만드는 것이 중요하다. '모델'과 '작업'이라는 중요한 두 가지 매개변수를 동결(고정)해야 각 서비스 방식의 부하를 공정하게 테스트할 수 있다[1].

2. Locust 부하 테스트를 위해서는 서비스 사용자의 행동 방식을 정의하는 클래스를 만들어야 한다. 다음 코드를 작성해서 `locust_file.py`라는 이름으로 저장하기 바란다.

   ```python
   from locust import HttpUser, task
   from random import choice
   from string import ascii_uppercase
   class User(HttpUser):
       @task
       def predict(self):
           payload = {"text": ''.join(choice(ascii_uppercase) for i in range(20))}
           self.client.post("/sentiment", json=payload)
   ```

   이 코드는 `HttpUser`를 상속해서, 사용자를 대표하는 `User`라는 클래스를 정의한다. Locust 부하 테스트를 위해서는 `@task`라는 장식자(decorator)가 꼭 필요하다. 이 장식자는 사용자 객체가 생성된 후 수행할 작업을 지정하는 역할을 한다. `predict` 함수는 사용자가 생성된 후 반복적으로 수행되는 실제 작업이다. 이 함수는 길이가 20인 무작위 문자열을 생성해서 API로 전송한다.

---

[1] (옮긴이) 깃허브 원서 저장소의 예제 파일들을 보면 세 서비스 방식 모두 §14.4의 감성 분석용 `main.py`를 사용한다.

3. 이제 부하 테스트를 시작할 준비가 되었다. 먼저 원하는 FastAPI 서비스를 띄운 후(FastAPI만 사용하는 버전의 경우 `python -f main.py`), 다음처럼 `locust_file.py` 스크립트를 지정해서 Locust를 실행한다.

```
$ locust -f locust_file.py
```

그러면 지정된 스크립트에 기반해서 Locust가 실행된다. 터미널에 다음과 같은 메시지가 출력될 것이다(그림 14.5).

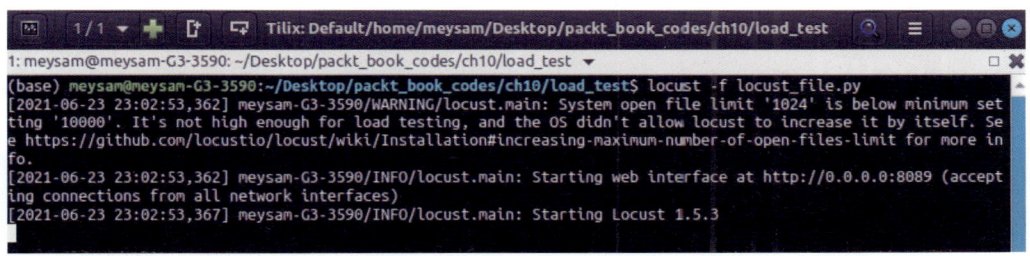

그림 14.5 Locust 실행 후의 터미널

4. 메시지를 보면 Locust 웹 인터페이스의 URL(`http://0.0.0.0:8089`)이 있다. 그 URL을 웹 브라우저로 열기 바란다. 그러면 그림 14.6과 비슷한 모습의 웹 인터페이스가 나타날 것이다.

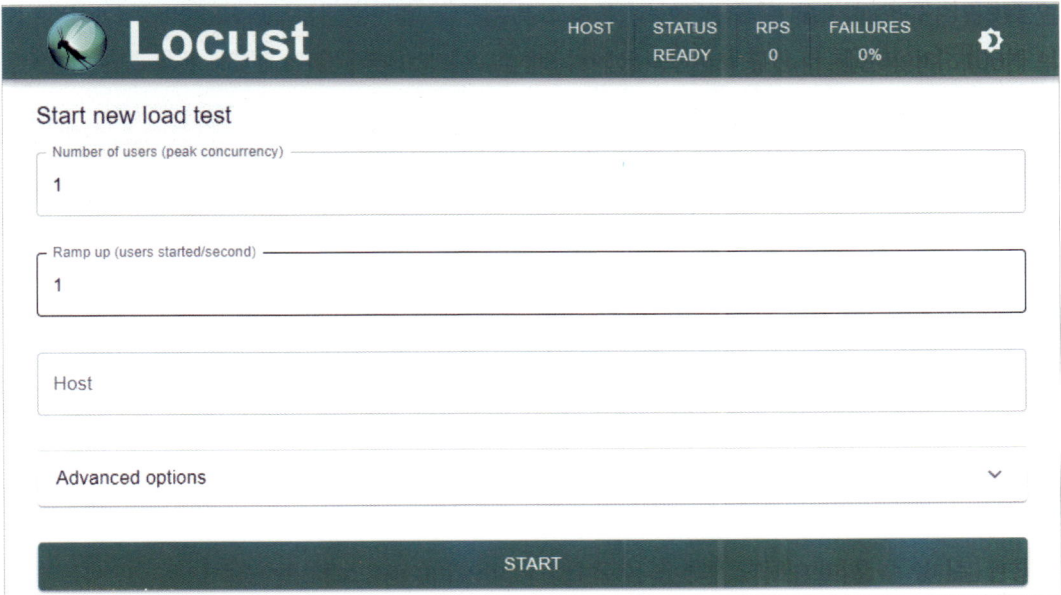

그림 14.6 Locust 웹 인터페이스

5. Locust 웹 인터페이스에서 **Numbers of users (peak concurrency)**(사용자 수(최대 동시접속))를 10으로 설정하고 **Ramp up (users started/second)**(증가 속도(초당 시작 사용자 수))는 1로 설정한다. 그리고 **Host**에는 서비스 기본 URL `http://127.0.0.1:8000`을 입력한다. **Advanced options**는 그대로 두고 [Start] 버튼을 클릭한다.

6. 이제 UI가 바뀌고 부하 테스트가 진행될 것이다. 언제라도 [Stop] 버튼을 클릭해서 테스트를 중지할 수 있다.

7. **Charts** 탭을 클릭하면 테스트 결과를 시각화한 그래프들이 표시된다(그림 14.7).

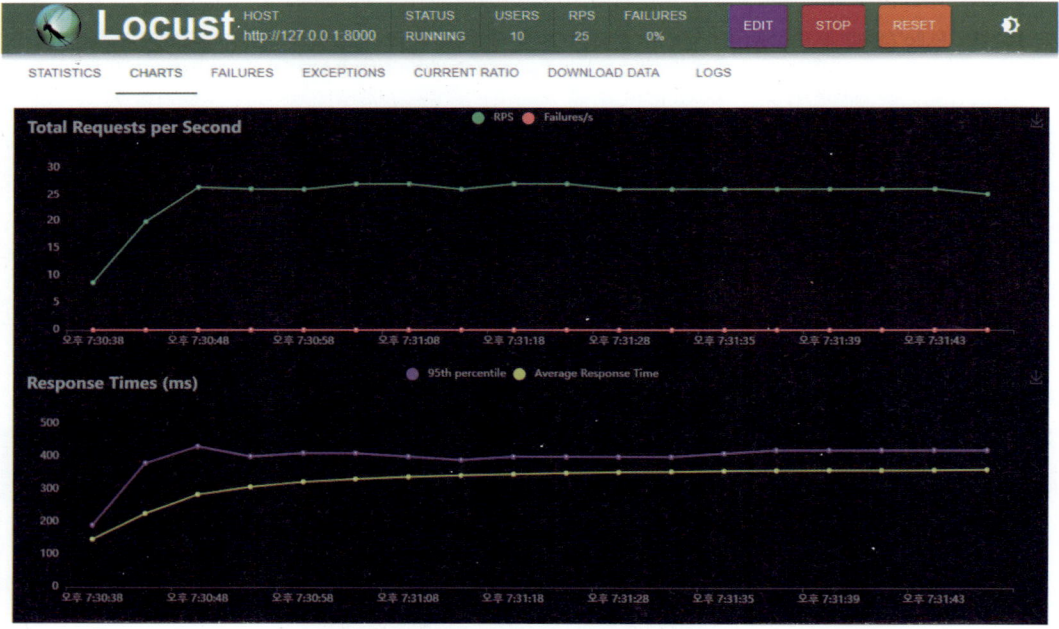

그림 14.7 Locust 테스트 결과를 개괄적으로 보여주는 그래프들

8. 세 가지 방식의 서비스 각각에 대해 이런 식으로 부하 테스트를 실행해서 결과 수치들을 수집하기 바란다. 한 번에 한 서비스씩 테스트해야 함을 명심하자. 즉, 한 서비스를 실행해서 테스트한 후 서비스와 테스트를 종료하고, 그다음 서비스를 실행해서 테스트하는 식으로 나아가야 한다.

그림 14.8은 저자의 시스템에서 얻은 결과다.

	TFX-기반 FastAPI	FastAPI	도커화한 FastAPI
평균 RPS	38.5	33	34
평균 RT(ms)	237	275	270

그림 14.8 다양한 구현의 결과 비교

여기서 **RPS**는 Requests Per Second, 즉 **초당 요청 수**다. 평균적으로 API가 1초에 몇 개의 요청에 응답했는지를 나타내는데, 클수록 서비스 성능이 좋은 것이다. **RT**는 Response Time, 즉 **응답 시간**이다. 평균 RT는 서비스가 하나의 요청에 응답하는 시간의 평균으로, 그림의 경우 단위는 밀리초다. 수치들을 보면 TFX 기반 FastAPI가 제일 빠르다. RPS는 가장 크고 RT는 가장 낮다. 모든 테스트는 32GB RAM을 탑재한 Intel(R) Core(TM) i7-9750H CPU 기기에서 GPU를 비활성화한 상태로 수행한 것이다.

이상으로 API를 테스트하고 RPS 및 RT와 같은 중요한 지표로 성능을 측정해 봤다. 그런데 실제 API를 테스트할 때는 사용자 수를 더욱 늘려 실제 사용 환경을 흉내 내는 등 좀 더 본격적으로 스트레스 테스트를 수행해 봐야 할 것이다. 다양한 방식으로 테스트를 수행하고 그 결과를 좀 더 현실적으로 보고하는 방법이 Locust 문서화(https://docs.locust.io/en/stable/)에 있으니 참고하기 바란다.

모델을 실무에 배포할 때 고려해야 할 중요한 사항 하나는 모델의 추론(inference) 속도다. 다음 절에서는 ONNX를 이용해서 모델 추론 속도를 높이는 방법을 살펴본다.

14.6 ONNX를 이용한 더 빠른 추론

ONNX(Open Neural Network Exchange)[2]는 훈련된 모델의 추론 속도를 높여 주는 도구다. 이와 관련한 라이브러리로 optimum 라이브러리가 있다. optimum 라이브러리를 이용하면 허깅 페이스 기반 모델의 파이프라인에 ONNX의 기능을 아주 간단하게 적용할 수 있다. 그럼 이들을 실제로 사용해 보자.

---

2   (옮긴이) 참고로 '오엔엔엑스'가 아니라 '오닉스'라고 읽는다(https://x.com/onnxai/status/973566899584950272 참고). 공식 웹사이트는 https://onnx.ai/이다.

1. 먼저 optimum 라이브러리와 onnxruntime 라이브러리를 설치한다.

   ```
   $ pip install optimum[onnxruntime]
   ```

2. 다음으로, 파이썬에서 optimum.pipelines를 이용해서 모델 파이프라인을 만든다.

   ```
   from optimum.pipelines import pipeline
   pipe = pipeline("text-classification",
       "cardiffnlp/twitter-xlm-roberta-base-sentiment",
       accelerator="ort")
   ```

   불러올 모델은 XLM-Roberta에 기반한 다국어 감성 분석 모델이다. accelerator 매개변수는 파이프라인이 사용할 가속기의 유형을 결정한다. 설정할 수 있는 값은 **ONNX 런타임**을 위한 ort와 BetterTransformer[3]를 위한 bettertransformer다. ONNX를 위해서는 지금처럼 ort를 사용해야 한다.

3. 이제 파이프라인을 실행한다.

   ```
   pipe("It was a great movie!")
   [{'label': 'positive', 'score': 0.9436209201812744}]
   ```

모델 파이프라인 생성 코드만 조금 바꾸었는데도 ONNX가 적용되었다. 시간을 측정해 보면 이전보다 모델의 추론이 빨라졌음을 알 수 있을 것이다.

다음 절에서는 SageMaker를 활용하는 방법을 살펴본다. 모델 호스팅은 까다로운 작업이지만, SageMaker를 이용하면 한결 편해진다.

14.7 SageMaker 추론

아마존[Amazon]은 허깅 페이스와 협업해서 몇 줄의 코드만으로 모델을 배포할 수 있는 좋은 방법을 만들었다. SageMaker를 이용해서 모델을 배포하려면 허깅 페이스의 모델 페이지에서 **Deploy** 목록을 열고 **Amazon SageMaker**를 선택하기만 하면 된다(그림 14.9). 참고로 마이크로소프트 애저[Azure]도 이와 비슷한 수단을 제공한다.

---

[3] (옮긴이) BetterTransformer는 파이토치에 특화된 최적화 API이다. 자세한 사항은 https://huggingface.co/docs/optimum/bettertransformer/overview를 참고하기 바란다.

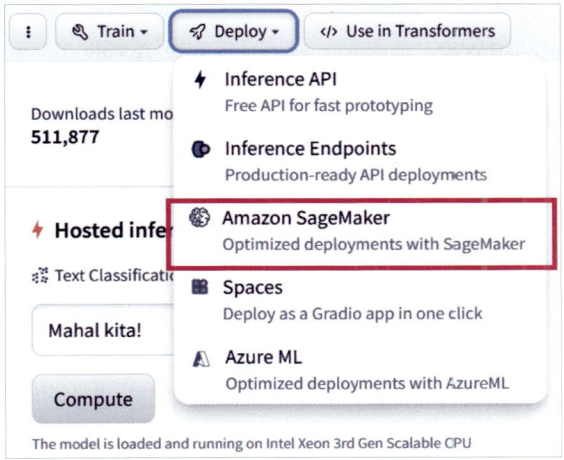

그림 14.9 허깅 페이스 모델 페이지의 Amazon SageMaker 버튼

그러면 SageMaker를 추론에 사용하기 위한 파이썬 코드를 얻을 수 있다. 단, 해당 코드를 사용하려면 먼저 AWS SageMaker 환경을 설정해야 한다는 점을 유념하기 바란다. 이것은 이 책의 범위를 넘는 주제라서 따로 설명하지는 않겠다. SageMaker 문서(https://aws.amazon.com/ko/sagemaker/)를 참고하면 그리 어렵지 않을 것이다.

그럼 독자가 AWS SageMaker 환경을 설정했다고 가정하고, SageMaker를 추론에 활용하는 방법을 살펴보자.

1. 첫 단계는 파이썬용 SageMaker 라이브러리를 설치하는 것이다.

   ```
   $ pip install sagemaker
   ```

2. 다음으로, SageMaker 기능에 접근하기 위한 역할(role)을 가져온다.

   ```
   import sagemaker
   import boto3
   from sagemaker.huggingface import HuggingFaceModel

   try:
       role = sagemaker.get_execution_role()
   except ValueError:
       iam = boto3.client('iam')
   ```

```
    role = \
        iam.get_role(RoleName='sagemaker_execution_role')['Role']['Arn']
```

3. 다음으로, 사용할 허깅 페이스 모델과 작업에 관한 정보를 설정한다.

```
hub = {
    'HF_MODEL_ID': \
        'cardiffnlp/twitter-xlm-roberta-base-sentiment',
    'HF_TASK':'text-classification'
}
```

4. 준비한 설정으로 SageMaker의 huggingface_model 객체를 생성한다.

```
huggingface_model = HuggingFaceModel(
    transformers_version='4.26.0',
    pytorch_version='1.13.1',
    py_version='py39',
    env=hub,
    role=role,
)
```

5. 마지막 단계는 모델을 배포하는 것이다.

```
predictor = huggingface_model.deploy(
    initial_instance_count=1, # 인스턴스 개수
    instance_type='ml.m5.xlarge' # ec2 인스턴스 유형
)
```

6. 이제 다음처럼 간단하게 모델을 사용할 수 있다.

```
predictor.predict({
    "inputs": " The movie was not good at all",
})
```

이렇게 해서 AWS SageMaker를 이용해서 모델을 호스팅하는 방법을 간단하게 살펴봤다.

요약

이번 장에서는 FastAPI를 이용해서 트랜스포머 모델의 기능을 웹 서비스 API 형태로 제공하는 방법을 배웠다. 또한 Docker의 기본 사항을 학습하고 애플리케이션을 Dccker 컨테이너 형태로 패키징하는 방법을 익혔으며, TFX를 이용해서 모델의 서비스를 좀 더 효율적이고 고도화된 방식으로 제공하는 방법도 살펴봤다. 그런 다음에는 Locust를 이용해서 모델의 부하 테스트를 수행하는 방법도 이야기했다. 가상의 사용자를 다수 생성해서 스트레스 테스트를 수행하고 그 결과를 그래프로 확인했다. 마지막으로는 SageMaker를 이용해서 클라우드에 모델을 호스팅하는 방법도 살펴봤다.

다음 장의 주제는 트랜스포머 모델의 추적과 모니터링이다. 트랜스포머 해체, 모델 뷰 같은 주제를 살펴보고, 훈련 모니터링을 위한 다양한 도구와 기술도 소개한다.

더 읽을거리

다음은 이번 장에서 언급한 여러 도구와 기술에 관한 추가 자료다. 특정 도구나 라이브러리를 여러분의 요구에 따라 구체적인 방식으로 활용하는 방법을 찾을 수 있을 것이다.

- Locust 문서: https://docs.locust.io
- TFX 문서: https://www.tensorflow.org/tfx/guide
- FastAPI 문서: https://fastapi.tiangolo.com
- 도커 문서: https://docs.docker.com
- 허깅 페이스 TFX 활용: https://huggingface.co/blog/tf-serving

15

모델 추적 및 모니터링

딥러닝 모델을 훈련할 때는 훈련 과정에서 다양한 요인을 고려하는 것이 매우 중요하다. 다양한 요인을 고려해서 세심하게 실험을 수행하면 모델의 성능에 관한 귀중한 통찰을 얻을 수 있다. 이번 장의 주제는 정교한 도구를 이용한 **실험 추적**(experiment tracking)이다. 이번 장에서는 **TensorBoard**와 **W&B**(Weights & Biases)를 이용해 실험을 로깅하고 모니터링하는 방법을 배운다. 이런 도구들을 통해 손실값 등 모델 훈련 최적화에 도움이 되는 여러 지표와 실험 데이터를 효율적으로 호스팅하고 추적할 수 있다.

이번 장에서 다루는 주제는 다음과 같다.

- 모델 지표 추적
- 텐서보드를 이용한 모델 훈련 추적
- W&B를 이용한 실시간 모델 훈련 추적

15.1 기술적 요구사항

이번 장의 모든 예제 코드가 원서 깃허브 저장소(https://github.com/PacktPublishing/Mastering-Transformers-Second-Edition)의 CH15 폴더에 있다. 이번 장의 실습 예제들은 파이썬 노트북(주피터

혹은 구글 코랩) 환경을 가정한다. 파이썬 버전은 3.6 이상이어야 한다. 또한, 다음 패키지들이 설치되어 있어야 한다.

- tensorflow
- pytorch
- transformers >=4.00
- tensorboard
- wandb

15.2 모델 지표 추적

이전 장들에서 우리는 언어 모델을 훈련해서 실행하고는 최종 결과를 단순한 방식으로만 분석해 봤다. 8장에서는 훈련 과정을 관찰하고, 몇 가지 **초매개변수 최적화**(Hyperparameter Optimization, HPO)를 훈련 과정에 적용해서 그 성과를 비교해 봤다. 이번 절에서는 외부 도구를 이용해서 모델의 훈련을 시각적으로 모니터링하는 방법을 간단하게만 살펴본다. 모니터링할 모델은 5장에서 개발한 것이다.

딥러닝(심층학습) 분야에는 다양한 실험 추적 프레임워크가 있다. 텐서보드와 W&B 외에도 MLflow, Neptune, CodeCarbon, ClearML 등이 유명하다. 이들을 모두 살펴볼 수는 없으므로, 이번 장에서는 텐서보드와 W&B에 초점을 둔다. 텐서보드를 이용하면 훈련 결과를 지역 파일 시스템에 저장하고 훈련을 마친 후에 훈련 결과를 시각화할 수 있다. W&B로는 클라우드 플랫폼에서 모델 훈련 진행 상황을 실시간으로 모니터링할 수 있다.

이 도구들의 상세하고 완전한 사용법은 이 책의 범위를 넘는 것이므로, 여기서는 이 도구들의 사용법을 간단하게 소개한다.

그럼 텐서보드부터 시작하자.

15.2.1 텐서보드를 이용한 모델 훈련 추적

텐서보드는 딥러닝 실험에 특화된 시각화 도구다. 훈련 과정 추적은 물론 임베딩을 더 낮은 차원으로 투영하거나 모델 그래프를 시각화하는 등 다양한 기능을 갖추고 있다. 그러나 주된 용도는 손실값 같은 훈련 성과 지표를 추적하고 시각화하는 것이다. Transformers 라이브러리의 텐서보드 지원 기능을 이용하면 그런 지표를 아주 간단하게 추적할 수 있다. 기존의 모델 훈련 코드에 몇 줄만 추가하면 된다. 기존 코드를 고칠 필요는 거의 없다.

이번 절에서는 5장의 **IMDb**(Internet Movie Database; 인터넷 영화 데이터베이스) 감성 분석 미세 조정 예제의 지표를 추적해 보겠다. 5장에서 우리는 IMDb 데이터셋에서 각각 예시 4,000개, 1,000개, 1,000개를 추출해서 만든 훈련, 검증, 테스트 데이터셋으로 감성 분석 모델을 훈련하고 테스트했다. 이번에는 그 모델의 훈련 과정을 텐서보드를 이용해서 추적하고 모니터링한다. 텐서보드에 관한 더 자세한 내용은 공식 문서(https://www.tensorflow.org/tensorboard)를 참고하기 바란다.

그럼 시작하자.

1. 먼저 tensorboad 라이브러리를 설치한다.

   ```
   !pip install tensorboard
   ```

2. 5장의 IMDb 감성 분석 코드 중 훈련 인수 설정 부분을 다음과 같이 수정한다.

   ```
   from Transformers import TrainingArguments, Trainer
   training_args = TrainingArguments(
       output_dir='./MyIMDBModel',
       do_train=True,
       do_eval=True,
       num_train_epochs=3,
       per_device_train_batch_size=16,
       per_device_eval_batch_size=32,
       logging_strategy='steps',
       logging_dir='./logs',
       logging_steps=50,
       evaluation_strategy="steps",
       save_strategy="steps",
       fp16=True,
       load_best_model_at_end=True
   )
   ```

   텐서보드는 `logging_dir`에 지정된 디렉터리에 저장된 데이터를 사용한다. 훈련 데이터셋의 크기가 4,000이고 훈련 배치 크기가 16이므로, 에포크당 단계 수는 250(4,000 나누기 16)이다. 즉, 훈련은 총 3에포크, 750단계로 진행된다.

`logging_steps`는 50으로 설정했다. 이것은 수치들을 표집(샘플링)하는 간격에 해당한다. 이 간격을 줄이면 모델 성능이 오르내리는 지점들을 좀 더 세밀하게 기록할 수 있다. 나중에 좀 더 깊이 있는 분석을 위해 실제로 이 간격을 더 줄여서 고해상도 결과를 얻는 실험을 추가로 진행할 것이다.

나머지 코드는 5장과 동일하다. `results=trainer.train()`에 의해 훈련이 시작되면, 주기적으로 `compute_metrics()` 함수가 호출돼서 모델의 성능 지표들이 측정된다. 측정되는 지표는 정확도, F1 점수, 정밀도, 재현율이다. 단계 수가 750이고 표집 간격이 50이므로, 훈련 과정 전체에서 총 15개의 지표 수치가 `logging_dir='./logs'` 디렉터리에 기록된다.

앞에서 `load_best_model_at_end`를 True로 설정했음을 기억할 것이다. 이렇게 하면 파이프라인은 손실값(loss)을 기준으로 가장 좋은 성능을 보인 체크포인트를 불러온다. 훈련이 끝난 후 수치들을 보면, `checkpoint-250`에서 손실값이 0.263인 최고 성능 모델이 적재됐음을 확인할 수 있다.

3. 이제 다음을 실행해서 텐서보드를 실행한다.

```
%reload_ext tensorboard
%tensorboard --logdir logs
```

출력은 다음과 같다(그림 15.1).

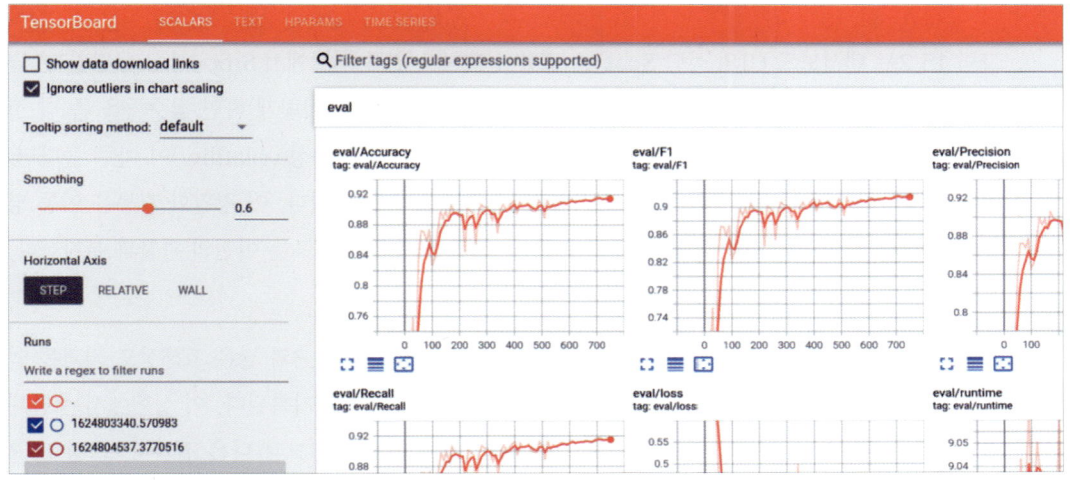

그림 15.1 훈련 이력(history)을 텐서보드로 시각화한 모습

잘 살펴보면 앞에서 정의한 지표들을 확인할 수 있을 것이다. X축은 0에서 750단계까지인데, 앞에서 계산한 단계 수와 일치한다. 여기서 텐서보드의 모든 기능을 설명하지는 않겠다. **eval/loss** 그래프만 살펴보자. 좌측 하단의 최대화 아이콘을 클릭하면 다음과 같은 그래프가 나타난다(그림 15.2).

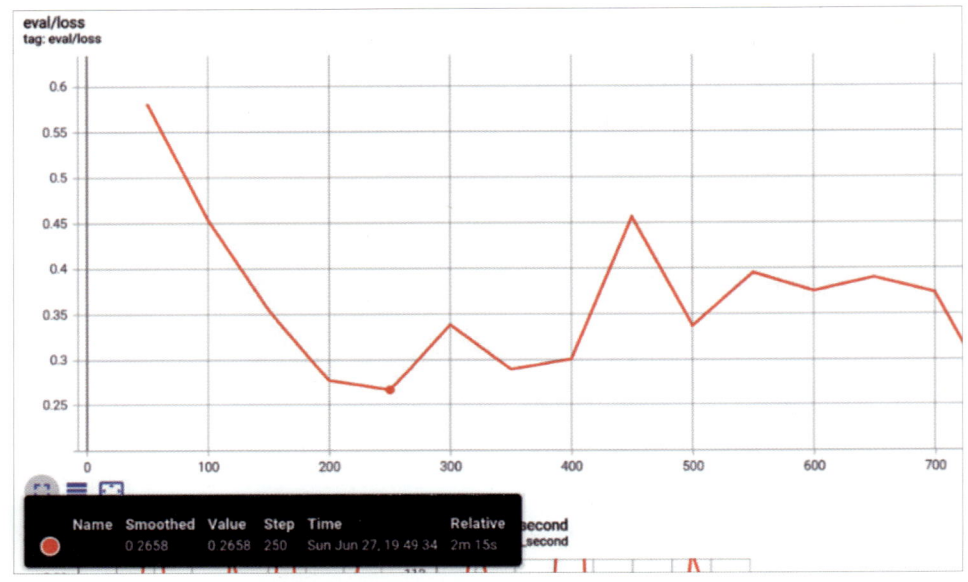

그림 15.2 단계 50의 기록에 대한 텐서보드의 eval/loss 그래프

그림 15.2는 텐서보드 UI의 상단 **Scalars** 탭을 선택하고 왼쪽 패널에서 **Smoothing**(평활화) 슬라이더를 0으로 설정한 후 eval/loss 그래프를 확대한 모습이다. 이렇게 하면 점수들을 좀 더 정밀하게 살펴보면서 전역 최솟값을 찾을 수 있다. 실험 결과의 변동성(volatility)이 아주 높다면, 이러한 평활화 기능이 전반적인 추세를 파악하는 데 도움이 될 것이다. 이 평활화 기능은 **이동 평균**(moving average, **MA**)과 같은 역할을 한다. 그림 15.2의 그래프는 이전의 관찰과 부합한다. 실제로 단계 **250**의 **0.2658**이 최저 손실값이다.

4. `logging_steps`를 10으로 설정해서 모델을 다시 훈련하면 그림 15.3과 같은 고해상도 결과를 얻을 수 있다. 이 경우에는 성능 지표들이 총 75회(750단계/10단계) 기록된다. 이 실험에서는 단계 220에서 손실값이 0.238인 모델이 최고 모델인데, 이는 이전 실험보다 나은 결과다. 그림 15.3에서 해당 전역 최솟값을 확인할 수 있다. 해상도를 높이면 지표들이 오르내리는 모습이 더 많이 관찰될 것이다.

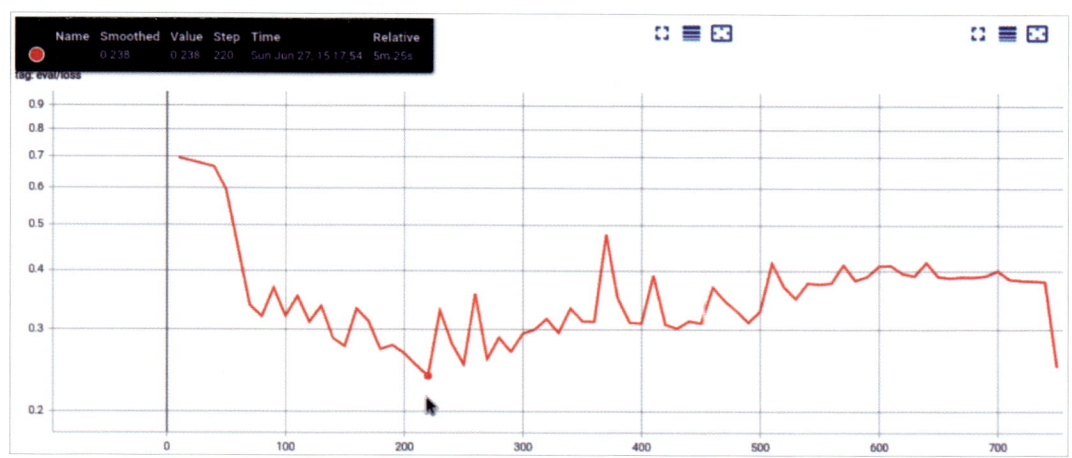

그림 15.3 기록 간격을 10으로 설정한 고해상도 eval/oss 그래프

텐서보드는 이것으로 마무리하고, W&B로 넘어가자!

15.2.2 W&B를 이용한 실시간 모델 훈련 추적

텐서보드와는 달리 W&B(Weights & Biases)는 클라우드 플랫폼에서 대시보드를 제공한다. 모든 실험을 하나의 허브에서 추적하고 백업할 수 있다. 또한, W&B는 개발 및 공유를 위한 팀 단위 협업 기능도 제공한다. 훈련 코드 자체는 지역 컴퓨터에서 실행되지만 로그는 W&B 클라우드에 저장된다. 가장 중요한 점은 훈련 과정을 실시간으로 추적할 수 있으며 결과를 즉시 커뮤니티나 팀과 공유할 수 있다는 것이다.

W&B 역시 기존 코드를 아주 조금만 수정하면 적용할 수 있다.

1. 먼저 W&B 웹사이트(`https://wandb.ai`)에서 사용자 계정을 생성하기 바란다.
2. 다음으로, 파이썬 wand 라이브러리를 설치한다.

   ```
   !pip install wandb
   ```

3. 다음으로, 5장의 감성 분석 실습 예제 코드에 다음 코드를 추가해서 wanda 라이브러리를 임포트한다.

   ```
   import wandb
   ```

4. W&B의 기능을 사용하려면 W&B에 로그인해야 한다. 다음 명령을 실행하기 바란다.

   ```
   !wandb login
   ```

   wandb는 API 키를 요구하는데, https://wandb.ai/authorize에서 간단한 인증 절차를 거쳐서 생성할 수 있다.

5. 로그인에 어려움이 있다면, 다음과 같이 `WANDB_API_KEY` 환경 변수에 API 키를 설정하는 방법도 있다.

   ```
   !export WANDB_API_KEY=e7d*********
   ```

6. 5장의 IMDb 감성 분석 예제 코드 중 훈련 인수 설정 부분을 다음과 같이 변경한다. `TrainingArguments` 호출에서 다른 매개변수들은 모두 그대로 두고 다음과 같이 `report_to="wandb"`와 `run_name="..."`만 추가하면 W&B 연동이 활성화된다.

   ```
   training_args = TrainingArguments(
       ... the rest is same ...
       run_name="IMDB-batch-32-lr-5e-5",
       report_to="wandb"
   )
   ```

7. 이제 `trainer.train()`을 호출하는 즉시 W&B 클라우드와 연동되어서 각종 수치가 전송된다. `trainer.train()`의 호출이 완료되었다면 다음을 실행해서 작업이 끝났음을 W&B에 알려야 한다.

   ```
   wandb.finish()
   ```

현재 지역 컴퓨터에도 다음과 같이 실행 이력이 출력된다(그림 15.4).

그림 15.4 W&B의 지역 출력

W&B가 알려준 URL을 웹 브라우저로 열면 다음과 같은 인터페이스를 볼 수 있다.

그림 15.5 훈련 실행 결과를 개괄적으로 보여주는 원격 W&B 대시보드

그림 15.5는 실행 1회의 성능 결과를 요약해서 시각화한 모습이다. 그림에서 보듯이, `compute_metric()` 함수에서 정의한 지표들을 여기서 추적할 수 있다.

이제 평가 손실을 살펴보자. 그림 15.6은 **eval/loss** 그래프를 확대한 것인데, 앞에서 본 텐서보드의 평가 손실 그래프(그림 15.2)와 부합한다. 이번에도 최소 손실은 단계 250의 **0.2658**이다.

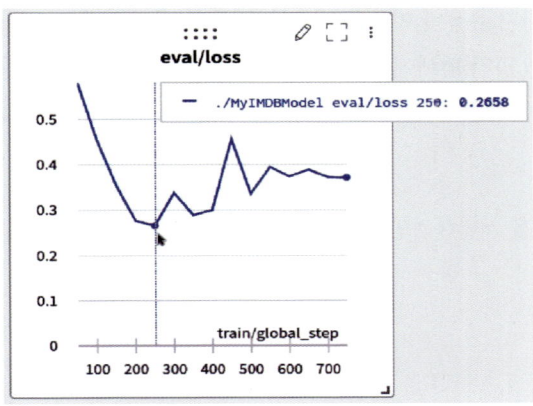

그림 15.6 W&B 대시보드의 IMDb 실험 eval/loss 그래프

이상은 실행 1회의 시각화다. W&B는 여러 실행 결과를 동시에 동적으로 탐색하는 기능도 제공한다. 예를 들어 학습률이나 배치 크기 같은 초매개변수들을 여러 가지로 설정해서 진행한 다수의 실행 결과를 시각화할 수 있다. 각각 실행에서 초매개변수들과 실행 식별 이름(run_name="...")을 각자 다르게 설정한 `TrainingArguments` 객체를 사용하면 된다.

그림 15.7은 초매개변수 구성이 각자 다른 여러 개의 IMDb 감성 분석 실행을 비교하는 모습이다. 서로 다른 배치 크기와 학습률도 확인할 수 있다.

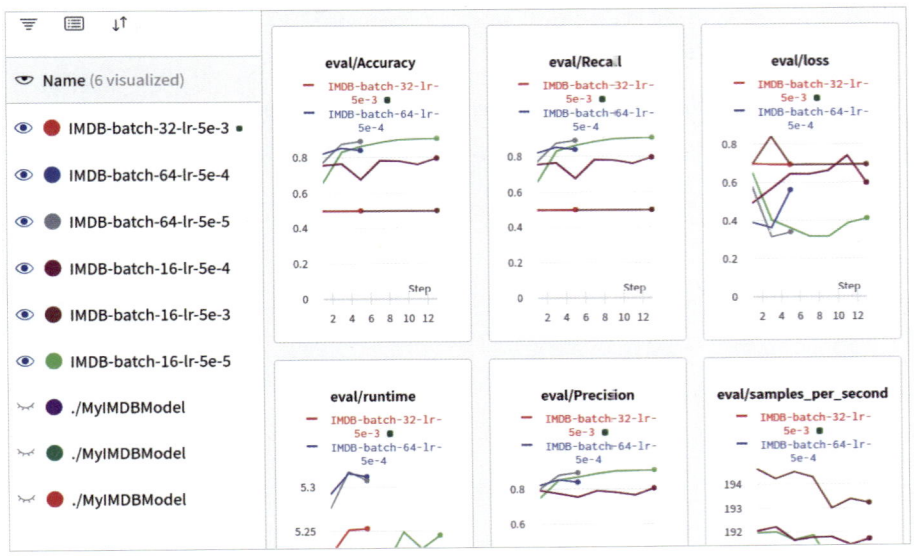

그림 15.7 W&B 대시보드에서 여러 실행 결과 탐색

W&B는 그 밖에도 여러 가지 유용한 기능을 제공한다. 예를 들어 W&B 스위프^{sweep}는 초매개변수 최적화의 자동화와 가능한 모델 공간 탐색에 도움을 준다. 또한 W&B는 GPU 사용량, CPU 활용도 등과 관련된 시스템 로그도 제공한다. 좀 더 자세한 정보는 공식 웹사이트 https://wandb.ai/home을 참고하기 바란다.

수고 많았다! 더 나은 모델을 개발하려면 이런 유틸리티 도구들을 잘 활용하는 것이 매우 중요하다.

요약

이번 장에서는 모델 훈련 추적 도구 몇 가지를 소개하고, 모델의 품질 개선과 오류 분석을 위해 실험을 추적하는 방법을 살펴봤다. 텐서보드와 W&B를 이용해서 IMDb 감성 분석 모델의 훈련을 추적해 봤는데, 이 두 도구 덕분에 실험을 효과적으로 추적할 수 있었다. 이런 도구들을 잘 활용하면 모델의 훈련을 최적화하는 데 도움이 되는 통찰을 얻을 수 있다.

다음 장에서는 트랜스포머의 자기주의 메커니즘을 이미지 처리에 활용하는 방법을 논의한다.

더 읽을거리

모델의 추적과 모니터링에 관해 좀 더 자세히 알고 싶다면 다음 자료가 도움이 될 것이다.

- W&B 공식 문서: https://docs.wandb.ai/
- 텐서보드 가이드: https://www.tensorflow.org/tensorboard/get_started

4부

NLP 이외의 트랜스포머 활용

4부에서는 NLP 이외의 용도로 트랜스포머의 응용 범위를 넓히는 문제를 다룬다.

16장에서는 비전 트랜스포머의 개념을 상세히 다룬다. 이는 트랜스포머 기반 모델을 컴퓨터 비전 작업에 적용하는 혁신적인 접근 방식으로, 전통적인 합성곱 신경망과는 다른 관점을 제시한다.

17장은 다중 모달 생성형 트랜스포머(Multimodal Generative Transformers)에 초점을 둔다. 이것은 다수의 모달에 걸친 복잡한 출력을 생성할 수 있는 정교한 모델로, 트랜스포머 모델의 다재다능함과 강력한 성능을 보여준다.

마지막으로 18장에서는 트랜스포머를 이용한 시계열 모델링을 깊이 있게 살펴본다. 순차 데이터의 분석과 예측에 트랜스포머를 적절히 사용하는 방법을 탐구한다.

4부의 장들은 다음과 같다.

- 16장 비전 트랜스포머(ViT)
- 17장 생성형 다중 모달 트랜스포머
- 18장 시계열 데이터를 위한 트랜스포머 아키텍처의 재고찰

16

비전 트랜스포머 (ViT)

트랜스포머는 **자연어 처리(NLP)** 분야의 주요 목표들을 달성해 온 뛰어난 생성형 모델 아키텍처다. 이전 장들에서 봤듯이 트랜스포머 모델은 다양한 NLP 작업에서 많은 성과를 이룰 수 있다. 이번 장에서는 흔히 **ViT**로 줄여서 표기하는 **비전 트랜스포머**^{Vision Transformer, ViT} 모델을 탐구한다. NLP를 위해 다양한 모델이 만들어진 것처럼 **컴퓨터 비전**^{Computer Vision, CV}**(CV)**을 위해서도 다양한 모델이 만들어졌다. 그런 모델 각각은 컴퓨터 비전에 관한 새로운 관점을 제시했다. 이번 장에서 여러분은 ViT 같은 모델을 컴퓨터 비전 작업에 활용하는 방법과 트랜스포머 기반의 사전 훈련된 컴퓨터 비전 모델의 작동 원리, 특정 작업을 위해 ViT 모델을 미세조정하는 방법도 살펴본다. 또한 프롬프트 기반 모델들을 소개하고, 이들이 주어진 시각적 프롬프트에 맞는 결과를 어떻게 생성하는지도 알아볼 것이다.

이번 장에서 다루는 주제는 다음과 같다.

- 비전 트랜스포머
- 트랜스포머를 이용한 이미지 분류
- 트랜스포머를 이용한 의미론적 분할 및 물체 검출
- 시각적 프롬프트 모델

16.1 기술적 요구사항

이번 장의 실습 예제들을 제대로 수행하려면 다음과 같은 라이브러리/패키지가 필요하다.

- Anaconda
- transformers 4.0.0
- pytorch 1.0.2
- tensorflow 2.4.0
- seaborn
- timm

이번 장의 예제 코드를 담은 파이썬 노트북들이 원서 깃허브 저장소(https://github.com/PacktPublishing/Mastering-Transformers-Second-Edition)에 있으니 참고하기 바란다.

16.2 비전 트랜스포머(ViT)

트랜스포머는 NLP 영역의 여러 문제를 해결해서 좋은 성과를 냈다. 하지만 일부 연구자들은 트랜스포머를 텍스트 외의 영역에도 적용하기 시작했다. 컴퓨터 비전(CV)은 트랜스포머가 활발히 쓰이는 분야 중 하나이다. 이번 절에서는 트랜스포머를 컴퓨터 비전에 적용하는 방법을 배운다. 컴퓨터 비전은 오래전부터 인공지능 분야의 주요 문제였는데, 특히 2010년대에 딥러닝 기술이 주목받게 했다. NLP는 텍스트 데이터만 다룬다. 입력은 주로 시계열(time series) 문자 기반 데이터이고, 출력 역시 문자로 구성된 텍스트다. 반면에 컴퓨터 비전 문제는 이미지를 입력으로 받는다. 출력은 하나의 수치일 수도 있고 행렬일 수도 있다. 예를 들어 회색조(그레이스케일) 이미지는 이미지의 너비와 높이에 해당하는 행들과 열들로 이루어진 행렬로 표현할 수 있다. 흑백 이미지의 픽셀을 0과 1로 표현한다고 생각하면 이해가 될 것이다 (그림 16.1).

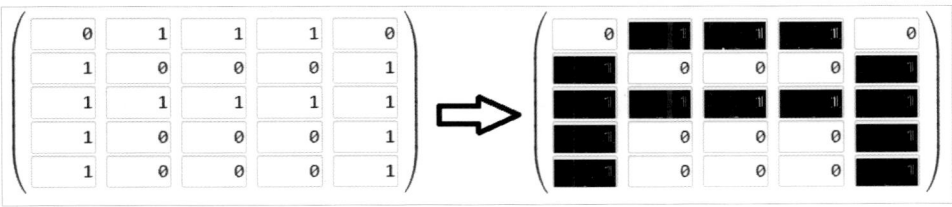

그림 16.1 문자 A를 나타내는 흑백 이미지

그림 16.1은 검은색과 흰색만 표현할 수 있는 아주 단순한 모니터를 가정한 것이다. 이미지를 나타내는 행렬의 각 성분(칸)은 1 또는 0의 이진 수치다. 값이 0이면 LED 픽셀이 켜지고(완전히 밝음) 1이면 픽셀이 꺼진다(물론 1을 꺼짐, 0을 켜짐으로 정의할 수도 있다). 이에 의해 모니터 화면에 A자가 표시된다.

회색조 이미지의 경우 행렬의 성분은 0 또는 1이 아니라 0에서 255까지의 값을 가진다. 이 범위는 완전히 검은색에서 순백색까지 256단계의 회색에 대응된다. 완전한 색상을 표현할 수 있는 RGB 이미지는 그런 행렬 세 개로 구성된다. 각 행렬의 성분들은 빨간색(R), 초록색(G), 파란색(B)의 세기를 나타낸다. 모니터의 각 픽셀은 세 가지 원색 세기의 조합에 의해 특정한 색상으로 빛나게 된다.

컴퓨터 비전은 그런 식으로 수치화(디지털화)된 이미지 데이터를 다룬다. 그럼 이런 유형의 데이터를 트랜스포머가 어떻게 처리, 학습, 활용하는지 살펴보자.

트랜스포머는 시계열 데이터를 다루는 데 매우 뛰어나다. 그런데 이미지도 어떤 면에서는 시계열 데이터로 볼 수 있다. 주어진 이미지를 작은 패치(patch)들로 나눈다고 하자. 패치의 크기는 16x16픽셀이라고 하겠다(물론 설명을 위한 예일 뿐, 실제로는 더 큰 패치를 사용할 수 있다). 이 패치를 행렬로 간주하고 '평탄화(flattening)'해서 벡터로 변환함으로써 2차원 이미지를 1차원 시계열 데이터처럼 다룰 수 있게 된다. 실제로 **합성곱 신경망**(convolutional neural network, CNN)은 그런 방식으로 이미지 패치들에 합성곱 필터를 적용한다. 그런데 합성곱 필터층 다음에 밀집층(dense layer) 기반의 임베딩들을 추가한다면 모델이 더욱 유용해진다. 그러면 각 패치가 16×16 행렬이 아니라 이미지의 특정 부분에 대한 밀집 표현이 된다. 또한 위치 임베딩(positional embedding)도 반드시 추가해야 한다.

이전에 살펴본 인코더 전용 모델처럼 이런 모델도 인코더만으로 구성할 수 있다. 예를 들어, 각 연산의 처음 부분에 별도의 토큰(NLP 작업을 위한 [CLS] 토큰에 해당하는)을 추가함으로써 모델이 전체 이미지에 대한 표현을 생성하게 만들 수 있다. 분류의 경우에는 그런 토큰을 이용해서 전체 이미지를 여러 클래스 중 하나로 분류하는 것이 가능하다.

그림 16.2는 ViT 아키텍처다.

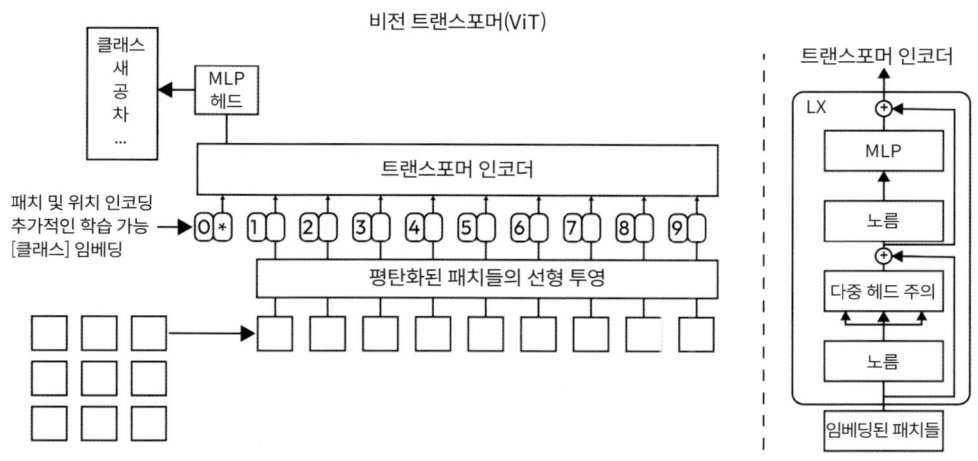

그림 16.2 ViT 아키텍처

아키텍처의 나머지 부분은 트랜스포머의 인코더 블록과 동일하다. ViT 같은 아키텍처의 핵심은 데이터를 '패치화'해서 벡터들로 변환하고 그 벡터들에 위치 임베딩을 적용하는 것이다.

이 밖에도 ViT와 아주 비슷하지만 같지는 않은 여러 접근 방식이 있다. 예를 들어 **DeiT**(Data-Efficient Image Transformer; 데이터 효율적 이미지 트랜스포머) 모델은 추가 토큰을 이용해서 ResNet 같은 다른 모델로부터 지식을 얻는다. 주된 차이점은 훈련 과정에서 두 가지 손실 함수를 사용한다는 것이다. 하나는 [CLS] 토큰에 대한 분류 교차 엔트로피 손실이고, 다른 하나는 교사 모델(teacher model) 예측을 위한 증류(distillation) 토큰에 대한 손실이다. 이를 통해 모델은 교사 모델의 지식을 더 잘 파악할 수 있으며, 덕분에 사전 훈련 단계가 더욱 빨라진다.

그림 16.3은 DeiT 모델의 아키텍처이다.

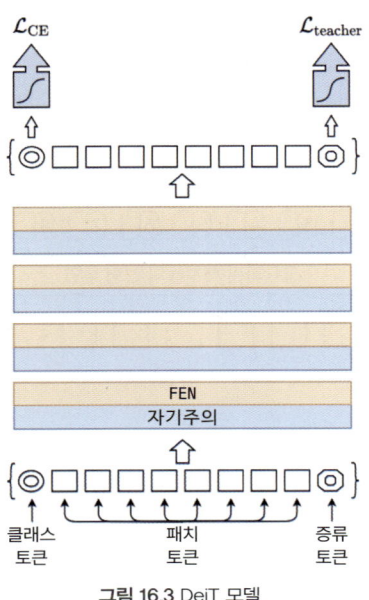

그림 16.3 DeiT 모델

ImageGPT(iGPT)도 매우 유사한 방법을 사용하는 또 다른 접근 방식이다. GPT 기반 NLP 모델이 다음 토큰(단어)을 예측하도록 훈련되는 것과 아주 비슷하게, iGPT 모델은 다음 픽셀 값을 예측하도록 훈련된다. 이를 통해 모델은 주어진 초기 픽셀들로부터 이미지의 나머지 부분을 예측할 수 있다. 그림 16.4는 iGPT로 생성한 이미지들이다(출처는 OpenAI 웹사이트의 시연 자료).

그림 16.4 ImageGPT

DETR(Detection Transformer; 탐지 트랜스포머)이라는 것도 있다. DETR 모델은 물체 검출(object detection; 또는 물체 탐지, 객체 검출) 같은 작업에 사용된다. 이 아키텍처는 트랜스포머 블록과 함께 합성곱을 사용한다. 그림 16.5에 DETR 아키텍처가 나와 있다. 하나의 백본backbone으로 생성한 이미지의 2차원 벡터 표현을 트랜스포머 인코더 블록에 입력한다. 인코더 블록의 출력은 디코더 블록에 입력되며, 디코더 블록은 각각의 물체 검출 출력을 생성한다. 디코더 블록에는 각 물체에 대한 질의 벡터도 입력된다. 질의 벡터들은 모델이 이미지에 어떤 물체들이 있는지 예측하는 데 도움을 준다(그림 16.5).

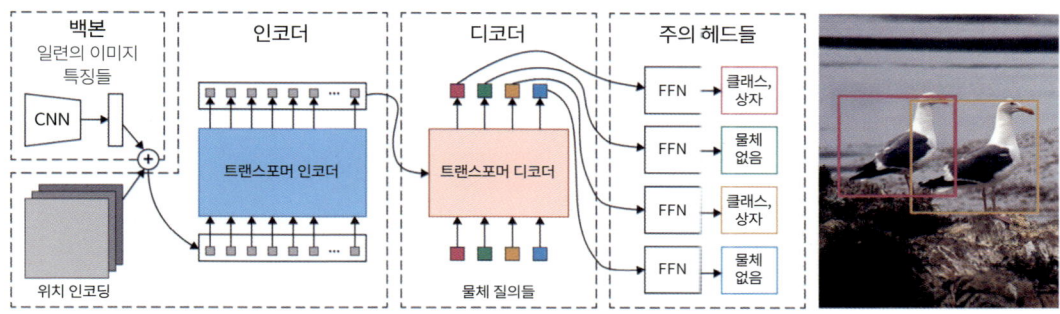

그림 16.5 DETR 아키텍처

컴퓨터 비전을 위한 트랜스포머 기반 모델들은 CNN 기반 모델들과 비슷한 수준의 성능을 보인다. 가장 중요한 점은 이러한 모델들에 쓰이는 표현 방식이다. 트랜스포머 기반 모델들은 텍스트와 이미지를 동일한 형태(토큰 기반 및 패치 기반)로 표현할 수 있기 때문에 이미지를 픽셀로, 텍스트를 토큰으로 보는 CNN 기반 모델들보다 좀 더 다양한 용도로 사용할 수 있다. 둘 이상의 모달을 이해하거나 생성하는 능력을 갖춘 다중 모달 모델과 다중 모달 학습을 17장에서 살펴볼 것이다. CNN 기반 모델들에 비해 트랜스포머 기반 모델은 여러 작업을 좀 더 효율적으로 학습할 수 있기 때문에 다중 모달 기반 모델(base model)을 만드는 데 유용하다. NLP를 위한 기반 언어 모델처럼 컴퓨터 비전을 위한 기반 모델도 대량의 데이터로 사전 훈련된 모델이다.

지금까지 컴퓨터 비전을 위한 비전 트랜스포머(ViT)의 기초를 살펴보고, 이 분야의 다양한 접근 방식도 소개했다.

다음 절에서는 이미지 분류 작업에 ViT를 사용하는 방법을 좀 더 구체적으로 살펴본다.

16.3 트랜스포머를 이용한 이미지 분류

트랜스포머 기술을 이용해서 이미지 분류를 수행해야 한다면 ViT가 좋은 선택이다. 사전 훈련된 ViT 모델들이 많이 있으며 허깅 페이스의 Transformers 라이브러리가 그런 모델들을 지원하기 때문에 사용하기가 매우 쉽고 편하다. 그럼 시작해 보자.

1. ViT 모델을 사용하려면 이전 장들에서처럼 사전 훈련된 모델과 처리기(processor)를 Transformers 라이브러리를 이용해서 불러오면 된다. 다음은 구글의 `google/vit-base-patch16-224` 모델과 처리기를 불러오는 코드다.

```
from transformers import (
    ViTForImageClassification, ViTImageProcessor)
model = ViTForImageClassification.from_pretrained(
    'google/vit-base-patch16-224')
processor = ViTImageProcessor.from_pretrained(
    'google/vit-base-patch16-224')
```

2. 다음으로, 분류할 이미지를 준비해야 한다. 인터넷에서 이미지 하나를 내려받자.

```
from PIL import Image
import requests
url = 'http://images.cocodataset.org/val2017/000000439715.jpg'
image = Image.open(requests.get(url, stream=True).raw)
```

위의 코드는 COCO(Common Objects in Context) 데이터셋의 한 이미지를 내려받는다.

3. 이 이미지를 ViT 모델에 입력하려면 ViT에 적합한, 원하는 형식으로 변환한다. 앞에서 불러온 처리기를 이용하면 된다.

```
inputs = processor(images=image, return_tensors="pt")
```

4. 이제 다음과 같이 이미지의 픽셀 값들을 모델에 전달하기만 하면 모델이 분류를 수행해서 클래스 확률들을 돌려준다.

```
outputs = model(inputs.pixel_values)
```

5. 심층 신경망과 소프트맥스 함수에 기반한 대부분의 분류 접근 방식과 마찬가지로, 확률이 가장 큰 클래스가 곧 분류 결과다. 이를 위해 `argmax` 함수를 이용해서 확률이 가장 큰 클래스의 ID를 얻는다.

```
prediction = outputs.logits.argmax(-1)
```

6. 이제 이 클래스 ID에 해당하는 클래스 이름만 출력하면 된다. 클래스 이름은 모델의 `config.id2label`로 조회할 수 있다.

```
print("Class label: ", model.config.id2label[prediction.item()])
```

출력은 다음과 같다[1].

```
Class label: bearskin, busby, shako
```

이렇게 해서 ViT를 이용해 이미지 하나를 간단히 분류해 봤다. ViT 모델을 직접 훈련하지는 않았는데, 이에 대해서는 나중에 좀 더 살펴볼 것이다. ViT 분류 모델을 여러분만의 데이터셋으로 훈련할 때는 훈련용 이미지들을 모델이 인식하는 유효한 형식으로 전처리하는 것이 중요하다.

다음 절에서는 이미지 분류와 함께 컴퓨터 비전의 또 다른 주요 작업인 의미론적 분할과 물체 검출을 살펴본다.

16.4 트랜스포머를 이용한 의미론적 분할과 물체 검출

이번 절은 컴퓨터 비전의 중요한 두 가지 작업인 **의미론적 분할**(semantic segmentation)과 **물체 검출**(object detection)에 초점을 둔다. 트랜스포머를 이용해서 의미론적 분할과 물체 검출을 수행하는 방법을 배우게 될 것이다.

DETR 같은 모델들은 물체 검출과 의미론적 분할을 수행하는 능력이 있다. 허깅 페이스에는 사전 훈련된 DETR 모델들이 있으므로, Transformers 라이브러리를 이용해서 간단하고 편하게 사용할 수 있다.

그럼 DETR 모델을 이용해서 이미지에 존재하는 물체들을 탐지해 보자.

1. 먼저 DETR 모델과 처리기를 불러온다.

```
from transformers import (
    DetrImageProcessor, DetrForObjectDetection)
```

---

[1] (옮긴이) 예시 이미지는 제복을 갖춰 입고 말을 탄 군인의 모습이다. bearskin과 busby는 영국 왕실 근위병의 상징인 곰 털가죽 모자이고, shako도 그와 비슷한 형태의 털가죽 군모다.

```
import torch
from PIL import Image
import requests
processor = DetrImageProcessor.from_pretrained(
    "facebook/detr-resnet-50")
model = DetrForObjectDetection.from_pretrained(
    "facebook/detr-resnet-50")
```

2. 다음으로, COCO 데이터셋에서 예시 이미지를 하나 내려받는다.

```
url = "http://images.cocodataset.org/val2017/000000439715.jpg"
image = Image.open(requests.get(url, stream=True).raw)
```

3. 이제 예시 이미지를 전처리한 후 모델에 입력해서 이미지에 담긴 물체들을 탐지한다.

```
inputs = processor(images=image, return_tensors="pt")
outputs = model(**inputs)
```

4. 모델이 돌려준 출력 객체에는 탐지된 물체들의 위치와 크기를 말해주는 경계 상자(bounding box) 정보가 들어 있다. 다음은 최종 결과를 얻기 위해 그 경계 상자들을 후처리하는 코드다. 후처리 시 임곗값(threshold; 문턱값)을 지정해서 경계 상자들을 걸러낼 수 있다. 여기서는 **0.9**를 지정한다. 검출 확실도가 이 임곗값보다 작은 경계 상자들은 폐기된다.

```
target_sizes = torch.tensor([image.size[::-1]])
results = processor.post_process_object_detection(
    outputs, target_sizes=target_sizes, threshold=0.9)[0]
```

5. 이제 경계 상자들을 출력해 보자.

```
for score, label, box in zip(results["scores"],
    results["labels"], results["boxes"]):
    box = [round(i, 2) for i in box.tolist()]
    print(
        f"Detected {model.config.id2label[label.item()]} \
            with confidence "
        f"{round(score.item(), 3)} at location {box}"
    )
```

출력은 다음과 같다.

```
Detected person with confidence 0.979 at location [514.99, 278.84, 562.75, 351.12]
Detected person with confidence 0.987 at location [387.75, 271.46, 414.89, 305.16]
Detected person with confidence 0.983 at location [561.75, 273.8, 597.74, 368.74]
Detected umbrella with confidence 0.938 at location [327.71, 238.32, 414.96, 276.72]
Detected person with confidence 0.982 at location [48.85, 275.8, 79.67, 345.96]
Detected person with confidence 0.997 at location [250.06, 162.47, 336.12, 398.63]
Detected person with confidence 0.995 at location [114.22, 268.76, 147.84, 399.37]
Detected horse with confidence 0.999 at location [130.74, 237.92, 467.25, 478.41]
Detected person with confidence 0.994 at location [402.1, 273.0, 461.29, 345.74]
Detected umbrella with confidence 0.963 at location [326.78, 230.8, 397.81, 261.1]
Detected person with confidence 0.984 at location [354.0, 267.42, 388.52, 298.78]
Detected umbrella with confidence 0.992 at location [508.45, 266.96, 572.54, 295.99]
```

6. 그런데 이 수치들로는 검출 결과를 확인하기가 쉽지 않다. 사람이 좀 더 결과를 파악하기 쉽도록 시각화하는 것이 좋겠다. 다음은 이를 위한 함수다.

```python
import matplotlib.pyplot as plt

COLORS = [
    [0.0, 0.5, 0.8],
    [0.9, 0.3, 0.1],
    [0.9, 0.6, 0.1],
    [0.4, 0.1, 0.5],
    [0.4, 0.6, 0.1],
    [0.3, 0.7, 0.9]
]
def visualize_prediction(pil_img, output_dict, threshold):
    keep = output_dict["scores"] > threshold
    boxes = output_dict["boxes"][keep].tolist()
    scores = output_dict["scores"][keep].tolist()
    labels = output_dict["labels"][keep].tolist()
    labels = [model.config.id2label[x] for x in labels]
    plt.figure(figsize=(8, 5))
    plt.imshow(pil_img)
    ax = plt.gca()
    colors = COLORS * 100
    for score, (xmin, ymin, xmax, ymax), label,
        color in zip(scores, boxes, labels, colors):
```

```
        ax.add_patch(plt.Rectangle((xmin, ymin), xmax - xmin,
            ymax - ymin, fill=False, color=color, linewidth=3))
        ax.text(xmin, ymin, label, fontsize=8,
            bbox=dict(facecolor="yellow", alpha=0.5))
    plt.axis("off")
    plt.show()
```

7. 이 함수를 간단히 호출해 보자.

```
visualize_prediction(image, results, 0.9)
```

그러면 다음과 같은 이미지가 표시될 것이다(그림 16.6).

그림 16.6 DETR 모델의 물체 검출 결과

모델이 검출한 물체들의 위치와 크기, 분류명이 표시되었다.

DETR 모델을 의미론적 분할에도 사용할 수 있다. 의미론적 분할은 각 픽셀에 레이블을 지정하고 클래스에 할당하는 과정이다. 물체 검출은 한 덩어리의 픽셀들을 경계 상자로 감싸서 특정한 물체로 분류하지만 의미론적 분할은 픽셀 단위로 객체를 선택한다. 그림 앞에서와는 다른 DETR 모델을 이용해서 의미론적 분할 작업을 수행해 보자.

1. 먼저 모델과 처리기를 불러온다.

```python
from transformers import (DetrFeatureExtractor,
    DetrForSegmentation)
processor = DetrFeatureExtractor.from_pretrained(
    "facebook/detr-resnet-50-panoptic")
model = DetrForSegmentation.from_pretrained(
    "facebook/detr-resnet-50-panoptic")
```

2. 다음으로, 분할할 예시 이미지를 내려받는다.

```python
import io
import requests
from PIL import Image
import torch
import numpy
url = "https://farm4.staticflickr.com/3487/3925656789_1b64654c91_z.jpg"
image = Image.open(requests.get(url, stream=True).raw)
```

3. 이제 이 이미지를 전처리한 결과를 모델에 입력해서 분할을 수행한다.

```python
inputs = processor(images=image, return_tensors="pt")
outputs = model(**inputs)
```

4. 모델의 출력에서 우리에게 필요한 데이터를 추출한다.

```python
processed_sizes = torch.as_tensor(
    inputs["pixel_values"].shape[-2:]).unsqueeze(0)
result = processor.post_process_panoptic(
    outputs, processed_sizes)[0]
```

5. 마지막으로, 이 결과 데이터를 사람이 직접 확인하기 쉬운 형태로 시각화한다.

```python
import itertools
import io
import seaborn as sns
import numpy
```

```python
from transformers.image_transforms import rgb_to_id, id_to_rgb
from matplotlib import pyplot as plt
palette = itertools.cycle(sns.color_palette())
panoptic_seg = Image.open(io.BytesIO(result['png_string']))
panoptic_seg = numpy.array(panoptic_seg,
    dtype=numpy.uint8).copy()
panoptic_seg_id = rgb_to_id(panoptic_seg)
panoptic_seg[:, :, :] = 0
for id in range(panoptic_seg_id.max() + 1):
    panoptic_seg[panoptic_seg_id == id] = \
        numpy.asarray(next(palette)) * 255
plt.figure(figsize=(15,15))
plt.imshow(panoptic_seg)
plt.axis('off')
plt.show()
```

이 코드가 출력한 이미지가 그림 16.7의 왼쪽에 나와 있다. 오른쪽은 원본 예시 이미지다. 왼쪽 이미지에서 타자에 속한 픽셀들과 개별 관중에 속한 픽셀들, 배트와 공의 픽셀들처럼 '의미'가 같은 픽셀들이 같은 색으로 표시되어 있음을 주목하기 바란다.

그림 16.7 의미론적 분할 결과(왼쪽)와 원본 이미지(오른쪽)

지금까지 이미지 분류, 물체 검출, 의미론적 분할 작업에 ViT 모델을 사용하는 방법을 배웠다. 다음 절에서는 시각적 프롬프트 모델(visual prompt model)을 소개하고 그 사용법을 살펴본다.

16.5 시각적 프롬프트 모델

인공지능 분야에서 프롬프트 기반 모델은 여러모로 흥미로운 대상이다. 이런 모델들은 패턴 형태의 지시문을 이해하고 적절한 출력을 생성한다. 프롬프트는 그 형태와 데이터 형식이 다양하다. 통상적인 텍스트 프롬프트 외에, 이미지에 기반한 시각적 프롬프트(visual prompt)를 이해하는 모델들도 있다. 텍스트 프롬프트는 모델이 수행해야 할 작업이나 제공해야 할 출력을 지시하는 자유 형식의 텍스트다. 그와 비슷하게, 시각적 프롬프트는 모델이 수행할 작업이나 지시를 이해하는 데 도움을 주는 시각적 지침으로 작용한다.

CLIP(Contrastive Language-Image Pre-training; 대조적 언어-이미지 사전 훈련) 같은 모델들은 이미지와 텍스트를 동시에 이해해서 단일한 벡터 공간에 매핑한다. 이 벡터 공간에서 의미가 비슷한 이미지와 텍스트(즉, 이미지를 묘사하는 텍스트 또는 텍스트가 묘사하는 것을 나타낸 이미지)는 가까운 곳에 위치한다. 이런 모델의 능력을 더 활용하는 간단한 방법은 외부 데이터를 사용하여 모델에 근거 혹은 토대를 제공하는 것이다. 이를 **그라운딩**grounding이라고 부른다. 예를 들어 텍스트와 부합하는 하나의 이미지를 찾는 것이 아니라 텍스트가 묘사하는 물체를 이미지 안에서 찾아야 한다고 하자. 크게는 의미론적 분할이나 물체 검출에 해당하는 작업이지만, 텍스트가 자유 형식이라는 점이 중요하다. 즉, 사용자는 모델이 이미 알고 있거나 학습한 기존 물체들에 국한되지 않고 얼마든지 자유롭게 자신이 원하는 바를 텍스트로 설명할 수 있으며, 모델은 사용자가 찾는 것에 최대한 근접한 결과를 산출할 수 있어야 한다. 이런 경우 시각적 프롬프팅이나 텍스트 프롬프팅과 같은 접근 방식이 매우 유용하다.

텍스트 프롬프트와 시각적 프롬프트의 조합을 사용하는 접근 방식에 속하는 방법 중에 **CLIPSeg**가 있다. 그림 16.8은 CLIPSeg 모델의 작동 방식을 도식화한 것이다.

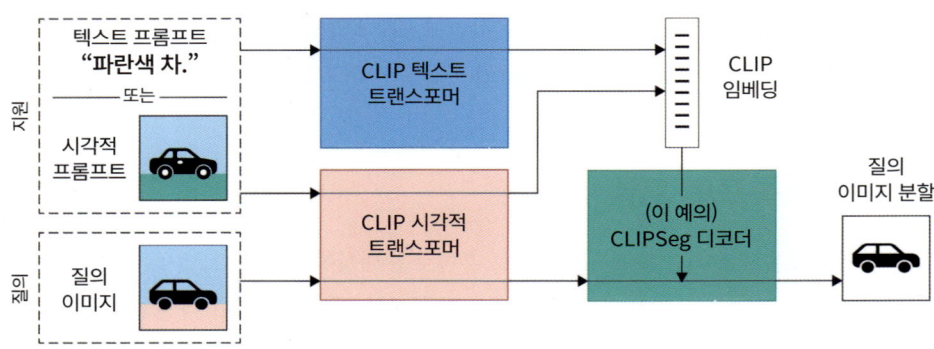

그림 16.8 CLIPSeg.

그림 16.8에서 보듯이 CLIPSeg는 CLIP 시각 및 텍스트 트랜스포머로 훈련된 디코더다. 이 디코더는 두 가지 입력을 받는데, 하나는 질의 대상인 이미지이고 다른 하나는 그 질의의 답을 구하는 데 지침이 되는 지원(support) 정보다. 이 지원 정보는 텍스트 프롬프트일 수도 있고 다른 이미지(시각적 프롬프트)일 수도 있다. 그럼 CLIPSeg를 실제로 시험해 보자.

1. 이 접근 방식을 사용하려면 예시 이미지를 다운로드해야 한다. 의미론적 분할 실습 예제에 사용한 야구선수 이미지(그림 16.7의 오른쪽)를 다시 사용하기로 하겠다.

   ```
   from PIL import Image
   import requests
   url = "https://farm4.staticflickr.com/3487/3925656789_1b64654c91_z.jpg"
   image = Image.open(requests.get(url, stream=True).raw)
   ```

2. 다음으로, 사전 훈련된 CLIPSeg 모델과 처리기를 불러온다.

   ```
   from transformers import (CLIPSegProcessor,
       CLIPSegForImageSegmentation)
   processor = CLIPSegProcessor.from_pretrained(
       "CIDAS/clipseg-rd64-refined")
   model = CLIPSegForImageSegmentation.from_pretrained(
       "CIDAS/clipseg-rd64-refined")
   ```

3. 모델에 입력할 데이터를 준비한다. 텍스트 프롬프트는 찾고자 하는 물체들(모자, 공, 선수, 빨간 셔츠)의 이름을 나열한 것이다.

```
prompts = ["hat","ball","player", "red shirt"]
inputs = processor(text=prompts, images=[image] * len(prompts),
    padding="max_length", return_tensors="pt")
```

4. 이제 전처리한 입력 데이터로 모델을 실행한다.

```
outputs = model(**inputs)
preds = outputs.logits.unsqueeze(1)
```

5. 마지막으로, 모델이 출력한 의미론적 분할 정보를 사람이 보기 쉽게 시각화하자.

```
import matplotlib.pyplot as plt
import torch

preds = torch.tensor(preds)
_, ax = plt.subplots(1, 5, figsize=(15, 4))
[a.axis('off') for a in ax.flatten()]
ax[0].imshow(image)
[ax[i+1].imshow(torch.sigmoid(preds[i][0])) for i in range(4)];
[ax[i+1].text(0, -15, prompts[i]) for i in range(4)];
```

결과가 그림 16.9에 나와 있다.

그림 16.9 텍스트 프롬프트에 대한 CLIPSeg 모델 출력의 시각화

이 실습 예제에서는 텍스트 프롬프트를 주된 질의(query)로 사용했다. 이미지는 보조(지원) 프롬프트였다. 이번에는 이미지, 즉 시각적 프롬프트를 주된 질의로 사용해 보자. 야구공 이미지를 이용해서 앞의 야구 장면 사진에 있는 야구공을 찾아보겠다. 모델, 처리기, 야구 장면 이미지 등등 이전 실습 예제의 변수들이 살아 있다고 가정한다.

1. 우선 야구공 이미지를 내려받는다.

   ```
   url = "https://upload.wikimedia.org/wikipedia/en/1/1e/Baseball_%28crop%29.jpg"
   prompt = Image.open(requests.get(url, stream=True).raw)
   ```

2. 야구 장면 이미지와 공 이미지를 전처리한 입력 데이터로 모델을 실행한다. 이번에는 시각적 프롬프트를 사용하므로 모델이 이미지 픽셀 값들에 대해 조건화(conditioning)되도록 conditional_pixel_values 매개변수를 적절히 설정했다.

   ```
   encoded_image = processor(images=[image], return_tensors="pt")
   encoded_prompt = processor(images=[prompt], return_tensors="pt")
   outputs = model(**encoded_image,
       conditional_pixel_values = encoded_prompt.pixel_values)
   ```

3. 이제 모델의 출력을 이전 실습에서와 비슷한 방식으로 시각화한다.

   ```
   preds = outputs.logits.unsqueeze(1)
   preds = torch.tensor(torch.transpose(preds, 0, 1))
   _, ax = plt.subplots(1, 2, figsize=(6, 4))
   [a.axis('off') for a in ax.flatten()]
   ax[0].imshow(image)
   ax[1].imshow(torch.sigmoid(preds[0]))
   ```

결과는 그림 16.10과 같다.

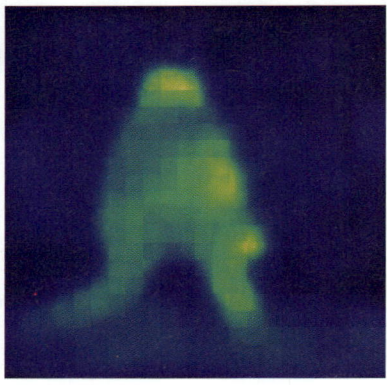

그림 16.10 시각적 프롬프트에 대한 CLIPSeg 모델 출력의 시각화

4. 결과를 보면 야구공이 강조되었음을 알 수 있다. 다만, 헬멧과 손등 등 공과 모양이 비슷한 부분도 강조되었다.

이상으로 CLIPSeg 같은 시각적 프롬프트 모델을 이미지 프롬프트와 텍스트 프롬프트로 시험해 봤다.

요약

이번 장에서는 ViT, 즉 비전 트랜스포머를 소개하고 ViT로 다양한 작업을 수행하는 방법을 살펴봤다. 이번 장에서 DETR 모델로 수행해 본 의미론적 분할과 물체 검출 및 분류는 ViT로 수행할 수 있는 여러 작업의 일부일 뿐이다. 또한 이번 장에서는 텍스트뿐만 아니라 이미지도 프롬프트를 입력받아서 적절한 출력을 제공할 수 있는 시각적 프롬프트 모델을 소개하고 CLIPSeg 모델로 텍스트 프롬프트와 시각적 프롬프트를 이용한 분할을 실행해 봤다.

다음 장에서는 **스테이블 디퓨전** 같은 다중 모달 모델을 소개하고 그 작동 방식을 설명한다.

17

생성형 다중 모달 트랜스포머

여러 종류의 입력을 이해할 수 있는 모델을 **다중 모달 모델**(multimodal model)이라고 부른다. 다중 모달 학습은 오랫동안 인공지능(AI) 분야의 중요한 연구 주제였으며, 많은 연구자의 관심을 끌어왔다. 오늘날에도 다양한 형태의 다중 모달 모델이 널리 사용되고 있다. 이번 장에서는 다중 모달 모델을 이용한 생성형 AI 작업들을 살펴본다. 특히 텍스트–이미지 변환과 텍스트–음악 변환을 논의한다. 이번 장에서 인기 있는 **스테이블 디퓨전**Stable Diffusion 모델의 작동 원리를 배우고, MusicGen과 AudioGen 모델에 관한 지식도 얻을 수 있을 것이다.

이번 장에서 다루는 주제는 다음과 같다.

- 다중 모달 학습
- 스테이블 디퓨전을 이용한 텍스트–이미지 생성
- MusicGen을 이용한 음악 생성
- 트랜스포머를 이용한 텍스트–음성 변환

17.1 기술적 요구사항

이번 장의 실습 예제들을 제대로 수행하려면 다음과 같은 라이브러리/패키지가 필요하다.

- Anaconda
- transformers 4.0.0
- pytorch 1.0.2
- tensorflow 2.4.0

이번 장의 예제 코드를 담은 파이썬 노트북들이 원서 깃허브 저장소(https://github.com/PacktPublishing/Mastering-Transformers-Second-Edition)에 있으니 참고하기 바란다.

17.2 다중 모달 학습

넓은 의미에서 볼 때 다중 모달 학습은 머신러닝의 맥락에서 다양한 모달리티^{modality}(양식, 양상)로 이루어지는 학습 과정을 말한다. 머신러닝에서 모달리티 혹은 모달[1]은 모델에 입력되는 데이터의 유형을 나타낸다. 흔히 쓰이는 모달리티 유형으로는 텍스트, 시각(이미지 및 비디오), 청각(소리, 음성, 음악) 데이터 등이 있다.

다중 모달 모델의 좋은 예는 **CLIP**(Contrastive Language-Image Pre-training; 대조적 언어-이미지 사전 훈련)이다. CLIP은 텍스트와 시각 데이터를 동일한 공간에 표현할 수 있다. 그러한 표현은 다양한 용도로 쓰인다. 예를 들어 동일한 데이터셋에서 얻은 이미지와 텍스트의 벡터 표현들을 만들고 그 위에 분류기를 얹을 수 있다. 그림 17.1은 다중 모달 모델의 응용 방법 하나를 보여준다. 이 시나리오에서 모델은 휴대전화 부품들(카메라, RAM, 배터리 등)에 관한 설명과 휴대전화 이미지를 이용해서 휴대전화 가격을 예측한다.

---

1 (옮긴이) 원래 modal은 형용사지만, 편의상 여기서는 '모달'을 '모달리티'를 짧게 줄인 명사로 취급하기로 한다.

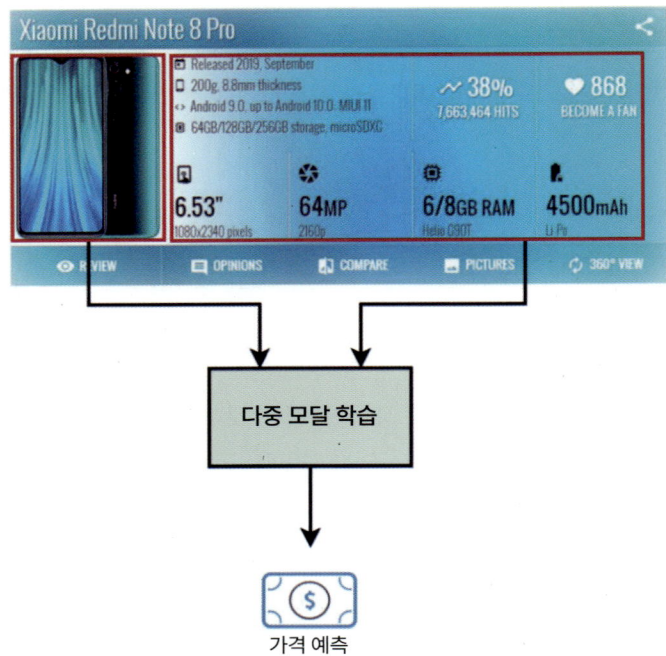

그림 17.1 다중 모달 가격 예측 (이미지 출처: https://link.springer.com/article/10.1007/s40745-021-00326-z)

그림 17.1의 시나리오에서는 모달이 적어도 두 가지다(텍스트와 이미지). 모델이 다양한 모달의 정보를 이해하고 융합해서 최상의 출력을 생성하게 만드는 것은 예나 지금이나 다중 모달 학습 분야의 주요 과제다.

그러나 다중 모달 학습이 항상 다양한 모달의 데이터를 이해하는 데만 초점을 맞추는 것은 아니다. 한 모달의 입력으로부터 그와는 다른 모달의 출력을 생성하는 것도 다중 모달 학습의 주요 과제다. 그런 의미에서 이미지 캡션 작성(image captioning)도 다중 모달 학습의 한 형태로 볼 수 있다. 입력은 시각 데이터지만 출력은 텍스트이기 때문이다.

예전 접근 방식들에서는 서로 다른 모달의 특징을 융합하기 위해 사람이 수동으로 가중치를 부여하거나 융합 가중치들을 모델이 따로 학습하게 했다. 하지만 최신 접근 방식들은 모든 특징을 동일한 하나의 특징 공간 또는 매우 유사한 특징 공간으로 변환함으로써 이 문제를 해결한다. 예를 들어, 텍스트-이미지 다중 모달 모델은 16장에서도 언급했듯이 이미지를 패치들로 변환해서 텍스트 토큰처럼 취급한다. 이러한 시각적 토큰과 텍스트 토큰은 서로 유사한 방식으로 표현되기 때문에, 모델은 서로 다른 모달의 입력을 따로 인식하는 것이 아니라 동일한 방식으로 인식하게 된다.

좀 더 구체적인 모델과 응용 방법으로 들어가기 전에, 한 모달의 입력으로부터 그와는 다른 모달의 출력을 생성하는 생성형 다중 모달 AI를 간단히 정리하고 넘어가자.

17.2.1 생성형 다중 모달 AI

최근 전 세계적으로 주목받고 있는 생성형 AI(Generative AI) 또는 GenAI는 이름 그대로 출력을 생성하는 AI 모델을 말한다. 그렇다고 다른 모델들이 출력을 생성하지 않는다는 뜻은 아니다. 어차피 모든 AI 모델은 뭔가를 생성한다. **생성형 AI**는 모델이 학습 데이터에 깔린 바탕 패턴을 이해하고 그에 따라 새로운 데이터를 생성하는 능력을 갖추고 있음을 강조하는 용어로 봐야 할 것이다.

생성형 AI는 오래전부터 존재했지만, 생성된 출력을 제어하기 어려웠기 때문에 대중의 관심을 많이 받지 못했다. 제어할 수 있다고 해도 우리가 원하는 바를 정확히 명시하기 어려웠다. 그리고 제어와 명시가 가능한 경우라도 그 명시 과정을 우리 인간이 쉽게 이해하기 어려웠다.

최근의 생성형 모델들은 생성하고자 하는 내용을 일상적인 언어로 된 텍스트 형태로 입력받는다. 또한 이미지나 음성 형태의 입력을 받는 모델들도 있다. 이 덕분에 소수의 연구자뿐만 아니라 대다수의 사람도 새로운 기술을 더 쉽게 사용할 수 있게 되었다.

다음 절에서는 스테이블 디퓨전 모델이 어떤 방식으로 텍스트로부터 이미지를 생성하는지 자세히 설명하고, diffusers 라이브러리를 이용해서 실제로 이미지를 생성해 본다.

17.3 텍스트-이미지 생성을 위한 스테이블 디퓨전

텍스트-이미지 생성(text-to-image generation)은 생성형 AI의 주된 용법의 하나이다. 텍스트로부터 이미지를 생성하는 기능, 특히 고품질 이미지를 생성하는 기능이 디자인부터 마케팅까지 여러 분야에서 다양한 용도로 활용되고 있다. 텍스트-이미지 생성에서 가장 유명한 모델/서비스는 **스테이블 디퓨전**일 것이다. 그런데 이 모델의 작동 원리를 이해하려면 머신러닝에서 말하는 확산 모델(diffusion model)의 기본 개념을 알아야 한다.

AI에서 말하는 확산은 물리학에서 차용한 용어다. 확산은 이를테면 물에 잉크가 녹을 때 관찰되는 물리적 현상인데, AI에도 적용된다. 예를 들어 어떤 이미지가 있다고 하자. 순방향 확산(forward diffusion)은 이미지에 잡음(noise)을 점차 추가하는 과정이다. 그림 17.2에서 보듯이 이 순방향 확산 과정에 의해 잡음이 계속 추가되면 이미지는 원래의 모습을 알 수 없을 정도가 된다.

그림 17.2 순방향 확산

이 순방향 과정으로 얻은 잡음 이미지를 모델의 훈련에 사용함으로써 이미지에서 잡음을 제거해서 원래의 이미지를 복원하는 능력을 모델이 배우게 만든다. 이것은 매우 사실적인 이미지를 만들어 내는, 대단히 효율적인 기술이다. 그런데 이 접근 방식에는 중요한 문제점이 있다. 바로 속도가 매우 느리다는 것이다. 모델이 여러 단계에 걸쳐 잡음을 제거해야 하기 때문이다. 각각의 단계를 표집(sampling)이라고 부른다. 각 표집 단계에서 모델에 잡음 섞인 이미지가 주어지며, 모델은 잡음에 해당하는 픽셀들을 예측해서 이미지에서 잡음을 제거한다. 이런 과정을 반복하다 보면 순수한 잡음으로부터 사실적인 이미지가 만들어진다.

한편 이 과정에서 스케줄러^{scheduler}가 이미지에 추가되는 잡음의 양을 제거한다. 스케줄러는 특정 패턴에 따라 각 단계에서 이미지에 일정량의 잡음을 추가한다. 이에 의해 전체 과정에서 특정한 양의 잡음 패턴이 유지된다.

스테이블 디퓨전은 **VAE**(Variational Auto-Encoder; 변분 오토인코더)를 이용해서 이미지 생성 속도를 높인다. VAE는 입력을 먼저 압축한 다음 그 압축을 해제하는 식으로 작동한다. 그림 17.3에 전형적인 VAE의 구조가 나와 있다.

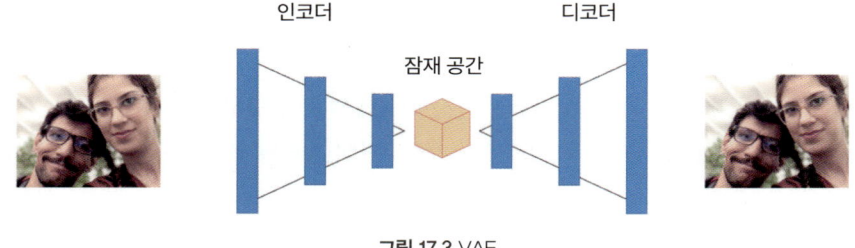

그림 17.3 VAE

VAE는 이미지에 직접 잡음을 적용하는 대신 이미지의 잠재 공간(latent-space) 표현에 잡음을 적용하기 때문에 훨씬 빠르다. 잠재 공간은 원본 이미지보다 훨씬 작다. 이처럼 VAE를 채용한 모델의 경우에는 이미지와 동일한 크기의 잠재 공간 표현에서 특정 스케줄러 제약 조건을 가진 잡음을 생성하고 이를 이미지에 추가하는 것으로 전체 과정을 재구성할 수 있다.

지금까지 이미지가 생성되는 과정을 설명했다. 그런데 앞에서 언급했듯이 이 생성 과정을 우리가 제어할 수 없다면 모델은 그저 무작위로 이미지를 생성할 뿐이므로 쓸모가 별로 없다. 이를 해결하기 위해 텍스트 인코더(예: **CLIP**)를 사용하여 텍스트를 밀집(조밀) 벡터(dense vector)로 인코딩한다. 이 밀집 벡터들은 잡음 제거 및 디코딩 과정에서 **UNet**(합성곱 신경망의 일종)을 올바른 방향으로 이끄는 데 쓰인다.

지금까지 확산 모델과 스테이블 디퓨전의 기본 개념 및 작동 방식을 소개했다. 다음 절에서는 스테이블 디퓨전을 이용해서 이미지를 생성해 본다.

17.4 스테이블 디퓨전을 이용한 이미지 생성

이번 절에서는 스테이블 디퓨전을 실제로 활용하는 방법을 소개한다. Transformers 라이브러리와 diffusers 라이브러리를 이용하면 스테이블 디퓨전 모델을 아주 쉽고 편하게 사용할 수 있다.

파이썬에서 스테이블 디퓨전을 아주 편하게 사용하려면 다음과 같은 라이브러리들을 설치해야 한다.

```
pip install diffusers transformers accelerate safetensors
```

Transformers 라이브러리를 이용해서 스테이블 디퓨전 모델을 불러오려면 diffusers 라이브러리가 필요하다. 다음은 스테이블 디퓨전 모델을 불러와서 파이프라인을 구성하는 코드다.

```
import torch
from diffusers import (
    StableDiffusionPipeline, DPMSolverMultistepScheduler)
model_id = "stabilityai/stable-diffusion-2-1"
pipe = StableDiffusionPipeline.from_pretrained(model_id,
    torch_dtype=torch.float16)
pipe.scheduler = DPMSolverMultistepScheduler.from_config(
    pipe.scheduler.config)
pipe = pipe.to("cuda")
```

이제 파이프라인이 준비되었다. 파이프라인을 사용하는 것은 다음과 같이 아주 간단하다. 프롬프트는 '초현실적인 유니콘 초상화'라는 뜻이다.

```
prompt = "hyperrealistic portrait of unicorn"
image = pipe(prompt).images[0]
```

그림 17.4와 비슷한 느낌의 이미지가 생성될 것이다.

그림 17.4 스테이블 디퓨전이 생성한 이미지

그림 17.4의 유니콘이 기대만큼 사실적이지는 않지만, 그래도 고화질의 이미지가 생성된 것은 사실이다. 프롬프트 엔지니어링에 좀 더 공을 들인다면 훨씬 나은 결과를 얻을 수 있을 것이다. '초현실적인 유니콘 초상화, 우주 생존, 초고화질, 사진, 디지털 아트'라는 뜻의 다음과 같은 프롬프트를 시도해 보기 바란다.

```
"hyperrealistic portrait of unicorn, cosmic survival, Hyper quality,
photography, digital art"
```

저자의 경우 그림 17.5의 이미지가 생성되었다. 이 예는 프롬프트 엔지니어링을 통해 결과를 개선할 수 있음을 보여준다.

그림 17.5 새로운 프롬프트에 대한 스테이블 디퓨전의 출력

그림 17.5는 프롬프트 엔지니어링을 통해서 내가 얻어낸 최상의 결과다. 하지만 여러분은 이보다 더 나은 결과를 만들어낼 수 있을 것이다. 아마도 이것이 사람들이 프롬프트 엔지니어링에 몰두하는 원인이 아닐까 싶다.

스테이블 디퓨전은 텍스트 프롬프트뿐만 아니라 다른 이미지도 생성의 바탕 자료로 사용할 수 있다. ControlNet처럼 스테이블 디퓨전에 기반한 새 기술들이 그런 기능을 제공한다.

간단하게만 설명하면, ControlNet은 스테이블 디퓨전을 특정 입력에 맞게 조건화한다. 이를테면 스케치, 윤곽선 맵(edge map), 자세(pose) 키포인트, 깊이 맵(depth map), 분할 맵(segmentation map), 법선 맵(normal map) 등을 그러한 원본 입력으로 사용할 수 있다.

17.5 MusicGen을 이용한 음악 생성

LLM(대규모 언어 모델)은 다양한 분야에서 큰 성공을 거두었다. LLM(주로 트랜스포머)를 텍스트 생성 이외의 작업에 사용하는 아이디어들도 매우 흥미롭다. 예를 들어, 텍스트 프롬프트를 입력으로 받아서 음악을 출력하는 대규모 음악 모델을 만드는 것도 가능하다. 그런 방식의 모델로 **MusicGen 모델**이 있다.

audiocraft 라이브러리를 이용하면 파이썬으로 MusicGen을 아주 간단하게 사용할 수 있다. 과정은 다음과 같다.

1. 먼저 audiocraft 라이브러리를 설치한다.

   ```
   pip install -U audiocraft
   ```

2. 다음으로, 사전 훈련된 MusicGen 모델을 불러온다. 생성할 음악의 길이(초)도 설정한다.

   ```python
   from audiocraft.models import musicgen
   import torch
   model = musicgen.MusicGen.get_pretrained('medium',
       device='cuda')
   model.set_generation_params(duration=8)
   ```

3. 이제 원하는 음악을 설명하는 프롬프트들을 지정해서 음악을 생성한다[2].

   ```python
   generated_music = model.generate([
       '80s rock music with drums and electric guitar',
       '90s retro action game music'],
       progress=True)
   ```

4. 구글 코랩 등 파이썬 노트북 환경의 경우 다음 코드를 실행하면 음악을 재생할 수 있는 UI 컨트롤이 표시된다.

   ```python
   from audiocraft.utils.notebook import display_audio
   display_audio(generated_music, 32000)
   ```

다양한 프롬프트로 음악을 생성하는 것은 정말 재미있는 활동이다! 이렇게 생성한 음악을 창작 활동에 어떻게 활용할 수 있을지 상상해 보기 바란다. 개발 중인 게임에 사용할 음악을 만들 수도 있고, 사용자들이 음악을 생성하고 공유하는 앱을 만들어 볼 수도 있겠다. MusicGen은 오디오 프롬프트도 지원한다. 즉, 기존 음악 트랙의 샘플을 입력해서 비슷한 스타일의 음악을 생성하거나 기존 음악의 다른 버전을 생성하는 것이 가능하다.

다음 절에서는 트랜스포머 모델을 이용해서 음성 합성이라고도 하는 텍스트–음성 생성 작업을 수행하는 방법을 살펴본다.

---

2 (옮긴이) 이 코드는 한 번에 여러 개의 음악 샘플을 만드는 방법을 보여준다. 프롬프트당 하나씩의 샘플이 만들어진다.

17.6 트랜스포머를 이용한 텍스트-음성 생성(음성 합성)

음성 합성(speech synthesis) 혹은 텍스트-음성 생성(text-to-speech generation)은 예전부터 AI 에이전트의 중요한 과제였다. AI 에이전트는 결국 사용자와 대화해야 하기 때문이다. 트랜스포머는 이를 위한 음성 합성에도 아주 유용하다. 또한 트랜스포머는 다양한 목소리를 복제하는 방법도 학습할 수 있다. 이 주제가 새로운 것은 아니지만, 이 분야는 계속 발전 중이다.

BARK 모델(영어권에서 개 짖는 소리인 bark를 노린 약자이다)[3]은 이 분야에서 가장 성공적인 모델 중 하나이다. 이 모델은 사실적인 인간 목소리는 물론이고 배경 소음이나 음악, 음향 효과도 생성한다. 게다가 다국어와 다중 화자(multiple speaker)를 지원한다. 예상했겠지만 Transformers 라이브러리를 이용하면 이 모델을 아주 편하게 사용할 수 있다.

1. 먼저 Transformers 라이브러리에서 관련 모듈들을 임포트한다.

   ```
   from transformers import AutoProcessor, AutoModel
   ```

2. 다음으로, 음성 합성을 위한 처리기와 모델을 불러온다.

   ```
   processor = AutoProcessor.from_pretrained("suno/bark")
   model = AutoModel.from_pretrained("suno/bark")
   ```

3. 이제 프롬프트를 지정해서 음성을 생성한다. [clears throat](헛기침)이나 [laughs](웃음) 같은 특수 토큰을 사용해서 효과음을 집어넣을 수 있음을 기억하기 바란다.

   ```
   inputs = processor(
       text=["Hi! My name is Meysam. I like TRANSFORMERS [laughs] I mean, I really \
   like it [clears throat] I have been working in field on NLP (Natural Language \
   Processing) for almost a decade"],
       return_tensors="pt",
   )
   speech = model.generate(**inputs, do_sample=True)
   ```

---

[3] (옮긴이) BARK는 유명한 AI 음악 생성 서비스 SUNO(https://suno.com)의 개발팀이 만든 모델이다. 허깅 페이스 모델 페이지는 https://huggingface.co/suno/bark이다.

4. 마지막으로, 생성된 음성을 재생해 보자.

```
from IPython.display import Audio
Audio(speech.cpu().numpy().squeeze(),
    rate=model.generation_config.sample_rate)
```

지금까지 텍스트로부터 음성을 생성하는 방법을 살펴봤다.

요약

이번 장에서는 다중 모달 생성형 트랜스포머를 소개했다. 이런 유형의 트랜스포머 모델은 텍스트뿐만 아니라 이미지와 음악, 음성 등 다양한 유형의 데이터를 생성할 수 있다. 이와 유사한 모델들에 기반한 새로운 생성형 AI 도구들이 매일 같이 등장한다. 이러한 모델들은 콘텐츠 제작자들에게 특히나 유용하다. 어떤 콘텐츠 제작자라도 이를 활용해 광고, 게임, 기타 디지털 콘텐츠에 눈길을 끄는 콘텐츠를 생성할 수 있다. 이런 모델들을 사용하는 방법과 일상적인 콘텐츠 제작 작업에 통합하는 방법을 배울 수 있었다.

다음 장에서는 수치 데이터와 시계열 데이터에 트랜스포머를 활용하는 방법을 살펴본다.

18

시계열 데이터를 위한 트랜스포머 아키텍처의 재고찰

트랜스포머는 주로 NLP(자연어 처리) 작업에서 뛰어난 능력을 보인다. 트랜스포머 모델들의 주된 강점은 시계열 데이터(time series data)를 모델링하는 능력에서 나온다. 이때 시계열 데이터는 텍스트일 수도 있고 그 밖의 형식일 수도 있다. 이번 장에서는 트랜스포머를 이용해서 시계열 데이터를 모델링하고 예측하는 방법을 살펴본다. 시계열 데이터의 기본 개념들을 익히고, 그에 기반해서 아주 간단한 모델을 직접 활용해 볼 것이다. 이를 통해서 독자는 다양한 예측에 사용할 수 있는 시계열 데이터를 접하게 될 것이며, 아울러 트랜스포머가 다른 모델들과 무엇이 다른지, 시계열 데이터에 트랜스포머 모델을 어떻게 적용하는지도 배우게 될 것이다.

이번 장에서 다루는 주제는 다음과 같다.

- 시계열 데이터의 기본 개념
- 트랜스포머와 시계열 데이터 모델링

18.1 기술적 요구사항

이번 장의 실습 예제들을 제대로 수행하려면 다음과 같은 라이브러리/패키지가 필요하다.

- Anaconda
- transformers 4.0.0
- pytorch 1.0.2
- tensorflow 2.4.0

이번 장의 예제 코드를 담은 파이썬 노트북들이 원서 깃허브 저장소(https://github.com/PacktPublishing/Mastering-Transformers-Second-Edition)에 있으니 참고하기 바란다.

18.2 시계열 데이터의 기본 개념

보통의 경우 시계열 데이터는 어떤 특정한 방법으로 측정한 관측치(observation)의 컬렉션이다. 이 관측치들은 일정한 측정 간격(measurement interval)에 따라 서로 연관된다. 시계열 데이터를 물리적 측정으로 얻기도 하고 비물리적 측정으로 얻기도 한다. 예를 들어 온도계라는 물리적 장치를 이용해서 특정 시간 간격으로 측정한 온도의 집합이 하나의 시계열 데이터다. 그림 18.1은 이러한 온도 측정을 도식화한 것이다.

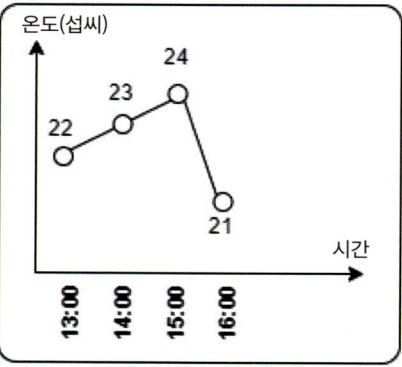

그림 18.1 실내 온도 측정과 시계열 표현

특정한 대상을 측정한 데이터에 대해 다양한 머신러닝(ML) 작업을 수행할 수 있다. 특정 시간 프레임이 주어졌을 때 미래의 측정치를 예측하는 것이 그러한 작업의 한 예이다. 또한, 주어진 시계열 데이터를 분류하는 것도 하나의 작업이다.

이 분야에서 가장 중요한 작업으로는 **시계열 예측**(time series preciction)을 들 수 있다. 시계열 작업에서는 주어진 기간의 측정치들에 기반해서 미래의 값을 예측해야 한다. 이를테면 비트코인이나 암호화폐 가격 예측처럼 특정 시장 자산의 가치를 예측하는 것이 시계열 예측의 좋은 예이다.

시계열 데이터로부터 미래를 예측하는 것을 시계열 회귀(time series regression)라고도 부른다. 이 경우에는 주어진 시계열 데이터로 하나의 통계 모델 혹은 확률적 모델을 훈련시키고, 그 모델에 과거 데이터(역사적 데이터)를 입력해서 미래를 예측한다.

이 분야의 또 다른 유명한 작업은 **시계열 분류**(time series classification)다. 이러한 유형의 분류 모델은 주어진 과거 또는 역사적 데이터를 정해진 클래스 중 하나로 분류한다. 예를 들어, 특정 시간 동안의 측정한 자동차 엔진 소음 센서 측정치들이 주어지면 모델은 엔진에 문제가 있는지 여부를 예측할 수 있다. 시계열 데이터를 분류하는 것도 마찬가지 방식이다. 이 간단한 예에서 짐작했겠지만, 측정 방식도 데이터의 품질에 영향을 미친다. 앞에서 언급했듯이 시계열 데이터는 일반적으로 물리적 또는 비물리적 현상의 측정치다. 물리학과 측정의 관점에서 볼 때, 이 데이터에는 잡음(noise)이 섞일 수도 있고 그렇지 않을 수도 있다. 측정 과정에서 잡음이 도입되는 것은 흔한 문제로, 센서의 오류 때문일 수도 있고 다른 어떤 요소 때문일 수도 있다. 좋은 분류 모델이나 회귀 모델을 만들려면 이 문제를 극복하는 것이 중요하다.

시계열 데이터 작업들에 대해 이동 평균 모델(moving-average model) 같은 좀 더 단순한 접근 방식도 제안되었다. 하지만 그런 유형의 모델로는 시계열 데이터를 통해 전달되는 정보를 반영하는 데 한계가 있다. **ARIMA**(AutoRegressive Integrated Moving Average; 자기회귀 통합 이동 평균) 같은 고급 접근 방식을 이용하면 더 나은 결과를 얻을 수 있지만, 트랜스포머와 비교할 때 그런 접근 방식들에는 각자 고유한 단점이 있다.

다양한 유형의 데이터 모델링에 기반한 좀 더 혁신적인 접근 방식도 제안되었다. 예를 들어 비트코인(또는 다른 어떤 주식)의 미래 가격을 예측하려는 경우, 해당 시장을 환경으로 간주하고 모델을 에이전트로 간주해서 강화학습(reinforcement learning) 접근 방식을 적용할 수 있다. 이 경우 에이전트는 각각의 시점에서 자산의 매수/매도/보유 여부를 결정한다. 훈련은 에이전트가 그러한 행동의 결과를 파악할 수 있도록 환경을 탐색하는 것으로 시작된다. 결과를 학습한 후, 최선의 행동이 무엇인지를 에이전트가 파악하는 데 도움이 되는 정책(policy)을 구축한다. 그다음 단계는 그때까지 학습한 내용을 활용하는 것이다. 에이전트는 학습한 내용을 활용해서 최대한 더 많은 보상을 얻으려고 시도한다. 이러한 접근 방식이 모든 유형의 시계열 문제에 적용되지는 않을 수 있다. 따라서 주어진 문제에 어떤 유형의 모델링이 가장 적합한지 파악하는 것이 아주 중요하다.

반면, 지금까지 이 책 전체에서 살펴봤듯이 트랜스포머는 순차적인 데이터를 이해하는 데 아주 뛰어나다. 트랜스포머는 실제로 NLP 분야에서 그 우수성을 입증했다. 시계열 예측을 위한 트랜스포머의 개선 및 변형으로 Informer, LogFormer, Reformer, AutoFormer 등 다양한 접근 방식이 제안되었는데, 각각 나름의 장단점이 있다.

다음 절에서는 실습 예제를 통해서 트랜스포머를 시계열 데이터 모델링에 활용하는 방법을 좀 더 구체적으로 살펴본다. 트랜스포머를 이용한 시계열 데이터의 분류 및 예측에 깔린 기본 개념과 그 적용 방법도 배울 수 있을 것이다.

18.3 트랜스포머와 시계열 모델링

트랜스포머를 이용한 시계열 모델링으로 넘어가기 전에, 이동 평균 같은 기본적인 접근 방식을 알아 두면 도움이 될 것이다. 이동 평균 접근 방식은 과거 데이터의 한 구간(window)에 있는 수치들의 평균을 취하고, 그에 기반해서 예측값(미래의 값)을 구한다. 그런 다음에는 구간을 다음 수치들로 옮겨서('이동 구간') 다음 단계의 예측값을 구한다. 그럼 이를 파이썬으로 구현해 보자.

1. 먼저 yfinance 패키지를 설치한다. 이 패키지가 제공하는 데이터와 기능을 이용해서 이동 평균 접근 방식을 구현해 볼 것이다.

    ```
    pip install yfinance
    ```

2. 이제 yfinance를 이용해서 예시 데이터를 가져온다.

    ```
    import yfinance as yf
    btc_ticker = yf.Ticker("BTC-USD")
    btc_data = btc_ticker.history(period="max")
    ```

    btc_data에 어떤 데이터가 들어 있는지 확인해 보자.

    ```
    btc_data
    ```

파이썬 노트북 환경에서는 그림 18.2처럼 해당 판다스 데이터 프레임이 깔끔한 표 형태로 표시될 것이다.

Date	Open	High	Low	Close	Volume	Dividends	Stock Splits
2014-09-17 00:00:00+00:00	465.864014	468.174011	452.421997	457.334015	21056800	0.0	0.0
2014-09-18 00:00:00+00:00	456.859985	456.859985	413.104004	424.440002	34483200	0.0	0.0
2014-09-19 00:00:00+00:00	424.102997	427.834991	384.532013	394.795990	37919700	0.0	0.0
2014-09-20 00:00:00+00:00	394.673004	423.295990	389.882996	408.903992	36863600	0.0	0.0
2014-09-21 00:00:00+00:00	408.084991	412.425995	393.181000	398.821014	26580100	0.0	0.0
...	...	...	...	...	...	...	...
2023-12-29 00:00:00+00:00	42614.644531	43124.324219	41424.062500	42099.402344	26000021055	0.0	0.0
2023-12-30 00:00:00+00:00	42091.753906	42584.125000	41556.226562	42156.902344	16013925945	0.0	0.0
2023-12-31 00:00:00+00:00	42152.097656	42860.937500	41998.253906	42265.187500	16397498810	0.0	0.0
2024-01-01 00:00:00+00:00	42280.234375	44175.437500	42214.976562	44167.332031	18426978443	0.0	0.0
2024-01-02 00:00:00+00:00	44187.140625	45877.378906	44187.140625	45774.160156	34518597632	0.0	0.0

그림 18.2 비트코인 이력(history) 데이터

3. 이를 좀 더 보기 좋게 시각화해 보자.

```
from matplotlib import pyplot as plt
plt.plot(btc_data.Close)
plt.show()
```

결과는 그림 18.3과 같다.

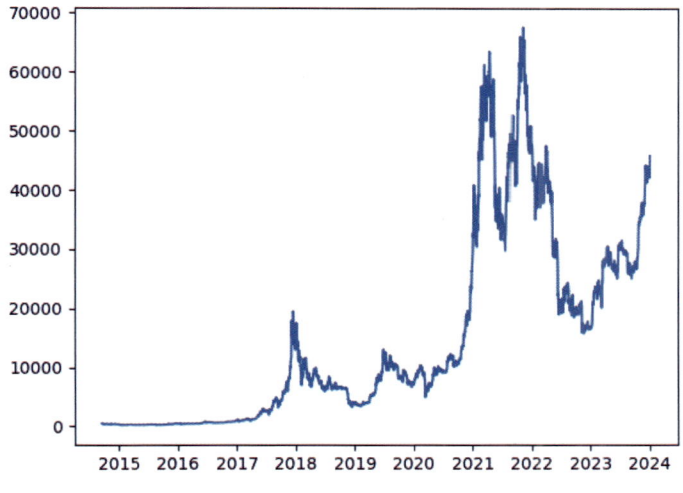

그림 18.3 비트코인 이력 데이터 시각화

4. 이제 이 데이터에 이동 평균을 적용한다. 다음과 같이 간단한 코드로 적용할 수 있다.

```
btc_data["moving_average"] = \
    btc_data["Close"].rolling(10).mean()
```

5. 결과를 다음과 같이 시각화하자.

```
btc_data[['Close','moving_average']].plot()
```

그림 18.4와 같은 그래프가 나타날 것이다.

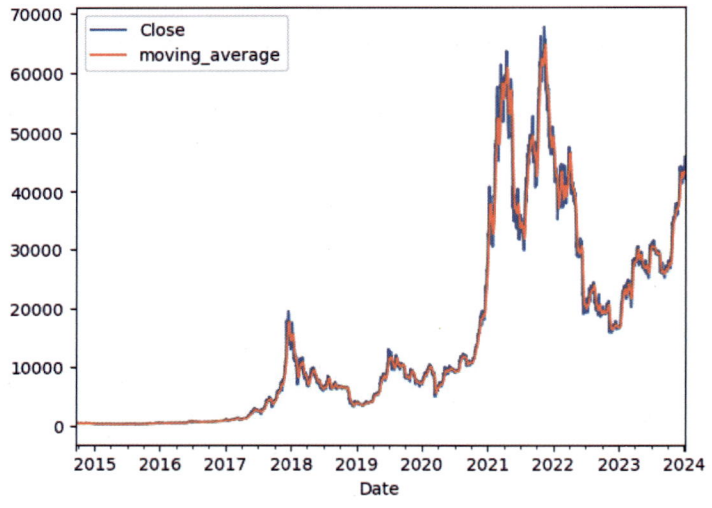

그림 18.4 비트코인 이력 데이터와 이동 평균 시각화

그래프에서 보듯이 이동 평균이 미래의 값을 예측하긴 하지만, 항상 최선의 방법은 아니다. 예측값이 실제 값과 얼마나 차이가 나는지는 **평균 제곱 오차**(Mean Squared Error, **MSE**) 같은 오차 지표로 확인할 수 있다. 이동 평균의 경우 이 오차가 꽤 큰데, 이는 이동 평균이 과거 구간의 값들만 고려하기 때문이다. 지금 예에서 구간의 크기는 10이다. 이는 그냥 단순히 이전 10단계(타임스탬프)의 값을 취해 평균을 구한다는 뜻이다. 그 평균을 미래의 예측값으로 간주한다. 비트코인 가격을 비롯한 여러 시계열 현상은 그런 평균으로 예측할 수 있을 정도로 단순하지 않다. 비트코인 가격에는 수많은 외부 및 내부 시장 매개변수들이 관여하며, 때로는 특정 패턴을 따르는 모습을 보이기도 한다. 이동 평균 같은 단순한 모델은 그런 패턴을 포착하기에 역부족이다. 게다가 이동 평균에서는 과거의 오차가 계속해서 미래로 전파되어서 예측값이 필요 이상으로 큰 또는 작은 규모로 증폭된다. 그래서 너무 먼 미래를 예측하는 것도 불가능하다.

그럼 오차를 실제로 측정해 보자. 먼 미래가 아니라 바로 다음 값을 예측하는 것이 목표라고 할 때 다음은 그 예측값과 실제 값으로 MSE를 계산하는 코드다.

```
from sklearn.metrics import mean_squared_error
mean_squared_error(btc_data["Close"][9:],
    btc_data["moving_average"][9:])
```

출력은 다음과 같다. 이는 아주 높은 수치다.

```
1783634.925773145
```

이동 평균 같은 단순한 접근 방식의 또 다른 단점은 결측값(누락된 측정치)을 제대로 처리하지 못한다는 것이다. 그래서 데이터에 결측값이 존재하는 경우 이전 단계의 값이나 해당 구간의 평균값, 심지어는 그냥 0으로 대신하는 등의 결측 처리 방법이 도입되었다. 하지만 그런 처리 방법에도 각각 나름의 문제점이 있다.

트랜스포머에서는 BERT가 마스킹 토큰을 처리하는 것과 비슷한 방식으로 결측값을 처리할 수 있다. 간단한 예로, 비트코인의 다음 날 가격이 전날보다 높을지 낮을지 예측해서 매수 또는 매도 주문을 결정한다고 하자. 결과가 매수 또는 매도이므로 이것은 하나의 시계열 분류 작업이다. 그러한 시계열 분류를 위한 트랜스포머 모델을 구현해서 성능을 확인해 보자.

1. 먼저, 데이터셋을 원하는 형식으로 변환해야 한다. 초기 비트코인 가격은 일별 종가(daily close value) 형태다(화폐 단위는 미국 달러). 30일 분량의 일별 증가들로 표본들을 만들기로 하겠다. 가장 쉬운 방법은 다음처럼 이중 루프를 이용해서 전체 데이터에 31일 크기의 이동 구간을 적용하는 것이다.

```
dataset_x = []
dataset_y = []
for j in range(0,30):
    for i in range(j,btc_data.shape[0], 31):
        if btc_data[i:i+31].Close.shape[0] == 31:
            dataset_y.append(
                1 if btc_data[i:i+30].Close.mean() <
                btc_data.iloc[i+30].Close else 0)
            mean_ = btc_data[i:i+30].Close.mean()
```

```
        std_ = btc_data[i:i+30].Close.std()
        dataset_x.append(
            list((btc_data[i:i+30].Close - mean_ ) / std_))
```

이 코드는 30개의 이동 구간(색인은 0에서 29)을 만든다. 각 구간에 대해, 이전 30의 평균값이 예측값보다 낮으면 모델은 0을 예측해야 하고 그렇지 않으면 1일 예측해야 한다는 사실에 근거해서 실측값(ground truth)을 결정한다. 또한, 모델 훈련을 원활하게 하기 위해 구간의 값들을 정규화한다.

2. 비트코인 이력 데이터셋과 실측값 데이터셋을 NumPy 배열로 변환한다.

```
import numpy as np
dataset_x = np.array(dataset_x[0])
dataset_y = np.array(dataset_y)
```

3. 이들을 분할해서 훈련 데이터셋과 테스트 데이터셋을 만든다.

```
train_x, test_x = dataset_x[:3000], dataset_x[3000:]
train_y, test_y = dataset_y[:3000], dataset_y[3000:]
```

4. 데이터가 준비됐으니 모델을 만들기로 하자. 그런데 시계열 예측을 위해 트랜스포머 기반 모델을 사용하려면 먼저 트랜스포머 인코더를 적절히 구현해야 한다.

```
from tensorflow.keras import layers

def encoder(inputs, head_size, num_heads,
    feed_forward_dimension, dropout=0):
    # 주의층
    x = layers.MultiHeadAttention(
        key_dim=head_size, num_heads=num_heads, dropout=dropout
    )(inputs, inputs)
    x = layers.Dropout(dropout)(x)
    x = layers.LayerNormalization(epsilon=1e-6)(x)
    attention_result = x + inputs
    # 순방향 층으로서의 합성곱 층
    x = layers.Conv1D(filters=feed_forward_dimension,
        kernel_size=1, activation="relu")(attention_result)
    x = layers.Dropout(dropout)(x)
```

```
    x = layers.Conv1D(filters=inputs.shape[-1],
        kernel_size=1)(x)
    x = layers.LayerNormalization(epsilon=1e-6)(x)
    return x + attention_result
```

이 함수는 트랜스포머 인코더 블록을 생성해서 돌려준다.

5. 다음으로, 앞의 인코더 블록을 포함한 트랜스포머 모델을 구축하는 함수를 정의한다.

```
def build_model(
    input_size,
    head_size,
    num_heads,
    ff_dim,
    num_transformer_blocks,
    dense_units,
    dropout=0,
    dense_dropout=0,
):
    inputs = keras.Input(shape=input_size)
    x = inputs
    for _ in range(num_transformer_blocks):
        x = encoder(x, head_size, num_heads, ff_dim, dropout)
    x = layers.GlobalAveragePooling1D(
        data_format="channels_first")(x)
    for d in dense_units:
        x = layers.Dense(d, activation="relu")(x)
        x = layers.Dropout(dense_dropout)(x)
    outputs = layers.Dense(n_classes, activation="softmax")(x)
    return keras.Model(inputs, outputs)
```

6. 이제 앞의 함수를 이용해서 모델을 생성한다. 첫 인수는 모델이 받는 입력의 크기인데, 훈련 데이터셋의 크기로 지정했다.

```
model = build_model(
    x_train.shape[1:],
    head_size=256,
    num_heads=4,
    ff_dim=4,
```

```
    dropout=0.25,
    num_transformer_blocks=4,
    dense_units=[128],
    dense_dropout=0.4
)
```

7. 그런 다음 모델을 컴파일하고 요약 정보를 확인한다.

```
model.compile(
    loss="sparse_categorical_crossentropy",
    optimizer=keras.optimizers.Adam(learning_rate=1e-4),
    metrics=["sparse_categorical_accuracy"],
)
model.summary()
```

위의 코드를 실행하면 다음과 같은 모델 요약 정보가 출력될 것이다. 전체 매개변수 개수와 훈련 가능한 매개변수, 훈련되지 않는 매개변수의 개수를 확인할 수 있다.

```
Total params: 93130 (363.79 KB)
Trainable params: 93130 (363.79 KB)
Non-trainable params: 0 (0.00 Byte)
```

8. 이제 적절한 형식의 데이터와 모델이 준비되었다. 훈련을 시작하자.

```
callbacks = [keras.callbacks.EarlyStopping(
    patience=5, restore_best_weights=True)]
model.fit(
    x_train,
    y_train,
    epochs=5,
    batch_size=64,
    callbacks=callbacks,
)
```

모델을 훈련할 때는 구체적인 폴백fallback 정책을 마련하는 것이 중요하다. 위의 코드는 손실값이 너무 크면 모델의 훈련을 일찍 중단하는 조기 **종료**(early stopping)를 사용했다.

9. 마지막으로, 모델을 평가해 보자.

```
model.evaluate(x_test, y_test, verbose=1)
```

출력을 살펴보면, 단 몇 번의 에포크와 적은 수의 예시 데이터만으로도 좋은 결과가 나온다는 점을 알 수 있을 것이다.

이 모델을 조금 수정하면 분류 대신 다음 값 예측에 사용할 수 있다. 소프트맥스 함수를 이용해서 분류 결과를 얻는 대신, S자형 함수(시그모이드 함수)를 활성화 함수로 사용해서 예측값을 직접 얻으면 된다. 또한, 훈련 시 MSE를 손실 함수로 사용해야 하며, 예측할 실측값을 결정하는 코드도 조금 고쳐야 할 것이다.

요약

이번 장에서는 시계열 데이터의 기본 개념을 소개하고 트랜스포머를 시계열 작업들에 적용하는 방법을 배웠다. 트랜스포머는 시계열 데이터 모델링부터 시간상 다음 값 예측까지 다양한 시계열 데이터 작업에 적용할 수 있다. 시계열 데이터를 다루는 기존 방법이 많이 있지만, 데이터의 성격에 따라서는 트랜스포머가 훌륭한 선택이 될 수 있음을 기억하기 바란다. 대부분의 기존 모델과는 달리 트랜스포머는 결측값이나 미지의 값을 잘 처리하기 때문이다.

이제 이 책을 마무리할 때가 되었다. 이 책에서 여러분은 자연어 처리(NLP), 컴퓨터 비전, 다중 모달, 시계열 등등 다양한 작업에 트랜스포머를 적용하는 방법을 배웠다. 또한 트랜스포머에 기반한 추론 서비스를 만들고 배포하는 방법을 살펴봤고, LLM(대규모 언어 모델)의 작동 방식과 LLM으로부터 최상의 결과를 얻는 방법도 논의했다. 현재 AI 산업을 지배하는 아키텍처는 트랜스포머다. 트랜스포머는 그 어떤 아키텍처보다도 우월한 성능을 보인다. **생성형 AI**도 업계와 커뮤니티가 빠르게 받아들이고 있는, 매력적이고 급성장하는 AI 기능 중 하나이다. 이 책을 통해 생성형 AI에 대해 여러 가지를 배우고 그 작동 원리를 더욱 깊게 이해하게 되었을 것이다.

ㄱ - ㅁ

가지치기	336, 340
감성 분석	84, 121, 269
감성 분석 미세조정	422
강화학습	292
개체명 인식	109, 178
갱신 게이트	13
게이트 순환 유닛	12
결측값	467
관측치	462
교차 언어 모델(XML)	369
교차 언어 분류	386
교차 언어 사전 훈련	374
교차 언어 제로샷 학습	392
교차 언어 텍스트 유사성	379
교차 엔트로피 손실 함수	150
교차 인코딩	206
구글 코랩	37
구조적 가지치기	340
국소 민감 해싱	361
국소 자기주의	361
군집화	223
균일 다양체 근사 및 사영	226
기계번역	118
기울기	150
노터데임 대학교	192
뉴런	321
다음 문장 예측	24
다중 레이블 분류	138, 168
다중 모달 모델	450
다중 모달 트랜스포머	44
다중 모달 학습	24, 451
다중 작업 학습	46
다중 작업 훈련	118
다중 장르 자연어 추론	212
다중 클래스 분류	138, 154
다중 헤드 주의 메커니즘	15, 309
단어 수준 증강	242
단어 임베딩	5
단어 주머니(BoW)	7
대규모 언어 모델(LLM)	108, 290
대규모 언어 모델의 저계수 적응(LoRA)	266
대명사 해소	202, 310
대조적 언어-이미지 사전 훈련(CLIP)	445, 451
대체 토큰 탐지	93
데이터 증강	240
데이터 효율적 이미지 트랜스포머(DeiT)	435
도메인 적응	240
도커화	407
동적 마스킹	90
러시아어	382
마스크 언어 모델링(MLM)	23, 69, 370
마이크로 평균	144
말뭉치	74
매개변수 개수	264
매개변수 공유	337
매개변수 효율적 미세조정(PEFT)	264
매크로 평균	144
맥베스	102
메모리 부족	284
메모리 효율적 역전파	337
모니터링	420
모달리티	451
모델 공유	85
모델 양자화	297
모델 지표 추적	421
모델 크기 축소	337
모델 훈련 추적	421
무작위 주의	348
문맥 단어 임베딩	6
문맥 단편화	115
문맥적 임베딩	70
문법 태깅	181
문서 풀링	218
문자 수준 부분단어	97
문자 수준 증강	242
문장 간 일관성 손실	87
문장 수준 증강	243
문장 쌍 회귀	161
문장 임베딩	204
문장 조각 인코딩	22
문자 n-그램	97
물체 검출	437, 439
미세조정	139, 297, 398

ㅂ - ㅇ

바꿔쓰기	243
바다나우 주의 메커니즘	13
바이그램	9
바이트 쌍 인코딩	22, 71, 97
배치 크기	260
번역 언어 모델링	371
벡터 공간 모델	7

벤치마크	46
변분 오토인코더(VAE)	454
보상 함수	292
보폭	194
부하 테스트	412
분해된 임베딩 매개변수화	87
블록 단위 주의 모델	356
비구조적 가지치기	340
비전 트랜스포머	432
비지도 주제 모델링	227
빈칸 채우기	370
빈칸 채우기 문제	70
사이킷런 라이브러리	172
사전 토큰화	95
사후 설명	325
삼중항 네트워크	207
생성형 언어 모델	108
샴 네트워크	207
섀플리 값	331
서비스 제공	402
설명 가능한 인공지능	305, 324
세계자연기금	230
세조정	183
셰익스피어	100
소프트맥스 함수	150, 329
소프트 프롬프팅	267
손실값	150
순방향 확산	453
순열 언어 모델링	116
순차적 전이 학습	46
스탠퍼드 감성 트리뱅크 v2	151
스탠퍼드 질의응답 데이터셋	182
스테이블 디퓨전	26, 450, 453
스피어먼 순위 상관계수	165, 343
시각적 질의응답	191
시각적 프롬프트	445
시각화	382, 421
시각화 도구	308
시계열 데이터	434, 461
시계열 분류	463
시계열 회귀	463
시그모이드 함수	72, 471
시퀀스 투 시퀀스	110, 117
시퀀스 평가	188
실험 추적	420
아나콘다 설치	31
아마존 리뷰 말뭉치	227
아제르바이잔어	379

양자화	286, 336, 343
어댑터	267
언어 독립적 BERT 문장 임베딩	381
언어 모델	22
엠마	126
역 문서 빈도	7
역번역	243
역전파	149
영어-한국어 데이터셋	120
오디오 프롬프트	458
오토인코더	109
오토인코딩 언어 모델	69
용어 빈도	7
위치 인코딩	19, 73
유니그램	9
유클리드 거리	205
음성 합성	459
음악 생성	457
의도 분류	386
의미론적 검색	230
의미론적 분할	439
의미론적 텍스트 유사도 모델	207
의미 벡터 공간	207
이동 평균	464
이미지 분류	438
이미지 캡션 작성	452
이중 인코더	381
인간 피드백 기반 강화학습(RLHF)	114, 292
인과적 언어 모델링	109, 371

ㅈ - ㅋ

자기주의	18, 206
자기주의 메커니즘	345
자기주의 희소화	337
자기지도 학습	241
자기회귀	110
자연어 추론(NLI)	213, 274
자체 설명	325
잠재 의미 분석	8
잡음 제거	109
재매개변수화	268
재설정 게이트	13
저계수 미세조정	268
저계수 부분공간	281
적응	250
적응적 미세조정	250

전역 설명	324	토크나이저	38, 94
전역 주의	347	토큰	10
전이 학습	3, 46	토큰 분류	178
전체 미세조정	264	토큰화	60, 94
점진적 고정 해제	14	토큰화 모델	60
접두사 조정	267	토큰화 알고리즘	94
정렬	294	통제 모델	300
정책 최적화	292	트리 구조 파젠 추정기	258
제로샷 분류기	44	파국적 망각	257
제로샷 학습	111, 211, 392	파이토치	148
제인 오스틴	126	파이토치 벤치마킹	62
조응 관계	317	파이프라인	43
주의 마스크	141	파이프라인 병렬화 알고리즘	337
주의 메커니즘	14	파일 캐싱	57
주의 헤드	306	판별적 미세조정	14
주제 모델링	227	팽창된 주의	348
지도 미세조정	112	펜 트리뱅크 품사	181
지시문 미세조정	235	평균 단어 임베딩	218
지식 증류	336, 338	평균 절대 오차(MAE)	165
지역 설명	325	평균 제곱근 오차(RMSE)	165
지역 파일	59	평균 제곱 오차(MSE)	165, 466
지역화된 이동 구간 주의	346	평균 풀링	205
직렬 어댑터	267	표절 탐지	381
질의응답	182, 201, 404	표집	454
차원의 저주	5	품사 태깅	181
초매개변수	240, 258	프롬프트	110
초매개변수 최적화	240, 258	프롬프트 조정	267
층 간 매개변수 공유	87	피어슨 상관계수	165, 343
커널화	366	필터링	57
커뮤니티 제공 모델	41	학습 가능 패턴	360
컨테이너	407	학습 기반 패턴	360
컴퓨터 비전	432	학습률	260
케라스 모델	80	한계 기여도	331
코사인 유사도	217	한국어	97, 118, 378, 397
크메르어	386	한국어 데이터셋	274
		한국어 벤치마크	162
		한국어 질의응답 데이터셋	182
		한국어 BERT 모델	154

ㅌ ‒ ㅎ

탐지 트랜스포머	437	합성곱 신경망	434
탐침 분류기	323	핵 주의	366
터키어	95, 154, 326, 372	핵 함수화	366
텍스트 군집화	223	허깅 페이스 모델 저장소	41
텍스트 범주화	138	혼합 정밀도 연산	343
텍스트 분류	138	확산 모델	453
텍스트-음성 생성	459	확장 텐서플로	402
텍스트 투 텍스트	116	훈련 인수	76, 142, 422
텍스트 표현	203	희소 자기주의	346
텐서보드	146		
텐서플로 벤치마킹	62		

A – D

AdaLoRA	268
Adam	148
AdamW 알고리즘	148
adaptation	250
adapter-transformers 라이브러리	267
adaptive fine-tuning	250
Adaptive Moment Estimation	148
ALBERT 모델	86
alignment	294
Anaconda	30
anaphoric relation	317
API 종단점	404
AR	110
attention mask	141
attention mechanism	14
audiocraft 라이브러리	457
autoencoder	109
AutoModel 클래스	125
Auto Regressive	110
average-pooling	205
average word embedding	218
backpropagation	149
back-translation	243
Bag-of-Words	7
Bahdanau's attention mechanism	13
BART 모델	124
BERT	23, 69
BERT 모델	183
BERT 한국어 모델	316
BERTopic 모델	227
BertTokenizerFast	76, 95
BertViz	313
bi-encoder	381
bigram	9
BIO 태그 시스템	179
bitsandbytes 라이브러리	366
BoW	7
BPE(Byte-Pair Encoding)	22, 71, 97
catastrophic forgetting	257
Causal Language Modeling	109, 371
character-level augmentation	242
character-level subword	97
ChatGPT	111
CLIP	44, 445, 451
CLIP 모델	25
CLIPSeg 모델	445
CLM	371
cloze	370
CNN	434
COCO(Common Objects in Context) 데이터셋	438
CoNLL-2003 데이터셋	183
contextual embedding	70
contextual fragmentation	115
contextual word embedding	6
Contrastive Language-Image Pre-training, CLIP	445, 451
ControlNet	457
convolutional neural network	434
corpus	74
cross-encoding	206
cross-language model	369
cross-layer parameter sharing	87
cross-lingual pretraining	374
curse of dimensionality	5
data augmentation	240
datasets 라이브러리	50
DeiT(Data-Efficient Image Transformer)	435
denoising	109
Detection Transformer	437
DETR(Detection Transformer)	437
DETR 모델	439
diffusers 라이브러리	455
diffusion model	453
dilated attention	348
discriminative fine-tuning	14
DistilBERT 모델	65, 194
DistilBert 클래스	140
DistilBERT 토크나이저	171
DistillRoBERTa	340
dockerization	407
document pooling	218
domain adaptation	240
dynamic masking	90

E – K

ELECTRA 모델	93
endpoint	404
Euclidean distance	205
exBERT	308
experiment tracking	420
explainable artificial intelligence	305
F1 점수	144, 158

factorized embedding parameterization	87
FAQ 자료	230
FastAPI	403
fine-tuning	139
FLAIR 라이브러리	215
FLAN 프레임워크	111
forward diffusion	453
full fine-tuning	264
GAN(Generative Adversarial Networks)	93
gated model	300
gated recurrent units	12
GLM(Generative Language Model)	108
global attention	347
global explanation	324
GloVe	5
GloVe 벡터	218
GLUE 벤치마크	47
Google Colab	37
GPT-2	126
GPT-3	114
GPT 모델	112
GPT 토크나이저	130
gradient	150
gradual unfreezing	14
grammar tagging	181
grounding	445
GRU	12
GRU 모델	219
HDBSCAN	228
HPO	240, 258
hyperparameter	240
hyperparameter optimization	240, 258
IDF	7
iGPT	436
image captioning	452
ImageGPT	436
IMDb 데이터셋	74, 140, 244, 269, 422
InstructEmbedding 라이브러리	235
instruction fine-tuning	235
instruction-following	295
intent classification	386
inter-sentence coherence loss	87
Inverse Document Frequency	7
joeddav/xlm-roberta-large-xnli	222
k-평균 군집화(k-means clustering)	224
Kaggle Models 사이트	209
kernel attention	366
kernelization	366
KLUE-NLI 데이터셋	274
knowledge distillation	336
Korean Question Answering Dataset	182
KorNLI 데이터셋	274
KorQuAD	182
KorSTS	162

L - P

LaBSE	381
language-agnostic BERT sentence embedding	381
language model	22
Large Language Models, LLM	108, 290
Latent semantic analysis	8
learnable pattern	360
learning-based pattern	360
learning rate	260
LIME	326
LLM(Large Language Models)	108, 290
load_dataset()	59
load test	412
local explanation	325
Locality Sensitive Hashing	361
localized sliding window attention	346
Local Self Attention	361
Locust	412
LoRA(Low-rank Adaptation of Large Language Models)	266, 300
LSA	8, 361
LSH	361
LSTM	12
MA	424
macro-averaging	144
MAE	165
marginal contribution	331
Masked Language Modeling, MLM	23, 69, 370
Mean Absolute Error	165
Mean Squared Error, MSE	165, 466
memory-efficient backpropagation	337
MeSH 레이블	168
micro-averaging	144
mixed-precision operation	343
modality	451
moving average	424
MTL	46
multi-class classification	138
Multi-Genre Natural Language Inference	212
multi-head attention mechanism	15

multi-label classification	138, 168
multimodal learning	24
multimodal model	450
MultiNLI	212
multitask learning	46
n-그램 언어 모델	7, 8
named entity recognition	109
NER	109, 178
next-sentence prediction	24
NLI	213, 274
nlpaug 라이브러리	244
NSP	24
object detection	437, 439
observation	462
ONNX(Open Neural Network Exchange)	415
optimum 라이브러리	415
Optuna	259
OPUS 데이터셋	376
parameter sharing	337
paraphrasing	243
part-of-speech	109
Pearson correlation coefficient	165
PEFT(Parameter-Efficient Fine-Tuning)	264, 297
Penn Treebank POS	181
Permuted Language Modeling	116
pipeline parallelism algorithm	337
PLM	116
policy optimization	292
POS(part-of-speech)	109
POS 태깅	181
positional encoding	19, 73
post-hoc explaining	325
Postman	406
pre-tokenization	95
probing-classifier	323
prompt	110
pronoun resolution	202, 310
pruning	336, 340
PubMed 데이터셋	168
pydantic 라이브러리	404
PyTorch	36
PyTorchBenchmarkArguments	353

Q - T

QA	182, 404
QLoRA 모델	286
quantization	286, 336, 343
Question Answering	404
random attention	348
Reformer 모델	361
reparameterization	268
replaced token detection	93
reset gate	13
Reversible Residual Network	361
RevNet	361
reward function	292
RLHF(Reinforcement Learning from Human Feedback)	114, 292
RMSE	165
RNN 모델	10
RoBERTa 모델	209
Root Mean Square Error	165
run_glue.py	175
S자형 함수	72, 471
SageMaker	416
sampling	454
SavedModel 형식	408
self-attention	18, 206
self-attention sparsification	337
self-explaining	325
self-supervised learning	241
semantic search	230
semantic segmentation	439
Semantic Textual Similarity Benchmark	162
semantic vector space	207
sentence-level augmentation	243
sentence-pair regression	161
SentencePiece	98
sentence-piece encoding	22
sentiment analysis	139
seq2seq	6, 110, 117
seqeval 라이브러리	188
sequence evaluation	188
sequential transfer learning	46
SFT	112
SFTTrainer 클래스	302
Shapley value	331
Siamese network	207
sigmoid function	72
SNLI 프로젝트	274
softmax	150
soft-prompting	267
Spearman's rank correlation coefficient	165
speech synthesis	459
SQuAD 데이터셋	182, 293

SQUAD 버전 2	193
SQuAD 벤치마크	50
SST2	151
Stable Diffusion	450
Stanford Question Answering Dataset	182
Stanford Sentiment Treebank v2	151
STL	46
stride	194
structured pruning	340
STS-B	162
SuperGLUE 벤치마크	48
supervised fine-tuning	112
Support Vector Machine	366
SVM	366
T0 모델	123
TensorBoard	146
TensorFlow	36
TensorFlow Extended	402
Term Frequency	7
text categorization	138
text classification	138
text representation	203
text-to-speech generation	459
TF	7
TFX	402, 408
time series classification	463
time series data	461
time series prediction	463
time series regression	463
TL	3
TLM	371
token	10
token classification	178
tokenization model	60
TokenizedSentencesDataset 클래스	253
tokenizers 라이브러리	99
TPE	258
training argument	76
transfer learning	3
Transformers 라이브러리	36
Transformer-XL	115
Translation Language Modeling	371
Tree-structured Parzen Estimator	258
Triplet network	207
TRL 라이브러리	297

U - Z

UMAP(Uniform Manifold Approximation and Projection)	226
unigram	9
unstructured pruning	340
unsupervised topic modeling	227
update gate	13
USE 모델	209
VAE(Variational Auto Encoder)	454
vector space model	7
visual prompt	445
Visual Question Answering, VQA	191
VSM	7
word2vec	5
word embedding	5
word-level augmentation	242
WordPiece	71, 98
WWF(World Wide Fund for Nature)	230
XAI	305, 324
XGLUE 벤치마크	49
XLM	369
XLM-RoBERTa 모델	221
XNLI 데이터셋	221
XTREME 벤치마크	49, 382
zero-shot classifier	44
zero-shot learning	111, 211, 392